의사소통장애아 교육

Language and Communication Disorders in Children

의사소통장애아 교육

| 제6판 |

Deena K. Bernstein & Ellenmorris Tiegerman-Farber 지음

권요한 · 박용학 · 이혜경 · 임미경 · 이동주 · 김미숙 옮김

Σ 시그마프레스

의사소통장애아 교육

발행일 | 2011년 3월 15일 1쇄 발행

저자 | Deena K. Bernstein, Ellenmorris Tiegerman-Farber
역자 | 권요한, 박용학, 이혜경, 임미경, 이동주, 김미숙
발행인 | 강학경
발행처 | (주) 시그마프레스
편집 | 박명숙
교정 · 교열 | 김은실

등록번호 | 제10-2642호
주소 | 서울특별시 마포구 성산동 210-13 한성빌딩 5층
전자우편 | sigma@spress.co.kr
홈페이지 | http://www.sigmapress.co.kr
전화 | (02)323-4845~7(영업부), (02)323-0658~9(편집부)
팩스 | (02)323-4197

ISBN | 978-89-5832-934-3

Language and Communication Disorders in Children, 6th Edition

*책값은 뒤표지에 있습니다.

역자 서문

장애 영유아를 위한 조기교육은 장애를 지닌 취학 전 아동들에게 교육 또는 중재를 제공하는 것으로, 인생의 초기 단계인 영유아 시기는 신체, 언어, 인지, 사회, 정서 등의 발달이 급속히 이루어지는 시기이다. 이 시기의 경험은 이후의 발달에 지대한 영향을 미치게 된다. 이 시기는 특히 일반 아동들보다는 장애 아동들에게 좀 더 중요한 시기이다. 왜냐하면 이 시기에 장애를 조기사정하여 중재가 이루어지면 그렇지 않은 경우보다 좀 더 높은 수준의 기능을 수행할 수 있게 되며, 심한 장애로 발전되는 것 또한 예방할 수 있기 때문이다.

특히 언어-의사소통장애를 가진 영유아들의 경우는 더욱 조기사정 및 중재가 이후의 발달에 보다 중요하게 작용할 수 있다. 조기사정과 조기중재는 언어-의사소통장애 영유아가 언어를 습득하고 의사소통 능력을 발달시키는 데 매우 중요하다. 그러나 언어-의사소통장애 영유아에 대한 지원이 효율적이고 체계적으로 이루어지기 위해서는 기반연구가 필요함에도 불구하고 영유아기 언어-의사소통장애에 대한 연구는 다소 부진한 편이다. 이에 언어-의사소통장애 교육을 위한 최신의 정보를 독자들에게 제공하기 위해 이 분야에서 가장 권위 있는 전문가들이 공동 집필한 『Language And Communication Disorders in Children』을 번역하기로 하였다.

이 책은 언어-의사소통장애 교육에서 이러한 문제점을 조금이나마 해소한다는 생각으로 말-언어병리학 분야에 영향을 주고 있는 최신의 임상적 · 교육적 · 법적 변화를 담고 있다. 임상가들 간의 언어장애에 대한 기술 그리고 사정과 중재의 원칙 등 언어와 의사소통 발달의 기본적인 측면을 제시하고, 특히 언어-의사소통장애 영유아의 조기사정과 중재에 대한 최근의 자료를 다루고 있어 의사소통장애를 가진 아동의 언어장애에 대한 실제적인 평가와 치료를 위해 임상적 요소들을 어떻게 적용하는지 그 적용방법에 대해 설명하고 있다. 그리고 영유아의 보완대체 의사소통(AAC)의 사용, 아동의 문해 능력, 단순언어장애를 가진 아동의 보완대체 의사소통(AAC), 성인의 언어발달과 언어학습장애를 가진 학령기 아동들의 읽기능력과 문해능력 문제, 마지막으로 학교에서 언어치료사의 변화되는 역할이 강조되는 상황에서 사정과 중재에 대한 근거중심의 전략을 담고 있다.

역자들은 언어-의사소통장애를 전공한 사람들로, 현재 대학이나 대학원에서 이 분야에 대해 강의와 연구를 수행하고는 있지만, 막상 번역에 임해 보니 방대한 내용과 기술상 난해한 부분으로 인해 번역에 어려움이 많았던 것 또한 사실이다. 부족한 부분들은 앞으로 시간을 갖고 보완해 나가도록 하겠다. 특히 번역과 검토에 협력해 준 창원대학교 특수교육학과 박사과정에 재학하고 있는 이미자, 김영미, 박인수, 손영화, 전맹순, 박귀분 선생님께 감사의 말을 전한다.

마지막으로 언어-의사소통장애를 가진 아동들에게 언어중재를 제공하는 방법과 아동 및 언어발달 이론을 적용하는 방법을 제시하고 있는 이 책이 언어-의사소통장애 임상연구와 교육방법의 실제 측면에서 새로운 연구와 학습 기회에 도움이 될 수 있기를 역자들은 간절히 소망한다.

2011년 2월
역자 일동

저자 서문

『Language And Communication Disorders in Children』(2009)을 지난 20년간 제6판까지 발간되었다. 각 개정판은 새로운 이론적 지식과 실제적 지식을 추가하면서 앞서 발간된 것을 보완하는 방식으로 진행되었다. 이러한 방식으로 본 개정판도 특수교육과 말-언어병리학 분야에 영향을 미친 가장 최신의 임상적 · 교육적 · 법적 변화들을 수용하고 있다.

이번 개정판은 우리 텍스트의 사용자들이 중요하게 생각하는 3중 구조를 계속적으로 고수하고 있다. 제I부(제1장, 2장)는 언어와 의사소통 발달의 기본적인 측면들을 제시하였고, 제II부(제3장~8장)는 다양한 언어장애 특성에 대해 기술하고 있다. 제III부(제9장 이후)는 사정과 중재의 원칙과 일반적인 가이드라인을 설명하고 있다.

이번 판에서는 모든 장에서 최신 정보의 재편성이 이루어졌고, 2개의 새로운 장이 추가되었다. 제II부의 제4장에서 Liart Seiger-Gardner와 Diana Almodovar는 단순언어장애(SLI)를 가진 아동에게 특별한 관심을 할애하면서 취학 전 아동의 의사소통장애를 다루었다.

여러 예들과 사례 연구가 제II부, III부에 자세히 제시되어 있고, 의사소통장애를 가진 아동의 언어장애에 대한 실제적인 사정과 치료를 위해 임상적 요소들을 어떻게 적용하는지 그 적용방법에 대해 효과적으로 설명하고 있다.

이번 개정판에서는 영유아의 보완대체 의사소통(AAC)의 사용, 아동의 읽고 쓸 줄 아는 능력, 단순언어장애를 가진 아동의 AAC을 더욱 강조하였다. 성인의 언어발달과 언어학습장애를 가진 학령기 아동들의 문해 능력 문제 또한 강조되고 있다. 마지막으로, 학교에서 말-언어치료사의 변화되는 역할이 강조되는 상황에서 사정과 중재에 대한 근거 중심의 전략들이 강조되고 있다.

언어-의사소통장애에 대한 연구는 인간 경험의 핵심을 다루는 연구이다. 즉 아동들이 언어를 배우는 방식과 언어를 학습하지 못하는 아동들을 돕는 방법을 연구하는 것이다. 이 책은 언어-의사소통장애를 가진 아동들에게 언어 중재를 제공하는 유용한 경험을 위해 아동 및 언어발달 이론을 적용하는 법을 가르쳐 줄 것이다. 이 책이 임상과 교육적 실제에서 새로운 연구를 학습하는 계기가 될 수 있기를 진심으로 희망한다.

차 례

제 1 부

언어의 본질과 발달

제 1 장

언어의 본질과 그 장애

Deena K. Bernstein
뉴욕시립대학교의 리먼칼리지

이 장을 읽고 난 후 다음의 사항을 할 수 있어야 한다.

- 언어특성과 그 하위 특성 및 하위 특성 간의 상호관련성을 설명할 수 있어야 한다.
- 다양한 언어습득 접근법에 대해 토의할 수 있어야 한다.
- 언어장애에 대한 병인론적 범주와 발달-기술적 모델의 차이를 구분할 수 있어야 한다.
- 언어장애의 정의에 대해 진술할 수 있어야 한다.

대부분의 아동은 특별한 지도를 받지 않더라도 자연스럽게 언어를 습득한다. 그러나 언어의 획득이 매우 어려운 아동이 있는데 이들이 언어장애아이다. 언어장애아가 장애를 극복하기 위해서는 언어병리학자와 심리학자, 특수교사와 리소스룸 교사 등 여러 전문가의 도움이 필요하다.

언어장애 분야의 연구는 매우 복잡하다. 그 첫째 이유는 언어장애 연구는 언어병리학, 특수교육학, 사회언어학, 언어학, 심리언어학 등의 많은 학문 분야와 관계가 있기 때문이다. 심리학과 언어를 연구하는 분야는 각각 고유의 용어와 연구방법을 가진다. 각각의 분야가 고유의 용어, 구성개념을 가지는 것과 아울러 입장과 생각하는 방식도 다양하다. 이 다양성이 언어와 언어장애 연구에 큰 영향을 미치고 있다. 이 분야에 관해서 쓴 것을 간략하게 읽는 것만으로도 이 다양성을 쉽게 납득할 것이다.

언어장애를 연구하기 어려운 두 번째 이유는 그 자체의 복잡함과도 관련이 있다. 언어는 너무 복잡해서 아직까지 단순한 형으로 프로그램화하는 것은 불가능하다. 언어를 전체적으로 파악해 이론화하는 것은 매우 어려운 일이다. 더욱이 이론을 실제로 적용해 언어장애를 가진 사람을 평가하거나 지도하는 것은 한층 더 복잡하다. 언어장애 연구를 더 복잡하게 하는 제3의 요인은 인간의 경험이 언어를 중심으로 해서 이루어지고 있다는 점이다. 언어는 모든 사회적 활동과 교육적 기능에 있어 매우 중요하므로 부모는 자기 아이의 언어습득에 더욱 관심을 가진다. 또한 언어습득에 있어서 장애가 있으면 장래의 교육, 사회생활, 직업상의 기회에 중대한 영향을 미칠 것이라고 인식하기 때문이다. 언어는 인류만의 대단히 특유한 속성인지 모른다. 이것을 획득하는 것은 인간발달에 있어 꼭 필요한 부분이다. 언어가 어떻게 학습되며 가르쳐지는가는 교육 등 인간의 서비스 영역 중에서도 매우 중요한 문제라는 것은 당연하다(McCormick & Schiefelbusch, 1984, p.2).

이 장은 언어에 관해 서로 관련 있는 3개의 주제에 대해 기본적인 정보를 제공하는데, 언어의 구성요소와 언어습득에 관한 입장 그리고 아동기 언어장애의 접근에 관한 것이 그것이다. 이런 주제를 선택한 것은 언어병리학자와 특수교육에 종사하는 사람이 언어와 의사소통에 장애를 가진 아동들을 위해 적절한 지도를 제공하려면 언어의 본질과 언어가 어떻게 획득되는가에 관해서 확실한 지식을 가져야 하기 때문이다.

우선 비슷해 보이지만 실제로는 다른 3개의 단어, 즉 의사소통(communication), 구어(speech), 언어(language) 사이의 차이에 대해서 먼저 설명한다. 그리고 언어의 구성요소에 관해서 설명하는 것으로 언어의 개념을 설명한다.

1. 의사소통, 구어, 언어

일반인에게는 의사소통, 구어, 언어라는 말은 동의어이다. 언어장애에는 말더듬이나 발성법의 개선은 포함되지 않는다. 왜 이것들이 포함되지 않는가는 다년간 언어장애아를 연구하고 지도하고 있는 언어장애 분야의 전문가라도 이 부분에 관해 간단 명료하게 설명하기가 곤란하다. 구어와 언어 전문가들의 초점의 혼돈은 아마 이들 용어의 혼돈 때문일 것이다. 전문가에게 있어 이들 용어는 완전히 다른 것이며 발달의 다른 측면을 나타내는 것이다.

1) 의사소통

의사소통은 개인이 정보를 교환하고 생각을 전달하는 과정이다(Owens, 1990). 의사소통은 정보를 부호화하는, 즉 표현하는 발신자의 능동적 과정과 정보를 해석하고 이해하는 수신자를 필요로 하는 과정이다. 그리고 각각의 상대는 정보가 효과적으로 전달되며 확실히 이해되도록 서로의 필요에 민감하지 않으면 안 된다.

의사소통은 주로 구어와 언어를 사용하지만 그 외의 의사소통 측면이 언어부호를 강화하거나 왜곡할 수도 있다. 억양-패턴이나 강조, 말의 빠르기와 같은 초분절적인 언어의 단서는 말하는 사람의 감정과 태도를 전달하며 언어에 의한 정보를 변화시키기도 한다. 아래의 문장을 참고해 보자. 말할 때 강조하는 위치가 다르면 말하는 사람이 전하고 싶은 의미도 변한다.

She grabbed the money from him
She grabbed the *money* from him
She grabbed the money from *him*

초분절적 언어의 단서 외에 비언어적 단서도 의사소통 과정에 기여하고 있다. 비언어적 단서에는 제스처, 몸짓, 시선, 표정을 포함하지만, 이들은 언어에 의한 전달 정보에 정보를 더하거나 감하기도 한다. 서로 쳐다보며 이야기하면 친밀한 관계가 되어 상대는 때때로 고개를 끄덕여 적극적으로 의사소통 과정에 참여하고 있음을 표시한다. 그러나 반대로, 시선을 맞추지 않는 것은 그 사람이 상호작용에 흥미를 가지고 있지 않으며 관계되고 싶은 마음도 없다는 것을 의미한다. 그러면 그 사람과의 의사소통은 점차 감소한다.

2) 구어

구어는 의사소통에 사용되는 하나의 양식이다. 구어는 정보를 전달하는 음성 언어 양식이며, 음성이나 언어 단위를 산출하기 위해 신경근운동 간의 정밀한 협응을 필요로 한다.

의사소통의 목적을 위해 주로 구어를 사용하지만 그것이 유일하게 유용한 수단은 아니다. 쓰기, 그리기, 편지(편지에 의한 사인)는 구어 이외의 의사소통 양식이다. 그리고 사용하는 형식은 문맥이나 그 사람의 필요성, 해독자의 필요성, 그 사람이 전하려고 하는 정보에 의해서 결정된다.

구어의 획득이 현실적인 목표가 아닌 언어장애아도 있다. 구어 메커니즘상 필요한 신체운동 조절이 곤란한 아동은 듣고 판별할 수 있는 구어를 산출하는 능력을 획득하는 것이 곤란하다. 그러나 이들 어린이 대부분은 보완대체 수단을 제공하면 의사소통하는 능력을 획득할 수 있다. 최근 구어를 대신하는 보완대체 수단의 의사소통 시스템이 많이 검토되고 있다. 최근 다수의 연구자들에 의해 보완대체 의사소통 체계들이 설계되었다. 이들 보완대체 의사소통 체계는 구어 대신 의사를 전달하는 것이다. Beukelman과 Mirenda(2005) 그리고 Reichle, Halle와 Drasgow(1998)는 블리스심볼, 아메리칸 사인 랭귀지, 컴퓨터-작동 체계를 기술했다. Romski, Seveiki, Cheslock와 Barton(2006)은 보완대체 의사소통법(AAC)과 최근에 만들어진 언어중재법에 대해 기술했다. 반면에 Strum와 동료들(2006)은 신체적 장애를 가진 심한 구어장애(SSPIs) 아동을 위한 읽기 교수의 제공과 평가를 위한 보완의사소통법을 기술했다. 그 외에 Owens(제6장), Tigerman-Farber(제7장), Radziewicz와 Antonellis(제8장)은 정신지체, 자폐범주성장애(ASD), 청각장애 아동을 위한 비구어중재 프로그램에 대해 논의했다. 마지막으로 Robinson과 Robb(제3장)은 영유아의 의사소통 촉진을 위한 보완대체 의사소통법에 대해 기술했다.

3) 언어

언어는 사회적으로 공유된 부호 또는 습관적인 시스템이며 자의적인 상징과 이들 상징의 결합을 지배하는 규칙을 사용해서 생각을 표현한다. 몇백 개의 언어가 있고 각각 독자적인 특유한 상징과 규칙을 가진다. 언어는 사용하는 사람이 같은 상징과 규칙을 사용하는 것에 의해 성립한다. 상징이 공유되고 있는 것에 의해, 언어를 사용하는 사람은 그것들을 가지고 생각이나 정보를 교환할 수 있다. 언어부호는 언어 사용자가 사물, 사건, 관계를 상징체계를 이용해서 표현하는 것을 가능케 한다.

언어는 음성, 단어, 문장, 의미, 사용을 지배하는 복잡한 규칙을 포함한다. 이들 규칙은 언어를 이해하는 능력(수용언어)과 언어를 표현하는 능력(표현언어)을 기초로 한다. 언어규칙에 관해 개인에게 내재되어 있는 지식을 언어능력이라고 한다. 그리고 음성과 음성결합에 관해 규칙을 알고 있고 무엇이 의미를 이루고 무엇이 의미를 이루지 않는지를 앎으로써 무한대의 문장을 이해할 수 있고 창조할 수 있다. 예를 들어 확실한 규칙을 논하는 것은 불가능해도 언어 사용자는 그것을 알고 있는 것을 행동으로 표시한다. 아동은 매우 어린 시기에 언어의 규칙을 알고 있는 증거를 보이지만, 어떻게 해서 그 규칙이 학습되는가는 아직 연구 중에 있다.

요약하면, 출생부터 어떤 언어를 듣거나 말하거나 하면서 그 언어의 규칙체계를 학습해 간다. 그리고 이 규칙체계는 3개의 주요 구성요소로 나뉜다. 즉 형식, 내용, 사용이 그것이다. 이들 구성요소에 대해서 다음에 상세히 논한다.

2. 언어의 구성요소

언어는 구성요소의 규칙체계가 복잡하게 조합된 것이다. Bloom과 Lahey(1978)는 언어를 3개의 중요한 구성요소인 형식, 내용, 사용으로 구분했다.

1) 형식

형식은 음성과 의미를 동반한 상징을 결합하는 언어의 구성요소이다. 언어형식에 포함되는 것은 음성과 음성결합을 지배하는 규칙(음운론), 단어의 내적인 구성을 지배하는 규칙(형태론), 여러 형태의 문장을 산출하기 위해 어떻게 단어를 배열할 것인가를 정하는 규칙(구문론)이다.

(1) 음운론

음운론은 음성과 음성결합을 지배하는 규칙체계이다. 각각의 언어는 그 언어를 특징짓는 특유의 음성, 즉 음소를 가진다.

음소는 특정의 방법으로 결합되어 단어로 알려진 언어 단위를 구성한다. 음소는 의미의 차이를 표현하는 구어의 최소 언어 단위이다. *bat*과 *pat*이라는 단어는 최초 음성만이 다르다. 이 최초의 음성 차이가 2단어를 구별하고 있기 때문에 그 차이는 의미가 있는 차이이다. 따라서 /b/와 /p/는 2개의 다른 음소이다.

음소는 그들이 지닌 음향학적인 특성(음파패턴), 조음특성(구강의 위치, 즉 조음 위치), 산출특성(조음법)에 의해서 분류된다.

음소의 사용은 두 가지 규칙에 의해서 지배되고 있다. 첫째는 음성이 여러 종류의 단어의 위치에서 어떻게 사용되고 있는가이며, 이것을 분포규칙이라 한다. 영어에서 *Long*이라는 단어 속에 있는 *ng*의 음소는 단일 음소로 생각되어, 결코 단어의 처음에 나타나지 않는 것을 예로 들 수 있다.

둘째는 어떤 음성이 결합되는가를 정하는 것으로, 이것을 순서규칙이라고 한다. 예를 들면 영어에서 음성연속은 같은 음절 속에서는 나타나지 않는다. 요컨대 음운규칙은 언어 속의 음성과 그들 분포 및 순서를 지배하고 있다.

(2) 형태론

제2의 언어 구성요소인 형태론은 단어의 구성을 지배한다. 형태론적 규칙은 단어의 내부구조와 단어가 형태소에 의해서 구성되는 방법에 관한 것이다. 형태소는 의미를 가진 가장 최소의 언어 단위이다. 그리고 그 이상의 의미를 지닌 어떤 작은 부분으로도 분해할 수 없다. 예를 들어 *ball*, *toy*, *play*와 같은 각 단어는 그것만으로 단어가 될 수 있는 하나의 형태소로 성립되는데, 그것만으로 단어가 될 수 있는 형태소를 독립형태소라 부른다. 의존형태소는 그것만으로는 단어가 될 수 없어 늘 독립형태소에 따라 붙는다. 의존형태소는 독립형태소에 접두어로(*un*happy) 또는 접미사(tall*est*)로 붙는다. 시제, 인칭 또는 수를 한정하는 구속형태소는 굴절형태소라 불린다. 굴절형태소의 예는 복수 −*s*(cats), 과거형의 −*ed*(played), 소유의 ~'*s*(john's)이다.

의존형태소는 하나의 단어를 다른 품사의 단어로 변환하기 위해서도 사용할 수 있다. 예를 들면 −*ness*는 형용사 *sad*를 명사 *sadness*로 바꾼다. 이 경우 의존형태소는 새로운 단어를 파생시키기 위해 사용되기 때문에 파생형태소라 불린다.

언어의 발달과 특수교육을 배우는 학생의 과제 중 하나는 아동이 형태론의 지식을 가지고 있는가 그리고 그것이 성인의 규칙체계에 어느 정도 근접하는가를 파악하는 것이다.

(3) 구문론

구문론은 문장의 구성을 지배하는 규칙체계이다. 그것은 취급해야 할 어순과 여러 종류의 문형 구조를 상세히 정하고 있다. 구문론에 의해 단어를 조립해 구나 문을 만들거나 하나의 다른 문으로 변형할 수 있다. 유능한 언어 사용자는 "The boy hit the ball"과 같은 기본적인 문장을 다른 문형으로 바꿀 수 있다.

Did the boy hit the ball?(의문문)
The ball was hit the boy.(수동문)

구문체계의 지식에 의해 화자는 (한정된 단어군으로부터) 거의 무한대의 문장을 생성할 수 있게 되어, 그 문장이 문법적인가("The boy hit the ball") 비문법적인가("Ball the boy the hit")를 인식할 수 있게 된다.

구문규칙에는 품사(명사 –*house*, 동사 –*hit*, 형용사 –*red*)와 문의 구성소(명사구와 동사구)라는 2개의 부가적인 기능이 있다.

Lightning *hit* (동사) the *red* (형용사) *house* (명사).
The boy (명사구) *hit the ball* (동사구).

아동은 보다 긴 문장을 산출함에 있어서 구문규칙에 따라 문장을 조직하기 시작한다. 아동은 어떻게 해서 부정문, 의문문, 명령문을 구성하는가를 학습하고, 점차 중문과 함축된 형식과 같은 복잡한 구조를 익혀 간다. 구문론적 발달은 대부분 18개월부터 시작되고 그 후 몇 년 동안 지속된다. 취학 전기와 학령기의 구문론적 발달에 대해서는 뒤에서 다시 논하기로 한다.

2) 내용

언어의 구성요소인 **내용**은 의미에 관계하고 있다. 내용은 사물, 사건, 사람 그리고 그들 간의 관계에 대한 지식을 반영한 것이다. 의미론은 단어와 단어의 연계 의미를 취급하는 언어의 하위 체계이지만 내용은 이것을 지배하는 규칙을 포함하고 있다. 내용은 개개의 단어에 의해서 전달된 의미와 화자 또는 청자의 내적 사전(대화목록이라 부른다)을 포함한다.

단어는 유아와 성인에 있어 다르게 사용된다. 매우 어린 유아라도 성인의 체계에 있는 단어를 사용할 수도 있지만 그 단어는 성인과 같은 것을 의미하고 있지 않은 수도 있다. 2세아가 말하는 *doggie*라는 단어는 개만이 아니라 양, 소, 말일 수 있다. 그리고 *doggie*라는 단어가 특정의 개를 의미하는 단어로 사용하고 있을 가능성도 있다. 아동의 의미체계 연구의 일부에는 아동의 단어 이해와 사용의 고찰이 포함되어 있다. 초기의 대화획득에 관해서는 제4장에서 다시 검토하겠다.

언어의 구성요소인 내용은 사물(큰 차)뿐만 아니라 사물, 사건, 사람 간에 존재하는 관계에 대한 개인의 지식을 반영한 것, 즉 표현한 것이다. 다음은 18개월된 팀, 야콥, 주디의 발화에서 보이는 의미관계의 사용을 기술하고 있다.

문맥	발화	의미관계
엄마와 아이가 마루에 앉아 있다. 아이는 차를 밀면서 말하고 있다.	"Push car"	행위-대상
엄마와 아이가 부엌에 앉아 있다. 엄마가 쿠키를 1개 먹자 아이가 말한다.	"Mommy eat"	행위자-행위
엄마와 아이가 부엌에 있다. 아이는 컵의 우유를 다 마셨다. 아이는 테이블 위의 우유가 들어 있는 우유통을 가리키며 말한다.	"More milk"	재생기(再生期)

아동이 초기의 발화로 전달하는 의미관계에 관해서는 다음 장에서 논한다.

대부분의 의미는 문자대로이지만 때로는 문자와는 다른 의미도 있다. 예를 들면 "dance of life"라고 말할 때는 문자대로의 *dance*를 의미하고 있을 리가 없다. 이는 비유적인 의미로 사용되고 있다. 패턴, 우아함, 활동, 변화라는 관점으로부터 인생을 이야기하고 있을 것이다.

마찬가지로 "I had a ball"이라고 했다면 즐거운 때를 보냈다고 생각할 것이다. *ball*이라는 단어는 여기서는 문자대로가 아닌 의미로 사용되고 있다. 그러나 문자대로의 의미도 가능하다(예를 들자면 "I possessed a volleyball", baseball, basketball 등). 어떤 의미가 적절한가는 문맥과 그 앞의 서술에 의한다.

요약하면, 언어에 있어 의미는 단어와 단어의 결합을 사용하는 것에 의해서 전달된다.

내용은 사물, 관계, 개념에 관한 개인의 지식을 표현한 것이고, 이 지식은 그 사람의 인지발달의 결과로 인한 경험으로부터 얻어진 것이다. 또한 의미는 문자대로의 의미와 문자대로가 아닌 의미 두 가지가 있으며, 어느 쪽 의미인가는 언어의 문맥과 비언어적 문맥에 의존하고 있다.

3) 사용

언어의 구성요소인 **사용**은 사회적 문맥에 있어 언어의 사용을 지배하는 규칙에 관계하고 있다. 이들 규칙은 **화용론**(pragmatics)이라 불리며, 의사소통을 행할 때에 사용되는 부호의 선택을 지배하는 규칙뿐 아니라 의사소통을 하는 이유(의사소통 기능 또는 의사소통 의도)를 지배하는 규칙도 포함한다(Bloom & Lahey, 1978).

언어의 기능은 화자의 의도 또는 목적과 관련된다. 언어기능의 예로는 '인사를 한다, 질문을 한다, 물음에 답한다, 정보를 구한다, 정보를 제공한다, 설명을 구한다' 등이 있다.

의사소통 의도를 부호화하는 것과 함께 화자는 의사소통 의도를 수행하기 위해 청자에 관한 정보와 비언어적인 문맥에 관한 정보를 사용하지 않으면 안 된다. 화자는 의사소통 의도를 더 잘 전달할 수 있는 전달 정보의 형식을 선택하지 않으면 안 된다. 전달 정보를 표현하기 위해 사용하는 단어와 문장은 이 정보에 따라 선택된다. 예를 들면 상대의 연령이나 직업에 대한 지식은 각각의 상대에 대해서 인사를 하는 단어의 선택에 영향을 미친다. 3세아는 'hi ya"라고 하고, 학교장은 "how do you do?"를 선택하는 것이 적당하다. 화제가 되고 있는 것이 그 발화가 사용되는 상황에 존재하고 있는가 어떤가에 의해 전달 정보의 형식도 영향을 받는다. 예를 들면 화자가 "인형은 마루 위에 있어"라고 할지 "그것은 저기"라고 말할지는 인형과 마루가 직접 그 장면에 있는지 어떤지에 따라 결정된다.

화용론은 회화 또는 담화의 규칙도 포함하고 있다. 화자는 회화가 수미일관(首尾一貫)되게 구성되도록 학습하지 않으면 안 된다. 어떻게 회화에 참가하는지, 회화를 시도하는지, 유지하는지를 학습하지 않으면 안 된다. 그리고 어떻게 회화의 역할을 교환하며 어떻게 적절히 대응할지, 어떻게 정리된 이야기를 할 것인지를 학습하지 않으면 안 된다. 이런 기능을 갖추어야 효과적인 의사소통을 행할 수 있다.

3. 언어 구성요소의 조화와 통합

앞에서 언어를 정의하고 구성하는 구성요소에 대해서 논했었다. 이들 언어의 구성요소와 그 하위 체계를 표 1.1에 제시한다. 언어의 구성요소는 각각 다른 성질인 것처럼 보이지만 Bloom과 Lahey(1978)는 그것들이 실제로 서로 연관되어 있다고 했다(그림 1.1 참조).

아동이 언어의 구성요소를 어떻게 통합하는가는 엄마가 방에 앉아 책을 읽고 있을 때 창에서 정원을 내다보고 있는 두 살짜리 아이가 좋은 예를 제시해 주고 있다. 아이는 정원의 고양이를 보고 엄마에게 "Look, baby cat"이라고 말한다. 이 발화에서는 아이가 세 가지를 성취하고 있다. 먼저 아이는 "Look"이라고 해 자신이 보고 있는 것을 말하는 것으로, 2개의 의사소통 의도(주의를 끄는 것과 서술하는 것)를 언어적으로 부호화하고 있다. 다음으로 아이는 자신이 보고 있는 동물에 관한 지식을 언어적으로 부호화하고 있다. 끝으로 아이는 인정할 수 있는 어순의 발화로 표현하고 있다. 요컨대 아이는 화용론적, 구문론적, 의미론적 규칙을 통합하는 것에 의해 의사소통을 잘한 것이 된다. 한 단계 진보한 3세아를 예로 들면, 아이가 화용론적, 구문론적, 의미론적 규칙에 더해 음운론과 형태론을 통합하는 것을 알 수 있다. 다음은 창 너머 정원에서 놀고 있는 두 마리의 강아지를 엄마와 3세아가 보고 있는 예이다.

엄마 : what do you see?(무엇을 보고 있니?)
아이 : Two puppies.(강아지 두 마리)

표 1.1 언어의 구성요소와 하위 체계

구성요소	언어의 하위 체계
형식	음운론 언어음과 그들 통합을 지배하는 규칙 형태론 단어의 구성을 지배하는 규칙 구문론 어순, 문장 구조, 다른 문형의 구성을 지배하는 규칙
내용	의미론 의미(단어와 단어의 결합)를 지배하는 규칙
사용	화용론 사회적 상황에 있어 언어의 사용에 관한 규칙

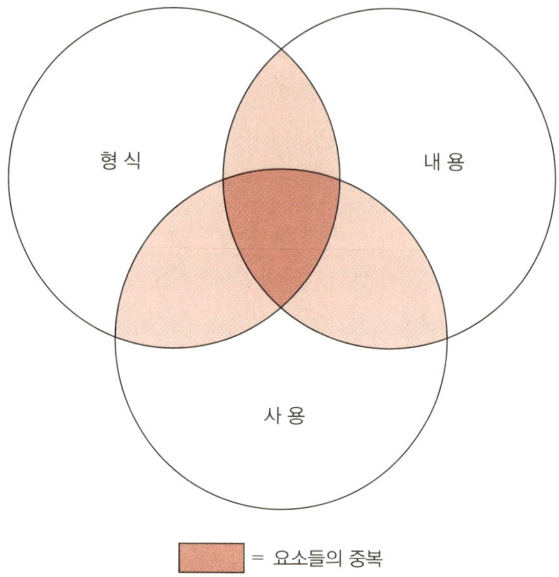

From M. Lahey, Language Development. Published by Allyn and Bacon, Boston, MA. Copyright © 1988 by Pearson Education. Reprinted by permission of the publisher

그림 1.1 Bloom과 Lahey의 언어 모형

앞에서 든 예의 발화에서는 동물에 대한 지식을 적절한 어순으로 부호화하였고, 뒤의 발화 예에서는 더 나아가 복수를 부호화한 형태론적 어미가 사용되고 있다. 그리고 아이는 음운 규칙을 사용하여 *cats*의 *s*는 *s*로 발음하지만, *puppies*의 *s*는 모음 뒤이기 때문에 *z* 발음하는 것을 알고 있는 것이다.

형식과 내용 그리고 사용의 통합은 일반적인 아동의 언어에서는 관찰할 수 있지만, 장애아의 언어에서는 구성요소에 문제가 있는 것이 종종 관찰된다. 예를 들면 청각장애아는 내용이 있는 언어를 산출하지만 언어형식은 불충분한 것이 많다. 청각장애아의 말이나 의사소통 능력은 적당한 연령이라도 음운론적, 형태론적, 구문론적 기능은 종종 뒤쳐져 있다. 5세 장애아인 데이비드의 발화 예에서 보이는 오류([ ]로 묶은 문자 부분)를 살펴보자.

Ye[s]terday I give it to … to … What['s] hi[s] name? Oh, Bob? Right.
He['s] not in my cla[ss]. He' s on my bu[s]. Why he can't come with me?

(어제, 그것을 주는…. 그 아이의 이름은 무엇이었지? 밥? 그렇다. 그는 교실에 없다. 버스를 타고 있다. 무엇 때문에 나와 함께 오지 않는 것이지?)

다음으로 11세의 자폐아 신이 표출한 다음의 발화를 생각해 보자. 발화의 부적절함과 의미의 결함을 자세히 보고 동시에 언어형식의 오류에도 주목해 보자.

임상의 : Sean, how are you today? (신! 안녕 오늘 기분 어때?)

신 : Fine, oh so fine, so very very fine and on my mind.
(좋아요, 너무 너무 기분이 좋아요.)

임상의 : Your class went on a trip yesterday. Tell me about it.
(어제 소풍갔었지, 그것에 대해 이야기해 줄래.)

신 : A trips a trip. Yesterday, today, tomorrow. Hot dogs dogs—all kinds of dogs—bow-wow. It's October and Halloween. Pepsi the choice of a new generation; Coca-Cola, red, white, and blue … and soup is good food, too.
(소풍. 소풍. 어제, 오늘 내일. 핫도그. 개 강아지 모두 멍멍 10월달. 그래서 할로인. 펩시는 신세계의 선택입니다. 코카콜라, 빨강, 하양, 파랑… 그래서 수프도 맛있는 음식입니다.)

위에서 논의한 용어와 개념은 언어와 그 장애 연구의 기초이다. 적절하게 언어발달을 이해하는 것은 언어장애아를 지도하게 될 사람에게 있어서는 매우 중요하다. 따라서 다음으로 언어발달에 관한 네 가지 이론적인 입장의 개요를 서술한다. 이것은 간단한 입문 정도이므로 초보자는 이 책에 기재된 참고문헌에서 꼭 보충학습을 하기 바란다.

4. 언어습득에 관한 입장

언어습득에 대한 연구에서는 네 가지 학문 분야로의 접근이 과거 20년간 주류를 이루고 있다. 즉 행동론적 접근, 심리언어학적 · 구문론적 접근, 의미론적 · 인지론적 접근, 화용론적 접근의 한계와 공헌에 관해서 간단히 살펴보기로 한다. 흥미있는 독자를 위해서는 Owens(2005), Nelson(1998), Bohannon과 Bonvillian(2001), Berko Gleason(2001), McCormick과 Schiefelbusch(1990)이 이들 접근에 관해서 더 상세한 정보를 제공하고 있다.

1) 행동론적 접근

(1) 배경

언어발달에 관한 행동론적 접근은 Skinner(1957)의 『Verbal Behavior』에 처음 등장했다. 이 접근에 의하면 언어학습은 환경변수에 의존하고 있으며, 모방과 연습 그리고 선택적 강화에 의해 습득된다. 음성상징과 상징의 연속이 조금씩 축적된 결과로 언어습득이 이루어진다. 그 과정에서 부모와 주위 사람은 아동이 모방하고 연습하는 적절한 발화의 모델로 중요한 역할을 한다. 부모는 아동의 바른 발화에 보상을 주어 아동의 발화가 문법적으로 타당하게 형성해 가도록 한다. 요컨대 언어행동이 환경 속에서 타인으로부터 선택적으로 보상받게 되는 것에 의해 아동은 언어를 학습하는 것이다(Skinner, 1957). Osgood(1963), Mowrer(1954), Staats(1963)에 의해 다양한 행동론적 접근들이 제시되고 있다.

(2) 한계

Chomsky(1959)는 Skinner를 네 가지 점에서 비판하고 있다. 첫째는 Skinner가 언어습득의 과정을 설명하려고 했지만, 학습된 내용을 무시하고 있는 점이다. Chomsky는 "무엇이 획득되는가를 잘 이해하지 않고, 획득의 과정에 관해서 추측하는 것은 의미가 없다" (p.55)라고 말했다.

둘째로 Chomsky는 환경으로 조건 짓는 메커니즘에 의존하기에는 아동이 지나치게 빨리 언어 레퍼토리를 습득한다는 것을 지적하고 있다.

셋째로 Chomsky에 의하면 아동은 성인이 사용하는 것을 들은 적이 없음에도 불구하고 "I goed", "mouse"와 같은 말을 한다.

(3) 공헌

1960년대 초 부모의 역할을 지나치게 강조하는 행동론 학파는 비판을 받았지만, 최근의 연구자는 생각을 바꾸어 언어발달에 있어 부모의 역할에 대해 그 중요성을 인식하게 되었다. Snow(1972)나 Newport(1976) 등의 연구는 부모의 언어적 역할은 아동의 언어발달에 적극적인 효과를 가져온다는 것을 명백히 하고 있다. 행동론자의 언어병리학 영역에의 또 하나의 공헌은 '구어를 가지지 못하는 사람에 대해서 조직적인 훈련의 수립과 적용'을 제시해 왔다는 점이다(McCormick & Schiefelbusch, 1984; Sandall, Hemmeter, Smith, & McLean, 2005; Schiefelbusch & Bricker, 1981). 행동론적 기법들은 언어치료에 보편적으로 널리 사용되어 왔으며, 언어장애아를 위해 이용되는 많은 중재 프로그램을 위한 기초를 제공하고 있다.

2) 심리언어학적 · 구문론적 접근

(1) 배경

1950년대 말부터 1960년대 초에는 언어학자, 특히 Chomsky는 "인간의 뇌에는 문장을 이해하거나 생성할 수 있는 정신지도(mental plan)가 있다"라는 가설을 제시했다(Chomsky, 1957, 1965). 이 정신지도는 '전자회로'가 내재화되기 위해 필요한 것이다.

심리언어학적 · 구문론적 접근은 아동이 언어규칙을 사용하기 위해 생득적인 소질을 가지며, 아동은 언어습득을 위한 능력이 '미리 배선되어 있다'라고 생각한다. Chomsky에 의하면, 아기는 생득적인 언어 메커니즘[언어습득장치(Language Acquisition Device : LAD)]을 가지고 태어나며, 그것은 언어를 듣는 것에 의해 활성화된다. LAD는 두 부분으로 이루어지는데, 하나는 문을 구성하기 위한 규칙 또는 일반적 원리이며, 또 하나는 이들 원리를 아동 개개인의 언어에 어떻게 적용할 것인가를 발견하기 위한 절차이다.

아동의 LAD는 언어환경으로부터 정보를 처리하고 자신이 들은 언어규칙에 관해서 가설을 세운다. Chomsky는 이 생득적으로 프로그램되어 있는 LAD를 가정하는 것에 의해, 매우 어린 아동이 간단하면서도 급속히 언어를 획득하며 들은 적이 없는 문법적 발화를 무한히 산출한다라는 기적적인 능력을 설명할 수 있었다.

(2) 한계

아동발달 전문가들(Schlesinger, 1977; Sinclair-deZwart, 1973)은 Chomsky가 언어학습을 인지발달과 관계없이 생성되는 것처럼 취급하고 있다고 주장한다. Piaget의 연구를 인용해서, Sinclair-deZwart(1973)는 언어발달은 인지발달에 의존하고 있다고 말한다. Schlesinger(1977)는 Chomsky의 모델을 따라 아동이 '알게 되는' 것과 대비시켜 태어나면서부터 '알고 있는' 것을 명확히 하는 것과 어떻게 해서 이 지식이 실제로 단어와 구에 연결되는가를 분명히 하는 것은 매우 어렵다고 지적한다.

의미론자인 Fillmore(1968)는 Chomsky를 비판해, 언어는 구문규칙보다도 기초가 되는 의미적 표상에 의존하고 있다고 했다. 사회언어학자는 언어를 듣는 것은 "아동의 언어습득을 활성화하기 위해서는 너무나 단편적이고 혼란스러우며 구조화되어 있지 않다"라는 Chomsky의 주장에 반론을 제기하고 있다. 이와 같은 연구자의 데이터(Nilson, 1973;

Newport, 1976; Phillips, 1973; Snow, 1972)는 "부모의 말 걸기가 언어학습을 촉진시킨다"라는 것을 보여 주고 있다. 부모의 말 걸기의 본질과 언어발달에의 촉진 효과에 관해서는 제3장에서 다룬다.

(3) 공헌

심리언어학적 · 구문론적 접근은 언어발달을 설명하기에는 부적당하다고 생각되고 있지만, Chomsky의 연구는 언어습득 과정에 관해서 보다 상세한 연구를 촉진한 것으로 평가되고 있다. 연구자들은 복수의 문화적 영역에 걸친 발달 패턴을 연구하기 시작했고, 더 중요한 것은 연구자들이 자연스러운 관찰의 가치를 인식하기 시작했다는 점이다(Mccormick & Schiefelbusch, 1984). 일반적인 언어와 장애가 있는 언어에 관한 많은 연구가 1960년대에 출판되었다(Braine, 1963; Brown and Bellugi, 1964; Brown and Fraser,1964; Menyuk, 1964). 언어학습에 관한 이 사고방식은 행동론자의 견해와 대비되는 또 하나의 견해로 발전했다. 그리고 그 결과, 언어습득 과정에 있어 아동을 수동의 존재로 보기보다는 능동적이고 창조적인 존재로 간주하게 되었다.

3) 의미론적 · 인지론적 접근

(1) 배경

Bloom(1970)의 저서 『Language Development : Form and Function in Emerging Grammars』의 발간에 따라, 새로운 초점은 아동의 구문론이 아니라 아동의 발화에 의해 전달되는 의미에 착안한 언어발달 연구로 향해졌다.

초기 다어단계의 아동 언어 연구에 있어, Bloom(1970)은 한 아동이 2개의 다른 상황에서 "Mommy sock"을 사용하는 것을 깨달았다. 한 번은 그 아동이 엄마의 양말을 손에 쥐고 있을 때 사용되었고, 또 한 번은 엄마가 그 아동에게 양말을 벗길 때 사용되었다. 아동의 발화 양식은 두 문장에서 같지만 아동이 전하고 있는 의미는 확실히 다르다. 처음 상황에서 아동은 소유를 전달하고 있다. 아동이 가지고 있는 양말은 엄마의 것이다. 두 번째 상황에서는 행위를 하고 있는 사람인 행위자(엄마)와 대상(양말) 사이에 발견된 의미를 전달하고 있다. Bloom은 아동의 언어는 의미를 표현한 것이라고 결론지었다. 그리고 Bloom은 아동이 환경 속에서 발견한 사물 사이의 관계를 부호화하기 위해 사용하는 의미 카테고리를 의미관계라 불렀다.

Bloom은 더 나아가 아동은 구문론에 관해서 알기 훨씬 이전 시기에 의미를 표현하는 것, 그리고 아동이 전달하는 의미는 선행하는 인지지식에 기초하고 있는 것을 가정했다. Bloom 이후 언어습득을 위해 인지적 전제 조건이 많은 연구의 주제가 되었다. Piaget(1952, 1954, 1964)의 연구도 다시 검토되기 시작하였다(Sinclair-deZwart, 1973).

아동은 자신이 알고 있는 것을 전달하기 위해 언어를 표현수단으로 사용하기 시작하였고, 그 지식은 감각운동적 경험과 관련이 있다는 증거가 나타나기 시작했다(Nelson, 1973). 언어습득을 위한 인지적 전제조건에 관해서는 제3장에서 다시 설명하겠다. Rees(1980)는 이 의미론적 · 인지론적 접근의 본질을 다음과 같이 잘 표현하고 있다. '아동은 의미를 표현하는 방법을 알고 있는 것만을 말한다" (p.21).

(2) 한계

언어발달에 대한 의미론적 · 인지론적 접근은 의미와 인지의 중요성을 강조한다. 그러나 이 접근은 연령에 상응하는 인지능력을 갖고 있는 것처럼 보임에도 불구하고 언어발달이 늦은 아동이 있는 이유를 설명하지 않고 있다(Cromer, 1974). 개념적인 능력이 언어학습에 있어서 중요한 유일의 능력이 아닌데도, 그 외의 능력이 의미론적 · 인지론적 접근에서는 설명되고 있지 않은 것처럼 생각된다. 이외에도 세 가지 비판이 있다.

Bowerman(1978)은 의미론적 · 인지론적 접근은 어떻게 아동이 언어를 획득하는가라는 질문에 답하고 있지 않으며, 인지능력의 발달과 언어발달과의 대응관계를 설명하지도 않는다고 지적했다. Schlesinger(1977)는 의미론적 · 인지론적 접근은 언어습득 과정에서 "언어를 듣는 것의 역할을 무시하고 있다"라고 말하고 있다. 아동이 언어에 접촉하지 않으면 어떻게 언어를 학습할 수 있을 것인가. 또 McLean과 Snyder-McLean(1978)은 언어습득을 적절히 기술하기 위해서는 아동의 사회적 의사소통에 의한 상호작용의 성질과 목적에 관한 명확한 기술을 포함하지 않으면 안 된다고 논해, 아동의 사회적 환경이 언어발달에 불가결한 것이라고 주장하고 있다.

(3) 공헌

언어발달에 대한 의미론적 · 인지론적 접근은 전체적인 발달을 배경으로 하고 있다. 이 때문에 (1) 언어의 인지적 전제 조건(Bowerman, 1974; Sinclair-deZwart, 1973), (2) 의미의 부호화에 있어 보편성의 기초가 되는 아동의 인지적 경험의 보편성, (3) 언어와 사고의 관계(Cromer, 1974; Miller, 1981; Rice, 1983)에 관한 다면적인 연구가 촉진되었다. 연구자는 '모방과 놀이가 아동의 상징기능에 기초를 내리고 있다"라고 생각했기 때문에 재차 모방과 놀이의 역할을 검토했다(Bates, Benigni, Bretherton, Camaioni, & Volterra,

1979; Sinclair-deZwart, 1973; Westby, 1980). 그리고 아동이 전달하는 의미를 이해하기 위해서는 비언어적인 문맥이 중요하다고 강조했다.

4) 화용론적 접근

(1) 배경

의사소통 의도는 사회적인 맥락 속에서 표현되기 때문에 화용론적 접근은 언어발달을 사회적 발달의 영역 안에서 다루고 있다. Bruner(1974, 1975)에 의하면 아동은 사회화하기 위해서 그리고 다른 행동들을 시도하기 위해서 언어를 배운다고 한다. 이것들은 아동이 언어내용이나 언어형식을 이해하거나 명확히 나타낼 때 그 틀을 부여하기 때문이다.

화용론적 모델에서는 "양육자와 아동의 상호작용이 언어학습의 힘을 생성시킨다"고 생각되고 있다(Rees, 1978). 양육자가 젖먹이 아기의 초기 반사적 행동이나 제스처에 반응하는 것으로 젖먹이 아기는 의도를 전달하는 것을 학습한다. 아기는 양육자와의 의사소통에 의한 상호작용을 반복하면서 의사소통의 기능을 정교화하게 한다.

McLean과 Snyder-McLean(1978, 1999)은 화용론적 모델의 네 가지 중요한 점을 들고 있다.

1. 언어는 아동이 말할 동기를 가질 때만 획득된다. 그 때문에 아동은 의사소통을 통해 자신이 환경에 영향을 받을 수 있다는 것을 학습했다고 가정된다.
2. 언어는 이미 획득되고 있는 의사소통 기능을 표현하는 하나의 수단으로 획득된다.
3. 언어는 일상생활 속에서 아동과 숙달된 언어 사용자 사이의 동적인 사회적 상호작용에 의해서 학습된다. 숙달된 언어 사용자가 그 과정을 촉진한다.
4. 아동은 이 학습과정에 있어서 능동적인 참가자이며, 아동은 성인의 촉진행동에 의해서 이익을 얻을 수 있도록 행동하는 것으로 이 학습과정에 기여하지 않으면 안 된다.

화용론적 모델은 일련의 새로운 연구 성과를 낳았다. Searle(1965)의 연구를 발전시켜 Dore(1975), Halliday(1975), Bates(1976)는 아동의 의사소통 의도를 범주화하기 위해 분류체계를 정식화했다. 한편 Bruner(1974/1975)나 Bates(1976)는 언어습득 과정에 있어 부모나 양육자의 역할을 검토했다.

(2) 한계

화용론적 접근에 의해 언어습득을 설명하기 위해서는 미해결된 두 가지 큰 문제가 남아 있다.

1. 의사소통 의도는 어떻게 해서 언어구조와 연결되는가?
2. 아동은 어떻게 해서 지시 대상에 대응하는 상징을 획득하는가?

게다가 화용론적 입장의 진보성에 관계되는 두 가지 한계가 있다. 하나는 현재 연구자 사이에서 의사소통 의도를 분류하는 공통의 체계에 관해서 동의가 이루어져 있지 않으며, 또 하나는 아동의 발화에 특정의 의도를 부여하는 체계가 아직 나타나 있지 않다는 것이다.

(3) 공헌

화용론적 입장은 언어의 사회적 측면을 강조해 그 중심에 언어 사용을 깔고 있다. 즉 환경적 언어자극과 보호자를 통한 모델링과 피드백의 역할을 중시한다.

화용론적 접근은 의사소통이 발달하는 상황과 맥락에 관한 연구를 자극해 왔다(Bruner, 1974/1975; Bates, 1976). 그리고 언어습득의 사회적 전제조건을 확인해 왔다. 이 점에 관해서는 제2장에서 충분히 논할 것이다.

5) 언어습득 접근에 대한 재고

언어습득에 대한 네 가지 접근, 즉 행동론적 접근, 심리언어학적 · 구문론적 접근, 의미론적 · 인지론적 접근, 화용론적 접근은 언어발달의 이해에 기여하고 있다. 또한 이들 중에 완전한 모델이 없다는 것에 의해 언어의 복잡함을 인식할 수 있다. 그러나 언어습득의 완전한 모델은 역시 필요하다. 이후 연구가 완전한 모델을 만들지는 모르지만 여기서 개관한 네 가지 접근에서는 발전된 구성개념이 아직 잘 통합되지 않은 채로 있다. 통합될 필요성에 대해서 McLean과 Snyder-McLean(1978)이 더 잘 언급하고 있다.

> 언어는 그 내용의 성질상, 그 속에 인지발달 영역의 산물을 수반한다. 언어는 그 기능의 성질상, 그 속에 사회적 발달의 산물을 수반한다. 언어는 그 형식의 성질상, 그 속에 인간의 생리학적 · 신경학적 체계의 성질과 기능에 영향을 미치며, 관계하는 모든 것이 입력되어 복합된 산물을 수반한다(p.43) .

현재 언어의 완전한 모델은 없으며 각각의 접근은 하나 이상의 발달 측면과 일반적인 아동의 발달에 따라 이 측면들을 가장 잘 표현하고 있다고 볼 수 있다. 일반적인 아동은 발달에 따라 이 측면들을 통과해 가기 위해 언어습득의 서로 다른 견해가 강조될지도 모른다. 발달의 초기(유아기)에는 화용론적 발달이 강조되며 취학 전 초기에는 구문론적 발달이 강조되는 것처럼, 일반적인 언어습득 과정을 이해하는 것은 언어장애를 이해하기 위해 꼭 필요한 기초를 제공한다.

5. 언어장애에 대한 접근

아동의 언어장애 연구에는 두 가지 주류를 이루는 접근이 있다. 병인론적 카테고리 접근과 기술적·발달적 접근이 그것이다. 여기서는 언어장애 연구의 각각의 접근을 정의하고 강점과 한계를 알아보기로 한다. 끝으로 ASHA(American Speech-Language-Hearing Association)로부터 내려진 언어장애의 실용적인 정의를 제시하겠다.

1) 병인론적 카테고리 접근

아동의 언어장애에 대한 전통적 접근은 그 원인 또는 병인론에 의해 장애를 분류한다. 각 병인론적 카테고리는 건강한 발달을 하고 있는 또래 아동들로부터 언어장애아를 구별하는 일군의 행동을 요약할 것이다.

병인론적 유형학은 McGinnis(1963)와 Myklebust(1954)의 초기 연구에서 사용되었다. Myklebust(1954)가 사용한 병인론적 카테고리는 (1) 정신지체, (2) 청각장애, (3) 정서장애와 자폐증, (4) 소아실어증과 신경학적 장애였다. 그 후 1960년대의 정치적·사회적 정세를 반영해 다섯 번째 카테고리인 문화적 및 사회적 박탈이 첨가되었다(Kamhi, 1990).

McCormick과 Schiefelbusch(1984)는 언어장애를 5개의 병인론적 카테고리로 분류했다.

1. 운동장애에 수반하는 언어와 의사소통장애. 뇌병리학상의 장애(예를 들면 뇌성마비)나 신경계의 장애(예를 들면 이분 척추) 때문에 언어장애와 운동장애를 함께 가진 아동이 이 범주에 속한다. 이 범주의 아동은 운동 곤란과 함께 정신지체, 시각장애 또는 청각장애일 가능성이 있으며 발작성 장애를 가진 경우도 있다. 이들 아동은 동시에 다수의 장애를 가지고 있다. 지면의 제약으로 이 카테고리에 대해서는 논하지 않는다. 독자는 Cruickshank(1976)의 저서를 참고하기 바란다. McDonald와 Chance(1964) 그리고 Mysack(1971)도 이 범주에 대해 충분히 설명하고 있다.

2. 감각장애에 수반하는 언어와 의사소통장애. 이 범주에는 청각이나 시각장애를 가진 아동들이 포함된다.
3. 중추신경계 장애에 따른 언어와 의사소통장애. 이 장애는 가벼운 경우도 있고 중증인 경우도 있다. 아동은 중추신경계 장애가 가벼울 경우는 일반적으로 학습장애로 분류된다. 그러나 중추신경계 장애가 심할 경우는 발달성 실어증으로 분류된다. 실어증을 중증 언어장애와 구별하는 것은 어렵고 복잡하다(McCormick & Schifelbusch, 1984).
4. 정도가 심한 정서적 · 사회적 기능장애에 따른 언어와 의사소통장애. 이 범주에는 신경증, 분열병, 자폐증으로 분류되는 아동이 포함된다. 이들 아동은 언어성과 비언어성의 상호작용 기능 발달에 있어 심한 장애를 경험한다. 이 장애에 관한 꽤 많은 연구가 자폐증 영역에서 행해지고 있다.
5. 인지장애에 따른 언어와 의사소통 문제. 이 범주에는 정신지체로 분류되는 아동이 포함된다. 이들 아동의 인지장애는 지체 정도에 따라 변화한다.

(1) 1차 및 2차적 언어장애

아동기 언어장애에 대한 또 다른 범주적 분류체계가 제안되어 왔다. Bernstein과 Seiger-Gardner는 아동기 언어장애를 두 가지 범주, 즉 1차적 언어장애와 2차적 언어장애로 구분하였다. 1차적 언어장애는 언어장애가 청력손실과 같은 말초감각장애, 정신지체와 같은 인지적 결함, ASD와 같은 사회적 장애, 부모의 약물남용과 같은 해로운 환경조건에 의해 설명될 수 없는 경우에 적용된다. 언어장애의 이러한 형태는 중추신경계 이상에 기인한다고 추정된다. 이들이 취학 전 아동일 경우 단순언어장애(SLI)로 분류되며, 학령기 아동일 경우 언어학습장애(LLD)로 분류된다(Owens, Metz & Hass, 2007), SLI와 LLD의 특징에 대해서는 제4장과 제5장에서 기술하기로 한다.

2차적 언어장애는 감각적(청력손실) · 인지적(정신지체) · 사회적(ASD)장애에 의해 설명될 수 있는 장애로, 이에 대해서는 제6장, 제7장, 제8장에서 기술하기로 한다.

(2) 병인론적, 카테고리 접근의 강점

병인론은 자폐증이나 학습장애, 정신지체, 청각장애를 비교해 구별하기에는 편리한 방법이다. 각각의 분류는 아동이 장애 범주 내외의 다른 아동들과 얼마나 유사한가 또는 다른가를 밝혀 주는 기준이 된다.

병인론적 카테고리 분류의 두 번째 실제적 이점은 학교에서 적절한 서비스를 받기 위해서는 종종 진단적 분류가 필요하다. 현재 미국의 많은 주에서는 진단적 분류에 기초해서 시간제 서비스나 구어나 언어를 위한 특수교육 프로그램을 아동에게 제공한다. 게다가 특수교육 프로그램은 종종 언어장애의 병인론에 맞추어 만들어지거나 진단적 분류에 의해 자폐증, 청각장애, 정신지체를 위한 프로그램을 만들 수 있다. 이러한 상황에서 아동에게 더 적절한 프로그램을 적용하기 위해서는 명칭 붙이기를 하지 않으면 안 된다는 것을 잘 알 수 있다.

몇 개의 지원 그룹은 무시되기보다는 명칭 붙이기로 주의를 끌어 서비스를 받는 쪽이 좋다라고 생각해 카테고리에 의한 분류의 지속을 소리 높여 논하고 있다. 자폐증이나 정신지체와 같은 정도가 심한 발달지체의 지원그룹이 특히 이와 같이 주장한다.

병인론적 카테고리 접근의 세 번째 이점은 언어병리학자에게 어떤 유형의 지도가 적절한지 지도에 사용될 수 있는 양식은 무엇인지에 관해서 단서를 제공하는 것이다. 예를 들면, 아동이 정신지체에서 보이는 것과 같은 인지장애를 가졌다면 언어부호에 해당하는 개념을 가르치거나 언어를 가르칠 때 도움을 주는 단서를 풍부히 해 몇 번이나 반복해 주는 것에 목표를 둔 지도를 제안할 수 있다. 아동이 청각장애인 경우, 언어병리학자는 언어를 가르치기 위한 보완대체 시스템을 고려해 볼 수 있다. 여기에는 수화(수어), 결합법, 구어, 전체법이 포함된다.

(3) 병인론적 카테고리 접근의 한계

Bloom과 Lahey(1978)는 어떤 특정의 진단적 명칭은 아동이 언어에 관해서 실제 무엇을 알고 있는지 무엇을 학습할 필요가 있는지를 충분하게 말해 줄 수 없다고 지적하여 병인론적 카테고리 접근의 한계를 강조했다. 게다가 하나의 진단적 카테고리에 꼭 맞는 아동은 거의 찾아볼 수 없다고 주장한다. 예를 들면 정신지체와 청각장애의 두 가지 장애를 가진 아동이나 정신지체이며 자폐적 특징도 가지고 있는 아동은 희소하지 않다. 또한 Bloom과 Lahey는 카테고리적 명칭은 그 언어장애가 되는 원인이 단 하나인 것을 의미한다고 주장한다. 그러나 실정은 좀처럼 그렇지 않다. 하나의 요인은 언어장애 원인의 대부분인지도 모르지만, 대부분의 경우 두 가지 이상의 원인이 있다.

병인론적 카테고리 접근에의 두 번째 비판은 Naremore(1995)에 의해서 이루어지고 있다. Naremore는 카테고리화는 평가와 지도에 도움이 되지 않는다고 말하고 있다. 그리고 정신지체나 청각장애로 정의된 아동군을 평가하는 방법을 찾아내는 것은 어렵다고 주장한다. 같은 군으로 정의된 아동이라도 평가는 그것에 의해 최대의 정보를 얻어 각 아동의 언어체계와 언어능력을 파악하는 것인 것처럼 각각의 아동에게 '맞추지' 않으면 안 된다. 목표는 아동의 언어행동을 평가하고 언어기능을 개선하기 위해 그 아동에게 맞는 방법과 교재를 찾는 것이다.

병인론적 카테고리 접근의 세 번째 비판은 Kamhi(1990)에 의한 것이다. Kamhi는 이 접근에서 '지도의 영역을 분할해야 하는 경우가 촉진된다' 라는 불행한 결과가 초래된다고 하고 있다. 이 접근에서는 정신지체, 자폐증, 정서장애는 심리학자나 특수교육 교사의 직무 영역이 되며 청각장애는 청각교육 교사의 직무 영역이 된다. 그리고 언어병리학자의 지도 대상을 발달성 실어증과 문화적 박탈을 당한 아동으로만 한정해 버린다. Kamhi(1990)의 지적에 따르면 대부분의 경우 "언어병리학자는 병인론적 유형에 관계없이 언어장애 지도에도 꼭 맞는 전문가이다"(p.73).

2) 기술-발달적 접근

기술-발달적 접근은 아동의 언어장애를 분류하기보다는 오히려 기술하는 것이다. 언어장애아의 언어 이해 능력과 언어 표현 능력을 일반적인 아동과 비교한다. 일반적인 아동이 발달의 어떤 시점에서 학습할 필요가 있는 것을 언어장애아도 학습할 필요가 있다고 가정한다(Naremore, 1980). Mccormick과 Schiefelbusch(1984)는 이 견해를 다음과 같이 요약하고 있다.

> 언어에 장애를 가진 아동은 모든 이유에서 다음과 같을 것이라고 생각된다. 즉 언어에 장애를 가진 아동은 (1) 건강한 언어 사용자에게 주어지는 것과 같은 정도로 풍부한 언어학습 경험을 필요로 하고, (2) 전형적인 학습자와 같은 사물이나 사건, 관계의 많은 것에 대해서 이해하거나 이야기하는 것에 뛰어난 아동과 같이 환경을 컨트롤하는 경험을 하길 바라며 또 필요로 한다(p.36).

기술-발달적 접근에 의하면, 언어장애는 "자의적인 신호에 관한 습관적 체계의 학습이나 사용에 있어 무언가의 장애이며, 이 자의적인 신호는 의사소통을 목적으로 해서 세계에 관한 생각을 표현하기 위한 부호로, 환경 속에서 사람에 의해 사용된다' (Bloom & Lahey, p.290). 장애는 형식, 내용, 사용 또는 그들 상호작용을 대상으로 생긴다. 이 생각에 기초해 Bloom과 Lahey(1978)는 어린이 언어장애를 다음 다섯 가지 유형으로 분류하고 있다.

1. 언어 형식을 학습하는 것이 어려운 아동은 음운론적 · 형태론적 · 구문론적 규칙의

이해와 사용에 주로 어려움을 나타낸다.

2. 사물, 사건, 관계를 대상으로 생각을 개념화하거나 조직화하는 것이 어려운 아동은 주로 의미론적 구성요소, 즉 언어내용에 관한 곤란함을 가진다.
3. 언어 사용에 곤란함을 표시하는 아동이나 언어를 듣는 청자의 요구에 맞출 수 없는 아동 그리고 일정 범위의 의사소통 기능을 달성하는 데 언어를 사용하지 않는 아동, 또는 일정한 상황에 따라 이해하거나 말하거나 하는 것이 어려운 아동은 화용론의 영역에 어려움을 나타낸다.
4. 형식, 내용, 사용을 통합하는 것이 어려운 아동은 Bloom과 Lahey(1978)에 의하면 연합에 문제를 나타낸다.
5. 모든 면에서 보다 저연령의 일반적인 아동과 유사한 언어와 의사소통 기능을 보이는 아동은 언어발달 지체로 분류된다.

(1) 기술-발달적 접근의 강점

기술-발달적 접근은 언어장애를 가진 아동의 강점과 약점을 명확히 하는 것에 초점을 두고 있다. 이 접근은 언어병리학자가 아동의 언어행동을 기술하고 지도를 필요로 하는 영역의 목표를 달성케 하는 데 도움을 준다.

아동에게 명칭 붙이기를 하기보다 이와 같이 카테고리화하지 않은 접근 쪽이 교육에는 보다 적절하다. 이 접근은 아동에게 곤란함을 초래하고 있는 언어영역에 지도의 목표를 두어 언어병리학자에게 지도 계획과 통로를 제공한다.

(2) 기술-발달적 접근의 한계

기술-발달적 접근은 병인론적 카테고리 접근이 지니고 있는 한계를 어느 정도 극복했지만 그래도 아직 다음과 같은 문제가 남아 있다.

1. 지도를 필요로 하는 영역을 어떻게 가르치면 좋은가에 대해서 명확한 절차를 임상가에게 보이고 있지 않다. 형식, 내용, 사용을 가르치는 치료 상황이나 방법을 논하고 있지 않다.
2. 언어장애아에 대한 지도는 언어장애에 기초해서 실시되어야 하며, 연령이나 환경에 따라 실시하는 것은 부적절하다고 가정한다. Brown, Nietupski와 Hamre-Nietupski(1976)은 발달상 2세와 같은 언어능력을 가진 16세의 정신지체아를 건강한 2세아를 가르치는 것과 같이 가르치는 것이 유효한가에 의문을 가지고 기술-발

달적 접근을 비판하고 있다. 아동이 최종적으로 그 속에서 살아가지 않으면 안 되는 가정과 지역사회와 직장 상황과 관계없이 발달적 접근에 지나치게 충실한 것은 교육적이지 않다고 생각하고 있다. 그들은 지도에 대해서 생태학적인 입장을 주장한다. 임상가는 무엇을 가르칠 것인가에 대해서 단서를 얻기 위해 아동이 살아가지 않으면 안 되는 적절한 환경을 찾기를 요구한다.

3. 기술-발달적 접근은 특수학급에 들어가거나 특별한 서비스를 받기 위해서는 아동에게 장애 명칭을 붙이는 것이 필요하다는 교육자가 직면하고 있는 현장의 문제를 무시하고 있다(Hobbs, 1978).

6. 언어장애의 정의

전통적인 병인론적 카테고리 접근과 기술-발달적 접근의 한계를 논했다. 이들 한계에 의하면 어떤 접근도 언어장애를 완벽하게 정의하지 못하고 있는 것은 명확하다. 그래서 이를 대신하여 ASHA가 규정하고 있는 언어장애의 정의를 다음에 제시하였다.

> 언어장애는 구어나 문어의 획득, 이해, 표현이 일반적 경향과 다른 경우를 말한다. 이 장애는 언어체계에 있어서 음운론적 · 형태론적 · 의미론적 · 구문론적 · 화용론적인 구성요소의 전부나 하나 또는 몇 가지를 포함할 것이다. 언어장애를 가진 자는 문제를 처리하거나 저장과 단기기억, 장기기억의 검색을 위해 의미적으로 정보를 추상화하는 것에 문제를 가지는 수가 종종 있다(ASHA, 1980. pp.317-318).

정의에 의하면 장애는 언어의 이해나 표현 또는 이해와 표현 둘 다에서 생긴다. 이들 장애는 듣거나 말하거나 읽거나 쓴다든지 할 때 발견되기 쉽다. 언어장애아는 언어에 의한 정보를 처리하거나 조직화해서 저장하거나 기억으로부터 검색하거나 하는 것이 곤란할지도 모른다. ASHA의 정의는 위의 세 가지 중요한 지표를 잘 나타내고 있다. 즉 장애를 입을 가능성이 있는 것은 언어의 구성요소, 양식, 처리라는 것이다.

요 약

이 장에서는 언어와 그 하위 체계의 특성에 대해 기술하였다. 언어를 정의한 후 언어습득에 대한 몇 가지 접근방법을 설명한다. 즉 행동주의적 접근방법을 비롯하여 심리언어-구문론적, 의미-인지론적, 그리고 화용론적 접근방법이 그것이다. 이어서 정상적인 언어습득은 연령 발달에 따라 언어발달이 단계적으로 상이하게 이루어진다는 것을 설명하였다. Owens(1984)는 "교사와 말-언어치료사는 많은 언어 정보자료를 가지고 있어야 한다"고 강조했는데, 이러한 정보자료는 언어발달에 대한 다양한 접근방법들에 대해서 얻을 수 있다. 치료 및 교육 현장에서 아동에게 언어를 효율적으로 지도하기 위해서는 화용론적, 인지적, 언어학적, 발달적, 행동주의적 전문가가 되어야 한다.

이어서 언어장애에 대한 토의에 있어서 두 가지 상이한 접근인 병인론적-카테고리 접근과 기술-발달적 접근에 대해 이야기하였다. 이 두 가지 접근의 장점과 단점에 대해서도 논의하였다.

이러한 접근방법상의 차이점에도 불구하고 언어장애를 언어학적 체계에 기반을 두고 종합적으로 설명하려고 하는 ASHA의 대안적 언어장애 정의에 대한 서술로 이 장을 마무리 하였다.

연구문제

1. 여러분이 사용하고 있는 의사소통 방법 중 적어도 다섯 가지에 대해 기술해 보라.
2. 말과 언어의 관계는 무엇인가? 말이 언어의 부분인가 아니면 언어가 말의 부분인가?
3. 다음의 언어체계에 대해 설명해 보라. 그리고 Bloom과 Lahey의 형식, 내용, 사용과 관련지어 보라.
   (i) 음운론　(ii) 형태론　(iii) 구문론　(iv) 의미론　(v) 화용론
4. 다음의 언어습득 모형의 강점과 약점에 대해 논해 보라.
   (a) 행동주의적 접근
   (b) 심리언어적 · 구문론적 접근
   (c) 의미론적 · 인지론적 접근
   (d) 화용론적 접근
5. 언어장애에 대한 접근 중 병인론적 카테고리 접근과 기술-발달적 접근을 비교해 보라.

참고문헌

ASHA Committee on Language, Speech and Hearing Services in the Schools. (April, 1980). Definitions for communicative disorders and differences, *ASHA, 22,* 317–318.

ASHA Committee on Language. (June, 1983). Definition of language, *ASHA, 25,* 44.

Bates, E. (1976). *Language and context: The acquisition of pragmatics.* New York: Academic Press.

Bates, E., Benigni, L., Bretherton, I., Camaioni, L., & Volterra, V. (1979). *The emergence of symbols: Cognition and communication in infancy.* New York: Academic Press.

Berko Gleason, J. (2001). *The development of language.* Boston: Allyn & Bacon.

Bernstein, D. K. (1978). *Semantic development of congenitally blind children.* Unpublished doctoral dissertation, City University of New York.

Bernstein, D. K., & Seiger-Gardner, L. (in press). Promoting communication development. In S. Raver (Ed.), *Introduction to early childhood special education: Strategies and practices.* Boston: Pearson.

Beukelman, D. R., & Mirenda, P. (2005). *Augumentative and alternative communication: Supporting children and adults with complex communication needs* (3rd ed.). Baltimore: Paul H. Brookes.

Bloom, L. (1970). *Language development: Form and function of emerging grammars.* Cambridge, MA: MIT Press.

Bloom, L., & Lahey, M. (1978). *Language development and language disorders.* New York: Macmillan.

Bohannon, J., & Bonvillian J. (2001). Theoretical approaches to language acquisition. In J. Berko Gleason (Ed.), *The development of language* (5th ed.). Boston: Allyn & Bacon.

Bowerman, M. (1974). Discussion summary—Development of concepts underlying language. In R. Schiefelbusch & L. Lloyd (Eds.), *Language perspectives—Acquisition, retardation and intervention.* Baltimore: University Park Press.

Bowerman, M. (1978). The acquisition of word meaning: An investigation in some current conflicts. In N. Waterson & C. Snow (Eds.), *The development of communication.* New York: Wiley.

Braine, M. (1963). The ontogeny of English phrase structure: The first phrase. *Language, 39,* 1–13.

Brown, L., Nietupski, J., & Hamre-Nietupski, S. (1976). The criterion of ultimate functioning and public school services for severely handicapped students. In M. A. Thomas (Ed.), *Hey, don't forget about me!* Reston, VA: Council for Exceptional Children.

Brown, R., & Bellugi, U. (1964). Three processes in the child's acquisition of syntax. *Harvard Educational Review, 34,* 133–151.

Brown, R., & Fraser, C. (1964). The acquisition of syntax. In U. Bellugi & R. Brown (Eds.), *The acquisition of language. Monographs of the Society for Research in Child Development, 92.*

Bruner, J. (1974/1975). From communication to language: A psychological perspective. *Cognition, 3,* 225–287.

Cairns, H. (1996). *The acquisition of language.* Austin, TX: Pro-Ed.

Chomsky, N. (1957). *Syntatic structures.* The Hague: Mouton.

Chomsky, N. (1959). A review of Skinner's "Verbal Behavior." *Language, 35,* 26–58.

Chomsky, N. (1965). *Aspects of the theory of syntax.* Cambridge, MA: MIT Press.

Chomsky, N. (1981). *Lectures on government and binding: The Pisa lectures*. Dordecht, the Netherlands: Foris.

Chomsky, N. (1999). On the nature, use and acquisition of language. In W. Ritchie & T. Bhatia (Eds.), *Handbook of child language acquisition*. New York: Academic Press.

Cromer, R. (1974). The development of language and cognition: The cognitive hypothesis. In D. Foss (Ed.), *New perspectives in child development*. New York: Penguin Education.

Cruickshank, W. (1976). *Cerebral palsy: A developmental disability*. Syracuse, NY: Syracuse University Press.

Dore, J. (1975). Holophrases, speech acts, and language universals. *Journal of Child Language, 2*, 21–40.

Fillmore, C. (1968). The case for case. In E. Bach & R. Harmes (Eds.), *Universals in linguistic theory*. New York: Holt, Rinehart & Winston.

Glennon, S., & DeCoste, D. (1997). *Handbook of augmentive and alternative communication*. San Diego, CA: Singular.

Halliday, M. (1975). *Learning how to mean: Explorations in the development of language*. New York: Edward Arnold.

Hansson, K., & Nettelbladt, U. (1995). Grammatical characteristics of Swedish children with SLI. *Journal of Speech-Hearing Research, 38*, 559–598.

Hobbs, N. (1978). Classification options: A conversation with Nicholas Hobbs on exceptional child education. *Exceptional Children, 44*, 494–497.

Johnston, J., & Schery, T. (1976). The use of grammatical morphemes by children with communication disorder. In D. Morehead & A. Morehead (Eds.), *Normal and deficient language* (pp. 239–258). Baltimore: University Park Press.

Kamhi, A. (1990). Language disorders in children. In M. Leahy (Ed.), *Disorders of communication*. London: Whurr.

Leonard, L. (1992). The use of morphology by children with specific language impairment: Evidence from three languages. In R. Chapman (Ed.), *Processes in language acquisition and disorders* (pp. 186–201). Chicago: Mosby-Yearbook.

Leonard, L. B., & Loebb, D. F. (1988). Government binding theory and some of its applications: A tutorial. *Journal of Speech and Hearing Research, 31*, 515–524.

McCormick, L., & Schiefelbusch, R. L. (1984). *Early language intervention*. Columbus, OH: Merrill/Macmillan.

McCormick, L., & Schiefelbusch, R. L. (1990). *Early language intervention* (2nd ed.). Columbus, OH: Merrill/Macmillan.

McDonald, E. T., & Chance, B., Jr. (1964). *Cerebral palsy*. Englewood Cliffs, NJ: Prentice Hall.

McGinnis, M. (1963). *Aphasic children: Identification and education by association method*. Washington, DC: Alexander Graham Bell Association for the Deaf.

McLean, J., & Snyder-McLean, L. (1978). *A transactional approach to early language training*. Columbus, OH: Merrill/Macmillan.

McLean, J., & Snyder-McLean, L. (1999). *How children learn language*. San Diego, CA: Singular Publishing.

Menyuk, P. (1964). Syntactic rules used by children from preschool through first grade. *Child Development, 35*, 533–546.

Miller, J. (1981). *Assessing language production in children*. Baltimore: University Park Press.

Mowrer, O. (1954). The psychologist looks at language. *American Psychologist, 9,* 660–694.

Myklebust, H. (1954). *Auditory disorders in children: A manual for differential diagnosis.* New York: Grune & Stratton.

Mysack, E. (1971). Cerebral palsy speech syndromes. In L. E. Travis (Ed.), *Handbook of speech pathology and audiology*. Englewood Cliffs, NJ: Prentice Hall.

Naremore, R. (1980). Language disorders in children. In T. Hixon, L. Schriberg, & J. Saxman (Eds.), *Introduction to communication disorders*. Englewood Cliffs, NJ: Prentice Hall.

Naremore, R. (1995). *Language intervention with school-aged children*. San Diego, CA: Singular.

Nelson, K. (1973a). Some evidence of the cognitive primacy of categorization and its functional basis. *Merill-Palmer Quarterly, 19,* 21–39.

Nelson, K. (1973b). Structure and strategy in learning to talk. *Monographs of the Society for Research in Child Development, 38.*

Nelson N. W. (1998). *Childhood language disorders in context: Infancy through adolescence.* Boston: Allyn & Bacon.

Newport, E. (1976). Motherese: The speech of mothers to young children. In J. Castellan, D. Pisoni, & G. Potts (Eds.), *Cognitive theory* (Vol. 2). Hillsdale, NJ: Lawrence Erlbaum Associates.

Osgood C. (1963). On understanding and creating sentences. *American Psychologist, 18,* 735–751.

Owens, R. E. (1984). *Language development: An introduction*. Columbus, OH: Merrill.

Owens, R. E. (1990). Communication, language, and speech. In G. Shames & E. Wiig (Eds.), *Human communication disorders* (3rd ed.). Columbus, OH: Merrill/Macmillan.

Owens, R. E. (2005). *Language development: An introduction* (6th ed.). Boston: Allyn & Bacon.

Owens, R. E., Metz, L., & Haas, A. (2007). *Introduction to communication disorders: A lifetime perspective* (3rd ed.). Boston: Allyn & Bacon.

Phillips, J. (1973). Syntax and vocabulary of mothers' speech to young children: Age and sex comparisons. *Child Development, 44,* 182–185.

Piaget, J. (1952). *The origins of intelligence in children*. New York: International Universities Press.

Piaget, J. (1954). *The construction of reality in the child*. New York: Basic Books.

Piaget, J. (1964). Three lectures. In R. Ripple & U. Rockcastle (Eds.), *Piaget rediscovered*. Ithaca, NY: Cornell University Press.

Rees, N. (1978). Pragmatics of language. In R. Schiefelbusch (Ed.), *Bases of language intervention*. Baltimore: University Park Press.

Rees, N. (1980). Learning to talk and understand. In T. J. Hixon, L. D. Shriberg, & J. H. Saxon (Eds.), *Introduction to communication disorders*. Englewood Cliffs, NJ: Prentice Hall.

Reichle, J., Halle, J., & Drasgow, E. (1998). *Implementing augmentative communication systems*. In A. Wertherby, S. Warren, & J. Reichle (Eds.), *Transitions in prelinguistic communication* (pp. 417–436). Baltimore: Paul H. Brookes.

Rice, M. (1983). Contemporary accounts of the cognition-language relationship: Implications for language clinicians. *Journal of Speech and Hearing Disorders, 48,* 347–359.

Romski, M. A., Sevcik, R. A., Cheslock, M., & Barton, A. (2006). The system for augmenting language: AAC and emerging language intervention. In R. McCaulay & M. Fey (Eds.), *Treatment of language disorders in children: Conventional and controversial intervention.* Baltimore: Paul H. Brookes.

Sandall, S., Hemmeter, M., Smith, B., & McLean, M. (2005). *DEC recommended practices: A comprehensive guide for practical application in early intervention/early childhood special education*. Longmont, CO: Sopris West.

Schiefelbusch, R. (1978). Summary and interpretation. In R. Schiefelbusch (Ed.), *Bases of language intervention*. Baltimore: University Park Press.

Schiefelbusch, R. L., & Bricker, D. D. (Eds.). (1981). *Early language: Acquisition and intervention*. Baltimore: University Park Press.

Schlesinger, I. (1977). The role of cognitive development and linguistic input in language acquisition. *Journal of Child Language, 4*, 153–169.

Searle, J. (1965). What is a speech act? In M. Black (Ed.), *Philosophy in America*. New York: Allen & Unwin; Cornell University Press.

Sinclair-deZwart, H. (1973). Language acquisition and cognitive development. In T. E. Moore (Ed.), *Cognitive development in the acquisition of language*. New York: Academic Press.

Skinner, B. F. (1957). *Verbal behavior*. New York: Appleton-Century-Crofts.

Snow, C. (1972). Mothers' speech to children learning language. *Child Development, 43*, 549–566.

Staats, A. W. (1963). *Complex human behavior*. New York: Holt, Rinehart & Winston.

Strum, J., Spadorcia, S., Cunningham, J., Cali, K., Stables, A., Erickson, K., Yoder, D., & Koppenhaver, D. (2006). What happens to reading between first and third grade? Implications for students who use AAC. *Augmentative and Alternative Communication, 22*, 21–36.

Westby, C. (1980). Assessment of cognitive and language abilities through play. *Language, Speech and Hearing Services in Schools, 111*, 154–168.

제 2 장

언어발달

Deena K. Bernstein
뉴욕시립대학교 리먼칼리지
Sandra Levey
뉴욕시립대학교 리먼칼리지

이 장을 읽고 난 후 다음의 사항을 할 수 있어야 한다.

- 어린 아동의 전언어 능력을 묘사할 수 있어야 한다.
- 언어발달에서 환경의 역할을 설명할 수 있어야 한다.
- 취학 전과 학령기 아동들의 언어형태, 내용, 사용에 대한 발달을 설명할 수 있어야 한다.
- 문해능력에 대한 발달을 설명할 수 있어야 한다.

말 언어 및 의사소통의 습득은 복합적인 과정이다. 영아기에 시작하여 일생을 통해 변화가 계속된다. 제1장에서는 말, 언어 그리고 의사소통의 특징에 대해 토론했으며 상호의존성과 차이점에 대해서 제시하였다. 이 장은 생후부터 학령기까지 언어발달의 일반적인 개요를 보여 준다. 아동과 청소년들이 습득하는 언어습득의 형태, 의미, 후천적인 의사소통 기법이 포함된다.

다음 내용은 언어발달의 주요한 초점이 된다.

1. 언어습득의 인지적 · 사회적 조건
2. 영아기와 유아기의 전언어능력의 발달
3. 영아기부터 학령기 동안 발달하는 음운론, 형태론, 구문론, 의미론, 화용론의 발달
4. 문해능력의 발달

1. 언어발달 : 개관

생물학적으로 언어습득 과정에 들어간 아동들은 언어를 배울 준비가 되어 있으며 능동적이다(Hirsh-Pasek & Golinkoff, 1997; Karmiloff-Smith, 1995; Sokolov & Snow, 1994). 문해력과 같은 활동적인 학습은 아동의 발달 초기에 본격적으로 시작된다. 예를 들면 1~4개월에 영아는 구어 패턴에서 억양 변화를 감지할 수 있으며(Jusczyk, 1992), 18~20개월에 음운과 구어운동 간에 관련이 있다는 것을 인식할 수 있다(Kuhl & Meltzoff, 1997). 양육자의 태도, 사회적 상호작용, 놀이 및 인지발달은 언어발달에 영향을 미친다.

2~5세의 취학 전 시기는 언어의 모든 영역, 즉 음운론(단어, 구, 문장 산출을 위한 연속 구어음), 구문론(문장 구조), 의미론(의미), 그리고 화용론(언어 사용)에서 빠른 성장을 한다. 아동은 2세에 2단어 발화가 시작되지만 5세가 되면 경험에 의해 장황하게 긴 문장을

산출한다. 아동은 24개월이 되면 대략 200~300단어의 어휘를 말하며 5세에는 약 2,000 단어의 어휘를 인지한다. 4세에 이르면 대부분의 음운에 익숙해진다. 아동은 3~4세에 지식과 상황(아동 대 성인)을 제대로 판단하여 더 공식적인 메시지를 요구한다.

언어발달은 학령기를 통해 계속된다. 이 시기는 언어의 모든 영역, 즉 형태(음운론, 형태론, 구문론), 내용(의미론), 그리고 화용(화용론)에서 성장을 보인다. 또한 보다 더 추상적인 언어능력을 발달시키기 위한 언어인식력이 증가된다.

아동은 학령기에 새로운 형태에 숙달되고 보다 효과적으로 의사소통할 수 있는 실제적인 구조뿐만 아니라 새로운 형식을 학습한다. 말을 명확하게 전달하고 또 의사소통의 수준을 결정하는 의사소통 조정능력을 배운다. 교실에서 언어를 사용하는 것을 배움으로써 의사소통 기술의 범위가 확장된다. 이런 환경에서 아동은 수준 높은 반응과 교사의 질문에도 정확한 어법으로 반응하면서 언어기술을 조절한다. 또한 학령기 아동들은 언어로 생각하고 말하는 것이 가능한 상위언어기술을 발달시킨다. 상위언어기술은 두 가지 주요 언어기술, 즉 읽기와 쓰기에 숙달되도록 돕는다.

구어음(음소)이 문어(서기소)와 관련되는 것처럼 읽기와 쓰기 학습은 앞서 습득한 언어기술에 토대를 두고 있는 것을 전제로 아동들은 이후에 새로운 방식으로 의사소통을 시작한다.

독자들은 다음 사항, 즉 (1) 아동들의 언어발달 속도는 지적 능력, 학습유형, 민족성, 사회경제적 요인들의 차이에 의해 다양성을 보인다(Owens, 2005), (2) 언어발달의 다음 단계는 이전 단계의 발달에 좌우된다, (3) 언어발달은 점진적인 과정이다, (4) 구어에서 음운론, 형태론, 구문론, 의미론, 화용론의 습득은 문어의 습득과 관련되어 있다는 것을 염두에 두는 것이 중요하다. 이러한 후기 발달영역에 대한 지식은 읽기와 쓰기에서 결함을 보이는 보다 나이 든 아동들의 이해에 절대로 필요하다(Beck & Juel, 1995; Butler, 1999; Catts, 1991, 1996; Greene, 1996; Henry, 1993; Rubin, Patterson, & Kantor, 1991; Wallach, 1984).

다음 절에서는 아동들의 인지발달 및 환경과의 상호작용을 포함한 언어습득의 기초에 관해 살펴보기로 한다.

2. 인지발달

초기의 인지발달은 아동들의 주변 사건과 존재물을 표현하는 구성 및 재구성 과정을 포함한다(Witt, 1998). 초기의 자기중심성은 세계로부터 그들이 분리되어 있다는 것을 알고 있는 아동들에게서는 더 이상 나타나지 않으며, 모든 활동에 특별한 이유가 없이 대상에 대한 그들 자신의 지각과 다르게 나타난다. 인지발달은 성인과 형제들, 환경의 활동에서 언어적인 상호작용으로 나타난다.

Piaget(1954)에 의하면, 아동은 정보처리 과정에서 허용되는 심리적 구조(Schema, 도식)를 가지고 있는 것으로 보인다. 이런 도식은 환경에 대한 반응으로 변화한다(적응). 새로운 대상이나 활동에 부딪히면 이전에 존재했던 도식에 새로운 사건을 일치시킨다(동화). 또한 새로운 사건이 현존하는 도식과 일치하지 않으면 현존하는 도식을 변화시킨다(조절). 이렇게 아동은 새로운 상황이 요구하는 것에 직면할 때 이전의 도식을 조절하거나 새로운 사건을 이전의 도식에 동화시킨다. 평형화를 이루는 것이 목적이며, 이것은 동화나 조절을 통하여 이루어진다.

Piaget(1954)는 출생에서 성숙할 때까지 지속되는 네 가지 인지발달 단계를 정의했다(표 2.1). 감각운동기는 6단계로 분류된다.

1단계(출생~1개월)에 아동은 환경의 자극에 반응하면서 도식(빨기)의 조절이나 동화가 나타난다. 환경적인 경험에 대한 반응 속에서 영아가 보다 더 능숙하게 놀이용 젖꼭지를 탐색하기 시작한다.

2단계(1~4개월)에 눈과 손의 협응, 움직이는 물체에 대한 눈의 추적 그리고 소리의 분화가 증가한다.

3단계(4~8개월)에서 아동들은 모든 행동에 자아중심성이 나타난다. 이 단계에 모방이 나타나며 아동이 이해한 것을 표현하기 위하여 노력하며 세계와 상호작용한다. 아동들은 이제 움직이는 물체의 방향을 예측할 수 있고, 사물이 부분적으로 숨겨져 있더라도 사물을 잡으려고 손발을 뻗고, 이러한 사물을 능숙하게 다룬다.

4단계(8~12개월)에 아동은 사건을 예측할 수 있으며 목적을 달성하기 위한 수단으로 목표를 수립(수단-목적행동)하며, 폭넓은 환경을 모방하고 사물의 위아래가 바뀌거나 비어 있을 때, 다른 시각으로 보였을 경우에도 물체가 그대로 유지되는 것(사물의 불변성)을 이해하는 것, 행동의 원인을 이해하는 것(인과관계), 그리고 시야로부터 사라졌을 때조차도 사물이 존재한다는 것(물체의 영속성)을 기억한다. 단기기억은 증가하지만 한계가 명확히 있으며(Owens, 2005) 자기중심성은 감소한다.

5단계(12~18개월)에 아동은 실험, 탐구 그리고 새로운 문제를 해결하기 위한 행동 패턴과 초기에 확립된 도식을 사용한다. 이와 같이 좀 더 나이가 들수록 도식은 수정된다.

표 2.1 Piaget의 인지발달 단계

단계	연령(년)	특성
감각운동기	0~2	아동은 세계를 인식하기 시작하며, 이 단계의 말기에 존재물, 소유물 그리고 활동을 나타내는 단어를 사용한다.
전조작기	2~7	아동은 공간, 시간 그리고 양적 개념과 관계를 인식하기 시작한다.
구체적 조작기	7~11	아동은 논리적 사고 과정이 발달한다.
형식적 조작기	11~15	아동은 논리적 · 추상적인 사고가 발달한다.

아동은 현재 새로운 행동을 표출하는 데 관심이 있다. 상징적인 행동은 첫 단어 시기에 나타난다.

6단계(18~24개월)에 아동은 물리적 수단보다 사고를 통해서 문제를 해결한다. 그들은 지시 대상이 갑자기 보이지 않을 때에도 물체나 활동을 명명한다. 지연모방이 나타나기도 한다. 즉 아동은 활동을 관찰할 수 있고 기억고에 그것을 저장하며, 활동 이후에도 재산출한다.

3. 언어발달에서 환경의 역할

비록 아동이 언어발달에 대한 유전적인 기초를 소유하고 있다 할지라도(Berko Gleason, 2001), 언어습득은 환경에서 사람들 및 사건들과 아동과의 상호작용에 의해 지대한 영향을 받는다. 최근의 문해능력은 언어습득에서 환경의 역할과 특히 성인-아동 간 상호작용의 영향에 대해서 기술하고 있다(Sokolov & Snow, 1994).

아동-양육자의 상호작용은 많은 면에서 성인-성인과 성인-성숙한 아동 간의 상호작용에서 사용되는 언어와 다르다. 즉 아동-양육자의 상호작용에서는 더 짧은 문장들, 쉬운 구문, 아동이 관심을 갖는 사물이나 활동에 초점 두기, 아동 자신의 발화에 대한 성인의 반복, 아동의 발화 반복, 보다 높은 강도의 음, 과장된 억양 패턴, 각기 다른 발화 사이에서 쉼의 지속적 증가 그리고 많은 질문과 지시 패턴을 사용한다(James, 1990; Owens, 2005). 성인 대 아동의 구어 활동은 바로 현재에 초점을 두는 것이 특징이다. 보다 어린 아동에 대한 모성의 양육에 있어서 90%는 직접적인 환경에서 사물과 사건에 초점을 두고 있다는 것이 사실로 밝혀졌다(Ninio & Snow, 1996).

표 2.2 성인 대 아동의 상호작용 패턴

성인 패턴	설명	사례
확장	아동 발화의 길이 또는 복잡성을 증가시키기 위한 구어적 반응	아동 : 저 강아지. 성인 : 그래, 저기 강아지가 있구나. 또는 그래 저기 큰 강아지가 있구나.
부연 설명	아동의 발화에 적절한 정보를 덧붙여 주는 새 구어적 반응	아동 : 그것이 떨어졌어요. 성인 : 그래 굴러 떨어졌구나, 왜냐하면 너무 테이블 모서리에 바싹 붙어 있었기 때문이야.
수직 구조화	질문은 발화된 부분 내에서 구성되도록 처리. 성인은 뒤이어 완전한 발화를 산출	아동 : 저 사슴이 망치를 들고 있어요. 성인 : 사슴이 망치를 떨어뜨리면 무슨 일이 일어날까? 아동 : 그의 발가락에 떨어질 거예요. 성인 : 사슴이 망치를 떨어뜨린다면, 그의 발가락에 떨어져 상처가 생길 거야.
촉진	아동이 말했던 것을 확장하여 질문	아동 : 그가 저 괴물을 보고 놀랐어요. 성인 : 그는 괴물이 그에게 어떻게 할 거라고 생각했을까?
반복	아동의 발화 반복	아동 : 큰 새가 먹이를 먹고 있어요. 성인 : 큰 새가 먹이를 먹고 있어.
개조	아동의 발화를 성인식 발화 형태로 제시	아동 : 저것 나의 공 성인 : 저것은 나의 공이야.

Gillam(1999) and Strapp(1999). Copyright Gillam, R. B.(2000). 허락하에 게재.

앞에서 기술한 바와 같이 인지발달은 타인과의 상호작용과 환경과의 상호작용에 영향을 받는다. 아동들은 성인으로부터 언어와 관련된 특정한 정보를 받아들이며 그들은 이런 정보를 처리한다(Sokolov & Snow, 1994). 표 2.2에 소개된 성인 대 아동의 의사소통 형태는 언어발달을 촉진시키기 위한 가설이다.

성인 대 아동의 상호작용 유형은 문화에 따라 다르다(Sokolov & Snow, 1994). 2개의 기본적인 상호작용 접근법이 Snow, Perlmann과 Nathan(1987)에 의해 제안되었다. 첫 번째 상호작용 유형에서 부모는 아동의 활동, 제스처, 발성에 대해 즉각적인 반응을 통해 아동에게 담화체계를 제공한다. 이와 같이 일상적인 활동을 통하여 언어체계에 관한 풍부한 정보자료를 제공한다. 두 번째 접근에서는 부모가 유사한 정보와 반복된 표현으로 아동이 예측 가능한 구문을 제시하며, 이런 구문 구조를 내면화하고 인식하도록 책읽기나 스토리텔링을 적용한다. 어떤 접근법이 사용되든 아동은 언어정보를 습득하게 된다.

성인의 영향력은 영어권 아동과 중국어권 아동에 의해 산출된 초어 간의 차이점에서 찾을 수 있다. 예를 들면 명사는 영어권 성인에 의해 성인 대 아동의 상호작용에서 보다 더 우세하며(Owens, 2005), 반면에 만다린 중국어권 성인들에 의한 성인 대 아동의 상호작용은 주로 동사들로 이루어져 있다(Tardif, 1995: Tardif, Shatz, & Naigles, 1997). 따라서 영어권 아동에 의해 산출되는 초어는 주로 명사이다(Gentner, 1982; K. Nelson, 1973). 그러나 만다린 중국어권 아동에 의해 산출되는 초어는 명사와 동사이다. 이와 유사한 예를 사물보다 활동 위주의 말을 더 많이 사용하는 부모를 둔 한국어권 아동에게서 찾을 수 있었다(Choi, 2000; Choi & Gopnik; 1995). 언어발달의 측면에서 이러한 차이점은 성인 대 아동의 구어 놀이에서 나타난다.

4. 영아와 유아의 초기 의사소통

영아들은 언어학습을 준비하는 선천적인 능력을 가지고 있다. 어떤 연구자들은 영아기에 산출하는 소리와 초기 단어가 결합되어 있다고 주장한다. 옹알이가 후기 말 산출과 관련되어 있으며 언어발달에 영향을 주는 훈련 형태로 구성되어 있다고 본다(Stoehl-Gammon & Cooper, 1984). 옹알이 시기에 아동은 구어운동의 움직임과 음성을 결합하여 저장한다. 발달 후기에 아동은 의미 있는 말을 산출하기 위해 이런 행동을 받아들인다.

영아들은 의사소통을 의도적으로 산출할 수 있다. 이것은 그들이 특별히 원하는 것을 요구하는 의사소통을 할 수 있다는 의미이다. 영아기는 의도적인 제스처 또는 발성과 눈맞춤의 사용을 신호로 알리고, 요구하는 것을 발화하기 위해 끊임없이 시도하며 신호를 보낸다(James, 1990).

생후~1개월의 영아들이 산출하는 음성들은 혀 차는 소리와 트림과 같은 흡착폐쇄음, 울음으로 구성된 자율신경계의 단조로운 음성을 산출한다(MaLaughlin, 1998). 그리고 유사-공명핵이라 불리는 모음류의 음성들이 산출된다(Oller, 1978). 이 발달 단계에서 영아들은 그들의 어머니와 다른 여성의 음성 그리고 외국인의 발화와 어머니의 언어를 구별할 수 있다(Jusczyk, 1992).

1~6개월 시기에는 쿠잉, 웃음소리, 비명소리, 으르렁거리는 소리를 표현한다. 쿠잉은 모음의 소리로 구성되며 때때로 자음-모음(CV)의 형식에서 /k/와 /g/와 같은 후설자음의 결합을 산출한다. 또한 영아들은 억양에서 변화를 감지할 수 있고 다른 발화에서 동

일한 음절의 발생을 인식하고 발견할 수 있다.

4개월이 되면 영아들은 얼굴 형태와 일치하는 약간의 발성을 산출할 수 있으며 발화 그대로의 말을 산출하는 것을 알 수 있다. 예를 들면 과잉억양 형태, 보다 느린 구어 산출 그리고 보다 높음 음정을 산출할 수 있다. 영아들은 또한 그들의 어머니의 눈의 시선 또는 지시점을 따를 수 있다(Owens, 2005).

4~6개월 시기에 단순한 옹알이가 출현하며, 이것은 자음모음, 모음자음으로 구성되어 있다[CV(/ba/)와 VC(/ab/) 형태]. 6~8개월에 출현하는 이중 옹알이는 자음과 모음이 교대로 이루어진다(*bababababa*). 음성놀이 또한 이 시기에 출현하며 아동이 산출하는 다양한 소리가 증가한다. 이 시기에 영아들은 운율자질에 근거하여 모국어와 외국어로 산출되는 말을 구별할 수 있다.

8~10개월 시기에 변화된 옹알이가 출현한다. 이것은 자음과 모음이 번갈아 연속적으로 구성되어 있다(*babigabadidu*). 옹알이는 바로 성인 언어의 억양 패턴과 일치하지만 옹알이의 쇠퇴는 외국어에 있어서 음성적인 단서와 음성대비를 감지하는 능력에서 발생한다(Werker & Tees, 1984). 이런 변화는 초어의 출현과 상호 연관되어 있으며, 변별은 영아의 주위 환경에서 말한 언어에 좀 더 중점을 둔다.

8~12개월 시기에 반향어가 출현한다. 다른 형태의 구어로 앵무새처럼 되내는 모방이 특징이다(McLaughlin, 1998). 예를 들면 아동은 성인의 발화를 모방할 뿐만 아니라 성인의 음질과 제스처를 모방하려고 한다. 9~12개월 시기에 뜻을 알 수 없는 재잘거림이 출현한다. 이것은 성인 말의 강세 형태를 반영하는 음절의 연속으로 구성되어 있으며, 이런 말들은 명확하게 이해하기 어렵다.

9~12개월 시기에 특수한 문맥과 관련된 안정된 음성이 출현한다. 이 시기에 아동은 요구를 나타내는 어떤 소리와 거절이나 거부를 표시하는 또 다른 소리를 뚜렷하게 산출한다. 이런 소리는 음성일치형(PCFs), 낱말(모음) 또는 수행문(James, 1990)이라 명명된다. 아동들은 자신의 의지대로 의사소통하기 위해 음성이 연속적으로 산출되는 동안 제스처나 지시하기도 함께 병행하게 된다.

5. 의미론의 발달

의미론은 의미와 관련된 언어의 구성요소이다. 의미는 대화와 같이 구어의 지속적인 확장과 규칙적인 담화를 가진 단어, 문장, 발화수준에서 언어로 전달된다. 어떤 단어의 의미는 언어 외적인 상황에서도 습득할 수 있다.

1) 어휘 발달

아동들의 초어는 약 12개월에 산출된다. 아동의 초기 구어는 아동의 환경에서 익숙한 존재, 활동, 사물들에 대한 명명으로 주로 이루어져 있다. 영어권 아동의 초어에 대한 연구(K. Nelson, 1973)에서는 초어의 대부분이 엄마나 공(65%)과 같은 명사이고, 다음이 가다나 위로(13%)와 같은 활동어, 뜨거운과 내것(9%)과 같은 수식어구 그리고 바이 바이와 안돼(8%)와 같은 개인-사회적인 단어 및 무엇(4%)과 같은 기능어로 나타났다. Nelson, Hampson과 Shaw(1993)는 이들 초어 중 많은 부분이 명사이거나 동사(마시다)로 구성된다고 하였다.

아동의 초기 단어의 뜻은 종종 성인의 의미와 일치하지 않는다. 예를 들면 아동은 네 발 달린 다른 동물들(양, 암소, 돼지, 말)에 대한 호칭으로 개라는 단어를 사용할 수도 있다. 범주를 초월하여 확장된 단어를 사용하는 것을 과잉확장이라고 부른다. 개의 사례에 주목해 보면 아동에 의해 산출된 과잉확장은 지각적인 유사성(형상 또는 움직임)의 관점에서 목표단어와 관련되어 있다. 아동은 또한 모자, 스카프, 리본 그리고 머리빗과 연관지어 모자로 명명하여 사용할 수 있다. 이런 과잉확장은 그 기능의 관점에서 목표단어와 연관되어 있다(Peccei, 1999).

일부 연구자는 아동이 과잉확장을 산출한다는 가정을 했는데, 그 이유로 아동이 목표단어는 아직 습득된 적이 없었지만 가장 적합한 단어로 그것을 선택했다고 보았다. 또 다른 설명은 아동이 대상에 대한 정확한 명명을 요구하는 장치로 과잉확장을 사용한다는 것이다. 어떤 경우이든 과잉확장은 3세까지 빈번히 습득되는 형태이다. 아동은 의미론적 능력이 발달함에 따라 그들의 의미는 더 성인의 목표물에 근접하게 닮아가게 된다.

어린 아동은 12개월에 하나 또는 그 이상의 단어로 표현어휘를 가지며, 15개월에 4~6단어 어휘를, 18개월에 20단어, 24개월에 200~300단어 어휘를 표현한다. 아동의 수용어휘는 일반적으로 그들의 표현어휘를 능가한다. 예를 들면 아동이 10단어 어휘를 표현할 때 그들은 적어도 50단어를 이해할 수 있다.

2) 관계적 의미

일일이 열거된 지시 대상의 어휘 지식을 습득하면서 아동은 사람, 사물, 사건 사이의 관계를 부호화하는 의미를 습득한다. 나중에 이러한 관계습득은 아동의 단순 문장으로 부

표 2.3 관계 단어 : 한 단어 발화

범주	의미	사례
존재	아동은 사물에 대해 말한다.	'저것' 또는 '저것'이 무엇인지 지적하거나 말한다.
비존재	아동은 존재물이 없다고 말한다.	'없다' 또는 '갔다'라고 말한다.
소멸	아동은 존재물이 없어졌다고 말한다.	'갔다' 또는 '모두 갔다'라고 말한다.
재현	아동은 없어진 것을 요구하거나 존재물이 다시 나타난다고 말한다.	'더 많이'라고 말한다.

R. E. Owens, *Language Development*. Copyright © 2001 by Allyn & Bacon. 허락하에 재게재.

호화된다. 아동이 한 단어 시기일 때 출현하는 의미론의 관계는 표 2.3에 제시되어 있다.

아동이 인지적으로 발달함에 따라 그들이 이러한 관계를 표현하기 위해 사용하는 도해와 형식의 관계는 점점 복잡하게 된다. 도해와 형식의 관계는 점점 복합적으로 증가하여 이런 관계를 표현하는 데 사용한다. 초기 의미론 발달에 대한 연구에서 Brown(1975)은 아동들이 어떤 일정한 의미론적 역할을 일관성 있게 산출한다는 것을 밝혀냈다. 이것은 표 2.4에 서술되어 있다.

6. 화용론의 발달

아동의 사회적 인식발달은 발달하는 언어능력의 사용으로 입증된다. 한 단어 시기의 아동은 세 가지 주요 기능, 즉 타인의 행동에 맞추기, 공동의 주의집중 확립, 그리고 사회적 상호작용(James, 1990)을 의사소통을 위한 언어로 사용한다. 1~2세 아동들은 의사소통 의도의 다양성이 증가하는데, 여기에는 규칙적 의지(관심 끌기, 요구하기, 부르기), 진술의지(여기와 지금을 초월한 명명하기, 설명하기, 정보 주기), 교환의지(활동의 설명, 거부, 행위를 수행하기 위한 의지), 대화의지(모방, 응답, 대화반응, 질의) 등이 포함된다(McShane, 1980).

아동이 초기에 시도하는 의사소통 의도는 Halliday(1975)에 의해 설명되어 왔다. 이 연구자에 따르면 유아의 초기 의사소통 의도의 기능은 (1) **도구적** 기능으로, 목적을 달성하고 원하는 것을 가지게 되고 욕구를 만족시키는 것(아동이 컵을 잡고 더 주세요라고 말

표 2.4 아동의 초기언어에 근거한 의미론적 역할

의미론적 역할	정의/사례
호명	생물체나 무생물체 명명하기 : 강아지, 공
존재	생물이나 무생물의 실체 말하기 : 엄마, 저 구두
동인	생물의 활동이 시작됨을 인식 : 아빠가 던지다.
대상	무생물이 활동에 의해 힘을 받는 것을 인식하기 : 빵을 자르다.
소유	사물의 소유나 사물이 누군가에게 명확하게 주어진 것을 인식하기 : 엄마의 구두
위치	2개 사물 사이의 공간적인 관계 인식 : 강아지가 침대(에 있다.)
경험자	생물이 사건에 의해 영향을 받았음을 인식 : 아기가 떨어지다.
속성	대상이 속한 부류에 내재되어 있지 않은 일부 속성 인식 : 아기가 울다.
부인	명제의 거부 : 침대가 아니다.
비존재	원래 존재하던 사물의 부재 인식 : 쿠키가 모두 사라졌다.
거절	사물의 활동이나 출현의 발생에 대한 예방 또는 중지 : 더 이상 떨어지지 않는다.
도구	활동의 원인이 되는 무생물의 인식 : 자동차가 부딪히다.
재현	사물의 재출현이나 사건으로 재현되어질 가능성에 대한 인식 : 쿠키 더 많이
주의	사물이 출현했거나 어떤 사건이 발생한 것에 대한 인식 : 아빠 안녕

Owens, *Language Development*. Copyright © 2001 by Allyn & Bacon. 허락하에 재게재, and J. S. Peccei, *Child Language*. Copyright © 1999 by Routedge. 허락하에 재게재.

한다)으로 사용되고, (2) 규제 기능으로, 타인의 행동을 통제하는 것[아동이 성인에게 놀이를 요구하고 공(ball)이라고 말할 때 공을 준다]으로 사용되며, (3) 상호작용 기능으로, 공동 주의집중(아동이 마마를 부른다)을 얻는 데 사용되며, (4) 개인적인 기능으로, 감정이나 태도를 표현하는 것(아동이 과자를 먹는 동안 얌얌이라고 말한다)에 사용된다(Halliday, 1975).

Dore(1978)는 언어 이전 단계와 한 단어 발화 단계에 있는 영아와 유아들이 산출하는 초기 의사소통 의도에 대해 논하였다. 그는 표 2.5에서 보여 준 것처럼 이들 초기 언어행동에 대해 설명하고 명명하였다. 한 가지 분류체계를 사용하든 아니든 어린 영아의 구어는 타인에 대한 반응으로 산출된다는 것을 이해하는 것이 중요하며, 능동적인 의사소통자라는 것을 알아야 한다.

표 2.5 초기 언어행동

언어행동	비언어 형태	사례
요구행동	제스처, 성인에게 주의집중하기	장난감에 손을 뻗는데도 불구하고 장난감에 손이 닿지 않을 때, '어, 어' 라고 말한다.
항의하기	저항하고, 성인에게 주의집중하기	옷을 입는 것에 저항하고 울기
반응 요구하기	성인에게 말을 하고, 제스처하기	장난감에 손을 내밀고, 성인의 반응을 기다리며, 억양을 높여 명명하는 것을 보여 준다.
명명하기	독립개체에 집중하기	인형의 코를 만지며 '코' 라고 말한다.
응답하기	성인에게 말하기	성인이 젖소 그림을 가리키며 성인에게 '저게 뭐예요?' 라고 묻기, 아동이 '음매' 라고 답한다.
인사하기	성인이나 독립개체에 주의집중하기	아동이 성인을 보면서 '안녕' 이라고 말한다.
반복하기	이전 발화에 집중하기	성인이 '책' 이라고 한다, 아동이 '책' 이라고 따라 말한다.
훈련하기	성인에게 말하지 않기	아동은 단어나 구를 연습한다.
부르기	성인에게 말하고 반응을 기다리기	아동은 다른 방에서 '마마' 라고 부른다.

7. 음운론의 발달

아동은 1~1.5세에 의미가 쉽게 이해되는 초어를 산출한다. 자신을 이해하기 위한 유아의 능력은 음산출의 어려움과 단어 구성 시 연속적인 소리발성에 의해 종종 제한을 받는다. 아동의 말하는 태도나 비언어적인 문맥의 비일치성은 종종 *doggie*를 /gɔgi/로, *juice*를 /dus/로 인식하는 것에 어려움을 발생시킨다.

아동의 구어음 습득은 규칙적이다. 그러나 특별한 음의 습득에서 가변성이 많이 나타난다.

언어의 음체계를 학습하는 과정에서 아동은 종종 성인의 목표단어를 단순화한다. 성인과 유사한 구어산출을 시도하는 데 사용되는 단순화는 **음운론적 과정**으로 볼 수 있다. 음운론적 과정은 하나의 음을 다른 음으로 대치(*cat*을 *tat*으로), 음이나 음절의 생략(*banana*를 *nana*로), 음의 왜곡(부정확하게 산출된 소리), 음의 첨가(*black*을 *buhlack*으로) 등으로 이루어진다.

표 2.6 유아의 일반적인 음운론 과정

과정	사례
중복 : 단어의 첫음절에 반복이 있고, 단어 내 후속음절에 대한 대치가 있다.	*Craker*가 *caca*/kækæ/가 된다.
종성자음 탈락 : 단어의 종성자음이 탈락된다. (CV/CVC)	*Bed*가 *be*/bɛ/가 된다.
연속자음 축약 : 목표자음의 연속음에서 하나 또는 그 이상의 자음이 탈락된다.	*Please*가 *Pease*/piz/가 된다.
강세없는 음절의 탈락 : 단순화	*Giraffe*가 *raffe*/ræf/가 된다.

유아의 단어 산출은 종종 음운론적인 과정, 즉 중복, 강세 없는 음절 탈락, 종성자음 탈락, 연속자음 축소를 따르는 특징이 있다(Owen, 2000). 이것은 표 2.6에 제시되어 있다.

표 2.6의 음운론적 과정은 전형적인 아동 구어의 일부로서 수년간 지속된다. 연구자들은 아동의 구어에서 나타나는 음운론의 출현은 성인의 목표물을 이해하는 데 따르는 어려움이나 성인 목표물을 산출하는 한정된 능력 중 어느 한쪽이라고 믿는다. 그것의 출현은 구어 명료도를 저해한다.

8. 취학 전 언어발달 : 개관

1~2단어 발화에서 진전된 아동의 발화는 더 길어지고 더 복잡해진다. 점진적으로 더 구체적인 것을 첨가하고, 초기발화에서 놓쳤던 어미들 그리고 단어 채우기와 첨가로 인해 말하는 방식이 개선된다. 반면에 18개월 아동은 *mama*, *milk*, *close it*, *sock off*, *more juice*와 같은 발화를 산출하며, 언어능력이 성장함에 따라, 언어 샘플은 2~3단어 발화로 구성되게 되는데, 여기에는 관사(*a*, *the*), 전치사(*in*, *on*), 대명사(*I*, *He*), 조동사(*is*, *are*), 명사어미(예를 들어 복수를 나타내는 −*s*), 동사어미(예를 들어 과거시제를 나타내는 −*ed*)와 같은 발화의 산출이 포함된다. 이러한 발화의 예는 '쿠키를 원해요, 상자에 있는 블록, 그는 침대에 있다, 쿠키 더 주세요, 그리고 문이 열렸다'를 포함한다.

취학 전 아동기는 어휘의 성장이 지속되는 시기이며 그들은 많은 새로운 단어의 의미를 배운다. 언어의 새로운 개념과 이런 개념을 부호화하는 법을 배운다. 인지적으로 발달함으로써 그들은 사물, 활동, 사람, 시간과 공간의 측면에서 나타난 사건, 문장형태의 다양한 사용으로 그들의 생각을 전이하기 시작한다.

이 시기에 아동들은 담화기술이 발달하기 시작하며, 대화에 참여하기와 같은 사회적인 언어를 사용하기 위해 더 복잡한 방법도 배운다. 즉 지시하기, 사물과 사건 및 사람에 관해 설명하기, 그리고 개인적인 경험과 간단한 이야기들이 그것이다. 마지막으로 이 시기 동안에 글쓰기의 본질에 대해서 배운다. 취학 전 시기 동안 문해 전 기술이 출현하며, 이것은 읽기와 쓰기 발달의 기초가 된다.

이 시기 동안 아동의 인지발달과 관련하여 언어발달을 기술하는 것은 매우 중요하다. 여기에서는 놀이기술과 언어발달의 관계에 대해서 기술하기로 한다.

1) 인지, 놀이 그리고 언어

Piaget(1954)에 의하면 발달의 전조작기 단계는 2~7세 시기에 발생한다. 상징적인 기능이 나타나고 상징놀이와 보다 발전된 언어발달에 의해 재현된다.

Patterson과 Westby(1998)는 이 시기에 발생하는 상징적 묘사나 상징놀이의 발달에 대해 기술하였다. 18개월경의 놀이는 잠자기나 마시는 가상놀이와 같이 아동의 생활과 유사한 활동으로 구성된다. 19~22개월이 되면, 인형에게 밥 먹이기나 성인 행동을 모방하는 가상놀이를 하며 다른 대상이나 사람에게도 이런 활동을 확장한다. 24개월 시기에 아동은 케이크 굽기와 유사한 활동을 연속적으로 수행하기 시작한다. 24~30개월이 되면 인형을 상징놀이에 포함시키며 인형이 사람인 것처럼 행동하거나 배고픈, 피곤한 또는 병든 것을 요구하며, 움직이지 않는 인형을 아동의 손으로 행하는 것처럼 조정한다.

약 30개월이 되면 놀이활동에서 발생하는 것보다 더 광범위한 환경으로 놀이의 범위를 확대하기 시작하는데, 예를 들면 놀이의 연속성이 종종 관찰되는 이웃 방문하기, 가게 가기, 병원가기 등으로 확대된다. 약 3세에 에피소드가 있는 놀이행동과 연속적인 복합도식이 나타난다. 이런 연속적인 복합도식에는 식료품을 사기 위해 가게 가기, 요리하기와 저녁식사 돕기, 생일파티 하기 등이 포함된다. 인형에게 하는 정서적인 말과 장난감과 의 대화는 3~3.5세에 나타난다. 3.5~4세에 아동은 놀이활동에서 다른 역할을 받아들이기 시작한다. 이런 역할은 환상적인 캐릭터, 경찰, 소방관, 가족역할을 포함하여 보다 확장된다. 놀이는 가상적인 친구를 포함하거나 일하러 가는 엄마와 같은 다면적인 역할이 나타난다.

5세 아동은 놀이에서 관심을 두는 소품이 필요하지 않으며, 놀이역할을 유지하면서 혼자서 많은 역할언어를 사용하게 된다. 놀이는 대화체로 복합적이고 연속적인 사건들로 구성된다.

Patterson과 Westby(1998)는 인지, 가상놀이, 언어발달의 상호관계를 주장했다. 초어의 출현은 상징놀이의 출현을 야기시킨다. 왜냐하면 상징놀이는 즉각적인 상황에서 사물을 분리시키는 아동의 능력을 입증하기 때문이다. 따라서 아동은 기차나 전화기를 표현하기 위해 블록을 사용하며 임시 상황에서 소거된 사물이나 행동을 표현하기 위해 단어를 사용한다. 아동은 인지적으로 발달함으로써 놀이는 점차 정교하고 복잡해진다.

2) 구문론과 형태론의 발달

아동은 18개월경에 2단어 발화를 산출하기 시작한다. 이 단계에서 아동은 '소년을 봐, 양말을 봐, 그것을 밀어, 그것을 닫아, 우유 없어, 나는 앉는다, 알겠어, 신을 벗어, 마마 오세요, 우유 컵, 바지가 말랐어, 기저귀 갈아주세요, 주스 더, 다른 턱받이요', '그것을 하다'와 같은 것을 발화하는 특성이 있다(O' Grady, 1997). 아동은 이 시기에 적당한 구문론의 형식을 산출하는 데 뛰어난 재능을 보인다. 예를 들면 아동은 보통명사 앞(큰 개)과 부정대명사 앞(큰 것)의 알맞은 자리에 수식어를 둘 줄 안다. 그들은 부정대명사 앞에 수식어를 배치하는 오류를 범하지 않는다(P. Bloom, 1990).

아동은 간단한 2단어를 발화함에 따라 그들의 발화는 더 길어지고 보다 더 복잡해진다. 그들의 발화는 더 세부적으로 첨가되면서 정교해진다. 예를 들면 초기 발화에서 놓쳤던 단어와 접미사(굴절과 파생형태소)의 사용이 두드러진다. 단어들은 관사(*a*, *the*), 전치사(*in*, *on*), 대명사(*I*, *he*), 조동사(*is*, *are*) 형식을 취한다. 굴절형태소는 복수를 나타내는 명사에 첨가된 복수형 -*s*의 형식을 취하며, 소유를 나타내는 소유격, 현재와 현재진행형 행동을 수반하는 동사어간에 첨가된 현재진행형의 -*ing*, 그리고 이전 활동을 나타내는 과거형 표시 -*ed*의 형식을 취한다. 이런 형식의 포함은 어린 아동의 발화를 확장하는 행위이며, 성인과 같이 전보식발화를 더 적게 산출하게 한다. 12~18개월에 우유 더 많이(more milk)와 같은 발화를 산출하는 것으로 발전한다.

종종 어린 아동의 문장은 발화에서 주어 생략, 첫 자리의 대명사를 생략하여 산출하는데, 예를 들면 '쿠키 원해요, 쿠키 줘, 차 간다' 등이 그것이다. 주어 생략은 아동의 평균 발화길이(MLU)가 증가할 때까지 지속된다(Valian, 1991). 강약 강세 패턴에 대한 선호도는 없으며(Gerken, 1991) 동사형을 산출할 수 있다(Hyams, 1992).

4세 아동의 구문론은 성인과 대부분 유사하다(Gopnik, 1997), 그러나 언어는 아동기와 성인기를 통해 세련되고 계속 발전한다. 아동은 문장 속으로 그들의 생각을 전하는 법을 배우며 문장유형의 다양성을 사용하기 시작한다. 발화는 확장된 명사구와 동사구를 내포한다. 발화는 부정문, 예/아니요 의문문, 그리고 *Wh*- 의문문으로 구성된다. 원인을 나타내는 접속사 구문, 조건문 구문, 시간관계 구문이 분명하게 드러난다.

3) Brown의 단계

Brown의 개혁적인 연구 『A First Language』(1975)에서 아동의 구문론 구조의 습득은 현실적으로 그들의 연령적 발달의 기능만큼 그들이 산출하는 발화당 평균 형태소 수의 기능이 많아지는 것은 아니라고 주장하였다. 이 측정은 **평균 발화길이**(MLU)라 부른다. 아담, 이브, 사라 등 3명의 아동을 대상으로 한 종단연구에서 Brown은 발화길이와 문법 형식의 숙달은 연령에 따라 매우 다양하다는 것을 밝혀냈다. 예를 들면 사라와 아담은 15개월에 2.0보다 적은 MLU에서 4.0의 발화길이로 향상되었다. 이브는 이런 결과에 도달하는 데 8개월 이상 적게 소요되었다. 주요한 언어학적인 변화는 MLU 증가로 일어난다. 이러한 변화는 특정한 MLU 단계의 특징이며, 표 2.7은 대략적인 발달 단계의 개요를 보여 준다.

단계 I은 단단어 발화와 의미론적 규칙을 따르는 초기 복합단어의 조합으로 특징지어진다. 이 시기 동안의 발화에는 더나 마미 같은 단어가 포함된다. 이 단계 이후에 아동은 '우유를 마신다, 주스 주세요, 차를 밀어 주세요'와 같은 두 단어 발화를 산출한다.

단계 II는 문법형태소가 출현하는 특성이 있다. 아동은 -*ing*, 복수형 -*s*, 전치사 *in*과

표 2.7 Brown의 단계

언어적 단계	MLU	생활연령(개월)	특징
I	1.0~2.0	12~26	의미론적인 규칙 사용
II	2.0~2.5	27~30	형태론의 발달
III	2.5~3.0	31~34	문장유형의 다양성 증가 : 부정문, 명령문, 의문문
IV	3.0~3.75	35~40	복합적인 구조 출현 : 조정, 보어, 관계어
V	3.75~4.5	41~46	
VI	4.5 이상	47 이상	

Brown(1975).

*on*과 같은 형태어미를 포함한 언어산출을 확장하고 수정한다.

'*Jimmy eating*, *Put ball in*, *See cats*' 와 같은 발화가 이 시기의 특징이다. Brown의 II 단계(2~2.5세 정도)에서 미국 영어를 사용하는 아동은 Brown에 의해 연구된 14개 문법 형태소 중 1개 이상을 포함하는 미숙한 문장이나 축약형 문장을 사용하기 시작한다. 문법형태소는 단계 II에서 출현하기 시작하지만 대부분 V단계 이후라야 90%가 올바르게 사용한다.

Brown에 의해 연구된 14개 문법형태소는 의무적이며 필수적으로 사용되는 것을 의미한다. 발달의 어떤 단계에서 아동의 발화 중 특정 형태소의 결함은 후천적으로 아직 습득한 적이 없거나 아동이 발달지체를 가지고 있음을 시사한다. 표 2.8은 이런 14개 문법형태소의 출현 순위에 따른 목록이다.

Brown(1975)에 의해 연구된 3명의 아동은 습득한 형태소 어미와 기능어를 순서대로 나열하는 일관성을 보였다. 이러한 결과는 21명의 아동의 형태소 발달에 관한 후속연구에서 입증되었다(de Villiers and de Villiers, 1978). 또한 이러한 결과는 42명 아동의 형태소 발달에 관한 보다 최근의 연구에서도 밝혀졌는데(Lahey, Liebergott, Chesnick, Menyuk, & Adams, 1992), 이 연구에서는 아동의 가변성이 MLU 3.5~4.0에 이를 때까지 그리고 아동이 35개월 시기가 될 때까지 더 높아진다는 것을 발견하였다. 습득의 순서는 초기 연구자와 다소 다른 양상을 나타내었다. Brown(1975)의 결과와 비교하면 축약형 연결동사는 보다 높은 연령에 분류되었고, 불규칙 과거동사는 보다 낮은 연령에 분류되었다. 더욱이 특정 형태소의 숙달은 이전에 설명한 것보다 더 느리다는 것을 알 수 있었다.

단계 III에서 구문론의 발달이 현저하게 나타난다. 발화길이는 아동이 간단한 서술문, 명령문, *Wh*- 의문문, 단순형 부정문에 사용하게 되면서 성장을 지속한다. 이 기간 동안에 아동은 다양한 문장유형을 사용하기 시작한다. 이 단계의 발화특성의 예는 "*Jimmy*는 공을 친다.", "먹을까요?", "소년은 먹지 않고 있다.", "트럭을 미세요." 등과 같은 것이다.

단계 IV는 비록 이 단계 이후에 구문론의 숙달이 지속되더라도 복합구문의 출현이 뚜렷이 나타나는 시기이다. 아동은 합성어와 복합문뿐만 아니라 명사 그리고 동사구를 정교하게 사용할 줄 안다. IV단계에서 산출되는 발화의 예는 "아빠는 요리하고 엄마는 글쓰기를 해요.", "첫 번째 소년이 잘해요.", "나는 초록 줄무늬로 된 드레스를 사고 싶어요.", "그녀는 초콜릿 아이스크림을 좋아해요.", "나는 빨간 트럭을 밀고 싶어요." 와 같은 것이다.

표 2.8 14개 문법형태소의 출현 순서

문법 형태소	예시	숙달 연령(개월)
1. 현재진행 동사어미 -*ing*	Mommy push*ing*. Johnny throw*ing*.	19~28
2. 전치사 *in*	Put *in* box.	27~30
3. 전치사 *on*	Put *on* table.	27~30
4. 복수형(규칙적)(-*s*)	Eat cookies. More blocks.	24~33
5. 불규칙 과거동사 (*came*, *fell*, *broke*, *went*)	He *went* outside. Johnny *broke* it.	25~46
6. 소유격 명사('*s*)	Jimmy'*s* car. Mommy'*s* coat.	26~40
7. 비축약형 연결동사(본동사로서 *be*동사 : *am*, *is*, *are*, *were*, *was*)	He *was* bad. They *are* good.	27~39
8. 관사(*a*, *the*)	Billy throw *the* ball. Give me *a* big one.	28~46
9. 과거분사 규칙형(-*ed*)	He jump*ed*. She push*ed* me.	26~48
10. 3인칭 단수형(규칙)	He cook*s*. Johnny go*es*.	26~46
11. 3인칭 단수형(불규칙)	He *has* books. She *does* work.	28~50
12. 비축약형 조동사(다른 동사에 선행하는 *be*동사 : *am*, *is*, *are*, *was*, *were*)	The boys *are* eat*ing*. The baby *is* cry*ing*.	29~48
13. 축약형 연결동사	I'*m* good. She'*s* nice	29~49
14. 축약형 조동사	I'*m* eating. She'*s* jumping. They'*re* playing.	30~50

Brown(1975).

4) 대명사 습득

영어 대명사 체계를 학습하는 것은 매우 복잡한 과정이다(P. Bloom, Barss, Nicol, & Conway, 1994; Dale & Crain-Thoreson, 1993; Oshima-Takane, & Shultz, 1999; Ricard, Girouard, & Decarie, 1999; Rispoli, 1998). '나'와 '너'에 관하여 말하면, 아동은 관계변화, 즉 의사소통 상호작용에서 화자와 청자의 역할변화에 따르는 이해력을 학습해야만 한다. 학습은 이전에 언급한 단어나 대상을 지칭하는 대명사를 이해하는 것이 필요하다. 예를 들면 "Sue는 드레스를 샀다. '그것은' 값비싼 것이었다." 종종 대명사가 포함된 문장의 의미는 이전 문장을 언급하지 않고는 이해할 수 없다. 문헌에서 대명사의 이러한 사용은 이전 어휘를 가리키는 **대용어**로 알려져 있으며, 이 장의 뒷부분에서 보다 충분히 논의될 것이다.

어떤 대명사는 Brown의 단계 II에서 나타나지만 다른 것은 이후에 더 많이 출현한다. 일반적으로 보통 가장 초기에 출현하는 대명사는 주어에 아동이 포함된다(*I*, *mine*, *my*, *me*). 다른 주격대명사는 그 이후에 나타난다(*he*, *she*, *they*). 목적격대명사(*him*, *her*, *them*)가 뒤따라 습득되며, 소유격대명사(his, her, theirs)보다 일찍 습득된다. 재귀대명사(*himself*, *herself*, *themselves*)는 출현이 늦으며 보통 5세 이후까지 습득되지 않는다. 표 2.9는 대명사 습득의 일반적인 순서를 나타낸다.

5) 형용사와 명사의 접미사

취학 전 시기에 아동은 형용사와 명사들의 부가 접미사를 습득한다. 형용사비교급 -*er*과 최상급 -*est*형식은 3~5세에 출현한다(McLaughlin, 1998). 아동은 *nicer*, *biggest*,

표 2.9 Brown 단계에서 대명사의 발달

Brown 단계	대명사
I	나, 나의 것
II	나의, 나를
III	그, 그녀, 우리, 너, 너의
IV	그들, 그의, 그녀의
V	그들의, 우리의, 우리의 것, 그들의 것
V+	그녀 자신, 그 자신, 그들 자신

Haas and Owens(1985) and Owens(1988). 허락하에 재게재.

smallest 같은 단어를 창출하기 위해 이런 형식을 형용사에 추가한다. 보통 규칙적인 것(*better, best*)을 제외하고는 비교급과 최상급의 형용사를 습득하는 데는 더 오랜 시간이 걸린다. 파생명사 접미사는 보통 5세 아동기에 이해되며 일정 시기 이후에 숙달된다. 그러므로 5세 아동은 *hitter*와 *teacher*와 같은 파생명사접미사 −*er*이 있는 단어를 이해하고 산출하며, 반면에 파생형태소 −*ist*(*pianist, cyclist*)의 습득은 보다 이후에 가능해진다.

6) 구와 절의 발달

단어는 형태소로 만들어지며 구와 절로 구성된다. 주요한 구로는 2개의 형식, 즉 명사구와 동사구가 있다. 명사구는 명사를 포함해야만 하며 한정사(*the*)나 형용사(*big, pretty*) 같은 명사를 수식하는 다른 선택요소를 포함해야 한다. 동사구는 동사를 내포해야만 하며 부사(*fast, slowly*)와 또 다른 명사구, 예컨대 *in the morning, at school, a cookie*와 같은 다른 선택요소를 포함해야 한다. 이런 요소를 모두 포함하는 문장의 예를 들면 "그 작은 개는 부엌에서 큰 쿠키를 천천히 먹었다"와 같은 것이다. 명사 수식어구에는 네 가지 유형이 있다.

1. 한정사는 관사(*a*와 *the*), 소유격대명사(*my, your*), 지시대명사(*this, that*), 수식어(*any, some*)를 포함한다. 그것들은 항상 명사구(*the boy, my book, some toys*)에서 첫 번째 구성성분이다.
2. 형용사적 어구는 형용사(*little, big*), 서수(*first, last*), 수량형용사(*two, few*)를 포함한다. 그것들은 명사를 수식한다(*two dresses, big boy*).
3. 발의자는 한정 또는 한정명사인 *all, only, both, just*를 포함하며, 한정사가 선행되어야만 한다(*only the boy, all the girls*).
4. 후치수식어는 주요명사가 뒤따른다. 그것들은 전치사구(the toy *on the floor* is broken)와 절(the boy *who came to my house*)을 포함한다.

명사구는 Brown 단계 II에서 나타나며 단계 IV에서 가장 급격한 증가를 보이는데, 문장에 7개 단어가 포함될 때 산출된다. 이 단계에서 의미론, 화용론, 구문론, 형태론은 성인과 더욱 유사한 양상을 보인다(Norris, 1998). 초기 수식어구 유형은 한정사와 형용사 수식어구, 발의자와 후치 수식어는 후기 발달에 출현한다. 단계 IV 후기에 주어와 목적어 자리에 명사구 합성이 출현하며, 이 때 이전에 언급된 거의 모든 수식어구 유형이 사용된다.

동사구는 본동사를 내포하고 있어야 하며 일부 선택성분을 포함한다. "The girl is pushing the boy"가 문장에서 *is pushing the boy*는 조동사 *is*와 본동사 *push*, 그리고 선택적인 현재진행형 *–ing*를 포함하고 있다. 동사구의 선택적인 요소는 진행형 구조(is eat*ing*), 법조동사(감정과 태도를 나타내는 단어, 예를 들면 *may, must*), 그리고 완료형 구조(*has been, has eaten*) 등이다. 동사구 합성은 Brown 단계 II(현재진행형 표시가 있는)에서 나타나며 V단계를 통해 계속된다. 법조동사는 단계 IV에서 나타나며, 축약형과 완료형("I *have* eat*en* dinner") 구조가 단계 V에서 나타난다(Norris, 1998).

구와 비교하면 **절**은 주어와 술부가 모두 포함되는 단어의 집합체이다. 일부 절은 단독으로 완성될 수 있으며, 간단한 문장으로서의("Billy walks", "Mary ate") 기능을 할 수 있다. 2개 이상의 주절로 만들어진 문장은 복문("John drank and Mary ate")이라 부른다. 이런 구조는 보통 Brown 단계 IV에서 나타난다(Norris, 1998). 복문은 1개의 주절과 1개의 종속절로 이루어진다. 종속절의 포함은 언어발달에서 보통 V단계 초에 늦게 나타난다.

일반적으로 자동사절("*The girl walked*"와 같은 직접목적어를 수반할 수 없는 동사를 포함하는 절)은 타동사절("The boy drank milk"와 같은 직접목적어를 수반하는 절) 이전에 아동의 서술문에서 나타나며, 계사(이다, 아니다)와 보어("Sam is the teacher")와 같은 균등절의 포함은 후반부에 나타난다(Dever, 1978). 구문론과 독립동사 사이의 상호작용은 타동사절을 습득하는 데 어려움이 있으며 영향을 미친다. 최초의 동사는 *eat, read, do, fix*와 같은 간단한 행위를 말하는 어린 아동에 의해 산출된다(Bloom, Lightbown, & Hood, 1975)

Gleitman과 Gleitman(1994)은 동사학습은 아동이 구문론(문장) 구조를 인식할 때 발생한다고 하였다. 동사의 본질적인 관점에서 동사 *hit*은 2개의 뜻을 가진 논항동사이며 (2개 사이의 관계를 표현하는), 그 결과 타동사절이 요구되는데, 예를 들면 "Daddy hit the ball"이 그것이다. 이와 비교하여 동사 *cries*는 1개의 뜻을 가진 논항동사이며, 자동사 구조에서 찾을 수 있는데, 예를 들면 "Mary cries"가 그것이다. 이런 요인은 동사 습득 단계와 논쟁구조의 필요조건 관점에서 습득되는 것으로 설명할 수 있다.

7) 문장의 발달

가장 기본적인 구문론 규칙 중 하나는 모든 문장은 명사구와 동사구를 포함해야 한다는 것이다. 따라서 문장에서 구문론의 구성성분으로 요구되는 것은 주어와 술부이다.

표 2.10 Brown의 발달 단계에서의 문장 형식의 습득

단계	부정어	의문사	포함	결합
초기 I (MLU : 1~1.5)	단단어–*no*, *all gone, gone*, 부정어+X	예/아니요 한 단어로 억양을 높여 묻는다. *what*과 *where*		*and* 없이 순차적으로 명명하기
후기 I (MLU : 1.5~2.0)	*no*와 *not*을 번갈아 사용	*That*+X, *What*+명사구+(doing)?	전치사 *in*과 *on*이 나타난다	*and* 출현
초기 II (MLU : 2.0~2.25)		*Where*+명사구 +(going)?		
후기 II (MLU : 2.25~2.5)	*no, not, don't, can't*를 번갈아 사용, 주어와 술부 사이에 부정문 요소를 둔다.	*what* 혹은 *where*+주어+술어	*gonna, wanna, gotta* 등이 나타난다.	
초기 III (MLU : 2.5~2.75)				*But, so, or, if*가 출현한다.
후기 III (MLU : 2.75~3.0)	'*won't* 가 나타난다. 조동사 형식 *can, do, does, did, will, be* 발달	조동사가 질문에서 나타나기 시작한다 (*be, can, will, do*)		
초기 IV (MLU : 3.0~3.5)			목적격대명사, 구, 보어가 *think, guess, show* 같은 동사와 함께 출현한다.	*and*가 결합되는 절이 나타난다(일부 아동들은 후기V단계까지 이 형식을 생성할 수 없다). *because*가 출현한다.
후기 IV (MLU : 3.5~3.75)	'*isn't, aren't, doesn't, don't*가 추가된다.	조동사와 주어를 도치시키기 시작한다. *when, how, why*를 추가한다.		
단계 V (MLU : 3.75~4.5)	*wasn't, wouldn't, couldn't, shouldn't*가 추가된다	법조동사가 추가된다. 도치된 조동사를 안정시킨다.	목적어 자리에 관계절이 출현한다. 후기 V에서 복합적인 끼워넣기. 주어와 본동사와 같은 부정사구	*if*가 결합되는 절이 나타난다.

표 2.10 Brown의 발달 단계에서의 문장 형식의 습득(계속)

단계	부정어	의문사	포함	결합
후속단계 V (MLU : 4.5 이상)	*nobody*, *no one*, *none*, *nothing*의 부정 형식이 첨가된다. 이중부정을 포함하는 것에 어려움을 가진다.		주어에 대한 관계절이 첨부된다. MLU 5.0 이상 동일한 문장 내에서 출현한다.	*because*가 있는 MLU 5.0 이상에서 *when*, *but*, *so*가 나타난다. MLU 5.0 이상 동일한 문장 내에서 끼워넣기와 결합이 나타난다.

Owens, 1988. 허락하에 재게재

Brown의 II단계 후반부 또는 III단계 초기에 아동은 이런 규칙에 숙달되고 이해가 가능하며 "The boy hit the ball"과 같은 간단하고 활동적인 서술문을 산출한다. 그런 다음 아동은 이런 기초적인 문장 패턴으로 수식하기 시작한다. 그들은 문장유형을 다양하게 산출하며 부정문, 의문문, 명령문 형식을 포함한다. 문장유형에서 성인과 같은 형식의 산출은 Brown의 III단계에서 이루어진다. 표 2.10은 Brown의 발달 단계 내에서 문장 형식의 습득과 관련된 내용이 제시된다. 각 문장유형의 발달에 대한 더 구체적인 설명은 다음 부분에서 소개된다.

(1) 부정문 형식의 발달

L. Bloom(1991)은 1~2단어 발화 단계에서 아동은 부정의 세 가지 유형, 즉 (1) **비존재**(컵에 더 이상 주스가 없을 때), (2) **거부**(아동이 우유의 제공을 거절할 때), (3) **부인**(엄마가 트럭을 지적하며 "이것은 책이야"라고 말할 때)을 표현한다고 보고하였다.

부정문 구조발달의 3단계를 기술해 왔다(Bellugi, 1967; L. Bloom, 1991; Peccei, 1999). 표 2.11은 부정문 형식의 발달을 나타낸 것이다.

I단계에서 부정 요소는 문장의 바깥쪽에 배치된다(*no bed*). Drozd(1995)는 상위언어 부정문으로 문장 앞 *no*의 사용에 대해서 설명한다. 이 경우에 아동은 상위언어로 성인 발화에 반응하고 있으며("Do you want to go to bed?"), 이런 성인 발화의 대부분을 반복하고 있다(*no bed*). O' Grady(1997)는 아동의 발화를 유도할 것을 제안한다. 성인이 종종 "No, don' t touch that"이라고 말할 때, 부정어 no의 위치는 문장의 어두(*no touch*)에 이런 부정어 성분을 산출하는 아동에게 단서가 된다.

II단계에서 아동은 동사 앞의 올바른 위치에 *no*로 전환하여 표시한다(I no want

표 2.11 부정문의 발달

단계	서술	예시
I	부정문 표시는 문장의 바깥쪽에 나타난다.	*No* the girl running.
II	부정문 표시는 동사 앞에 존재한다.	The girl *not* running.
III	조동사는 성인형식으로 전환하여 첨가되고 완성된다.	The girl is *not* running.

milk). 부정형태 *not*은 또한 이 단계에 나타난다("He not big"). III단계에서 MLU가 4.0보다 클 때 부정문 축약형식 *can't*와 '*don't*가 출현한다("I don' t have a cookie").

nobody, *no one*, *nothing*'과 같이 불명확한 부정적인 단어는 어린 언어학습자에게는 드물게 나타난다. "I want nothing"을 의미할 때 유아는 종종 "I want anything"이라고 말한다(Seymour & Roeper, 1999). 좀 더 나이 든 학령기 아동은 "I don' t got no books"라고 말했을지도 모른다. 그리고 성인조차도 "I don' t see nobody"라고 말할 수 있다. 비록 이런 문장은 비문법적이라고 판단될지라도 이중부정은 다른 많은 언어와 방언(파생언어)에서 문법적인 것으로 판단되고 있다(Peccei, 1999).

(2) 의문문 형식의 발달

의문문에는 두 가지 유형이 있는데, 그것은 **예/아니요 의문문**("쿠키를 원하느냐?)과 ***Wh*-의문문**('누구, 무엇, 언제, 어디서, 왜 또는 어떻게'로 시작하는)이다. 예/아니요 의문문은 청취자가 예 또는 아니요로 의문문에 간단하게 답변할 것을 요구한다. *Wh*- 의문문은 보다 더 복잡해지는데, 그 이유는 청취자가 추가정보를 제공할 것을 요구하기 때문이다. 예를 들면 *where* 의문문은 장소에 관한 정보를 요구하며, *when* 의문문은 시제 정보를 요구하며, *who* 의문문은 사람에 관한 정보를 요구한다.

예/아니요 의문문이 올바른 형식이 되기 위해서는 아동이 주어와 조동사의 위치를 변화시키는 것을 학습해야 한다("Is the boy eating?"). 올바른 *wh*- 의문문 형식이 되기 위해서는 (1) 주어와 조동사의 순서 바꾸기와 (2) *wh*- 형식을 문장의 첫머리에 추가해야 한다("What is the boy eating?"). 아동은 의문문을 형성하기 위한 능력을 발달시킴으로써 4단계를 통과하게 된다(L. Bloom, 1991; Klima & Bellugi, 1966).

- 단계 1. 높이는 억양을 사용하고 몇몇 *wh*- 형식(MLU 1.75와 2.25)을 사용. 이런 첫 단계에서 아동은 전형적으로 발화의 끝부분에 억양을 높이는 것을 추가함으로써 예/

아니요 의문문으로 질문한다. 이런 형식의 예는 "Johnnie eat?", "Baby drinking?" "Go outside?" 등이다. *wh*- 의문문으로 묻기 위해 어린 아동은 "Where doggie?", "What dat?"과 같은 의문문을 산출하고 주장하기 위해 *wh*- 단어를 간단하게 첨부한다. 이런 *wh*- 의문문은 일반적으로 출현하지 않은 사물의 위치와 같은 사물, 활동 또는 위치의 이름을 묻는 일상적인 것에 사용된다. *where* 의문문과 *what* 의문문은 이 단계 동안 사용하는 *wh*- 의문문 중에서 보다 중요하다. 이 단계에 아동은 *wh*- 의문문의 어떤 것에도 적절하게 반응하지 못한다.

- 단계 2. *wh*- 의문문의 보다 큰 다양한 사용(MLU 2.25~2.75). 이 단계의 아동은 억양을 높여 사용함으로써 예/아니요 의문문으로 묻는 것을 계속한다. 아동은 의문문의 시작부분에서 *wh*- 형식을 추가하여 *wh*- 의문문으로 묻는다. 그러나 조동사의 사용에는 실패한다. 아동은 *what, who, where* 의문문에 적절하게 응답할 수 있다. *wh*- 의문문의 예들은 이 시기의 두드러진 특징이다. "내 트럭은 어디에 있어요(Where my truck?)", "왜 그것을 밀어요?(Why you pushing it?)", "그 남자는 무엇을 하나요?(What the man doing?)" 등이다.
- 단계 3. 도치의 한정된 사용(MLU 2.75~3.5). 아동의 MLU가 3.5 형태소일 때 조동사+동사의 도치가 나타난다(O' Grady, 1997). 이 단계에서 규칙적으로 아동들은 예/아니요 의문문을 산출하기 위해 주어와 동사를 바꾸지만 모든 *wh*- 의문문에서 그렇게 하지는 않는다. 이 시기를 특징짓는 의문문의 예는 "내가 갈까요?(Will I go?)", "그 소년이 무엇을 타고 있나요?(What the boy is riding?)" 등이다.
- 단계 4. *wh*- 긍정의문문에서 도치 사용하기(MLU 3.5+). 이 마지막 단계에서 아동은 *wh*- 긍정의문문으로 물을 때 주어와 조동사를 도치한다. 이 단계에서 *wh*- 의문문의 예를 들면 "소년은 무엇을 먹나요?(What is the boy eating?)", "어디로 갑니까?(Where are you going?)", "왜 나는 그것을 할 수 없나요?(Why I can' t do that?)" 등이다.

What, where, who 의문문은 *why, how, when* 의문문 이전에 숙달된다(L. Bloom, 1991; Ervin-Tripp, 1970). 전자의 경우에 있어서 의문문을 유도하는 *wh*- 단어들은 문장에서 발견할 수 있다. 예를 들면 "존은 집에서 피자를 먹었다[John(who) ate pizza(what) in his house(where)]"가 그것이다. 반면에 단어 *why, how, when*은 문맥이나 담화로부터 발견해야만 하는 부가적인 정보를 요구한다. 예를 들면 "왜 존은 그것을 했습니까?(Why did John do it?)" 그리고 "언제 당신은 갈 것입니까?(When will you go?)"이다.

표 2.12 *wh*− 의문문의 습득 순서

유형	예시
무엇을	그 소녀가 먹는 것은 무엇인가요?
어디에	공은 어디에 있어요?
누구	누가 트럭을 밀고 있나요?
언제	당신은 언제 갑니까?
왜	왜 그것이 까맣게 되었을까요?
어떻게	어떻게 해서 그것이 깨뜨려졌을까요?

따라서 *What*, *where*, *who* 형식은 사물, 사람 또는 장소를 포함하는 인지적으로 더 단순한 개념으로 기호화한다(Noris, 1998). 반면에 *when*, *why*, *how* 형식은 의도적이고 계획적으로 고려할 필요가 있다. 의문문의 습득 순서는 표 2.12에 요약되어 있다.

L. Bloom, Merkin, Wooten(1982)은 *wh*− 의문문과 동사 사이의 상호작용에 가설을 세웠다. 그들은 어린 아동이 22~36개월 사이에 동사 *do*, *go*, *happen*으로 구성된 의문문을 사용한다고 주장한다. 왜냐하면 이런 동사는 어떤 일의 발생, 장소에 가기, 어떤 것을 하는 것 그리고 넓은 범위의 활동을 일반적으로 사용하고 있기 때문이다. 이와 대조적으로 뒤늦게 사용하는 *why*와 *how* 같은 *wh*− 의문문은 *sing*과 *fix*와 같은 사용이 보다 더 제한된 서술동사로 사용되고 있다.

(3) 명령문 형식의 발달

명령문은 청자가 어떤 행동을 수행하는 요청, 요구, 명령 또는 주장이다. 전언어적 단계에서 영아는 지적하기와 몸짓으로 요청하고 요구한다. 유아기 발달이 진행되면서 요청하기, 요구하기, 명령하기 위해 명령문 형식을 사용하기 시작한다. Brown 단계 I에서 아동은 명령문 같은 어조의 형식을 산출한다. 이것은 종종 주어를 누락시키고 요청할 때에도 마찬가지이다.

명령문에서는 주어 *you*는 이해되고 있으나 문장의 표면적인 형식에는 포함되어 있지 않다. 그리고 동사는 어형의 어미변화가 없다. 예를 들면 명령문은 "우유 주세요(Gimme milk)", "트럭을 밀어요(Push the truck)", "버터 좀 건네주세요(Pass the butter, please)"

등과 같다. 보다 실제적인 명령문은 Brown 단계 Ⅲ에서 나타나기 시작하며, 형식적으로 주어가 생략되었을 때 명령문에서 주어 소거 규칙이 숙달된다.

8) 복합문의 발달

아동은 그들의 MLU가 3 이상 증가하기 시작할 때 단순발화에서 하나의 의미론/구문론의 관계보다 더 많은 것들을 결합하기 시작한다. 아동들의 발화에는 주체-행위-대상과의 상호작용에 대한 설명이나 정교함이 반영되고, 문장구조는 문장요소 간 혹은 문장 내에서 직선배치의 단어에서 계층구조에 따른 단어로 발전한다. 아동은 명료도가 증가하면서 이전 기능과 새로운 발상에 대한 표현이 가능한 복합문을 사용하는 것을 배운다(Tyack & Gottsleben, 1986).

(1) 조정력

아동의 언어에서 처음으로 두드러지는 복합문의 구성은 **조정력**이다. 조정력의 사용에는 두 가지 유형, 즉 문장의 형태를 갖추는 조정과 구의 조정이 있다. **문장의 조정**에는 접속사 *and*["존은 의사에게 갔다. 그리고 누나는 집에 머물렀다(John went to the doctor *and* his sister stayed home).]"에 의해 2개의 사건이 하나의 문장으로 결합되어 있다. 구의 조정은 연결사 *and*가 사용되고 있으며 화자가 불필요한 성분을 제거하는 것을 허용한다. 문장에서 "제인은 영화를 보러 갔고 팝콘을 먹었다(Jane went to the movies and ate popcorn)." 단어 *and*는 *Jane*이 두 번째 구에서 제거되는 것을 허용한다("Jane went to the movies and ____ ate popcorn"). Lund와 Duchan(1993)은 조정된 구조와 같은 복합문 구조의 학습 이후에 의미론과 인지적 복합성의 사용을 제시하였다. 아동은 문장 내에서 문법적인 관계와 문장에서 1개 이상의 성분을 반드시 제거해야 한다.

아동에 의한 조정을 사용하는 가장 빠른 경우는 "당신은 무엇을 먹기를 원하세요?"와 같은 일상적인 질문에 대한 답변으로 어린 아동의 발화에서 존재하는 일상생활의 구에서 찾아볼 수 있다(bread and jam, milk and cookie). 조정의 두 가지 유형 모두 동시에 습득된다(L. Bloom, Lahey, Hood, Lifter, & Fiess, 1980). 2.5~3세의 아동은 의사소통적인 맥락에 적절한 문장과 구의 조정, 즉 다른 시간과 장소에서의 사건에 대한 문장의 조정, 같은 시간과 장소의 사건에 대한 구의 조정 모두를 사용한다(Owens, 2005).

L. Bloom(1991)은 조정된 문장의 습득에서 의미론의 인식에 초점을 두었고 *and*의 조정을 습득하는 데 따르는 순서를 찾아냈다.

1. **첨가**—동시에 2개의 제의를 연결하기 위한 *and*의 사용[엄마는 케이크를 굽고, 아빠는 책을 읽고 있다(Mother is baking a cake and Daddy is reading)]
2. **시간의 순서**—사건을 순차적으로 지정하기 위한 *and*의 사용[엄마는 케이크 반죽을 할 것이고 그것을 오븐에 넣을 것이다(Mommy will mix the batter and put it in the oven)]
3. **원인**—또 다른 하나에 이르게 한 하나의 사건을 보여 주는 *and*의 사용[그녀는 붕대를 감았고 그것이 그녀의 기분을 더 나아지게 만들었다(She put a bandage on and it made her feel better)]
4. **반대**—앞의 내용과 반대의 뜻을 나타내는 비교관계를 나타내는 *and*의 사용[이것은 여기로 가고 저것은 저기로 간다(This goes in here and that goes there)]. 종종 이런 경우에 사용되는 연결사는 *but*이다.

(2) 보어

영어에서 보어 구문에는 몇 개의 유형이 있다. 영어에서 보어는 *that*과 같은 단어로 구성된다. 예를 들면 "내가 그에게 전화할 것이라고 나는 말했다"("I said that I would call him")와 같은 것이다. 보어 구문이 있는 다른 예는 "I want *to buy a red lollipop*", "Show me *where this one goes*", "Look at *what she's doing*" 등이다. 이런 각각의 문장에서 문장의 주요 부분은 동사를 수정하는 절과 결합된다.

L. Bloom, Lifte와 Hafitz(1980)는 보어 구문을 연구한 결과 출현의 순서는 동사의 의미론에 기초한다는 것을 밝혔다. 아동의 구어에서 출현하는 첫 번째 보어는 상태동사, 즉 감정과 의사를 표현하는 동사를 포함한다. *Like*, *want*, *need*는 상태동사이며 전치사 *to*를 수반한다[나는 집에 가기를 원한다(I want to go home)], 나는 지저분한 것을 좋아한다(I like to get dirty)]. 부각되는 그다음 보어는 *see*, *look*, *watch*와 같은 주의동사에 첨가된다. 이런 동사는 보어 *what*이 뒤따른다[그가 무엇을 하는지 보세요(Look at what he's doing)].

세 번째 출현하는 보어는 *know*와 *think*와 같은 지식동사에 첨부된다. 이들 동사는 보어 *that* 혹은 *what*이 뒤따른다.

부각되는 마지막 보어는 *ask*, *tell* 또는 *promise*와 같은 화법동사에 첨부된다. "Ask Mary to come inside"와 "John promised to leave"는 화법동사 보어를 가진 문장의 사례이다. L. Bloom, Lifter와 Hafitz(1980)에 따르면 보어구문의 습득은 의미론적으로 한정의 기능이 있다. 이런 동사는 제안에 대한 확실성 또는 불확실성의 정도를 부여하는 데 사용되고 있다[즉 나는 무엇을 할지를 안다(I know what to do) 대 나는 내가 할 것이 무엇인지를 알고 있다고 생각한다(I *think* I know what to do)].

(3) 관계사

복합문은 문장의 또 다른 부분의 의미를 제한하거나 수정하는 **관계절**을 추가하면서 형성된다. 관계절은 보통 보어절 표시 'that' 또는 관계대명사(*who, which, whom, whose*)를 내포하기 시작한다. 관계절에는 두 가지 유형, 즉 목적격과 주격이 있다. 목적격 관계절은 "That picture is about some birds *that got all smeared up*"의 경우와 같이 문장의 목적을 수정한다. 주격 관계절이 있는 문장의 예는 "저 블록을 내려놓는 소녀가 나의 사촌이다"("The girl *who lives down the block* is my cousin")이다.

아동은 "네가 원했던 그 책은 테이블 위에 있다"("The book〔that you want〕is on the table")와 같은 주격 관계절 이전에 목적격 관계절을 습득한 문장을 산출하는 것으로 알려져 있다(Menyuk, 1977). 목적격 관계절은 5세 이후에 발달하는 반면에 문장의 주어구의 일부인 주절은 7세에도 발달하는 경우가 드물다. O'Grady(1997)는 관계절의 구성에 대한 이해는 (1) 공백의 역할(이동 명사구), (2) 이런 공백의 언급에 대한 결정하기가 요구된다고 주장한다. 취학 전 아동은 "The lion〔that ___ ___ kisses the horse〕knocks down the duck"처럼 "The lion〔that the horse kisses ___ ___〕knocks down the duck"의 문장을 이해한다. 이런 예는 공백의 경계 표시를 어기거나 또는 'the lion' 명사구를 빠뜨린다. 이전의 사례에서 아동은 활동 'kisses'의 주어를 어렵게 결정하지만 "The dog〔that ___ ___jumps over the pig〕bumps into the lion"과 같은 문장에서 약간의 어려움도 가진다. 두 가지 사례 모두에서 아동은 관계절의 주어로서 첫 번째 명사를 확인하였다.

9) 취학 전 아동의 음운론적 발달

취학 전 아동의 음운론 형태는 **총체적 단어 과정**(단어와 음절의 간소화 또는 음 사이의 비교)과 **분리-변환 과정**이라는 두 가지 기본 범주로 분류된다(Bern thal & Bankson, 1998). 이런 과정의 예는 다음과 같다.

(1) 총체적 단어 과정

아동은 흔히 기본적인 CV 음절이나 CVCV 구조 중 한 가지에서 그것들을 축소함으로써 단어를 간소화한다. 이런 네 가지 과정의 간소화는 **반복**, **종성자음 탈락**, **자음군 축소**, **강**

세 없는 음절 생략(표 2.6의 예 참조)이다. 단어 산출에 영향을 미치는 추가적인 과정은 다음과 같다.

- **첨가**는 아동이 단어에서 분절음을 첨가할 때 발생한다. 예컨대 *black*을 /bəlæk/으로 산출하는 것이 그것이다.
- **도치**는 단어에서 2개 분절음이 전환되어 있는 경우이다. 예컨대 *basket*을 /bæksɪt/으로 산출하는 것이 그것이다.

(2) 분리-변환 과정

규칙적인 분절음 변환의 대부분은 취학 전의 구어에서 보편화되어 있다. 이런 변화는 장소나 구어음의 산출태도에 따라 분류된다.

- **전설음화**—이 과정은 아동이 구개음과 연구개음(입의 안쪽에서 생성된)을, 치경음(입의 앞쪽에서 생성된)으로 대치할 때 일어난다. 예는 *cup*을 /tʌp/으로, *gun*을 /dʌn/으로 산출하는 것이다. 연구개음의 전설음화는 보통 2.5~3세에 사라지며, 연구개 자음은 보통 아무리 늦어도 4세 아동의 구어에서는 명확해진다.
- **정지음**—마찰음(압축된 좁은 공간에서 공기의 흐름에 의해 만들어진 음이며, 그것 때문에 쉬쉿과 같은 소리가 만들어진다)이나 파찰음(파열음과 마찰음을 결합한 소리)의 산출 대신에 아동은 파열음으로 대치한다. 정지음 과정의 사용은 *juice*를 /dut/로 *van*을 /bæn/과 같이 산출한다. 정지는 2.5~3세에 마찰음과 파찰음에 대해 대부분 사라지기 시작한다.
- **활음**—아동은 청아함을 목적으로 활음을 사용한다(1개의 모음 위치에서 또 다른 조음기관이 움직이는 동안 산출되는 소리). 활음(적은 공기의 난기류로 인해 유사음 자질을 가진 소리)의 예는 *rabbit*을 /wæbɪt/으로, *light*를 /jaɪt/로 산출하는 것이다. 이러한 과정은 여러 해 동안 지속된다.

10) 동화 과정

처리 과정의 다른 집단은 유사한 단어에서 2개의 음소를 사용하는 아동들이다.

- **자음동화**—조음의 방식 또는 조음부에서 아주 유사해지는 단어 내 자음이 있는 과정, 자음대치의 예는 *doggy*를 /gɔgi/로 산출하는 것이다.
- **모음 앞 유성음화**—무성음 자음의 과정은 뒤따르는 모음을 따라하며 모음과 모음의

유성음화 특징을 수반한다. 그 결과 *tub*을 /dʌb/로 산출한다.

3세가 되면 강세가 없는 음절 탈락, 종성자음 탈락, 연구개음의 전설음화, 자음동화, 어두음절의 중복, 모음 앞 유성음화가 없어진다. 3세 이후에 자음군 축소, 첨가음, 활음, 정지음이 지속된다.

11) 음운론적 과정 : 언어의 차이

일부 음운론적 과정들은 3~4세의 푸에르토리코 혈통의 스페인 아동에게서 전형적인 발달이 관찰되며 다음과 같이 구성되어 있다(Goldstein & Iglesias, 1996).

- 어말 /s/와 /n/은 탈락한다 : *pan*→/pæ/
- 활음 /j/를 치경구개파찰음 /dʒ/로 발성하여 산출한다 : *yo*→/dʒo/
- 순치마찰음 /f/가 단어의 어두와 어중에서 양순마찰음 /Φ/으로 된다 : *coffee*→/kaΦɪ/

음운체계 과정은 다음 내용에 포함되어 있는 아프리카 영어(AAE) 구어 사용자로부터 확인된 것이다(Goldstein, 2000).

- 자음 어말의 무성음화 : *pig*→/pɪk/
- 이중모음은 종종 모음형식을 없앤다: /a/→/aɪ/
- 어말 폐쇄 무성음화 : *bad*→/bæt/
- 비음과 폐쇄음의 어말자음 소거 : *pan*→/pæ/
- 어두 위치의 폐쇄음 : /ð/→/d/, *they*→/de/.
- /θ/를 /f/로 /ð/를 /v/로 모음사이에 있는 자음의 산출 : *brother*→/brevɚ/
- /θ/를 /f/로 그리고 /ð/를 /v/로 : *bath*→/bæf/
- 모음 직후에 오는 유음을 제거한다 : *more*→/moː/
- 자음군의 첫부분에서 /t/→/k/로 대치한다 : *street*→/skrit/
- 음의 도치 : *ask*→/æks/
- 강세가 없는 첫음절의 소거 : *about*→/baut/

음운론과 구어 산출기술에 있어서 아동의 발달은 의사소통 능력, 특히 낯선 청자와 대화할 때 기본적인 역할을 한다. 음운체계의 어려움은 아동이 보다 긴 문장을 산출할 때만 나타나며, 가능한 한 더 긴 문장을 산출할 때 순차적인 음운의 요구가 증가된다.

9. 취학 전 의미론의 발달

의미론은 의미와 관련된 언어의 요소이다. 의미 없는 언어는 없다. 사람은 의미를 표현하기 위해 말을 한다. 그들은 타인이 말하는 어떤 의미를 알아듣기 위해 집중한다. 의미는 단어, 문장 및 담화 수준에서 언어를 통해 전달할 수 있다. 어떤 단어들은 비언어학적인 맥락에서 발생하기도 한다.

1) 어휘의 의미

의미를 가장 잘 나타낸 것은 **어휘의 의미**이다. 단어의 의미와 그 단어가 속한 범주의 특징과 관련되어 있다. 취학 전 시기는 어휘의 성장이 가장 빠른 시기이기도 하다. 어휘는 아동의 일생에서 두 번째로 현저하게 증가한다(Golinkoff, Mervis, & Hirsh-Pasek, 1994). 취학 전 3세 아동은 900~1,000단어의 어휘를 표현한다. 4세에 표현하는 어휘는 1,500단어이며, 5세는 2,000단어 이상이다(Owens, Metz, & Haas, 2000).

아동이 발달하면서 단어를 분명히 정의할 수 있게 된다. 예를 들면 취학 전 후기와 학령기 초기 동안 아동의 단어 정의가 구체적이며 주로 지시 대상물의 출현과 기능으로 이루어져 있다. 발달의 후기에는 아동이 단어를 정의 내리는 데 동일성이 나타나며(즉 *sick*와 *ill* 같은 유사한 특징을 가진 단어), 이유(즉 활동에 대한 원인 제공하기), 범주화된 관계 설명(즉 *animal* 범주에서 *dog*와 *bird*와 같은 범주 내 대상 결정)과 같은 보다 더 추상적인 특징을 나타낸다. 어휘 발달은 여러 해 동안 점차적인 과정과 함께 지속된다.

2) 관계의 의미

지시 대상을 구체화시키는 어휘 지식을 습득하는 것과 더불어 아동은 사람, 사물 그리고 사건 간에 규칙관계의 의미를 습득한다. 언어발달의 초기 단계에서 **관계의 의미**는 취학 전 아동의 언어에서도 출현한다. 이들 관계는 문장수준(또한 문장 내 의미라 불리는)에서 제공된다. 아동의 초기 언어의 재발생과 존재, 비존재에 대한 초기 관계의미(또는 의미론의 내용, 범주)는 이 시기 동안 단단어가 아니라 복합단어의 결합과 단순한 문장으로 부호화된다(표 2.13 참조). 아동이 인지적으로 발달함으로써 의미론적인 관계는 그들이 공간, 시간, 사건야기, 좀 더 복잡한 언어학 형식을 사용한 활동의 순서 정하기와 문장 유형의 다양한 개념의 기호화를 통해 표현된다.

표 2.13 2~4세에 표현되는 의미론 관계(문장 간 의미)

의미론의 관계	연령	예시
조정력	2.0	내 차는… 트럭.
순서	2.0	바이-바이, 엄마, 아빠, 조이.
인과관계(논리적)	2.0	나는 그것을 할 수 없어. 너무 길어.
이유	2.4	당신은 나를 때린다. 왜냐하면 나를 좋아하지 않기 때문이다.
시간소유	2.8	지금 나의 손을 씻는다. 그런 다음 나는 먹는다. 그는 학교에 갈 때 버스를 타고 간다.
조건제한	3.4	나는 걷는 동안 이것을 입는다.
소유의 순서	3.5~4.0	나는 이것을 마친 후에 트리를 만들 것이다.

Miller(1981).

3) 맥락적인 의미 : 담화의 역할

맥락은 언어의 여러 측면에 영향을 주며, 언어의 의미를 포함한다. **언어적인 맥락**, 담화는 문장 내 의미를 유도하는 데 필요한 정보를 제공한다.

의미에서 언어적인 맥락의 영향은 다음 문장의 사례에서 볼 수 있다.

그는 그것을 샀다.(He bought it.)

*he*가 누구를 나타내는지 그리고 *it*이 무엇인지에 대한 정보를 제공하는 사전의 언어적인 맥락에 관한 내용을 알지 못하고 이 문장의 뜻을 예측하는 것은 불가능하다. 다음 대화의 맥락 내에서 아무리 *he*와 *it*의 의미가 명확해지더라도 마찬가지이다.

톰 : 존이 어제 자동차 딜러에게 갔는데 빨간 재규어를 봤다고 했어요.
(John saw a red Jaguar at a car dealer yesterday.)
수잔 : 무슨 일이 일어났는데요?(What happened?)
톰 : 그가 그것을 샀어요.(He bought it.)

이 대화에서 대명사 he와 it은 이미 언어학적으로 확인된 어떤 것과 관련되어 사용된다. 사전에 언급된 것과 관련된 대명사의 사용은 **전방조음적 참조**라 부른다. 전방조음적 참조는 다른 언어적인 장치뿐만 아니라 그것의 의미가 더 잘 이해되도록 하기 위해 담화를 결합하도록 돕는다. 총체적으로 이것을 **결속장치**라고 한다. 왜냐하면 문장 간의 의미를 만들 때 활용되기 때문이다. 표 2.14는 결속장치가 어떤 것인지 정의하고 각 사례를 제공한다. 비록 결속장치의 취학 전 사용에 관한 정보로 한정되어 있지만 연구자는 대변적으로 대명사의 사용 능력은 아동의 언어학적 · 인지적 · 사회적 지각과 관련된 발달론적인 성취라고 본다(Carins, 1996; Chien & Wexler, 1990).

4) 맥락적인 의미 : 비언어적인 맥락의 역할

언어적인 맥락에 더하여 **비언어적인 맥락**은 화자와 발화할 시점의 관점으로 볼 때 누구에게로 전환될 것인지에 대해서 말의 의미에 대한 단서를 준다.

문장을 자세히 보면 "나는 내일 그곳에 가기를 원한다"("I want you to go there tomorrow"), *I*, *you*, *there*, *tomorrow*의 의미는 화자가 누구인지, 청자가 누구인지, 화자가 발화했던 곳이 어디인지, 언제 그 문장을 발화했는지에 달려 있다. 비언어적인 문맥 변화로 의미를 바꾸는 단어는 **지시어**라고 한다. 이와 같이 *I*, *you*, *here*, *there*, *today*,

표 2.14 결속장치

유형	정의	사례
인칭대명사	명사의 대체	*I*, *you*, *she*, *it* 등
지시대명사	지시(지적하기) 단어	I'll take *this*/*that* one.
전방조음적 참조	사전에 확정된 대상을 언급하기 위해 사용되는 대명사	Mary is happy. *She* passed the test.
후방조음적 참조	다가오는 사건을 언급하기 위해 사용하는 대명사	*Here* comes a surprise.
동사 생략	대화에서 이용하는 정보 삭제	Do you like cake? I do. (*like cake*)
명사 생략	대화에서 이용하는 정보 삭제	Where is he? (*He is*) here!
접속사	결합하는 성분	*and*, *or*, *but*
어휘 결합	사전에 언급된 대상을 언급하는 유의어	A lion appeared. The *beast* roared.
비교급	대상 사이 비교	*Bigger than*…

Halliday and Hasan(1976).

*tomorrow*는 각각 사람, 장소, 시간의 지시관계를 표현한다.

연구들은 사람, 장소, 시간 지시에 대한 아동의 발달을 입증하였다. 보통 대명사 지시(나/너, 나를/나의, 나의/너의)는 공간적인 개념을 나타내는 이것(저것, 이들의/저들의, 여기/저기)을 개조하여 구별하기 전에 습득된다(McLaughlin, 1998). 마지막 출현부분은 시간적인 지시어이다(오늘, 내일). 아동은 4세에 *this*와 *that*의 차이구별에 어려움을 가진다. 지시비교는 7세에도 능숙한 사용이 어렵다(Owens, 2005).

5) 의미론 : 언어 차이

Goldstein(2000)은 유사한 방언 사이에 존재하는 어휘의 차이를 보여 주었다. 예를 들면 단어 *bamba*는 스페인어의 어떤 방언에서 *balloon*을 의미하지만 다른 곳에서는 *bomb*을 의미한다. Stockman(1999)은 방언과 언어의 차이 중에 존재하는 관계의 의미를 네 가지 유형으로 요약하였는데, 그것은 (1) 동일한 단어(차이 없음), (2) 다른 단어와 이런 종류의 단어를 위한 다른 지시 대상, (3) 같은 지시 대상을 위한 다른 단어, (4) 같은 형식을 위한 다른 지시 대상이다. 이런 차이는 다른 문화와 언어적 배경을 가진 아동을 평가할 때 반드시 고려되어야 한다.

10. 취학 전 화용론의 발달

이 장의 초반부에 예고한 대로 언어는 사회적 맥락 내에서 학습된다. 양육자와 아동 그리고 이후에 또래와 상호작용함으로써 계속해서 언어가 향상되는 상황에서 아동은 언어를 사용한다. 그들은 부호처리를 위해 사회적 환경 내에서 사회적 환경과 상호작용자를 잘 인식함으로써 학습한다.

취학 전 시기에 아동은 맥락 내에서 순식간에 사라지는 사물과 사건을 묘사하는 것을 학습한다. 개인의 경험과 관련시키고 그들이 원하고 요구해야 할 것을 효과적으로 전달하는 언어를 사용한다. 여기에 협력적인 대화를 통제하는 일반적인 상황을 전개하게 된다. 번갈아가며 대화하기, 대화의 주제 제시하기, 그리고 담화에서 새롭고 적절한 정보를 제공하는 것을 학습한다. 비록 취학 전 시기에 이런 능력이 출현하더라도 그들은 인지적·사회적으로 성숙함으로써 해를 거듭할수록 성장을 지속한다.

1) 의사소통 기능의 정교화

앞의 표 2.5에서 설명된 아동의 초기 의사소통 기능에 더하여 아동은 언어 사용 목록을 확장한다. Dore(1978)는 취학 전 시기의 아동의 언어 사용에 대해 조사하였다. 2~5세에 부호화되는 의사소통 의도에 대해 밝혔으며 다음이 그 내용이다.

1. 다양한 질문에 의한 정보 요구하기("지금 갈 수 있어요?", "그는 캔디를 먹고 있어요?", "어디로 갑니까?", "왜 나는 그것을 가질 수 없어요?")
2. 질문에 응답하기 또는 정보를 보충하면서 요구에 반응하기("그것은 나의 벽장에 있어요.", "나는 그 컵을 깨뜨리지 않았어요.", "나는 원하지 않아요.")
3. 사건, 사물 또는 소유물 묘사하기("거기에 빨간 트럭이 있어요.", "그것은 크레인이 있는 트럭이에요.")
4. 사실, 느낌, 태도 그리고 믿음 주장하기("그것은 어제 일어났다.", "나는 아프다.", "나는 그녀를 좋아하지 않는다.", "유령은 현실이 아니다.")

내면화된 인지적 · 사회적 변화는 아동이 언어를 사용하는 방식에 영향을 주면서 발생한다. 예를 들면 어린 취학 전 아동은 자신이 직접 타인을 지시하는 언어를 사용한다. 뿐만 아니라 현재와 과거의 경험을 알린다(Hulit & Howard, 1997). 그러나 좀 더 나이 든 취학 전 아동은 더 복합적인 의사소통 기능을 추가하며 원인, 생각 그리고 문제를 해결하기 위해 언어를 사용한다(Tough, 1979). 다음 문장을 고려해 보라.

아리(5세) : 지붕이 아주 튼튼하지 않다면 그 애는 떨어질 것이다.

앨리(5세) : 나는 그 테이프가 수리될 것이라고 생각해, 그럼 나는 그 테이프를 받을 거야.

셔리(5.5세) : 당신이 만약 블록을 여기에 놓고 나는 나의 블록을 거기에 놓는다면, 시간이 더 많이 걸릴 거야.

취학 전에 아동들은 또한 속어화하기, 괴롭히기, 불평하기, 비난하고 위협하기 위해 언어를 사용한다. 이러한 의사소통 기능들은 양육자 및 형제 · 자매와의 상호작용뿐만 아니라 또래와의 상호작용에서도 관찰된다. 5세 아동들이 표현하는 다음의 발화들을 생각해 보라.

속어화하기 : 너는 뚱뚱보야.

괴롭히기 : 나는 그것을 다시 하고 또 다시 할 거야.

불평하기 : 엄마는 항상 오빠한테 큰 것 줘요.

비난하기 : 네 그림은 구역질나.

위협하기 : 그거 돌려 주지 않으면 엄마한테 말할 거야.

이 시기 동안에 아동들은 언어형태를 확장하여 다양한 의사소통 의도를 표현한다.

2) 대화기술 발달

일반적으로 아동들은 대화의 문맥 안에서 언어를 배운다. 취학 전 아동들은 많은 대화기술들을 습득하지만 대화의 많은 부분이 현재에 집중된다. 아동들의 대화는 매우 짧고 대화 시 참여하는 순서는 제한되어 있다.

미취학 아동들의 주제 유지하기는 의사소통 대상자의 발화가 자신의 발화에 주제 공유하기 반응으로 실현될 때에 주로 일어난다(L. Bloom, Rocissano, & Hood, 1976). 유아들(2.5~3세)은 관심 있어 하는 새로운 대화 주제를 이끌어 내는 데 익숙하지만 한 가지 혹은 두 가지 이상의 주제를 유지하는 데는 어려움이 있다. 유아들은 의사소통의 대상에 대해 알고 싶어 하지만 흔히 대화 순서를 기다리지 못하고 다음 화자의 순서를 위한 배려를 잘하지 못한다.

3~4세 시기의 유아들은 사회적 대화의 관점을 더 잘 받아들이는 경향이 있다. 이 시기에 유아들은 청자의 요구에 적절히 자신들의 언어를 대응시키기 시작한다. 다른 사람들의 관점을 반드시 헤아리려는 노력(전제적 능력이라 부름)으로 인해 청자에게 적절한 언어로 의사소통을 실현한다. 이것은 학령 전 아동들이 항상 메시지를 청자에게 완전히 이해시킨다는 말이 아니다. 취학 전 아동들은 흔히 타인의 얼굴 표정을 잘못 이해하여 자신들의 메시지를 재해석하지 못하며 구체적으로 자신들의 메시지를 명료화하려고 한다. 학령 전기 아동들이 메시지를 명료화하거나 수정하는 가장 일반적인 방법은 단순히 아동들이 말한 것을 반복하는 것이다(McLaughlin, 1998).

아동(3.5개월)이 엄마에게 : 그 애가 내 것을 뺏어 갔어.

엄마 : 뭐라고?

아동 : 그 애가 내 것을 뺏어 갔어.

엄마 : 뭐라고?

아동 : 그 애가 내 것을 뺏어 갔어(더 큰 목소리).

엄마 : 누가 어떻게 했다고?

아동 : 존이 내 책을 뺏어 갔어!

어떤 사실에 대한 설명을 요구할 때 비구체적인 요구에 대한 서툰 반응은 학령 전기 아동들의 특징이다. 좀 더 적절하게 반응하는 능력은 학령기에 이르러 발달한다(Owens, 2005).

마지막으로, 학령기 아동들은 이해능력을 확장시키고 간접적인 질문을 사용하기 시작한다. "여기는 날씨가 끔찍하게 더워"라는 문장을 생각해 보자. 이 문장은 대개 화자의 의도된 행동(청자에게 창문을 열도록 함)에 대한 요구가 있을 때 말하는 것이다. 질문을 이해하고 간접적으로 사용하는 능력은 아동을 사회적 및 언어적으로 성숙하게 한다. 3~4세경의 아동들은 간접적인 질문을 사용함으로써 사회적 유익에 대한 인식을 더 잘하는 것으로 보인다(Ervin-Tripp, 1980; Ninio & Show, 1996; Wells, 1985). 4세 아동의 일반적인 간접적 질문은 "엄마, 쿠키 좀 먹어도 돼요?"와 같은 것이다.

다음 부분에서 우리는 학령기 아동들의 다양한 담화기술의 발달, 즉 이야기에 대해 논의하기로 한다.

3) 이야기 발달

이야기(narrative)는 담화의 한 형태이다. 청자의 반응이 요구되지 않는다는 점에서 이야기는 대화와 다르다. 이야기를 할 때 화자는 완전히 독백을 하며 청자에게 필요한 정보를 반드시 미리 예측하여 제시한다. 화자가 구조화된 방법의 모든 정보를 표현하고 사건들을 관련짓고 어떤 결론을 이끌어 내기 위해서 결과를 유추하고 조직화한다. 이야기에는 많은 다른 유형들이 있다. 이야기에는 개인적인 사건과 경험들을 공유한 자세한 이야기, 자기일반화 이야기, 좋아하는 동화 말하기와 다시 말하기, 그리고 영화나 책 또는 텔레비전 쇼 이야기를 반복하기 등이 있다.

연구에 따르면 2세 아동들은 친숙한 매일의 일상을 언어로 표현하는 대화를 보여 준다고 한다. 이러한 이야기의 유형을 묘사(script)라고 하며, 주로 어린 아동들이 그들에게 일어난 사건들에 대해 이야기 할 때 사용한다(Owens, 2005; Tiegerman-Farber, 1995). 그러나 아동들이 계획(plan)이라는 사건의 전후 관련, 순서의 상황을 정확하게 표현하기 위해서는 4세가 되어야 한다(Karmiloff-Smith, 1986).

이야기에는 이야기에 응집력이 주어지는 원리와 구조가 포함된다(McLaughlin, 1998). 3세 6개월경의 학령 전기 아동들은 **전단계 이야기**(protonarratives)를 만들어 내는데, 최근의 사건들에 관한 이야기들이다. 체계화된 구조는 30개월경에 나타나는 비일관적인 요소이다.

일반적으로 학령 전기 아동들은 이야기를 조직화하기 위해 연쇄와 중심화라는 두 가지 유형의 전략들을 사용한다. 3세의 아동들은 이야기를 할 때 **연쇄**(chaining, 특별한 일반적 순서 없이 중심 주제와 관련된 이야기) 전략을 사용한다. 약 4세경의 아동들은 **중심화**(centering)라는 중심 주제가 내포된 조직화를 향상시키는 이야기를 만들어 낸다. 5세경에는 일반적으로 전체 아동 중 75%의 아동들이 모두 이러한 두 가지 전략을 사용하여 이야기를 발달시킨다. 생일날 경험을 열거하고 이야기를 반복하는 일반적인 학령 전기 아동의 이야기 발달사례가 아래에 제시되어 있다.

아동(3세)이 이야기를 반복함 : 한 마술사가 있었어. 마술사는 모자를 썼고 토끼들이 모자 안에서 나왔어. 끝이야.

아동(5세) : 나는 생일파티를 했어. 모든 아동들이 내 파티에 왔어. 모든 사람들이 '생일 축하' 노래를 불렀어. 나는 선물을 받았어. 우리는 케이크를 먹었어.

아동들이 학교에 입학할 시기에 이르면, 이야기의 기본요소를 습득하고 경험을 공유하며 연속적인 친숙한 사건들을 열거한다. 학령기에 아동들의 언어능력과 세계에 대한 지식이 발달됨에 따라 아동들은 더 복잡한 이야기 형태를 이해하고 산출하기 위해 언어를 배운다.

11. 발생적 문해력

최근의 연구에서는 아동들의 읽기 발달 및 쓰기 능력의 기초를 확립하는 데 있어 학령기의 중요성이 주목을 받기 시작했다(Butler, 1999; Snow, Scarborough, & Burns, 1999). 듣기/말하기 및 읽기/쓰기는 방법에 있어 다르지만 적어도 부분적으로 언어적인 공통점이 있다는 강력한 증후가 있다. 취학 전 아동들과 생활하는 말-언어치료사와 교육자들을 위한 이러한 정보의 중요성은 학령기 동안 나타나는 구어의 이해 및 형식에서의 지체가 읽기와 쓰기에 있어 어려움을 예시한다는 사실에 있다(Butler, 1999).

읽기를 배우기 전에 학령 전기 아동들의 문자습득 지식에 흔히 사용되어 온 용어가 **발생적 문해력**(emergent literacy)이다. 발생적 문해력에 대한 연구는 큰 반향을 일으켰다. 일부 연구자들은 취학 전의 시기 동안 아동들은 다음의 지식과 기술을 습득한다고 주장했다.

- 글씨체의 규칙을 습득한다(책을 잡는 법, 영어 인쇄체의 구조가 왼쪽에서 오른쪽이고 위에서 아래로이며, 흘려서 쓰는 것에 대한 인식).
- 이름을 알고 편지를 쓴다.
- 글씨로 의미 있는 생각을 표현할 줄 안다.
- 문어체의 구조에 대한 이해를 한다(이야기가 특별한 방법으로 구성되어 있다는 것).
- 글씨와 관련된 어휘가 발달한다(읽다, 쓰다, 이야기, 쪽과 같은 단어들을 이해하고 사용).
- 음운론적 인식에 대한 기본 기술들을 습득한다(독립된 단위로 구성된 단어들).

일부 연구자들은 유아의 인쇄 문해 환경, 특히 아동의 집에 중점을 두었다. 연구자들은 필기도구(크레용, 연필, 마커펜)는 물론 집에서의 인쇄물(책, 포스터, 잡지, 엽서, 명찰)에 대한 효용성이 문해력 습득에 긍정적인 관련이 있음을 밝혀냈다(Zeverbergen & Whitehurst, 2003). 대부분의 학령 전기 아동들의 생활에서 일어나는 문해력 사건들은 지속되는 실제 가족의 경험들이다. 양육자들은 의미론적 우연성(아동이 이야기한 주제 유지하기), 비계(아동의 성취를 촉진시켜 주는 언어학적 및 비언어학적 구조), 문해력의 경험에 대한 이해를 촉진하는 데 도움이 되는 일상생활(자주 발생하는 예상 가능한 상황)과 같은 기술들을 사용한다(Snow, Perlmann & Nathan, 1987). Justice와 Ezell(2000)은 부모가 읽어 주는 책은 아동들의 조기 문해력 발달을 유의하게 향상시킨다는 것을 밝혀냈다. 아동들의 읽기학습은 미래의 성공적인 책 읽기에 영향을 미치며, 책 읽기는 또한 어휘발달 증가(Elley, 1989; Jenkins, Stein & Wysocki, 1984; Wasik & Bond, 2001)와 이야기 발달에 영향을 미친다(Harkins, Koch & Michel, 1994; Zeverbergen & Wilson, 1996).

말-언어치료사들은 흔히 아동들과의 상호작용에서 책 읽기의 중요성에 대해 부모와 교육자들을 상담한다. 이렇게 함으로써 그들은 활동적이고 적극적으로 실제의 읽기 양식을 사용하는 데 대한 중요성을 강조한다(DeTemple & Snow, 2003; Wasik & Bond, 2001). 상호작용을 통합하는 데 효율적인 책 읽기의 방법은 대화 읽기 접근법이다(Zeverbergen & Whitehurst, 2003). 이러한 접근은 2~3세 아동이 책을 읽을 때 2~3주 간격으로 두 가지 원칙을 중심으로 실행된다. 첫 번째 원칙은 다음의 요소로 구성되어 있다.

1. 의문이 생기는 것을 물어보라.
2. 질문에 대한 답을 말해 주라.
3. 아동이 말하는 것을 반복하라.
4. 아동이 필요로 하는 것을 도와주라.

5. 칭찬하고 용기를 주라.
6. 아동의 흥미를 고려하라.
7. 즐겨라.

두 번째 원칙은 다음의 요소로 구성되어 있다.

1. 개방된 질문을 하라.
2. 아동이 말한 것을 확장하라.

대화에서 읽기접근법의 요소는 4~5세 아동이 책을 읽는 것과는 다르다.

1. 빈칸 완성하기("개구리가 집으로 다시 돌아왔을 때 모든 사람들은 ____했다.")
2. 빈칸 다시 생각해 보기("큰 개구리가 작은 개구리를 물었을 때 무슨 일이 일어났나요?")
3. 개방된 촉구하기("이제 다음 쪽에 대해서 말해 줘.")
4. 누가, 어디서 또는 왜, 어떻게 질문 사용하기("왜 큰 개구리가 작은 개구리를 흉내 냈을까?" 또는 "작은 개구리는 어떻게 느꼈을까?")
5. 원거리 촉구("동물원에 가서 진짜 개구리 본 적 있니?")

빈곤계층인 2세 아동들의 상호작용적 책 읽기 중재의 영향에 관한 연구에서, Valdez-Menchaca와 Whitehurst(1992)는 아동들의 MLU, 문장 완성, 어휘 다양성 및 표현 · 수용 언어능력이 향상되었음을 밝혀냈다. 이와 같이 책 읽기와 체계적인 상호작용의 결합이 언어발달에 긍정적인 영향을 미치며, 읽기능력의 원동력이 된다는 것이 밝혀졌다.

대부분의 연구는 민족성에 상관없이 중산층의 통합가족 내에서 문해력의 사회화에 중점을 두고 있다. 그러나 모든 가족들이 유사한 문화와 사회언어학적 배경을 가지고 있어도 문해력의 발달은 비슷하지 않다(Heath, 1996). 이러한 사실은 취학 전 아동들에 대한 문해력의 사건들, 부모의 교육 정도, 그리고 부모들의 사전문해력에 대한 기대치가 각 문화권에 따라 기본적인 차이가 있는 것에서 비롯된다(Nelson, 1993). 다른 문화권에서 발견된 문해력의 발달에 대한 다양한 접근법들에도 불구하고 아동들이 문해력을 발달시킬 수 있다는 학자들의 견해는 동일하다(Heath, 1996).

1) 음운론적 인식

취학 전 시기의 아동들은 단어의 음운구조에 대한 인식을 발달시키기 시작하는데, 이러한 능력을 **음운론적 인식**이라고 한다(Justice & Scheule, 2004). 이러한 능력을 가진 아동들은 (1) 단어들이 독립음으로 구성되어 있고, (2) 이러한 독립음들이 특별한 특징, 즉 음운 간의 차이(예 : /p/와 /b/를 구별하는 소리의 차이)를 알려 주는 역할을 하는 음성적 특성을 가지고 있으며, (3) 글자들은 단어에서 소리를 나타낸다는 것을 확실히 인식한다(Ball, 1997; Snowling, Hulme, Smith & Thomas, 1994; Torgesen 1999).

이 발달 단계에서 아동은 단어를 음절(*ba–na–na*)로 분리시킬 수 있고 압운시킬 수 있으며("*cat*에는 어떤 각운이 오니?" 및 "*cat*과 *bat*에는 각운이 뭐니?"), 독립된 음운을 조합("/k/–/æ/–/t/는 어떤 단어니?")하고, 단어에서 음운을 분리("*cat*에서 처음/마지막의 음운은 무엇인가?")시키고, 음운들을 능숙하게 다루고(*smart*/*mart*, *spark*/*park*, *stop*/*top*의 단어들에서 첫음을 분리시킬 수 있다), 기본음소를 토대로 단어들을 배합("같은 초성음소를 가진 단어에는 *toy*, *take*, *chair*처럼 어떤 것이 있을까?")시키고, 두운("*big bad bugs bite boys*")을 만들며, 종성 혹은 초성음운들(*doll*, *dog* 혹은 *toy*?)의 차이점에 근거하여 일련의 목표단어들을 선택할 수 있다. 학령 전기 아동들은 음성놀이, 구어오류의 수정, 압운인식 및 음절들을 분리(Kamhi & Catts, 1991)할 수 있다. 반면에 학령기 후기의 아동들은 단어에서 음운을 분화시키고, 기본음소를 토대로 단어들을 조합할 수 있게 된다.

음운인식과 읽기의 관계는 많은 연구자들(Jorm & Share, 1983; Bryant, Bradley, MacLean & Crossland, 1989; Torgesen, 1999)에 의해 논의되어 왔으며, 음운론적 인식과 읽기문제의 결함 간에 어떤 관련이 있는 것으로 밝혀졌다(Ball, 1997; Shaywitz, Fletcher, Holahan, & Shaywitz, 1992; Snyder & Downey, 1997; Swanson, Mink, & Bocian, 1999; Westby, 1998). 언어학습과 읽기에 문제가 있는 아동들에게 나타나는 음운인식의 결함은 이후의 장에서 자세히 다루고 있다.

학령 전기 동안에 아동들의 말은 발화가 길어지고 복잡해진다. MLU가 2인 아동에서부터 4를 초과하는 아동들까지 아동들은 자연스럽게 여러 언어적 하위구조를 습득한다. 아동들은 음운구조에 익숙해지고 문법형태소가 발달하며 많은 문장의 유형을 조합하고 이해한다. 아동들은 더 많은 추상적 의미와 이러한 언어적 구조를 토대로 상세하게 체계화하는 능력을 습득한다. 아동들은 다양한 사회적 환경에 적응하고 결과와 과정보다는 사건과 개인적인 경험을 묘사하기 위해 언어를 상세하게 설명한다. 학령 전기 아동들은 글자에 대한 지식을 얻기 시작하지만, 실제로 학교에서 공식적으로 배우기 전까지는 글자를 이해하는 방법을 알지 못할 수도 있다. 언어의 각 구성요소는 분리되어 논의되어 왔지만 언어의 형태(음운론, 형태론, 구문론), 내용(의미론), 사용(화용론)은 밀접하게 관련되어 발달된다.

12. 학령기 아동의 언어발달 : 개요

아동들의 언어는 5세가 되면 일정한 발달 단계에 도달하지만 풍부한 의사소통적 발달은 아직 미흡하다. 어휘는 학령기 동안 지속적으로 발달한다(Johnson & Anglin, 1995; McGhee-Bidlack, 1991). 아동들은 아동기 중기의 시기에 농담, 수수께끼 및 은유와 같은 비문자적 언어를 사용하기 시작하며(Bernstein, 1986, 1987; Nippold, Leonard, & Kail, 1984), 약속하다 또는 묻다와 같은 동사가 포함된 문장을 이해하기 시작한다(Chomsky, 1969; Eisenberg & Cairns, 1994).

학령기 동안 아동들에게서 일어나는 인지적 및 사회적 변화는 아동들이 언어를 사용하는 방법에 영향을 미친다. 아동들은 화용론 및 담화 기술들을 확장시키고 대화능력이 섬세해지며 더 잘 계획하고 체계화하며, 자신의 생각들을 일관성 있고 복잡한 해설로 유추해 낸다. 따라서 이 기간 동안 아동들은 또한 은유적 언어능력에 관하여 생각하고 이야기하는 능력이 발달되며, 읽고 쓰기 위한 학습으로 또 다른 형태의 언어에 익숙해진다. 언어발달은 아동들이 인지적 및 사회적으로 성숙함에 따라 계속되지만, 언어학습은 이미 아동이 학령기에 들어서는 시기에 상당한 수준으로 발달되어 있다.

초기 및 후기 학령기 아동들에게서 발생하는 인지적 및 사회적 변화들은 아동들이 언어를 사용하는 방식에 영향을 미친다. 예를 들면 아동들은 아래의 사항들을 이행할 수 있다.

- 부정확하고 부적절한 정보를 무시한다.
- 더 효율적으로 원인과 문제를 해결한다.
- 화용론 및 대화기술을 확장시킨다.
- 대화능력이 섬세해진다.
- 자신의 생각들을 더 복잡한 이야기로 계획하고 체계화시키며 배열시킨다.

학령기 아동들, 즉 초기 및 후기 청소년기에서 보이는 언어능력들에 대한 비밀이 최근의 연구에서 밝혀졌다. Breinbauer 및 Maddaleno(2005)와 세계보건기구(WHO, 2005)는 이러한 시기를 3개의 하위 시기로 구분했다.

1. 청소년 이전기 : 9~12세의 여자 및 10~13세의 남자
2. 초기 청소년기 : 12~14세의 여자 및 13~15세의 남자
3. 후기 청소년기 : 14~19세 남자 및 여자

대부분의 연구자들은 청소년이 생물학 · 신체적 · 정신적으로 다양한 요인 간의 관계로 특징지어지고(Larson & McKinley, 2003), 언어가 지속적으로 발달하며 청소년기를 지나 성인기를 통해 더 복잡해진다는 사실에 동의한다(Nippold, 2000).

1) 구문론 및 형태론의 발달

형태론과 구문론 분야에서 학령기 아동의 언어발달은 새로운 언어의 형태와 습득이 존재하는 동시적인 확장으로 구성된다. 아동들은 명사구와 동사구의 표현이 섬세해짐에 따라 문장을 계속적으로 확장시킨다. 아동들은 이해력이 확장되고 문장에 **그러므로**, **그러나**, **그렇지 않으면** 등의 절을 연결시킬 때 사용하는 단어들을 첨가하여 사용한다("나는 가게에 갔다. **그러나** 형은 가는 것을 반대했다"). **만약** 및 **그러나**와 같은 단어의 정확한 해석은 11세까지 일어나지 않을 수도 있으며, **그렇지 않으면**은 15세까지도 잘 이해 못할 수도 있다(McLaughlin, 1998).

아동들의 내포문 사용은 구문론적으로 더 복잡한 내포적 문장들의 이해를 확장시키고, 아동들의 이해력은 장소 및 내포문이 사용된 유형에 의해 좌우된다. 내포문은 문장 중간에서 일어날 수 있거나 문장 끝에서 조합될 수 있다. 내포된 문장의 두 절은 같은 주제나 대상을 공유할 수 있는데, 이것을 **대등적 내포문**이라 부르며, 혹은 그렇지 않으면 **비대등적 내포문**이라 부른다. 가장 쉬운 것에서부터 가장 어려운 것에 이르기까지 내포된 문장의 이해는 다양하게 발전되며 아동의 인지적 발달을 반영한다. 표 2.15는 다양한 형태의 내포문이 습득되는 순서를 대략적으로 보여 준다.

여러 형태론적 구조는 초기 학령기 동안에 나타난다. 동명사는 명사의 기능(예 : *to fish*를 *fishing*으로, "Fishing is fun")을 수행하는 형태를 나타내기 위해 동사에 −*ing* 형태를 첨가하며 5단계 이후에 나타난다(Owens, 2005). 파생된 형태소들은 처음에 후기 학령 전기의 시기에 형용사를 만드는 비교급 −*er*(*bigger*)로 4~5세 사이에 나타나고, 5~6세 사이에 −*est*(*biggest*)로 나타난다(Norris, 1998). 동사를 명사로 바꾸는 데 사용되는 파생접미사 −*er*(*farm*+*er*)은 후기 학령기에 출현한다. 파생된 형태소 −*ist*는 7세에 나타나며, 파생된 접미사 −*ful*, −*less*, −*ly*, −*ness*, −*al*, −*ance*는 학령기 동안에 출현한다(Wiig & Semel, 1984). 2학년이 끝날 무렵에 아동들은 불규칙적인 명사와 동사의 동의어("The

표 2.15 내포문 이해의 발달계열

형태	예
대등적 중심 내포문—같은 주제(*girl*)로 두 절이 연결되어 있다.	The girl who bought the dress went to the party.
대등적으로 끝나는 내포문—같은 대상(*gift*)으로 두 절이 연결되어 있다.	He gave me a gift that I don' t like.
비대등적으로 끝나는 내포문—주절의 대상(*boy*)이 내포문 절의 주제이다.	She hit the boy who ran away.
비대등적 중심 내포문—주절의 주제(*cat*)가 내포문절의 대상이다.	The cat that was chased by the dog ran up a tree.

Abrahamsen & Rhgrodsky(1984), and Owens(1996).

fish are eating" 대 "The sheep is sleeping"), 함축적인 부정형태("Find the one that is neither red nor blue")를 이해하고 과거형 분사(*had eaten*)와 완료형(*has been eating*)과 같은 여러 동사 시제를 이해한다.

5~7세 아동들은 대부분의 명사와 동사구를 사용할 수 있지만 흔히 이러한 요소를 생략한다. 7세 아동들도 이중 부정어와 같은 확장된 다른 것을 제외한 일부 요소(관사)를 생략한다. 또한 학령기 아동들은 여전히 일부 전치사, 동사시제, 복수형의 사용에 어려움이 있을 것이다(Menyuk, 1969). 마지막으로 모음과 자음의 변화에 의해 과거시제가 변하는 불규칙 과거시제동사는 청소년기 및 심지어 성인인 경우에도 어려움을 나타낸다(Nelson, 1998)(예 : *lie–lay–lain* 및 *swim–swam–swum*)(McLaughlin, 1998).

학령 전기의 아동들은 수동태 문장의 전환을 이해하고 사용하는 데 어려움을 느낀다. 그 이유는 수동태 문장은 단어 순서에서 누가 누구에게 무엇을 하였다를 결정하는 아동들의 전략에 위배되기 때문이다. 아동들은 5세 6개월 이후에 수동태를 완전히 이해하며, 완전한 수동태의 표현은 7세 6개월~8세경이 되어도 출현되지 않는다(Owens, 2005).

다른 언어적 형태인 물질 및 수명사를 구별하기 위한 능력들이 학령기 동안에 습득된다. **물질명사**는 물, 모래, 돈과 같이 보편적이고 동질의 물질들이다. **수명사**는 풀, 장난감, 집과 같은 비동질의 개별적인 대상이다. 물질명사는 전자가 복수형태소 –*s*(*sands* 대 *apples*)를 첨가시킬 수 없다는 점에서 수명사와 다르다. 물질명사는 수대명사(*many*와 *few*)로 받아들여지는 것보다는 다른 양적 조절(*much*와 *little*)의 형태이다.

초등학교 저학년 시기에 아동들은 *monies* 및 *mens*와 같은 단어구조는 드물기 때문에 대부분의 정확한 명사형태를 배운다. 이 시기에 아동들은 이러한 형태의 명사를 많이 사용함으로써 양적 질문에 관한 방법들을 나름대로 개발한다. 그러나 아동들은 4세경에 물질명사(*salt*나 *sand*)와 함께 정확한 수형용사(some과 any)를 사용할 수 있다(Owens, 2005). 그다음 *Many*는 '많은 집'과 같이 복수 수명사로 나타난다. *Much*는 주로 초등학교 후기에 학습되며 9세경에도 이러한 형태를 사용하는 것이 어려울 수 있다. 완전히 익숙해지려면 청소년이 되어야 하며, 이 시기에 아동들은 특정명사(*much*+물질명사)에 정확한 수량사를 첨가한다.

9세에 아동들의 구문론적 기술은 파생 접미사의 습득으로 증가한다(Tyler & Nagy, 1989). 이러한 예들은 −*ness*, −*er*, −*ize*, −*men*, −*ity*, −*ify*, −*ous*, −*ive*의 형태소로 구성되며, 이 시기에 접미사의 사용은 가능하지만 이해는 12세에 가능하다. 9~10세의 나이가 되면 아동들은 비가역적인 수동태 구조를 표현할 수 있고(Baldie, 1976), 대상 위치에 있어 명사구 조합을 사용하고 상태보조의 산출이 가능해지는데, 이로 인해 아동들은 더 복잡한 구문론적 구조와 간접적인 요구를 표현할 수 있다. 아래에 일부 이러한 구조에 대한 사례들을 제시하였다.

비가역적인 수동태 구조 : The ball was thrown by the boy.

대상 위치에서의 명사구 합성 : The boy on the bike is my brother.

상태보조 : I can/did/may/might ride a bike.

간접적인 요구 : Could you loan me your book?

9세의 아동들은 *got* 혹은 *was*를 사용한 수동태 구조와 불규칙적인 동사 및 재귀대명사를 더 정확하게 표현한다(Warner & Kresheck, 1983). 구문론적 복잡성은 등위, 종속 및 문장 간 접속사의 사용으로 인해 증가하고, 명사구의 조합은 명사와 동사에 대한 다양한 수식어구의 확장이 지속된다. 이러한 구조의 예가 다음에 나와 있다.

불규칙 동사 : I drank the milk.

재귀대명사 : She wet herself.

수동태 문장 : The car got/was hit by the train.

접속사 : She listened to the rain when she slept in the attic.

명사구 조합 : He wanted to buy the new, bright, shiny bike.

10~11세의 아동들은 가역적 및 비가역적 수동태와 이야기 및 대화기술을 향상시키는

부사 접속사를 사용한다(Scott, 1984). 아동들은 또한 추상적인 용어 동사의 사용을 증가시키기 시작한다(Greenhalgh & Strong, 2001). 11~13세에 조격 비가역적 수동태가 나타나고(Baldie, 1976), 언어표현과 문어구문에서 모두 상태의 사용이 증가한다(Hunt, 1965). 완전한 수동태 문장 사용은 아동들이 12학년에 입학할 시기에 유의하게 향상된다. 다음에 이러한 구조들의 예가 기술되어 있다.

부사절 : Then, the boy was able to follow the rainbow.

가역적 수동태 : The boy was kissed by the girl.

비가역적 수동태 : The window was broken by the boy.

추상 용어 : I think he understands me.

조격 비가역적 수동태 : The glass was broken by a ball.

완료형 : I have eaten all the cookies.

2) 구문론과 형태론 : 언어적인 차이

스페인어와 영어의 형태론 및 구문론의 규칙에는 차이점이 있다(Goldstein, 2000). 스페인어는 주제 하향 언어이다. 따라서 "Tengo un gato"[have a cat]은 문법적으로 생각된다. 고정된 단어 순서로 이루어진 영어와 반대로 스페인어의 단어 순서는 고정되어 있지 않다. 예를 들면 "Los neiños tienen dos gatos"[The boys have two cats]와 "Tienen dos gatos los neiños"[Have two cats the boys]의 문장이 있다. 영어와 달리 관사와 형용사는 명사, 즉 *el perro*[the dog] 아니면 *los perros*[the dogs]와 일치한다. 이러한 차이점은 흔히 영어의 형태론과 구문론에 익숙해지기 위한 시도를 할 즈음에 스페인어를 말하는 아동들의 영어말에서 반영된다.

아프리카 영어(AAE)의 규칙에 의하면 어떤 굴절형태소들(소유 –*s*, 복수 –*s*, 규칙 과거 –*ed* 및 중성 –*s*)이 항상 산출될 필요는 없다(Goldstein, 2000; Haynes & Shulman, 1998). 진술은 질문의 형태("What it is?")로 전환할 수 없다. 이중 부정어("Nobody don't never like me")와 대명사를 강조하는 위치("Daddy he mad")가 또한 표현된다. MLU의 차이점은 또한 다른 언어와 방언에서 나타난다. 예를 들면 미국표준영어(SAE) 화자는 "Two cats are in John's house"(*two, cat, –s, are, in, John, –'s, house*)의 문장에서 여덟 가지 형태소를 산출할 수 있으나, AAE 화자는 "Two cat in John house"(*two, cat, in, John, house*)의 문장처럼 다섯 가지 형태소로 된 문장을 조합할 수 있다(Seymour & Roeper, 1999). AAE와 SAE의 이러한 차이로 인해 교육자는 AAE 화자가 언어적인 차이보다 오히

려 언어장애를 가지고 있다고 생각하는 계기가 되었다.

AAE의 규정은 여분의 정보와 반복적인 정보를 배제시키기 때문에 어떤 형태소들(예 : 복수 –*s*, 소유 '*s*, 보조동사 *are*)은 이러한 정보가 선행하는 단어들에 의해서 전달되므로 종종 생략된다(*two* + *cat* 및 *John* + *house*). 비록 동일연령의 양 화자에게서 발달될 수 있지만 교육자나 치료사는 부정확하게 낮은 MLU로 생각하여 언어지체의 증후로 판단할 수도 있다. 다른 언어의 화자와 마찬가지로, MLU의 차이점들이 SAE 및 AAE 화자들 간에 나타날 수도 있기 때문에 말–언어치료사는 MLU만을 사용해서 방언의 차이점들을 가진 아동 및 모국어가 SAE가 아닌 아동들의 언어발달을 결정할 때 반드시 유의해야 한다. 언어발달에 있어 더 세부적인 논쟁의 차이점들에 대해서는 Taylor와 Leonard(1999), Haynes와 Shulman(1998), Goldstein(2000)을 참조하기 바란다.

13. 학령기 아동의 의미론적 발달

학령기 동안 아동들은 어휘의 양과 단어 정의에 대한 구체성이 증가한다. 6세에 아동들의 표현어휘는 2,600단어이고 수용어휘는 20,000~24,000단어이다(Owens, 2005). 그러나 어휘항목이 증가하는 것은 단지 아동의 어휘 성장에서 일어나는 변화의 일부분이다.

학령기 동안 아동들의 능력은 새로운 영역에 어휘를 더하면서 계속 증가한다. 나이 든 아동들과 더 어린 학령기 아동들 간의 차이점들은 단어를 정의할 때 명백하게 드러난다. 반면에 학령 전기 아동들은 자신의 경험적인 어휘 내에서 협소하게 단어들을 정의하지만 학령기 아동들은 단어를 더 사회적으로 공유된 의미를 사용함으로써 정의한다(McLaughlin, 1998). 이러한 정의에는 초기 아동기에 학습된 단어(*block*)의 의미를 포함할 뿐만 아니라 이 단어의 새로운 의미들("Walk around the block," "Don't block the entrance," "A block of text")을 포함한다. 고등학교 시기에 청소년들의 정의는 추상적이며 지각적 속성이 조정된 기능의 개념을 나타낸다. 고등학교 상급 학생들(성인들은 물론)의 정의들은 서술적인 경향이 있으며, 개념을 수정하는 데 사용된 구체적인 상황들을 참고하여 구체적인 용어를 사용하며 동의어, 설명, 범주화를 포함한다(Johnson & Anglin, 1995).

어휘에 대한 지식은 일반적으로 언어학적인 능력 및 학문적인 태도와 아주 관련성이 높다. 방대한 어휘를 습득하는 것은 아동이 상위 단계의 사고를 이해하고 표현하며 읽기와 쓰기의 능력 수준을 향상할 수 있도록 해 준다.

1) 어휘 발달

4학년 아동들은 졸리는, 잡힐듯한, 속임수의, 멀리 있는, 민첩한과 같은 더 추상적인 어휘 항목들을 습득하고 이해할 수 있다(Miller & Gildea, 1987). 6학년에 들어갈 즈음 아동들은 대략 50,000개의 단어들을 이해한다(Owens, 2005). Arlin(1983)은 아동들이 공간적인 용어인 안에(in) 및 위에(on)는 10~11세 연령에 일시적인 개념(*in the morning, on Sunday*)과 관련하여 이해할 수 있다고 보고하였다.

6~8세의 아동들은 단어 연합과제에 세련된 반응을 보인다(예 : boy for the stimulus tall)(McNeill, 1970). 어형변화의 반응들은 9세에 나타나며 아동들은 단어 *high*에 대한 자극 *tall*에 대해서 반응할 수 있다(Brown & Berko, 1960; Ervin, 1961). 단어 정의 기술들은 9세에 증가하며 정의는 범주보다 더 자주 기능에 토대를 둔다(Al-Issa, 1969). 예를 들면 단어 사과는 '과일'이라는 범주의 정의보다 '먹을 수 있는 어떤 것'으로 정의될 수 있다. 많은 단어 지식이 학령기에 습득되지만 어휘는 일생을 통해 꾸준히 증가한다.

2) 비문자 의미의 발달 : 상징적인 언어

비언어적인 의미는 직접 의사소통될 수 있는 것 외에 간접적인 의사소통을 함으로써 언어의 풍부성과 깊이를 더한다. "그녀의 눈은 싸늘했어"("Her eyes were ice") 혹은 속담 "일찍 일어나는 새가 먹이를 구한다"("The early bird catches the worm")라는 은유적인 표현의 의미를 생각해 보라. 은유, 관용구, 속담 및 농담은 비문자적 언어의 사례, 즉 문장의 단어를 초월해서 의미를 가지는 언어이다. 비문자적 의미의 이해와 사용은 문자 해석을 고려하지 않고 비지시적 · 추상적 · 일반적 의미에 의존하는 능력에 따라 다양하다.

(1) 은유

비문자 언어에 대한 아동의 이해와 사용을 다루는 연구들은 **은유**에 중점을 두어 왔으며 단어, 지시 대상 혹은 사고를 나타내기 위한 유사성을 사용한다("He has a heart of stone"). 은유 언어는 *as*나 *like* 같은 **직유**로 불리는 **접속사**로 표시된다("It is as light as air").

은유적인 언어를 이해하는 능력은 일찍부터 나타나며 시간이 흐름에 따라 지속적으로 발달한다(Bernstein, 1987; Nippold, 1985, 1991, 1998; Nippold, Leonard, & Kail, 1984). 3세 아동들은 은유에 대한 부분적인 이해를 할 수 있지만 7세 전까지는 은유를 정의하거나 설명할 수 없다(Kogan & Chadrow, 1986; Vosniadou, Ortony, & Reynolds, 1984).

은유에 대한 이해를 위해서는 언어가 다양한 영역과 관련이 있다는 것을 이해하는 것이 필요하다. 예를 들면 5~7세 후반의 아동들은 신체적 및 심리적 분야를 표현하는 데 어려움이 있으며, "She is a cold person"이라는 은유를 신체적인 용어, 즉 사람은 추운 지역의 온도나 위치 때문에 춥다고 받아들일 것이다(Owens, 2005). 이러한 이유는 아동들이 *sweet*, *cold*, *bright* 같은 단어의 심리학적 의미를 7~8세 전에 이해할 수 없기 때문인 것으로 생각한다(Westby, 1998). 아동들은 상호적인 감각적 은유를 이해할 수 있으므로("Her perfume was bright as sunshine"), 심리적 · 신체적인 영역("The prison guard was a hard rock")보다 지각적 영역과 관련지어 더 쉽게 받아들인다(Winner, Rosentiel, & Gardner, 1976).

비유적 은유는 사물을 공통된 특징에 기초하여 비교하므로 대등적 은유보다 더 쉽게 이해되며, 대등적 은유에는 3개의 대상이 언급되는데, 네 번째는 적절한 문장을 구사("My head is like an apple without a core")하기 위해 반드시 추론이 이루어진다. 더 어려운 은유의 유형에 대한 수행은 연령에 따라 증가된다. Billow(1975)는 은유의 정확한 이해와 사용은 아동들의 인지적 발달과 관련이 있다고 주장했다.

(2) 관용구

다채롭고 간결한 방법으로 복잡한 개념을 표현하는 특징적이고 비유적인 표현들을 **관용구**라고 부른다. 다양한 범주(음식—*sour grapes*, 동물—*dark horse*, 색깔—*in the red*)로 구성될 수 있는 관용어구들은 의미적으로 구성되어 있으며 다른 관용어구의 유형들이 포함되어 있다. 관용어구의 이해는 아동기, 청소년기 및 성인기에 걸쳐서 발달되고 향상된다(Nippold, 1988, 1991; Nippold & Martin, 1989; Nippold & Taylor, 1995). 학령 전기 아동들은 비유적인 일부 관용어구의 의미를 이해하지만 이러한 비유적인 이해력은 아동기 및 청소년기를 통해서 가장 유의하게 발달된다(Nippold & Martin, 1989).

(3) 속담

비유적인 언어의 또 다른 형태인 속담은 은유보다 더 추상적이다. **속담**에서 주제가 되는 영역은 결코 언급되지 않는다. 사실을 표현하는 예지적인 속담에는 "Don't put all your eggs in one basket"과 "A stitch in time saves nine"과 같은 것들이 있다. 청소년 이전기에는 일반적으로 속담을 잘 이해하지 못하지만 청소년 혹은 성인기가 되면 속담을 이해하기 시작한다(Owens, 2005). Nippold(2000)는 속담을 이해하는 것이 언어수준을 향상시키는 데 도움이 되며 정확히 6학년은 60%, 10학년은 73%, 12학년은 81%가 성취된다고 하였다. 속담이 정치적 연설, 문학 서적, 그리고 다른 형태의 강연(Nippold, 2000)과 조우되므로 속담의 이해를 목표로 하는 것은 청소년기에 중요한 목표일 수 있다.

(4) 유머

우리는 종종 아동들이 이해하고 말하는 수수께끼나 농담의 의미론적인 지식에 대한 정보가 부족하다. 수수께끼와 농담에서 살펴보면 유머의 원천은 주로 의미론적인 것에 기초를 두고 있다. 수수께끼와 농담에서의 유머는 같은 소리이지만 철자가 다르거나(*bear/bare*), 같은 소리이면서 같은 방법으로 이루어진 철자이지만 한 가지 이상의 의미(*glasses*, *tie*)를 가지고 있는 의미적인 단어로 해석된다. 유머의 이해는 종종 동음이의어나 다의어(*bank*)의 의미 간 차이를 지각하는 것에 따라 좌우된다(Bernstein, 1986). 농담과 수수께끼에 대한 아동의 이해력은 문해력의 기술 및 언어적 모호성의 네 가지 유형, 즉 (1) 음운론적 모호성("Why did the clock go to the doctor? Because he was tick."), (2) 어휘의 모호성("What happened to the girl' s feet? She had bare feet."), (3) 단어의 상징성 대 문자성에 기초한 표상적 구조의 모호성("Tell me, how long are trains? Six letters."), (4) 구에 있어 두 가지 반대의미에 기초한 심층구조의 모호성("Call me a cab, You' re a cab.")을 이해하는 능력에 달려 있다(Westby, 1998). 음운론적 모호성은 6~7세 즈음에 이해하게 되며 어휘의 모호성에 대한 이해도 가능하게 된다. 표상구조 및 심층구조의 모호성에 대한 이해는 발달 후기에 일어난다.

14. 학령기 아동의 화용론적 발달

학령 전기에 화용론의 발달은 후기 단계 변화의 밑거름이 된다. 학령기 동안에 아동들은 숙련된 좌담가가 되며 청자들이 알아야 하는 필수적인 요소들에 더 민감하게 반응함에 따라 더 효율적인 전달자가 된다. 학령기를 통해 아동들은 의사소통적 기능의 범위가 확대되고 훌륭한 대화 상대가 되는 방법, 간접적인 요구를 하는 방법을 알게 되며, 교실에서 대화에 접근하는 방법을 습득하게 된다. 이러한 기간 동안 아동들은 이야기를 조직화하며 계획하는 것을 배우고 일관성 및 응집성을 유지하는 방법으로 이야기를 구성할 수 있다. 마지막으로 아동들은 간접적인 표현이 더 증가하여 주의력을 활용한 다양한 대화 방법을 만들어 낸다.

1) 의사소통적 기능의 확장

취학 전 아동들이 사용하는 의사소통적 기능의 다양성에 더하여 학령기 아동의 변화하는 세계는 다양한 사회적 환경에서 언어를 의사소통의 주요 수단으로 사용하도록 촉구한다. 아동들의 사회정서적 및 인지적 능력은 아동들의 언어 지식 사용 목록을 확장시켜 준다. White(1975)는 학령기 아동이 다음의 의사소통적 능력들을 사용한다고 주장했다.

1. 사회적으로 수용 가능한 방법들에서 성인의 관심을 얻거나 유지하기
2. 또래에게 지시하고 따르기
3. 도움이나 정보가 필요할 때 다른 사람들에게 도움받기
4. 애정, 혐오 및 분노의 정서를 적절하게 표현하기
5. 자신 및 자신의 성취감에 대한 자부심 표현하기
6. 역할놀이하기
7. 또래들과 경쟁하면서 이야기하기

또한 학령기 아동들은 비판적으로 사고하고 추론하기 위해 언어를 사용할 수 있다. 이러한 능력은 뒷부분에서 논의된다.

2) 이야기 발달

아동들이 학교에 다닐 시기가 되면 이야기하는 능력을 나타내 보인다. 즉 아동들은 일관되고 밀착된 단위인 이야기를 통해 정보를 전달할 수 있다. **이야기**(narrative)는 담화의 한 형태이다. 이것은 청자의 관심과 주의를 끌고 유지하기 위해 화자가 변화시키는 단절되지 않은 언어의 큰 흐름이다(Owens, 2005).

이야기는 많은 면에서 대화와 다르다. 이야기를 할 때 화자는 전적으로 독백을 하고 청자에게 필요한 정보를 반드시 미리 예상하여 이야기를 구성해야 한다. 또한 화자는 이야기 요소들을 관련짓고 일부 결론을 이끌어 내기 위해 체계적인 방법으로 모든 정보를 표현하고 소개하며 연속적인 사건들을 구성해야 한다.

유아들은 그림이 있는 책 및 텔레비전을 통해 담화 혹은 이야기를 표현하며, 앞서 언급한 것처럼 4세가 되면 이야기를 만들어 낼 수 있다. 1학년 시기에 아동들은 요구사항을 이야기로 관련짓고, 보여 주고, 말하기에 참여하며, 여가 활동이나 휴일의 경험을 관련짓기 위해서 그리고 이전에 들었던 이야기를 다시 말하기 위해 아동들은 이야기를 순서대로 배치한다. 이후에 이러한 활동들은 '나의 여름방학', '내가 휴일을 보낸 방법' 또

는 책의 개요와 같은 일종의 문어과제의 형태에서 자주 나타나게 된다.

이야기의 자연적인 구조에 대한 관점은 Stein과 Glenn(1979)의 연구에서 제시된 바 있다. 그들은 어떤 규칙을 따르는 이야기 구조의 모델을 제시하였다. 이 모델에 따르면 이야기는 내부 구조를 가지고 있다. 이야기에는 보편적 및 일시적인 관계를 반영하기 위해 관련된 진술을 논리적으로 포함하며 구조와 일관성을 촉진하는 원리를 포함한다. Stein과 Glenn은 이야기가 다양한 범주, 단위 및 규칙으로 구성된다고 주장한다. 이야기 문법 모델의 범주 정의와 규칙은 표 2.16에 제시되어 있다.

유능한 담화가는 정보를 구조화할 때 이야기에 대한 완전한 이해를 하고 있다. 아동들은 정보의 연관성이 반전되는 이야기(예 : they are told the consequence unit before the initiating event)를 들을 때 이야기가 모델에 주어진 순서대로 아동들에게 제시되는 것보다 훨씬 더 잘 기억하지 못한다. 만약 아동들에게 개별적인 이야기 진술이 주어지고 나서 이야기를 구성하도록 한다면, 이야기의 결과는 스토리문법 모델에 의해 예견된 결과와 함께 더 큰 관련을 가지게 된다.

또한 이야기 다시 말하기를 요청받을 때 아동들은 고정된 구성, 사건 시작하기 및 결과 구성을 가장 잘 내포하기 시작한다.

아동들은 이야기 문법들의 도식적인 지식을 사용하고 이야기의 줄거리를 이해하고 이

표 2.16 이야기 문법 모델

구성요소	언어의 하위 체계
사건 시작하기	주요 특징(비, 폭풍, 지진)에 영향을 미치는 행위나 사건, 그리고 사건(번개)의 지각, 생리학적 진술(배고픔, 목마름, 피로)
내적 반응	사건 시작하기와 관련된 등장인물의 정서적 상태 그리고 동기나 목적의 관계
계획	문제를 해결하고 목표를 달성하기 위한 등장인물의 전략
시도	문제를 해결하거나 목표를 달성하기 위해 사용되는 행위
결과	문제를 해결하거나 목표를 달성하기 위한 시도에서 성공이나 실패
해결	결과에 반응하는 등장인물의 느낌, 사고 혹은 행동 그리고 주인공의 성공이나 실패
끝내기	이야기의 결론 : 이야기의 요약 혹은 교훈

Introduction to Language Development, 1st edition, by McLaughlin © 1998. Reprinted with permission of Delmar a division of Thomson Learning. Fax 800-730-2215.

야기를 구성하지만, 나이 어린 아동들과 더 성숙한 아동들의 능력 간에는 발달적인 차이점들이 있다(Westby, 1998). 아래의 특징들은 10세 아동들의 이야기에서 대부분 쉽게 표현되는 기술이다.

1. 정보를 보다 세부적으로 묘사하기
2. 목표 지향적인 에피소드 : 중심화(중심 인물)와 연쇄화하기(다른 것의 원인이 되는 한 가지 활동) 그리고 스토리 문법요소는 사건, 반응 및 결과를 시작하기 위해서 제시됨
3. 완성된 에피소드 : 인물의 목표와 묘사된 의도 그리고 스토리 구성요소는 사건, 내부반응, 계획, 시도 및 결과를 시작하기 위해 제시됨
4. 일반적으로 관련된 세부구조

초등 고학년의 시기에 아동들의 이야기는 다음의 요소들을 포함한 세련된 이야기로 구성이 된다.

1. 다양한 에피소드 : 스토리는 장으로 연결되어 있고, 각 장은 최소한의 문법구조로 이루어져 있다.
2. 복잡한 에피소드 : 목표를 달성하기 위한 과정에서 나타나는 방해요소로 인한 다양한 계획 및 다양한 시도
3. 내포된 에피소드 : 한 가지 에피소드에 다른 에피소드가 포함되어 있다.

학령기 아동들은 또한 정서적 진술, 중복된 의미, 미스터리, 태도적인 진술 및 자신들의 이야기에서 스토리의 가치들을 참조하여 포함시킨다(Crais & Lorch, 1994). 청소년 담화가는 위의 능력을 활용할 뿐만 아니라 논쟁과 각색을 활용하고 이야기에서 여담과 도덕성을 포함시킨다(Larson & McKinley, 1995).

3) 대화기술

아동들은 대화 문맥 내에서 언어를 배운다. 학령기 이전 아동들은 많은 대화기술을 습득하지만, 이 때 대화의 많은 부분은 현재의 것에 집중된다. 그래서 이 때 아동들은 일상대화에서의 관습적 과정, 즉 차례 지키기(말을 주거나 받는 것), 메시지를 명료화하거나 수정하기 및 주제 유지하기와 같은 것에 관해 습득해야 한다. 이러한 대화기술들은 학령기 동안 계속 세련화된다.

이러한 과정들은 아동이 더 효과적인 대화자, 신자기중심성 및 분산화가 가능하도록 해 준다. **신자기중심성**(neo-egocentrism)은 다른 사람의 관점을 이해하는 능력이다(이러한 능력은 또한 전제능력이라고도 한다). 일반적으로 의사소통의 과제가 더 어려워짐에 따라 어린 아동들은 화자의 관점을 거의 이해할 수 없다. 아동이 인지적 및 사회적으로 성숙하고 상위언어의 사용으로 인해 더 큰 편의성을 얻음에 따라 아동들은 더 효과적으로 청중에게 집중할 수 있다. 관점을 이동시키는 능력은 아동이 메시지를 구성할 때 청중이 알고자 하는 것(또는 알기 위해 필요한 것)을 고려할 수 있게 해 준다. 이러한 능력은 학령기 동안 계속해서 세련된다. 신자기중심성은 또한 아동이 지시적인 용어들의 사용 시 더 큰 능력을 발휘하도록 한다. 지시적 용어의 이해와 사용이 비언어적 문맥, 즉 화자 및 청자의 시각에 좌우된다는 것을 생각해 보라. 지시적인 용어의 습득은 학령기 이전에 시작되어 학령기 동안 발전된다.

분산화는 여러 문제의 관점을 동시에 고려하는 능력이다. 이러한 인지발달은 아동이 대상이나 또는 조정되거나 여러 가지 속성을 지닌 사건에 대한 한 가지 영역의 묘사로부터 관점을 이동하도록 해 준다. 아동들은 많은 영역들이 대상이나 사건을 묘사하는 데 사용될 수 있고, 이러한 메시지가 조정되어 적용될 수 있다는 것을 인식한다(Owens, 1996). 반면에, 더 어린 아동의 묘사들은 더 개별적이고 따라서 청자에게 유용한 정보인지를 고려하지 않지만, 학령기 아동의 메시지들은 청자의 관점을 고려하여 더 확장된 정보를 제공하기 때문에 더 정확하다.

아동들이 Piaget의 구체적 조작기 단계에 도달하면, 청자의 요구를 지각하고 청자의 요구를 만족시키기 위해 의사소통에서 비특징적인 구조를 조합한다. 또래와의 논쟁을 해결할 때 아동들은 자신들의 느낌과 사건이나 행위에 대한 신념을 포함한 불일치에 대한 이유를 제시한다. 형식적 조작기 단계에서 아동들은 논쟁하고 합리화하고 자신의 입장에 대해 이유를 진술함으로써 방법상의 차이점에서 청자의 요구에 순응한다. 표 2.17에는 Piaget의 전조작기, 구체적 및 형식적 조작기 단계에서 아동들이 사용하는 의사소통의 여러 전략들이 요약되어 있다. 나이 든 아동과 더 어린 아동 간의 의사소통 전략들에서의 차이점들에 주목해 보기 바란다.

4) 명료화

성공적인 대화에는 화자와 청자 간에 일치된 상호작용이 필요하며, 오해가 생기면 화자는 반드시 메시지를 수정해야 한다. 학령기 동안에 아동들은 다양한 전략들을 사용하여

표 2.17 의사소통 전략 발달 : 개요

인지 단계	전략	예
전조작기(2~7세)		
초기	자기중심 지각 청자에게 비적응	상황 : 모래상자 안에 있는 짐과 존은 물통과 삽을 가지고 놀고 싶어 한다. 짐이 이것들을 가지고 놀고 있다. 존 : 물통과 삽
후기	청자에 대한 지각 청자에게 비적응	상황 : 수와 진은 마당에 있다. 수는 5분 동안 오토바이를 타고 있다. 진 : 나도 오토바이 좀 타자!
구체적 조작기 (7~11세)	청자에 대한 지각 청자에게 비차별적인 적응	상황 : 빌과 샘이 운동장에 있다. 빌 : 제발, 한 번만, 내가 야구 글러브 껴보면 안 돼? 상황 : 린다가 스테이시의 연필을 빌렸다. 린다 : 네 펜을 부러뜨려서 미안해.
형식적 조작기 (11~14)	청자에 대한 지각 청자의 요구에 비차별적인 적응	상황 : 제이슨과 피터가 운동장에 있다. 제이슨 : 네가 나에게 권투 글러브를 빌려 주면 나는 너에게 축구 묘기 게임을 하게 해 줄게.(제이슨이 호주머니에서 게임기를 꺼낸다.) 상황 : 리사는 학교에서 돌아 왔다. 엄마가 기분이 좋지 않다. 리사 : 나는 엄마가 기분이 안 좋은 걸 알지만 영어 선생님이 내일까지 엘사라도르에 대해 작문 숙제를 내주셨고, 나는 책 몇 권을 빌려서 공부하려고 도서관에 들렀어.

메시지를 수정하고 명료화한다(Konefal & Folks, 1984). 6세 아동들이 일부 요소들을 반복하여 정교화하는 반면에, 9세 아동들은 의사소통적 와해의 원인을 중점적으로 다룰 수 있고 배경과 상황을 제시하고 부가적인 명료화를 제공하기 위해 단어를 정의할 수 있다(Owens, 2005). 9세 아동들은 반복을 상술할 뿐만 아니라 의사소통적 불화의 근본원인을 인지할 수 있다. 그래서 그들은 의사소통적 시도의 실패를 지시하는 단서에 민감하게 되며, 대화적 수정의 과정에 대하여 이야기할 수 있다(Brinton, Fujiki, Loeb & Winkler, 1986; Crais & Lorch, 1994; Hulit & Howard, 1997).

5) 주제 유지하기

초기 학령기 동안에 통제되는 대화의 많은 부분은 성인이 아동들에게 많은 질문을 요구하는 방법에 의해 연습된다. 이전에 언급한 것처럼 학령 전기 아동들은 성인의 말에서 정보를 되풀이하여 주제를 유지하지만, 나이 든 아동들은 성인들의 반응에서 부가적인 정보를 얻으면서 주제를 유지한다(Brinton & Fujiki, 1984).

학령기 동안에 대략 또래 아동들의 60%는 효율적인 상호작용을 한다. 이것은 아동들의 연령이 상위언어 능력 혹은 대화 시 사용되는 언어의 효율성을 반영하는 능력의 발달과 무관하지 않기 때문이다.

가장 큰 변화는 초등학교 고학년의 시기부터 성인기 동안에 일어난다(Brinton & Fujiki, 1984; N. W. Nelson, 1993). 이와 같이 학령기는 대화적 관련과 주제 유지하기의 개념에 유의한 발달이 이루어진다. 8세에 이르면 많은 대화순서를 통해 주제를 유지할 수 있지만 주제는 구체적인 경향이 있다. 추상적인 주제를 포함한 논의는 11세에 이르러서야 가능하다(Owens, 2005).

6) 규칙 바꾸기

8세 아동은 또래와 이야기할 때 영아나 성인과 이야기를 할 때와는 다르게 말한다. 영아와 말을 할 때 학령기 아동들은 말의 길이와 복잡성을 간소화하는 경향이 있으며 매우 어린 영아들이 다른 형태의 의사소통을 필요로 한다는 것을 이해하는 것 같다. 성인과의 대화에서 학령기 아동들은 부모 및 가족 외의 사람들에 대해서는 규칙을 변화시킨다. 일반적으로 부모들은 대개 아동의 요구, 우는 소리 및 짧은(대화가 적은) 이야기에 감수성을 나타낸다(Owens, 2005). 부모들은 종종 속어나 은어를 사용하는 아동들과 대화를 하는 다른 성인들이 이러한 아동을 매력적이고 쾌활하고 흥미 있는 아동으로 묘사할 때 흔히 충격을 받는다는 것은 놀랄 일이 아니다.

학령기 후기가 되면 아동의 대화는 더 요구적으로 변한다. 대화는 청소년의 사회적 상호작용과 우정의 확립을 위한 중요한 매체이다(Nippold, 2000; Whitmire, 2000). 대화 시 청소년들은 자신의 차례 동안 정보를 더하기도 하고 한 가지 주제에서 다른 주제로 전환하기도 한다(Larson & McKinley, 1995). 이 기간 동안 청소년은 형식적 및 비형식적 언어 사이에 과도기를 거칠 수 있으며 성인뿐만 아니라 또래와 더불어 형식적인 자료기록에 보다 더 의존한다. 동사구의 조절은 형식적 및 비형식적 규칙("Pass me my pen."은 "Would you pass me my pen?"에 반대된다), 즉 청소년이 익숙해지는 기술 간의 변화를 가져오는 핵심이다.

청소년들 간의 의사소통은 보다 철학적인 언어적 및 화용론적 기술들이 필요하기 때문에 11~12학년의 청소년들은 더 성공적인 의사소통적인 교류를 위해 공손함을 체득하고 다양한 논쟁들을 더 유창하게 이야기할 수 있다(Larson & McKinley, 2003). Nippold(1998)는 청소년들이 발전된 시각적 입력, 장기간 결과에 대한 고찰 및 경쟁에서 대립을 해결하기 위한 능력을 발휘한다는 것을 밝혀냈다. 따라서 청소년에 의해 또래에게 지시되는 대화는 주로 성인성향의 지시된 대화보다 더 감정표출이 많다(Larson & McKinley, 1995).

7) 간접적인 질문

학령기 동안 일어나는 화용론 발달의 다른 영역은 간접적인 질문을 사용하는 능력이다. 간접적인 질문의 발달은 특히 중요한데, 그 이유는 그것이 사회적으로 적절한 질문 및 의사소통 상황 모두에서 아동의 인식성장을 나타내 주기 때문이다(Hulit & Howard, 1997).

간접적인 질문은 처음에는 학령 전기에 나타나고, 이러한 질문의 출현에 의한 적절한 표현은 3세와 5세 사이에 증가한다(Garvey, 1997). 이러한 경향은 5세와 6세 사이에 현저하게 변화되지는 않는다(Levin & Rubin, 1982). 일반적으로 5세 아동은 자신이 원하는 것을 간접적으로 요구하여 얻는다. 그러나 7세 아동은 간접적인 형태에 더 능숙해진다(Garvey, 1975; Grimm, 1975). 간접적인 요구의 사용에서 유연성은 나이가 증가함에 따라 지속된다. 예를 들면 Ervin-Tripp(1980)은 단서를 사용하는 경향("That sweater would go so nicely with my new skirt")은 아동기부터 성인기를 통해 점진적으로 향상된다고 밝혔다.

8) 추상적인 추론화

아동들은 학년이 올라감에 따라 인지적 및 언어적 능력의 발달로 인해 더 효율적으로 추론할 수 있게 된다. 어린 아동들이 '왜냐하면'이라고 단지 말로 표현하여 추론하는 반면, 보다 나이 든 아동들은 이 설명이 충분치 못하다는 것을 이해한다. 아동들이 성인기에 이르는 시기에 그들의 추상적인 추론화는 연역적 및 귀납적 추론을 모두 사용하는 것이 명백하다. 연역적 추론법에는 삼단논법을 해결하는 능력이 반영된다. 여기에 삼단논법의 예가 있다.

대전제 : 모든 사람은 죽는다.

소전제 : 소크라테스는 사람이다.

결론 : 소크라테스는 죽는다.

귀납적인 추론은 논쟁의 전제가 결론을 뒷받침하는지를 결정 내리기 위한 능력을 반영한다. 귀납적인 추론의 과제에 대한 예는 다음의 예에서 알 수 있다.

눈에 보이는 모든 까마귀는 검다.

그러므로

모든 까마귀는 검다.

삼단논법을 정확하게 표현하는 능력은 연령에 따라 증가하며 8세에 60%, 13세에 77%, 16세에 84% 정도 정확하게 표현한다(Nippold, 1998). 이러한 유사한 발달은 또한 귀납적인 추론화 능력 영역에서도 나타난다.

9) 화용론 : 언어적 차이

연구자들은 문화적 차이들이 화용론적 기술에 영향을 미칠 수 있다는 것을 주장해 왔다(Taylor, 1999). 예를 들면 AAE 화자들은 직접적 혹은 개인적인 질문들을 부적절하게 생각하며 대화 시에 간섭을 묵인한다. AAE 화자들은 화자의 말을 듣는 동안 직접적인 눈맞춤보다는 간접적인 눈맞춤을 더 선호하는 반면, 스페인 영어 사용자들은 눈맞춤의 부재를 부적절하다고 여긴다. 마찬가지로, 성별이 다른 사람들과 악수하는 것이 아시아와 아시아계 미국인들에게는 익숙하지 않다.

문화적인 비구어적 의사소통의 차이에 더하여, Haynes와 Shulman(1998)은 이야기가 문화권마다 다양하다고 보고했다. 예를 들면 스토리를 구성할 때 스페인 화자 아동들은 관사와 명사(*a girl*), 대명사(*he*), 생략("She went to school, ate her lunch") 및 결속력을 위한 지시사(*this*)를 사용한다(Owens, 2005). 반면에 AAE 화자들의 이야기 스타일은 보다 개인적인 일화를 사용하고, 운율학이 일관성을 위한 의미론적 혹은 구문론적인 단서들보다 더 자주 사용된다.

10) 교실에서의 언어

교실에서 사용되는 언어는 비형식적 사회의 상호작용에서 사용되는 것과는 다르다. 교실에서 아동들은 교사 및 교과서 언어에 잘 적응하기를 기대한다. 학년이 높아짐에 따라 실제로 아동들은 복잡한 언어를 이해하고 표현하고자 기대한다(Nelson, 1986).

교실의 언어적 요구에 상응한 언어능력을 가진 아동들은 학교생활을 아주 잘 수행한다. 그러나 언어적인 결함을 가진 아동들은 그들에게 정서적 및 사회적으로 영향을 미칠 수 있는 교실환경에서 여러 가지 어려움을 가진다(Gerber, 1981;N.W. Nelson, 1985, 1993).

교실에서 사용되는 언어는 비형식적 · 사회적 상호작용 및 가정언어에서 사용되는 것과는 여러 면에서 다르다. 학령 전기 아동들은 양육자로부터 주요한 언어적 정보를 받아들이고 양육자들이 기대하는 것을 이해하는 데 도움이 되는 가정환경의 친밀함에 영향을 받을 수 있다. 가정의 언어는 맥락성에 크게 영향을 받으므로, 심지어 언어적으로 아동에게 제시된 것을 아동이 일부분만을 이해할지라도 가족의 일상생활에 맞추어 적절하게 행동할 수 있다. 또한 아동과 양육자 간의 상호작용은 학령기 동안에 일치되고, 만약 아동들이 그들에게 지시된 언어를 오인한다면 양육자들은 메시지를 수정한다.

그러나 교실에서의 언어는 **탈맥락성**이 아주 높다. 즉 그것은 논의되는 주제와 관련된 맥락에서는 잘 나타나지 않는다. 이것은 아동이 교실언어를 더 잘 이해하는 데 도움이 되는 상황적(맥락적) 단서를 배제시킨다. 또한 학교에서는 아동들은 학년이 올라감에 따라 언어수준이 높아지는 것처럼 교사들은 더 긴 문장을 사용하고 더 복잡한 구문구조, 더 빠른 구어 비율(Cuda & Nelson, 1976; N. W. Nelson, 1986, 1993)을 사용하므로 아동들이 명료하게 이해할 기회는 현저히 감소된다(McLaughlin, 1998). 마지막으로 교과서 언어는 해설적이며 내용이 매우 다양하고 예측성이 부족하다(Westby, 1998).

교실에서는 언어적인 요구들이 증가하기 때문에 언어적 결함이 있는 아동들은 교실수업에서 효율적으로 학습을 수행하기가 어렵다. 교육적 상황 내에서 말-언어치료사는 언어적인 어려움이 있는 아동들의 학업적인 성취를 지원하기 위해 학급교사에게 도움을 줄 수 있다.

15. 상위언어 능력의 발달

학령 전기 동안 아동들은 언어를 의사소통의 수단으로 생각한다. 그들은 언어가 전달되는 방법에 중점을 두지 않는다. 학령기 동안 아동들은 언어를 탈맥락적 대상으로서 활용하기 시작하는데, 이것을 **상위언어 능력**이라고 하며, 아동들은 언어에 대해 생각하고 이야기할 수 있게 된다. 즉 언어를 분석의 대상으로 다루고 언어로 이야기하기 위해 언어를 사용한다. 상위언어 능력의 발달은 아동기 중기인 5~8세에 가장 두드러지게 나타난다.

Van Kleeck(1982)는 상위언어 발달의 중요한 세 가지 양상을 정의했는데, 이것은 (1) 언어는 임의의 형식적인 코드임을 인식하고, (2) 언어는 단위의 체계임과 동시에 이들 단위를 조합하기 위한 규칙들이라는 것을 인식하며, (3) 언어는 의사소통에 사용된다는 것을 인식하는 것이다.

1. 언어는 임의의 형식적인 코드이다. 언어가 임의의 형식적인 코드임을 이해하는 것은 단어들이 사물이나 사물들이 나타내는 사건들에서 분리된 임의의 상징임을 이해하는 것이다. 어린 아동들은 언어의 임의적 성질을 인식하지 못한다. 이와 같이 아동들은 단어들을 지시사항의 일부로 생각하는 경향이 있다. 예를 들면 4세 아동은 제트기들이 크기 때문에 단어 *jet*가 대문자이며, 개미는 작기 때문에 *ant*를 소문자라고 말할 수 있다. 반대로, 7세 아동은 제트기 단어가 많은 글자로 조합되어 있지 않기 때문에 단어 *jet*는 소문자라고 생각한다.

   언어의 임의적 성질에 대한 증거는 단어와 문장이 한 가지 이상의 의미를 가지고 있을 수 있다는 모호함을 인식하는 아동들의 능력에서 찾아볼 수 있다. 모호함의 탐색에 대한 예를 문장 "The duck is ready to eat"에서 살펴보면 이 문장은 (1) 오리(들판에 있는)가 풀을 먹을 준비가 되었다 혹은 (2) 오리(요리가 된)가 저녁식사로 준비되어 있다는 것을 의미할 수 있다. 한 가지 이상의 해석("She fed her dog biscuits")이 가능한 문장에서처럼 표면적 혹은 심층적 구조의 모호성은 11~12세가 되어야 이해가 가능하다(Westby, 1998).

   단어의 임의적 성질에 대한 아동들의 인식은 운 밟기 및 단어놀이에 반영되어 있다. 이러한 경우에 아동들은 이 단어들이 여러 단위로 구성되어 있고 이 구성이 다양하게 쓰일 수 있다는 것을 이해한다. 또 다른 상위언어적 기술은 언어가 임의의 코드라는 인식에 의해 좌우되는데, 다른 문장 형태들이 같은 의미를 전달할 수 있다는 것을 이해하는 능력이다. 이러한 능력을 **동의어 인식**이라 한다. 동의어 인식에 대한 예는 다음의 문장들, 즉 "The girl chased the boy," "The boy was chased by the girl" 및 "It was the girl who chased the boy"의 문장들이 같은 사건을 묘사하고 있음을 인식하는 것이다. 아동들은 초등학교 중반 초기에 이르러서야 동의어를 이해할 수 있다(Tunmer, Pratt, & Herriman, 1984).

2. 언어는 단위와 규칙 체계이다. 언어가 단위의 체계라는 인식은 큰 언어 단위를 작은

부분으로 나누는 아동들의 능력에 의해 설명된다. 이러한 능력은 아동으로 하여금 문장 "The dog chased the cat"을 5어문으로 나눌 수 있도록 하며, 또한 아동으로 하여금 *cat* 단어를 3음소로 나눌 수 있도록 한다. 단어를 구성된 음운으로 나누는 능력은 아동의 음운론적 인식의 결과이다. 그것은 운 밟기, 단어들을 음절과 음운으로 나누기, 음운 조합하기 및 음운 혼합하기의 능력으로 특징지어진다(Goswami & Bryant, 1990). 3세 아동들은 단어들을 부분이 아닌 음절로 나눌 수는 있지만, 6세 아동들은 이 모든 과제를 수행할 수 있다. 연구자들은 초기 운 밟기(rhyming) 능력과 후기의 음운론적 인식 간에 긴밀한 관계가 있음을 밝혀냈다(Ball, 1997; Blachman, 1991; Bryant, MacLean, & Bradley, 1990; Catts, 1996; Hatcher, Hulme & Ellis, 1994; MacLean, Bryant, & Bradley,1987; Shaywitz, Fletcher, Holahan, & Shaywitz, 1992; Snyder & Dowey, 1997; Swanson, Mink, & Bocian, 1999; Torgesen, Wagner & Rashotte, 1994; Westby, 1998).

언어규칙들이 구문론의 단위 결합에 사용된다는 언어적 인식은 또한 초기 학령기 동안에 급속하게 이루어진다(Owens, 2005). 이것은 "The cat chasing the dog"라는 말이 비문법적이며 그것이 문법적으로 수용되기 위해서는 시제변화 동사(*is* 혹은 *was*)를 첨가해야 하며 3인칭 단수(*chases*)의 형태를 진행형으로 변화시키거나 동사 *chase*의 과거시제(*chased*)를 사용하는 것이다.

3. 언어는 의사소통에 사용된다. 앞서 논의한 것처럼 학령 전기 3, 4세 아동들은 언어의 일부 사회적 규칙에 대한 인식을 하지만, 초등학교에 입학하게 되면 의사소통을 구성하는 언어의 메시지에 대해 충분하고 적절하게 판단할 수 있다. 아동들은 만약 말이 청자나 환경에 비추어 적절하다면 의미를 판단할 수 있고, 목표를 성취하기 위해 청자에게 공손해야 한다는 것을 인식한다.

상위언어적 능력들은 아동들이 읽기를 배우는 시기에 발달하며, 상위언어적 인식과 읽기발달은 상호 관련되어 있다고 주장되어 왔다(Blackman & James, 1985; Catts, 1996; Saywitz & Wilkinson, 1982; Tunmer & Bowey, 1984; van Kleeck, 1995). 그러나 어떤 연구에 따르면 일부 언어장애 아동들이 상위언어적 능력에서의 결함(Kamhi & Koenig, 1985; Wallach & Butler, 1994; van Kleeck, 1995)을 보이고, 상위언어 및 언어처리 결함은 읽기장애에 영향을 미친다는 것을 시사하였다(Brady & Shankweiler, 1991; Catts, 1996; Catts & Kamhi, 1987; Fletcher et al., 1994; Vellutino, Scanlon, Small & Tanzman, 1991). Smith-Gabig, Diehl 및 Silliman은 말-

언어치료사들이 언어장애나 읽기장애를 가진 것으로 의심되는 학령기 아동들의 상위언어적 능력들을 평가하는 것이 필요하다고 제안한다.

1) 읽기발달

읽기는 발달전문가나 교육전문가에 의해서도 완전히 이해되지 않는 복잡한 과정이다. 그러나 읽고 쓰는 능력은 내적 언어기술의 기초 위에 확립되는 것이며 음운론적 인식, 용어의 기억과 재인 그리고 읽기 학습 간에 관계가 있는 것으로 현재 인식되고 있다.

이러한 발달 영역에 내재되어 있는 세부적인 읽기 모형이나 인지적 과정들은 이 장의 내용범위를 넘어선다. 그러나 읽기가 언어에 기초한 과정임과 동시에 말-언어치료사들이 언어학습장애나 읽기장애를 가진 아동들을 치료할 때 언어적인 중재를 목표로 하기 때문에 구어, 읽기 및 읽기장애 간의 관련성을 이해하는 것은 중요하다.

Chall(1983)은 읽기발달의 5단계를 제시하였다. 출생에서부터 5세나 6세의 읽기 이전 단계의 아동들은 인쇄가 의미하는 것에 대한 이해를 확립한다. 그들은 또한 음운 간 차이점이나 상반된 점을 인식하고 알파벳 글자 간의 차이를 인식하고 변별하며, 인쇄를 머릿속에 연상한다. 4세경의 아동들은 인쇄된 이름이나 표시 그리고 상표의 일부 단어들을 인지할 수 있다(Dickinson, Wolf, & Stotsky, 1993). *Stop*이라는 단어나 McDonald라는 음식점의 문자 *M*에 대한 상징은 보다 이른 나이에 인식한다.

5~7세 아동의 읽기발달의 초기 단계는 음소학습, 즉 서기소 일치규칙을 학습하는 것으로 구성된다. 그러나 흔히 3개의 다른 음운(*bat, came, lawn*)에서 병행된 서기소 *a*의 결합처럼 음과 분절 사이에는 불일치가 존재한다. 이것은 일부 음운, 즉 아동들이 어려워하는 문자일치에 익숙하도록 해 준다. 초기에 아동들은 단순한 이야기에서 단단어들을 해석하는 데 집중한다. 이 단계에서 아동들은 단단어들을 인식하기 위해 단어의 시각적인 배치에 의존한다. 이 때 아동들은 특히 단어의 첫글자 및 단어길이에 집중하는 반면 글자의 순서는 무시한다. 아동들은 이 단계에서 글자, 즉 음운일치 규칙을 배우고 이것의 중요성을 인식하며, 음성학적 접근을 통해 새로운 단어들을 소리낼 수 있다. 또한 그들은 교재가 메시지를 제공하며, 교재가 그림을 묘사하는 것 이상의 정보를 제공한다는 것에 대해 배운다(Ferreiro & Teberosky, 1982).

초기 단계의 독자들은 알려지지 않은 단어들을 분석하기 위해 상황을 사용하기 시작한다. 아동들이 단어를 부정확하게 읽을 때마다 그것은 특별한 단어를 아동들이 모르기 때문이라고 생각한다. 대신 아동들은 그러한 상황에서 의미를 만드는 다른 단어들을 대치한다. Torgesen(1999)은 문맥에 관해 세 가지 사실을 제시한다. (1) 능숙한 독자들은 문맥에만 의존하지 않고(Share & Stanovich, 1995), (2) 서툰 독자는 능숙한 독자보다 문맥에 의존하며(Briggs, Austin, & Underwood, 1984), (3) 문맥은 단어를 정의하는 데 적절하지 못하다.

7~9세에 해당되는 읽기발달의 두 번째 단계는 초기 단계에서 얻어진 지식을 결합하는 것이다. 이 때 아동들은 문어자료에 대한 이해를 증가시키기 위해 해석능력에 대한 지식과 이야기 구조를 사용하여 학습한다. 아동들은 철자법의 형태나 철자 패턴에 기초한 단어들을 인식할 수 있고 정보를 해석하기 위해 단어들의 음운론적 구성에 대한 정보를 사용할 수 있다. 그러나 이 단계에서 읽기에 어려움을 가진 많은 아동들은 음운론적 자료나 그것을 해석하는 데 도움을 주는 단어들의 구성법을 사용할 수는 없다.

세 번째 단계는 9~14세에 해당되며, 이 때 해석하는 능력들은 자동화되고 아동들은 읽기자료의 이해에 집중할 수 있다(Kamhi & Catts, 1991). 네 번째 단계는 14~18세에 해당되며, 이 때는 낮은 단계의 능력이 주로 확립된다. 청소년들은 저자의 관점에 대한 참고사항이나 인식과 같은 상위 수준의 기술을 사용하며, 이러한 것들은 문어자료를 이해하는 데 도움이 된다. 마지막 단계는 18세 이상에 해당되며 다양한 관점을 다룰 수 있는 독자이다. 이 때 어휘능력이 잘 발달되어 있으면 비판적으로 읽고 더 추상적인 문어자료들을 읽는 능력이 증가된다.

2) 읽기기술의 지표 : 음운론적 인식과 언어능력

훌륭한 읽기기술의 두 가지 중요 요인에는 (1) 음운론적 인식과 (2) 두 요소 간의 통합적 관계를 다루기 위한 언어기술이 있다(Lewis, Freebairn & Taylor, 2000; Roth & Troia, 2006; Rescorla, 2002; Schwartz, 1994; Wagner, Torgesen, Laughon, Simmons & Rashotte, 1993). 아동의 문해발달에 대한 몇몇 종단연구들은 어떤 음운론적 인식의 요소들이 훌륭한 읽기기술을 예언한다는 것을 밝혀냈다(Chiappe, Siegel & Wade-Woolley, 2002; McBride-Chang & Kail, 2002; Muter & Diethelm, 2001; O' Connor & Bell, 2004; Schatschneider, Fletcher, Francis, Carlson & Foorman, 2004). 이러한 요소에는 빠른 문자 이름 대기, 문자 음소에 대한 지식, 음소 분절, 어휘, 철자, 음소를 단어형태로 조합하기 및 단어인식 기술 등이 포함된다. 이러한 능력은 아동들이 빠르고 정확하게 인지하고 있는 단어들을 인식하게 하고 생소한 단어들을 정의할 수 있게 해 준다(Ball & Blachman, 1991; O' Connor, Jenkins & Slocum, 1995; Torgesen, Morgan & Davis,

1992).

읽기를 지원하는 언어기술에는 연령에 적절한 어휘(McGregor, 2004), 형태론(Carlicle, 2004), 구문론(Scarborough, 1990; Scarborough & Dobrich, 1990; Scott, 2004), 그리고 단어 인식능력(Bialystok, 2002; MacDonald & Cornwall, 1995; Snowling, 1991; Vellutino & Scanlon, 1987) 등이 있다.

3) 설명문의 이해

설명문은 교과서, 보도, 신문 및 잡지에서 나타나는 설명, 묘사, 정보를 나타낸다. 설명문은 독자가 익숙하지 않는 사실적인 정보, 문어적 시각 및 의미를 결정하기 위해서 논리적이고 연역적인 추론 기법을 이해할 수 있어야 한다(Catts & Kamhi, 1999).

설명문의 구조는 묘사, 계열/절차, 비교/대조, 문제/해결 및 논의(Westby, 1998)로 구성될 수 있다. 이러한 구조의 예가 표 2.18에 제시되어 있다. 단일 설명문은 한 가지 구

표 2.18 설명문의 특징

본문 형태	본문 기능	핵심 단어
설명	본문은 어떤 정보를 알려 준다.	Is called, can be defined as, is, can be interpreted as, is explained as, refers to, is a procedure for
수집/목록	본문은 주제와 관련된 어떤 것의 목록을 제공한다.	An example is, for instance, another, next, finally, such as
계열/절차	본문은 발생한 것 혹은 어떤 것을 해야 하는 방법 혹은 어떤 것을 만드는 것에 대해 알려 준다.	First, next, then, second, third, following this step, finally, subsequentliy, before, after
비교/대조	본문은 두 가지가 같은지 혹은 다른지의 방법을 보여 준다.	Different, same, alike, similar, although, however, on the other hand, contrasted with
원인/효과적인 설명	본문은 어떤 것이 발생한 이유에 대한 원인을 제공한다.	Because, since, then, therefore, for this reason, consequently, so, in order to, thus, depends on, influences
문제/해결	본문은 문제에 대해 이야기하고 문제에 대한 설명을 제공한다.	A problem is, a solution is

Communicative refinement in school age and adolescence, C. E. Westby(1998). In W. O. Haynes and B.B. Shulman(Eds.), *Communication development: Foundations, processes, and clinical applications*. Baltimore, MD: Lippincott Williams & Wilkins.

조 이상으로 제시될 수 있으며(Westby, 1998), 독자는 사고의 흐름을 따르고 문맥을 이해할 수 있어야 한다(Larson & McKinley, 2003).

설명문은 구성을 제공하는 데 도움이 되는 접속사(예 : *before*, *after*, *when*, *therefore*)의 사용에 의해 특징지어진다. 이와 같이 핵심, 주의 및 기억은 설명문의 이해를 돕는 데 필수 요인이다. 설명문을 이해하는 학령기 아동들의 능력은 아동의 학업적 성취에 있어 중요한 역할을 한다.

4) 읽기 과정

과정을 설명하는 데 사용되는 이론적 명제에는 두 가지 주요한 접근인 상향식 접근(지각 및 음소 과정)과 하향식 접근(인지 과정)이 있다. 이러한 과정은 상호 교환적이며, 아동들은 3, 4학년의 단계에서 독립적으로 단어 읽기를 위해서는 상향식 전략을 사용하고, 본문을 읽을 때는 하향식 전략을 사용하여 읽는다(Owens, 2005).

(1) 상향식 접근

상향식 접근에서 읽기는 '문어적인 요소를 언어로 바꾸는 것'으로 정의된다(Perfetti, 1984, p.41). 상향식 이론은 낮은 단계의 지각 및 음소의 과정과 상위 인지적 기능화에 대한 영향을 강조한다. 이러한 관점에 따라 문자에 대한 지각적 양상과 음운 일치의 특징에 대한 지식은 단어 인지와 해독에 도움이 된다. 상향식 이론은 아동이 인쇄된 글씨체를 언어로 해석할 수 있도록 학습하지 않으면 안 된다는 것을 가정한다. 즉 아동은 각 단어를 음소요소로 나눌 수 있고 이러한 음소들에 일치하는 알파벳 글자들(문자소)을 배울 수 있다. 이러한 과정이 무의식적일 때만이 아동은 본문의 의미에 대해 충분히 주의를 집중할 수 있다. 만약 아동이 시각적·청각적 수준에서 무의식적인 처리를 할 수 있다면 아동은 더 쉽게 문어자료에 대한 다른 단계들에 익숙해질 수 있을 것이다.

상향식 이론에 따르면 각 단어는 시각적, 청각적 및 의미적인 단어 특징들에 반응하는 배전판 같은 역할을 한다. 만약 독자가 이러한 특징에 충분한 정보를 가지고 있다면, 정보는 자동적으로 시스템의 처리화에 있어 다른 부분에 제시될 수 있다. 요약하면 상향식 읽기 이론은 낮은 단계 과정들(지각 및 음운론적 단계)이 모든 과정의 단계에 결정적으로 영향을 미칠 수 있음을 강조한다.

(2) 하향식 접근

상향식 이론과 반대로 **하향식 접근**에 찬동하는 이론들은 인쇄된 글자의 의미를 추론하는 인지적 과제를 강조한다. 이러한 접근은 문제해결 모형이라 한다(Owens, 2005). 개념, 추론 및 의미수준과 같은 상위 인지적 기능은 하위 수준 정보의 과정에 영향을 미친다. 독자는 아동의 세계 지식에 기초한 문어 자료, 본문의 자료에 대한 내용 및 사용된 구문적 구조에 관하여 가설을 세운다. 읽기에 대한 자료들은 가설을 명확하게 하거나 부당성을 증명한다.

(3) 상호작용적 접근

읽기 과정을 설명하기 위한 상호작용적 접근은 하향식과 상향식 모델의 두 영역을 통합한다(Rumelhart, 1977; Stanovich, 1980). 이 관점에 따르면, 상향식 및 하향식 접근들은 독자에게 자발적으로 다양한 수준의 분석에 정보를 제공한다. 그다음 이러한 정보는 결합된다. 과정은 독자의 읽기기술과 읽게 되는 자료들의 다양성에 관한 상호작용적 또는 연관적 신뢰성이다.

이러한 접근은 3학년 혹은 4학년 아동들이 독립된 단어들을 읽는 상향식 전략과 본문을 읽을 때 하향식 전략을 사용하는 방법에 의해서 제안되어 왔다. 문맥은 더 빠른 상향식 전략들을 지원하며, 이러한 지원이 부족할 때 더 느린 하향식 접근이 사용된다. 상향식 및 하향식 읽기 모델이 아주 다양하지만 많은 연구자들은 읽기학습에 다양한 감각, 인지, 언어적 및 인지적 절차 전략이 요구된다는 것에 동의하고 있다.

5) 음운론적 해석

조사연구자들은 현재 단계 이론들이 (1) 아동들은 개별적인 방법에 따라 읽으며, (2) 단어들은 각 단계에서 동일한 접근으로 읽을 수 있는 것이 아니다라는 두 가지 이유 때문에 읽기발달에 과잉단순화를 제공하고 있다고 생각한다(Catts & Kamhi, 1999; Share & Stanovich, 1995). 초기 읽기기술들은 아동들이 철자규칙을 인식하게 됨에 따라 음운과 문자의 일치에 대한 이해를 하게 되면서 시작된다. 이후에 읽기기술은 고빈도 단어들에 대한 급속한 인식으로 특징지어지는 반면에, 저빈도 단어들은 초기 발달된 음소적 이해능력이 필요하다. 이와 같이 읽기기술들이 시간이 지남에 따라 발달하는 것처럼 고빈도 및 저빈도 단어들에 대한 이해를 사용하는 전략들에는 차이점들이 있다.

6) 쓰기발달

음운론적 능력들은 또한 쓰기발달에도 영향을 미친다(Lewis, O' Donnell, Freebairn &

Taylor, 1998). 읽기발달이 지속되면 음운론적 인식은 철자습득의 성공에 대한 강력한 예언자로 고려될 수 있다(Nation, 2005; Nation & Hulme, 1997). 음운과 문자 간의 일치에 대한 인식은 문어(문자소)에 대한 구어음(음소)을 해석하는 데 필요하다. 철자를 학습하는 것에는 또한 음운론적 지식이 포함된다(Kamhi & Hinton, 2000). 예를 들면 아동들은 과거형 *-ed*형태소가 *pitch***ed**(/t/), *dragg***ed**(/d/) 및 *ticket***ed**(/ɪd/)와 같이 음운론적 실현이 다르다는 것을 학습하지 않으면 안 된다.

쓰기능력의 발달에 관한 5단계는 문자전 단계, 문자이름 단계, 단어 내 단계, 음절연합 단계 및 파생어의 불변성 단계로 나누어진다(Henderson & Beers, 1980; Owens, 2005). 문어는 처음에 그리기로 나타나고 그다음 갈겨 쓰기로 발전하며 문자를 표현하기 위한 시도로 나타나고 관습적인 쓰기 패턴이 철자법으로 이어지며 완성된다.

문자 전 단계에서 아동들은 그리고, 갈겨 쓰고, 임의의 글자들을 쓰기 시작하며, 손에 맞는 필기도구에 대해 말하기 시작한다. 쓰기와 그리기는 3세가 되면 확연한 차이를 나타낸다(Owens, 2005). 문자이름 단계에서 아동들은 세련된 철자를 사용한다. 이 단계에서 아동들은 음운론적 지식에 의존하고 각 글자를 구어음으로 표현한다. 아동들이 듣는 음은 글자와 조화되고 그들의 쓰기에 이러한 조화가 반영된다. 처음에 아동들은 첫 번째 글자로 전체 단어를 인식하고 단어의 다른 글자에는 크게 집중하지 않는다. 예를 들면 DRLM이나 DBC는 *daddy*를 의미할 수 있고 MBRS는 *money*를 나타낼 수 있다(Owens, 2005). 이것은 읽기의 초기 단계와 비슷하며 아동은 첫글자에만 집중을 한다.

다음 단계로 아동들은 종종 모음이 없는 음절을 나타낸다. 예를 들면 *girl*은 GRL로, *boy*는 BY로 쓸 수 있다. 발달적인 철자의 마지막 단계인 음소철자에서 아동들은 알파벳 및 음소의 문자소에 대한 일치를 인지한다. *cat*, *it*, *me*와 같은 단어들은 올바른 철자법이지만 *knife*, *night*, *soup*와 같은 단어들은 아동들의 입장에서 보면 올바른 철자법이 아니다. 철자발달에 대한 예는 또한 다른 학년에서, 즉 MPRMRHM(유치원), GAGIN(1학년), DRAGUN(2학년)에서 다른 아동들이 *dragon*을 쓰려고 시도할 때 보인다. YUTS A LADE YET FEHEG AD HE KOT FLEPR의 문장은 "Once a lady went fishing and she caught Flipper" 문장을 나타내는 창의성 있는 철자의 보기이다(Temple, Nathan, Temple, & Burris, 1993). 결국 아동들은 음운을 상징적인 일치로 인식하며 "He had a blue cloth"를 표현하기 위해 HE HAD A BLUE CLTH처럼 문장을 조합해 낼 수 있다(Owens, 2005).

문자이름 단계에서 아동들은 음소-문자대상을 찾는 데 집중하지 않으며, 단어 내 패턴 단계에서 아동들은 쓰기 위하여 기본적인 철자 패턴에 의존한다. 그들은 또한 문법완성의 올바른 철자법 및 음운철자의 차이점을 인식하기 시작한다. 또한 아동의 철자법, 쓰기 및 문장구조에 대한 더 발달된 관점은 인쇄물을 묘사하거나 더 복잡한 제시로 변화를 주는 것과 같이 새로운 복잡한 수준이 제시될 때 종종 저하될 수 있다.

음절 연합 단계에서 아동들은 단어의 강세 패턴을 인식하며 불변성 단계에서 아동들은 단어의 근간형태에 집중한다. 형식적인 학교 수업은 관습적 철자 체계에 능숙하게 해준다. 또한 학령기 동안에 아동들은 문어적인 과제를 수행할 때 형식, 공간 및 기능에 집중하기 시작한다. 3학년 혹은 4학년에 아동들의 향상된 구문적 지식은 복잡한 절과 구를 사용하여 쓸 수 있게 해 주고 문어적인 과제를 바꾸고 교정하게 해 준다. 초등학교가 끝날 즈음에는 일반적인 발달을 보이는 아동들의 문어언어에 대한 복잡성은 구어언어의 복잡성을 능가한다(Gillam & Johnston, 1992).

상급학년의 청소년들은 창조적인 담화나 요약서 그리고 소설, 사건의 묘사, 정보 보고서와 같은 창조적인 과제를 요구받는다(Scott & Erwin, 1992). 고학년의 경우 수업시간의 44%가 쓰기과제에 집중되는 경우도 있다(Applebee, 1984).

문자소-음소의 관계가 읽기기술에서 필수 요인인 반면 음소-문자소의 관계는 철자법에서의 필수 요소이다(Larson & McKinley, 2003). 주목해서 이야기하는 기술은 반드시 상급 학년에서 학업진행을 위해 갖추어야 할 기술이며 여기에는 집중, 요점, 과제기억, 문장처리, 어휘, 지시 따르기, 시각 및 청각정보의 동시처리, 청각적 변별이 포함된다(Ratner & Harris, 1994).

구문능력은 또한 쓰기언어에서 중요한 역할을 한다. 구문론적 기술의 성장은 담화와 같이 덜 형식적인 쓰기과제에서 보다 설득적인 에세이와 같은 쓰기과제에서 가장 두드러진다(Nippold, 2000). 효율적인 쓰기를 위해서는 위치 잡기, 위치 잡기에 대한 독자의 이해 구하기, 소주제에 대한 독자의 지식 인식하기, 논리적 및 일관적인 방법으로 논쟁을 발전시키는 것 등이 요구된다(Nippold, 2000).

결론적으로 철자법의 발달은 아동들이 단어의 음운론적 구조를 확립하고, 문자소가 단어에서 음운을 나타내는 것을 결정하도록 요구한다. 이러한 능력은 아동들이 더 복잡하고 추상적인 문어적 교재를 다음 학년에서 보다 잘 읽을 수 있게 해 준다(Apel, Wolter, & Masterson, 2006; Silliman, Bahr, & Peters, 2006).

요 약

학령기 이전 및 학령기 동안 언어발달은 유의하게 향상된다. 유치원에서 아동들은 숙련된 언어 사용자의 방식을 배운다. 언어발달은 아동들이 새로운 형태를 더하고 메시지를 해석하는 데 있어 새로운 기술을 습득함으로써 계속된다. 학령기 동안 아동들은 문장, 어휘, 추론능력을 확장시키며 아동들은 훌륭한 좌담가가 된다. 일단 아동들이 구어에 대한 실제지식을 획득하면 그들의 대부분은 비교적 쉽게 문어의 새로운 모델(읽기와 쓰기)에 이를 적응한다. 아동들의 상위언어 능력은 언어를 탈맥락화할 수 있도록 하고 교실에서 언어를 이해하여 사용할 수 있도록 한다.

그러나 언어학습에 어려움을 가진 아동들에게 있어서 학교생활은 특별한 문제에 봉착시키게 한다. 그들의 요구는 그들이 학교 구조에서 충분한 이점을 누릴 수 있도록 자신들의 능력을 평가하고 프로그램을 통합하는 다양한 전문가들에 의해 요구가 충족될 수 있게 하는 것이다. 우리는 Rees(1980)의 인용문을 빌려 이 장의 결론을 대신하고자 한다.

> 일반적으로 발달 중에 있는 아동들의 언어발달에 대한 정보는 말-언어치료사에게 언어장애를 가진 아동들의 사정 및 치료를 이해하기 위한 토대를 제공한다. 새로운 지식은 지속적으로 정상적인 언어발달의 단계, 전략 및 과정으로 발현되기 때문에 우리가 현재 해야 할 것은 "현명한 원리 및 진보된 전략으로 미래에 대처하는 것이다"(Rees, 1980, p.38).

연구문제

1. 영유아들의 전언어적 능력을 서술하라.
2. 언어습득에 있어 환경적 상호작용의 중요성을 설명하라.
3. 영유아들에 의해 암호화된 주요한 의사소통의 본질은 무엇인가?
4. 학령 전기 아동들에게서 나타나는 의미론적 관계를 구체화시켜 보고 각각의 사례를 들어 보라.
5. 학령기 이전의 언어에서 관찰된 음운론적 과정을 서술하고 음운론적 과정들이 3세 시기에 완성되는 것에 대해 설명해 보라.
6. Brown의 언어발달 단계에 대한 주요 특징들은 무엇인가?
7. 발생적 문해력을 돕는 문해력의 사건들을 서술해 보라.
8. 학령 전기 및 학령기 아동들에 대한 화용론적 기술을 비교하라.

9. 학령기를 통해서 학령기 전의 이야기 발달을 추적해 보라. 어떤 주요한 변화가 있는가?
10. 읽기발달과 관련되어 있는 상위언어 능력들을 목록화하라. 또한 상향식 및 하향식 읽기 이론과 읽기능력의 발달 단계를 간략히 서술하라.
11. 쓰기능력의 발달에 대해 서술하라.
12. 학령 전 및 학령기 아동들의 구문론적 성취도를 조사해 보라.

참고문헌

Abrahamsen, E., & Rigrodsky, S. (1984). Comprehension of complex sentences in children at three levels of cognitive development. *Journal of Psycholinguistic Research, 13,* 333–350.

Al-Issa, I. (1969). The development of word definition in children. *Journal of Genetic Psychology, 114,* 25–28.

Anderson, R. C., Hiebert, E., Scott, J., & Wilkinson, I. A. G. (1985). *Becoming a nation of readers. The report of the Commission on Reading.* Washington, DC: National Institute of Education.

Apel, K., Wolter, J., & Masterson, J. (2006). Effects of phonotactic and orthotactic probabilities during fast mapping on 5-year-olds' learning to spell. *Developmental Neuropsychology, 29*(1), 21–42.

Applebee, A. (1984). *Contexts for learning to write.* Norwood, NJ: Ablex.

Arlin, M. (1983). Children's comprehension of semantic constraints on temporal prepositions. *Journal of Psycholinguistic Research, 12,* 1–15.

Baldie, B. (1976). The acquisition of the passive voice. *Journal of Child Language, 3,* 331–348.

Ball, E., & Blachman, B. (1991). Does phoneme awareness training in kindergarten make a difference in early word recognition and developmental spelling? *Reading Research Quarterly, 26,* 49–66.

Ball, E. W. (1997). Phonological awareness: Implications for whole language and emergent literacy programs. *Topics in Language Disorders, 17,* 14–26.

Bankson, N. W., & Bernthal, J. E. (1998). Analysis and interpretation of assessment data. In J. E. Bernthal & N. W. Bankson (Eds.), *Articulation and phonological disorders* (4th ed., pp. 270–298). Boston: Allyn & Bacon.

Beck, I., & Jeul, C. (1995). The role of decoding in learning to read. *American Educator, 19*(2), 8–13.

Bellugi, U. (1967). *The acquisition of negation.* Doctoral dissertation, Harvard University.

Berko Gleason, J. (2001). *The development of language* (5th ed.). Boston: Allyn & Bacon.

Bernstein, D. K. (1986). The development of humor: Implications for assessment and intervention. *Topics in Language Disorders, 4,* 65–73.

Bernstein, D. K. (1987). Figurative language: Assessment strategies and implications for intervention. *Folia Phoniatrica, 39,* 130–144.

Bernthal, J. E., & Bankson, N. W. (Eds.). (1998). *Articulation and phonological disorders* (4th ed.). Boston: Allyn & Bacon.

Bialystok, E. (2002). Acquisition of literacy in bilingual children: A framework for research. *Language Learning, 52*(1), 159–199.

Billow, R. (1975). A cognitive developmental study of metaphor comprehension. *Developmental Psychology, 11,* 415–423.

Blachman, B. (1991). Phonological awareness: Implications for prereading and early reading instruction. In S. Brady & D. Shankweiler (Eds.), *Phonological processes in literacy* (pp. 29–36). Hillsdale, NJ: Erlbaum.

Blackman, B., & James, S. (1985). Metalinguistic abilities and reading achievement in first grade children. In J. Niles & R. Lalid (Eds.), *Issues in literacy: A research perspective* (pp. 280–286). Thirty-Fourth Yearbook of the National Reading Conference.

Bloom, L. (1991). *Language development from two to three.* Cambridge, UK: Cambridge University Press.

Bloom, L., Lahey, M., Hood, L., Lifter, K., & Fiess, K. (1980). Complex sentences: Acquisition of syntactic connectives and the semantic relations they encode. *Journal of Child Language, 7,* 235–261.

Bloom, L., Lifter, K., & Hafitz, J. (1980). Semantics of verbs and the development of verb inflection in child language. *Language, 56,* 386–412.

Bloom, L., Lightbown P., & Hood, L. (1975). Structure and variation in child language. *Monographs of the Society for Research in Child Development, 40.*

Bloom, L., Merkin, S., & Wooten, J. (1982). *Wh*-questions: Linguistic factors that contribute to the sequence of acquisition. *Child Development, 53,* 1084–1092.

Bloom, L., Rocissano, L., & Hood, L. (1976). Adult-child discourse: Developmental interactions between information processing and linguistic interaction. *Cognitive Psychology, 8,* 521–552.

Bloom, P. (1990). Syntactic distinctions in child language. *Journal of Child Language, 17,* 343–356.

Bloom, P., Barss, A., Nicol, J., & Conway, L. (1994). Children's knowledge of binding and coreference: Evidence from spontaneous speech. *Language, 70*(1), 53–71.

Brady, S., & Shankweiler, D. (Eds.). (1991). *Phonological processes in literacy.* Hillsdale, NJ: Erlbaum.

Breinbauer, C., & Maddaleno, M. (2005). *Promoting healthy behaviors in adolescents* (Scientific and Technical Publication No. 594). Pan American Health Organization.

Briggs, A., Austin, R., & Underwood, G. (1984). Phonological coding in good and poor readers. *Reading Research Quarterly, 20,* 54–66.

Brinton, B., & Fujiki, M. (1984). Development of topic manipulation skills in discourse. *Journal of Speech and Hearing Research, 27,* 350–358.

Brinton, B., Fujiki, M., Loeb, D., & Winkler, E. (1986). Development of conversational repair strategies in response to request for clarification. *Journal of Speech and Hearing Research, 39,* 75–82.

Brown, R. (1975). *A first language: The early stages.* Cambridge, MA: Harvard University Press.

Brown, R., & Berko, J. (1960). Word association and the acquisition of grammar. *Child Development, 13,* 1–15.

Bryant, P., Bradley, L., MacLean, M., & Crossland, J. (1989). Nursery rhymes, phonological skills and reading. *Journal of Child Language, 16,* 407–428.

Bryant, P., MacLean, M., & Bradley, L. (1990). Rhyme, language, and children's reading. *Applied Psycholinguistics, 11*(3), 237–252.

Butler, K. (1999). From oracy to literacy: A millennial perspective. *Topics in Language Disorders, 20*(1), 14–32.

Cairns, H. S. (1996). *The acquisition of language* (2nd ed.). Austin, TX: Pro-Ed.

Carlisle, J. F. (2004). Morphological processes that influence learning to read. In C. A. Stone, E. R. Silliman, B. J. Ehren, & K. Apel (Eds.), *Handbook of language and literacy: Development and disorders* (pp. 318–339). New York: Guilford Press.

Catts, H. W. (1991). Early identification of reading disabilities. *Topics in Language Disorders, 12*(1), 1–17.

Catts, H. W. (1996). Defining dyslexia as a developmental language disorder: An expanded view. *Topics in Language Disorders, 16*(2), 14–25.

Catts, H. W., & Kamhi, A. G. (Eds.). (1999). *Language and reading disabilities.* Boston: Allyn & Bacon.

Chall, J. S. (1983). *Stages of reading development.* New York: McGraw-Hill.

Chiappe, P., Siegel, L. S., & Wade-Woolley, L. (2002). Linguistic diversity and the development of reading skills: A longitudinal study. *Scientific Studies of Reading,* 6(4), 369–400.

Chien, Y., & Wexler, K. (1990). Children's knowledge of locality conditions in binding as evidence for the modularity of syntax and pragmatics. *Language Acquisition, 1,* 225–295.

Choi, S. (2000). Caregiver input in English and Korean: Use of nouns in book-reading and toy-play contexts. *Journal of Child Language, 27,* 69–96.

Choi, S., & Gopnik, A. (1995). Early acquisition of verbs in Korean: A cross-linguistic study. *Journal of Child Language, 22,* 497–529.

Chomsky, C. (1969). *The acquisition of syntax in children from 5 to 10.* Cambridge, MA: MIT Press.

Crais, E. R., & Lorch, N. (1994). Oral narratives in school age children. *Topics in Language Disorders, 14*(3), 13–28.

Cuda, R. A., & Nelson, N. (1976, November). *Analysis of teacher speaking rate, syntactic complexity, and hesitation phenomena as a function of grade level.* Paper presented at the Annual Convention of the American Speech-Language-Hearing Association, Houston, TX.

Dale, P. S., & Crain-Thoreson, C. (1993). Pronoun reversals: Who, when, and why? *Journal of Child Language, 20,* 573–589.

de Villiers, J. G., & de Villiers, P. A. (1978). *Language acquisition.* Cambridge, MA: Harvard University Press.

Dever, R. (1978). *TALK: Teaching the American language to kids.* Columbus, OH: Merrill/Macmillan.

De Temple, J., & Snow, C. E. (2003). Learning words from books. In A. van Kleeck, S. A. Stahl, & E. B. Bauer (Eds.), *On reading books to children: Parents and teachers* (pp. 16–36). Mahwah, NJ: Erlbaum.

Dickinson, D., Wolf, M., & Stotsky, S. (1993). Words move: The interwoven development of oral and written language. In J. Berko Gleason (Ed.), *The development of language* (3rd ed., pp. 225–257). Columbus, OH: Merrill/Macmillan.

Dore, J. (1978). Requestive systems in nursery school conversations: Analysis of talk in its social context. In R. Campbell & P. Smith (Eds.), *Recent advances in the psychology of language: Language development and mother-child interaction* (pp. 271–292). New York: Plenum Press.

Drozd, K. F. (1995). Child English pre-sentential negation as a metalinguistic exclamatory sentence negation. *Journal of Child Language, 22*(3), 583–610.

Eisenberg, S., & Cairns, H. S. (1994). The development of infinitives from three to five. *Journal of Child Language, 21*, 713–734.

Elley, W. B. (1989). Vocabulary acquisition from stories. *Reading Research Quarterly, 24*, 174–187.

Ervin, S. (1961). Changes with age in the verbal determinants of word-association. *American Journal of Psychology, 74*, 361–372.

Ervin-Tripp, S. (1970). Discourse agreement: How children answer questions. In J. R. Hayes (Ed.), *Cognition and the development of language* (pp. 79–107). New York: Wiley.

Ervin-Tripp, S. (1980). Lecture, University of Minnesota, May 14, 1980.

Ferreiro, E., & Teberosky, A. (1982). *Literacy before schooling*. Exeter, NH: Heinemann.

Fletcher, J., Shaywitz, S., Shankweiler, D., Katz, L., Liberman, I., Stuebing, K., Francis, D., Fowler, A., & Shaywitz, B. (1994). Cognitive profiles of reading disabilities: Comparison of discrepancy and low achievement definitions. *Journal of Educational Psychology, 86*, 6–23.

Garvey, C. (1975). Requests and responses in children's speech. *Journal of Child Language, 2*, 41–63.

Garvey, C. (1977). The contingent query: A dependent act of communication. In M. Lewis & L. Rosenblum (Eds.), *Interaction, conversation, and the development of language*. New York: Wiley.

Gentner, D. (1982). Why nouns are learned before verbs: Linguistic relativity versus natural partitioning. In S. A. Kuczaj, II (Ed.), *Language development. Vol 2: Language, thought and culture* (pp. 301–334). Hillsdale, NJ: Erlbaum.

Gerber, A. (1981). Problems in the processing and use of language in education. In A. Gerber and D. N. Bryen (Eds.), *Language and learning disabilities* (pp. 75–112). Baltimore: University Park Press.

Gerken, L. (1991). The metrical basis for children's subjectless sentences. *Journal of Memory and Language, 30*, 431–451.

Gillam, R. (1999). Communicative patterns that facilitate language development. www. utexas.edu/ftp/courses/gillam/commpat.html.

Gillam, R., & Johnston, J. (1992). Spoken and written language relationships in language learning impaired and normally achieving school-age children. *Journal of Speech, Language, and Hearing Research, 35*, 1303–1315.

Gleitman, L. R., & Gleitman, H. (1994). A picture is worth a thousand words, but that's the problem: The role of syntax in vocabulary acquisition. In B. Lust, M. Suñer, & J. Whitman (Eds.), *Heads, projections, and learnability* (pp. 291–299). Hillsdale, NJ: Erlbaum.

Goldstein, B. (2000). *Cultural and linguistic diversity resource guide for speech-language pathologists*. San Diego, CA: Singular.

Goldstein, B., & Iglesias, A. (1996). Phonological patterns in normally developing Spanish-speaking 3- and 4-year-olds of Puerto Rican descent. *Journal of Communication Disorders, 29*(5), 367–387.

Golinkoff, R. M., Mervis, C. B., & Hirsh-Pasek, K. (1994). Early object labels: The case for a developmental principles framework. *Journal of Child Language, 21*, 125–155.

Gopnik, M. (1997). *The inheritance and innateness of grammars*. Oxford, UK: Oxford University Press.

Goswami, U., & Bryant, P. E. (1990). *Phonologic skills and learning to read*. Hillsdale, NJ: Erlbaum.

Greene, J. (1996). Psycholinguistic assessment: The clinical base for identification of dyslexia. *Topics in Language Disorders, 16*(2), 45–72.

Greenhalgh, K., & Strong, C. (2001). Literature language features in spoken narratives of children with typical language and children with language impairments. *Language, Speech, and Hearing Services in School, 32,* 114–125.

Grimm, H. (1975, Sept 9). Analysis of short-term dialogues in 5–7 year olds: Encoding of intentions and modifications of speech acts as a function of negative feedback loops. Paper presented at the Third International Child Language Symposium, London.

Haas, A., & Owens, R. (1985, November). *Preschooler's pronoun strategies: You and me make us.* Paper presented at the American Speech-Language-Hearing Association Annual Convention, Washington, DC.

Halliday, M. (1975). *Learning how to mean: Explorations in the development of language.* New York: Edward Arnold.

Halliday, M., & Hasan, R. (1976). *Cohesion in English.* London, UK: Longman.

Harkins, D. A., Koch, P. E., & Michel, G. F. (1994). Listening to maternal story telling affects narrative skill of 5-year-old children. *Journal of Genetic Psychology, 155,* 247–257.

Hatcher, P. J., Hulme, C., & Ellis, A. W. (1994). Ameliorating early reading failure by integrating the teaching of reading and phonological skills: The phonological linkage hypothesis. *Child Development, 65,* 41–57.

Haynes, W. O., & Shulman, B. S. (Eds.). (1998). *Communication development: Foundations, processes, and clinical applications* (pp. 361–386). Baltimore: Williams & Wilkins.

Heath, S. B. (1996). What no bedtime story means: Narrative skills at home and school. In D. Brenneis & R. K. S. Macaulay (Eds.), *The matrix of language* (pp. 12–38). Cumnor Hill: Westview Press.

Henderson, E. H., & Beers, J. W. (Eds.). (1980). *Developmental and cognitive aspects of learning to spell: A reflection of word knowledge.* Newark, DE: International Reading Association.

Henry, M. (1993). Morphological structure: Latin and Greek roots and affixes as upper grade code strategies. *Reading and Writing: An Interdisciplinary Journal, 5,* 227–241.

Hirsh-Pasek, K., & Golinkoff, R. M. (1997). *The origins of grammar: Evidence from early language comprehension.* Cambridge, MA: MIT Press.

Hulit, L. M., & Howard, M. R. (1997). *Born to talk: An introduction to speech and language development.* New York: Macmillan.

Hunt, K. (1965). *Grammatical written at three grade levels* (Research Report no. 3). Champaign, IL: National Council of Teachers of English.

Hyams, N. (1992). A reanalysis of null subject in child language. In J. Weissenborn, H. Goodluck, & T. Roeper (Eds.), *Continuity and change in development* (pp. 249–268). Hillsdale, NJ: Erlbaum.

James, S. (1990). *Normal language acquisition.* Boston: Allyn & Bacon.

Jenkins, J. R., Stein, M. L., & Wysocki, K. (1984). Learning vocabulary through reading. *American Educational Research Journal, 21,* 767–787.

Johnson, C. J., & Anglin, J. M. (1995). Qualitative development in the content and form of children's definitions. *Journal of Speech and Hearing Research, 38,* 612–625.

Jorm, A. F., & Share, D. L. (1983). An invited article: Phonological recoding and reading acquisition. *Applied Psycholinguistics, 4*(2), 103–147.

Jusczyk, P. W. (1992). Developing phonological categories from the speech signal. In C. A. Ferguson, L. Menn, & C. Stoehl-Gammon (Eds.), *Phonological development: Models, research, implications* (pp. 17–64). Timonium, MD: York Press.

Justice, L. M., & Ezell, H. K. (2000). Enhancing children's print and word awareness through home-based parent intervention. *American Journal of Speech-Language Pathology, 9*(3), 257–269.

Justice, L. M., & Schuele, C. M. (2004). Phonological awareness: Description, assessment, and intervention. In J. E. Bernthal & N. W. Bankson (Eds.), *Articulation and Phonological Disorders* (5th ed., pp. 376–411). Boston: Pearson.

Kamhi, A. G., & Catts, H. W. (1991). *Reading disabilities: A developmental language perspective.* Boston: Allyn & Bacon.

Kamhi, A. G., & Hinton, L. N. (2000). Explaining individual differences in spelling ability. In K. G. Butler (Ed.), *Topics in Language Disorders, 20*(3), 37–49.

Kamhi, A. G., & Koenig, L. (1985). Metalinguistic awareness in language disordered children. *Language, Speech and Hearing Services in Schools, 16,* 199–210.

Karmiloff-Smith, A. (1986). Some fundamental aspects of language development after age 5. In P. Fletcher & M. Garman (Eds.), *Language acquisition studies in first language development* (2nd ed., pp. 455–474). New York: Cambridge University Press.

Karmiloff-Smith, A. (1995). *Beyond modularity: A developmental perspective on cognitive science.* Cambridge, MA: MIT Press.

Klima, E., & Bellugi, U. (1966). Syntactic regularities in the speech of children. In J. Lyons & R. Wales (Eds.), *Psycholinguistic papers* (pp. 183–208). Edinburgh, Scotland: Edinburgh University Press.

Kogan, N., & Chadrow, M. (1986). Children's comprehension of metaphor in the pictorial and verbal modality. *International Journal of Behavioral Development, 9,* 285–295.

Konefal, J., & Folks, J. (1984). Linguistic analysis of children's conversational repairs. *Journal of Psycholinguistic Research, 13,* 1–11.

Kuhl, P. K., & Meltzoff, A. N. (1997). Evolution, nativism, and learning in the development of language and speech. In M. Gopnik (Ed.), *The inheritance and innateness of grammars* (pp. 7–44). Oxford, UK: Oxford University Press.

Lahey, M. (1974). The role of prosody and syntactic markers in children's comprehension of spoken sentences. *Journal of Speech and Hearing Research, 17,* 656–668.

Lahey, M., Liebergott, J., Chesnick, M., Menyuk, P., & Adams, J. (1992). Variability in children's use of grammatical morphemes. *Applied Psycholinguistics, 13,* 373–398.

Larson, V. L., & McKinley, N. (1995). *Language disorders in older students, preadolescents and adolescents.* Eau Claire, WI: Thinking Publications.

Larson, V. L., & McKinley, N. L. (1998). Characteristics of adolescents' conversations: A longitudinal study. *Clinical Linguistic and Phonetics, 12,* 183–203.

Larson, V. L., & McKinley, N. L. (2003). *Communication solutions for older students: Assessment and intervention strategies.* Eau Claire, WI: Thinking Publications.

Levin, E., & Rubin, K. (1982). Getting others to do what you want them to: The development of children's requestive strategies. In K. Nelson (Ed.), *Children's language* (Vol. 4). New York: Gardner Press.

Lewis, B. A., Freebairn, L. A., & Taylor, H. G. (2000). Academic outcomes in children with histories of speech sound disorders. *Journal of Communication Disorders, 33*(1), 11–30.

Lewis, B. A., O'Donnell, B., Freebairn, L. A., & Taylor, H. G. (1998). Spoken language and written expression-interplay of delays. *American Journal of Speech-Language Pathology, 7,* 77–84.

Lund, N., & Duchan, J. (1993). *Assessing children's language in naturalistic contexts.* Englewood Cliffs, NJ: Prentice Hall. (Originally published 1983)

MacDonald, G. W., & Cornwall, A. (1995). The relationship between phonological awareness and reading and spelling achievement eleven years later. *Journal of Learning Disabilities, 28,* 523–527.

MacLean, M., Bryant, P., & Bradley, L. (1987). Rhymes, nursery rhymes, and reading in early childhood: Children's reading and the development of phonological awareness [Special issue]. *Merrill-Palmer Quarterly, 33*(3), 255–281.

Masterson, J., & Crede, L. (1999). Learning to spell: implications for assessment and intervention. *Language, Speech, and Hearing Services in Schools, 30,* 243–254.

McBride-Chang, C., & Kail, R. V. (2002). Cross-cultural similarities in the predictors of reading acquisition. *Child Development, 73*(5), 1392–1407.

McGhee-Bidlack, B. (1991). The development of noun definitions. A metalinguistic analysis. *Journal of Child Language, 18,* 417–434.

McGregor, K. C. (2004). Developmental dependencies between lexical semantics and reading. In C. A. Stone, E. R. Silliman, B. J. Ehren, & K. Apel (Eds.), *Handbook of language and literacy: Development and disorders* (pp. 302–317). New York: Guilford Press.

McLaughlin, S. (1998). *Introduction to language development.* San Diego, CA: Singular.

McLean, J., & Snyder-McLean, L. (1999). *How children learn language.* San Diego, CA: Singular.

McNeill, D. (1970). *The acquisition of language.* New York: Harper & Row.

McShane J. (1980). *Learning to talk.* New York: Cambridge University Press.

Menyuk, P. (1969). *Sentences children use.* Cambridge, MA: MIT Press.

Menyuk, P. (1977). *Language and maturation.* Cambridge, MA: MIT Press.

Miller, G., & Gildea, P. (1987). How children learn words. *Scientific American, 257*(3), 94–99.

Miller, J. F. (1981). *Assessing language production in children: Experimental procedures.* Baltimore: University Park Press.

Muter, V., & Diethelm, K. (2001). The contribution of phonological skills and letter knowledge to early reading development in a multilingual population. *Language Learning, 51*(2), 187–220.

Nation, K. (2005). Connections between language and reading. In H. W. Catts & A. G. Kamhi (Eds.), *The connection between lexical and reading disabilities* (pp. 41–54). Mahwah, NJ: Erlbaum.

Nation, K., & Hulme, C. (1997). Phonemic segmentation, not onset-time segmentation, predicts early reading and spelling skills. *Reading Research Quarterly, 32,* 154–167.

Nelson, K. (1973). Structure and strategy in learning to talk. *Monographs of the Society for Research in Child Development, 38.*

Nelson, K., Hampson, J., & Shaw, L. K. (1993). Nouns in early lexicons: Evidence, explanations, and implications. *Journal of Child Language, 20,* 61–84.

Nelson, N. W. (1985). Teacher talk and children listening—Fostering a better match. In C. Simon (Ed.), *Communication skills and classroom success: Assessment of language-learning disabled children* (pp. 65–104). San Diego, CA: College-Hill.

Nelson, N. W. (1986). Individual processing in classroom settings. *Topics in Language Disorders, 6*, 13–27.

Nelson, N. W. (1993). *Childhood language disorders in context: Infancy through adolescence.* New York: Macmillan.

Nelson, N. W. (1998). *Childhood language disorders in context: Infancy through adolescence* (2nd ed.). Boston: Allyn & Bacon.

Ninio, A., & Snow, C. E. (1996). *Pragmatic development: Essays in developmental science.* Boulder, CO: Westview.

Nippold, M. A. (1985). Comprehension of figurative language. *Topics in Language Disorders, 3*, 1–20.

Nippold, M. A. (1988). Figurative language. In M. A. Nippold (Ed.), *Later language development: Ages nine through nineteen* (pp. 179–210). Austin, TX: Pro-Ed.

Nippold, M. A. (1991). Evaluating and enhancing idiom comprehension. *Language, Speech and Hearing Services in Schools, 22*(3), 100–105.

Nippold, M. A. (1998). *Later language development: The school-age and adolescent years* (2nd ed.). Austin, TX: Pro-Ed.

Nippold, M. (2000). Language development during the adolescence years: aspects of pragmatics, syntax, and semantics. *Topics in Language Disorders, 20*(2), 15–28.

Nippold, M. A., Leonard, L., & Kail, R. (1984). Syntactic and conceptual factors in children's understanding of metaphors. *Journal of Speech and Hearing Research, 27*, 197–205.

Nippold, M. A., & Martin, S. T. (1989). Idiom interpretation in isolation versus context: A developmental study with adolescents. *Journal of Speech and Hearing Research, 32, 59–66.*

Nippold, M. A., & Taylor, C. L. (1995). Idiom understanding in youth: Further examination of familiarity and transparency. *Journal of Speech and Hearing Research, 2*, 426–443.

Norris, J. A. (1998). Early sentence transformations and the development of complex syntactic structures. In W. O. Haynes & B. B. Shulman (Eds.), *Communication development: Foundations, processes, and clinical applications* (pp. 263–310). Baltimore: Williams & Wilkins.

O'Connor, R. E., & Bell, K. M. (2004). Teaching students with reading disability to read words. In C. A. Stone, E. R. Silliman, B. J. Ehren, & K. Apel (Eds.). *Handbook of Language and literacy: Development and disorders* (pp. 481–498). New York: Guilford Press.

O'Connor, R. E., Jenkins, J. R., & Slocum, T. A. (1995). Transfer among phonological tasks in kindergarten: Essential instructional content. *Journal of Educational Psychology, 87*, 202–217.

O'Grady, W. (1997). *Syntactic development.* Chicago: University of Chicago Press.

Oller, D. (1978). Infant vocalizations and the development of speech. *Allied Health and Behavior Sciences, 1*, 523–549.

Oshima-Takane, Y., Takane, Y., & Shultz, T. R. (1999). The learning of 1st and 2nd pronouns in English: Network models and analysis. *Journal of Child Language, 26*, 545–575.

Owens, R. (1988). *Language development and communication disorders in children* (2nd ed.). Columbus, OH: Merrill/Macmillan.

Owens, R. E., Jr. (1996). *Language development: An introduction* (3rd ed.). Columbus, OH: Merrill/Macmillan.

Owens, R. E., Jr. (2005). *Language development: An introduction* (6th ed.). Boston: Allyn & Bacon.

Owens, R. E., Jr., Metz, D. E., & Haas, A. (2000). *Introduction to communication disorders: A life span perspective*. Boston: Allyn & Bacon.

Patterson, J. L., & Westby, C. E. (1998). The development of play. In W. O. Haynes & B. B. Shulman (Eds.), *Communication development: Foundations, processes, and clinical applications* (pp. 135–163). Baltimore: Williams & Wilkins.

Peccei, J. S. (1999). *Child language* (2nd ed.). London, UK: Routledge.

Perfetti, C. (1984). Reading acquisition and beyond: Decoding includes cognition. *American Journal of Education, 93*, 40–60.

Piaget, J. (1954). *The construction of reality in the child*. New York: Basic Books.

Ratner, V., & Harris, L. (1994). *Understanding language disorders: The impact on learning*. Eau Claire, WI: Thinking Publications.

Rees, N. (1980). The nature of language. In T. Hixon, L. Shriberg, & J. Saxman (Eds.), *Introduction to communication disorders* (pp. 2–41). Englewood Cliffs, NJ: Prentice Hall.

Rescorla, L. (2002). Language and reading outcomes to age 9 in late-talking toddler. *Journal of Speech, Language, and Hearing Research, 45*, 360–371.

Ricard, M., Girouard, P. C., & Decarie, T. G. (1999). Personal pronouns and perspective taking in toddlers. *Journal of Child Language, 26*, 681–697.

Rispoli, M. (1998). Patterns of pronoun case error. *Journal of Child Language, 25*, 533–554.

Roth, F. P., & Troia, G. A. (2006). Collaborative efforts of promote emergent literacy and efficient word recognition skills. *Topics in Language Disorders, 26*(1), 24–41.

Rubin, H., Patterson, P., & Kantor, M. (1991). Morphological development and writing ability in children and adults. *Language, Speech and Hearing Services in the Schools, 22*(4), 228–236.

Rumelhart, D. (1977). Toward an interactive model of reading. In S. Dornic (Ed.), *Attention and performance, Vol. 6* (pp. 573–606). Hillsdale, NJ: Erlbaum.

Saywitz, K., & Wilkinson, L. C. (1982). Age related differences in metalinguistic awareness. In S. Kuczaj (Ed.), *Language development: Vol. 1. Language, thought and culture* (pp. 249–250). Hillsdale, NJ: Erlbaum.

Scarborough, H. (1990). Very early language deficits in dyslexic children. *Child Development, 61*, 1728–1743.

Scarborough, H., & Dobrich, W. (1990). Development of children with early language delay. *Journal of Speech and Hearing Research, 33*, 7–83.

Schatschneider, C., Fletcher, J. M., Francis, D. J., Carlson, C.D., & Foorman, B. R. (2004). Kindergarten prediction of reading skills: A longitudinal comparative analysis. *Journal of Educational Psychology, 96*(2), 265–282.

Schatschneider, C., & Torgesen, J. K. (2004). Using our current understanding of dyslexia to support early identification and intervention. *Journal of Child Neurology, 19*(10), 759–765.

Schwartz, R. G. (1994). Phonological disorders. In G. H. Shames, E. H. Wiig, & W. A. Secord (Eds.), *Human communication disorders: An introduction* (pp. 250–290). New York: Merrill.

Scott, C. (1984). Adverbial connectivity in conversations of children 6 to 12. *Journal of Child Language, 11*, 423–452.

Scott, C. M. (2004). Syntactic contributions to literacy learning. In C. A. Stone, E. R. Silliman, B. J. Ehren, & K. Apel (Eds.), *Handbook of language and literacy: Development and disorders* (pp. 340–362). New York: Guilford Press.

Scott, C. M., & Erwin, D. L. (1992). Descriptive assessment of writing: process and productions. *Best Practices in School Speech-Language Pathology, 2,* 87–98.

Seymour, H. N., & Roeper, T. (1999). Grammatical acquisition of African American English. In L. B. Leonard & O. L. Taylor (Eds.), *Language acquisition across North America: Cross-cultural and cross-linguistic perspectives* (pp. 109–152). San Diego, CA: Singular.

Share, D. L., & Stanovich, K. E. (1995). Cognitive processes in early reading development: Accommodating individual differences into a model of acquisition. *Issues in Education, 1,* 1–57.

Shaywitz, B. A., Fletcher, J. M., Holahan, J. M., & Shaywitz, S. E. (1992). Discrepancy compared to low achievement definitions of reading disability: Results from the Connecticut longitudinal study. *Journal of Learning Disabilities, 25*(10), 639–648.

Silliman, E. R., & Bahr, R. H., & Peters, M. L. (2006). Spelling patterns in preadolescents with atypical language skills: Phonological, morphological, and orthographic factors. *Developmental Neuropsychology, 29,* 93–123.

Silliman, E. R., & James, S. (1997). Assessing children with language disorders. In D. K. Bernstein & E. Tiegerman-Farber (Eds.), *Language and communication disorders in children* (pp. 197–271). Boston: Allyn & Bacon.

Snow, C., Scarborough, H., & Burns, M. S. (1999). What SLPs need to know about early readings. *Topics in Language Disorders, 20,* 48–58.

Snow, C. E., Perlmann, R., & Nathan, D. (1987). Why routines are different: Toward a multiple-factors model of the relation between input and language acquisition. In K. E. Nelson & A. van Kleeck (Eds.), *Children's language, Vol. 6* (pp. 65–97). Hillsdale, NJ: Erlbaum.

Snowling, M. J. (1991). Developmental reading disorders. *Journal of Child Psychology and Psychiatry, 32,* 49–77.

Snowling, M. J., Hulme, C., Smith, A., & Thomas, J. (1994). The effects of phoneme similarity and list length on children's sound categorization performance. *Journal of Experimental Child Psychology, 58,* 160–180.

Snyder, L. S., & Downey, D. M. (1997). Developmental differences in the relationship between oral language deficits and reading. *Topics in Language Disorders, 17,* 27–40.

Sokolov, J. L., & Snow, C. E. (1994). The changing role of negative evidence in theories of language development. In C. Gallaway & B. J. Richards (Eds.), *Input and interaction in language acquisition* (pp. 38–55). Cambridge, UK: Cambridge University Press.

Stanovich, K. (1980). Toward an interactive-compensatory model of individual differences in the development of reading fluency. *Reading Research Quarterly, 16,* 32–71.

Stanovich, K. E., Cunningham, A. E., & Cramer, B. (1984). Assessing phonological awareness in kindergarten children: Issues of task comparability. *Journal of Experimental Child Psychology, 38,* 175–190.

Stein, N., & Glenn, C. (1979). An analysis of story comprehension in elementary school children. In R. Freedle (Ed.), *New directions in discourse processing* (pp. 53–120). Norwood, NJ: Ablex.

Stein, N., & Glenn, C. (1982). Children's concept of time: The development of a story schema. In W. Friedman (Ed.), *The developmental psychology of time* (pp. 255–282). New York: Academic Press.

Stockman, I. (1999). Semantic development of African American children. In L. B. Leonard & O. L. Taylor (Eds.), *Language acquisition across North America: Cross-cultural and cross-linguistic perspectives* (pp. 61–106). San Diego, CA: Singular.

Stoehl-Gammon, C., & Cooper, J. (1984). Patterns of early lexical and phonological development. *Journal of Child Language, 11*, 247–271.

Strapp, C. M. (1999). Mothers', fathers', and siblings' responses to children's language error: Comparing sources of negative evidence. *Journal of Child Language, 26*, 373–391.

Swanson, H. L., Mink, J., & Bocian, K. M. (1999). Cognitive processing deficits in poor readers with symptoms of reading disabilities and ADHD: More alike than different? *Journal of Educational Psychology, 91*(2), 321–333.

Tardif, T. (1995). Nouns are not *always* learned before verbs, but why? Evidence from Mandarin Chinese. *Proceedings of the Twenty-Sixth Annual Child Language Research Forum, 26*, 224–230.

Tardif, T., Shatz, M., & Naigles, L. (1997). Caregiver speech and children's use of nouns versus verbs: A comparison of English, Italian, and Mandarin. *Journal of Child Language, 24*, 535–565.

Taylor, O. L. (1999). Cultural issues and language acquisition. In O. L. Taylor & L. B. Leonard (Eds.), *Language acquisition across North America* (pp. 21–37). San Diego, CA: Singular.

Taylor, O. L., & Leonard, L. B. (1999). *Language acquisition across North America*. San Diego, CA: Singular.

Temple, C., Nathan, R., Temple, F., & Burris, N. A. (1993). *The beginnings of writing* (3rd ed.). Boston: Allyn & Bacon.

Tiegerman-Farber, E. (1995). *Language and communication intervention in preschool children*. Boston: Allyn & Bacon.

Torgesen, J. K. (1999). Assessment and instruction for phonemic awareness and word recognition skills. In H. W. Catts & A. G. Kamhi (Eds.), *Language and reading disabilities* (pp. 128–153). Boston: Allyn & Bacon.

Torgesen, J. K., Morgan, S., & Davis, C. (1992). Effects of two types of phonological awareness training on word learning in kindergarten. *Journal of Educational Psychology, 84*, 364–370.

Torgesen, J. K., Wagner, R., & Rashotte, C. (1994). Longitudinal studies of phonological processing and reading. *Journal of Learning Disabilities, 27*, 276–286.

Tough, J. (1979). *Talk for teaching and learning*. Portsmouth, NH: Heinemann.

Tunmer, W., & Bowey, J. (1984). Metalinguistic awareness and reading acquisition. In W. Tunmer, C. Pratt, & M. Herriman (Eds.), *Metalinguistic awareness in children: Theory, research and implications* (pp. 144–168). New York: Springer-Verlag.

Tunmer, W., Pratt, C., & Herriman, M. (Eds.). (1984). *Metalinguistic awareness in children: Theory, research and implications*. New York: Springer-Verlag.

Tyack, D., & Gottsleben, R. (1986). Acquisition of complex sentences. *Language, Speech, and Hearing Services in Schools, 17*(3), 160–175.

Tyler, A., & Nagy, W. (1989). The acquisition of English derivational morphology. *Journal of Memory and Language, 28*(6), 648–667.

Valdez-Menchaca, M. C., & Whitehurst, G. J. (1992). Accelerating language development through picture-book reading: a systematic extension to Mexican day care. *Developmental Psychology, 28*, 1106–1114.

Valian, V. (1991). Syntactic subjects in the early speech of American and Italian children. *Cognition, 40*, 21–81.

van Kleeck, A. (1982). The emergence of linguistic awareness: A cognitive framework. *Merrill-Palmer Quarterly, 28,* 237–265.

van Kleeck, A. (1995). Learning about print before learning to read. In K. Butler (Ed.), *Best practices 11. The classroom as an interaction context* (pp. 3–23). Gaithersburg, MD: Aspen.

Vellutino, F. R., & Scanlon, D. (1987). Phonological coding, phonological awareness, and reading ability: Evidence from a longitudinal and experimental study. *Merrill-Palmer Quarterly, 33,* 321–363.

Vellutino, F. R., Scanlon, D., Small, S., & Tanzman, M. (1991). The linguistic bases of reading disability: Converting written to oral language. *Text, 11,* 99–133.

Vosniadou, S., Ortony, A., & Reynolds, R. E. (1984). Children's comprehension of metaphor in the pictorial and verbal modality. *International Journal of Behavioral Development, 9,* 288–295.

Wagner, R. K., Torgesen, J. K., Laughon, P., Simmons, K., & Rashotte, C. A. (1993). Development of young readers' phonological processing abilities. *Journal of Educational Psychology, 85,* 83–103.

Wallach, G. (1984). Who shall be called "learning disabled"? Some new directions. In G. Wallach & K. Butler (Eds.), *Language learning disabilities in school age children* (pp. 1–14). Baltimore: Williams & Wilkins.

Wallach, G., & Butler, K. (1994). *Language learning disabilities in school age children and adolescents.* New York: Macmillan.

Wasik, B. A., & Bond, M. A. (2001). Beyond the pages of a book: interactive book reading and language development in a preschool classroom. *Journal of Educational Psychology, 93,* 243–250.

Wasik, B. H., & Hendrickson, J. S. (2004). Family literacy practices. In C. A. Stone, E. R. Silliman, B. J. Ehren, & K. Apel (Eds.), *Handbook of language and literacy: Development and disorders* (pp. 154–174). New York: Guilford Press.

Wells, G. (1985). *Language development in the preschool years.* New York: Cambridge University Press.

Werker, J., & Tees, R. (1984) Cross-language speech perception: evidence for perceptual reorganization during the first year of life. *Infant Behavior and Development, 7,* 49–64.

Werner, E., & Kresheck, J. (1983). *Structural photographic expressive language test.* Sandwich, IL: Janelle.

Westby, C. E. (1998). Communicative refinement in school age and adolescence. In W. O. Haynes & B. B. Shulman (Eds.), *Communication development: Foundations, processes, and clinical applications* (pp. 311–360). Baltimore: Williams & Wilkins.

White, B. (1975). Critical influences in the origins of competence. *Merrill Palmer Quarterly, 22,* 243–266.

Whitmire, K. A. (2000). Adolescence as a developmental phase: a tutorial. *Topics in Language Disorders, 20*(2), 1–14.

Wiig, E. H., & Semel, E. M. (1984). *Language assessment and intervention for the learning disabled* (2nd ed.). New York: Merrill/Macmillan.

Windsor, J. (1994). Children's comprehension and production of derivational suffixes. *Journal of Speech and Hearing Research, 37,* 408–417.

Winner, E., Rosentiel, A., & Gardner, H. (1976). The development of metaphoric understanding. *Developmental Psychology, 12,* 189–297.

Witt, B. (1998). Cognition and the cognitive-language relationship. In W. O. Haynes & B. B. Shulman (Eds.), *Communication development: Foundations, processes, and clinical applications* (pp. 101–133). Baltimore: Williams & Wilkins.

World Health Organization (WHO). (2005). *Mental health policy and service guidance package: Child and adolescent mental health policies and plans*. Geneva, Switzerland: WHO Press.

Zeverbergen, A. A., & Whitehurst, G. J. (2003). Dialogic reading: A shared picture book reading intervention for preschoolers. In A. van Kleeck, S. A. Stahl, & E. B. Bauer (Eds.), *On reading books to children: Parents and teachers* (pp. 177–200). Mahwah: NJ: Erlbaum.

Zeverbergen, A. A., & Wilson, G. (1996). *Effects of an interactive reading program on the narrative skills of children in Head Start*. Paper presented at the Head Start's Third National Research Conference, Washington, DC.

제 2 부

언어장애의 유형별 특성, 사정 및 중재

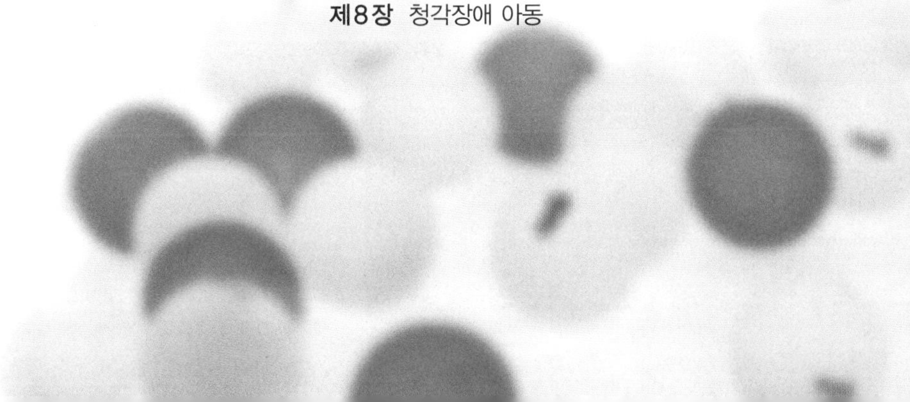

제 3 장

조기 의사소통 사정 및 중재

Nancy B. Robinson
샌프란시스코주립대학교
Michael P. Robb
뉴질랜드 크라이스트처치에 위치한 캔터베리대학교

이 장을 읽고 난 후 다음의 사항을 할 수 있어야 한다.

- 조기중재 환경에서 말-언어치료사의 전문적 치료 업무와 관련된 정책과 법에 대한 식견을 가져야 한다.
- 영아, 유아 및 가족의 조기사정과 중재에 대한 가족중심의 문화적으로 유용한 접근법을 기술할 수 있어야 한다.
- 조기중재팀 구성원의 역할과 영유아를 위한 사정과 중재에 대한 협력적인 접근법을 논의할 수 있어야 한다.
- 전언어 및 창발적 언어 단계에서의 사정과 중재를 위한 지표들을 제공해 주는 유아의 행동을 기술할 수 있어야 한다.
- 적절한 형식적 · 비형식적 방법들을 선별하여 사정 및 중재 과정을 실행할 수 있어야 한다.
- 개별적인 아동들에 대한 적절한 전략 선택과 조기 언어중재 시 필요한 최선의 실천방안들에 대해 논의할 수 있어야 한다.

이 장은 영아와 유아에 대한 의사소통 사정 및 중재에 관련된 과정을 학생들에게 소개하려는 취지에서 설정되었으며, 초기 의사소통, 말, 언어능력이 영아들 사이에서 어떻게 나타나는지 의문을 가져보는 데서 출발한다. 사실 영아(infant)라는 용어는 '아직 말을 할 수 없는 사람'이라는 의미의 라틴어에서 파생되었다. 문자 그대로의 의미라면 이 말의 의미는 의사소통 능력이 없는 사람을 의미한다. 이는 최근 몇십 년간 문제시되어 왔던 관점이다. Chomsky(1965)에 따르면 언어는 '인간 정신 속에 원래부터 내재한 자질'이며, 인간은 이미 사전에 프로그래밍된 언어능력을 가지고 태어나 삶을 시작한다고 보았다.

Chomsky에 의해 분명히 표현된 선천론적 관점(인간은 선천적으로 언어능력을 갖고 있다)의 발달 이후 보다 많은 최근의 이론가들은 인간에게 구어의 발달을 초래하고 환경 및 양육자들과 상호작용하게 하는 아주 특별한 전언어적 능력들을 가정하면서 영아기에 이미 일반화된 능력을 가지고 있다고 주장했다(Kent & Hodge, 1991). 부모-자녀의 상호작용은 언어발달을 유발하는 요소로 간주된다(Locke, 1994a). 영아들은 특수한 언어적 프로그래밍보다는 언어습득을 위한 체계적인 조직력 및 선호도를 가지고 세상 속으로 발을 들여놓은 존재로 생각된다(Paul, 1999).

이 장은 세 가지 주요 영역, 즉 영아기의 전언어적 의사소통, 생후 몇 년 동안에 나타나는 말과 언어능력, 그리고 가장 중요한 영아기 중재 전문가, 특히 말-언어치료사를 위한 사정과 중재전략에 중점을 둔다. 이러한 이유는 고위험 의사소통장애를 지닌 영유아의 언어발달을 향상시키는 것이 목적이기 때문이다.

심리학, 정신의학, 간호학, 의학 및 조기 특수교육, 작업치료, 물리치료, 언어병리학, 영양학 등 여러 연구 분야들이 언어발달을 향상시키기 위한 조기중재의 효율성을 입증하고 있다. 영아들의 전언어적 행동들과 유아들에게 나타나는 언어행동 간의 연속성 및 예측 가능한 관계는 최근 30년간의 연구결과에서 증명되었다(Bates, Benigini, Brethertpon, Camaioni, & Volterra, 1979; Bates, Bretherton, & Snyder, 1988; Lust, 1999; Snow, 1979). 의학 및 병리학 연구자들은 영아기의 부모와 아동의 상호작용 패턴이 영아기 이후의 발달 결과와 관련이 있음을 시사했다(Brazelton & Als, 1979). 어린 아동의 발달 결과에 영향을 미치는 문제, 특히 언어에 영향을 미치는 문제에서 환경의 역할은 다양한 SES 그룹의 아동에 대한 장기적 연구결과들에서 그 중요성이 증명되었다(Hart & Risely, 1995; Justice & Ezell, 2001).

영아기의 언어발달 이론들은 다양한 분야들에 의해 영향을 받고 있는데, 최근에는 신경생물학의 영향을 지속적으로 받고 있다. Elizabeth Bates(1999)는 언어발달의 본질 이해에 대한 논문에서 선천론자의 관점에 의문을 제기하며 영아기의 말, 언어, 의사소통 행동을 지지하고 이에 이르게 하는 과정에 관한 영아 발달의 중요한 본질을 조명하는 연구와 근거를 신경생물학에 두고 있다. Bates는 언어에 대한 신경생물학적 이해의 토대는 뇌의 일반적인 적응과 기능에 근거하고 있다고 주장한다. 그녀는 또한 유아의 뇌는 조형성이 뛰어나며, 뇌 발달에서 여러 대안적인 방법들을 통해 언어학습을 가능케 하는 능력이 있다는 개념을 뒷받침하는 연구결과들을 내놓았다. 이 연구결과들은 중요한 뇌 손상이 있는 성인들 및 영아들을 대상으로 한 것이었다. Bates의 연구에 따르면, 언어 기능을 담당하는 뇌의 특정한 부위가 있다는 개념을 지지하지는 않으나, 영아들은 아주 차별화된 뇌 기능을 가지고 삶을 시작한다고 할 수 있다. 아마도 영아들의 뇌는 언어발달에 중요한 정보처리를 집중적으로 담당하는 특정한 부위가 있는 것으로 판단된다. Bates와 동료들이 보고한 이러한 연구결과는 환경 속에서 보호자와 유아의 상호작용이 언어발달을 극대화하는 데 있어 아주 중요하다는 가설을 뒷받침한다.

조기중재 전문가들은 의사소통장애의 위험에 처한 어린 아동들의 선별이라는 도전에 직면한다. Locke(1994b)는 어린 아동들의 청각정보처리 및 학습능력은 아주 미세한 손상에 의해서도 그 영향이 커지는 '폭포 효과'를 강조한다. 조기선별, 사정, 중재의 중요성은 여러 학자들에 의해 분명하게 그 근거가 증명되었다(Calandrella & Wilcox, 2000; Guralnick, 1997).

최근의 연구는 어린 아동들의 의사소통, 말, 언어발달의 한계를 초래할 수 있는 위험

요인들에 대한 논리적인 근거를 입증하였고, 뇌발달의 가소성이 급격히 높아질 때 문제의 조기선별과 중재가 필요함을 강조해 왔다. 이 장의 목표는 영아기에 발달하고 있는 언어 및 의사소통 체계를 기술하는 행동 근거를 소개하는 것이다. 현재 영아기 이후의 언어발달과 의사소통장애의 위험 요인으로 간주되는 전언어적 발달 행동들을 예측함으로써 영아기의 중요한 시점에서 이러한 아동들과 가족들을 더 잘 지원하기 위한 준비를 할 수 있게 되었다.

이 장은 다섯 부분으로 나누어져 있다. 첫 번째는 조기 의사소통 중재를 위한 미국의 정책 지침이며, 두 번째는 영아기의 미비한 발달문제, 특히 언어발달 지체와 관련된 위험 요인들을 기술한다. 세 번째는 영아기의 언어사정 및 중재에 대한 전통적이고 역동적인 접근법들을 살펴본다. 네 번째는 사정과 중재의 역동적 과정을 위한 체계적인 틀을 제공하며, 의사소통장애를 가진 아동들을 위한 포괄적이고 협력적인 중재를 수행하는 방법들과 도구들을 소개한다. 마지막으로 다섯 번째는 사정과 중재를 위한 계획된 과정에 대한 논증과 논의를 위한 세 가지 사례 연구에 대한 적용결과를 소개한다.

국제적인 이민이 급속히 증가함으로써 조기중재 서비스를 받는 가족과 아동들은 다양한 문화적 · 언어적 배경을 갖게 되었다(Parrenas, 2005). 이 장 전체에 걸쳐 다문화 사회에서 가족들과 아동들을 지원하는 여러 실행들이 소개되고 있다. 더 나아가 이 장은 가족이 조기중재의 핵심구성원이 되는 팀 접근법을 요구한다는 원칙에 기초하고 있다(Bruns & Steeples, 2001; Crais, 1991; Paul, 2007; Polmanteer & Turbiville, 2000; Shelton, Jeppson, & Johnson, 1987). 영아기 의사소통의 사정 과정 및 실천들은 모든 조기중재 전문가들에게 적용 가능하며 특히 말-언어치료사(SLP)에게 그 활용도가 높다.

1. 조기중재에서 말-언어치료사를 위한 미국의 정책 지침

미국에서는 조기중재에 대한 말-언어치료사의 역할이 1986년 공법(PL) 99-457의 통과와 함께 보다 분명하게 규정되었다. 2004년 최근의 재승인을 포함하여 장애인교육법(IDEA)에 대한 후속적 개정은 'Part C'에서 아동의 출생에서 3세까지 조기중재 서비스를 원칙으로 정했다(NICHCY, 2007; U.S. DePartment of Education, 2007). 청각장애 위험에 처한 신생아의 선별에 중점을 둔 최근 미국구어언어청각협회(ASHA)의 발의는 출생 후 몇 년 동안이 언어학습에 있어서 중요함을 인정하는 정책들 중 한 예이다(ASHA, 2007a; CDC, 2007).

1990년 ASHA에서 제기한 정책 진술은 조기중재 환경에서 말-언어치료사의 역할을 강조했다. 1997년 IDEA의 재승인을 통해 조기중재를 위한 법적 요건 및 신생아 가족과 아동들을 지원하는 말-언어치료사의 역할을 강조했다. IDEA 1997에서 진술된 내용은 다음과 같다.

> 발달장애의 위험이 있거나 혹은 발달장애를 갖고 있는 영아와 유아(출생 후 36개월까지) 및 그 가족들은 적절한 인증을 받거나 자격증을 가진 말-언어치료사가 관심을 갖고 치료해야 할 다양한 요구들을 갖고 있다. 이 요구들에 포함되는 것은 구강 운동과 섭식 행동뿐만 아니라 의사소통, 언어, 말에서 지체와 장애이다. 말-언어치료사와 독자적인 전문가들은 영아들 및 가족들의 이러한 요구에서 다양한 역할들을 담당한다.

초기 ASHA(1989)의 규정은 조기중재에서의 말-언어치료사의 역할을 (1) 선별과 진단, (2) 사정과 평가, (3) 치료 프로그램의 설계, 계획, 직접적인 서비스 전달과 점검, (4) 사례 관리, (5) 기관 및 다른 전문가들과의 상담과 의뢰를 포함하여 기술하였다. 이 규정의 목적은 말-언어치료사가 조기중재팀의 일부로서 사회 공동체와 가족중심 프로그램 안에서 이러한 다양하고 변화무쌍한 역할을 스스로 생각하고 수용하도록 하는 것이다. 그 내용은 짧지만 이러한 입장 표명을 통해 말-언어치료사가 의사소통장애의 위험이 있는 아동들 및 그 가족들과 상호작용하는 방식에 대해 세심한 배려와 폭넓은 제안이 구체화되었다(Catlett, 1991). 최근 몇 개의 ASHA 문서들(2004a, 2004b, 2007c)에서는 가족중심의 협력적인 팀 환경에서 예방, 사정, 중재를 위한 영아들에 대한 초기 말-언어치료사의 역할에 대해서 언급했다.

2. 의사소통/언어 지체 위험에 처한 아동

유전적인 기질 및 출생 전의 상태가 양호할 때 영아의 초기는 안전하고 정상적인 발달이 일어나게 된다(Kopp, 1990). 그러나 유전적 요인과 선천적인 요인들이 취약한 단계에 있을 때에는 말 그대로 아동은 발달지체의 위험에 놓이게 된다. 1986년 공법(PL) 99-457이 통과된 이후, 그리고 IDEA, 'Part C'에 대한 후속 개정 이후 관심은 위험에 처한 영아에 대한 선별과 중재에 집중되었다.

두 가지 기본적인 위험 요인이 있는데, 첫 번째는 생물학적인 위험요인이고 두 번째는 환경적인 위험요인이다. 생물학적인 위험은 기형 발생 요인(예 : 바이러스 감염, 약물 사용)

에 노출되는 것뿐만 아니라 유전적인 조건에서 유래한다. 환경적인 위험은 일반적으로 아동 양육에서의 부정적인 조건들(예 : 어머니의 우울증, 약물 남용 또는 오용, 환경적 독성물질)로 설명된다.

다음 절에서는 영아가 의사소통장애의 위험에 처하게 되는 생물학적·환경적 요인들에 대해 기술한다. 이 논의는 모든 것을 포괄하고자 의도하지는 않으며, 많은 다른 연구들에서 이미 잘 알려진 생물학적인 위험, 즉 생의 초기에 확인된 다운증후군, 뇌성마비, 구순열, 구개파열 등에 대해 검토했다. 본 고찰은 신생아들 사이에서 점차 두드러지고 있는 위험요인에 관한 최신 정보들을 집중 조명하였다. 이 위험요인은 사소한 것에서부터 중대한 것까지 모두 포함한다.

1) 생물학적 위험요인

(1) 불법적 약물

불법적 약물들의 출산 전후에 미치는 영향을 고려할 때 모체-태아 생리학 및 약리학의 기본적인 원칙이 적용된다(Dattel, 1990). 불법적 약물들은 분자 무게가 대체로 가볍고, 소화 후 몇 분 이내에 모체에서 태아로 자유롭게 전달된다. 태반 장벽을 뚫고 신속하게 이동하기 때문에 태아가 흡수한 약물 농축액은 일반적으로 모체의 50~100%에 이른다. 태아에 미치는 약물의 영향은 태아의 발달과 연관되어 있다. 예를 들면 얼굴과 머리를 구성하는 대부분의 신체 조직과 구조들은 임신 첫 3개월 이내에 형성된다. 뇌발달은 임신 과정 중에 계속 진행되므로, 어머니가 어떤 약물을 얼마나 많은 양으로 복용했는지 그리고 임신기간 중 언제 약물을 복용했는지가 문제가 된다.

불행히도 약물의 영향과 빈도수에 대한 자료는 현재 체계화되어 있지 않다. 남용된 성분은 불법적인 경우가 대부분으로, 이러한 약물 사용에 대한 부모의 공개는 더욱 기대하기 어렵다. 또한 부모가 사용한 특정한 약물을 확인하는 것은 쉽지가 않은데 그 이유는 여러 가지 성분(예 : 카페인, 알코올)을 혼합해서 섭취하기 때문이다. 자궁 속에서 한 가지 이상의 불법 약물에 노출되는 영아의 수는 연간 625,000~729,000명(약 15~18%) 사이인 것으로 추정된다(National Institute on Drug Abuse, 1995). 연구에 의하면 병원에서 출산하는 여성들 중 8~12%가 임신 중 특정 기간에 불법 약물을 복용했다고 한다. 이것은 10명의 유아들 중 약 1명이 자궁 속에서 불법 약물에 노출되었음을 의미한다(Ondersma, Simpson, Brestan, & Ward, 2000).

코카인과 메탐페타민. 코카인(강력한 코카인의 일종인 크랙을 포함)과 메탐페타민(엑스터시, 아이스, 스피드)이 중추신경계에 미치는 영향은 호흡기관 이상, 심장박동수 증가, 불안, 흥분감 고조로 나타난다. 이러한 약물들은 모체의 식욕을 억제하고 임산부의 잦은 불면증을 유발한다.

이러한 약물에 노출된 영아의 발달 결과는 약물복용이 없었던 여성들이 출산한 영아들에 비해 작은 키, 작은 머리 둘레, 출생 시 저체중 등으로 나타난다. 이와 같은 약물들 중 하나라도 임신 후기에 복용했다면 신생아는 약물에 중독된 상태로 출생할 위험이 매우 크며 심혈관 문제, 병의 발작, 젖을 빠는 어려움, 삼킬 때의 어려움, 젖 먹을 때의 곤란을 포함하여 여러 가지 약물 중독으로 인한 증상들을 경험한다(McElhatton, Bateman, Evans, Pughe, & Thomas, 1999). 뇌는 임신 과정 중에 지속적으로 발달하기 때문에 영아는 인지적 손상을 입을 가능성도 배제할 수 없다(Woulds, LaGasse, Sheridan, & Lester, 2004). 최근의 연구에 의하면 이러한 아동들은 발달지체가 나타나는 것뿐만 아니라 태아형성기에 이미 모체의 약물 오용 영향에 동일하게 노출될 가능성이 크다는 것이다(Smith, Johnson, Pears, Fisher, & DeGarmo, 2007).

마리화나. 임신한 여성이 사용한 마리화나에 대한 연구들은 결정적인 것이 되지 못하는데, 그 이유는 이 약물은 많은 경우 다른 약물들과 함께 사용되기 때문이다. 흔히 알려진 것들로는 알코올과 담배가 있다. 담배 연기와 마찬가지로 마리화나 연기는 태아가 자궁 내에서 성장하기 위해 필요한 산소 공급을 억제하는 독성물질을 함유하고 있다.

임신 중 마리화나의 사용은 다양한 부작용과 관련된다. 예를 들면 조숙, 출생 시 저체중, 임신 중 모체의 체중이 정상적인 수준으로 늘지 않는 증상, 임신 중독증, 분만 시 어려움, 선천적인 기형, 사산 가능성과 임산부 사망 위험 증가, 수준 낮은 신생아 사정 점수, 구어와 기억력의 한계 등이 있다(Fried & Watkinson, 1990). 출산 이후 마리화나를 사용하는 경우 역시 모유수유를 하는 영아에게는 부작용을 미치는 것으로 보고되고 있다(Briggs, Freeman, & Yaffe, 2002).

Howard와 Lawrence(1998)은 마리화나의 강력한 성분(델타-9 테트라하이드로 카나비놀)을 함유하고 있는 모유를 먹은 영아들은 생기가 없고 무기력하며 모유수유 시간이 짧고 빈도수도 적다고 보고했다. 영아기에 확인되는 다양한 발달 문제들은 아동기와 성인기로 확장되는 것으로 보고되었다(Goldschmidt, Richardson, Cornelius, & Dan, 2004; Smith, Fried, & Hogan, 2004).

(2) 일반적으로 사용되는 기형 발생 물질

기형 발생 물질(teratogen)이라는 용어는 그리스어 어원(*teratos* = 괴물, *gen* = 유래함)에서 유래되었는데, 그 의미는 '괴물 창조자'이다. 이 용어의 실제적인 적용은 발달하는 태아가 이 물질에 노출될 때 비정상을 유발하게 된다(Shprintzen, 1997). 알코올, 니코틴, 카페인은 태아의 발달을 방해할 수 있는 기형 발생 물질들이다.

알코올. 알코올은 미국과 영국에서 가장 널리 가장 많이 사용되는 물질이다. 그리고 대부분의 자료에 의하면 그 남용 수준은 더욱 악화되고 있다. 2001년에 미국에서 알코올로 인한 사망자 수는 75,766명으로 충격적인 수준이다(CDC, 2004). 영국에서 알코올 관련 사망은 1991년 100,000명당 7명에서 2005년 13명으로 늘어났다(UK Office for National Statistics, 2006). 평균적으로 가임기 여성의 5명 중 3명이 알코올 음료를 섭취한다(ASHA, 1991). 알코올은 기본적으로 태아의 어떤 발달 과정에도 침투할 수 있기 때문에 이후 유아의 신체적 · 행동적 양상 모두에서 나타나는 이상한 변화는 상당히 심각한 수준일 수 있다(Shprintzen, 1997).

Jones와 Smith(1974)는 태아 알코올 증후군(FAS)을 설명한 최초의 연구자로서 FAS는 임신 중 알코올의 과도한 노출에서 초래된다고 기술했다. FAS는 변형된 신체기관의 발달 패턴이며 이는 심혈관계 문제, 안면두개골 이상(예 : 구순열나 구개파열), 사지 결함, 성장 결함, 소근육 운동기술의 전반적인 운동통합 능력 결함으로 나타난다(Grerber, 1990). 얼마나 많은 양의 알코올이 FAS 증후군 발생에 영향을 미치는지 아직 알려진 바는 없다. 출생 전 알코올에 노출되었다는 미세한 증표를 나타내는 아동들은 태아 알코올 효과(FAE)를 보이는 것으로 생각된다. FAS는 1,000명의 신생아 중 3명으로, FAE는 1,000명의 신생아 중 10명꼴로 발생한다(Shprintzen, 1997). 이러한 증후에서 보이는 의사소통 문제에는 언어지체, 말 표현 문제, 유창성 관련 문제, 음성 관련 문제, 삼키기 문제 등이 있다(ASHA, 1991; Sparks, 1989; Streissguth & Kanter, 1997).

니코틴. 니코틴은 혈압, 심장박동수 및 심장의 혈액 흐름의 단기 증가를 야기하는 자극요인이다. 2005년 미국의 여성 흡연자는 2,030만 명이였는데, 그 중에서 1,400만 명 이상(전체 여성 중 28%)이 가임기의 여성들로 18~44세 사이였다(CDC, 2006). 흡연을 통해 마시는 니코틴의 약 90%가 모체로 흡수된다(Dattel, 1990).

임신 기간 중 흡연(니코틴의 흡수)은 유산이나 조산의 위험을 증가시킨다. 그러나 흡연과 관계된 주요 위험은 저체중아의 출산이다. 미국에서 출산되는 저체중 신생아 중 약

20%는 니코틴이 원인이다. 니코틴은 체중이 증가해야 할 시점에 산모의 식욕을 한꺼번에 떨어뜨리며 흡연은 산소를 흡수하는 태아의 능력을 감소시킨다. 영양과 산소공급이 모두 제대로 되지 않은 태아는 정상 상태로 성장하지 못하게 된다. 태아에 대한 니코틴 흡수의 악영향으로는 신경 발달과 지적 발달의 손상, 갑작스러운 태아사망증후군(SIDS)의 높은 위험성을 들 수 있다. Key 등(2007)의 최근 보고에 의하면 건강한 아기가 태아 상태에서 담배와 흡연에 노출되었을 때, 기본적인 인지능력과 관련된 뇌 조직에 상당한 변화가 일어나고 이것은 이후 태아의 심각한 발달 문제로 이어질 수 있다고 한다.

카페인. 카페인은 60가지 이상의 식물의 잎, 씨앗, 열매에서 볼 수 있는 자연적인 성분이다(Christian & Brent, 2001). 카페인은 많은 식품과 음료에서 볼 수 있고 심지어 처방전과 처방전 없이 살 수 있는 의약품에서도 쉽게 볼 수 있다. 카페인은 중추신경계에 자극제로서 기능한다. 커피의 8온스 컵에는 약 65~120mg의 카페인이 함유되어 있고 12온스의 콜라 캔에는 45mg의 카페인이 들어 있다. 카페인은 임신 중에도 일반적으로 사용되는 성분이며, 적어도 임신 여성들 중 80%가 매일 일정한 정도로 카페인을 섭취한다(Dattel, 1990).

다른 화학물질들처럼 카페인은 모체와 태아 사이의 태반 장벽을 자유롭게 통과한다. 그러나 카페인은 다른 성분들에 비해 훨씬 더 천천히 분해되기 때문에 성장 중인 태아에 있어 카페인의 잠재적인 영향은 훨씬 더 크다. 현재까지 카페인과 태아의 발달결함 간의 직접적인 연관성을 제시하는 결정적인 근거는 없었다. 최근의 보고에 의하면 가벼운 카페인 섭취는 발달 문제의 위험을 증가시키지 않는다고 한다(International Food Information Council, 2002). 그러나 카페인을 많이 섭취하면(하루 300mg 이상) 산모는 유산의 위험이 있고 태아 사망 가능성이 증가한다. 특히 담배와 술을 병행해서 섭취하거나 아주 많은 카페인을 섭취(하루 800mg 이상)하면 유산과 태아 사망 위험이 높아진다(Bech, Autrup, Nohr, Henriksen, & Olsen, 2005). 일부 연구들에 의하면 하루에 500mg 이상의 카페인을 섭취한 산모에게서 태어난 아동들은 심장박동수 증가, 떨림 현상을 가질 가능성이 높고, 가쁘게 숨을 쉬며 출생 이후 며칠 동안 잠자기보다 깨어 있는 시간이 더 많은 것으로 보고된다(Eskenazi, 1999). 일반적으로 임산부들은 카페인 섭취를 줄여야 하는 것으로 권장되었다.

(3) 기타 건강 위험요인

영아의 의사소통 발달에 악영향을 미치는 것으로 보이는 두 가지 의료적 질환은 중이감염과 후천성면역결핍증후군(AIDS)의 원인이 되는 것으로 알려진 인간면역결핍바이러스(HIV) 감염이다.

중이감염. 중이의 염증 증후군의 일반적인 증상은 **급성중이염이다**(Bluest one, 1990). 급성중이염은 출생 후 첫 몇 년 동안 일정 시점에서 거의 모든 아동에게 나타난다. 많은 영아들은 급성중이염의 다양한 형태들을 경험한다. 어떤 아동은 이 상태로 몇 달을 보내기도 한다. 이는 양쪽 귀에서 고름이 나오는 것이 특징이다(Paradise et al., 1997;, Teele, Klein, Chase, Menyuk, & Rosner, 1990). 많은 자료에 의하면 고름이 생성되는 중이염(OME)이 일시적인 청각 손상만을 유발한다고 해도 지속적이고 재발하는 특성 때문에 영구적인 청각 손상의 가능성이 있다. 이러한 청각 손상은 말과 언어를 습득하려고 하는 어린 아동들에게는 문제가 된다(Gravel & Wall ace, 2000). Teele 등(1990)은 출생 후 몇 년 이내에 OME을 경험한 아동들은 이후에도 인지능력검사와 7세의 구어 및 언어추적검사에서 낮은 성적을 받았다고 보고했다. 또한 Shriberg, Friel-Patti, Flapsen과 Brown(2000)은 동반되는 경미한 청각 손상이 있는 OME를 경험한 12~18개월 아동들이 3세 무렵에 구어와 언어발달 지체 위험이 33%나 되었다고 보고했다.

HIV/AIDS. 1981년 질병통제센터(CDC)는 뉴욕과 캘리포니아에 거주하는 게이 남성들 사이에서 희귀한 형태의 암이 발생했다고 보고했다. 이는 의학적으로는 카포시 육종으로 알려진 것이었다. 약 1년 후에 CDC는 이 질병이 혈액과 연관이 있는 것으로 밝혀냈고 이 질병의 명칭을 AIDS(후천성면역결핍증후군)라 불렀다. 1985년에 인간면역결핍바이러스(HIV)가 에이즈의 원인이 되는 것으로 밝혀졌다. HIV는 그 이후 많은 수의 동성애자들, 정맥 내 약물 주입자들, 혈우병 환자들, 오염된 혈액을 받은 많은 수혈자들에게 영향을 미쳤다(Cohen, 1990).

2005년 현재 AIDS에 감염된 총 사례는 미국에서 CDC에 보고된 바로 984,155건이었다. 성인과 청소년 AIDS 감염 사례는 총 943,525건이고, 남성이 761,723건, 여성이 181,802건이었다. AIDS에 감염된 13세 미만 아동의 총 수는 9,101명이다. HIV를 가진 대부분의 영아들은 출생 전 노출에 의해 바이러스에 감염되었다. 소아 AIDS의 첫 보고는 1983년이였고, 현재는 미국에서 2,000건 이상의 소아 HIV 사례와 약 270건의 소아 AIDS 사례가 있다.

HIV 아동은 중추신경계의 손상이 발생하고, 최근 보고들에 의하면 의사소통장애도 발생한다고 보고되었다. McNeilly(2005)는 HIV를 가진 사람들은 언어, 음운, 음성 혹은 삼키기와 관련된 의사소통장애를 유발할 가능성이 상당히 높다고 말한다. 또한 미국립보건원은 AIDS 환자들 중 약 75%가 경미한 청각장애를 경험하는 것으로 추정한다. 청각장애가 발생하는 이유는 바이러스 치료를 위해 사용된 약물 때문이다(Zuniga, 1999).

2) 환경적 위험요인

(1) 사회경제적 실태

경제적인 어려움, 가난한 생활 조건, 불안정성, 부적절한 아동 양육 형태를 경험하는 가정들에서는 양육 자체가 쉽지 않고, 그 결과 아동은 불안정한 애착관계에 놓이게 된다(Lyons-Ruth, Connell, & Grunebaum, 1990; Shaw & Bell, 1993). 부모의 충분한 지지와 애정을 받지 못하는 아동들은 취학 연령 동안 정신병리학적 위험에 직면한다(Rutter, 1979). 낮은 사회경제적 지위는 또한 낮은 지적 발달점수, 언어발달 지체, 특수학급 배치, 학교에서의 부적응을 초래하게 된다(Bryant & Ramey, 1987).

소외된 사회환경 출신의 아동들을 지원하는 데 관심을 가졌던 임상연구들은 고무적인 결과들을 내놓았다. 특히 이러한 연구는 보편적인 유치원 교육(4년 동안 교육 제공)과 조기 헤드스타트 프로그램(영아, 유아, 그 가족들에게 교육 제공)은 아동들의 인지, 언어발달에 상당한 기여를 한 것으로 나타났다(Gormley et al., 2005; Love, Kiskder, Ross, Constantine, & Boller, 2005).

(2) 모체의 영향

아동을 의사소통 지체의 위험에 놓이게 하는 원인은 약물에 관련된 산모의 영향과 환경적인 영향이다. 산모의 불안은 다양한 심리적 변화와 심장 박동수, 혈관 수축, 위장 운동성의 저하와 같은 다양한 신체적 변화의 원인이 된다. 일반적으로 불안이 높을수록 그 반응도 심각해지고 그것은 결국 발달 중인 태아에게 영향을 미친다(Arimoto & Murashima, 2007).

또한 아동 양육의 실제적 보육행위들이 영아를 위험에 처하게 할 수도 있다. 오래전부터 질 높은 아동 양육은 아동이 정서적 · 행동적 문제를 거의 갖지 않는 것으로 알려져 있다(Smith, 1994). 이와는 달리 부모의 거부와 중재 부족은 아동발달에 손상을 입히며 아동의 인지능력에 악영향을 주는 것으로 밝혀졌다(Lyons-Ruth et al., 1990). 마지막으로 산모의 연령이 아동의 이후 의사소통 발달에 영향을 주는 것으로 나타났다. Oxford와 Spieker(2006)의 최근 연구에 의하면 청소년기의 산모가 출산한 아이들의 언어발달이 느린 것으로 나타났다.

(3) 납 중독

납은 뇌기능과 발달에 영향을 미치는 것으로 수많은 연구들에서 확인된 신경독 성분이다(Canfield et al., 2003). 1900년대 초반에 납 거래에 참여한 여성들이 자주 몸무게가 줄고 약하며, 신경에 손상을 입은 아기를 출산하는 것으로 알려졌다(American Academy of Pediatrics, 1987). 납은 태반 장벽을 쉽게 통과하여 태아의 성장 지연과 출생 후 사망의 결과를 초래했다.

현재 미국에서 정확한 납중독 발생률은 알려져 있지 않다. 그러나 아동들의 발생 정도는 지난 30년 동안 상당히 급감했다. 그 이유는 납의 위험성을 알리기 위한 정부 기관들의 지속적인 노력과 대중 교육 때문이다. 그러나 아직도 납 중독은 미국의 많은 지역에서 여전히 하나의 문제가 되고 있다. 거대 도시 지역들뿐만 아니라 농촌 지역에서도 마찬가지이다(CDC, 2005). 납에 심각하게 중독된 아동들은 발달기 중 인지적·행동적 문제의 위험에 노출된다.

납의 가장 큰 잠재적 위험은 현재의 법이 통과되기 이전에 페인트칠이 된 낡은 집들 때문이다. 이런 낡은 주택에서는 납 성분이 들어간 페인트가 벽에서 떨어져 나와 바닥에 그 조각들이 뒹굴거나 창문 틈에 독성먼지로 내려앉는다. 오래된 페인트의 부산물 중에서 눈에 잘 보이지 않는 집 먼지는 어린 아동들의 건강에 가장 큰 위협이 된다.

기존의 물질들에서 직접 납을 흡수하는 아동들뿐만 아니라 아동들은 어머니를 통해 납에 노출될 수 있다. 현재 아동을 양육하고 있는 많은 어머니들이 과거 아이였을 때 납에 노출(예 : 흙이나 음료수)된 것으로 생각된다. 그 노출된 양은 뼈에 축적되어 수년 후 낳은 아기들의 건강을 위협할 만한 수준인 것으로 추정된다(Gonzalez-Cossio et al., 1997). 납에 대한 노출이 발달 과정에 미치는 영향은 지능 저하, 행동 문제, 언어학습 곤란, 학교에서의 부적응 등이 있다.

(4) 영양과 식습관

영아의 충분한 영양은 건강한 성장과 발달에 필수적인 것으로 인식되고 있다(American Academy of Pediatrics, 1993). 출생 후 초기 몇 년간의 적절한 영양은 향후의 성장과 발달에 극히 중요한 역할을 한다. 그것은 영양적인 필요성을 충족하는 것뿐만 아니라 긍정적인 수유 경험으로 소근육 운동기술을 향상시키고 영아기 동안 사회적인 상호작용을 제공하기 때문이다(McKinney et al., 2000).

표 3.1 발달 문제와 관련된 위험요인

위험요인	일어날 수 있는 결과
생물학적 위험요인	
코카인/크랙	저체중 출산, 신생아 신장 감소, 머리 둘레 감소, 신체 떨림 현상
메탐페타민, '아이스'	인지적, 사회적, 행동적 문제
마리화나	조숙아, 저체중, 선천적 기형
알코올	저체중, 신생아 신장 감소, 태아 알코올 증후군
흡연/니코틴	신경계 손상, 호흡곤란
카페인	태아 체중 감소와 선천성 결함
중이염	전도성 청력 손상, 음운발달 지체
HIV 감염	중추신경계 장애, 사망
환경적 영향	
사회경제적 지위	낮은 지적 발달, 정신병
산모의 모체 영향(예 : 스트레스)	낮은 지적 발달
납	지적장애
영양	낮은 지적 발달, 학습장애

영아기의 성장 속도는 일생에서 다른 어느 때보다 빠르다. 신생아의 출생 시 체중은 6개월 만에 2배로 증가하고, 1년이 지나면 3배가 된다. 적절한 칼로리, 단백질, 무기질을 제공하여 최적의 성장 환경을 지원하는 것이 매우 중요하다. 미국 소아과 아카데미(1993)와 미국 영양사협회(2001)는 출산 후 첫해 동안 선호할 만한 수유 형태로 모유수유를 권장했다.

영양실조는 신체가 건강한 조직과 기관의 기능을 유지하는 데 필요한 적절한 양의 비타민, 무기질 그리고 다른 영양소들을 얻지 못할 때에 생기는 질환이다. 미국에서 아동들 중 1%가 만성적인 영양실조를 겪고 있다. 동남아시아에서는 50%가 영양실조를 겪으며 전 세계의 모든 영양실조 아동들 중에서 2/3가 아시아에 거주한다. 그리고 1/4은 아프리카의 아이들이다(Beers & Berkow, 2004). 전 세계적으로 영양실조 때문에 매년 거의 700만 명의 아동들이 사망한다(UNICEF, 1998). 영양실조로 사망에까지는 이르지 않더라도 영양이 부족하면 아동들은 신체적으로 손상을 입고(성장 지연) 지적으로 손상을 입으며 면역체계가 약해진다.

표 3.1은 앞서 서술한 논의들의 요약이며, 위험요인들과 각 위험요인으로 일어날 수 있는 발달 문제들을 제시한 것이다. 하나의 위험요인이 측정한 결과를 분명하게 예측할

수 있다고 생각해서는 안 되며, 영아 자체의 회복력과 성장환경의 영향에 의해 좌우된다는 점을 명심해야 한다.

3. 조기언어 사정과 중재

여기에서는 의사소통 지체와 언어발달 지체를 가진 영유아에 대한 사정과 중재를 주제로 다루기로 한다. 급속한 발달 과정이 일어나는 영유아들의 의사소통 사정과 중재는 서로 불가분의 관계가 있다. 밝혀진 요인들을 신속하고 정확하게 사정하고 최적의 의사소통, 언어발달을 지원하기 위해 효과적인 중재를 제공해야 하기 때문에 사정과 중재 과정 사이에서 역동적인 상호작용이 필요하다. 최근에 역동적인 사정이라는 용어는 새로운 철자, 음운 이해, 어휘, 문장, 개념 발달과 같은 특정한 언어적 목표를 위한 검사-교육-재검사를 기술하기 위해 초등학교 연령 단계의 아동들에게 적용되었다.

Butler(1997)는 실생활 환경, 특히 읽기 및 쓰기와 관련된 환경에서 아동의 언어능력을 표본화하는 현재의 경향과 말과 언어병리학에서 실천된 사정들의 역사적 발전에 대해 기술했다. 그녀는 이 접근법의 장점으로 사정자료의 종합과 중재 계획이 동시에 진행된다는 점을 들고 있다. 영유아들은 읽고 쓰는 능력과 언어적 기술들을 갖고 있지 않기 때문에 언어 사용 이전의 보호자들과의 상호작용을 통해 사정자료를 모으고 역동적인 과정에서 중재전략들을 증명할 수 있는 환경이 제공된다. 여기에서는 조기언어 발달에 특별히 적용되는 사정과 중재전략들을 포함하는 역동적인 접근법과 영유아 사정에 대한 전통적인 방법들을 비교해 본다.

1) 사정 모형 : 전통적인 접근법과 역동적인 접근법

가장 일반적으로 적용되는 사정 모형은 발달 모형과 자연주의 모형이다. 발달 모형은 전통적인 접근법이며 거의 그 연령에서 기대되거나 정상으로 생각되는 표준들에만 기초한다. 발달 사정도구들에는 그 연령에서 기대되는 행동들이 있고 개별적으로 영아가 주어진 일련의 연령과 관련된 표준에 어떻게 반응하는지 사정하는 고정된 형식이다. 발달 사정도구들은 표준적이며 그 예로는 Bayley의 유아발달검사(Bayley, 1993)나 하와이 조기학습 프로파일(Furuno et al., 1987)이 있다.

Wetherby와 Prizant(1992)는 현재 이용 가능한 많은 발달도구들이 보완되어야 한다고 했다. 그 이유는 한정된 범위와 전언어적 의사소통 행동을 명확히 사정할 수 없기 때문이다. 그들은 자연주의 사정방법을 주창했다. 이 방법은 유아의 의사소통 기술들을 일반적인 생활환경의 상황에서 관찰한다. 예를 들면 놀이나 일상생활 장면 같은 것이 그것이다(Crais, 1995). 소수의 사정도구들이 자연주의 모형에 기초한다. 자연주의 접근법과 역동적인 사정은 서로 긴밀하게 협조 관계에 있다. 왜냐하면 의사소통 기술을 판단하는 과정에서 자연적인 환경에서의 아동 성취를 강조하기 때문이다. 역동적인 사정은 성인의 지지와 중재가 제공되었을 때 아동의 최적의 성취를 판단하는 특정한 방법들을 가지고 자연주의 사정을 다른 방식으로 적용하는 것으로 볼 수 있다. 발달/전통 모형에 기초한 사정도구 목록과 자연주의/역동적 접근법에 의한 사정도구 목록이 표 3.2에 제시되어 있다.

출생 후 1년 이내에 급속한 발달 과정이 일어나기 때문에 우리는 발달사정 모형이 많은 경우 영아기의 검사에 너무 제한적이라는 Wetherby와 Prizant(1992)의 주장에 동의한다. 자연주의와 역동적 접근법은 필요한 많은 유연성을 제공하며 이러한 유연성은 발달장애로 특수한 도움이 필요한 아동에게는 특히 중요하다. 한편으로 자연주의 접근법은 같은 연령대의 또래들과 비교해 그 아동의 의사소통 능력을 평가하는 데 필요한 기본정보를 제공해 주지 못하는 단점이 있다.

2) 역동적 사정

말-언어병리학에서 역동적인 사정에 대한 최근의 선호와 강조는 영유아의 사정에 있어 특히 두드러지며, 이는 아동에 의해 증명되는 의사소통 과정에 대해서 조기중재 분야 및 아동 양육자의 사회적 상호작용 상황을 함께 강조한다. Butler(1997)가 지적한 바와 같이, 사정은 중재에 앞서 이루어지는 기본적인 과정이며 효과적인 중재가 반드시 뒤따라야 한다고 지적했다. 그러나 표준화된 검사는 아동이 이미 알고 있는 것을 사정하기 때문에 정적이다. 이와는 대조적으로 역동적인 사정은 보다 더 전문가적 상대자와 상호작용하는 상황에서 아동의 수행표본을 제공해 준다. 검사자가 제공하는 단서와 지원은 아동의 언어능력과 성인들에게서 요구되는 비계(scaffolding) 정도를 판단하는 발판이 된다.

역동적 사정 과정은 언어학습장애를 가지고 있는 학령 아동들에게 적용될 때 검사-중재-검사 주기로 수행되며, 아동이 학습능력을 발휘할 수 있도록 최대한 지원하는 전략들에 관심을 둔다. Swanson(Butler 1997에서 인용)은 언어학습장애를 가진 아동들에 대한 역동적 사정전략은 이전에 축적된 정보에 대한 접근을 증가시킴으로써 개선된 정보처리능력에 기여한다고 주장했다. 역동적 사정원칙들이 어린 아동들과 관련된 것처럼 보이지만 Butler는 역동적 사정기술들이 상위 인지능력을 갖춘 아동들에게 사용되는 것이

표 3.2 영유아를 위한 조기언어 및 의사소통 사정도구

발달/전통적 사정도구	자연주의/역동적 사정도구
Minnesota Child Development Inventory (Ireton & Thwing, 1974)	Assessing Prelinguistic and Linguistic Behaviors (Olswang et al., 1987)
Preschool Language Sale−3 (Zimmerman, Steiner, & Pond, 1992)	Neonatal Behavioral Assessment Scale, 2nd ed. (Brazelton, 1984)
Battelle Developmental Inventory (Newborg, Stock, & Wnek, 1984)	Assessment of Mother−Child Interaction (Klein & Briggs, 1987)
The Language Development Survey (Rescola, 1989)	MacArthur Communicative Development Inventories, Infant and Toddler forms (Fenson et al., 1993)
Reynell Developmental Language Scales (Reynell, 1983)	Parent−Child Interaction Assessment (Comfort & Farran, 1994)
Bayley Scales of Infant Development (Bayley, 1993)	Communication and Symbolic Behavior Scales (Wetherby & Prizant, 1993)
Rossetti Infant-Toddler Language Scale (Rossetti, 1990)	Communication Matrix (Rowland, 2004)
Receptive-Expressive-Emergent Language Scale−2 (Bzoch & League, 1991)	Integrated Developmental Experiences Assessment (Norris, 1992)
Clinical Linguistic and Auditory Milestones Scale (Capute & Accardo, 1978)	Assessment, Evaluation, and Programming System (Bricker, 1993)
Hawaii Early Learning Profile (Furuno et al., 1987)	Communication Play Protocol (Adamson & Bakeman, 1999)
Sequenced Inventory of Communication Development−Revised (Hedrick, Prather, & Tober, 1984)	Transdisciplinary, Play-Based Assessment (Linder, 1993) Partners in Play (Ensher, 2007)
Early Language Milestone Scale (Coplan, 1993)	
Mullen Scales of Early Learning (Mullen, 1997)	
Infant/Toddler Checklist for Communication and Language Development (Wetherby & Prizant, 1998)	

더욱 적합하다고 주장한다.

영유아에게 사용을 권장하는 역동적 과정과 역동적 사정에서 발견되는 유사점은 무엇인가? Butler(1997)는 다음의 영역들에서 아동의 의사소통 및 학습능력을 평가하기 위한 역동적 사정의 구성요소와 목적을 요약한다.

- 아동의 지식 기반에 관심 갖기
- 아동의 주의력을 평가하기
- 아동의 지각, 기억, 저장, 검색 능력을 평가하기
- 아동의 전략 선택과 적용을 평가하기
- 아동의 자기 조절 정도를 평가하기
- 사정 과정 중에 제시된 자극에 대한 아동의 분석능력 평가하기
- 학습전략을 수정하기 위한 아동의 능력 평가하기

3) 조기중재에 적용되는 역동적 사정 접근법

역동적 사정의 원칙과 절차는 Butler(1997)가 진술한 바와 같이 일반적으로 자신의 학습 성과를 관찰하고 수정하는 능력을 갖춘 아동들을 위해 계획된다. 그러나 아동의 진정한 지식을 판단하는 원칙과 새로 나타나는 능력을 증명하기 위해 요구되는 비계의 정도는 적용 가능하며, 이는 최근의 영유아 사정 실제에서 찾아볼 수 있다. 핵심적인 적용 내용은 다음과 같다.

1. 가족환경 내에서 일상적인 활동이라는 자연스러운 상황에서 아동의 수행을 판단하는 부모 보고서의 사용
2. 상호작용 상황에서 아동과 부모 혹은 주요 보호자에 대한 관찰
3. 바람직한 환경에서 아동의 의사소통 능력을 판단하기 위한 면담 자료
4. 아동이 새롭게 나타내는 기술들을 증명하는 데 필요한 비계의 수준을 결정하기 위한 검사자의 설명

Billeaud(1998)는 (1) 일상적인 활동, (2) 친밀한 사람들과의 상호작용, (3) 사물의 조작, (4) 놀이발달에서 아동들에 대한 관찰을 포함시키는 방법을 사용하여 자연적인 환경에서 영유아들의 연속적인 사정을 기술했다. 말-언어치료사가 부모 및 아동과 자유롭게 상호작용하고 중재에 대한 기록과 과정의 관찰결과를 제공하기 위한 비디오테이프 기록도 권장되고 있다. Billeaud는 더 나아가 아동의 대표적으로 선호되는 의사소통 수단에

대한 정보수집을 위해 유의 상황에서 실험적 중재 기간으로 사정 과정이 사용되어야 한다고 주장한다. 그의 지침을 확장하기 위해 말-언어치료사는 보다 높은 발달수준에서 아동이 최상으로 의사소통 활동의 자극을 받을 수 있는 전략들의 종류를 결정할 수 있다.

Billeaud가 추천하는 자연주의 사정방법과 기본적인 언어개념들을 이해하고 일정한 정도의 구어를 구사하는 연장 아동들에 대한 역동적인 사정을 수행하기 위해 선별된 단계들 간에는 분명한 차이가 존재한다. 그러나 습관적이거나 대표적인 의사소통 패턴을 관찰하고 최적의 의사소통 행동을 규명하기 위한 적합한 치료를 제공하는 데 사용되는 단계에서는 유사점들이 존재한다.

놀이중심 사정은 역동적 사정방법을 수행하는 데 특히 적절하다. 놀이 상황에서 아동은 초학문적 혹은 다학문적 팀에 의해 사정된다. 놀이계획은 의사소통 행위, 특히 표현언어의 다양한 측면들을 규명하기 위해 다양화된다. Linder(1993)의 모형은 초학문적 놀이중심의 사정 모형인데, 이를 통해 조기중재팀이 아동 및 가족구성원들과 상호작용하면서 다른 전문가들의 관찰을 통해 사정 자료를 수집할 수 있다. '의사소통과 상징적 행동척도' (Wetherby & Prizant, 1998)는 자연주의 사정절차들에 기초한 도구이며 역동적 사정방법에서 사용하기 위해 적용 가능하다. 의사소통을 위한 자연적이고 새로운 방법들에 아동이 어떻게 반응하는지를 판단하기 위해 아동의 놀이 상황에서 특별한 활동들이 구성된다.

역동적 사정 과정과 중재의 적용은 의사소통 지체와 장애의 위험에 처한 영유아들에게 특히 적합하다. 전통적인 사정 모형에는 (1) 선별, (2) 진단, (3) 서비스 적격성 결정, (4) 중재 후 진전도 평가(Ensher, 1989) 등을 포함한 몇 가지 단계들이 있다. Sparks(1989)는 영유아의 사정이 연속적이고 아동과 그 가족, 그들의 상호작용을 고려해야 한다고 조언한다. 사정도구들은 중재 계획의 목적상 아동의 강점과 약점에 대한 정보수집을 위해 이러한 방법을 고려해서 개발된다. 가족구성원을 고려한 발달과 시스템 접근법의 많은 영역들을 통합하는 가족중심의 역동적 과정들에 대한 현재의 정책 및 실천지침과 함께 영유아를 위한 의사소통 사정은 재개념화가 필요하다.

Billeaud(1998)에 의해 기술된 실천과 원칙들은 다음과 같다.

1. 성공적인 학교생활을 위한 의사소통 능력을 개발하기 위해 조기중재는 발달지체 위험이 있는 영유아들을 위한 최적의 기회를 제공한다.
2. 가족들은 조기중재팀의 주요한 구성원이며 장기적으로 최적의 환경 제공을 위해 지원을 필요로 한다.

3. 의사소통 지체와 장애를 위한 조기중재는 개별적인 가정들과 관련된 다양한 기관과 전문가들 간의 협력과 팀워크를 필요로 한다.
4. 가족의 다양성을 진단하기 위해서는 말-언어치료사들과 다른 전문가들에 의한 다양한 영역의 조기중재 모형과 접근법이 필요하다.
5. 의사소통 지체와 장애 위험이 있는 영유아들과 그 가족들에게 효과적인 조기중재 서비스를 제공하기 위해 특별한 지식과 기술이 필요하다.

4) 조기선별과 언어중재의 효과

의사소통장애의 위험에 처한 아동들을 위한 조기선별과 조기중재의 중요성은 이 장의 주요 주제이다. 최근의 문헌은 조기선별과 조기중재의 효과를 증명하는 결과들을 많이 내놓고 있다.

예를 들면 Oller, Eilers, Neal과 Schwartz(1999)는 말과 언어발달 지체 위험에 놓인 아동들을 선별하기 위해 영아가 옹알이를 하는 시기가 지체되는 상황을 조기에 예측하여 그 효과를 밝혀냈다. 영아의 옹알이 지체는 청각에 이상이 있거나 시각장애가 있는 영아의 일반적인 특징이라고 잘 알려져 있지만, Oller 등은 발달지체 위험이 있는 다른 아동들에서 언어발달에서 옹알이의 역할에 관한 통찰을 제공하고 있다. 그들은 3,400명의 영아를 대상으로 한 연구를 통해 10개월의 연령에서 옹알이가 늦게 시작되는 것은 통제집단과 비교했을 때 18, 24, 30개월에서 더 작은 파생 어휘들과 관련이 있는 것으로 드러났다고 보고하였다. 연구자들은 옹알이가 지체되는 상황은 운동결함, 운동구어장애, 특정 음운장애, 그리고 보다 일반적인 말-언어장애를 예측하는 데 도움이 될 수 있다고 말한다. McCathren, Yoder와 Warren(1999)는 또한 대상자들이 17개월에서 24개월 시기에 영아기와 이후 1년 후 동안 발달지체로 진단된 아동들 사이에서 다양한 발음의 특징들과 이후의 언어발달(표현어휘) 간의 관계를 예측했다.

영아의 초기 옹알이와 관련된 관심의 보다 큰 의미는 이러한 종류의 옹알이에 부모들은 마치 진짜 말이 발음된 것처럼 반응하는 경향이 있다는 것이다. Snow(1979)에 따르면, 20년 전에 경험한 것처럼 부모들은 유아의 모든 행동을 마치 의미 있는 의사소통이 일어난 것처럼 생각한다. 구어에 가까운 아동의 발음은 옹알이 단계에서 중요한 부모-아동 상호작용의 환경을 만들어 준다. 초기에 옹알이 시작이 지체되면 부모들이 영아들에게 언어적으로 상호작용할 가능성이 줄어들고 중요한 언어학습 시점에서 환경적인 탐색의 가능성이 줄어든다. 이로 인해 초기 옹알이 시작의 지체는 아주 중요한 정보이지만, 어린 아동의 언어발달에서 잠재적인 지체에 대한 복잡한 여러 전조 현상들을 모두 말해 주는 것은 아니다.

Paul(1999)은 Oller 등(1999)이 제시한 가설에 의문을 제기하며 영유아의 언어발달에 영향을 미치는 다양한 변인들을 강조했다. 또한 그녀는 옹알이가 말에서 필요한 전 단계라는 가설에 의문을 품고, 영아기 옹알이가 생략된 아동들이라 하더라도 말과 언어발달의 지체는 단지 경미하고 일시적인 것이라고 주장한 Bleile(1997)의 말을 인용함으로써 자기 주장을 강조하였다. Paul은 언어발달 지체 위험에 있는 아동의 임상적 지표로서 옹알이가 지체된 상황을 적용하는 것은 치료를 위한 의뢰가 필요 없는 아동들에게 과도하게 이상증상을 진단하는 것이라고 경고했다. 그녀는 옹알이와 최초 발화를 늦게 시작하는 유아들을 위하여, 부모교육과 언어자극을 결합한 발달의 점검을 강조하는 조기예방 조치들과 말-언어지체에 대한 위험요인들에 대해서 보다 폭넓은 시각이 필요하다고 주장했다.

Robertson과 Weismer(1999)는 영유아의 조기언어중재에 대한 효과가 거의 없음을 증명하는 근거를 밝혀냈다. 두 학자는 Paul(1999)이 주장한 '두고 보자'는 정책과 보다 적극적인 중재접근법이 명확한 지침을 제공하기에는 역부족이라고 연구에서 지적했다. 영유아에게서 연구되는 치료방법들은 상호적인 접근법에 기초한다. 이 학자들은 늦게 말하는 유아에게서 수많은 언어적 · 사회적 기술들이 긍정적으로 증가함을 보고했다.

5) 조기언어중재 접근법

Iacono(1999)는 조기중재와 언어중재라는 보다 폭넓은 상황의 상호적인 관계를 강조하면서 조기중재의 틀 내에서 유아들에 대한 언어중재에 대해 고찰했다. 그녀는 1세대 연구로서 조기중재의 효과를 증명하는 연구 발달에 대해 기술했고, 2세대 연구로서 조기중재의 특정한 요소들의 효과를 판단하기 위하여 1990년대 후반에 요청되었던 보다 구체적인 질문들에 대해 언급하였다. 제2세대 연구의 특정 영역들에는 부모의 개입, 프로그램 구조, 집중도, 기간, 타이밍, 중재 장소, 그리고 중재자들의 훈련이 포함된다. 조기중재의 구체적인 효과에 관한 연구는 조기언어중재에서의 연구결과와 유사하다. 이는 의사소통 지체와 특수한 치료가 요구되는 아동들에게 수행되는 중재전략의 유형이 점차 구체화됨을 의미한다.

Iacono(1999)는 매우 구조화되고 지시적인 중재에서 시작하여 자연주의적이고 놀이에 기초한 중재로 조기언어중재의 역사적인 발전이 이루어져 왔음을 포괄적으로 고찰하고 있다. 부모-아동 상호작용에 대한 연구결과는 현재 조기언어중재의 팀 모형을 위한 최선의 실천 지침으로 제시되고 있다. 현재의 모형들은 행동적 · 심리언어적 · 사회언어적 이론에서 역사적인 토대를 갖고 있고 구조와 중재의 연속선상에서 이해할 수 있다.

조기언어중재 모형의 핵심적인 특징은 표 3.3에 기술되어 있다. 왼쪽에서 오른쪽으로 배열된 접근법은 높은 구조/많은 개입에서 낮은 구조/적은 개입까지의 접근법이다. 모든 접근법에서 자연적인 환경 사용과 일상사의 활용이라는 유사성이 보인다. 그러나 구조의 정도나 성인의 개입 정도 등은 서로 다르다. 각 모형의 구체적인 특징은 몇 가지 변수를 통해 비교 가능하며, 이러한 변수에는 (1) 성인의 지시, (2) 중재 계획, (3) 장소나 상황적 맥락, (4) 중재방법 등이 있다.

Iacono(1999)는 또한 각 모형의 핵심적인 특징들을 비교했으며, 연구에서 증명된 각 모형의 결과들에 대해서 논의했다. 어린 아동에게 친숙한 상황적 상황 내에서 자연주의적 중재 지향으로의 움직임이 이 연구에 의해 잘 증명된다. Iacono는 일반적인 발달 상황을 보이는 아동들과 의사소통 지체 및 장애를 가진 아동들에서의 언어발달을 지원하는 데 효과적인 조기언어중재의 가장 최선의 실천방안들을 요약했다. 이러한 방안들은

표 3.3 조기언어중재의 높은 구조/높은 개입 모형과 낮은 구조/낮은 개입 모형

직접적인 지시	환경 지도	향상된 환경 지도	반응적 상호작용	대화중심의 중재
말-언어치료사가 구체적인 언어 목표 확인	환경조정과 함께 아동 지향적인 초점	의사소통 기회를 높이는 환경을 조직하는 데 중점을 두면서 아동 지향적	의사소통 기회를 높이는 환경을 조직하는 데 중점을 두면서 아동 지향적	중재는 아동 지향적, 아동은 언어 자질의 발견자
점진적인 단계중심의 중재	구체적인 언어 구조가 놀이를 통해 목표로 설정됨	구체적인 언어 구조가 조직된 놀이를 통해 목표로 설정됨	일반화된 아동 의사소통 성과가 목표가 됨	모든 언어영역이 상호작용함. 특정한 목표 없음
분리된 환경에서 수행되는 중재	아동의 일상에서 수행되는 중재	자연적인 환경과 일상에서 중재	자연적인 환경과 일상에서 중재	말-언어치료사는 자연적인 환경에서 풍부한 학습환경에 의존함
연습과 강화방법을 사용하여 기술을 습득하도록 함	아동의 반응을 위해 성인이 지시하는 질문들과 우발적 교수 절차들	반응적인 대화 형태에서의 우발적 교수 지도 방법들	성인이 아동이 리드하는 것을 따르며, 아동의 행동에 대한 반응형식으로 언어적 모형들을 제공	상호적인 의사소통을 달성하기 위한 성인-아동 상호작용

다음과 같다.

- 환경의 조정. 환경의 설계는 가장 중요한 것으로 권장된다. 관련된 활동과 사물들을 통해 아동을 참여시킨다. 다양한 기술들이 환경을 고의적으로 '방해(sabotage)'하기 위해 권장된다. 예를 들면 보이는 곳에 사물들을 배치하지만 투명한 플라스틱 용기에서는 손에 닿을 수 없는 곳에 사물들을 배치하고 아동의 주의력 집중을 유도하기 위해 재료들과 활동을 선택할 수 있도록 분위기를 조성한다.
- 반응적 상호작용. 아동이 리드하는 것에 따라 성인이 상호작용하며 아동의 의사소통 및 아동의 활동을 확대하기 위해 공동 관심의 구축을 기반으로 일반적이고 관련 있는 활동에 아동이 참여할 수 있도록 환경을 조성한다. 아동의 관심이 초점이 되는 자연적으로 일어나는 활동 상황 내에서 특정한 우발적 교수기법들이 사용된다. Jones와 Warren(1991)에 따르면 "아동이 요청, 질문, 코멘트 혹은 기타 의사소통 행위의 형태로 아동이 교사와 상호작용을 시작할 때 우발적인 교수가 발생한다(p.49)."
- 언어전 환경 중재. 언어전 중재를 위한 환경 교수의 수정에는 요청과 코멘트의 초기 사용이 포함된다. 환경 교수에서 취한 전략들에는 또한 아동의 리드를 따르는 것, 환경 조정을 용이하게 하는 것, 일상과 사회적 상호작용에서 모델링을 구체화하는 것이 포함된다.
- 보완대체 의사소통(AAC). 심각한 의사소통 지체 위험이 있는 아동들에게 유희중심의 중재로 AAC를 결합하는 것은 의미 있는 상황에서 의사소통을 하기 위해 기회를 제공하기 위해 권장된다. 영유아를 위한 AAC 도구들에는 제스처와 같은 자연적인 단서 및 기호언어 혹은 그림 단서와 같은 지원방법과 음성글력 의사소통보조기(VOCA)가 있다. AAC를 수행하는 전략들에는 어린 아동들과 보호자들에게 일상과 친숙한 환경 내에서 의사소통 의도를 발전시키는 다양한 영역의 조기중재 방법들이 있다.

6) 강제성의 효과

McCathren, Yoder와 Warren(1995)은 조기언어중재에서 지시의 역할에 대해 연구했다. **지시**는 아동에게 행동하고 말하고 어떤 것에 주의를 기울이도록 의사를 전하는 성인의 언어행위라고 정의된다. 위의 저자들이 사용하는 지시 유형은 다음 세 가지 유형의 지시로 정의된다. (1) **후속지시**는 아동의 리드에 따라 이루어진다. (2) **재지시**는 새로운 주제를 시작하는 지시이다. (3) **소개** 혹은 지시는 열중하지 않은 아동에게 주어진다. 지시의 사용은 자연주의 언어중재 방법의 핵심적인 특징이다. 예를 들면 MacDonald(1985),

Mahoney와 Powell(1984)이 논의한 환경이나 대화중심 접근 하에서의 지시가 그것이다.

일반적으로 성인에 의한 지시의 폭넓은 사용은 자연주의 언어중재에서는 권장되지 않는다. 왜냐하면 아동의 자발적인 의사소통이 저해받을 것이라는 추정 때문이다. 지시를 많이 사용하는 것에 대한 경계에서 예외는 후속지시이다. 이는 아동의 주의력에 초점을 맞춘 뒤에 일어나는 지시로 아동의 관점을 근거로 하여 의사소통 행위를 확대하기 위한 것이다.

McCathren 등(1995)에 따르면, 어린 아동의 언어발달에 대해 후속지시가 미치는 영향에 대한 연구의 중요성은 특별히 강조된다. 후속지시는 아동이 핵심적인 어휘와 언어 개념을 배울 수 있는 단계를 지시하며, 더 나아가 확대된 문장과 의미의 발달을 통해 이후 적절한 때에 언어발달 결과에 영향을 미치는 것으로 보고되고 있다.

조기언어 발달에 대한 중재에 대한 부모 상호작용의 효과에 대한 연구에서 도출된 결론은 중요하다. 왜냐하면 이 결론은 특정한 유형의 지시에 의해 가장 효과적으로 이용될 수 있는 언어의 특정한 측면들을 규명하는 데 도움이 되기 때문이다.

1. 후속지시를 사용하는 환경적 접근은 어휘와 조기 의미론적인 관계를 용이하게 하는 데 가장 효과적이다.
2. 아동의 주의력에 대한 관심에 기초하지 않는 지시는 언어발달에 도움이 되지 않는다.
3. 주제(재지시)를 바꾸거나 새로운 자극(소개)에 아동의 관심을 돌리지 못하는 지시는 언어발달 결과와 긍정적인 관련성이 없다.
4. 아동의 리드에 이어 나타나는 후속지시의 중요성이 언어발달 촉진에서는 인정된다고 해도 문화적 다양성은 설명되지 않고 있으며, 후속연구에서 지속적으로 연구되어야 한다.
5. 재지시와 소개의 사용은 일부 사례, 특히 행동문제가 있는 아동들에게 효율적이다.

4. 유아 사정과 중재를 위한 조직체계

이 장에 앞서 조기 의사소통과 언어발달에서의 사정과 중재전략을 조직하는 모형, 즉 유아 의사소통 사정 모형(CAMI)(Robinson & Robb, 1997)이 제안되었다. 최근의 문헌에 비추어 평가해 보면 CAMI는 역동적 과정을 제공하며, 말-언어치료사들로 하여금 언어 및 의사소통 지체의 위험에 처한 영유아들 및 그 가족들과 일하면서 사정과 중재 사이에서 쉽게 이동할 수 있도록 해 준다. 조기중재에서 최선의 실천은 가족들이 모든 전문적 중재의 중심에 서 있는 것이다.

CAMI는 6개의 영역(요인), 즉 (1) 가족의 선호, (2) 발달 과정, (3) 개인 차이, (4) 의사소통 환경, (5) 조기중재팀, (6) 중재전략들로 조직된다. 이 6개의 영역에는 의사소통 지체와 장애를 가진 영유아들에 대한 조기중재에서의 최근 정책과 실천이 포함되어 있다. 이와 함께 이 6개의 영역들은 임상가들에게 관찰, 자료수집, 가족구성원들과의 인터뷰, 그리고 포괄적인 사정과 중재 계획을 위해 요구되는 특정한 검사 절차들에 대한 구조적인 계획을 제공해 준다.

그림 3.1에서 보는 바와 같이 CAMI는 임상가가 초기의 사정 질문들을 계획하고 개별적인 아동들과 가족들을 위해 사정도구들을 선택하기 위한 청사진을 제공해 준다. 가족의 선호 영역은 항상 시작점이며, 이 단계에서 정보가 수집되고 공유될 때에 후속적인 사정과 중재 활동이 가능해진다. 각 영역은 서로 구별되면서도 연결되어 있으며 중재전략에 대해 직접적인 책임을 갖고 있다. CAMI가 내포하고 함축성은 말-언어치료사가 유아의 현재 상태에 대해서 주요 사정을 수행하는 데 대한 융통성과 이후의 의사소통/언어 발달을 지원하기 위해 즉각적으로 중재를 실행하는 데 대한 융통성이다.

1) 요인 1 : 가족의 선호

조기중재 분야는 급속하게 변하고 있다. 전문가들의 직접적인 중재에서 가족구성원들과의 협력적인 역할 분담으로 추세가 바뀌고 있기 때문이다. 여러 가지 측면에서 조기중재 서비스는 의료 서비스의 재조직과 함께 변하고 있다. Cochrane, Farley와 Wilhelm(1990)이 10여 년 전에 언급한 바와 같이 "조기중재 분야는 구체적이고 아동중심적인 서비스 분야에서 여러 분야 출신의 전문가들이 장애 유아와 그 가족들의 교육적 · 의료적 · 심리적 · 치료적 요구에 대응하는 가족 지향적인 상황으로 진화하고 있다(p.373)." Cochrane 등이 정의한 조기중재의 요소들은 오늘날에도 여전히 남아 있는데 그 이유는 조기중재 전문가들이 가족지원 기술의 훈련을 받아야 하기 때문이다. 구체적인 지식과 전문적인 책임에는 가족들과의 의사소통, 사례관리, 간학문적 팀구성, 가족중재 그리고 가족중심의 가치관과 윤리가 포함된다(ASHA, 2004a; Pilkington & Malinowski, 2002).

오늘날 미국 사회는 가족의 독특한 특징이 강조되는 관계로 말-언어치료사는 **다문화적 능력**을 배양하고, 지식과 기술들을 조화시켜 다양한 문화 및 언어적 배경을 가진 가정에 대응해야 한다(ASHA, 2004c, 2005; Goode, 2002; Goode & Jones, 2006; Hanson,

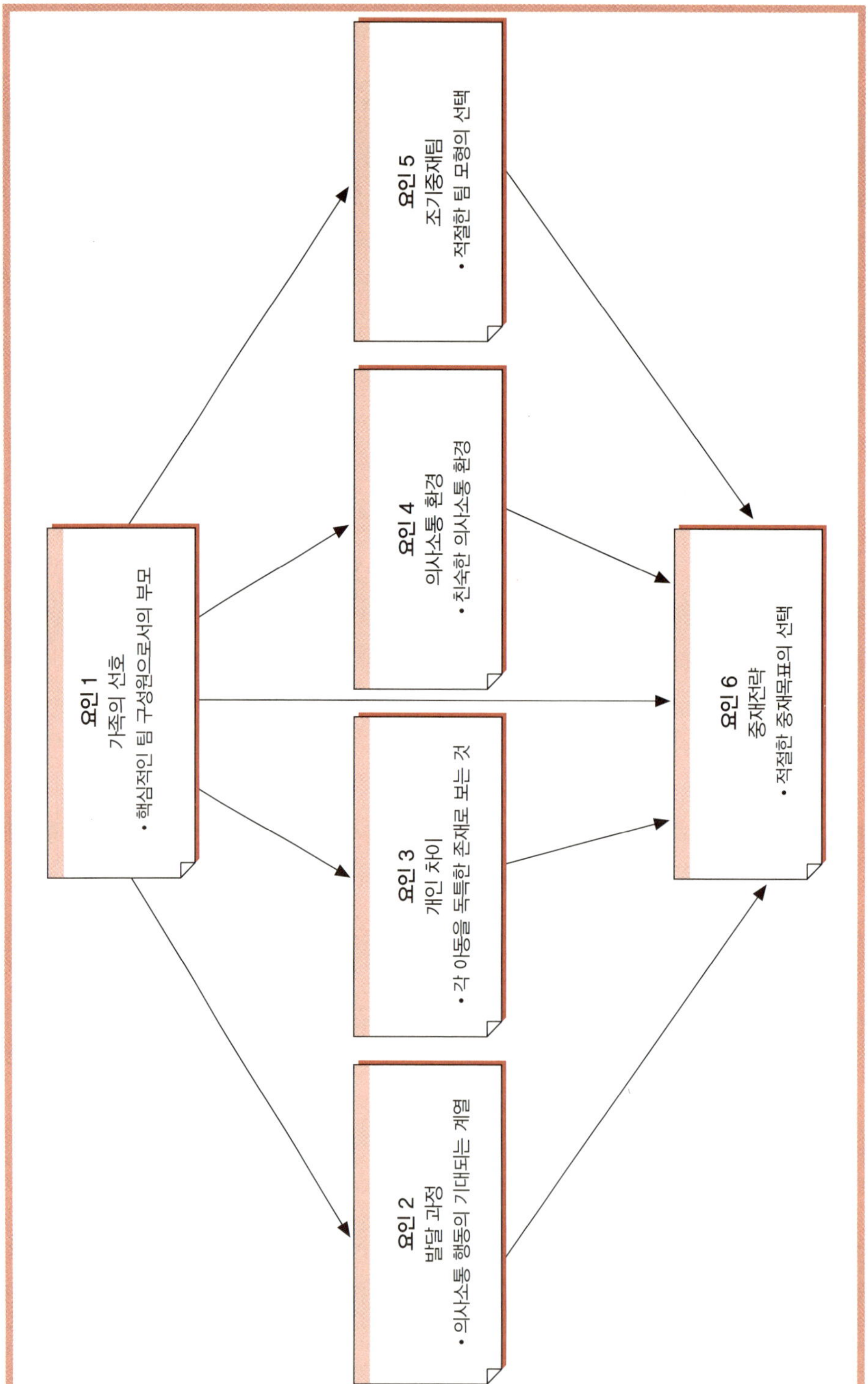

그림 3.1 영아를 위한 의사소통 사정 모형의 6개 요인

Lynch, & Wayman, 1990; NCCC, 2007a; Turnbull & Turnbull, 1990). 다양한 문화적 집단들은 장애 아동을 행운의 상징으로 보는 문화에서부터 전생의 비행으로 야기된 부끄러운 사건으로 보는 문화까지 다양한 시각을 갖고 있다. 예를 들면 하와이 원주민 사람들 간에는 자식에 대한 관심에 초점을 맞추기 전에 상호관계를 형성하기 위하여 수다를 떠는 행동이 선호된다. 이러한 경우 상호작용의 문화적 차이에 민감해질 필요가 있을 뿐만 아니라 전문가들은 개별적인 가족 유형(예를 들면 한부모 가정, 다른 가족이 아동을 돌보는 경우, 수양아버지, 맞벌이 부모, 10대 부모 등)에도 적절히 대응해야 한다.

문화적 능력의 배양은 여러 단계의 과정으로 기술된다. 처음에는 자기 인식에서 시작하여 다양한 문화와 언어 출신의 가족들 및 아동들과 효과적으로 작업하는 기술과 지식 쪽으로 이동해 가야 한다. Goode(2002), Goode와 Jones(2006)는 의료 시스템에 적용하기 위해 Cross, Bazron, Dennis와 Isaacs(1989)에 의해 원래 개발된 문화적 능력 모형을 인용했다. 국가문화능력센터(NCCC)는 Goode와 그 동료들이 개발한 의료 서비스에서의 문화적 능력에 대한 수많은 조직적 사정도구와 지침을 제공해 주고 있다. 이 기관은 웹 주소(www11.georgetown.edu/research/gucchd/nccc)에서 접속할 수 있다.

기관 차원에서의 문화적 능력은 Good과 Jones에 의해 다음과 같이 규정된다(2006; Cross et al., 1989에서 인용). 문화적 능력을 갖춘 기관은 다음의 능력을 갖추고 있어야 한다.

- 기관은 합당한 일련의 가치관과 원칙들을 갖고 있어야 하고 효과적이고 다문화적으로 작업할 수 있도록 하는 행동, 태도, 정책, 구조에 적합해야 한다.
- 기관은 (1) 다양성을 존중하고, (2) 자기 사정을 수행하며, (3) 차이의 역동성을 관리하며, (4) 문화적 지식을 습득, 제도화하고, (5) 서비스를 제공하는 공동체의 다양성과 문화적 상황에 적절히 대응하는 능력을 갖고 있어야 한다.
- 기관은 위의 모든 사항들을 정책결정, 행정, 실천, 서비스 전달의 모든 측면으로 통합하고 소비자와 핵심적인 이해관계자들 그리고 공동체 사회를 체계적으로 참여시킬 수 있어야 한다.

> 문화적 능력은 확장된 기간 동안 진화하는 발달적 과정이다. 개인, 기관, 시스템은 문화적 능력과 더불어 인식, 지식, 기술면에서 다양한 수준을 갖추고 있어야 한다(NCCC, 2007b, p.3).

다양한 문화를 고려하는 문화적 능력을 필수사항으로 인식하면서 ASHA는 NCCC의 자료들을 채택하였고 더 나아가 말-언어병리학과 청각학 전문가들을 위해 문화적 능력에 대한 자기 사정도구들을 개발했다(ASHA, 2007b). 자세한 내용은 www.asha.org/about/leadership-project/multicultural/self.htm에 접속해 참고할 수 있다. 이 도구들은 체크리스트, 자기사정, 사례를 이용하여 의사소통 과학과 장애 문화를 이해하는 데 활용할 수 있는 실천능력에 대한 정보를 안내해 준다.

조기의사소통과 언어사정에서 개별적인 가족 선호에 민감하게 반응하는 것이 중요한 것은 분명하다. 말-언어치료사는 가족과의 대면접촉이 사정과 중재 과정의 시작이기 때문에 그 첫 만남이 성공으로 이어지는 부모-전문가 관계에 많은 의미를 갖고 있으며, 이것은 궁극적으로 아동에 대한 중재 결과에 큰 의미를 지닌다(Gradel, Thompson, & Sheehan, 1981; Pilkington & Malinowski, 2002). 초기 가족과의 접촉에서 말-언어치료사는 가족구성원들이 팀에서 핵심적인 역할을 한다는 것을 인정해야 한다. 초기의 만남을 통해 말-언어치료사는 아동에 대한 양육자의 주된 걱정과 우려사항들을 판단하고, 부모-아동 상호작용에서 강점을 이해하며 적절한 사정도구들을 선택할 수 있다.

2) 요인 2 : 발달 과정

발달은 아동들 내에서 시간이 지남에 따르는 행동변화에서의 지속성과 안정성을 의미한다(Dunst & Rheingrover, 1982). 한 아동의 발달을 사정하기 위해 가장 자주 사용되는 접근법은 특정한 연령대에서 일어나는 각 발달 단계에서 아동의 변화하는 행동을 살펴보는 것이다. **발달 단계 모형**은 행동발달의 측정 가능한 측면들에 대한 기술이다(Brainerd, 1978). 일반적인 발달 단계 모형에서는 그림 3.2에서 보는 바와 같이 발달 순서는 다음

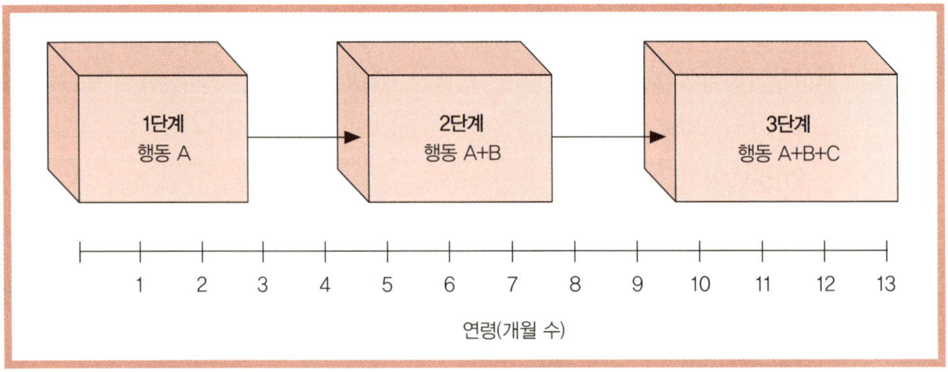

그림 3.2 행동발달 단계 모형

행동의 앞 단계로써 한 행동에 기초함을 원칙으로 한다. 이전의 행동이 반드시 일어나야 다음 행동이 발생할 수 있는 것이다. 대부분의 경우 발달 단계 모형은 개념상으로는 이전에 기술된 발달 사정 모형과 유사하다.

어린 아동의 사정 시 단계 모형을 사용할 때 적어도 두 가지 주된 단점이 있다. 우선 첫째로 단계 모형의 중요한 특징은 특정한 단계들이 불변적인 순서로, 즉 항상 일관된 순서로 일어난다고 가정한다. 그러나 그 단계의 판단은 상당히 추상적이다. 왜냐하면 단계 모형은 지속적으로 수정되기 때문이다. 예를 들면 1950년대 의한 한 연구집단은 아동의 걷기 단계를 3단계로 구분했다. 20년 후에 또 다른 연구집단은 이를 5단계로 구분했다.

따라서 발달에 대해 더 깊이 알수록 더 많은 단계들이 필요하다는 것을 알게 될 것이다. 문법적 형태소 발달의 5단계에 대한 Brown(1973)의 모형에서도 이러한 순서는 동일하게 적용된다. 이 모형은 3명의 아동들에 대한 평가를 실시한 결과, 후속 과제에 따르면 아동들은 평균 발화길이(MLU)는 꾸준하게 발달하는 경향이 있었지만, 그 아동들의 문법적 형태소 발달의 순서가 불변하는 것과는 거리가 멀었다.

단계 모형을 사용하면서 나타나는 두 번째 단점은 각 단계마다 연령 기대치를 둔다는 것이다. 생활 연령에 따라 준비기술과 기대되는 행동이 정확하게 예상대로 나타나지 않는 경우가 많다. 연령에 기초하여 기준을 정하는 것은 많은 경우 편리성과 실용성 때문인 만큼 그 기대치에서 일탈하는 상황을 늘 염두에 두어야 하는데, 그 이유는 조숙한 아이나 발달이 늦은 아이는 동일한 연령대에서 다른 아이들과 유사한 특징들을 나타내지 않기 때문이다. 따라서 발달 사정도구가 개별적인 아동의 비교에는 하나의 척도로 유용할 수 있지만 이를 해석하는 데는 주의가 필요하다. 구체적인 연령 기대치에 너무 집착해서는 안 된다. 그렇다고 해서 유아 사정기준에서 단계가 중요하지 않다는 의미는 아니다. 왜냐하면 단계 모형은 말-언어치료사에게 일반적인 지침으로서 중요한 역할을 하기 때문이다.

아동의 현재 진행 중인 발달을 기술하는 보다 적절한 방법은 과정 모형을 사용함으로써 가능하다. 발달 과정 모형에는 행동의 중첩 및 유아들이 나타내는 개인적인 차이도 포함된다. 대부분의 경우 발달 과정 모형은 개념적으로는 이전에 논의한 역동적 · 자연주의적 모형과 유사하다.

(1) 발성 단계와 과정

아동의 초기 발성발달은 일반적으로 발달 단계 모형과 관련하여 기술되는 것이 보통이었다(Stark, 1980; Stoel-Gammon & Cooper, 1984). 이 모형은 여러 가지 종류가 있지만,

아동의 연령에 따른 단계분류는 Holmgren 등(1986), Koopmans van-Beinum과 van der Stelt(1986), Oller(1980), Proctor(1989) 그리고 Stark(1980) 등의 연구에 기초한 것이다. 반복적 옹알이와 변화 있는 옹알이 단계들 사이의 양방향 화살표는 동시에 일어나는 행위들을 말한다.

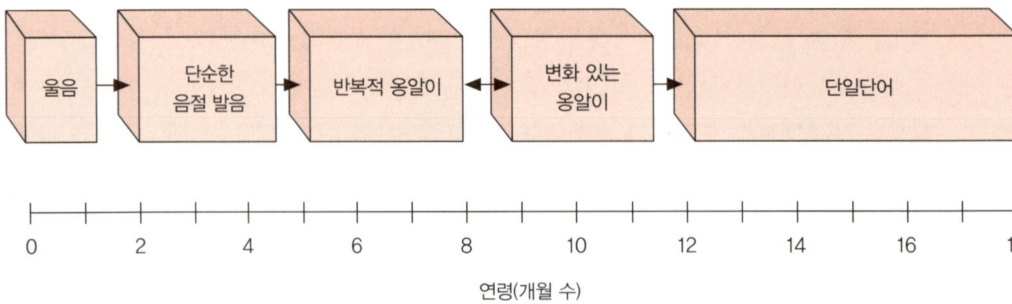

그림 3.3 발성발달의 전통적 단계 모형 도식

각 단계의 수와 특징 그리고 적용 연령에서는 차이가 있었다.

그러나 대부분의 모형들은 연령별로 구분되는 약 6개의 단계들로 구성된다(그림 3.3 참조).

1. 반사적인 울음 발성. 이것은 주로 생후 1개월 동안 일어난다.
2. 단순한 음절 옹알이. 기본적인 음절형태(V, CV)와 자음 /k/, /g/는 2~3 개월 사이에 나타난다.
3. 반복적 옹알이 혹은 기본적인 옹알이. 동일한 CV 음절 형태가 반복적으로 발음되고 이것은 6개월 무렵에 일어난다.
4. 다양화 혹은 비반복적 옹알이. 발화된 다양한 음운 및 음절군들이 8개월경에 현저하게 증가한다.
5. 단단어 발어. 이것은 12개월 무렵에 일어난다.

Oller 등(1999)은 1970년대 이후 수행된 다양한 장기적 변화 과정을 다룬 연구들에 기초한 음운발달 단계 모형을 제안하였다. Oller 등은 조기음운발달의 단계들을 다음과 같이 요약하였다.

- 발성 단계 : 준모음, 성문음

- 원시적 조음 단계 : 어, 아 등의 소리 발음
- 확장 단계 : 완전한 모음, 입술 사이에서 혀를 떨어내는 소리, 최소한의 옹알이
- 기본적 단계 : 잘 구성된 기본적 음절, 중복적 계열

발달 단계는 조기 발성행위를 체계화하는 데 있어 유용한 일반적 형식으로 간주된다(Proctor, 1989). 하지만 이 단계들이 서술적이고 다소 포괄적인 경향이 있으므로 해서 부적절하다는 비판도 있다(Shatz, 1983). 예를 들면 Mitchell과 Kent(1990)는 반복적 옹알이는 비반복적 옹알이 전에 일어난다는 생각에 의문을 제시했다. 보다 사려 깊은 관찰을 통해 연구자들은 이러한 두 가지 형태의 옹알이가 동시에 일어남을 알게 되었다. 즉 이 둘은 음성발달에서 별개의 단계가 아닌 것이다. 음성발달의 단계 모형의 오류는 단일단어단계에서도 발견된다. Robb, Bauer와 Tyler(1994)는 단일단어 단계의 시기 동안 무의미단어(예 : 알아들을 수 없는 말)와 변별 가능한 단일단어들이 혼합되어 있는 것을 발견했다. 단계 모형 사용 시 지침은 한 아동과 다른 아동의 개인적인 차이들이나 중첩된 부분은 허용하고 있다.

(2) 제스처 단계와 과정

제스처 발달 단계는 유아가 조기 반사적 행동에서 계획된 행동순서로 의도적인 통제 단계로 넘어갈 때 음성발달에서 발견되는 것과 유사한 순서를 따르는 것으로 보인다. 제스처 의사소통은 생후 첫해부터 발달되며 구어가 나타나서도 지속된다. 개별적인 차이들이 특정한 제스처에서 나타날 것이라 기대된다. 또한 운동발달과 보호자를 향해 정확한 제스처를 사용하는 유아의 능력 간에는 직접적인 관련성이 있는 것으로 보인다.

가장 초기의 제스처는 생후 첫 달 동안 발견되며, 이 시기의 신생아는 상호작용 자세를 보이거나 혹은 상호작용을 거부하는 신호를 보이면서 참여와 비참여의 단서들을 제공한다. Brazelton, Koslowski와 Main(1974)은 매일의 보살핌과 놀이 과정 중에 보호자들이 어떻게 적응하고 반응할지 알게 해 주는 어린 유아들의 참여와 비참여 단서들의 미묘한 형식에 대해 기술했다. 참여 단서들은 유아가 상호작용을 반기고 있다는 것을 보호자들에게 전달하는 단서들이다. 비언어적 행위들에는 표정을 밝게 하기, 눈 크게 뜨기, 미소, 손을 벌림, 손발의 유연한 움직임, 보호자 쪽으로 고개 돌리기, 보호자에게 손 뻗기 등이 있다. 비참여 단서들은 유아가 상호작용을 원치 않는다는 신호들이다. 이러한 행동들에는 킁킁거리기, 딸꾹질, 빠는 횟수 증가, 얼굴 찌푸리기, 하품, 발로 차기, 전혀 미동도 하지 않는 상태 등이 있다. 유아와 상호작용하면서 참여 단서에 반응하고 상호작용에

서 영아를 쉬게 하면서 비참여 단서에 반응하는 민감하고 잘 훈련된 보호자들은 신생아들이 자신만의 고유한 의사소통 행위들을 표현할 수 있도록 도와줄 수 있다.

생후 초기의 몇개월 동안 유아는 다양한 얼굴 표정과 팔다리 움직임, 손의 움직임에 점점 더 능숙해지고 이를 통해 기쁨과 기대감, 배고픔, 놀 준비 자세를 표현한다. 유아는 매일의 보살핌 환경에 익숙해지고 보살펴 주는 보호자들에게 다양한 범위의 제스처 반응을 보인다. 예를 들면 기저귀를 갈 때 다리를 들어올린다든가, 성인의 손이나 얼굴 일부를 잡는다든가, 부모에게 온몸을 돌린다든가, 젖을 먹는 동안 어머니의 옷을 더듬는 행동들이 그것이다.

얼굴과 손 제스처에 대한 유아의 모방은 6개월 무렵에 나타나기 시작한다(Moore & Meltzoff, 1978). 예를 들면 유아는 짝짜꿍놀이, 까꿍놀이와 같은 놀이를 성인의 손이나 성인의 얼굴을 숨기고 있는 옷 쪽으로 손을 뻗음으로써 시작한다. 9개월 무렵, 특히 의도적인 의사소통 시기 동안에 제스처는 구어의 등장에서 매우 중요한 역할을 한다.

비의도적인 의사소통에서 의도적인 의사소통으로의 움직임은 다양한 음성적 · 행동적 패턴, 시선 패턴에 의해 도움을 받는다. 그러나 이것은 개별적인 아동들마다 다르게 나타나며, 일반적인 패턴은 표현되는 의미의 정교화와 범위에서 나타난다. 유아들은 일반적으로 성인으로부터 특정한 물품이나 행동을 위한 언어 이전의 요청을 사용하는 기간 동안 의도적인 제스처를 사용한다. 이것을 가장 초기 제스처라고 한다. 특정한 사물이나 환경적 사건과 관련된 성인의 관심을 얻고자 하는 아동의 욕망을 나타내는 의도적인 의사소통 행위들(예를 들면 주는 것, 보여 주기) 또한 이 단계에서 명백하게 나타난다(Bates, Bretherton, Snyder, Shore, & Volterra, 1980; Crees, 1999; Harding & Golinkoff, 1979; Snyder, Bates, & Bretherton, 1981). 표 3.4에는 9개월 단계에서 의도적인 의사소통 행동의 계열들이 요약되어 있다.

의사소통에서 손 지시를 체계적으로 사용하기 이전에 위의 과정들이 관찰된다. 의사소통의 의도적 형식의 발달과 더불어 참조능력이 발달하는데, 이는 한 가지를 다른 많은 것들과 차별화하는 능력이며 그것으로 인해 해석이 가능해진다(Owens, 1992). 참조능력은 약 11개월의 연령에서 일어난다. Bates 등(1979)은 보여 주기 및 주기 제스처는 지적하기의 앞 단계에서 일어나는 것이며 이 때 유아는 참조적인 의사소통 행동을 실행하는 법을 배운다고 주장했다. Bates 등은 의도적인 기간 중에 관찰된 제스처와 그에 대한 급속한 형식화를 제스처 복합체라고 불렀다. 참조능력을 확립함에 있어서 제스처 복합체의 역할은 직접적 언어표현이라는 다음 단계와 강력한 연관관계가 있는 것으로 밝혀졌다.

표 3.4 9개월 단계에서의 의도적 의사소통 행동의 계열

의사소통 행동	예시
1. 시선 교환	어머니와 쿠키는 같은 시각선상에 있지 않다. 유아는 쿠키에서 성인 쪽으로 앞뒤로 본다. 이는 아동이 성인의 중재를 기대한다는 의미이다.
2. 실패한 메시지의 복구	초기의 신호(시선이나 제스처)가 성인의 행동을 이끌어 내는 데 실패한다면 유아는 이를 반복하고 신호를 확대한다(물체 쪽으로 손을 뻗기, 성인을 향해 뒤로 보기, 큰 소리 내기)
3. 관습화된 도구적 제스처	물체 쪽으로 진짜 손을 내뻗는 것은 간단히 잡는 행동이 되며, 쿠키를 의미하는 발음은 '음음음' 소리로 표현된다.

(3) 사회적 상호작용 단계와 과정

제2장에서 지적한 바와 같이, 보호자–아동의 상호적 일상은 언어 사용 이전의 발달과 조기언어적 의사소통을 위해서 중요하다. 생후 첫 몇 개월 동안 아동들은 보호자들과의 상호작용에서 반응적인 역할을 한다. 생후 1개월에 이르면 아동들은 보다 의도적인 통제가 가능하게 된다. 보호자들과의 사회적 상호작용의 성장 촉진적인 측면은 종종 사회적 자극(social scaffolding)이라고 언급되며, 이것은 사회적 · 정서적 · 심리적 · 인지적 발달의 전개를 위한 상황을 제공한다(Brazelton & Als, 1979; Brazelton et al., 1974; Bruner, 1983). 매일의 보살핌과 게임 그리고 보호자들과의 다른 상호작용을 통해 유아들은 보호자들 및 가정환경에 대한 자신들의 행동이 미치는 영향을 경험할 기회를 반복적으로 갖는다. 보호자의 역할은 지지적 및 구조적인 반응을 보여 주는 것이다. 타이밍, 언어 자극, 사물의 제시, 공간에서의 위치 변경, 다양한 활동과 경험을 소개하는 것에서 일정한 조정을 하는 보호자의 능력은 유아의 지시 대상의 세계가 점점 확대되는 데 영향을 미친다.

사회적 상호작용은 생후 첫해 동안 발달하며 초기의 보호자들과 일대일 상호작용에서 덜 구체적인 환경적 상황으로, 의도적이고 지시적인 의사소통으로 확대된다. 이 발달 과정에서의 핵심 요소에는 동일시, 유아상태 통제, 상호관계성, 호혜성, 동시발생, 교대하기가 있다. 동일시는 유아와 보호자의 상호작용적 동료의식을 의미한다. 어머니–유아 동일시가 가장 많이 관찰되지만 형제자매–유아, 아버지–유아, 친척–유아, 보모–유아 모두 유아의 의사소통 발달을 촉진하는 데 중요한 역할을 할 수 있는 가능한 보육관계이다.

유아상태 통제는 수면에서 깨어 있는 상태까지 신생아가 무리 없이 이동할 수 있는 것을 의미한다. Brazelton과 Als(1979)는 깊은 수면, 졸림, 정신이 명료한 채 조용하게 깨어

표 3.5 보호자-유아 상호작용에서의 사회적 자극 자질

자질	정의
상호관계성	상호작용하는 두 사람이 서로를 알고 관심을 기울이며 다른 파트너가 하는 상호작용에 대한 기여를 인정한다(Brazelton, Koslowski, & Main, 1974).
호혜성	다른 파트너의 의사소통 행동에 반응하여 양 파트너에 의한 동일시 내에서 적응적 수정이 이루어진다. 호혜는 상호작용을 지속하거나 회복하기 위해 어머니와 아동에 의한 회복전략에서 관찰된다. 아동은 보호자를 재참여시키는 반복적 신호를 통해 상호작용을 회복하는 법을 배운다(Brazelton, Koslowski, & Main, 1974).
동시발생	다른 파트너의 민감성과 인식을 구축하면서 동시성이 발생하며, 여기에는 상호관계성과 호혜적인 상호작용이 포함된다. 다른 파트너의 정서적 상태, 주의력 상태에 대한 상호적인 민감성은 자극의 집중도와 타이밍에서 지속적인 조정으로 인해 보다 커지게 된다(Clark & Siefer, 1983).
교대하기	차례는 다른 사람을 향한 한 사람의 의사소통 행위로 규정된다. 언어적 의사소통이든 비언어적 의사소통이든 상관없다. 교대하기는 유아기에 배우는 주요한 사회적 상호작용 기술들 중 하나로 간주된다. 부모는 초기에는 많은 역할을 하지만 시간이 지날수록 유아가 사회적 게임과 일상에서 더욱 적극적인 역할을 하게 된다. 부모와 유아 간의 교대는 각 파트너가 다른 파트너에게 대응하는 법을 배워갈수록 더욱 균형을 갖게 된다(Kaye & Charney, 1981).

있음, 울기 등 보다 발전적인 상태에 대해 기술했다. 신생아들은 생후 첫 달 동안 이러한 상태들을 통해 주기를 반복하며 점차 심리적·신경학적으로 성숙하게 된다. 아기가 상태 조절에서 성숙할수록 조용히 깨어 있는 기간이 더욱 늘어난다. 부모-유아 의사소통에 적용되는 다른 용어들에는 **상호관계성**, **호혜성**, **동시발생**, **교대하기** 등이 있다. 이러한 용어들은 표 3.5에 기술되어 있다. 표 3.5에서 정의된 용어들은 생후 첫해 동안 어린 유아들의 보호자와의 의사소통 발달을 향상하는 상호작용 자질들을 가리킨다. 보호자의 지지적인 역할은 유아가 음성적·행동적·사회적 의사소통 행위를 실행하고 정교하게 하는 데 다양한 기회를 제공한다는 의미에서 중요하다.

3) 요인 3 : 개인 차이

CAMI의 세 번째 영역은 개인적인 차이에 대한 개념을 다룬다. 언어습득에서 아동이 다른 과정이나 전략을 따를 가능성은 1960년대에 이미 인정되었으며, 이 시기에 이 분야에

서의 주된 강조점은 보편적인 발달측면에 대한 것이었다(Vihman & Greenlee, 1987). 이후로 문장과 단일단어 습득의 실제적인 발달과 음성적인 발달에서는 아동 간에 수많은 차이가 발견되었다(Bates, Thal, Whitesall, Fensin, & Oakes, 1989; Stoel-Gammon & Cooper, 1984; Vihman & Greenlee, 1987).

그러나 언어습득에 있어서 개인적인 차이는 의사소통의 음성 및 언어적 형식에 국한되지 않는다. 의사소통 발달에 수반되는 여러 가지 양상들은 아동마다 상당히 다르다(Deweerth, van Geert, & Hoijtink, 1999). 이러한 양상 중에는 의도적인 행위(Bates et al., 1988; Harding & Golinkoff, 1979), 교대하기(Mahoney & Powell, 1984), 제스처 제시(Bates et al., 1989)가 있다.

의사소통 발달의 복잡성과 다양한 학습기회로 인해 학습에 있어서 가변성이 기대된다. 제2장에서 지적한 바와 같이, 우리는 일반적으로 의사소통 발달에서 아동들은 개인별로 상당히 높은 정도의 차이들을 보이는 것으로 생각하고 있다. 말-언어치료사에게 있어서 아동이 개별적인 차이를 보인다는 사실을 알게 되면 아동발달의 개인별 고유성을 인정하는 데 도움이 되며, 특히 아동이 언어를 습득하는 방법의 고유성을 인식하는 데 도움이 된다. 일반적인 발달양상을 보이는 영유아들에게서 발견되는 상이한 언어발달 속도와 유형은 언어/의사소통 지체를 보이는 영유아들의 발달적 사정에 조심스럽게 접근해야 할 필요성을 뒷받침해 준다. CAMI는 이러한 아동 간의 개인적 차이들을 인정하고 이러한 차이들을 사정 패러다임에 포함시킨다.

4) 요인 4 : 의사소통 환경

언어발달은 익숙한 상황 속에서 발생한다(제2장 참조). 발달적인 면에서 아동들은 점차적으로 탈맥락 과정을 경험한다. 이러한 상황에서 발화는 더 이상 한정된 상황에 국한되지 않는다. Snyder, Bates와 Bretherton(1981)은 초어의 습득 및 초기 단어결합과 관련하여 탈맥락 과정을 기술했다. 어린 아동들은 처음에는 구체적인 상황과 관계된 표현을 한다. 예를 들면 아빠가 집에서 앞문으로 나갈 때만 "아빠가 간다"와 같은 말을 한다. 조금 더 시간이 지나면 그 아동은 다른 사람들에게, 다른 장소에서, 또 어떤 경우에는 그림을 보면서 그와 같은 말을 일반화(예 : 탈맥락 현상)한다.

유아들을 사정할 때 임상가들은 가정에서 일어나는 가족의 일상이 아동의 발화와 의사소통 의도를 규명할 수 있는 유일한 상황이라는 사실을 명심해야 한다. 구조의 정도(고/저), 환경(친숙한 환경/낯선 환경), 사람(친한 사람/낯선 사람) 등이 그러한 상황의 예이다. 의사소통 상대자의 연령(성인/또래/어린이), 의사소통 기능(요청, 코멘트, 과시, 인사 등)과 같은 상황의 변수들은 어린 아동들의 의사소통과 언어적 수행에 영향을 미친다.

언어 및 의사소통 지체를 가진 아동들에게 있어서 친근한 상황과 의사소통 행동 간의 관계는 또 하나의 중요성을 띤다. Kennedy, Sheridan, Radlinshi와 Beeghly(1991)는 최근 놀이행동과 그 이후에 뒤따르는 언어발달 간의 관계를 발달지체를 가진 소규모 아동을 대상으로 연구했다. 사정을 하기 위한 상황적 상황으로 놀이를 사용하는 상징적인 놀이 행동과 초기 언어기술들이 2세 9개월부터 3세 4개월에 있는 6명의 아동들을 대상으로 비교되었다. 언어 이해, 표현, 상징적 놀이 간의 관계가 유사한 언어발달 기술을 가진 일반 아동들에서 발견되는 관계와 유사했지만 놀이와 언어행동에서 폭넓은 변동성이 발견되었다. 언어 및 의사소통 지체가 있는 아동들은 상황적 상황에 보다 민감하고 사정 상황의 구조에 보다 민감하게 반응하며 자신들에게 부과된 요구에 더 예민하다는 사실이 언어기술에서 관찰된 차이들을 통해 밝혀졌다(Donahue & Pearl, 1995).

5) 요인 5 : 조기중재팀

CAMI의 다음 영역은 조기중재팀의 선정과 관련된다. 세 가지 유형, 즉 다학문적 · 간학문적 · 초학문적 모형이 문헌과 실제에서 확인되었다(Campbell, 1987; McCormick & Goldman, 1978). 가족들과의 상호작용 패턴과 조기중재 서비스의 전달 면에서 이러한 모형들 간에 명확한 차이가 존재하지만 조기중재 전문가들은 실제적으로 3개의 팀 모형 모두를 결합해서 융통성 있게 사용한다. 세 가지 모형에 대해 개관하면 다음과 같다.

1. 다학문적 모형. 다양한 전문분야 출신의 전문가들이 개별적인 아동과 가족에게 서비스를 제공하기 위해 독자적으로 작업한다. 예를 들면 구순열, 구개파열을 갖고 출생한 아동과 관련된 말-언어지체의 경우, 아동의 부모는 다양한 의료전문가들과 청각사, 말-언어치료사, 유전학 상담사, 병원의 사회복지사 및 다른 전문가들이 몇 개월 동안 비교적 독립적인 상호작용 속에서 만남을 갖는다. 부모와 아동은 많은 다른 사정과 중재에 참여한다. 각 전문가는 그 가족과 개별적으로 상호작용한다.
2. 간학문적 모형. 이 모형은 가족들과 어린 아동들과 보다 협력적인 서비스 제공 형식으로 간학문적 연계를 통해 보다 높은 정도의 상호작용을 제공한다. 예를 들면, 태아기 약물 노출과 양성 HIV 상태에 노출되어 건강 및 발달 관련 치료가 필요한 유아의 부모들은 의료 서비스, 사회복지, 보건간호, 언어치료, 물리치료, 작업치료, 심리전문가들과 상호작용한다. 선별, 사정, 중재 과정을 통해 가족들과 상호작용하기

보다는 전문가들이 함께 만나 개별적인 사정의 결과물들을 논의하고 많은 경우 개별적인 결과물들을 종합하여 가족구성원들이 쉽게 이해할 수 있도록 하나의 보고서를 작성한다. 가족과 아동에게 개별적으로 상호작용하는 전문가들을 통해 다학문적 모형의 여러 전문분야에 걸친 모형과 유사한 간학문적 서비스가 제공된다.

3. **초학문적 모형.** 세 번째의 팀워크 모형은 장애가족과 아동 간의 협력적인 상호작용이 주된 목표로, 팀 구성원들 간에 상당히 많은 의사소통이 요구된다. 이 모형의 접근법은 어린 아동들과 그 보호자들에 대한 문제의 확인, 사정, 중재의 모든 차원에서 가족들과 단일 학문 분야와의 상호작용 그 이상을 초월하여 진행된다. 예를 들면 10대 산모에서 출생하여 저체중이 심한 여아와 같은 복합적인 생물학적·환경적 위험으로 인한 조기 의사소통 및 언어지체를 가진 아동은 말-언어치료사와는 최대한의 접촉을 하고 다른 분야의 전문가들과는 최소한의 접촉을 할 수 있다. 이 경우 말-언어치료사는 물리치료사, 작업치료사, 사회복지사 등과 같은 다른 분야 출신의 전문가들의 상담과 정보제공 역할에 의존하여 10대의 산모, 유아 그리고 다른 관련된 가족구성원들에게 포괄적인 서비스를 제공해 줄 수 있다.

초학문적 모형은 많은 경우 각 분야들 간의 의사소통과 협력을 증가시키고 가족에 대한 서비스의 일관성을 유지하는 데 선호되는 모형이다(Briggs, 1993). 그러나 개별적인 가족과 아동의 요구로 인해 프로그램의 특정한 요구(팀 구성원, 위치 등)와 마찬가지로 때로는 위의 다학문적 모형과 간학문적 모형의 사용이 필요할 수도 있다. 예를 들면 출산 시 약물에 노출된 적이 있는 것으로 판명된 아동들은 사회의 낙인을 피하기 위해 비밀 유지가 필요하다. 다학문적 모형은 이러한 아동의 선별에 필요할 수도 있다. 그러나 초학문적 모형이 중재를 계획할 때 가장 적절할 수도 있다. 초학문적 모형은 주요 보호자에게 부모 및 아동과의 접촉을 유지하도록 요구하기 때문에 중재는 더욱 개별적으로 진행되어야 하고 가족구성원들에게 의미가 있어야 한다.

(1) 협력적 팀 모형

앞서 설명된 세 가지 유형의 팀 모형은 팀 내에서 혹은 팀 내부의 과정에서 팀 구성원들의 상호작용에 적용된다. 가족과 어린 아동들에 대한 서비스의 구성에서 아주 중요한 것은 여러 팀들 간의 상호작용이다.

조기중재 서비스 전문가들은 점점 더 각 분야 간의 협력을 발전시키고 가족들과 보다 효과적인 서비스를 창출할 수 있도록 권장된다. 예를 들면 높은 위험에 처한 조숙아들의 가족들은 병원, 가정, 조기중재센터의 다양한 팀들과의 상호작용 상황에 직면하게 된다. 이러한 각 팀들과의 상호작용은 아동의 출생 후 몇 개월 내에 아주 빠르게 연속적으로 진행된다. 여러 팀들 간의 조정과 협력은 가족중심의 보육을 제공하고 팀 간의 연계성을 제공함로써 최고의 실천방안으로 간주된다.

Wyly, Allen, Pfalzer와 Wilson(1996)은 다음의 핵심 요소들을 포함한 신생아 집중 보육 상황에서의 협력적인 팀 모형들에 대해 기술하였다.

- 출발 단계에서 가족구성원들과 협력관계 구축
- 고위험 유아의 중재
- 전환 정보와 조기중재 서비스에 대한 지원
- 병원, 가정, 센터중심의 서비스를 통한 지속적인 보육
- 병원, 가정, 센터중심의 팀원들 간의 의사소통

말-언어치료사는 점점 더 조기중재 환경, 특히 상담가와 협력적인 팀 구성원이 되어 가고 있는 추세이다. Billeaud(1998) 및 Laurel과 Westby(1993)는 관련된 가족구성원들의 협력자로서 조기중재팀에 대한 말-언어치료사의 역할을 강조했다. 이것은 IDEA의 광범위한 목표와 잘 부합한다. 이는 아동의 발달을 향상시키기 위해 가족에게 동기를 부여하는 것이다. 말-언어치료사의 역할은 조기중재의 사정, 계획, 중재 단계들에서 가족구성원들과의 협력관계를 구축하는 것이다.

말-언어치료사는 사정과 중재라는 팀 과정에 참여하는 가족구성원들을 지원하는 기술 그리고 다른 분야 출신의 전문가들과 팀 구성원으로서 함께 일하는 능력을 가져야 한다. 말-언어치료사와 다른 분야 간의 접촉 정도는 매우 다양하다. 중재 모형과 중재 서비스가 제공되는 환경에 따라 매우 상이하다. 말-언어치료사의 역할과 가족 및 다른 전문가들에 대한 관계 또한 매우 상이하다. 사정 과정은 한 번 접촉하는 것에서부터 상담자로서의 접촉, 집중적인 단기 서비스, 간헐적인 사정, 후속 조치까지 상당히 다를 것이다. Iacono(1999)는 말-언어치료사의 역할이 기존의 직접적 중재자 역할에서 아동의 조기중재 계획 혹은 개별화된 가족지원 계획에 관련된 다른 전문적 팀 구성원들과 가족에 대한 상담자의 역할로 변모해 온 최근의 추세에 대해 기술했다.

Briggs(1993)는 효율적인 팀 구성원이 되기 위한 개방적 의사소통 기술의 중요성을 확인한 후 효율적인 팀의 특징을 다음과 같이 요약했다.

1. 팀 구성원들이 이해하고 수용해야 할 임무와 목표, 목적이 있다.

2. 이용 가능한 충분한 자원이 있다.
3. 팀 구성원들은 적절한 훈련, 기술, 경험을 갖추고 있다.
4. 다양성을 존중하고 갈등을 관리하며 피드백을 모색하는 개방적인 의사소통 체계가 갖춰져 있다.
5. 팀의 표준과 가치, 신념을 검토하고 하나의 전체로서 개인과 팀의 성장을 촉진하는 데 투여되는 충분한 시간을 확보하고 있다.
6. 효과적인 문제해결 전략이 사용된다.
7. 엄격한 평가 기준이 내부적으로 확립되어 있고, 개별적인 역할, 책임, 성과를 사정하는 방법이 제도화되어 있다.
8. 직업적 지원뿐만 아니라 개인적인 지원과 신뢰의 분위기가 조성되어 있다.
9. 한 사람의 리더를 뽑거나 혹은 팀 구성원들 간에 책임이 적절히 분배되어 있다.
10. 팀 과정의 성공과 그 결과의 성공을 보장하기 위해 기관의 지원이 제공된다.

Briggs는 조기중재에서 최상의 실천 지침으로 초학문적 모형을 강조하는 5개의 주요한 이유를 다음과 같이 제시하였다. 그 내용은 (1) 주변 학문 분야에 대한 유연성, (2) 역할 중첩이 진정한 협력을 촉진한다는 것, (3) 한 사람의 단일한 조정자가 효율성을 증대시킨다는 것, (4) 모든 구성원들은 하나의 구성원이 아니라 여러 명의 구성원들에게 상호 의존한다는 것, (5) 가족들 모두가 최종적으로 의사결정을 한다는 것이다.

가족, 아동, 서비스 제공자들, 프로그램, 정책 차원을 모두 포함하면서 조기중재팀을 보다 큰 생태학적 상황에서 생각하는 체계이론은 서비스와 사회 속에서 팀 관계의 역할을 고찰하는 보다 큰 맥락성을 지닌 이론이다. Briggs(1997)는 조기중재 프로그램과 관련하여 가족, 아동, 핵심 중재팀, 행정, 정책결정자들을 포함시키는 다양한 계층의 시스템 모형을 정의하고 논의했다. 그녀는 말-언어치료사와 다른 조기중재 전문가들이 자신들의 기관과 공동체의 경계를 초월하여 작업할 필요가 있음을 강조한다. 이러한 모든 차원에 있어서 시스템의 상호연관성은 가족이나 관련자 중재의 역할과 효과에 영향을 미친다.

6) 요인 6 : 중재전략

CAMI의 마지막 요인은 영아와 유아에 대한 중재전략의 설계에 대한 것이다. 그러나 중재는 사정 단계에서 시작되며 사정 실행 순서에서 마지막 부분은 아니다. 실제로 역동적 사정중재 모형에서 말-언어치료사는 현재 진행 중인 과정에서 사정과 중재 사이에서 역동적으로 움직이며, 아동의 의사소통 시 강점과 요구사항을 결정하며, 의사소통 및 언어

발달을 증진시키기 위해 중재전략들을 계획한다.

중재전략들의 선택은 아동과 가족에 대한 개별적인 특징 및 사정 정보를 기초로 이루어진다. 사정 과정 동안 가족이 우려하는 것을 판단하는 일에서부터 시작하여 임상가가 활동하는 동안 중재목표는 차츰 명확해진다. 예를 들면 부모는 중재목표로서 발성과 말하기를 변별하는 데 둘 수도 있다. 이러한 중재목표를 고려하여 말-언어치료사는 발달과정, 개인적인 차이점, 의사소통 상황, 팀 구성원들의 역할에 관련된 정보를 수집하고 말-언어치료사와 부모는 초기의 목표를 더욱 확실히 하면서 목표를 협력적으로 발전시켜야 한다. 사정 과정의 각 단계에서 중재에 대한 연계성이 확립될 수 있다. 중재목표는 이후에 부모, 말-언어치료사, 다른 팀원들 사이에서 공유하는 정보의 종합에 기초하여 설정한다.

7) 중재 계획

Baily(1988)는 조기중재 아동과 가족을 위한 협력적인 목적·목표 개발 과정을 요약했다. **중재목적**은 주어진 시간제한 내에서 그 결과 진술을 포함하는 장기적인 계획(예를 들면 6개월에서 1년의 계획)에 대한 진술이다. **중재목표**는 (1) 성취될 구체적 행동, (2) 개별적인 아동에게 기대되는 행동에 대한 상황의 기술, (3) 목표의 성취를 평가하기 위한 구체적인 기준들을 포함하는 구체적 단기목적이다.

구체적인 중재목적의 개발은 1990년대 초반에 권장된 바와 같이 가족과 아동이 요구하는 것에 맞추는 개별화된 접근법으로 일상적인 생활 상황에서 조기중재를 제공하는 것이 중요해지면서 이러한 인식 제고에서 큰 영향을 받았다. 특히 활동중심의 중재는 기능적인 의사소통을 개발하고 자연적인 환경과 일상에서 부모-아동 간 상호작용을 지원하기 위한 언어목적(장기목표)을 개발하기 위한 틀을 제공해 준다(Pretti-Frontchzak & Bricker, 2004).

Pilkington과 Malinowski(2002)는 가족과 아동의 요구에 가장 적합하고 일상적인 상호작용의 기회를 제공하는 중재접근법을 판단하는 검사를 적용하여 가족구성원들과의 관계구축에 기초하는 조기중재의 매일의 일상, 관계, 활동, 장소, 협력관계(ERRAPP) 모형을 소개했다. 중재목표의 결정은 다음 사항을 포함한 몇 가지 정보 근거들에 기초한다. 즉 (1) 유아의 발달 특징, (2) 가족이 선호하는 것과 염려하는 것, (3) 의사소통이 강화되고 발달될 수 있는 일상생활과 활동들이 그 정보 근거들이다. 그러나 언어적인 목표나 목적의 구체적인 본질은 선택한 중재전략에 따라 다를 것이다. 직접적인 행동중재 전략은 '대상이 요구하는 발성 증가'와 같은 구체적인 의사소통 행위들을 목표로 할 것이고, 반면에 자연주의 접근법은 '발성의 모방 증가'와 같은 보다 폭넓은 목표를 정할 것이다.

이 장의 마지막 부분에 제시된 사례연구를 통해 알게 될 것이지만, 개별적인 아동의 특징, 가족의 선호사항 그리고 전문가의 관찰 결과는 중재방법의 선택에 영향을 미친다. 조기언어중재에 대한 이론적인 근거는 앞 장에서 논의되었다. 여기에서는 구체적인 중재 전략에 대한 논의를 계속하기로 한다.

중재방법의 두 가지 주된 유형은 문헌이나 실제에서 주로 설명되는 유형들로서 자연주의 중재방법과 직접적인 중재방법이다(McCormick, Loeb, & Schiefelbusch, 1997). 서로 다른 이론과 원칙들이 이 두 가지 중재유형의 기초가 된다. **자연주의 접근법**은 발달적 · 인지적 · 사회적 모형에 기초하며, **직접적인 접근법**은 강화 원리들을 통합하는 행동적 모형에 기초한다. Iacono(1999)에 의해 요약되는 최고의 실천과 최신의 연구에 일치하는 자연주의 조기언어중재 방법과 직접적인 조기언어중재 방법의 주요한 특징 및 유형은 다음 절에서 설명된다.

8) 자연주의 의사소통 중재

언어 및 의사소통에 대한 자연주의 접근법은 두 가지 가정에 기초한다. 즉 (1) 다양한 일상생활과 보호자와의 활동에서 말과 언어를 사용하면서 어린 아동들은 의사소통법을 배우고, (2) 친숙한 환경 맥락 내에서 중재는 가장 잘 실행된다는 것이다. Hart와 Risely(1975)의 연구에 기초한 언어중재에 대한 자연주의 접근법은 발달지체 아동들의 더 발전적 의사소통 시도를 유발하기 위해 주로 시간지연 절차법(원하는 물건을 잠깐 주지 않는 것)에 의존하는 우발적 교수기법에 기초를 둔다.

이 초기 연구 이후로 자연주의 중재접근법의 여러 형식들 및 방법들이 언어지체 아동을 지원하기 위해 등장했는데, 이들은 일반적으로 **환경적 접근법**으로 불린다. 자연적으로 일어나는 활동들과 일상생활 내에서 언어중재를 구체화하는 유사한 방법들을 일컫는데 사용되는 다른 용어들에는 (1) **전환교수**, (2) **실용적 중재**, (3) **아동 지향적 교수**, (4) **상호작용 모형**(Wilcox, Kouri, & Caswell, 1991), (5) **사회적 협력**(MacDonald & Carroll, 1992), (6) **강화된 환경교수**(Kaiser & Hester, 1995) 등이 있다. 자연주의/환경적 중재접근법의 과거 발달에 대한 보다 최근의 리뷰는 Warren과 Gazdag(1990)에 의해 제공되었다. 그들은 우발적 교수, 사회적 일상, 교대하기, 환경조정을 포함한 일곱 가지 일반적인 요소에 대해 정의했다.

(1) 대화적 접근법

성인과 아동 간의 안정적인 교대라는 개념은 Macdonald와 Gillette(1985), Mahoney와 Powell(1984)에 의한 대화적 언어중재 형식들로 통합된다. 교대하기 중재는 각 상대방 간의 안정적인 교대 비율을 얻는 데 중점을 두면서 부모와 아동 간의 놀이영역으로 주로 계획된다.

MacDonald와 Carroll(1992)은 보다 최근에 아동의 '가장 단순한 행동 및 소리에 의해서도 의사소통이 발달한다는 것'을 알도록 부모들을 도와주는 사회적 협력 모형을 제안했다. 부모들은 모든 아동의 행동을 하나의 대화적인 시도라고 보고 의사소통이 될 만한 아동의 모든 행동에 반응하도록 권장된다. 사회적 협력 모형의 효과는 부모와의 상호작용 맥락 내에서 아동의 모방, 발성, 의사소통 교대하기의 수준을 강화하는 것으로 보고되었다.

MacDonald와 Carroll(1992)은 영유아에 대한 중재를 위해 아동과 보호자 간의 구어를 지원하는 초기의 연구를 더욱 확장시켰다. ECO 모형은 일상적인 생활 맥락에서 의사소통장애 아동과 그 가족들에게 구체적으로 적용되며, 놀이 상호작용의 상황이 어린 아동 및 가족구성원들에 대한 사정과 중재 과정을 위해 권장된다. 부모들은 중재에 대한 ECO 접근법을 통해, 의사소통은 아동의 가장 단순한 행위와 소리에서도 발달한다는 사실을 이해하고, 의사소통으로 간주할 만한 아동의 모든 행동에 반응을 보이도록 교육을 받는다. Yoder, Warren, Kyoungram과 Gazdag(1994)의 연구결과와 유사하게 MacDonald와 Carroll은 아동의 놀이에 보다 적절한 단어들과 행동들을 포함하는 아동 지향적인 의사소통 행위 내에서 질적인 변화를 부모들이 경험한다고 보고했다.

(2) 반응적 상호작용

성인들은 아동의 리드를 따르면서 반응적 상호작용을 사용하고, 사회적 상호작용 및 놀이 상황이라는 상황 내에서 아동의 주의력과 의사소통에 대해 이야기하고 요청하고 확대하면서 반응적 상호작용을 이어간다. 일반적이고 관련성 있는 활동들에 아동을 참여시키도록 구조화된 이러한 환경 내에서 성인의 상호작용은 아동이 리드하는 것을 따르고 공동의 관심을 형성하여 아동의 의사소통과 역할 교대를 확대한다.

(3) 환경교수

환경적인 접근은 가장 널리 알려진 자연주의 언어중재 방법이며 부수적인 지도전략들을 통합한다. 말-언어치료사, 부모, 다른 팀 구성원들이 어린 아동을 위한 소위 지도 가능한 순간을 관찰, 변별하는 기술을 배우도록 요구되기 때문에 부수적 지도의 개념과 적용은 자연주의 중재방법에서 아주 중요하다. 예를 들면 병 쪽으로 손을 뻗치는 유아는 보호자가 순간적으로 병을 쥐고 "그래, 이건 애나의 우유지!"라고 말할 수 있는 기회를 제공한다. 이런 과정을 통해 아기의 주의력을 집중시키고 자신의 행동에 대해 언어적 표현을 할 수 있게 해 준다.

아동을 돌보는 보호자와 아동 간의 공동관심사의 중요성과 아동이 관심을 집중하는 것에 반응적인 태도를 보이는 것이 중요하다는 것은 자연주의 중재에서 중요한 출발점으로 강조된다. 구체적인 지도방법들은 자연적으로 일어나는 활동들과 아동의 관심에 초점을 둔다. Jones와 Warren(1991)에 따르면 "요청, 질문, 설명 혹은 다른 의사소통 행동의 형식으로 아동이 가르치는 사람과 상호작용을 시작할 때 우발적 교수가 이루어진다" (p.49).

(4) 강화된 환경교수

자연주의 중재접근법의 적용은 본래 발달지체가 있는 취학 전 아동에 있어서 조기언어발달 상황에서 증명되어 왔다(Halle, Baer, & Spradlin, 1981). 환경교수에서 다루어 온 전략에는 아동의 리드를 따르는 것, 환경 조정을 최진하는 것, 그리고 일상생활과 사회적 상호작용에서의 모델링 구체화하기 등이 있다.

Bruner(1983)는 까꿍놀이와 같은 사회적 일상과 친숙한 이름들의 중요성을 강조했는데, 그 이유는 정해진 구조와 반복 그리고 어린 아동들이 기대, 반응, 창의성, 결과를 경험할 가능성을 제공해 주기 때문이다. Bruner는 아동을 교육할 발판으로 성인은 자연스런 게임, 상호작용, 일상을 사용하는 것이 중요하다고 설명했다.

자연주의 접근법 혹은 환경적 접근법의 적용은 그 본질상 어린 아동들을 위한 일상적인 일들과 친근한 활동 속에서 구체화된다. 실제 적용에 있어서 저자들(Kaiser & Hester, 1995)은 주의 깊게 계획한 환경과 활동들에서 자연스럽게 일어나는 사건들을 예로 든다. 어린 아동들은 놀이, 식사시간, 목욕 등과 같은 친근한 일상이 중재 상황의 맥락으로 사용될 때에 언어 및 의사소통 행위의 일반화 증가 현상을 보인다고 저자들은 말한다. Norris와 Hoffman(1990)은 보호자들이 장난감을 선택하고, 아동 행동을 확장하며, 자연적인 결과들을 통해 아동의 의사소통을 조직하고 반응하는 구체적인 단계들에 대해 기술했다.

(5) 전언어적 환경 중재(PMT)

전언어적 의사소통 및 언어발달 단계에 있어서 영유아의 전언어적 중재를 위한 환경교수의 수정이 최근에 보고되었다(MacDonald & Carroll, 1992; Norris & Hoffman, 1990; Yoder et al., 1994). Yoder 등은 다운증후군 유아들에게 의도적인 요청하기를 가르치기 위한 언어적 연상과 통합 수정된 환경적 접근법의 적용에 대해 기술했다. 중재기술들은 성인들이 시간 지연, 공동 관심, 환경조정 등을 할 때 유아들의 요청하기 행동을 이끌어 내기 위해 놀이 환경에서 주로 사용되었다. 또한 언어적 연상은 성인들이 아동의 행동과 관심의 초점을 구어로 명명할 때 사용되었다. Yoder 등은 아동들이 의도적인 요청하기(요청을 나타내기 위한 비언어적 제스처나 행동) 행동을 증가시켰을 때 성인들 또한 아동의 행동에 대한 언어적인 연상을 증가시킨다는 사실을 발견했다. 증가된 아동의 의사소통 행동으로 인해서 증가된 성인의 반응이 증가된 데 따른 효과는 긍정적인 영향으로 기술되었다. 즉 아동의 의도적인 의사소통 행위가 늘어날수록 성인들도 아동들에 대해 반응적인 의사소통을 증가시킨다는 것이다.

유아들에 대한 의사소통 및 언어중재에 대한 자연주의 중재접근법의 수정과 논증을 통해 연구자들은 초기의 연구에서 보고된 아동 행동 증가에만 초점을 두는 것이 아니라 아동과 아동을 보살피는 보호자 간에 상호적인 의사소통과 부모-아동 한 쌍의 긍정적인 효과를 입증했다.

9) 직접적 의사소통 중재

직접적인 중재 모형은 행동심리학에서 정의한 바와 같이 학습원리에 기초하고 있다. 직접적인 중재전략의 적용은 종종 높은 수준의 구조를 갖춘 자연적 환경에 통합되기도 한다. 독자는 모형, 강화, 행동 형성, 연쇄, 용암법, 촉진-단서 제공 등 직접적인 중재전략을 상세히 알기 위해서는 McCormick 등(1997)이 제시한 내용을 참조하기 바란다.

초기 단계에서 말-언어치료사는 많은 경우 직접적 중재가 자연주의적 접근법에 비해 더 안정적이라고 느끼는데, 그 이유는 직접적인 중재의 높은 체계성 때문이다. 그러나 직접적 중재방법은 의사소통 및 언어지체를 가진 영유아들에게 쉽게 적용하기 어렵고, 놀이중심의 자연주의적 방법들이 이 연령에 더욱 적합하다. Drash와 Tudor(1990)는 직접적 중재방법이 심각한 장애를 안고 있는 영유아들에게 상황 인식을 발전시키는 데 가장 효과적이라고 보고했다. 그 후 자연적으로 일어나는 일상 내에서의 조기중재 실천은 의사소통 및 언어적 기술의 일반화를 지원하는 데 공헌하였다(Pretti-Frontzak & Bricker,

2004).

10) AAC 적용

조기중재에서 보완대체 의사소통(AAC) 접근법의 발달은 장애 영유아들이 이용 가능한 모든 의사소통 행동들을 권장함으로써 전언어적 의사소통을 지원하는 최선의 실천들에 대한 자연스러운 노력의 결과이다. Cress와 Marvin(2003)은 의사소통 초기 단계의 아동들을 위한 AAC의 발달 및 적용에 대한 최근의 연구를 요약하고, AAC가 초기의 행동(전언어적 기술)에서부터 상징적이고 기술적인 능력까지 의사소통 기술들의 진전으로 정의할 수 있다고 강조했다. 다양한 의사소통 요구를 가진 아동들을 위해 많은 보조적 방법들을 포함하도록 AAC 정의를 확대시키기 위해 임상전문가들은 의사소통 행위, 교호적 상호작용, 의도적인 의사소통 및 상징적 언어로의 전환을 구축하도록 조정된 많은 도구들을 제공받아야 한다.

Cress(2001, 2002)에 의해 설명된 의사소통 도구 모형은 특히 복잡한 의사소통 요구를 가진 매우 어린 아동들에게 조기 AAC 적용을 도입하는 데 특히 유용한 접근법이다. 의사소통 도구 모형은 의도 이전의 의사소통에서 의도적인 의사소통으로의 전환을 선별하는 언어 사용 이전의 의사소통 발달에 대한 이론적 연구와 응용 연구에 기초한 것이다(Acredolo & Goodwyn, 1988; Reichle, Beukelman, & Light, 2002; Thal & Bates, 1988).

Cress(2001, 2002)는 전언어적 의사소통 및 초기의 언어에 대해 분석하고 단일의 의사소통 행동에서부터 의사소통을 수행하기 위한 일련의 도구들의 사용에 이르기까지 그 복잡성이 증가하는 상황을 설명하기 위해 '도구' 모형을 사용하였다. 예를 들면 의사소통을 시작하고 원하는 물건을 갖기 위해 직접 손을 내뻗는 아동은 자신의 몸을 의사소통 도구로 사용하고 있다. 더 나아가 Cress는 주어진 상호작용 내에서 모두 도구들로 간주되는 아동이나 성인의 추가적인 의사소통 행위, 실제적인 사물, 의사소통 메시지를 포함하는 의사소통 도구들의 사용에 있어서 점차 늘어나는 복잡성에 대해 요약했다. Cress는 비상징 도구에서부터 더 많은 활동을 요구하는 미리 녹음된 메시지와 같은 단일 메시지 음성골력의사소통보조기(VOCA), 그리고 사진, 그림 아이콘과 같은 상징도구에 이르기까지 점진적인 전환이 이루어지기를 주장했다. 아동의 상호작용적 의사소통 행위(미소, 손 닿기, 발성, 그림 선택, VOCA 활성화)에 대한 반응에서 점진적이고도 주의 깊게 연결되는 의사소통 도구들의 사용은 비의도적인 의사소통에서 의도적인 의사소통으로의 이행을 입증해 준다. 조기 AAC 사용의 폭넓은 적용을 위한 의사소통 도구 모형과 적용은 이미 이론적으로 입증되었지만 실제에서 그 효과성을 입증하기 위한 추가적인 연구가 필요하다.

다양한 의사소통장애를 가진 유아들에 대한 조기중재에서 AAC를 적용하기 위한 지침과 향후 연구는 전언어적 의사소통을 넘어 초기 의사소통 및 언어 단계로 그 초점이 이동되었다. Light 등(2005)이 제공한 개념틀은 친근한 상황에서 어휘 목록을 확장하는 데 초점을 두고 초기의 언어 및 이후의 언어발달을 발전시키기 위해 적용할 수 있다. Light 등(2005)은 역동적인 컴퓨터 시스템을 통해 개별적인 아동들을 위한 친숙한 환경에 기초한 '시각적 놀이장면'을 사용하여 신체장애와 중증표현 언어장애를 가진 아동들 사이에서 의사소통 행위와 표현적인 어휘들이 증가했음을 밝혀냈다. 이 연구자들은 현재까지 자신들의 연구에 기초하여, 조기 AAC의 적용은 어휘 사용과 개념의 급속한 확장에 효율적임을 밝혀냈다. Light 등이 언급한 바와 같이, 조기언어중재에서 AAC의 일반적인 목표는 언어와 의사소통을 최대한으로 늘리는 것이다.

조기중재에서 최상의 실천을 담보해 내기 위한 부가적인 지식에 근거하여, 우리는 또한 자연적 및 참여적인 환경에서 아동의 참여를 극대화하는 것의 중요성을 강조한다. Light 등은 위에서 언급한 AAC에 대한 포괄적 목표 아래 다음과 같은 구체적인 목표를 설정하였다.

1. 참여를 늘리고 사회적 상호작용 형성 및 역할교대 늘리기
2. 의사소통 기능의 범위를 표현하기
3. 보다 다양한 의사소통을 지원하기 위하여 문장 개념의 폭넓은 범위 개발하기
4. 보다 복잡한 의사소통을 지원하기 위하여 복잡한 언어 구조 만들기
5. 문해능력 발달을 위해 음운론적인 인식과 기초 형성하기

의미 있는 상황에서 중증의사소통 지체를 보이는 아동들이 의사소통을 할 수 있는 기회들을 제공하기 위해 놀이중심 중재로 AAC를 통합하는 것이 권장되고 있다. AAC 중재를 실행하는 전략들에는 정확한 행동목표와 방법들의 설정이 있으며, 또래 및 성인과의 의사소통 상호작용 속에서 아동의 AAC 사용을 증진하는 자연주의적인 방법도 있다. 중증의사소통장애(예를 들면 뇌성마비, 인지장애, 자폐증)를 가진 아동들에 대한 의사소통의 필요성은 점점 더 분명해지고 있고, 기술적인 진보는 매우 어린 아동들에게 의사소통 및 언어기술을 발전시킬 대안적인 방법들을 제공하고 있다. 전언어적 의사소통 기술, 예를 들면 모방, 사회적 상호작용, 상징적 놀이, 의도적인 의사소통과 같은 기술들은 AAC

표 3.6 조기중재를 위한 AAC 도구

	자연적 : 도움 없음	없거나 낮은 기술의 AAC	낮거나 높은 기술의 AAC
상징적 표현 이전 : 자발적 행위	응시 제스처 발화	인과관계 장난감 일상적인 사물들	스위치 장치가 있는 응용된 배터리 작동 장난감
상징적 표현 이전 : 의도적 행위	응시 제스처 발화	원인 결과 장난감 일상적인 사물들	스위치 장치가 있는 응용된 배터리 작동 장난감 인과관계 컴퓨터 프로그램
상징적 표현 이전 : 의도적 의사소통	응시 제스처 발화	원인 결과 장난감 일상적인 사물들 각색된 책들 단일한 사진들	스위치 장치가 있는 응용된 배터리 작동 장난감 인과관계 컴퓨터 프로그램 요청, 활동 참가를 위한 단일 메시지 VOCA
상징적 표현 : 의도적 의사소통	응시 제스처 수화 발화	사진책 단일한 그림 아이콘 그림 아이콘 활동 순서 응용된 장난감/책들	스위치 장치가 있는 응용된 배터리 작동 장난감 인과관계 컴퓨터 프로그램 요청, 활동 참가를 위한 단일 메시지 VOCA 단어와 이야기를 결합하는 복합 메 시지 VOCA 역동적 컴퓨터 프로그램에서의 시각 적 장면 재생

Cress, 2002 and Light et al., 2005.

시스템과 장치들의 성공적인 사용을 위해 필요한 것으로 증명되었다(Adamson & Bakeman, 1999; Cress, 2002; Reighle et al., 2002; Romski & Sevcik, 2005). 영유아들에 대한 사정과 중재를 위한 AAC의 사용은 연구와 임상적 실제에서 급속하게 성장하고 있는 분야이다. 이 분야에서 지속적인 연구를 통해 결국 의사소통, 언어, 문해능력을 강화하는 AAC 도구들의 조기 도입에 대한 효과를 더 잘 이해할 수 있게 될 것이다. 표 3.6에는 영유아의 초기 상징적 의사소통과 상징적 언어 및 의사소통 발달로 전환되도록 지원하는 ACC 도구들의 예들이 제시되어 있다.

5. 사정과 중재의 적용 : 세 가지 사례

1) 예 1 : 초기 유아기

CAMI를 통해 발달시기별 유아의 사정이 가능하다. 사례들은 제3장 이후 논의되는 사정과 중재 과정의 적용을 위해 여기서 제시하기로 한다.

첫 번째 사례는 유아기에 초점을 맞춘다. 유아기는 외부세계에 대한 기본적인 생리적 반응으로 특징되며 자신을 보살펴 주는 보호자와의 주요한 관계발달이 이루어지는 시기이다.

> 콴은 3개월 일찍 태어난 조숙아였고 출생 시 체중은 949g밖에 되지 않았다. 매우 낮은 저체중 상태에서 태어났다. 이러한 출생 시의 상태가 매우 위급했기 때문에 그녀는 호흡기의 도움을 받아야 했고 위관영양(위에 삽입된 고무관 등으로 강제적 영양공급) 튜브로 영양을 공급받아야 했다. 그녀는 3개월간 병원에 입원해 있었고 임신 9개월경에 이르러서야 비로소 집에 갈 수 있었다. 퇴원 시 체중이 늘어서 거의 1,500g이 되었다. 퇴원 시에 콴은 의학적으로 안정적인 상태였고 불규칙한 호흡 패턴도 극복된 상태였다. 콴은 영양공급을 위한 위관 튜브를 달고 퇴원했다.
>
> 스무 살인 콴의 어머니는 편부모 가정에서 어머니와 언니의 도움으로 딸을 양육했다. 3명의 어른이 양육을 공유했으며, 콴의 어머니와 가족들은 10년 전에 타이완에서 미국의 대도시 지역으로 이민 온 세대였다. 콴의 어머니와 할머니는 공공의료 서비스를 통해 조기중재 프로그램을 신청했고 콴의 상태를 사정하기 위해 가정방문이 계획되었다. 콴의 어머니는 콴이 많은 움직임을 보이지 않고 발성 소리를 거의 내지 않기 때문에(오후 6시에서 9시까지 매일 지속적으로 우는 것을 제외하고) 우려를 표명했다. 콴의 어머니는 아기를 요람에서 꺼낼 때 콴이 자주 울고 경직되기 때문에 콴을 대하는 데 어려움을 겪고 있다고 보고했다.

(1) 가족의 선호

콴의 어머니는 나이가 어리고 딸의 조기발달에 대해 단 몇 가지 정보만을 제공했기 때문에 전문가들은 어머니의 제한적인 지식이 콴의 문제와 어떤 식으로든 관련이 있고 발달지체의 원인이 된다고 잘못 생각할 수도 있다. 콴의 발달에 대한 주요 문제에 대해 어머니와 할머니에게 질문하자 걱정이 아주 많다는 것을 알게 되었다.

할머니의 도움을 받으며 콴의 어머니는 병원에 있는 딸과 함께 대부분의 시간을 보내면서 딸을 먹이고 보살피는 법을 알게 되었다. 할머니는 대부분의 가사를 책임지고 있기 때문에 콴과 그 어머니는 항상 함께 할 수 있다. 또한 할머니와 콴의 어머니는 아기에 대해 서로 다른 걱정거리를 갖고 있다. 이것은 반드시 사정 계획에 포함되어야 한다. 콴의 어머니는 딸을 잘 대하고 달래는 방법을 진심으로 배우기를 원한다. 그리고 할머니는 아기의 영양공급이 튜브보다는 우유병으로 먹는 방법을 통해 더 잘 자랄 것이라고 생각한다. 콴에 대한 관심과 인식은 사정과 중재에 있어 주요 참고사항이 될 것이다. 임상의들이 콴의 조기발달에 대해 관찰하고 더 많은 정보를 수집하면서, 콴의 가족구성원들은 가정에서 콴의 상호작용과 섭식 행동들에 대한 주요한 정보공급자로서 적극적으로 참여하도록 촉구된다.

(2) 발달 과정

콴의 어머니와 할머니가 제공한 간략한 보고서에서 수집한 정보를 바탕으로 콴의 발달에 대한 특별한 문제들이 더 구체적으로 나타났다. 출생 시 여러 가지 위험을 알게 되면서 콴의 생리적 · 감각적 발달과 운동발달에 대한 사정이 필요했다. 다음의 질문들이 콴의 발달 및 의사소통 상태를 명료화하기 위해 준비되었다.

1. 일반적인 목소리와 친숙한 목소리에 대한 콴의 반응은 어떠한가?
2. 콴의 수면 패턴 및 깨어 있는 패턴은 어떠하며, 어떤 식으로 패턴의 이동이 이루어지는가?
3. 엎드려 있을 때, 반듯이 누워 있을 때, 음식을 먹을 때 콴의 전반적인 근육상태와 운동 패턴은 어떤가?
4. 이 때 콴의 상태에서 어떤 기본적인 반사운동이 관찰되는가?
5. 콴의 양육자와 가깝게 근접해 있을 때 어떤 사회적 반응(예 : 밝아진 시선, 미소, 열린 입, 팔을 밀침, 발의 움직임 혹은 다른 일반적인 보호자에 대한 반응)이 관찰되는가?
6. 콴이 규칙적으로 섭취하는 음식은 무엇이고 체중은 얼마나 꾸준하게 늘고 있는가?

이러한 질문을 통해 알 수 있듯 이 시점에서의 사정의 초점은 1개월의 영아에게서 일반적으로 관찰되는 중요한 발달 과정에 대한 상세한 정보를 수집하는 것이다. 콴의 문제는 분명 의사소통 발달만이 아니다. 저체중으로 태어나면 수많은 발달 과정들이 악영향을 받는다.

이용 가능한 발달 도구로는 미네소타 아동발달검사의 하위테스트(MCDI)(Ireton & Thwing, 1974)인 미네소타 유아발달검사, 하와이 조기학습 프로파일(HELP)(Furuno et al., 1987) 등이 있다. 이러한 도구들은 모두 부모 보고서를 통해 실시하며 직접적인 관찰로 보충할 수 있다. 제한된 항목만을 매우 어린 아동의 발달 과정을 사정하는 데 사용하지만, 이러한 도구들은 적용상의 유연성이 있으며 부모 보고서의 이용도 허용하고 있다.

(3) 개인 차이

콴의 의사소통 행위의 발달상태에 관한 정보와 함께 콴의 개인적인 의사소통 패턴에 대한 보다 완벽한 그림이 나타난다.

> 콴의 어머니는 콴이 깨어 있을 때, 일반적으로는 음식을 먹은 후에나 흔들어 줄 때 친한 사람들을 알아보기 시작한다고 보고한다. 콴의 어머니는 자신의 목소리나 얼굴이 콴에게 자신 쪽으로 고개를 돌리게 하는 데 보다 효과적인지 어떤지는 확신하지 못한다. 집에서 관찰할 때 콴은 어떤 소리에도 소리가 나는 방향을 쉽게 찾지 못했고 어머니가 콴의 이름을 말했을 때 온몸으로 반응을 보이는 일도 없었다. 그녀의 어머니는 한밤중에 콴이 잠에서 깨는 것이 다른 어떤 때보다 점차 늘어나고 있다고 보고한다. 다른 때에 콴은 하루 중에서 깨고 자는 것에 어려움을 겪고 있다. 그리고 어머니가 침대에서 딸을 들어올리기 위해 방에 당도하기도 전에 불안해하는 울음을 터뜨리는 일이 많다. 어머니에 따르면 영양공급 튜브의 준비, 유아용 유동식, 튜브를 연결하는 시간은 콴이 기다릴 수 있는 시간보다 더 오래 걸린다. 유아용 유동식의 섭취는 상당히 양호하다. 4온스의 양이 그 튜브를 통해 신속하게 흡수되기 때문이다. 콴은 먹을 시간이 다가오면 일부 반응적인 빠는 행위를 보이며 가족들은 우유병으로 먹이기를 원한다. 콴의 근육상태와 운동발달을 관찰한 결과 저근육 상태를 보이고 큰 소리에 대해 놀라는 반응이 비교적 약하게 나타난다.

콴의 어머니와 할머니의 이후 보고서와 말-언어치료사의 직접적인 관찰을 통해 콴의 수면, 식사, 깨어 있는 시간이 기록되며, 이를 바탕으로 콴과 노는 시간이 언제가 가장 좋은지 알게 될 것이고 가족과 콴의 반응적인 상호작용을 지원할 수 있을 것이다.

2개의 다른 유형의 사정도구, 즉 신생아 행동사정척도(NBAS)(Brazelton, 1984)와 Bayley의 유아발달검사(BSID)(Bayley, 1993)가 도움이 될 것이다. NBAS는 검사실행을 위해 집중적인 훈련이 필요하고 매우 어린 영아들의 수면, 깨어 있는 상태, 활동을 사정하는 데 매우 명료한 도구이다. 한편 BSID는 어린 유아들에게 사용하기에는 다소의 제한이 있는 표준화 검사이다. 그러나 BSID의 초기 항목들은 콴의 시선, 손 뻗음, 선호하는 운동 자세들에 대해 특징을 알려 줄 것이고, 개인적인 차이 및 강점을 밝혀 줄 것이다. 콴의 개인적인 선호에 대해 알려진 바를 통해 콴은 하루 종일 환경적 자극에 적응할 수 있도록 지원을 요구한다. 예를 들면 콴이 오후에 집중적으로 우는 시간은 하루 종일 점점 더 많아진 자극의 결과라고 할 수 있으며, 이로 인해 활모양의 몸, 옆구리에 손대기, 참을 수 없는 울음을 포함하여 잠재적인 비참여 행동들을 보인다.

(4) 의사소통 환경

콴의 의사소통 상황은 매일 보살핌에 의한 일상을 통해 판단할 수 있다. 콴이 표현하는 개별적인 참여와 비참여 행동들은 보살핌을 받는 환경의 상황과 긴밀한 관계가 있다. 부모-아동 상호작용의 관찰을 통해 임상의와 보호자는 콴의 조기행동 신호들(예 : 의사소통 행동)을 위한 구체적인 상황이나 상황을 파악할 수 있다. 이 시점의 사정에서 유용한 도구들은 부모-아동 상호작용 사정(Comfort & Farran, 1994)과 어머니-아동 상호작용 사정(Klein & Briggs, 1987)이 있다. 이러한 사정들에서 얻은 정보들을 통해 말-언어치료사와 부모는 전언어적 '대화'에 콴이 참여하는 준비태도에 대한 반응에 적합한 방법을 결정할 수 있다.

(5) 조기중재팀

의료적인 위험에 처한 아기에게는 다양한 분야의 의료 및 사회 서비스 전문가들과의 폭넓은 접촉이 불가피하다. 따라서 팀 접근법이 콴과 그 가족들을 지원하기 위해 필요하다. 가족이 경험할 수 있는 충격을 최소화하기 위해 주요 케어코디네이터 혹은 사례관리자가 추천된다. 병원에서 파견되는 이러한 역할을 수행하는 사람은 콴의 어머니를 조력할 주요 간호사, 말-언어치료사 혹은 신생아 집중 치료실에서 조기사정과 부모교육을 담당하는 다른 전문가가 될 수 있다. 가족이 퇴원하여 집에 돌아가면 공공의료 간호사가 대체로 사례관리자가 된다. 이 시점에서 콴의 가족이 조기중재 프로그램과 접촉할 때 여러 다른 서비스 시스템 및 전문가들 간의 이동이 있게 된다.

말-언어치료사는 콴의 중재 계획에 영향을 주는 다른 전문가들의 권장사항들을 통합하는 데 핵심 역할을 함으로써 콴의 가족들과 협력관계를 형성한다. 이렇게 더욱 세심하게 수집된 사정정보에 기초하면 콴의 운동발달, 먹는 것, 일반적인 건강, 청각, 시각, 의사소통에 대한 우려사항들이 적어도 다음의 분야, 즉 말-언어병리학, 청각학, 물리치료, 작업치료, 간호, 영양, 소아과 조기중재 전문가들과 관련이 있음이 분명해진다. 이 경우 말-언어치료사는 콴의 가족과 접촉을 조정하고 추천되는 중재를 관리하는 확실한 전문가이다. 이 때 가장 적합한 팀 모형은 초학문적 접근법과 간학문적 접근법의 혼합형으로, 이러한 모형은 개별적인 학문들이 콴의 가족과 직접적인 관계를 계속 유지시켜 줄 것이기 때문이다.

(6) 중재전략

콴의 가족은 사정 과정의 초기에 주요 관심 영역을 세 가지로 표현했는데 그것은 콴이 울 때 달래기가 어렵다는 것, 우유병으로 먹이는 것이 어렵다는 것, 그리고 울지 않을 때 발성이 대체로 부족하다는 것이다. 말-언어치료사와 다른 팀원들이 사정을 하는 동안 이러한 세 가지 문제점이 사정과 중재목표의 핵심이 된다. 콴에 대해 적어도 세 가지 목표가 세워질 수 있는데, 그것은 (1) 딸을 달래는 콴의 어머니를 위한 대안적인 기술들의 개발, (2) 입으로 먹을 때 콴의 참을성 유지시키기, (3) 콴과 가족구성원들 간의 사회적 상호작용 시간을 늘리기이다.

유아발달에서 몇몇 연구자들은 유아의 자기규제와 외부자극에 대한 인내력을 높이는 효과적인 전략들을 제공해 왔는데, 그러한 전략들이 표 3.7에 구체적으로 제시되어 있다. 모든 접근법들의 기본적인 원칙은 유아의 참여와 비참여 단서들을 꾸준히 관찰하고 유아의 단서에 대하여 직접적인 반응을 하면서 양육행동을 조정하는 것이다. 양육행동의 조정에는 상호작용을 단순히 잠깐 쉬는 것, 유아에게 보호자의 손에 발을 대는 것을 허락하는 것, 유아가 잡을 수 있는 작은 장난감을 주는 것 등이 있다. 물론 전략은 반드시 각 유아에 대해 개별화되어야 하고 부모와 말-언어치료사는 반드시 수행착오를 통해 적절한 기술들을 발견하는 것이다. 표 3.7은 또한 개별적인 유아들에게 적용 및 수정될 수

표 3.7 콴에 대한 의사소통 중재의 목표, 전략, 모형

중재목표	중재전략	중재 모형
콴의 어머니가 딸을 달랠 수 있는 대안적인 기술들의 개발	콴과 어머니에게 안기,허리 감기, 달래기 기법 설명	강보에 싸기, 자기 규제, 느린 움직임(Cole, 1996)
입으로 먹을 때 콴의 참을성을 증가시키기	입으로 먹을 때 참을성을 기르기 위해 인공 젖꼭지나 젖꼭지 제공, 입으로 먹는 이유식의 양을 점차로 늘림	음식 제공방법과 입으로 먹는 습관을 개선하기 위한 계획과 관련하여 의사 및 OT와 상담 (Ahman & Lipski, 1991)
콴과 가족구성원들 간의 사회적 상호작용 시간 늘리기	콴이 깨어 있는 동안 음성, 시각, 행동에 대해 콴의 어머니와 할머니가 반응을 보이도록 권함	부모-아동 상호작용 지원 (Hanson & Krentz, 1986; McCollum & Yates, 1994)

있는 보다 광범위한 지침들을 제공해 준다.

2) 예 2 : 중간 영아기

중간 영아기에서 아동은 자신을 둘러싼 세계에 더욱 적극적인 참여자가 된다. 아동은 덜 자게 되고 바로 앉으며 자주 발성을 한다. 다음의 사례는 중간 영아기에 있는 아동에게 CAMI 요소들을 적용한 경우이다.

> "루시는 근육이 약해 다른 자식들처럼 소리를 내지 못하는 것 같다"라고 어머니가 보고한 이후, 루시의 일반적인 발달상황, 특히 의사소통 발달에 대한 사정을 위해 7개월째 되는 시기에 의뢰가 되었다. 루시의 어머니에 따르면 임신은 정상적이었지만 루시는 약한 상태에서 태어났고 출생 후 바로 뇌성마비로 진단되었다고 한다. 3개월에 행해진 루시에 대한 조기발달사정에 의하면 루시는 뇌성마비 중 반신마비로 간주되며 이는 신체의 오른쪽에 영향을 미치는 것으로 판명되었다. 보고에 의하면 루시는 지지를 해 주면 바로 앉을 수 있다. 그녀의 어머니는 루시의 언어발달에 대해 걱정하고 있다고 말한다. 왜냐하면 루시는 단지 몇 개의 발성만을 할 수 있는데, 여기에는 우는 것과 일부 모음이 포함되어 있다. 또한 루시의 어머니는 최근에 장애 유아들에게 컴퓨터를 사용한다는 것을 알게 되었다고 보고하면서, 그녀는 딸의 의사소통과 발달을 지원하기 위해 컴퓨터 기술 사용법을 배우고 싶어 한다고 말한다.

(1) 가족의 선호

루시는 4명의 형제자매들 중에서 가장 어리다. 그녀는 어머니와 형제자매, 할머니, 삼촌과 숙모로 구성된 대가족에서 태어났으며 모두가 한집에 거주한다. 루시의 어머니는 집 밖에서 근무하기 때문에 루시는 많은 형제자매들과 함께 숙모에 의해 집에서 양육된다.

루시의 형제자매들과 숙모를 사정 과정에 포함시키는 것은 매우 중요한데, 그 이유는 중요한 양육자로서 역할을 담당하기 때문이다. 루시 가족의 모든 구성원 각각은 루시의 성격에 대한 정보를 갖고 있고 매일의 의사소통 행위, 먹는 것, 신경질 그리고 전반적인 발달상황에 대해 잘 알고 있다. 이러한 다양한 양육자들이 있는 상황에서 말-언어치료사는 가족구성원들과 부모/양육자 인터뷰 도구들을 사용하여 팀협력을 조장시켜 나갈 좋은 기회를 갖는다.

(2) 발달 과정

루시의 어머니가 제공한 정보는 대·소근육운동, 먹는 방법, 의사소통 영역에서 일반화된 발달지체의 정보를 제공한다. 다음의 질문들은 발달기술과 기능적인 기술들에서 루시의 진전을 지원하기 위한 중재의 이해와 계획에 대한 중요한 정보수집의 일환으로 준비되었다.

1. 루시의 식사 패턴은 어떠하며, 유동식 음식과 딱딱한 고체 음식 중에서 좋아하는 것과 싫어하는 것은 무엇인가?
2. 루시의 일반적인 근육 수준은 어떠하며 독립적인 운동기술은 무엇인가?
3. 루시는 양육자들과 의도적인 의사소통을 어느 정도로 하는가?
4. 루시의 발성은 어떤 상황에서 그리고 어느 정도까지 하는가?
5. 양육자들에 대해 루시는 어떤 사회적 · 행동적 의사소통을 하는가?
6. 어떤 활동에서 루시는 가장 편안하게 의사소통하는 것으로 관찰되는가?
7. 루시가 계속 앉아 있으려면 어떤 물리적 지원이 필요한가?
8. 루시는 양육자 및 주변 사물들에 대해 어떤 반응을 보이는가?

앞서 논의한 바와 같이, 루시의 많은 가족들은 루시의 일상적인 활동과 발달에서 중대한 역할을 담당한다. 가족구성원들은 구조화된 면담 과정을 통해서 루시의 강점 및 요구사항을 확인하기 위해 참여하고 논의를 위한 지침으로 발달 단계를 사용한다. 유아기 수용 및 표현언어검사(Bzoch & League, 1991)는 언어에 있어 수용적이고 표현적인 상태를 판단하는 인터뷰 지침을 제공한다. 그리고 그 결과는 규준지향 목표로 점수화된다. 이 사정 과정의 단계에서 적절한 다른 도구들에는 MacArthur 의사소통 발달척도(Fenson, et al., 1993), 영유아 의사소통 및 언어발달검사(Wetherby & Prizant, 1998)가 있다. 의사소통 모형(Rowland, 2004)은 전언어적 및 초기 언어 단계에 있는 아동들을 위한 기능적 의사소통사정 프로파일을 제공한다. 전문가용, 부모 사정도구, 온라인 형식을 포함한 세 가지 형식들이 이용 가능하다. 온라인 모형은 무료로 사용할 수 있고 www.designtolearn.com pages/matrix.html에서 접속 가능하다.

(3) 개인 차이

이전의 발달영역에 대하여 중대한 정보를 얻은 다음에 루시의 개별적인 전언어적 의사소통 패턴의 구체적인 특징에 대한 선별이 시작될 수 있다. 다음의 정보는 세심한 관찰과 부모의 정보를 통해 얻어진 것이다.

가족 보고서와 임상적 관찰을 근거로 한 발달사정의 결과에 따르면, 루시는 딱딱한 음식을 잘 먹으려고 하지 않는다. 루시는 지지대가 있을 때 똑바로 앉을 수 있으나 걸을 때는 네 발로 기어간다. 잘 걷지 못하는 것이다. 바로 시야에 보이는 사물들에 대해 관심을 갖고 팔을 뻗으려고 한다. 그러나 사물들이 시야에서 멀리 떨어져 있으면 반응이 적다. 아마도 근육과 시각적 한계 때문일 것이다. 좋아하는 장난감에 대한 선호를 표시하려고 하면서 그녀는 봉제인형이나 껴안을 수 있게 만든 장난감보다는 시끄러운 장난감 쪽으로 고개를 돌리는 일이 더 많다. 루시는 좋아하는 장난감 쪽으로 팔을 뻗을 때 지속적인 노력을 유지하지 못하고, 일관된 의사소통 의도가 아니라 의도적인 행위를 보여 주기 시작했다. 우는 것과 다른 반응적인 발성 외에 루시는 이따금씩 웃는다. 그리고 "어" 혹은 "아" 소리와 같은 일부 소리들이 나타나기 시작했다. 특히 루시는 기저귀를 갈 때 등을 대고 누워 있는 상태에서 발성을 한다. 루시는 또한 낯선 사람들보다는 가족들에게 일반적으로 더 반응을 보이고 관심을 나타낸다.

이 정보를 통해 성립되는 가정은 루시의 주된 강점이 환경에 대한 관심이라는 것이다. 루시의 약점은 운동과 언어적 발달 분야에서 나타난다. 이러한 약점들 때문에 루시는 환경 속에서 매일의 경험을 아주 어렵게 얻게 된다. 루시의 현재 구강운동 능력은 정상적인 어음발달에 손상을 입었음을 시사한다.

루시의 강점에 집중하고 루시의 운동성 제약과 시각적 한계의 범위를 판단하기 위해 다음과 같은 추가적인 질문이 보다 심도 있게 행해질 수 있다.

1. 루시의 일상적인 사건들은 무엇이며, 어떤 몸짓/음성적 행위들을 나타내는가?
2. 친한 사람들에 대해 루시는 어떤 관심을 드러내는가?
3. 루시가 참을 수 있고 참지 못하는 구체적인 음식 항목은 무엇인가?
4. 몸짓과 발성에 대한 루시의 모방기술은 어떤 것인가?
5. 루시는 어떤 구체적인 물건/사건에 가장 많은 관심 혹은 적은 관심을 나타내는가?
6. 루시는 좋아하는 장난감에 대해 어느 정도 지속적으로 손을 뻗거나 요청하는가?
7. 루시는 자신의 행동 및 장난감이나 사람들 간의 인과관계를 어느 정도까지 인지하는가?

이러한 구체적인 질문들을 다루는 사정도구들에는 로제티영아-유아언어척도(ITLS)(Rossetti, 1990), 조기언어마일스톤척도(ELM)(Coplan, 1993)가 있다. ELM은 부모보고서, 부가적인 관찰, 직접적인 검사를 사용하여 전언어적 및 초기의 언어기술들을 사정한다. 여기에는 시각적 반응도 포함된다. Coplan과 Gleason(1990)은 ELM 척도가 정상적인 아동들과 지체위험에 처한 아동들에게 모두 효율적임을 증명했다. ELM 척도와 유사한 ITLS(Rossetti, 1990)는 출생에서부터 3세까지의 아동들을 사정하도록 설계되어 있다. 이 척도는 부모보고서(및 면담)와 아동의 사회적 상호작용, 화용론, 제스처 발달, 놀이행위, 언어이해 및 표현에 대한 실제 검사를 사용한다.

ELM과 ITLS에서 얻어진 발달연령은 검사항목에 대해서 루시가 보인 관심과 노력의 정도만큼 아주 중요한 것이다. 또한 그녀의 기능적인 의사소통 기술들은 루시의 전언어적 의사소통 행위들과 의도적인 의사소통 행위들의 자질들로서 의사소통 메트릭스(Rowland, 2004) 완성과제를 통해 결정될 수 있다.

(4) 의사소통 환경

루시의 전언어적 행동은 세 가지 다른 상황, 즉 (1) 가족, (2) 일상생활, (3) 제시되는 장난감에 대한 반응과 관련된 것으로 나타난다. 루시는 친밀한 사람들과 상호작용할 때에 아주 집중을 잘하므로 이 상황의 중요성이 강조되어야 한다. 그 이유는 가족구성원들이 주요 상호작용 대상자로 역할을 하기 때문이다. 매일의 일상은 루시가 양육자들과 의사소통을 할 수 있는 기회를 제공하고 또한 반대로 루시의 양육자들이 루시와 의사소통하는 기회를 제공한다. 이 기회를 통해 루시는 좋아하는 사물들을 선택하고 교대로 역할을 하며, 가족구성원들과 놀이에 참여하고, 의사소통을 모방하며, 행동과 음성을 통한 의사소통을 할 수 있게 된다. 루시는 제시된 사물과 활동들에 반응을 나타내는데, 이것은 루시에게 새로운 정보를 제시하기 위한 매개체 역할을 한다.

(5) 조기중재팀

뇌성마비의 원인이 되는 출생 시 사건들이 단 한 가지 임상적 문제만을 일으키는 경우는 거의 없다. 이미 지적한 바와 같이 루시는 먹기 및 운동발달에 어려움이 있고, 의사소통 발달에서도 지체를 보인다. 뇌성마비와 관련된 다른 문제들에는 청각장애, 정신지체, 발작성 활동이 있다. 뇌성마비와 관련된 문제들이 다양하고 복잡하기 때문에 중재는 많은 전문가들에 의한 통합적인 노력으로 이뤄져야 한다. 루시 가족이 이러한 여러 분야의 전문가들을 만나기 위해 개별적인 사정을 계획하기보다는 아동 및 가족과 직접적인 접촉을 유지하면서 말-언어치료사는 이러한 전문가들을 상담자로서 활용하는 모형, 즉 초학문적 모형을 사용해야 한다.

(6) 중재전략

특수한 문제를 안고 태어난 영아들은 양육자들과 함께 최적의 의사소통 상호작용을 위해 처음 몇 달간 특수분야 전문가들의 지원을 필요로 한다. 출생 시에 뇌성마비를 가지고 있었던 아동은 아주 제한적인 움직임을 보이며 행동능력이 현저히 떨어지므로 가족구성원들은 아동의 의사소통 노력을 포괄적으로 증가시키도록 해야 한다.

루시의 양육자들과 함께 전언어적 의사소통 기술과 초기의 의사소통 기술을 지원하는 데 필요한 구체적인 영역들에는 (1) 보다 많은 응시 제스처, 음성 패턴을 사용하여 양육자들과의 상호작용을 유지하는 것, (2) 가족구성원들을 향한 지속적인 요구 및 의도적인 의사소통 증가시키기, (3) 사물과 사진 제시를 통한 일상에서의 어휘표현 확대시키기 등이 있다. 제한적인 음성, 말, 언어발달에 대한 많은 위험으로 인해 루시는 전상징적 의사소통에서 언어적 의사소통으로 전환하기 위해 AAC의 사용이 매우 중요하다. 실제적인 사물, 사진, 그림 아이콘을 사용하여 상징적인 표상을 점진적으로 학습하는 것이 또한 권장된다. 루시의 수용적 · 표현적 언어 그리고 의도적인 의사소통 발달은 실제적인 사물들에서 상징적인 의사소통 도구들로 옮겨가면서 촉진될 것이다. 조기 AAC 전략의 사용에는 자연적인 제스처의 의도적인 사용 증가, 실제 사물들, 사진 연상 그리고 좋아하는 활동이 순간적으로 정지될 때에 '더'와 같은 단일한 메시지를 사용하는 VOCA에 대한 지원이 있다.

표 3.8에 제시된 중재목표, 전략 및 모형들은 루시의 보고되거나 관찰된 선호사항뿐만 아니라 루시의 발달 요구에 기초하고 있다. 루시의 가족구성원들은 모두 루시에 대한 적극적인 참여를 표명했다. 특정한 중재전략에 대한 가족들의 선호를 고려하여 어떤 목표에 우선순위를 둘지 결정될 것이다.

3) 예 3 : 조기 단계로의 전환

영아기의 종결과 조기 단계의 시작은 인식 가능한 언어의 출현으로 특징지어진다. 다음의 사례는 조기 시기 동안 초기 언어사정과 중재 계획에 대한 최근 연구결과를 적용함으로써 시작한다.

> 19개월 유아인 조시는 아직 아이가 말을 하지 않고 있다는 부모의 보고에 근거하여 의사소통 기술 사정에 의뢰되었다. 조시의 어머니는 다음의 정보를 제공했다. 조시의 출산은 정상적이었지만 출생 시에 다운증후군으로 진단받았다. 건강기록은 이후 '결코 완쾌되지 않을', '많은 귀 감염'으로 기록되어 있다. 조시의 어머니는 감염을 빼면 조시의 건강은

표 3.8 루시를 위한 의사소통 중재전략(7개월 유아)

중재목표	중재전략	중재 모형
비상징적인 시선, 제스처, 교대하기 게임을 통해 발성 늘리기	교대하기 역할에 참여시키는 행위를 반복하고 아동의 주의력 집중을 관리하기	Hanen 프로그램(Girolametto, Greenberg, & Manolson, 1986) 사회적 파트너십 모형 (MacDonald & Carroll, 1972) 전언어 환경교수 (Yoder & Warren, 1999)
인과관계 장난감을 이용하고, 사물과 사진을 이용하여 의도적인 의사소통 늘리기	음성적/구어적 모형을 추가하면서 일치되는 행동과 모든 의사소통 행위들에 반응하기 의도를 표현하도록 모든 의사소통 행위에 반응하고 아동의 시선이 닿고 몸이 닿는 곳에 사물을 두기 사물이 들어 있는 사진으로 옮겨가기 전에 2개의 사물들로 점차 전환하는 것 지원하기	의사소통 도구 모형(Cress, 2002)
사물과 사진, VOCA 장치, 각색한 책을 통해 표현 어휘 늘리기	아동의 환경, 활동, 장난감에 대한 실제적인 사진을 제공하기 표현 어휘로서 모든 의사소통 행위들을 관찰하고 이에 반응하기 지시한 물품/활동에 대해 즉시 언어적 모형을 제공하기	역동적 컴퓨터 프로그램을 이용하여 시각적 장면 재현(Light et al., 2005)

좋았다고 진술했다. 또한 그녀는 조시가 아직 제 발로 서지 못한다고 보고했다. 그러나 조시는 지지대가 있으면 설 수 있다. 조시는 단지 몇 마디 소리만을 이용하여 부모와 의사소통하며 '바이 바이'와 '먹는다'를 의미하는 제스처를 포함한 많은 제스처를 이용하여 부모와 의사소통을 한다. 연장자인 조시의 형과 비교했을 때 조시의 어머니는 "조시는 행동을 많이 하는 편이 아니다"라고 말한다.

(1) 가족의 선호

조시의 가족은 어머니, 아버지, 다섯 살된 형으로 구성된다. 조시의 아버지가 정규직으로 근무하기 때문에 대부분의 의료적 행위 및 발달적 행동들을 관리하는 것은 어머니의 몫이다.

그러나 조시의 아버지는 아동 양육에 많이 관여하는 편이어서 막내아들의 특별한 치료 필요성에 대해 늘 잘 알고 있다. 부모 모두가 "조시를 도울 수 있다면 어떤 일이라도 하겠다"고 말하면서 조시에 대해 매우 염려하고 있다.

조시 부모의 초기 진술은 조시의 전언어적 행동과 초기 언어행동들을 장점으로 생각하지 않는다는 인상을 주었다. 이것은 조시가 나타내는 모든 의사소통 방법들을 확인하기 위해 부모들이 세심한 지도와 지원을 원한다는 인상을 말-언어치료사에게 주었다.

(2) 발달 과정

배경 정보를 고려하면서 수많은 질문들이 조시의 의사소통 행위에 존재하는 발달 과정에서 생겨날 수 있다. 조시의 어머니가 제공한 앞서의 진술에서 다룬 영역들에는 청각, 운동발달, 구강근육 발달, 인지발달, 사회적 · 음성적 발달에 대한 우려들이 포함된다.

1. 조시는 자신의 환경 속에서 익숙한 음성과 소리들에 반응하는가?
2. 다양한 위치에서 조시의 전반적인 근육긴장과 신체 자세는 어떠한가?
3. 조시의 빨고 삼키고 씹는 패턴은 어떠한가?
4. 조시는 장난감에 관심을 나타내는가? 조시는 어떤 유형의 행위들을 하는가?
5. 가족구성원들과의 게임을 어떻게 시작하며 어떻게 반응하는가?
6. 조시는 어떤 음성적 소리들을 만들어 내는가? 최근 몇 개월 사이에 보고된 변화는 어떤 것들인가?
7. 조시의 의사소통 제스처의 명백한 기능과 유형은 어떤 것인가?

조시에 대한 관심 영역에 기초하여 몇 가지 발달사정 도구들이 부모와의 초기 정보수집에 적절히 활용할 수 있을 것이다. 즉 하와이초기학습프로필(HELP)(Furuno et al., 1986), 의사소통 발달순서척도(SICD)(Hedrick, Prather, & Tobin, 1984), 맥아더의사소통발달척도(CDI)(Fenson et al., 1993), 언어발달조사(LDS)(Rescorla, 1989), 영유아 의사소통 및 언어발달체크리스트(Wetherby & Prizant, 1998)가 활용될 수 있다.

이 사정 시점에서 일반적인 발달정보가 필요하다. 유아들을 위한 CDI와 같은 부모 보고서 척도들은 조시가 나타내는 발달 기술에 대한 대부분의 정보를 제공해 준다. 다른 도구들 중에서 HELP는 비표준화된 발달검사이고, SICD는 20개월 이하의 유아들을 위한 몇 가지 부모보고서 항목들을 포함하는 표준화된 조기사정 도구이다. 조시의 부모와 초기의 사정 및 중재 계획을 위해 CDI 같은 도구를 사용할 때 몇 가지 장점이 존재한다. 조시의 어머니는 조시가 나이에 비해 많은 의사소통 행위를 하지 않는다고 보고했다. 전문가의 도움으로 CDI의 작성을 통해 조시의 부모는 아들의 구체적인 의사소통 기술들을 확인할 수 있고, 임상의에게 세심한 사정과 초기 중재전략을 위한 자료를 제공해 줄 수 있다. Dale(1991)은 초기의 언어 및 의사소통 기술들을 선별하기 위해 부모보고서의 타당성을 입증했다.

비언어적 제스처, 게임과 일상생활, 사물들과의 상호작용, 행동의 모방, 조기언어 형태의 사용, 유아의 언어에 존재하는 탈맥락성의 정도를 포함하여 초기의 언어와 관련된 언어 사용 이전의 발달 단계를 사정하기 위해 CDI는 두 가지의 척도, 즉 CDI/영아와 CDI/유아를 제공한다. Dale(1991)는 CDI/유아와 베일리의 유아발달검사(BSID) 간의 높은 상관성을 보고했다. Miller, Sedey와 Miolo(1995)는 최근에 CDI 어휘점수와 MLU 간의 유의한 예언적 상관성을 보고했다. Rescorla(1989)는 LDS의 다양한 연구들을 수행한 결과 영아베일리검사(BSID), 취학전언어검사(PLS)(Zammerman, Steiner, & Pond, 1992), 레이넬발달언어검사(Reynell, 1985)와 LDS 간의 높은 상관성을 반복적으로 보고했다. LDS는 2세의 연령에 있는 아동들의 언어지체에 효과적인 선별도구임이 밝혀졌다. 각 도구는 내용과 의사소통 수준 및 사정되는 언어에서 다소 차별성을 나타내지만, 모든 도구들은 공통적인 요소들을 가지고 있다. 특히 현재의 의사소통과 새로 나타나는 의사소통 및 언어 행동에 중점을 둔다는 것이 공통점이다.

(3) 개인 차이

구체적인 발달정보와 함께 말-언어치료사는 조시의 언어발달 지체의 근거에 대해서 좀 더 알아보고 개인적인 의사소통 패턴을 확인해야 할 것이다. 다음의 정보는 면밀한 관찰과 부모의 정보를 통해서 얻어진 것이다.

> 부모보고서에 근거한 발달사정 결과와 임상적 관찰에 따르면 조시는 많은 환경적 소리들에 반응을 나타내고 가족구성원들의 목소리에 반응한다. 조시는 가족구성원의 이름을 의미하는 많은 단어들을 이해하는 것으로 보인다. 즉 친근한 물건들, 병, 담요, 곰인형을 알아듣고, 안에 잡음을 발생시키는 팽창되는 공이란 단어도 알아듣는다. 그리고 일부 일상적인 활동들, 예를 들면 식사, 취침시간, 이야기 시간 같은 말도 알아듣는다. 조시는 잘 때 읽어 주는 책의 이야기를 들으면서 부모의 무릎에 앉아 있는 것을 좋아한다. 그러나 그림은 대충 훑어본다. 최근에 조시는 책의 페이지들을 두드리기 시작했다. 그의 몸자세를 자세히 관찰해 보면 조시는 등을 굽히고 배를 앞으로 밀어 가구에 서 있는 모습을 보인다. 조시는 앉으면 바닥으로 넘어지며 보통은 다리를 넓게 벌리고 앉는다. 이 때 등 밑

쪽에 몸의 하중을 싣는다. 먹는 패턴은 어머니의 말에 의하면 지저분하다. 그리고 자주 고개를 숙인다. 씹는 기술을 관찰해 보면 부드러운 크래커를 우적우적 먹고 작은 플라스틱 용기의 우유를 삼키려고 시도할 때는 혀를 밀어낸다. 조시의 부모는 관심을 모으려고 할 때, 예를 들자면 실제로 병을 원할 때는 병을 가리킨 다음에 조시가 눈길을 이용하는 경향이 있다고 생각한다. 음성적 소리는 주로 모음으로 나타난다. 조시는 '바이 바이', '먹는다', '싫어'를 나타낼 때 제스처를 사용한다.

이러한 정보를 통해 나타난 조시의 강점은 가족구성원에게 사회적인 반응을 나타내고, 친근하고 익숙한 사건들과 일상들을 이해한다는 것이다. 운동근육 발달과 저긴장 패턴(낮은 근긴장)에 대한 우려는 크고 작은 신체의 움직임과 공간에서의 통제에 관한 것이다. 물론 먹는 기술 및 선호하는 것과 관련해서도 우려할 만한 것이 있다. 다른 분야, 예를 들면 물리치료, 작업치료와 같은 다른 분야의 전문가들과의 상담은 이러한 관찰들에 의해 지지된다. 추가적인 문제들은 이후의 사정을 위해 준비된다. 다음의 질문은 유아에 대한 주요 정보제공자가 되도록 부모를 지원하는 첫 단계로서 중요하다.

1. 조시는 어떤 환경적 소리들에 반응을 보일 가능성이 높은가?
2. 조시는 특정한 소리들에 더 많이 반응하는가? 그렇다면 그 반응은 어떤 식으로 나타나는가?
3. 특정한 장난감과 익숙한 물체들을 부모들이 이름 부르고 지적할 때와 똑같은 물건들의 이름을 그냥 부를 때 조시의 반응에서 차이가 나타나는가?
4. 취침시간 및 식사시간 같은 익숙한 일상에 조시는 어떤 식으로 반응을 나타내는가?
5. 조시는 가족구성원들에게 좋아하는 장난감을 가져가 상호작용하려고 시도하는가?
6. 조시는 취침 전 이야기하는 시간에 특정한 그림들과 책들을 보기를 좋아하는가?
7. 어떤 위치에서 그리고 어떤 지원으로 조시는 손으로 가리키고 손을 뻗을 가능성이 높은가?
8. 어느 범위까지 조시는 소근육운동 제스처를 모방할 수 있는가?

이러한 질문들은 조시의 개인적인 의사소통 행위들에 대한 보다 구체적인 정보를 필요로 한다. 특히 이 시점에서 유용한 것은 구조화된 부모보고서이다. 이는 제스처, 음성, 언어적 의사소통과 언어에 대한 구체적인 이해를 부모가 어떻게 하고 있는지 잘 보여 준다. 이 시점에서 유용한 사정도구들은 의사소통 및 상징적 행동척도(CSBS)(Wetherby & Prizant, 1998), 전언어적 및 언어적 행동사정척도(APLB)(Olswang, Stoel-Gammon,

Coggins, & Carpenter, 1987)가 있다. CSBS는 의사소통 의미, 상호성, 사회적·정의적 신호에 대한 규준지향 검사이며, 이는 사물들과의 상호작용과 놀이활동에 기초한다. 이와 유사하게 APLB는 아동과 성인 간의 상호작용을 규명하는 관찰 형식으로 수행되며 언어, 의사소통 의도, 발음, 언어 이해에 선행하는 인지적 징후들을 사정한다. 두 도구의 사용을 통해 조시의 의사소통의 강점과 중재 필요성을 선별하는 정보들이 산출된다.

(4) 의사소통 환경

조시가 의사소통하는 것으로 보이는 상황은 어떠한가? Bruner(1983)와 Snyder 등(1981)의 연구에 따르면 친숙한 일상과 게임이 조기 의사소통 형식의 확장과 세분화를 위한 자연적인 상황이 된다. 또 다른 중요한 점은 조기언어에서 나타나는 점진적 탈맥락성에 대한 중요한 과정이라는 점이다. 조시의 경우 말로 하는 언어는 아직 완전히 나타나지 않았고 임상의는 조시의 의사소통 행위가 친근한 일상 내에서 친근한 양육자들과 함께 있을 때 나타날 가능성이 있다고 기대한다. 의사소통 상황을 변별하기 위해 제안된 방법에는 생태학적 척도, 놀이장면 사정(Kennedy et al., 1991) 그리고 양육자 및 유아에 대한 직접적인 관찰이 있다.

(5) 조기중재팀

조시를 위한 사정과 초기 중재 과정을 수행하기 위해서 몇 명의 다른 전문가들이 반드시 참여해야 한다. 조시의 사정을 완료하기 위한 적절한 팀 구성원들은 청각사, 소아과 의사, 간호사, 물리치료사, 작업치료사, 사회복지사 그리고 기타 전문가들이다. 조시와 그 가족의 사정 과정에서 다른 분야들의 참여와 의뢰방법은 조기중재에서의 최선의 실천에 대한 현재의 이해 그리고 궁극적으로는 조시 부모가 선호하는 방식에 의해 결정될 것이다.

(6) 중재전략

조시의 사정 과정이 중재를 위한 일련의 단계들로 제시되지만, 그 과정은 실제로 직선적인 것은 아니다. 문제가 확인되고 나서 조시의 부모와 임상의가 동의하면 중재는 이 과정의 어느 시점에서든 시작할 수 있다. 이러한 요소들 중 일부에 포함되는 것은 아동이 몇 개의 소리만을 사용한다고 걱정하는 조시 어머니의 보고서, 잦은 귀의 감염 그리고 가족과 함께 게임을 시작하기보다는 반응하는 일반적인 양상이다. 조시에 대한 이러한 우려들을 둘러싼 가족 목표의 개발을 통해 임상의가 부모를 도울 수 있는 기회가 제공될

표 3.9 조시를 위한 의사소통 중재전략(19개월 유아)

중재목표	중재전략	중재 모형
일반적인 건강과 귀감염 관찰	소아과 의사와 정규적으로 상담하기	조시에게 정기적인 청각검사를 받게 한다. 만성적인 중이염에 대한 예방법을 사용한다. (Northern & Downs, 2002)
일상적인 상황에서 그리고 가족들과의 게임에서, 특히 형과의 게임에서 발성레퍼토리 증대시키기	야간에 책 읽기와 같은 좋아하는 일상을 선택하고 페이지를 넘기기 전에 조시가 발음할 수 있는 기회를 자주 제공하기. 모방과 음성의 확장("아아… 바…," "아아… 다…," "아아… 마…").	대화를 통한 지도방법(MacDonald, 1985; Mahoney & Powell, 1984; MacDonald & Carroll, 1992)을 사용 구조화된 중재 비계 사용 (Norris & Hoffman, 1990)
게임과 기능적인 의사소통에서 음성모방과 행동모방 증대시키기	먹기, 목욕하기, 차 타기 등과 같은 일상적인 활동 전에 조시의 부모와 형은 조시가 먹고, 목욕물을 만지고, 차 밖으로 나갈 때까지 기다리도록 제스처를 하고 말을 한다.	진전된 환경교수 (Kaiser & Hester, 1995) 집단중재 (Wilcox, Kouri, & Caswell, 1991)
다른 아동 및 성인과 조시의 사회적 의사소통 증대시키기	놀이집단에 조시를 참여시킨다.	

것이다.

이러한 우려들에 대해 권장되는 전략들은 표 3.9에 제시되어 있다. 조시와 그의 가족들을 지원하기 위한 일반적 원칙들에는 교수 상황을 만들기보다는 일반적인 일상생활 상황을 늘리기, 조시와의 상호작용 놀이 확대, 그리고 조시의 제스처, 발성, 새로 나타나는 단어 패턴을 통한 기능적인 의사소통 변별 능력 향상, 호흡기 감염에 대한 예방 조치 등이 있을 것이다.

요 약

의사소통장애의 위험에 처한 영유아들을 위한 긍정적인 발달에 기여하고 위험요인들을 줄이기 위한 조기중재의 역할은 지난 40년 동안 꾸준히 증가해 왔다. 미국의 연방법 및 그에 따른 정책은 아동의 삶에서 초기에 적절한 서비스에 접근할 수 있도록 영아, 유아,

취학 전 아동들을 위한 요건들을 지지하는 근거를 제공한다. 어린 아동들의 신경체계의 유연성과 회복력은 미국 내에서 그리고 국제적으로 많은 연구자들에 의해 심도 있게 입증되고 있다. 조기중재에서 알려진 최선의 실천방안을 수행하는 공적인 자원들이 대체로 사회경제적 조건의 불평등과 변동에 취약한 상황에서 생물학적 · 환경적 · 발달적 위험요인들을 안고 있는 아동들을 선별하고 서비스를 제공하는 것은 매우 중요하다고 할 수 있다.

아동 양육에 대처하는 가족과 조기 아동 발달에 영향을 미치는 다양한 위험요인들에 대한 인식을 통해 역동적이고 상호적인 조기중재 체계를 개발할 수 있다. 아동, 가족, 전문가, 그리고 서비스 체계를 비롯한 이 체계의 모든 부분들은 오늘날의 변화하는 다문화적 사회의 상황에 의해 큰 영향을 받는다. 조기중재팀의 구성원의 한 사람으로 초반의 실제 업무를 담당하는 말-언어치료사는 가장 중요한 조기 경험에 처해 있는 아동들과 가족들의 사정과 중재에 있어서 중대한 역할을 담당한다. 아동과 양육자 간의 조기의사소통의 상황은 아동의 생물학적 형성에 긍정적으로든 혹은 불리하게든 환경적 영향을 위한 배경을 제공한다. 언어병리학과 관련 분야들에서의 근거 기반 실천은 어린 아동의 인지적 · 사회적 · 의사소통적 · 언어적 능력에 영향을 미치는 의사소통 기회의 증대를 통해 조기언어중재의 효율성을 보증해 준다.

어린 아동들과 그 가족들이 직면하는 복합적인 위험요인들에 대한 논의를 통해 법률, 정책, 최상의 실천, 사정, 중재 연구, 조기언어중재의 복잡성과 중요성에 대한 보다 심도 깊은 이해에 다다를 수 있다. 의사소통장애 위험에 처한 어린 아동들을 위해 의사소통 환경을 개선하는 말-언어치료사의 역할은 다음과 같은 영역에서 지식, 기술, 능력의 결합을 포함하는 중대한 책임을 갖게 된다.

- 문화적 다양성을 배려하는 유능한 능력
- 아동의 발달체계에 대한 지식
- 관련된 전문가들과의 협력적인 팀워크
- 조기중재 및 초기 아동기 관련 법과 정책에 대한 지식
- 변화하는 아동과 가족의 요구에 적응하는 유연성
- 가족중심 케어에 대한 지식과 실행능력
- 보완대체 의사소통에 대한 이해와 적용
- 조기중재에서의 전문적인 능력의 지속적 개발
- 역동적인 사정방법과 도구

이들 영역들은 완전한 것이 아니다. 그 이유는 조기중재와 조기 아동 환경에 참여하는 말-언어치료사는 대부분의 경우 가정중심의 서비스와 센터중심의 서비스를 요구하는 사회공동체 환경에서 치료를 수행해야 하기 때문이다. 한 환경에서 다른 환경으로 옮겨 가는 능력과 다양한 환경에서 가족들과 아동들의 요구를 효과적으로 충족시키는 능력을 갖추려면 다양한 직접 및 간접적인 상호작용 접근법과 기술을 포함하는 탄력적인 도구들이 필요하다. 점점 더 조기중재 연구는 어린 아동들에게 놀이중심의 환경에서 중재를 실행하는 자연주의 접근법의 효과를 뒷받침하고 있다. 그러나 조기언어중재의 기술과 과학에서는 개별적인 아동의 발달상의 요구를 충족하는 상호작용을 구조화는 능력이 필요하다. 조기언어중재자로서 말-언어치료사는 각 아동과 그 가족을 위한 가장 효과적인 프로그램을 설계하기 위해서 지시적 · 행동적 접근법과 아동 지향적인 놀이를 주도할 수 있어야 한다. 인간 공동체의 가장 취약한 구성원(영아)을 위해 의사소통과 언어적 발달을 지원하는 행위에서 협력관계를 형성해 가는 데 있어 전문가들과 가족들이 직면하는 도전들은 수없이 많다. 이용 가능한 자원들에는 팀 구성원, 가족 그리고 아동과 함께 효과적인 의사소통 중재를 설계하기 위한 역동적인 문제해결의 여행에 기꺼이 동참하려는 말-언어치료사들을 위한 최신의 사정과 중재 등이 있다.

연구문제

1. 발달 신경생물학 연구에 기초하여 의사소통장애 위험에 처한 아동들을 위한 조기선별 및 중재의 원칙을 제시하라.
2. 환경적 위험요인들과 생물학적 위험요인들 간의 차이를 설명하라. 그 각각의 예를 들어 보라.
3. 영유아들의 사정을 위한 전통적인 발달접근법과 자연주의 접근법에서의 차이점을 기술하고, 각 범주에 속한 세 가지 유형의 사정도구들을 식별해 보라.
4. 의사소통장애 위험에 처한 어린 아동들을 위한 역동적인 사정의 적용 사례들에 대해서 알아보라.
5. 자연주의 언어중재의 핵심요소들을 기술하고, 이들 상황에서 지시적 방법을 사용하기 위한 원칙에 대해 진술하라.
6. 아동 자신의 나이에서 기대되는 기본적인 개념과 적절한 어휘 이해를 아직 보여 주지 못하고 발성을 하지 못하는 복잡한 신체적 장애를 갖고 있는 2세 남아에게 조기중재

에서 가능한 AAC 방법들을 기술하고, 가능한 적용방법에 대해 설명하라.

참고문헌

Abel, E., & Sokol, R. (1986). Fetal alcohol syndrome is now the leading cause of mental retardation. *Lancet, 2,* 1222–1224.

Acredolo, L., & Goodwyn, S. (1988). Symbolic gesturing in normal infants. *Child Development, 59,* 450–466.

Adamson, L. B., & Bakeman, R. (1999). Viewing variations in language development: The Communication Play Protocol. *Augmentative and Alternative Communication, 8,* 2–4.

Ahman, E., & Lipski, K. (1991). Early intervention for technology dependent infants and young children. *Infants and Young Children, 3,* 67–77.

American Academy of Pediatrics. (1987). Statement of childhood lead poisoning. *Pediatrics, 79,* 458–459.

American Academy of Pediatrics & American College of Obstetricians and Gynecologists. (1993). *Guidelines for perinatal care* (4th ed.). Elk Grove, IL: American Academy of Pediatrics.

American Dietetic Association. (2001). Position of the American Dietetic Association: Breaking the barriers to breastfeeding. *Journal of the American Dietetic Association, 10,* 1213–1220.

American Speech-Language-Hearing Association (ASHA). (1989, March). Issues in determining eligibility for language intervention *ASHA, 31,* 113–118.

American Speech-Language-Hearing Association (ASHA). (1990). The roles of speech-language pathologists in service delivery to infants, toddlers, and their families. *ASHA, 32*(suppl. 2), 4.

American Speech-Language-Hearing Association (ASHA). (1991, August). Let's talk: Fetal alcohol syndrome. *ASHA, 32,* 53–54.

American Speech-Language-Hearing Association (ASHA). (2004a). *Preferred practice patterns for the profession of speech-language pathology* [Preferred Practice Patterns]. Retrieved on March 25, 2008, from www.asha.org/policy.

American Speech-Language-Hearing Association (ASHA). (2004b). Knowledge and skills needed by speech-language pathologists providing services to infants and families in the NICU environment. *ASHA Supplement, 24,* 159–165.

American Speech-Language-Hearing Association (ASHA). (2004c). *Knowledge and skills needed by speech-language pathologists and audiologists to provide culturally and linguistically appropriate services* [Knowledge and Skills]. Retrieved on March 25, 2008, on from www.asha.org/policy.

American Speech-Language-Hearing Association (ASHA). (2005). *Cultural competence* [Issues in Ethics]. Retrieved on March 25, 2008, from www.asha.org/policy.

American Speech-Language-Hearing Association (ASHA). (2007a). *Early Hearing Detection & Intervention Action Center.* Retrieved July 24, 2007, from www.asha.org/about/legislation-advocacy/federal/ehdi.

American Speech-Language-Hearing Association (ASHA). (2007b). *Self-assessment for cultural competence.* Retrieved July 23, 2007, from www.asha.org/about/leadership-projects/multicultural/self.htm.

American Speech-Language-Hearing Association (ASHA). (2007c). *Scope of practice in speech-language pathology* [Scope of Practice]. Retrieved on March 25, 2008, from www.asha.org/policy.

Arimoto, A., & Murashima, S. (2007). Child-rearing anxiety and its correlates among Japanese mothers screened at 18-month infant health checkups. *Public Health Nursing, 24*(2), 101–110.

Bailey, D. B. (1988). Considerations in developing family goals. In D. Bailey & R. Simeonsson (Eds.), *Family assessment in early intervention.* Columbus, OH: Merrill/Macmillan.

Bates, E. (1999). Language and the infant brain. *Journal of Communication Disorders, 32,* 195–205.

Bates, E., Benigni, L., Bretherton, I., Camaioni, L., & Volterra, V. (1979). *The emergence of symbols: Cognition and communication in infancy.* New York: Academic Press.

Bates, E., Bretherton, I., & Snyder, L. (1988). *From first words to grammar: Individual differences and dissociable mechanisms.* New York: Cambridge University Press.

Bates, E., Bretherton, I., Snyder, L., Shore, C., & Volterra, V. (1980). Vocal and gestural symbols at 13 months. *Merrill-Palmer Quarterly, 26,* 408–423.

Bates, E., Thal, D., Whitesall, K., Fenson, L., & Oakes, L. (1989). Integrating language and gesture in infancy. *Developmental Psychology, 25,* 197–206.

Bayley, N. (1993). *Bayley Scales of Infant Development.* San Antonio, TX: Psychological Corporation.

Bech, B., Autrup, H., Nohr, E., Henriksen, T., & Olsen, J. (2005). Coffee and fetal death: A cohort study with prospective data. *American Journal of Epidemiology, 162*(10), 983–990.

Beers, M., & Berkow, R. (2004). *Malnutrition: The Merck manual of diagnosis and therapy.* Whitehouse Station, NJ: Merck Research Laboratories.

Billeaud, F. P. (1998). *Communication disorders in infants and toddlers: Assessment and intervention* (2nd ed.). Boston: Butterworth-Heinemann.

Bleile, K. (1997). Where words come from: The origins of expressive language. In R. Paul (Ed.), *Exploring the speech-language connection* (pp. 119–139). Baltimore: Paul H. Brookes.

Bluestone, C. (1990). *Update on otitis media: 1990.* Unpublished manuscript, University of Pittsburgh School of Medicine, Pittsburgh.

Brainerd, C. (1978). The stage question in cognitive developmental theory. *Behavioral and Brain Sciences, 1,* 173–182.

Brazelton, T. (1984). *Neonatal Behavioral Assessment Scale* (2nd ed.). White Plains, NY: March of Dimes Materials and Supplies Division.

Brazelton, T. B., & Als, H. (1979). Four early states in the development of mother–infant interaction. *Psychoanalytic Study of the Child, 34,* 349–369.

Brazelton, T. B., Koslowski, B., & Main, M. (1974). The origins of reciprocity: The early mother–infant interaction. In M. Lewis & L. A. Rosenblum (Eds.), *The effect of an infant upon its caregiver* (pp. 49–76). New York: Wiley.

Bricker, D. (1993). *Assessment, evaluation, and programming system for infants and children. Volume 1: AEPS measurement of birth to three years.* Baltimore: Paul H. Brookes.

Briggs, G. G., Freeman, R. K., & Yaffe, S. J. (2002). *Drugs in pregnancy and lactation* (6th ed.). Philadelphia, PA: Lippincott Williams & Wilkins.

Briggs, M. H. (1993). Team talk: Communication skills for early intervention teams. *Journal of Childhood Communication Disorders, 15,* 33–40.

Briggs, M. H. (1997). A systems model for early intervention teams. *Infants and Young Children, 9,* 66–77.

Brown, R. (1973). A *first language: The early stages.* London, England: George Allen & Unwin Ltd.

Bruner, J. (1983). *Child's talk: Learning to use language.* New York: Norton.

Bruns, D. A., & Steeples, T. (2001). Partners from the beginning: guidelines for encouraging partnerships between and NICU and El professionals. *Infant-Toddler Intervention, 11*(3–4), 237–247.

Bryant, D., & Ramey, C. (1987). An analysis of the effectiveness of early intervention programs for environmentally at-risk children. In M. Guralnick & F. Bennett (Eds.), *The effectiveness of early intervention for at-risk and handicapped children.* New York: Academic Press.

Butler, K. (1997). Dynamic assessment at the millennium: A transient tutorial for today! *Journal of Children's Communication Development, 19,* 43–54.

Bzoch, K., & League, R. (1991). *Receptive-Expressive Emergent Language Scale (REEL-2).* Austin, TX: Pro-Ed.

Calandrella, A. M., & Wilcox, M. J. (2000, October). Predicting language outcomes for young prelinguistic children with developmental delay. *Journal of Speech, Language, and Hearing Research, 43,* 1061–1071.

Campbell, R. (1987). The integrated programming team: An approach for coordinating professionals of various disciplines in programs for students with severe handicaps. *Journal of the Association for Persons with Severe Handicaps, 12,* 107–116.

Canfield, R., Henderson, C., Cory-Slechta, D., Cox, C., Jusko, T., & Lanphear, B. (2003). Intellectual impairment in children with blood lead concentrations below 10 μg per deciliter. *New England Journal of Medicine, 348,* 1517–1526.

Capute, A., & Accardo, P. J. (1978). Clinical Linguistic and Auditory Milestones Scale. *Clinical Pediatrics, 17,* 847.

Catlett, C. (1991, April). ASHAs early intervention projects. *ASHA, 32,* 50–51.

Centers for Disease Control and Prevention (CDC). (2000). *HIV/AIDS surveillance report, 11*(2). www.cdc.gov/hiv/topics/surveillance/resources/reports/index.htm#surveillance.

Centers for Disease Control and Prevention (CDC). (2004, September 24). Alcohol-attributable deaths and years of potential life lost—United States, 2001, *MMWR Weekly, 53*(37), 866–870.

Centers for Disease Control and Prevention (CDC). (2005, August). *Preventing lead poisoning in young children.* Atlanta, GA: Author.

Centers for Disease Control and Prevention (CDC). (2006). Tobacco use among adults—United States, 2005. *MMWR, 55*(42), 1145–1148.

Centers for Disease Control and Prevention (CDC). (2007). *Early hearing detection & intervention (EHDI) program.* Retrieved July 24, 2007, from www.cdc.gov/ncbddd/ehdi/default.htm.

Chai, A. Y., Zhang, C., & Bisberg, M. (2006). Rethinking natural environment practice: Implications from examining various interpretations and approaches. *Early Childhood Education Journal, 34,* 203–209.

Chasnoff, I. (1987). Parental effects of cocaine. *Contemporary Ob/Gyn,* 26, 1–8.

Chiocca, E. M. (1998). Language development in bilingual children. *Pediatric Nursing, 24,* 43–47.

Chomsky, N. (1965). *Aspects of the theory of syntax.* Cambridge, MA: MIT Press.

Christian, M., & Brent, R. (2001). Teratogen update: Evaluation of the reproductive and developmental risks of caffeine. *Teratology, 64*, 51–78.

Clark, G., & Seifer, R. (1983). Facilitating mother–infant communication: A treatment model for high-risk and developmentally delayed infants. *Infant Mental Health Journal, 4*, 67–82.

Cochrane, C. G., Farley, B. G., & Wilhelm, L. J. (1990). Preparation of physical therapists to work with handicapped infants and their families: Current status. *Physical Therapy, 70*, 372–380.

Cohen, H. (1990). Case management and care coordination for children with HIV infection. In R. Kozlowski, D. Snider, R. Vietze, & H. Wisniewski (Eds.), *Brain in pediatric AIDS*. Basel, Switzerland: Karger.

Cole, J. G. (1996). Intervention strategies for infants with prenatal drug exposure. *Infants and Young Children, 8*, 35–39.

Comfort, M., & Farran, D. C. (1994). Parent–child interaction assessment in family-centered intervention. *Infants and Young Children, 6*, 33–45.

Coplan, J. (1993). *Early Language Milestone Scale* (2nd ed.). Austin, TX: Pro-Ed.

Coplan, J., Contello, K. A., Cunningham, C. K., Weiner, L. B., Dye, T. D., Roberge, L., Wojtowycz, M. A., & Kirkwook, K. (1998). Early language development in children exposed to or infected with human immunodeficiency virus. *Pediatrics, 102*, 8.

Coplan, J., & Gleason, J. (1990). Quantifying language development from birth to 3 years using the Early Language Milestone Scale. *Pediatrics, 86*, 963–971.

Crais, E. (1991). Moving from "parent involvement" to family-centered services. *American Journal of Speech-Language Pathology, 1*(1), 5–8.

Crais, E. (1995). Expanding the repertoire of tools and techniques for assessing the communication skills of infants and toddlers. *American Journal of Speech-Language Pathology, 4*, 47–59.

Crawley, S., & Spiker, D. (1983). Mother–child interactions involving two-year-olds with Down syndrome: A look at individual differences. *Child Development, 54*, 1312–1323.

Crees, C. J. (1999). Transitions from spontaneous to intentional behaviors. *Augmentative and Alternative Communication, 8*, 4–7.

Cress, C. (2001). *A communication "tools" model for AAC intervention with early communicators*. Proceedings of the 24th Annual RESNA Conference, Reno, NV.

Cress, C. (2002). Expanding children's early augmented behaviors to support symbolic development. In J. Reichle, D. Beukelman, & J. Light (Eds.), *Implementing an augmentative communication system: Exemplary strategies for beginning communicators* (pp. 219–272). Baltimore: Paul H. Brookes.

Cress, C., & Marvin, C. (2003). Common questions about AAC services in early intervention. *AAC, 19*, 254–272.

Cross T., Bazron, B., Dennis, K., & Isaacs, M. (1989). *Towards a culturally competent system of care, Volume I*. Washington, DC: Georgetown University Child Development Center, CASSP Technical Assistance Center.

Dale, P. (1995). The value of good distinction. *Journal of Early Intervention, 19*, 102–103.

Dale, R. S. (1991). The validity of a parent report treasures of vocabulary and syntax at 24 months. *Journal of Speech and Hearing Research, 34*, 565–571.

D'Apolito, K. (1998). Substance abuse: Infant and childhood outcomes. *Journal of Pediatric Nursing, 13*, 307–316.

Dattel, B. (1990). Substance abuse in pregnancy. *Summaries in Perinatology, 14*, 179–187.

DeWeerth, C., van Geert P., & Hoijtink, H. (1999). Intraindividual variability in infant behavior. *Developmental Psychology, 35,* 1102–1112.

Donahue, M. L., & Pearl, R. (1995). Conversational interactions of mothers and their preschool children who have been preterm. *Journal of Speech and Hearing Research, 38,* 1117–1125.

Drash, R. W., & Tudor, R. M. (1990). Language and cognitive development: A systematic behavioral program and technology for increasing the language and cognitive skills of developmentally disabled and at-risk preschool children. *Programs in Behavior Modification, 26,* 173–220.

Dunst, C., & Rheingrover, R. (1982). Discontinuity and instability in early development: Implications for assessment. In J. Neisworth (Ed.), *Assessment in special education.* Rockville, MD: Aspen.

Ensher, G. (1989). Newborns at risk. *Topics in Language Disorders, 10,* 80–90.

Ensher, G. (2007). *Partners in play: Assessing infants and toddlers in natural contexts.* Clifton Park, NY: Delmar Cengage Learning.

Eskenazi, B. (1999). Caffeine—Filtering the facts. *New England Journal of Medicine, 341,* 1688–1689.

Fenson, L., Dale., R., Reznick, S., Thal, D., Bates, E., Hartung, J., Pethick, S., & Reilly, J. (1993). *MacArthur Communicative Development Inventories.* San Diego: Singular.

Fried, R., & Watkinson, B. (1990). 36- and 48-month neurobehavioral follow-up of children prenatally exposed to marijuana, cigarettes, and alcohol. *Developmental and Behavioral Pediatrics, 11,* 49–58.

Furuno, S., O'Reilly, K., Inatsuka, T., Hosaka, C., Allman, T., & Zeisloft-Falboy, B. (1987). *Hawaii Early Learning Profile.* Palo Alto, CA: Vort.

Gerber, S. (1990). *Prevention: The etiology of communicative disorders in children.* Englewood Cliffs, NJ: Prentice Hall.

Girolametto, L. (1995). Reflections on the origins of directiveness: Implications for intervention. *Journal of Early Intervention, 19,* 104–106.

Girolametto, L., Greenberg, J., & Manolson, A. (1986). Developing dialogue skills: The Hanen Early Language Parent Program. *Seminars in Speech and Language, 7,* 367–382.

Glascoe, F. P., & Byrne, K. E. (1993). The usefulness of the Developmental Profile-II in developmental screening. *Clinical Pediatrics, 32,* 203–208.

Goldschmidt, L., Richardson, G. A., Cornelius, M. D., & Day, N. L. (2004). Prenatal marijuana and alcohol exposure and academic achievement at age 10. *Neurotoxicology Teratology* 26(4), 521–532.

Gonzalez-Cossio, T., Peterson K. E., Sanin, L., Fishbein S. E., Palazuelos, E., Aro, A., Hernandez-Avila, M., & Hu, H. (1997). Decrease in birth weight in relation to maternal bone lead burden. *Pediatrics, 100,* 856–862.

Goode, T. (2002). *Promoting cultural diversity and cultural competency-self assessment checklist for personnel providing services and supports to children with disabilities and special health care needs.* Washington, DC: National Center for Cultural Competence, Georgetown University Center for Child and Human Development.

Goode, T., & Jones, W. (2006). *Definition of linguistic competence.* Washington, DC: National Census for Cultural Competence, Georgetown University Center for Child and Human Development.

Gormley, W., Gayer, T., Phillips, D., & Dawson, B. (2005). The effects of universal pre-K on cognitive development. *Developmental Psychology, 41*(6), 872–884.

Gradel, K., Thompson, M. S., & Sheehan, R. (1981). Parental and professional agreement in early childhood assessment. *Topics in Early Childhood Special Education, 1,* 31–39.

Gravel, J., & Wallace, I. (2000). Effects of otitis media with effusion on hearing in the first 3 years of life. *Journal of Speech, Language, and Hearing Research, 43,* 631–644.

Guralnick, M. J. (1997). *The effectiveness of early intervention.* Baltimore, MD: Brookes.

Halle, J. W., Baer, D., & Spradlin, J. E. (1981). Teacher's generalized use of delay as a stimulus control procedure to increase language use in handicapped children. *Journal of Applied Behavior Analysis, 14,* 389–411.

Hanson, M. J., & Krentz, M. S. (1986). *Supporting parent–child interactions: A guide for early intervention program personnel.* San Francisco: San Francisco State University, Integrated Special Infant Services Program, Department of Special Education.

Hanson, M. J., Lynch, E. W., & Wayman, K. (1990). Honoring the cultural diversity of the family when gathering data. Topics *in Early Childhood Special Education, 10,* 112–131.

Harding, C., & Golinkoff, R. (1979). The origins of intentional vocalizations in prelinguistic infants. *Precursors of early speech.* New York: Stockton.

Harding, C. G., & Golinkoff, R. M. (1979). The origins of intentional vocalizations in prelinguistic infants. *Child Development, 25,* 140–151.

Hart, B., & Risely, T. (1975). Incidental teaching of language in the preschool. *Journal of Applied Behavioral Analysis, 8,* 411–420.

Hart, B., & Risely, T. (1995). *Meaningful differences in the everyday experiences of young American children.* Baltimore: Paul H. Brookes.

Furuno, S., O'Reilly, K., Inatsuka, T., Hosaka, C., Allman, T., & Zeisloft-Falboy, B. (1987). *Hawaii Early Learning Profile.* Palo Alto, CA: Vort.

Gerber, S. (1990). *Prevention: The etiology of communicative disorders in children.* Englewood Cliffs, NJ: Prentice Hall.

Girolametto, L. (1995). Reflections on the origins of directiveness: Implications for intervention. *Journal of Early Intervention, 19,* 104–106.

Girolametto, L., Greenberg, J., & Manolson, A. (1986). Developing dialogue skills: The Hanen Early Language Parent Program. *Seminars in Speech and Language, 7,* 367–382.

Glascoe, F. P., & Byrne, K. E. (1993). The usefulness of the Developmental Profile-II in developmental screening. *Clinical Pediatrics, 32,* 203–208.

Goldschmidt, L., Richardson, G. A., Cornelius, M. D., & Day, N. L. (2004). Prenatal marijuana and alcohol exposure and academic achievement at age 10. *Neurotoxicology Teratology 26*(4), 521–532.

Gonzalez-Cossio, T., Peterson K. E., Sanin, L., Fishbein S. E., Palazuelos, E., Aro, A., Hernandez-Avila, M., & Hu, H. (1997). Decrease in birth weight in relation to maternal bone lead burden. *Pediatrics, 100,* 856–862.

Goode, T. (2002). *Promoting cultural diversity and cultural competency-self assessment checklist for personnel providing services and supports to children with disabilities and special health care needs.* Washington, DC: National Center for Cultural Competence, Georgetown University Center for Child and Human Development.

Goode, T., & Jones, W. (2006). *Definition of linguistic competence.* Washington, DC: National Census for Cultural Competence, Georgetown University Center for Child and

Human Development.

Gormley, W., Gayer, T., Phillips, D., & Dawson, B. (2005). The effects of universal pre-K on cognitive development. *Developmental Psychology, 41*(6), 872–884.

Gradel, K., Thompson, M. S., & Sheehan, R. (1981). Parental and professional agreement in early childhood assessment. *Topics in Early Childhood Special Education, 1,* 31–39.

Gravel, J., & Wallace, I. (2000). Effects of otitis media with effusion on hearing in the first 3 years of life. *Journal of Speech, Language, and Hearing Research, 43,* 631–644.

Guralnick, M. J. (1997). *The effectiveness of early intervention.* Baltimore, MD: Brookes.

Halle, J. W., Baer, D., & Spradlin, J. E. (1981). Teacher's generalized use of delay as a stimulus control procedure to increase language use in handicapped children. *Journal of Applied Behavior Analysis, 14,* 389–411.

Hanson, M. J., & Krentz, M. S. (1986). *Supporting parent–child interactions: A guide for early intervention program personnel.* San Francisco: San Francisco State University, Integrated Special Infant Services Program, Department of Special Education.

Hanson, M. J., Lynch, E. W., & Wayman, K. (1990). Honoring the cultural diversity of the family when gathering data. Topics *in Early Childhood Special Education, 10,* 112–131.

Harding, C., & Golinkoff, R. (1979). The origins of intentional vocalizations in prelinguistic infants. *Precursors of early speech.* New York: Stockton.

Harding, C. G., & Golinkoff, R. M. (1979). The origins of intentional vocalizations in prelinguistic infants. *Child Development, 25,* 140–151.

Hart, B., & Risely, T. (1975). Incidental teaching of language in the preschool. *Journal of Applied Behavioral Analysis, 8,* 411–420.

Hart, B., & Risely, T. (1995). *Meaningful differences in the everyday experiences of young American children.* Baltimore: Paul H. Brookes.

Hedrick, D., Prather, E., & Tobin, A. (1984). *Sequenced Inventory of Communication Development* (Rev.). Los Angeles: Western Psychological Services.

Holmgren, K., Lindblom, B., Aurelius, G., Jaling, B., & Zetterstrom, R. (1986). On the phonetics of infant vocalization. In B. Lindblom & R. Zetterstrom (Eds.), *Precursors of early speech.* New York: Stockton.

Hopkins, K., Grosz, J., & Lieberman, A. (1990). *Working with families and caregivers of children with HIV infection and developmental disability.* Technical report on developmental disabilities and HIV infection. Silver Spring, MD: American Association of University Affiliated Programs.

Howard, C., & Lawrence, R. (1998). Breast-feeding and drug exposure. *Obstetrics and Gynecology Clinics of North America, 25,* 195–217.

Iacono, T. A. (1999). Language intervention in early childhood. *International Journal of Disability, Development and Education, 46,* 383–420.

International Food Information Council. (2002). Caffeine and women's health. Retrieved on March 25, 2008, from http://ific.org/publications/brochures/caffwomenbroch.cfm.

Ireton, H., & Thwing, E. (1974). *Manual for the Minnesota Child Development Inventory.* Minneapolis, MN: Behavior Science Systems.

Jones, H., & Warren, S. (1991). Enhancing engagement in early language teaching. *Teaching Exceptional Children, 23,* 48–50.

Jones, K., & Smith, D. (1974). Outcomes in offspring of chronic alcoholic women. *Lancet, 3,* 1076–1078.

Justice, L. M., & Ezell, H. K. (2001). Word and print awareness in 4-year-old children. *Child Language Teaching and Therapy, 17,* 207–225.

Kaiser, A. B., & Hester, R. R. (1995). Generalized effects of enhanced milieu teaching. *Journal of Speech and Hearing Research, 37,* 1320–1340.

Kaye, K., & Charney, R. (1981). Conversational asymmetry between mothers and children. *Journal of Child Language, 8,* 35–49.

Kennedy, M. D., Sheridan, M. K., Radlinshi, S. H., & Beeghly, M. (1991). Play-language relationships in young children with developmental delays: Implications for assessment. *Journal of Speech and Hearing Research, 34,* 112–122.

Kent, R., & Hodge, M. (1991). The biogenesis of speech: Continuity and process in early speech and language development. In J. Miller (Ed.), *Research on child language disorders.* Austin, TX: Pro-Ed.

Key, A., Ferguson, M., Molfese, D., Peach, K., Lehman, C., & Molfese, V. (2007). Smoking during pregnancy affects speech-processing ability in newborn infants. *Environmental Health Perspectives, 115,* 623–629.

Klein, M. D., & Briggs, M. H. (1987). *Observation of Communicative Interaction.* Los Angeles: University of California, Los Angeles, Mother–Child Communication Project.

Koopmans-van Beinum, F. J., & van der Stelt, J. M. (1986). Early stages in the development of speech movements. In B. Lindblom & R. Zetterstrom (Eds.), *Precursors of Early Speech* (pp. 37–50). New York: Stockton.

Kopp, C. (1990). Risk in infancy: Appraising the research. *Merrill-Palmer Quarterly, 36,* 117–139.

Laurel, M., & Westby, C. (1993). *Teams in early intervention: Speech/language pathology module.* Albuquerque, NM: Center for Family & Community Partnerships.

Light, J., Drager, K., Curran, J., Hayes, E., Kristiansen, L., Lewis, W., May, H., Page, R., Panek, E., Perdergast, S., & White, M. (2005). AAC interventions to maximize language development in young children. Penn State University, Department of Communication Sciences and Disorders. www.aac-rerc.com/pages/news/webcasts.htm.

Linder, T. (1993). *Transdisciplinary, play-based assessment.* Baltimore: Paul H. Brookes.

Locke, J. (1994a). Speech acquisition and mother–child interaction. *American Scientist, 82,* 436–440.

Locke, J. (1994b). Gradual emergence of developmental language disorders. *Journal of Speech and Hearing Research, 37,* 608–616.

Love, J., Kiskder, E., Ross, C., Constantine, J., & Boller, K. (2005). The effectiveness of early Head Start for 3-year-old children and their parents: Lessons for policy and programs. *Developmental Psychology, 41*(6), 885–901.

Lust, B. (1999). Universal grammar: The strong continuity hypothesis in first language acquisition. In W. Ritchie & T. Bhatia (Eds.), *Handbook of child language acquisition* (pp. 111–155). San Diego: Academic Press.

Lyons-Ruth, K., Connell, D., & Grunebaum, H. (1990). Infants at social risk: Maternal depression and family support services as mediators of infant development and security of attachment. *Child Development, 61,* 85–98.

MacDonald, J. (1985). Language through conversation. In S. Warren & A. Rogers-Warren (Eds.), *Teaching functional language.* Austin, TX: Pro-Ed.

MacDonald, J., & Carroll, J. Y. (1992). A social partnership model for assessing early communication development: An intervention model for preconversational children. *Language, Speech, and Hearing Services in Schools, 23,* 113–124.

MacDonald, J., & Gillette, Y. (1985). *Social play: A program for developing a social play habit for communication development.* Columbus, OH: Ohio State University Research Foundation.

Mahoney, G., & Powell, A. (1984). *The transactional intervention program, preliminary teachers' guide.* Unpublished manuscript, School of Education, University of Michigan, Ann Arbor.

Mays, R. M., & Gillon, J. E. (1993). Autism in young children: An update. *Journal of Pediatric Health Care, 7,* 17–23.

McCathren, R. B., Yoder, P. J., & Warren, S. F. (1995). The role of directives in early language intervention. *Journal of Early Intervention, 19,* 91–101.

McCathren, R. B., Yoder, P. J., & Warren, S. F. (1999). The relationship between prelinguistic vocalization and later expressive vocabulary in young children with developmental delay. *Journal of Speech, Language, and Hearing Research, 42*(4), 915–924.

McCollum, J. A., & Yates, T. J. (1994). Dyad as focus triad as means: A family-centered approach to supporting parent–child interactions. *Infants and Young Children, 6,* 54–63.

McCormick, L., & Goldman, R. (1978). The transdisciplinary model: Implications for service delivery and personnel preparation for the severely and profoundly handicapped. *AAESPH Review, 4,* 152–161.

McCormick, L., Loeb, D., & Schiefelbusch, R. (1997). *Supporting children with communication difficulties in inclusive settings: School-based intervention.* Boston: Allyn & Bacon.

McElhatton, P., Bateman, D., Evans, C., Pughe, K., & Thomas, S. (1999). Congenital anomalies after prenatal ecstasy exposure. *Lancet, 354,* 1441–1442.

McGonigel, M., Kaufmann, R., & Johnson, B. (1991). *Guidelines and recommended practices for the individualized family service plan.* Bethesda, MD: Association for the Care of Children's Health.

McKinney, E., Ashwill, J., Murray, S., James, S., Gorrie, T., & Droske, S. (2000). *Maternal–child nursing.* New York: Saunders.

McNeilly, L. (2005). HIV and communication. *Journal of Communication Disorders, 38,* 303–310.

Miller, J. P., Sedey, A. L., & Miolo, G. (1995). Validity of parent report measures of vocabulary development for children with Down syndrome. *Journal of Speech and Hearing Research, 38,* 1037–1044.

Mitchell, R., & Rent, R. (1990). Phonetic variation in multisyllabic babbling. *Journal of Child Language, 17,* 247–266.

Montgomery, J. K., Valdez, F., & Herer, G. R. (1997). Best practice in school speech language assessment: Using early intervention results. *Journal of Children's Communication Development, 19,* 3–11.

Moore, M. K., & Meltzhoff, A. N. (1978). Object permanence, imitation, and language development: Toward a neo-Piagetian perspective. In R. D. Minifie & L. L. Lloyd. (Eds.), *Communicative and cognitive abilities—Early behavioral assessment.* Baltimore: University Park Press.

National Center for Cultural Competence (NCCC). (2007a). Georgetown University Center for Child and Human Development. Retrieved July 23, 2007, from www11.georgetown.edu/research/gucchd/nccc.

National Center for Cultural Competence (NCCC). (2007b). A *guide for advancing family-centered and culturally and linguistically competent care.* Georgetown University Center for Child and Human Development. Retrieved July 23, 2007, from www11.georgetown.edu/research/gucchd/nccc.

National Dissemination Center for Children with Disabilities (NICHCY). (2007). *NICHCY Connections . . . to Resources on IDEA* 2004. Retrieved July 11, 2007, from www.nichcy.org/resources/IDEA2004resources.asp.

National Institute on Drug Abuse. (1995). *Biological mechanisms and perinatal exposure to drugs.* NIDA Research Monograph no. 158.

Newborg, J., Stock, J., & Wnek, I. (1984). *Batelle Developmental Inventory.* Allen, TX: DLM/Teaching Resources.

Norris, D. (1992). Connectionism: A new breed of bottom-up model? In R. G. Reilly & N. E. Sharkey (Eds.), *Connectionist approaches to natural language processing* (pp. 351–371). Hilldale, NJ: Lawrence Erlbaum.

Norris, J. A., & Hoffman, R. (1990). Language intervention within naturalistic environments. *Language, Speech, and Hearing Services in the Schools, 21,* 72–84.

Northern, J. L., & Downs, M. P. (2002). *Hearing in children* (5th ed.). Philadephia: Lippincott, Williams & Wilkins.

Oller, D. K. (1980). The emergence of the sounds of speech in infancy. In G. Yeni-Komshian, J. Kavanagh, & C. Ferguson (Eds.), *Child phonology* (Vol. 1, pp. 93–112). New York: Academic.

Oller, D. K., Eilers, R., Neal, A. R., & Schwartz, H. K. (1999). Precursors to speech in infancy: The prediction of speech and language disorders. *Journal of Communication Disorders, 32,* 223–245.

Olswang, L., Stoel-Gammon, C., Coggins, T., & Carpenter, R. (1987). *Assessing Prelinguistic and Linguistic Behaviors.* Seattle: University of Washington Press.

Ondersma, S., Simpson, S., Brestan, E., & Ward, M. (2000). Prenatal drug exposure and social policy: The search for an appropriate response. *Child Maltreatment, 5*(2), 93–108.

Owens, R. (1992). *Language development: An introduction* (3rd ed.). Columbus, OH: Merrill/Macmillan.

Oxford, M., & Spieker, S. (2006). Preschool language development among children of adolescent mothers. *Journal of Applied Developmental Psychology, 27,* 165–182.

Paradise, J., Rockette, H., Colborn, K., Bernard, B., Smith, C., Kurs-Lasky, M., & Janosky, J. (1997). Otitis media in 2,253 Pittsburgh-area infants: Prevalence and risk factors during the first two years of life. *Pediatrics, 99,* 318–333.

Parrenas, R. S. (2005). *Children of global migration: Transnational families and gendered roles.* Stanford, CA: Stanford University Press.

Paul, R. (1999). Discussion: Early speech perception and production. *Journal of Communication Disorders, 32,* 247–250.

Paul, R. (2007). *Language disorders from infancy through adolescence: Assessment and intervention* (3rd ed.). St. Louis, MO: Mosby.

Pilkington, K. O., & Malinowski, M. (2002). The natural environment II: Uncovering deeper responsibilities within relationship-based services. *Infants and Young Children, 15,* 78–84.

Pine, J. (1992). Maternal style at the early one-word stage: Re-evaluating the stereotype of the directive mother. *First Language, 12,* 169–186.

Polmanteer, K., & Turbiville, V. (2000). Family-responsive individualized family service plans for speech-language pathologists. *Language, Speech, and Hearing Services in Schools, 31,* 4–14.

Pretti-Frontczak, K., & Bricker, D. (2004). *An activity-based approach to early intervention* (3rd ed.). Baltimore: Paul H. Brookes Publishing.

Proctor, A. (1989). Stages of normal vocal development in infancy: A protocol for assessment. *Topics in Language Disorders, 10,* 26–42.

Reichle, J., Beukelman, D., & Light, J. (2002). *Implementing an augmentative communication system: Exemplary strategies for beginning communicators.* Baltimore: Paul H. Brookes.

Reinharten, D. B., Edmondson, R., & Crais, E. R. (1997). Developing assistive technology strategies for infants and toddlers with communication difficulties. *Seminars in Speech and Language, 18,* 283–301.

Rescorla, L. (1989). Language Development Survey. *Journal of Speech and Hearing Disorders, 54, 587–599.*

Reynell, J. (1995). *Reynell Developmental Language Scales.* Los Angeles: Webster Psychological.

Rice, M., Buhr, J., & Nemeth, M. (1990). Fast-mapping word-learning abilities of language-delayed preschoolers. *Journal of Speech and Hearing Research, 55,* 33–42.

Robb, M., Bauer, H., & Tyler, A. (1994). A quantitative analysis of the single-word stage. *First Language, 14,* 37–48.

Roberts, J., Wallace, I., & Henderson, F. (1997). *Otitis media in young children: Medical, developmental, and educational considerations.* Baltimore: Paul H. Brookes.

Robertson, S. B., & Weismer, S. E. (1999). Effects of treatment on linguistic and social skills in toddlers with delayed language development. *Journal of Speech, Language, and Hearing Research, 42,* 1234–1248.

Robinson, N., & Robb, M. (1997). Early communication assessment and intervention: An interactive process. In D. Bernstein & E. Tiegerman (Eds), *Language and communication disorders in children* (4th ed., pp. 155–196). Boston: Allyn & Bacon.

Romski, M. A., & Sevcik, R. A. (2005). Augmentative communication and early intervention: Myths and realities. *Infants & Young Children, 18,* 174–185

Rossetti, L. (1990. *The Rossetti Infant-Toddler Language Scale.* Moline, IL: Lingua Systems.

Rowland, C. (2004). *The Communication Matrix.* Oregon Health Sciences Design to Learn Projects. Retrieved July 25, 2007, from www.designtolearn.com/pages/matrix.html.

Rutter, M. (1979). Protective factors in children's response to stress and disadvantage. In M. Kent & T. Rolf (Eds.), *Social competence in children.* Hanover, NH: University Press of New England.

Sawyer, D., & Butler, K. (1991). Early language intervention: A deterrent to reading disability. *Annals of Dyslexia, 41, 55–79.*

Sevcik, R. A. (1999). Research with young children at risk of speech/language development disorders. *Augmentative and Alternative Communication, 8,* 1–2.

Shatz, M. (1983). On transition, continuity, and coupling: An alternative approach to communicative development. In R. Golinkoff (Ed.), *The transition from prelinguistic to linguistic communication.* Hillsdale, NJ: Erlbaum.

Shaw, D. S., & Bell, R. Q. (1993). Developmental theories of parental contributors to antisocial behaviour, *Journal of Abnormal Child Psychology, 21,* 493–518.

Shelton, T., Jeppson, E., & Johnson, B. (1987). *Family-centered care for children with special health care needs*. Washington. DC: Association for the Care of Children's Health.

Shprintzen, R. (1997). *Genetics, syndromes, and communication disorders*. San Diego, CA: Singular.

Shriberg, L., Friel-Patti, S., Flapsen, P., & Brown, R. (2000). Otits media, fluctuant hearing loss, and speech-language outcomes: A preliminary structural equation model. *Journal of Speech, Language, and hearing Research, 43,* 100–120.

Smith A. M., Fried, P. A., & Hogan, M. J. (2004). Effects of prenatal marijuana on response inhibition: An MRI study of young adults. *Neurotoxicology Teratology, 26*(4), 533–542.

Smith, D., Johnson, A., Pears, K., Fisher, P., & DeGarmo, D. (2007). Child maltreatment and foster care: Unpacking the effects of prenatal and postnatal parental substance use. *Child Maltreatment, 12*(2), 150–160.

Smith, M. (1994). Child-rearing practices associated with better developmental outcomes in preschool-age foster children. *Child Study Journal, 24,* 299–326.

Snow, C. (1979). The role of social interaction and the development of communicative ability. In A. Collins (Ed.), *Children's language and communication*. Hillsdale, NJ: Erlbaum.

Snyder, L., Bates, E., & Bretherton, I. (1981). Content and context in early lexical development. *Journal of Child Language, 8,* 565–582.

Sparks, S. (1989). Assessment and intervention with at-risk infants and toddlers: Guidelines for the speech-language pathologist. *Topics in Language Disorders, 10,* 43–56.

Stark, R. (1980). Stages of speech development in the first year of life. In G. Komishan, J. Kavanagh, & C. Ferguson (Eds.), *Child phonology* (Vol. 1). New York: Academic.

Stoel-Gammon, C., & Cooper, J. (1984). Patterns of early lexical and phonological development. *Journal of Child Language, 11,* 247–271.

Streissguth, A., & Kanter, J. (1997). *The challenge of fetal alcohol syndrome: Overcoming secondary disabilities*. Seattle: University of Washington Press.

Teele, D., Klein, J., Chase, C., Menyuk, R., & Rosner, B. (1990). Otitis media in infancy and intellectual ability, school achievement, speech and language at age 7 years. *Journal of Infectious Diseases, 162,* 685–694.

Thal, D., & Bates, E. (1988). Language and gesture in late talkers. *Journal of Speech and Hearing Research, 31,* 115–123.

Tomblin, J. B., Shonrock, C. M., & Hardy, J. C. (1989). The concurrent validity of the Minnesota Child Development Inventory as a measure of young children's language development. *Journal of Speech and Hearing Disorders, 54,* 101–105.

Turnbull, A., & Turnbull, H. (1990). *Families, professionals, and exceptionality: A special partnership* (2nd ed.). Columbus, OH: Merrill/Macmillan.

UK Office for National Statistics. (2006). Child health. Retrieved on August 25, 2007, from www.statistics.gov.uk/cci/nscl.asp?ID=8456.

UNICEF. (1998). *The state of the world's children*. Oxford, UK: Oxford University Press.

U.S. Department of Education. (2007). Special Education and Rehabilitative Services. IDEA 2004, Part C Regulations, Notice of Proposed Rule Making (NPRM). Retrieved July 23, 2007, from www.ed.gov/policy/speced/guid/idea/part-c/nprm/index.html.

Vihman, M., & Greenlee, M. (1987). Individual differences in phonological development: Ages one and three years. *Journal of Speech and Hearing Research, 30,* 503–521.

Ward, S. (1999). An investigation into the effectiveness of an early intervention method for delayed language development in young children. *International Journal of Language and Communication Disorders, 34,* 243–264.

Warren, S., & Kaiser, A. (1986). Incidental language teaching: A critical review. *Journal of Speech and Hearing Disorders, 51,* 291–299.

Warren, S. R., & Gazdag, G. (1990). Facilitating early language development with milieu intervention procedures. *Journal of Early Intervention, 14,* 62.

Wetherby, A., & Prizant, B. (1992). Profiling young children's communicative competence. In S. Warren & J. Reichle (Eds.), *Causes and effects in communication and language intervention* (pp. 217–253). Baltimore: Paul H. Brookes.

Wetherby, A., & Prizant, B. (1993). Profiling communication and symbolic abilities in young children. *Journal of Childhood Communication Disorders, 15,* 23–32.

Wetherby, A., & Prizant, B. (1998). *Communication and Symbolic Behavior Scale.* Chicago: Riverside.

Wetherby, A., Prizant, B., & Hutchinson, T. (1998). Communication, social/affective, and symbolic profiles of young children with autism and pervasive developmental disorders. *American Journal of Speech-Language Pathology, 7,* 79–91.

Wilcox, M. J., Kouri, T. A., & Caswell, S. B. (1991). Early language intervention: A comparison of classroom and individual treatment. *American Journal of Speech-Language Pathology, 1,* 49–61.

Wing, C. (1990). Defective infant formulas and expressive language delay: A case study. *Language, Speech, and Hearing Services in Schools, 21,* 22–27.

World Health Organization. (2001). *International classification of functioning, disability and health.* Geneva, Switzerland: Author.

Wouldes, T., LaGasse, L., Sheridan, J., & Lester, B. (2004). Maternal methamphetamine use during pregnancy and child outcome: What do we know? *Journal of the New Zealand Medical Association, 117*(1206), 1–10.

Wyly, M., Allen, J., Pfalzer, S. M., & Wilson, J. R. (1996). Providing a seamless service system from hospital to home: The NICU Training Project. *Infants and Young Children, 8,* 77–84.

Yoder, P., & Warren, S. (1999). Prelinguistic communication intervention may be one way to help children with developmental delays learn to talk. *Augmentative and Alternative Communication, 8,* 11–12.

Yoder, P., Warren, S., Kyoungram, K., & Gazdag, G. E. (1994). Facilitating prelinguistic communication skills in young children with developmental delay II: Systematic replication and extension. *Journal of Speech and Hearing Research, 37,* 841–851.

Zimmerman, I., Steiner, V., & Pond, R. (1992). *Preschool Language Scale—3.* San Antonio, TX: Psychological Corporation.

Zuniga, J. (1999, April). Communication disorders and HIV Disease. *International Association of Physicians in Aids Care.* Retrieved on March 26, 2008, from www.thebody.com/content/art12344.html.

제 4 장

취학 전 언어장애 : 특성, 사정, 중재

Liat Seiger-Gardner
뉴욕시립대학교 리먼칼리지
Diana Almodovar
뉴욕시립대학교 리먼칼리지

이 장을 읽고 난 후 다음의 사항을 할 수 있어야 한다.

- 언어형태(음운론, 구문론 및 형태론), 언어내용(의미론) 그리고 언어 사용(화용론)이 언어장애 아동들에게 어떻게 영향을 미치는지 설명할 수 있어야 한다.
- 언어지체와 언어장애를 구별할 수 있어야 한다.
- 언어장애 아동들의 특징과 장애를 설명하는 현행 이론들을 확인할 수 있어야 한다.
- 취학 전 언어장애 아동의 언어를 평가하기 위한 형식적인 방법과 비형식적인 방법을 구분할 수 있어야 한다.
- 언어장애 아동들의 언어능력을 촉진하기 위한 다양한 치료방법들과 기술들을 논의할 수 있어야 한다.

조기중재를 위해서는 언어발달 지체를 조기에 확인하는 것이 중요하다. 언어발달의 초기에 나타난 지체가 아동의 발달기 내내 지속될 것인지 아닌지를 결정하는 것이 중요하다. 말-언어치료사는 언어의 다양한 영역들을 습득하는 과정뿐만 아니라 아동이 성취해야 하는 발달 단계들을 알고 있어야 한다. 언어발달은 비언어적 의사소통 행동과 구어-언어 중재가 필요한 아동들을 확인하는 데에 필수적이다. 이 장에서는 취학 전 아동들의 언어장애뿐만 아니라 언어지체의 특징들을 논의할 것이다. 아동을 형식적 및 비형식적으로 평가하는 방법들이 개관될 것이다. 또한 중재에서 언어발달을 촉진시키기 위해 사용되는 방법들이 논의될 것이다.

1. 언어발달 지체

언어장애 아동들은 대부분 2세가 되어서야 확인된다. 언어지체의 첫 번째 근거는 감각, 운동, 인지적 결함이 없음에도 불구하고 초어가 늦게 출현하는 것과 어휘가 늦게 발달하는 것이다(Leonard, 1998). 정상적인 언어발달을 보이는 영유아들은 초어를 12개월과 18개월 사이에 습득하며 두 단어 조합을 18개월과 24개월 사이에 산출하는데, 이것은 적어도 산출 어휘목록에서 15개 단어를 가지고 난 후의 일이다(Nelson, 1973). 이런 발달 단계를 **언어출현 단계**라고 말한다(Paul, 1995). 이런 언어 단계들의 습득에 실패한 아동을 **말이 늦는 아동**이라고 말한다(Rescorla, 1989; Rescorla & Schwartz, 1990). 이런 지체는 미약한 정보처리 기술, 발성기술, 표현기술, 개념기술 혹은 규칙-학습 기술들에 기인한다(Rescorla, 2002).

음운발달지체는 또한 말이 늦는 아동의 특징이다(Paul, 1991; Paul & Jennings, 1992;

Rescorla & Ratner, 1996; Roberts, Rescorla, Giroux, & Stevens, 1998). 말이 늦는 아동은 정상적인 발달을 보이는 아동에 비해 발성과 발어가 더 적고 자음산출의 정확성이 떨어진다. 말이 늦는 아동은 비례적으로 더 적은 자음 및 모음 목록을 나타내며, 그들의 자음 목록은 주로 유성 파열음(/d/, /g/, /z/), 비음(/m/, /n/), 대치음(/j/, /w/)으로 구성된다. 말이 늦는 아동은 또한 제한적이고 단순한 음절 구조를 나타내며, 주로 단일 모음 형태와 자음-모음(CV) 음절 형태를 사용한다. 또한 정상적인 발달을 보이는 아동은 의미가 담긴 말이 증가하고 옹알이의 비율이 감소하는 반면, 말이 늦는 아동은 옹알이 시기가 연장된다. 이런 아동의 옹알이 특징은 단순하다는 것이다.

마지막으로, 말이 늦는 아동뿐만 아니라 정상적인 발달을 보이는 아동도 단어 산출을 단순화시키기 위한 특정한 기술을 사용한다. 이런 기술을 음운변동이라고 한다. 가장 일반적인 **음운 과정**은 다음과 같다.

1. 자음군 축약—자음군을 하나의 자음으로 축약하는 것으로, /spoon/에 대하여 /poon/ 혹은 /tree/에 대하여 /tee/가 그 예이다.
2. 무강세 음절 탈락—다음절어에서 강세가 없거나 혹은 약세 음절을 생략하는 것으로, /banana/에 대하여 /nana/ 또는 /elephant/에 대하여 /ephant/가 그 예이다.
3. 전이—유음(/l/과 /r/)을 전이음(/w/와 /j/)으로 대체하는 것으로 /truck/에 대하여 /twack/ 또는 /love/에 대하여 /wave/가 그 예이다.
4. 종성 자음 탈락—단어 끝부분 자음을 생략하는 것으로 /car/에 대하여 /ca/ 또는 /hat/에 대하여 /ha/가 그 예이다(Ingram, 1981; Leonard, 1982; Schwartz, Leonard, Folger, & Wilcox, 1980).

이런 과정은 정상적인 발달을 보이는 아동들이 4세까지 사용하다가 보통 5세가 되면 사라진다. 그러나 말이 늦는 아동의 경우에는 이런 과정들이 길게 지속된다. 요약하면, 말이 늦는 아동의 음운발달은 정상적인 아동과 비슷한 음운발달 패턴은 따르지만 기간은 더 길게 지속된다(Paul & Jennings, 1992).

어휘 및 음운발달 지체는 말이 늦은 2세 아동의 특징이며, 형태구문론적 지체는 말이 늦는 3세 아동의 특징이다(Rescorla & Roberts, 1997). 새로운 통사 형태가 정상적인 발달을 보이는 아동들에게서 나타나는 때는 바로 두 번째 해와 세 번째 해이다—(1) 여러 가지 문법적인 형태소들(예 : 현재진행 *-ing*, 전치사 *in*과 *on*, 규칙복수 *-s*)의 출현(표 4.1 참조), (2) 주어-동사-목적어(예 : *She drunks milk*)와 주어-연결동사-보어(*She is*

표 4.1 일반 아동들의 형태구문 발달 단계

단계	개월	형태구문 특징	예
1	12~26	단일단어 발화 및 어순/어의구문 규칙에 토대를 둔 다단어 조합	"Eat cookie" 행위+목적 "Daddy shoe" 소유자+소유물 "Doggie bed" 실체+처소격
2	27~30	문법적 형태소 출현	"Mommy *is* driving" 현재진행 −*ing*와 조동사 *is* "I love dogs" 규칙 복수 −*s*
3	31~34	단순 문장 형성 • 문법적 형태소, 수량사, 형용사, 부사를 첨가한 명사 및 동사 구문의 발달 • 서로 다른 문장 유형(평서문, 의문문, 명령문, 부정문 형태)의 발달	"Dave eats banana" 주어+동사+목적어 "This *is* Mommy'*s* car" 연결동사와 소유격 "Diana has *three* cats" 수량사 "She has a *blue* cap" 형용사 "She runs *quickly*" 부사 "I' m eating ice cream" 평서문 "What are you eating?" 의문문 "Throw me the ball, *please*" 명령문 "I don' t want that" 부정문
4	35~40	한 문장 내에 삽입구와 종속절의 출현 접속사(*and*, *if*, *because*, *when*, *but*, *after*, *before*, *so*)에 의해 도입된 종속절	"The woman *in the blue dress* is my teacher" 삽입구 "The boy, *whom we met last week*, is in my class" 삽입절
5	41~46	접속사(*and*, *if*, *because*, *when*, *but*, *after*, *before*, *so*)로 연결된 문장들의 출현	"I play the violin, *and* she plays the piano." "She cried *because* she fell down the stairs." "We went to school *after* we ate breakfast." "I like fruit, *but* I don' t like vegetables."

S. A. Raver, *Early Childhood Special Education – 0 to 8 years*, p. 127. Published by Allyn and Bacon, Boston, MA. Copyright © 2009 by Pearson Education. 허락하에 재게재.

표 4.2 문법적 형태소의 습득

형태소	예	숙달연령(개월)
현재진행 -*ing*(조동사 없음)	*Mommy driving.*	19~28
In	*Ball in cup.*	27~30
On	*Doggie on sofa.*	27~30
규칙 복수 -*s*	*Kitties eat my ice cream.*	27~33
불규칙 과거	*came, fell, broke, sat, went*	25~46
소유격 '*s*	*Mommy's balloon broke.*	26~40
축약할 수 없는 연결동사	*He is my teacher.*	27~39
관사	*I see a Kitty* *I throw the ball to Daddy.*	28~46
규칙 과거 -*ed*	*Mommy pulled the wagon.*	26~48
규칙 3인칭 -*s*	*Kathy hits.*	26~46
불규칙 3인칭 형태	*She does like me.* *He has the ball.*	28~50
축약할 수 없는 조동사	*He is wearing a hat.*	29~48
축약할 수 있는 연결동사	*Daddy's big(for Daddy is big)*	29~49
축약할 수 있는 조동사	*Daddy's drinking juice(for Daddy is drinking juice).*	30~50

R. Owens, *Language Development: An Introduction* (6th ed.), 2005. Published by Allyn and Bacon, Boston, MA.

pretty)로 구성된 기본적인 문장 형태의 출현(Brown, 1973)(표 4.2 참조).

구문 발달의 가장 일반적인 측정치 중 하나가 아동의 형태소 평균 발화길이(MLU)에서의 증가를 측정하는 발달지표이다. MLU는 영어를 말하는 아동들의 언어 복잡성에 대한 신뢰할 만한 예언요인이라고 생각된다. 연구자들은 말이 늦는 아동이 MLU 점수에 토대를 둔 구문 복잡성과 형태 성숙도에서 지체되어 있다는 것을 발견했다(Paul, 1999; Paul & Alforde, 1993; Paul & Smith, 1993; Rescorla & Roberts, 1997). 명사 형태소와 동사 형태소 모두에서 명백하게 결함이 있으며(Paul & Alforde, 1993; Rescorla & Roberts, 2002), 관사(the, a)와 대명사(she, his)와 같은 명사 형태소와 축약할 수 있는 연결어(She's a teacher)와 보어(He is swimming)와 같은 동사 형태소를 생성하는 데 가장 큰 어려움을 가진다. 따라서 말이 늦는 아동은 정상적인 발달 아동과 유사한 패턴을 따른다고 하더라도 명사 형태소와 동사 형태소의 습득은 더 오래 걸린다.

문장 수준에서 만성적인 형태구문론적 결함이 또한 말이 늦는 4세 아동들의 이야기에서 분명하게 드러난다(Paul & Smith, 1993). 2세에 말이 늦는 아동으로 확인되었던 4세 아동들은 전형적인 발달을 보이는 아동들과 비교하여 이야기 기술의 모든 측정치들(예 : 응집성, 어의 내용, 어휘 다양성, 및 구문론)에서의 수행이 훨씬 더 나빴다. 말이 늦는 아동들의 이야기들은 정확하고 다양한 단어들을 그들의 어휘집으로부터 회상해 내는 것뿐만이 아니라 도식들을 부호화하고 조직화하고 연결하는 데에 어려움이 있음을 반영했다. 이야기를 묘사하는 능력은 아동이 응집적인 방식으로 생각을 전달하고 사건들을 계열화하고, 맥락 관련 어휘를 사용하고, 인과 관계를 이해하고, 듣는 사람이 그것을 이해하도록 돕는 방식으로 이야기를 조직화할 수 있는 능력을 요구한다. 말이 늦는 아동이 언어 내용(의미론), 형태(음운론, 형태론, 구문론), 사용(화용론)에서 보여 주는 어려움은 그들의 이야기 속에서 분명하게 드러나며 이후 학업 기술의 좋은 예언요인이라고 알려져 있다.

1) 변별 진단 : 말이 늦는 아동과 대기만성형 아동

표현어휘 발달이 늦는 아동들 중에서 어떤 아동들(예 : 말이 늦는 아동)은 3세 또는 4세에 이르러 표현언어 기술에서 정상적인 발달 아동들을 따라잡는다(Paul, 1996; Rescorla & Lee, 2000; Rescorla, Mirak, & Singh, 2000; Whitehurst & Fischel, 1994). 어떤 사람들은 이러한 아동들을 대기만성형 아동이라 부른다(Thal & Tobias, 1992; Thal, Tabias, & Morrison, 1991). 대기만성형 아동은 비록 생의 첫 2년 동안에는 산출어휘의 발달이 늦다고 하더라도, 2세가 지난 후에는 표현어휘 발달이 진행되어 3세가 되면 정상적인 발달을 보이는 아동들과 매우 비슷한 것처럼 보인다(Rescorla et al., 2000). 그러나 표현언어 지체를 보이는 영유아들은 결코 정상적인 발달을 보이는 친구들을 따라잡지 못하며 3세 이후에도 계속해서 지속적인 언어지체를 나타낸다. 이들 아동들은 흔히 4세에 단순언어장애(SLI)를 가지는 것으로 확인된다.

문제는 우리가 어떻게 일시적인 언어 곤란(예 : 대기만성형 아동)과 지속적인 언어장애(예 : 말이 늦는 아동)를 구분하느냐이다. 어떤 임상적 준거들이 말이 늦는 아동과 대기만성형 아동을 구별해 주는가?

다음 두 가지 준거가 지속적인 언어지체의 잠재적인 예언요인으로 확인되었다.

1. 수용 어휘발달에서의 지체(Thal, Reilly, Seibert, Jeffries, & Fenson, 2004; Thal & Tobias, 1992; Thal et al., 1991). 정상적인 발달을 보이는 아동들에게서 13개월 때의 이해가 28개월 때의 수용어휘와 문법의 복잡성(예 : MLU)의 발달을 예언한다는 것을 보여 주었다(Bates, Bretherton, & Synyder, 1988). 이해는 생의 두 번째 해에 수용언어와 표현언어 습득 모두에서 중요한 역할을 수행한다고 생각된다(Watt,

표 4.3 몸짓 발달의 순서

10~13개월	12~13개월	15~16개월	18~20개월	2~5세	학령기
보여 주기 주기 지적하기 의례화된 요청	표상적 몸짓, 놀이 도식	몸짓 또는 음성 선호	구어 선호, 몸짓과 구어 조합	구어와 몸짓 통합, 박자와 몸짓 출현	어울리지 않는 몸짓과 구어 조합
지적하기는 첫 단어를 예측한다.	첫 단어가 나타난다.		상당한 단어 증가	몸짓 구조들이 표현과 이해를 나타낸다.	불일치는 전환지식 상태를 나타낸다.
기타 언어전 행동들은 눈맞춤, 함께 주목하기 및 말 교대하기	몸짓이 구어 형태에 대한 보상적인 기능을 한다.		구어와 결합된 지적하기 증가, 빈손 놀이 도식으로 전환	BPO에서 IO 몸짓으로 전환, 시각적 및 박자 몸짓이 더 긴 말을 수반	몸짓이 개념습득으로의 이행에 도움을 준다.

주 : BPO = 대상으로서의 신체부분, IO = 이미지 대상
"Gesture Development : A Review for Clinical and Research Practices," by N. Capone and K. McGregor, 2004, *Journal of Speech, Lcanguage, and Hearing Research*, *47*, pp.173–186.

Wetherby, & Shumway, 2006).

2. 관습적 몸짓(예 : 지적하기, 보여 주기)과 상징적 몸짓(예 : 개처럼 헐떡거리기, 꽃을 지적하기 위해 킁킁거리며 냄새 맡기) 사용에서의 지체(Thal & Tobias, 1992; Thal et al., 1991). 정상적인 발달을 보이는 아동들은 단어를 사용하여 다른 사람들과 의사소통하기 전에 관습적인 몸짓과 상징적인 몸짓을 사용한다(Acredolo & Goodwyn, 1988; Caselli, 1990; 전체 개관을 위해서는 Capone & McGregor, 2004 참조)(표 4.3 참조). 2세의 빠른 몸짓 사용이 3세의 수용언어의 발달(Watt et al., 2006)과 20개월에 전체 언어 산출(Capirci, Iverson, Pizzuto, & Volterra, 1996)과 높은 상관관계가 있다는 것을 보여 주었다. 대기만성형 아동들은 단어 부족을 보상하기 위하여 정상적인 발달을 보이는 아동과 비교하여 더 많은 의사소통 몸짓을 사용한다는 것이 발견되었다. 대조적으로 말이 늦는 아동들은 언어지체에 대한 보상으로 의사소통 몸짓이 증가하지 못했다(Thal & Tobias, 1992). 따라서 의사소통 몸짓의 보상적인 사용은 정상적인 언어발달이 늦다는 확실한 전조 신호이다.

표현어휘 발달이 늦는 아동들은 회복될 수 있는가? 종단연구들로부터 나온 자료들은 2세에서 5세까지 매년 약 50%의 회복률을 시사한다(Rescorla, Dahlsgaard, & Roberts,

2000). 2세와 2세 7개월 사이에 확인되었던 말이 늦는 아동의 약 50%가 3세에 이르러 정상 범위 내 MLU 점수를 보여 주었다(Rescorla & Roberts, 1997). 3세에 여전히 지체되었던 50% 아동 중 절반이 4세에 정상 범위 내 MLU 점수를 보여 주었다(Rescorla et.al., 2000). 4세까지도 언어지체를 나타냈던 말이 늦는 아동 중 절반이 5세에도 여전히 언어지체를 보여 주었다. 따라서 2세에 확인된 말이 늦는 아동의 75~85%가 회복되어 5세에 정상 범위 내 점수를 받았다(Paul, 1996; Rescorla, 2002).

2) 말이 늦는 아동과 단순언어장애 아동

말이 늦는 아동과 단순언어장애 아동이 서로 다른 연령에서 동일한 아동이라는 것이 최근에 제안되었다(Rescorla, 2000, 2002; Rescorla & Roberts, 2002). 말이 늦는 아동처럼 단순언어장애를 가진 취학 전 아동은 배제 과정을 통해 확인된다. 그들은 전형적으로 정상적인 수행 IQ, 정상적인 청력 예민성을 가지고 있으며, 행동장애나 정서장애, 중요한 신경학적 결함을 가지고 있지 않다. 그러나 그들은 언어 산출과 이해에서 상당한 결함을 나타낸다(Leonard, 1998). 따라서 자폐, 정신지체 또는 청력 손실과 같은 또 다른 조건에 이차적인 언어장애를 나타내는 아동은 보통 말이 늦는 아동 또는 단순언어장애를 가진 아동으로 진단되지 않는다(Leonard, 1998; Whitehurst & Fischel, 1994).

특히 단순언어장애를 가진 취학 전 아동들의 특징 중 하나가 형태구문 결함, 특히 동사 어형에서의 결함이다(Bedore & Leonard, 1998; Rice & Wexler, 1996; Rice, Wexler, & Cleave, 1995). 유사하게 2세에 확인되었던 말이 늦는 아동은 정상적인 발달을 보이는 아동과 비교하여 4세에 이르러 더 적은 시제 표시 형태소들을 습득한다(Paul & Alforde, 1993).

Rescorla와 Roberts(2002)는 단순언어장애 아동과 말이 늦는 아동을 구분하기 위해서는 진단적 주의가 필요하다고 제안했다. 임상가와 연구자들은 모두 가벼운 언어지체(표현언어 지체만)를 가진 어린 아동을 단순언어장애를 가지는 것으로 명명하기를 꺼리는 것처럼 보인다. 그러나 두 가지 장애 모두 연속선상에 해당되는 것으로 보인다.

1. 지체가 학령기까지 계속되는 단순언어장애를 가진 취학 전 아동(심각한 장애)
2. 5세가 되면 회복되는 것처럼 보이는 단순언어장애를 가진 취학 전 아동(중간 정도 장애)
3. 지속적인 지체를 가진 말이 늦는 아동(수용 및 표현 기술에서 중간 정도와 심각한 정도 사이의 지체)

4. 대기만성형 아동(가벼운 표현지체)
5. 전형적인 발달을 보이는 아동(보통에서 보통 이상의 언어능력)

말이 늦는 아동이라는 용어는 언어를 습득하는 데 있어서 지체되는 2~4세 사이인 아동들을 기술하기 위해 사용되며 단순언어장애라는 용어는 4세 또는 그 이상 연령에서 지속적인 언어장애를 나타내는 아동들을 기술하기 위해 사용된다(Rescorla & Lee, 2000).

2. 취학 전 언어장애의 특징

앞에서 언급했듯이, 단순언어장애 아동은 일반적으로 상당한 언어장애가 있으면서도 정상적인 한계 내의 수행 IQ, 정상적인 청력 민감성을 가지며, 행동 또는 정서장애, 전체적인 신경학적 결함을 가지고 있지 않다(Leonard, 1998). 언어 결함은 언어의 표현이나 언어의 표현과 이해에서 나타날 수 있으며, 그것들이 하나 또는 그 이상의 언어 영역(예 : 형태-음운론, 구문론, 형태론, 내용-의미론, 사용-화용론)에 영향을 미칠 수 있다.

단순언어장애는 아동들의 약 7%에 영향을 미친다(Leonard, 1998). 비록 분명한 유전 패턴이나 특정 유전인자가 아직 확인되지 않았다 하더라도 그것은 흔히 집안 내력이며 유전적인 요소를 가지는 것으로 생각된다. 비록 이 장애가 순수한 신경학적 손상(예 : 뇌병변, 발작)의 근거를 보여 주지 않는 것으로 정의된다고 하더라도 뇌 조직에서의 미묘한 이상이 이 장애가 신경학적으로 관련되어 있음을 시사한다. 비정형적인 좌우 페리실비안(perisylvian) 영역의 구조, 즉 좌측 페리실비안 영역의 크기와 같거나 능가하는 일반적인 우측 페리실비안 영역보다 더 큰 것이 단순언어장애와 관련되어 있다(Leonard, 1998).

단순언어장애 아동들은 이질적인 집단으로 구성되어 있다. 이런 이질성을 다루기 위하여 언어 프로파일을 토대로 단순언어장애의 여러 하위 집단들이 확인되어 왔다.

1. 어휘-구문 결함을 나타내는 아동—이런 아동들은 조음에 대한 문제를 나타내지 않지만 언어 이해와 표현 모두에서 나타나는 형태구문 장애를 보여 준다.
2. 구두언어 운동불능을 나타내는 아동—이런 아동들은 주로 표현언어에서 나타나는 음운 결함을 보여 준다.
3. 음운 프로그래밍 결함을 나타내는 아동—이런 아동들은 조음 및 음운 결함과 표현언어에서의 장애를 나타낸다.

4. 음운체계 결함을 나타내는 아동—이런 아동들은 조음, 음운 및 형태구문 결함을 나타낸다. 그들의 결함은 언어 이해와 산출 영역 모두에서 나타날 수 있다.
5. 단어 의미(어의)나 담화에서 언어 사용(화용 기술들)에 장애를 보여 주는 아동(Conti-Ramsden & Botting, 1999; Conti-Ramsden, Crutchley, & Botting, 1997).

단순언어장애 아동을 언어 프로파일에 따라 분류하는 것은 임상 목적을 위해 유리하다. 아동의 언어 프로파일을 명확히 하는 것은 장애의 특정 영역에 따라 임상에서 집중치료 프로그램을 적용하기 위해서이다.

1) 언어 내용면에서의 문제 : 의미론

단순언어장애 아동은 더 느린 어휘 습득 속도를 보여 주고(Rice, Buhr, & Nemeth, 1990; Windfuhr, Faragher, & Conti-Ramsden, 2002) 덜 다양하고 더 제한적인 수용 및 표현 어휘를 가진다(Watkins, Kelly, Harbers, & Hollis, 1995). 그들의 제한적인 어휘에 대한 여러 가지 설명들이 제안되어 왔다. 한 가지 설명은 그 원인이 어휘 차이 또는 그 아동의 어휘로부터 단어/개념이 부재하기 때문이라고 제안한다. 이 경우에 아동은 명명되어야 할 항목들이 가지는 어떤 특징을 포착하는 아동이 알고 있는 단어(예 : 타조에 대하여 새)를 산출한다. 또 다른 설명은 원인이 부서지기 쉬운 의미 표상 때문이라고 제안했는데, 이는 아동의 어휘목록에 들어 있는 단어/개념의 의미 표상들이 잘 정교화되어 있지 않음으로 해서 그 아동은 제한된 개념 지식을 가진다는 것을 뜻한다. 이런 경우에, 그 아동은 보통 동일한 의미 범주로부터 단어(예 : 얼룩말에 대하여 말)를 산출한다(McGregor, Friedman, Reilly, & Newman, 2002; McGregor, Newman, Reilly, & Capone, 2002).

단순언어장애를 가진 취학 전 아동들의 의미장애는 다음 영역들에서 나타난다.

1. 구어오류—단순언어장애 아동에 의해 가장 자주 나타나는 구어오류는 본질적으로 의미적이다(예 : 말을 개, 서커스를 광대, 상어를 물고기라고 말하는 것).
2. 어휘 이해 검사(Lahey & Edward, 1999; McGregor, 1997)와 중다수준의 명사 위계에 초점을 맞춘 과제에서의 낮은 수행—이런 과제들은 다양한 의미수준에서 작동적 의미에 대한 아동들의 이해를 검사한다. 예를 들어 가구와 같은 일반적인 범주(상의어), 의자와 같은 이런 범주 하에 있는 기본적인 어휘 항목들(기본어), 그리고 흔들의자와 같은 보다 더 세부적인 명칭(하의어)에 대한 아동의 지식을 검사한다(McGregor & Waxman, 1998).

3. 단어발견의 어려움—이런 아동들은 어떤 주어진 상황에 적합한 구체적인 단어를 생성해 내는 데 어려움을 가진다(Rapin & Wilson, 1979). 이런 어려움은 글에서뿐만 아니라 단일단어 명명 과제에서도 나타난다(German & Simon, 1991). 단어 발견의 어려움을 가진 아동들의 언어는 반복, 대체, 새로 만듦 및 중단, 그리고 불특정 단어들(예 : 물건들)의 사용이 특징이다(Faust, Dimitrovsky, & Davidi, 1997; German, 1987; McGregor & Leonard, 1989).
4. 새로운 단어들을 빠르게 매핑하는 데 어려움을 나타냄(Dollaghan, 1987; Gray, 2003, 2004; Rice 등, 1990)—빠른 매핑(fast mapping)은 아동들이 새로운 어휘 항목들을 단지 몇 번의 노출 후에 그들의 정신적 어휘목록에 표상하고 저장하는 과정이다(Carey & Bartlett, 1978; Dollaghan, 1985). 이 능력은 약 18개월에 발생하는 어휘발달에서의 빠른 가속도에 기여한다고 생각된다(예 : Golinkoff, Hirsh-Pasek, Bailey, & Wenger, 1992). 단순언어장애 아동들은 빠른 매핑에 어려움을 나타낸다(Alt & Plante, 2006. Gray, 2006); 그들은 전형적인 발달을 보이는 아동에 비해 새로운 어휘 명칭을 배우기 위해서 훨씬 더 많은 노출이 필요하다(Gray, 2004; Rice, Oetting, Marquis, Bode, & Pae, 1994; Riches, Tomasello, & Conti-Ramsden, 2005).
5. 지원이 제한되어 있는 맥락에서 새로운 단어들을 학습하기 어려움—이것은 관련 단어들과 그 의미들에 관한 보다 더 명백한 지시들이 아동들에게 제공되는 맥락(Gray, 2003, 2004; Nash & Donaldson, 2005)뿐만 아니라 빠른 매핑을 포함하는 맥락(Rice, Buhr, & Oetting, 1992; Rice et al., 1994)에서도 발생한다.
6. 관계어 의미(예 : 공간, 시간, 양, 차원과 관련된 단어)를 습득하기 어려움—관계어들은 많은 문법적 관계를 표현하는 데 중요한 역할을 수행하고 학교 교과과정의 언어에서 일반적으로 사용된다(Edmonston & Litchfield Thane, 1992). 단순언어장애를 가진 취학 전 아동들은 공간관계(표면, 안, 위, 아래), 시간관계(오늘, 전, 후), 친족관계(할머니, 자매, 딸), 인과관계(때문에, 왜), 서열관계(첫째, 다음, 마지막으로), 물리적 관계(딱딱한/부드러운, 넓은/좁은, 얕은/깊은)를 나타내는 관계 단어들을 이해하고 사용하는 데 어려움을 나타낸다.
7. 동사 학습에서의 어려움—동사 학습은 아동으로 하여금 단어(동사)를 짧게 일시적인 신체적 행위와 관련시키도록 요구한다는 점에서 명사나 개념 학습과 비교하여 더 많은 도전을 요구한다. 단순언어장애 아동의 동사 어휘목록은 범용 동사(예 : *go*, *make*, *do*, *look*)에 기초를 둔 제한되고 덜 다양한 것이 특징이다(Conti-Ramsden &

Jones, 1997; Rice & Bode, 1993; Thordardottir & Weismer, 2001). 동사 시제에 대한 어려움은 단순언어장애를 가진 취학 전 아동의 임상적 준거로 인정되었다(Conti-Ramsden, 2003; Hadley & Short, 2005; Rice & Wexler, 1996).

2) 언어 형태면에서의 문제 : 음운론

(1) 음소의 습득

단순언어장애 아동은 전형적인 언어발달을 보이는 더 어린 아동과 똑같은 음운 특징 중 많은 것들을 보여 준다. 단순언어장애 아동은 자음목록 습득이 늦지만 전형적인 발달을 보이는 아동과 똑같은 습득 패턴을 따른다. 전형적인 발달을 보이는 아동이 초기에 습득하는 소리들(예 : /n/, /m/, /b/, /w/)은 또한 단순언어장애 아동도 습득하는 것들이다. 그러나 후기에 습득되는 소리들(예 : /s/, /v/)은 학령기가 되어서도 단순언어장애 아동에게는 계속해서 습득하기가 어렵다.

단순언어장애를 가진 취학 전 아동이 가지는 음운론적 장애는 의미가 없는 단어의 반복과 실제 단어 목록들의 회상을 요구하는 과제들에서 나타난다. 이런 장애는 부정확한 음운론적 표상, 제한된 음운 저장 능력 또는 음운 작업기억에서 음운 흔적의 빠른 소멸을 반영한다고 생각되어 왔다(Gathercole & Baddeley, 1990; Montgomery, 1995).

(2) 음운론적 작업기억

단순언어장애를 가진 취학 전기 아동의 음운론적 작업기억은 표준화된 숫자 기억력과 단어 기억력 검사와 같은 다양한 전통적인 단기기억 측정도구들을 사용하여 평가될 수 있다. 비공식적인 비단어 반복 과제(Dollaghan & Campbell, 1998; Gathercole & Baddeley, 1990, 1995)는 단순언어장애를 가진 취학 전기 및 어린 학령기 아동들과 단순언어장애를 가지고 있지 않은 아동들의 음운론적 작업기억에 특히 민감한 지표라는 것이 입증되었다. 이 과제에서 아동들은 1음절에서 4음절 또는 5음절에 이르는 길이가 서로 다른 개별 비단어들을 반복하라는 요청을 받는다. 이 과제는 친숙하지 않은 음운들의 순서에 대한 지각과 일시적 저장, 새로운 음운 표상의 구축 그리고 새로운 조음 순서의 산출을 포함한다. 음운론적 작업기억에서의 결함은 더 긴 중다음절 비단어들의 빈약한 반복을 통해 나타난다. Edwards와 Lahey(1998)은 단순언어장애를 가진 취학 전 아동들은 전형적인 발달을 보이는 아동들이 했던 것보다 음절 구조에 대한 더 많은 오류를 범했고 더 높은 음운 제거 비율을 산출했다고 보고했다. 연구자들은 이런 아동들의 수행을 최종적으로 세분화된 음운론적 표상을 형성하는 데 어려움이 있기 때문인 것으로 해석했다. 이것은 단순언어장애 아동들의 음운론적 표상이 보다 더 전체적이며, 이것은 일반적인 언어발달을 가진 더 어린 아동들의 것과 유사하다는 것을 시사한다(Maillert, Schelstraete, & Hupert, 2004).

비단어 반복은 단순언어장애 아동의 음운론적 작업기억 장애를 확인하기 위하여 많은 연구들에서 사용되었다(예 : Dollaghan & Campbell, 1998; Gathercole & Baddeley, 1990, 1995; Gathercole, Willis, Baddeley, & Emslie, 1994; Marton & Schwartz, 2003; Weismer et al., 2000). 이런 과제에서의 빈약한 수행은 단순언어장애의 임상적 준거라고 생각되었다. 비단어 반복 과제의 결점 중 하나는 규범적 자료의 부재이다. 이런 과제를 사용하는 말-언어치료사(SLP)들은 음운론적 작업기억 결함을 확인하기 위하여 단순언어장애 아동의 수행을 일반적인 발달을 보이는 아동의 수행과 비교할 필요가 있다.

(3) 음운론적 인식

Montgomery(2002)는 단순언어장애 아동의 음운 부호화 및 저장능력을 촉진하기 위하여 말-언어치료사가 그들의 더 나은 음운 작업기억 기술들을 향상시키는 것이 중요하다는 것을 강조했다. 음운인식 기술들을 연습하는 것이 음운 작업기억 능력을 향상시킬 수 있다.

음운인식이란 언어에서 단어들은 음절과 음운(예 : 자음과 모음)으로 구성되어 있으며(Catts, 1991), 단어들은 똑같은 소리로 운을 맞추거나 시작할 수 있다는 분명한 인식을 말한다. 취학 전기 아동들은 음절의 박자를 맞추고(예 : 중다음절어를 그 음절 성분으로 분리하는 것), 운을 인식하고 산출하고, 단어들을 그 음운 성분들로 분리하고, 글자-소리 대응을 이해함으로써 음운인식을 시연할 수 있다. 음운인식은 인쇄 글자의 습득에 중요한 역할을 한다.

단순언어장애 아동은 음운인식을 포함하는 활동에서 어려움을 나타낸다(Fazio, 1997). Mann과 Liberman(1984)은 아동들에게 동요를 들려주는 것은 그들의 음운 작업기억을 촉진시키는 데 도움이 된다고 제안했다. 동요와 음운인식을 향상시키는 다른 활동들은 아동들에게 단어들의 내적 음운 구조들에 주목하고, 그것들을 발견하는 방법을 가르치고, 그들에게 음운적으로 음운 작업기억의 음운 순서를 부호화시키고 저장하도록 요구한다.

3) 언어 형태면에서의 문제 : 형태론

정상적인 언어발달을 보이는 아동들은 통상 27개월에서 30개월 정도가 되면 일찍 문법 형태소를 습득하기 시작한다(표 4.1과 4.2 참조). 그러나 문법 형태론은 단순언어장애 아동들에게 주요한 도전을 제공한다. 이들 아동들은 명사 형태론(예 : 명사 복수 *-s* 어미)과 동사 형태론(예 : 3인칭 단수 *-s*, 규칙 과거 시제 *-ed*, 조동사 *be* 형태)을 산출하는 데 특별한 어려움을 보여 주는데, 동사 형태론이 가장 도전적이다(Bedore & Leonard, 1998; Norbury, Bishop, & Briscoe, 2001; Rice et al., 1995). 언어나 연령에 대응하는 아동들과 비교했을 때 단순언어장애 아동들은 동사와 명사 형태론적 표식들을 덜 지속적으로 산출하고 의무적인 맥락(예 : 문장 완성 검사)에서 그리고 자발적인 구어에서 그것들을 덜 자주 사용한다(Leonard, Eyer, Bedore, & Grela, 1997; Rice & Wexler, 1996; Rice et al., 1995).

문법 결함의 원인은 불분명하고 이론(異論)의 여지가 있다. 세 가지 이론이 단순언어장애의 문법 결함을 설명하기 위해 제안되어 왔다. (1) 입력-정보처리 이론, 이 이론은 또한 표면 가설로 알려져 있다(Leonard, 1998), (2) 문법-특정 이론(van der Lely & Christian, 2000; van der Lely, Rosen, & McClelland, 1998), (3) (시간적으로) 확대된 선택적인 부정사 이론(Rice, 2000, Rice & Wexler, 1996; Rice et al., 1995)이 그것이다.

입력-정보처리 이론(input-processing theory)은 단순언어장애 아동이 일반적인 정보처리 능력의 제한이나 감소된 정보처리 속도와 특정한 형태소들의 표면 특징에 대한 지각과 산출에 대한 특정한 어려움을 가지고 있다고 제안한다. 3인칭 단수 *-s*와 과거시제 *-ed* 접미사, 소유격 *'s*, 관사, 그리고 연결동사와 조동사 *be* 형태와 같은 이런 형태소들은 짧은 지속기간과 낮은 지각적 특출성이 특징이다. 단순언어장애 아동은 이런 형태소들을 지각하는 데 어려움을 가지고 있을 뿐만 아니라 그 문법적 기능들을 개념화하는 데에도 어려움을 가진다.

문법-특정 이론(grammar-specific theory)은 문법 체계나 문법 형태소들의 표상에 국한된 결함을 제안한다. 이 이론은 단순언어장애의 이질적인 집단 내에는 문법-특정적인 결함을 나타내는 G-SLI라고 언급되는 아동들의 하위 집단이 있다고 제안한다(van der Lely, 1998). 이런 아동들은 심각한 음운, 화용 또는 비언어적 인지 결함이 없는 상태에서 언어 이해 및 산출에서의 지속적인 문법적 결함을 보여 준다.

마지막으로, **(시간적으로) 확대된 선택적인 부정사 이론**(extended optional infinitive theory)은 단순언어장애 아동은 정상적 발달 아동과 똑같은 형태 습득 발달 패턴을 따른다고 제안한다. 정상적 발달 아동처럼 단순언어장애 아동은 정형동사에 대한 부분적 지식을 가지며, 따라서 시제 표시를 선택적인 것으로 취급한다(Norbury et al., 2001). 그러나 정상적인 발달을 보이는 아동들에게서 정형동사의 문법적 표상은 4세 6개월에 이르러 완전히 발달하는 반면, 단순언어장애 아동들에게서 정형동사의 발달은 더 오랜 기간에 걸쳐 확대된다(Rice et al., 1995; Rice & Wexler, 1996). 이 이론은 특별히 동사구 형태에 초점을 맞추고 그것을 단순언어장애의 임상적 준거로 인정했다.

이론과는 상관없이, 단순언어장애를 가진 취학 전기 아동들에게서 명백하게 나타나는 형태론적 결함은 문법적 형태소의 제한된 사용이나 그 생략이 특징이다. 단순언어장애 아동들은 조동사를 빠뜨릴 가능성이 높은데, 조동사는 *be* 동사 형태(예 : *am, is, are*), 현재 시제 문장을 산출할 때 현재 진행 *–ing* 형태이다. 따라서 *I going to swim in the pool*(조동사를 빠뜨리는 것)와 *I'm play with the cars now*(현재 진행을 빠뜨리는 것)과 같은 문장들이 단순언어장애 아동들의 산출에서 흔히 발생한다. 또한 단순언어장애 아동들은 많은 문법적 오류들을 보여 준다. 그들은 *She were going to the store*(조동사 *be* 형태의 잘못 사용)라는 문장이나 *The boy and the girl is not happy*(연결동사 *be* 형태)라는 문장에서처럼 *be* 동사 형태를 잘못 사용할 수 있다.

단순언어장애 아동에게 나타나는 또 다른 장애 영역은 대명사의 산출이다. 대명사는 문장에서 명사나 명사구를 대체할 수 있는 단어이다. 예를 들어 *The girl was watching her dog when it bit the neighbor's child*라는 문장에서 대명사 *her*는 *the girl*이라는 단어를 대체하고 대명사 *it*는 *the dog*라는 단어를 대체한다. 대명사 사용의 발달은 2세경에 시작된다. 주격 대명사(예 : *he, she, they*)의 사용이 처음 발달하고 이어서 목적격 대명사(예 : *him, her, them*), 소유격 대명사(예 : *his, her, their*), 마지막으로 5세경에 재귀대명사(예 : *himself, herself, themselves*)가 발달한다(Owens, 2005).

일반적인 발달을 보이는 아동들에게서 대명사가 오랜 기간에 걸쳐 발달하는 것은 형태, 내용, 사용의 복잡한 상호작용을 반영한다. 대명사는 성, 사람, 숫자에 토대를 두고서 의미 구분을 하는 문법적 준거들이다. 그것들은 또한 대화 수단들로 작용하며, 오래된 정보와 새로운 정보 간의 응집성을 제공한다. 새로운 정보가 처음에 확인되고 그 다음에 대명사에 의해 언급된다.

대명사의 습득에 포함된 복잡성은 단순언어장애 아동들이 대명사 체계와 특히 대명사 격을 숙달하는 데에 어려움을 나타낸다는 사실에서 분명히 나타난다. 이런 어려움은 대명사의 오용에서 드러난다. 예를 들어 *There was a boy making cookies with her sister*라는 문장에서, 목적격 대명사는 성 표식에 토대를 두고서 잘못 사용된다. 단순언어장애 아동들이 범하기 쉬운 오류는 *Me play with the doll*이라는 문장에서, 대명사 *I*를 *me*로 대체하는 것이다. 단순언어장애 아동들의 대명사의 습득에 대한 연구는 제한되어 있다. 어떤 연구는 단순언어장애 아동들이 주격 대명사에 대해서 가지는 어려움이 표면 이론에 의해 설명될 수 있다고 제안한다. 일반적으로 연구는 단순언어장애 아동들이 대명사 발달에서 일반적이지만 지체된 패턴을 따른다는 것을 시사한다(Moore, 1995, 2001).

4) 언어 형태면에서의 문제 : 구문론

단순언어장애 아동이 구문 구조에서 보여 주는 한계는 그들이 사용하는 구문 형태의 길이와 복잡성이 축소되어 있다는 사실에서 드러난다. 이런 아동들은 더 짧은 문장들을 산출하며(Scott & Windsor, 2000), 문장 내 명사구와 동사구를 정교화시키지 못하며, 복잡한 문장들을 산출하려고 시도할 때 흔히 *and*와 같은 단순한 접속사를 첨가함으로써 그렇게 한다. 단순언어장애 아동들은 *The house around the corner is my parents*에서 처럼 대명사 구들을, 그리고 *She fought with courage*와 *The girl in the red jeans is nice*에서처럼 동사-삽입구들을 사용하는 데 실패한다(Gillam & Johnston, 1992; Schuele & Dykes, 2005; Schuele & Nicholls, 2000; Schuele & Tolbert, 2001).

5) 언어 사용면에서의 문제 : 화용론

취학 전기 중에 정상적인 발달을 보이는 아동들은 많은 대화기술들을 습득하고 대화 파트너들에 대한 반응을 증가시킨다. 그들은 몇 번의 짧은 대화를 할 수 있다. 그들은 전제기술이 발달하며, 그것은 언어 스타일을 대화 파트너에게 적응시키는 능력을 나타낸다. 이런 아동들은 또한 대화 도중에 산출된 오류들에 대한 자기점검과 자기교정을 할 수 있으며 그것들은 착오를 명료화시켜 준다.

단순언어장애 아동들은 대화기술의 발달에서 지체를 보인다. 그들은 몇 번 교대로 대화를 시작하고 유지하는 데 어려움을 보이며, 청각적 이해와 단기기억에서의 어려움이 대화의 흐름을 유지하는 그들의 능력을 방해한다. 이런 아동들은 다른 아동들의 대화 시작이나 상호작용 시도에 반응할 가능성이 낮기 때문에(Hadley & Rice, 1991), 그들은 더 적은 친구들과 상호작용을 하며(Hadley & Rice, 1991; Rice, Sell, & Hadley, 1991) 그들의 사회적 상호작용 참여는 흔히 제한된다. 사회적-화용론적 어려움 때문에 단순언어장애 아동들은 대화 파트너로서 정상적인 발달을 보이는 아동들에 의해 선택될 가능성이 낮다.

단순언어장애 아동들에게서 손상되어 있고 대인관계 능력을 방해하는 다른 대화기술들은 전제와 착오를 명료화하는 것이다. 전제(presupposition)는 구어 스타일과 언어를 청자의 연령, 사회적 지위, 및 언어능력에 적응시키는 능력이다. 단순언어장애 아동들은 제한된 전제기술을 보인다(Leonard, 1998). 그들은 또한 의사소통 중단을 경험할 때 명료화를 위해 질문하고 제안하는 데 어려움을 가진다(Brinton & Fujiki, 1982; Brinton, Fujiki, Winkler, & Loeb, 1986; Fujiki, Brinton, & Sonnenberg, 1990). 언어 결함 때문에 단순언어장애 아동들은 갈등을 언어적인 방식으로 해결하는 데 어려움을 가지며, 이것이 그들을 포기하게 하거나 공격적이 되게 한다(Leonard, 1998).

6) 실행기능과 언어

단순언어장애 아동들에게서 영향을 받는 영역은 언어만이 아니다. 어떤 아동들은 실행기능의 결함을 가질 수 있는데, 실행기능은 (1) 과제에 주목하고 하나의 과제로부터 또 다른 과제로 주의를 전환시키고, (2) 관련이 없는 정보를 걸러내고, (3) 작업기억에서 정보를 조직화시키도록 해 주는 능력이다(Im-Bolter, Johnson, & Pascual-Leone, 2006). 여러 연구들이 단순언어장애 아동들이 표적 자극에 초점을 두면서 부적절한 정보를 억제하는 데 어려움을 가진다는 것을 보여 주었다(Hanauer & Brooks, 2005; Marton & Schwartz, 2003). 단순언어장애 아동들에게서 결여되어 있는 또 다른 관련된 기제는 **주의력**이다(Stevens, Sanders, & Neville, 2006). 단순언어장애 아동들은 부적절한 정보를 억제하는 데 어려움을 가지고 있는 것이 아니라 오히려 특출하거나 관련되어 있는 정보에 주목하거나 초점을 맞추는 데 어려움을 가진다. 결국 주의력 결핍 과잉행동 장애를 가진 취학 전기 아동들의 약 2/3가 언어장애를 나타낸다. 또한 작업기억에서의 결함이 단순언어장애 아동들에게서 증명되었다(Archibald & Gathercole, 2006; Marton & Schwartz, 2003; Marton, Schwartz, Farkas, & Katsnelsor, 2006; Montgomery, 2003). 즉 단순언어장애 아동들이 정보를 동시에 처리하고 저장하는 것을 요구하는 작업기억 과제들에서 전형적인 발달을 보이는 아동들과 비교하여 수행이 낮은 것으로 드러났다.

이런 실행 기능이나 기제들에서의 결함이 언어장애를 유발하는지 아니면 그것과 함께 발생하는지는 분명하지 않다. 그러나 말-언어치료사들은 다른 비언어적 기능들(예 : 주의, 작업기억, 억제)이 단순언어장애 아동들에게서 결여되어 있는지와 치료에서 직접적으로 또는 간접적으로 다루어질 필요가 있는지를 인식할 필요가 있다. 예를 들어 주의력 결핍을 보이는 단순언어장애 아동들을 치료하는 말-언어치료사는 그 아동의 언어 결함을 다루기 위한 과제들과 재료들을 선택할 때 이런 주의집중 요구를 고려하는 것이 필요하다. 마찬가지로 구어 작업기억 결함을 가진 아동은 새로운 언어 정보를 처리하고 저장하기 위하여 시각적 구조화와 많은 반복이 필요하다. 실행기능의 결함은 취학 전기에서 학령기로 이행함에 따라서 언어와 인지적 요구가 증가할 때 더욱 두드러진다.

3. 취학 전 언어장애의 평가

언어의 형태, 내용, 사용에서 장애를 가진 아동들을 조기에 확인하는 것이 중요하다. 자격을 갖춘 말-언어치료사가 수행하는 전체 언어 평가는 언어장애의 초기 신호들이 존재할 때 선택하는 방법이어야만 한다. 언어평가의 목적은 확인과 진단 두 가지이다.

처음에는 언어장애의 존재를 확인하거나 배제하는 것이 중요하다. 이런 확인 과정 중에 아동의 언어능력은 전형적인 발달을 보이는 동일 연령 아동들에게서 수집된 규준과 비교된다. 이런 과정은 구어 및 언어 서비스를 받기 위한 아동의 자격요건을 결정하기 위하여 사용된다. 확인 과정에 이어서, 말-언어치료사는 아동의 언어문제의 성격을 이해하기 위하여 그 아동을 진단한다. 말-언어치료사는 언어장애의 존재를 확증하고 그것이 단순언어장애에서처럼 일차적인지 또는 이차적인지, 즉 다른 결함(예 : 인지적 결함, 자폐, 청력손실 등)의 결과로 나온 것인지를 결정한다. 진단 중에 말-언어치료사는 그 아동의 강점과 약점, 욕구, 가족의 관심사와 우선순위, 그리고 아동과 부모에게 가용한 자원들에 관한 정보를 수집한다. 아동과 자주 상호작용하고 아동의 능력에 관한 정보를 제공할 수 있는 가족구성원들뿐만 아니라 교사, 소아과 의사 및 그 아동을 다루는 다른 전문가들과 같은 다양한 자원들로부터 정보를 수집하는 것 또한 중요하다. 이런 정보는 궁극적으로 중재를 안내해 줄 것이며 중재가 효과적으로 수행될 수 있도록 보장해 줄 것이다.

아동의 언어기술과 의사소통 기술에 대한 평가는 표준화된 검사(규준참조 측정도구라 불림)를 사용하거나, 준거참조 측정도구를 사용하여 수행될 수 있으며, 보다 더 자연스러운 방식으로 취학 전기 아동들의 지식, 능력, 성취를 평가하는 절차들인 수행평가 절차를 사용하여 수행될 수도 있다.

1) 표준화된 검사

표준화된 검사는 아동의 검사 수행을 동일 연령 집단에서 전형적인 발달을 보이는 아동들의 수행과 비교하여 평가한다. 규준(norms)은 특정 연령 집단에 속한 아동들의 평균 수행에 대한 측정치들이며, 이것은 한 아동의 점수를 그 아동의 연령에 맞는 전형적인 발달을 보이는 아동들의 점수와 비교하기 위해 사용된다. 규준을 사용하는 것은 말-언어치료사가 아동의 점수가 그 연령에서 기대되는 범위 내에 해당하는지 또는 그 아래에 해당하는지를 결정할 수 있도록 해 주며, 그 아래에 해당한다는 것은 언어장애가 존재한다는 것을 시사한다. 한 아동의 서비스 자격요건을 결정하기 위해서는 일반적으로 표준화된 검사들로부터 나온 점수들이 필수적이다. 이런 검사들은 채점과 검사 절차라는 측면에서 표준화된다. 검사를 실시하는 말-언어치료사들이 적절한 결과를 얻기 위해서는 당연히 실시 및 채점을 위한 정확한 지시를 따라야 한다.

대부분의 표준화된 검사들은 하나 또는 그 이상의 언어 영역(예 : 음운론, 구문론, 형태론, 의미론, 화용론)에서 수용언어와 표현언어의 다양한 측면들을 측정하기 위해 설계된 일련의 하위검사들로 구성되어 있다. 아동이 대상을 조작하거나 그림을 지적하는 것을 요구하는 하위검사들은 일반적으로 수용언어 기술들을 측정하는 반면, 아동이 문장을 모방하거나 완성하거나 또는 형성하는 것을 요구하거나 묘사하도록 요구하는 하위검사들은 일반적으로 표현언어 기술들을 측정한다.

비록 표준화된 검사의 사용이 아동의 언어능력을 평가하기 위한 가장 일반적인 방법이고 아동들의 언어치료의 자격 요건을 결정하기 위하여 주 교육위원회뿐만 아니라 다른 기관들에 의해서 규정되어 있다고 하더라도, 이들 검사들은 여러 가지 단점을 가지고 있다. 예를 들어 표준화된 검사는 검사되는 내용과 범위가 제한되어 있다. 즉 표준화된 검사는 항목들만을 각 언어 형태에 할애한다. 표준화된 검사는 깊이 있는 평가가 아니라 아동의 언어능력에 대한 피상적인 개요를 제공하며, 이것은 중재목표를 결정하기 위해 이런 결과를 사용하는 것의 중요성을 감소시킨다. 더욱이 아동들을 평가하기 위하여 말-언어치료사들이 사용하는 표준화된 검사들 대부분이 언어 사용, 사회적 의사소통 기술, 그리고 놀이기술들을 평가하지 않는다. 검사들이 표준화된다는 사실이 검사들을 의미 있는 의사소통 맥락으로부터 동떨어지게 만든다. 표 4.4는 취학 전기 언어발달을 평가하기 위해 사용된 표준화 검사들의 표본을 제공한다.

표 4.4 취학 전 언어평가를 위해 일반적으로 사용되는 표준화 검사와 준거참조 검사

표준화 검사	임상적 언어평가-학령 전(CELF-P)(Wiig, Secord, & Semel, 2004) 취학 전 언어검사(PLS)(Zimmerman, Steiner, & Pond, 2002) 언어발달검사-기초(TOLD-P)(Newcomer & Hammill, 1997) 언어 청각 이해력 검사(TACL)(Carrow-Woolfolk, 1999) 피바디 그림 어휘력 검사(PPVT)(Dunn & Dunn, 1997) 한 단어 그림 표현 어휘력 검사(EOWPVT)(Gardner, 2000)
준거참조 검사	음운변동 분석 검사(Hodson, 1986) 다면적 언어검사(Goldsworthy, 1982) 취학 전 언어검사 도구(Blank, Rose, & Berlin, 1978) 의사소통 발달 검사(SICD)(Hedrick, Prather, & Tobin, 1984) Wiig 언어기준참조검사(Wiig, 1990)

2) 준거참조 검사

준거참조 측정도구들은 절대적인 숙달수준이라는 측면에서 아동의 언어능력을 측정하는 표준화되지 않은 도구들이다. 표준화된 검사 수행과 대조적으로 아동의 준거참조 검사 수행은 아동이 규준과 유의미하게 다른지 어떤지를 결정하기 위하여 아동의 연령과 대응하는 친구들의 수행과 비교되지 않는다. 준거참조 측정도구들은 특정한 영역들에서 아동의 수행에 관한 보다 더 깊이 있는 정보를 제공하며 중재 계획과 목표설정에 더 적절한 정보를 제공한다.

표준화된 검사에서 말-언어치료사는 아동의 수행을 양적으로, 즉 동일 연령 친구들의 수행과 비교되는 점수를 계산하여 평가하는 반면, 준거 참조 측정도구들에서 말-언어치료사는 아동의 반응을 질적으로, 즉 치료에서 표적이 될 수 있는 어떤 빠진 형태들을 찾아서 평가한다. 준거참조 측정도구들에 대한 아동의 수행 결과는 성공/실패 점수, 정확수행 백분율 및 수행 속도로 제시된다. 이런 결과는 특정 언어 형태에 대한 아동의 숙달수준을 나타내며 따라서 치료 목표를 개발하는 데 사용될 수 있다. 예를 들어 만약 언어결함을 가진 5세 아동이 조동사 *be* 형태를 그 시기의 40%만을 산출한다면, 말-언어치료사는 90% 산출이라는 숙달수준에 도달할 것이라는 기대를 가지고 이런 형태를 하나의 목표로 삼을 수 있다. 표 4.4는 취학 전기 언어발달을 평가하기 위하여 말-언어치료사들이 가장 자주 사용하는 준거참조 측정도구들의 표본을 제공한다.

3) 수행평가 절차

수행평가 절차들은 말-언어치료사가 취학 전기 아동의 언어 지식, 능력 및 성취를 보다 더 자연스러운 방식으로 평가할 수 있는 방법들이다. **언어 표집**(language sampling)은 모든 언어영역, 즉 (1) 구문론과 형태론(예 : 평균 발화길이를 계산하고 발성의 길이와 복잡성을 검토하는 것), (2) 음운론(예 : 음운 목록, 음절 구조 복잡성, 음운 과정), (3) 의미론(예 : 어휘 크기), (4) 화용론(예 : 대화기술, 몸짓의 사용, 눈접촉 유지)에서 아동의 강점과 약점을 평가하기 위하여 말-언어치료사들에 의해 사용되는 가장 일반적인 절차 중 하나이다. 언어 표집은 또한 치료 목표를 설정하고 치료의 진행 과정을 점검하거나 중재 전과 후에 언어 표집들을 비교함으로써 중재 효과를 평가하기 위하여 사용될 수 있다.

언어 표집은 아동이 말-언어치료사나 보호자와 함께 자유 놀이에 참여하는 중에 수행되거나 또는 그것은 아동이 함께 놀 수 있는 친숙한 장난감을 사용하는 예측 가능한 맥락(예 : 각본)을 사용하는 보다 더 구조화된 상황에서 수행될 수 있다. 이상적으로 언어

표집은 여러 상황, 예를 들어 학교, 클리닉, 집에서 수행될 수 있다. 그러나 단지 한 회기의 직접적인 관찰만이 가능할 때 최상의 대표적인 언어 표본의 수집을 가능하게 해 줄 장면을 배열하는 것이 중요하다. 언어 표본 수집에 이어서 말-언어치료사는 특정한 언어 형태의 존재나 부재를 위하여 표본을 기록하고 분석한다.

언어 표집이 아동의 언어기술을 평가하고 치료 목표를 공식화하기 위하여 사용될 때 언어 표본이 그 아동의 산출 언어능력들에 대표적임을 보장하는 것이 중요하다. 종종 아동은 회기 초반에 많은 말을 하지 않으며, 말-언어치료사나 새로운 장면에 익숙해져서 활기를 찾는 데에 시간이 걸린다. 따라서 언어 표집의 처음 10~15분은 아동의 산출 언어능력을 대표하지 않으며 분석에서 제외될 필요가 있다. 대표적인 언어 표본은 적어도 100개의 발화로 구성되어야 한다.

보다 더 많은 언어와 보다 더 복잡한 언어 구조를 이끌어 내기 위하여 말-언어치료사는 요청되는 질문의 수를 제한해야만 한다(Miller, 1981). 질문은 단어의 생략을 포함하는 반응들이나 취학 전기 형태론 발달의 가장 일반적인 측정치들 중 하나인 평균 발화길이를 감소시킬 수 있는 정보의 수를 증가시킨다. 예를 들어 어른이 아동에게 "그 그림을 봐라. 호랑이가 무엇을 하고 있니?"라고 묻는다. 아동은 "껑충껑충 뛰어(bouncing)"라고 반응할 수 있다. 이런 반응은 기술적으로는 정확한 반응이다. 그러나 그것은 완전한 문법적 형태 "그는 껑충껑충 뛰고 있어(He is bouncing)"라는 표현과는 거리가 멀다. 따라서 그것은 평균 발화길이를 감소시킨다. 언어 표집 도중에 질문이 사용될 때 그것들은 단일어 반응을 이끌어 내는 경향이 있는 예/아니요 질문 대신에 개방형 질문이 되어야만 한다. 모든 질문은 "그것에 대해 더 많은 것을 말해 주겠니?"라는 요청이 수반되어야 하며, 이것은 더 많은 언어를 이끌어 내는 데 도움을 준다.

이야기(narratives) 평가는 단순언어장애를 가진 취학 전기 아동들과 학령기 아동들의 언어능력을 평가하는 데 일반적으로 사용되는 또 다른 절차이다(Paul & Smith, 1993). 하나의 이야기 속에는 모든 언어 요소들이 함께 합쳐져서 응집적인, 잘 구성된, 의미 있는 이야기를 형성한다. 이야기 분석은 아동의 형태론적 및 구문론적 능력(Scott & Windsor, 2000), 문장들 간에 의미를 관련시키는 응집 도구들을 사용하는 아동의 능력(예 : 왜냐하면, 만약에)(Hesketh, 2004; Liles, 1985a, 1985b, 1987; Liles, Duffy, Merritt, & Purcell, 1995), 그리고 이야기 내용을 의미 있는 방식으로 조직화하고 계열화하는 아동의 능력(Liles et al., 1995; Merritt & Liles, 1985; Scott & Windsor, 2000)에 대한 정보를 제공해 준다.

언어 표집처럼 이야기 분석은 아동의 언어에 관한 많은 정보를 제공한다. 비록 이런 정보 대부분이 또한 아동과 대화를 하거나 언어 표본을 취하는 것으로부터 수집될 수 있다고 하더라도 언어장애를 가진 취학 전기 아동들은 대화하는 데 더 많은 어려움을 가질 수 있다. 이야기에 의해 제공된 관계 구조는 아동의 언어 산출을 촉진시키고 말-언어치료사에게 더 대표적인 표본을 제공할 것이다(Wagner, Nettelbladt, Sahlen, & Nilholm, 2000).

이야기는 순서 카드나 글이 없는 책을 사용하는 아동들에게 일상적인 사건과 개인적인 경험을 묘사하도록 시킴으로써 이끌어 낼 수 있다. 두 가지 과정인 이야기 생성과 이야기 재구성하기가 흔히 아동들로부터 이야기를 이끌어 내기 위해 사용된다. **이야기 생성**에서는 아동이 순서 카드나 글이 없는 책으로부터 스스로 어떤 이야기를 구성하라는 지시를 받는다. **이야기 재구성하기**에서는 아동이 말-언어치료사가 구성한 이야기를 듣고 난 다음에 다시 말-언어치료사로부터 그 이야기를 말해달라는 요청을 받는다. 두 절차는 모두 아동에게 잘 구성되고 잘 조직된 응집적인 문장들로 이야기를 산출할 것을 요구한다. 그러나 이 과정은 이야기 생성이 아동에게 이야기 줄거리(plot)를 자기개념화할 것을 요구하는 반면, 이야기 재구성하기는 아동에게 말-언어치료사가 이야기한 줄거리를 이해하고 난 다음에 말-언어치료사가 이야기를 들을 때 그 이야기를 말할 것을 요구한다(Merritt & Liles, 1989).

Miller와 동료들(2005)은 말-언어치료사가 한 아동으로부터 이야기를 수집할 때 고려해야만 하는 여러 가지 문제들을 제기했다. 말-언어치료사는 이야기 과제가 반드시 연령에 적절해야 함을 상기할 필요가 있다. 4세보다 더 어린 아동들이 신뢰할 만한 이야기를 산출할 것이라고 기대하지 말아야 한다. 이야기 재구성하기를 사용할 때 아동들이 풍부한 경험을 가진 이야기들을 선택하고 그들에게 매우 분명한 지시를 제공하는 것이 중요하다. 말-언어치료사는 또한 이야기들을 선택할 때 문화적 차이를 인식할 필요가 있다(Miller et al., 2005).

두 가지 유형의 이야기 점수 체계가 아동들의 이야기 기술을 평가하기 위하여 말-언어치료사들에 의해 사용된다(Miller et al., 2005). Applebee의 여섯 가지 이야기 발달 수준은 아동들의 이야기를 2세에서 7세까지 여섯 가지 발달 단계로 범주화한다(표 4.5 참조). 이런 점수체계는 가상적인 이야기들과 개인적 경험을 묘사하는 이야기들을 평가하는 데 사용될 수 있지만 각본 이야기를 평가하는 데에는 사용될 수 없다.

이야기 문법 점수 체계는 완전한 이야기를 위해 제시되어야만 하는 요소들을 확인한다—제목, 이야기 소개, 주연, 조연, 갈등, 화합, 해결, 결론 및 청자의 인식(표 4.6 참조). 이런 시스템에 따르면, 이야기는 세 가지 범주들 중 하나에 해당한다. 그 범주는 다음과

표 4.5 Applebee의 6단계 이야기 발달 수준

이야기 단계	출현 시기	묘사
더미(heaps)	2세	한 문장과 다른 문장의 연결이 없음
순서	2~3세	피상적이지만 임의적인 시간 순서는 있음, 사건들 간의 인과적 연결은 없음
원시적인 이야기	3~4세	구체적 핵심, 즉 더 구체화되고 명료화되는 일련의 상보적인 속성들에 의해 둘러싸여 있음
초점이 없는 연결고리	4~4세 6개월	하나의 사건으로부터 또 다른 사건으로 직접적으로 유도하는 사건들을 묘사, 하지만 그것들을 변화와 연결하는 속성을 나타냄
초점이 있는 연결고리	5세	묘사의 중심은 일련의 사건을 경험하지만, 실제 개념을 나타내는 어떠한 추상적인 관념도 경험하지 못하는 주인공
실제이야기	5~7세	이야기들은 주제나 도덕성을 가지기 시작함

Language Sample Analysis II: The wisconsin Guide–Revised, by J. F. Miller, S. Long, N. McKinley, S. Thormann, M. A. Jones, & A. Nockerts, 2005, Milwaukee, Wi: Wisconsin Department of Public Instruction.

같다. (1) 능숙한. 이것은 아동이 이야기의 모든 요소들에 대한 능숙한 사용을 보여 준다는 것을 의미한다. (2) 출현하고 있는. 이것은 아동이 이야기 문법 요소들에 대한 출현 혹은 비일관적인 사용을 보여 주고 말-언어치료사의 안내가 필요하다는 것을 의미한다. (3) 미숙한 또는 최소의. 이것은 아동이 어떤 요소들을 배제시키고 그 범주를 인식하지 못함으로써 이야기 문법 요소들에 대한 미숙한 사용을 보여 준다는 것을 의미한다. 아동이 능숙한 사용을 보여 주는 어떤 요소에는 5라는 점수가 할당된다. 아동이 출현하는 사용을 보여 주는 어떤 요소에는 3이라는 점수가 할당된다. 아동이 최소 또는 사용하지 않는 어떤 요소에는 1이라는 점수가 할당된다. 50점은 한 아동이 이 분석에서 받을 수 있는 최대 점수이다.

취학 전기 아동의 언어기술을 평가하기 위하여 사용될 수 있는 또 다른 유형의 평가는 **초학문적 놀이중심 사정**이다(Linder, 2005). 이 유형은 그것이 언어 및 의사소통 기술뿐만이 아니라 사회정서적 · 인지적 및 감각운동 능력에 대한 평가를 허용한다는 점에서 유리하다. 그 이름이 시사하듯이, 평가는 아동의 부모와 다양한 분야의 전문가들(예 : 말-언어치료사, 작업치료사, 물리치료사, 심리학자 등)에 의해 실행된다. 평가의 맥락은 평

표 4.6 이야기 문법 범주

특징	능숙한	출현하는	미숙한
제목	안내 없이 제목이 진술된다.	제목이 안내 후에 진술되거나 학생이 제목을 제시하려고 시도했으나 제목을 회상할 수 없다.	이야기로 바로 들어간다. 제목을 진술하려는 시도가 없다.
이야기 소개	배경과 이야기 주제가 진술된다.	배경 또는 주제가 진술된다.	배경이나 이야기 주제를 제시하려는 시도 없이 이야기로 바로 들어간다.
주인공(들)	주인공이 이름과 다른 사람들과의 관계로 청자에게 소개된다. 물리적 묘사나 성격 특성이 제시된다.	주인공이 이름, 관계 또는 묘사로 언급된다. 주인공에 대한 최소한의 정보가 제시된다.	주인공이 주로 대명사로 언급된다. 주인공을 이름, 관계 또는 묘사로 언급하려는 시도가 없다.
조연(들)	주인공과 동일함	주인공과 동일함	주인공과 동일함
참조	특정 참조물의 일관된 사용. 말하는 사람에 대한 청자의 인식에 대한 단서를 사용한다.	특정 참조물의 비일관된 사용. 비언어적 명료화를 사용한다. 청자가 질문을 할 때 명료화할 수 있다.	지나친 대명사 사용. 언어적 명료화/단서가 없다. 청자가 혼동하고 있음을 인식하지 못한다. 명료화해달라는 청자의 요청에 반응할 수 없다.
갈등	인물의 행동에 대한 논리적 설명이 포함된다. 사건과 행위를 연결하는 관계성을 제공한다.	인물의 행위에 대한 모호하거나 불완전한 논리적 설명. 이야기 갈등에 관한 혼동을 반영하는 진술을 한다(예 : "나는 그것이 왜 일어났는지 몰라요"). 일련의 관련이 없는 사건들을 제시한다.	이야기 속에 결정적인 사건들이 누락된다. 인물의 행동에 대한 논리적 설명이 없다. 사건과 행위를 연결하는 관계성을 제시하려는 시도가 없다.
응집	사건들은 논리적 순서를 따른다. 결정적인 사건들이 포함되고 사소한 사건들이 무시된다. 사건들 간의 부드러운 전환이 제시된다.	사건들은 논리적 순서를 따른다. 결정적인 사건과 사소한 사건들이 똑같이 중요하게 제시된다. 사건들 간의 전환이 비일관되게 제시된다.	사건들은 무작위 순서로 제시된다. 사건들 간의 최소 연결 또는 연결이 없다. 사건들 간의 전환이 부족하다.
해결	인물, 갈등, 사건과 관련된 분명한 해결	약간의 해결이 인물, 갈등, 사건에 대하여 제시된다.	어떤 해결도 제시되지 않는다.

표 4.6 이야기 문법 범주(계속)

특징	능숙한	출현하는	미숙한
결론	결론으로의 매끄러운 전환. 인물의 감정이나 결말의 효과에 대한 통찰을 제시한다.	급작스럽게 "끝-이게 전부예요"라고 말한다.	말하는 것을 멈춘다. 따라서 청자가 이야기가 끝인지 어떤지를 물을 필요가 있다.
청자 인식	청자에게 이야기 전반에 관한 적절하거나 충분한 배경 정보를 제시한다. 인물, 배경, 사건 간의 연결된 정보를 제시한다.	청자가 명료화를 위하여 요구하는 언어적 단서나 비언어적 단서에 의존한다.	청자가 지식을 공유하고 있다고 예상한다. 이해 부족을 지적하는 비언어적 또는 언어적 단서를 인식하지 못한다.
합계(가능한 점수 50점)	개수 ____ × 5 =____	개수 ____ × 5 =____	개수 ____ × 5 =____

Rubric for Completing a Story Grammar Analysis, by M. A. Jones and C. Lodholz, 1999, Madison, WI: Madison Metropolitan School District.

가되고 있는 아동과 영역들에 따라서 달라지는 활동들을 수행한다.

초학문적 놀이중심 사정은 아동의 주의집중을 고려한 자연스럽고 역동적인 과정이다. 이것은 다른 평가도구들(예 : 표준화된 검사)과 비교하여 스트레스와 요구가 덜하며, 따라서 자폐범주성장애(ASD)나 정신지체(MR)와 같은 다른 장애들에 이차적인 언어장애를 보이는 아동 그리고 2개 언어를 사용하는 가정의 아동들의 언어능력을 평가할 때 유용하다. 놀이중심 사정 중에 수집된 정보는 특히 화용론과 담화 영역에서 치료 목표를 개발하고 치료 진행을 평가하는 데 매우 유용하며, 이런 영역들은 표준화된 측정치들에서는 보통 무시되는 영역들이다.

비록 이 장이 취학 전기 아동들의 일차적인 언어장애의 평가와 치료에 관련되어 있다고 하더라도, 곧 논의되는 평가방법들과 다음 절에서 논의되는 치료 절차들은 또한 자폐범주성장애, 정신지체, 주의력 결핍 과잉행동 장애, 그리고 기타 장애들과 같은 다른 장애들에 이차적인 언어장애를 보이는 아동들의 언어장애를 치료하기 위해 사용될 수 있다.

4. 취학 전 언어장애를 위한 중재

단순언어장애를 가진 취학 전기 아동들을 위한 치료 프로그램의 개발은 많은 부분 장애의 심각성에 의해 결정되는 복잡한 과정이다. 언어 손상을 보이는 취학 전기 아동들은 한 가지 이상의 언어영역에서 어려움을 가질 수 있고, 오랜 기간 한 활동에 주목하는 데 어려움을 가질 수 있으며, 치료계획을 구성할 때 다루어질 필요가 있는 부가적인 사회적-의사소통적 어려움을 가질 수 있다. 또한 학업적인 요구들과 관련된 다른 발달 기술(예 : 음운인식 기술)이 표적이 될 수도 있다. 치료 프로그램을 개발할 때 말-언어치료사는 특정한 언어영역들을 표적으로 하는 데 가용한 촉진적 기법들과 치료 프로그램들을 염두에 두어야만 한다.

1) 촉진적 기법

다양한 언어장애를 치료하는 방법을 더 잘 이해하기 위해서는 중재전략들을 기술하는 데 사용되는 용어를 이해하는 것이 필수적이다. 이들 촉진적 기법들은 다양한 유형의 장애 아동에게 사용되며 단순언어장애 아동들에게만 한정되지는 않는다. 또한 이 기법들은 영유아기에서 학령기까지의 아동들에게 적합하도록 수정될 수 있다.

모델링은 말-언어치료사가 표적 언어 형태나 행동을 아동에게 제시하는 기법이다(Leonard, 1975). 아동을 위해 특정한 형태를 모델링하는 것은 그 아동이 자연스러운 맥락에서 적절한 표적 언어를 들을 수 있게 해 준다. 이 기법은 다양한 방식으로 사용될 수 있다. 예를 들어 아동과 함께 놀이를 하면서 말-언어치료사는 장난감 인형을 안고 뛰는 행위를 보여 줄 수 있다. 현재 진행 *-ing*형을 위한 언어 모델의 한 가지 보기는 "The boy is jumping!" 이다. 뛰는 행위의 시각적 단서가 제공되는 중에 정확한 문장 형태가 아동에게 제시된다.

모델링은 **확대**와 **재구성**이라고 하는 기법들을 사용함으로써 더 많은 대화 맥락에서 한 걸음 더 나아갈 수 있다. 확대와 재구성 모두가 사용되는 경우는 아동이 특정한 언어 형태를 부정확하게 산출하는 경우이다. 그다음에 말-언어치료사는 문법적 및 의미적으로 적절한 형태 이외에 아동의 발화를 반복함으로써 상호작용을 강화한다(Camarata, Nelson, & Camarata, 1994; Nelson, Camarata, Welsh, Butkowsky, & Camarata, 1996). 두 기법들 간의 차이는 재구성 시 말-언어치료사는 발화의 유형(예를 들어 진술에서 질문으로)을 바꾸거나 발화가 산출되고 있는 목소리나 기분을 바꿀 수 있다.

다음 대화는 모델링, 확대 그리고 재구성의 사용을 보여 준다.

말-언어치료사 : Look at the boy. The boy is jumping! (모델링)

아동 : Boy jump.

말-언어치료사 : Yes, the boy is jumping. (확대)

아동 : Jumping.

말-언어치료사 : The boy is jumping, right? (재구성)

환경중심 언어중재는 자연스러운 대화와 같은 맥락에서 언어 촉진 기법들을 사용하는 중재방법이다(Kaiser, 2000; Kaiser & Hester, 1994). 이런 형태의 중재는 네 가지 유형의 교수전략에 초점을 맞춘다.

1. 모델링—말-언어치료사나 보호자가 언어 모델들을 제시한다.
2. 요구모델 절차—말-언어치료사는 "Tell me what this is"라고 분명히 지시하거나 "Is the ball red or blue?"라고 아동에게 선택을 요구한다. 치료자나 양육자가 모델을 제공한다.
3. 시간지연 절차—아동의 요구나 바람을 예측할 때 말-언어치료사는 의도적으로 아동이 장난감이나 어떤 활동을 지원해달라고 요청할 때까지 기다린다.
4. 우발적 교수 절차—이것은 촉진 놀이와 유사하며, 여기에서 특정한 언어 혹은 의사소통 형태를 표출해 내도록 장난감이 전략적으로 배치된다. 모델링, 요구하기, 시간지연이 언어 사용을 촉진하도록 사용된다.

표출 혹은 **모방 기법**들은 흔히 보다 더 자연스러운 모델링 기법들과 대조된다(Connell, 1987; Haley, Camarate, & Nelson, 1994; Nelson et al., 1996). Nelson 등(1996)은 아동으로부터 다음과 같은 반응들을 이끌어 내는 절차를 기술했다. (1) 아동에게 말을 하는 것에 대하여 보상을 제공하는 그림이나 장난감과 같은 시각적 단서(visual prompt)를 제공한다. (2) "The boy is running"과 같은 언어적 모델이 제공된다. (3) 아동은 상세하게 "'The boy is running' 이라고 말해라"와 같은 표적 행동을 모방하도록 요청을 받는다. (4) 아동의 반응이 언어적 칭찬이나 토큰으로 강화된다.

이런 기법들을 더 자연스러운 대화중심 기법들과 비교했던 연구들은 언어를 이끌어 내는 더 간접적인 방법으로 작용하는 재구성과 같은 기법들이 더 좋은 결과를 가진다는 것을 발견했다. 아동들은 더 자발적인 언어를 산출하고 더 자연스러운 접근들에서 더 빠르게 일반화시키는 것 같다(Haley et al., 1994; Nelson et al., 1996). 이런 접근들은 전형적으로 아동에게 반응하라고 요구하지 않으며 아동들은 준비가 될 때 정확한 언어 형태를 독자적으로 산출할 것이라는 전제에 토대를 둔다.

자연스러운 모방 기법들을 비교한 대부분의 연구들은 시간에 따른 향상을 증명했다(Connell & Stone, 1994). 그러나 아동들의 언어기술들이 어떻게 향상되느냐에 있어서는 차이가 있다. 모방 기법들은 기본적인 모델링 절차와 비교하여 더 빈번하게 그리고 더 빠른 표적 형태의 사용률로 귀결된다(Kouri, 2005). 단순언어장애 아동들의 사회적 기술을 검토한 치료 효과 연구(Haley et al., 1994)에서, 중재 유형과는 상관없이 모든 참가 아동들에게 향상이 나타났다. 모방에 토대를 둔 중재 유형이나 대화에 토대를 둔 중재 유형(예 : 모델링, 대화 재구성, 확대) 간에 나타난 핵심적인 차이는 대화중심 집단 아동들에게서 더 큰 자발적인 언어와 적극적인 참여가 나타났다는 점이다. 이런 아동들은 중재 중에 더 참여적이고 일반적으로 더 행복해 보였다. 대조적으로 모방 중재를 받은 아동들은 회기 전반에 걸쳐 더 조용하고 더 수동적이었다.

모방 기법들에 대한 비판에도 불구하고 그것들은 여러 가지 이유들 때문에 중재 과정으로 통합되어야 한다. 그렇게 하는 것이 아동의 발화를 제한하거나 진행을 방해하는 것처럼 보이지 않는다. 대조적으로 이런 전략의 효과성은 경험적 근거에 의해 지지된다. 자연스러운 중재를 지지해 왔던 연구자들도 또한 모방 접근들의 중요성을 강조해 왔다(Fey, Long, & Finestack, 2003). 이런 접근들을 사용하는 것은 말-언어치료사가 아동이 표적 형태를 반복함으로써 어떤 활동에 주목하고 아동이 운율적으로 어려워할 수 있는 형태들을 산출하는 것을 연습하도록 해 준다. Fey 등(2003)은 모방법을 사용하는 것이 언어가 이런 방식으로만 습득된다는 것을 의미하는 것이 아니라 이런 접근이 중재 과정의 중요한 부분이라는 것을 의미한다고 주장했다. 아동들은 자연스러운 중재 형태를 가지고 언어를 더 잘 습득하고 새로운 정보를 일반화시키지만, 모방 표출은 언어 표적에 대한 그들의 인식을 증가시키는 통합적인 부분이다.

2) 치료 프로그램

앞에서 개관된 촉진적 기법들은 다양한 방식으로 회기에 포함될 수 있다. 포함방법들 중 어떤 것은 더 자연스럽고 놀이에 기반을 둔 중재들에서 보여 주는 것처럼 간접적인 언어 촉진을 포함하는 반면 다른 것들은 보다 더 직접적인 지시들을 포함하는데, 여기에서는 목표를 명시적으로 가르치고 이끌어 낸다. 다음의 놀이중심 활동들은 최소한의 언어기술들을 가진 아동들에게 사용될 수 있으며 더 많은 산출 및 수용 언어기술들을 가진 아동들에게 적용하기 위해 수정될 수도 있다.

1. 촉진적 놀이/간접적인 언어 자극 : 언어는 아동의 흥미를 끄는 장난감이나 대상을 사용함으로써 촉진된다. 장난감은 회기 전반에 걸쳐 언어를 촉진시키고 상호 주의와 놀이기술들을 확립하기 위해 조작될 수 있다. 이 방법은 아동의 기술 수준이 대상과 장

난감이 회기 중에 어떻게 사용될 것인지를 지시한다는 점에서 아동에게 도움을 준다. 예를 들어 한정된 주의 범위, 한정된 눈 접촉 또는 한정된 산출 언어를 가진 아동들에게는 아동 앞에 장난감을 둘 수 있다. 말-언어치료사는 전형적으로 아동의 주의가 대상에게 집중되거나 아동이 눈 접촉을 시도할 때까지 기다리는데, 이것은 놀이에 대한 흥미를 암시해 준다. 요청하기를 촉진시키기 위하여 요구되는 물건을 잡기 어려운 위치에 두고 아동이 그 대상을 지적하거나 잡으려고 다가갈 때 요청에 대한 언어 모델이 제공된다. 놀이 중에 상호 주의를 증가시키기 위하여 병렬 놀이(parallel play)가 흔히 사용된다. 병렬 놀이에서 말-언어치료사는 아동의 행위를 모방하면서 아동과 함께 논다. 또한 말-언어치료사는 아동의 행위(상대적 말)를 묘사하는 언어 모델이나 아동 자신의 행위를 묘사하는 모델들(자기말)을 제공할 수 있다.

2. 각본 놀이 : 각본 놀이 일과 중에 아동과 말-언어치료사는 아동이 이미 친숙한 일반적인 각본에 토대를 둔 놀이 일과를 실행한다. 이것들은 아침 일과(일어나기, 양치하기, 아침식사하기 등)와 같은 일상적인 일과로부터 생일파티 계획하기와 같은 특별한 행사 각본에 이르는 일과까지 포함한다. 각본 놀이는 어휘와 문법 형태론(예 : 동사 시제)뿐만이 아니라 사건에 대한 계획(예 : "파티에 필요한 것이 무엇인지 항목을 만들어 보자"), 주의 및 회상과 같은 고차적인 수준의 실행 기능들을 포함하는 다양한 언어영역들을 수행하는 데 사용될 수 있다.
3. 초점 자극 : 이 접근은 아동에게 다양한 맥락에서 표적 형태를 표출하도록 한다. 치료 회기는 말-언어치료사의 반복된 모델에 이어서 표적 형태에 대한 자발적인 산출을 조장하는 재료들을 사용한다. 예를 들어 표적어두 양순음(예 : /p/나 /b/)이 중단될 때 모델이 되는 이야기는 다음과 같은 문장이 될 수 있다.

말-언어치료사 : Let's *b*low *b*ubbles. Look at the *b*ig bubble. I'm going to pop the *b*ig *b*ubble. Do you want to *b*low a *b*ubble?

이 보기에서 양순음 중단은 아동에게 여러 가지 방식으로 제공되며 환경과 활동이 아동의 산출을 촉진시키는 방식으로 설정된다.

3) 부가적인 고려사항

단일 회기 중에 또는 여러 회기에 걸쳐 중재의 진행을 점검하면서 목표를 확립하고 진행을 평가하기 위해서는 다음 요소들이 고려되어야만 한다.

1. 제시 빈도—언어장애를 가진 아동들이 흔히 새로운 표적 형태를 습득하기 위해서는 반복을 요구한다(Childers & Tomasello, 2002). 특정한 언어 형태가 완전히 습득되기 전에 여러 번 그리고 다양한 맥락에서 반복될 필요가 있다. 필수적인 제시 빈도는 아동마다 다양할 수 있으며 이에 따라서 점검이 이루어져야 한다. 비록 아동이 단일 회기 내에 어떤 표적에 대한 일정한 향상을 보여 주는 것처럼 확인된다고 하더라도 실제 숙달은 전형적으로 여러 회기 과정에 거쳐 달성된다(Riches et al., 2005).
2. 표적 항목들의 제시 간격—단순언어장애 아동들은 표적 항목들의 제시 사이에 충분한 시간이 허용될 때 가장 잘 수행한다. 이들 아동들은 전형적으로 발달하는 아동들보다 그들의 사고를 처리하고 형성하는 데 더 많은 시간을 요구한다.
3. 표적을 달성하는 데 요구되는 안내/단서—언어적 지시나 모델링에 더하여, 단순언어장애 아동들은 부가적인 단서를 요구한다. 단서는 시각적으로(예 : 그림/장난감을 통하여 또는 그것을 직접적으로 지적하는 말-언어치료사 없이), 언어적으로(예 : 언어적 안내를 사용하여, "내 입을 봐") 또는 촉각 단서(예 : 손을 통한 조력)를 통하여 제공될 수 있다. 아동이 한 회기 과정에서 향상을 보여 주기 시작할 때 단서들은 철회된다(예 : 빈도 감소).

4) 학업 전 기술

중재목표를 계획할 때 표적으로 하는 형태, 내용, 사용에 더하여 말-언어치료사는 아동이 학교에 들어갈 때 직면하게 될 학업 전 요구들을 염두에 둘 필요가 있다. 단순언어장애를 가진 많은 학령기 아동들은 학령기 중에 문제시되는 언어와 관련된 학습문제들에 처할 위험에 있다. 따라서 학업 전 기술들을 일찍부터 다루는 것이 중요하다. 중요한 영역들은 읽고 쓰기 전 기술들과 초기 읽기 이해 기술들을 포함한다.

앞에서 보았듯이, 음운인식은 이후 읽기능력의 선행 요인이다. 음운인식은 단어들이 더 작은 단위들(음절과 음운)로 구성되어 있으며, 음운의 첨가, 생략 또는 대체가 의미 변화를 유발할 수 있다는 것을 말한다. 다음 음운인식 활동들이 단순언어장애를 가진 취학 전기 아동들에게 사용될 수 있다(Catts, 1991).

1. 운율 맞추기—운율 맞추기는 운율을 만들어 내고 노래나 동요에서의 운율을 확인하는 단어 놀이 게임을 통해서 과제를 해결한다.
2. 음절 두드리기—아동은 한 단어의 음절수를 세고 확인하라는 요청을 받는다.

3. 음의 조작—아동은 새로운 단어를 창출하기 위하여 어떤 음을 첨가하거나 생략하거나 또는 대체하는 것을 요구하는 게임을 한다.
4. 조합하기—아동은 새로운 단어를 창출하기 위해 개별 음/음절을 조합한다.

학업 전 기술들을 증가시키기 위한 또 다른 방법은 이야기책 함께 읽기(joint storybook reading)이다(Fey, Catts, & Larrivee, 1995). 말-언어치료사와 아동이 책 읽기 활동을 할 때 말-언어치료사는 언어이해와 산출을 강화하기 위해 이전에 언급된 언어 촉진 기법들 중 몇 가지를 사용한다. 말-언어치료사는 육하원칙에 따른 질문을 사용함으로써 언어 산출을 촉진시킬 수 있으며, 이것은 아동에게 이야기 구성에 관한 세부적인 묘사를 제공할 것을 요구한다. 말-언어치료사는 연령에 부합되고 언어가 적절한 책을 선택한다. 4세 아동을 위한 책은 만약 그 아동이 그 수준에서 이해하는 데 어려움이 있다면 전적으로 적절하지 않다. 이 방법은 그것이 양육자에 의해 집에서 쉽게 수행될 수 있다는 점에서 유리하다.

요 약

단순언어장애를 가진 취학 전기 아동들은 언어의 다섯 가지 영역(예 : 음운론, 형태론, 구문론, 의미론, 화용론) 중 하나 또는 그 이상에서 장애를 가질 수 있는 이질적인 집단이다. 언어장애의 조기 확인은 도전적인 일이 될 수 있으며, 영유아기 중에 지체된 것처럼 보이는 어떤 아동들은 4세에 이르러 그들의 동료들을 따라잡기도 한다. 계속해서 언어장애를 나타내는 아동들에게 확인과 치료는 필수적이며, 이런 장애들은 지속되어 이후 학업적인 성공에 영향을 미칠 수 있다.

언어장애를 평가하기 위하여 공식적(표준화된 검사) 및 비공식적(언어 표집, 이야기) 측정도구들은 아동의 언어수준에 대한 완전한 설명을 제공하기 위해 사용될 수 있다. 일단 아동이 언어장애를 가지는 것으로 확인되고 나면, 여러 가지 중재방법들이 언어기술들을 촉진시키기 위해 사용될 수 있다. 이들 방법들은 표적 형태에 대한 모방을 이끌어내는 것과 같은 보다 더 직접적인 방법들과 함께 모델링, 확대, 재구성과 같은 자연스러운 대화중심 기법들을 포함한다. 궁극적으로 단순언어장애의 목표는 의사소통과 이후 학업발달에서의 성공을 보장하기 위하여 아동의 언어장애를 정확하게 확인하고 적절한 치료를 제공하는 것이다.

사례 연구 취학 전 언어장애

마크는 그의 알아들을 수 없는 말을 치료하기 위해 4세 2개월경 구어 및 언어 평가를 위해 의뢰되었다. 마크의 어머니는 태아기와 출생 시 별다른 문제는 없었으며, 마크의 발달 단계는 정상적인 연령 범위 내에 있었다고 보고했다. 그녀는 마크가 약 12개월에 첫 말을 했고 약 2세 6개월에 짧은 문장을 사용했다고 보고했다.

말-언어치료사는 100개의 발화 언어 표본을 수집함으로써 비공식적으로 마크의 언어 수행을 평가했다. 마크의 언어 표본에 대한 분석에서 평균 발화길이는 3.68이었는데, 이것은 그의 연령에 적합한 정상적인 범위(3.64~5.34) 내에 해당한다. 그러나 형태론적 분석에서는 마크의 연령에 이르러 숙달되어야만 하는 여러 가지 문법적 형태소들에 대한 비일관적인 문제가 드러났다—현재 진행(-*ing*), 복수(-*s*), 소유격(*'s*), 축약되지 않은 연결동사(*is*, *was*), 전치사(*in*, *on*), 관사(*a*, *the*), 축약된 연결동사와 조동사(*that's*, *they're*). 마크의 문장은 단순하고 짧은 것으로 판단되었다. 즉 형용사와 부사, 삽입구나 삽입절은 잘 사용하지 않았으며, 따라서 그는 복잡한 문장들을 사용하지 않았다.

마크의 발화 중 약 25%는 알아들을 수 없었다. 음운 분석은 자음군 감소, 마지막 자음 탈락, 전치 및 전이음과 같은 음운 과정의 문제를 드러냈다. 의미론적 분석은 서로 다른 단어군들(예 : 부사, 형용사, 동사)과 적은 명사 어휘를 제한적으로 사용하는 빈약한 어휘 목록을 드러냈다. 마크는 흔히 대상, 행위, 위치를 묘사하기 위해 불특정 단어들(예 : 이것, 저것, 저기)을 사용했으며, 이것은 그의 한정된 어휘목록과 단어발견 장애의 특징이다. 마크의 화용론적 기술들은 그의 연령에 비추어 일반적인 것처럼 보였다. 그는 눈 접촉, 지향하기, 상호 주의, 상호 행위를 나타냈다. 그는 말-언어치료사와 함께 놀이하는 것을 즐거워했고 45분 회기 동안 여러 가지 활동들에 주목할 수 있었다.

공식적인 평가는 수용언어 능력과 표현언어 능력에서 상당한 장애를 드러냈다. 취학 전 CELF 검사가 마크의 언어기술들을 평가하기 위해 실시되었다. 그는 CELF의 수용영역에서 연령기대 평균 1표준편차 아래 점수를 받았고 표현언어 영역에서 연령기대 평균 2표준편차 아래 점수를 받았다.

말-언어치료사는 마크가 언어이해력을 증가시키고 수용언어 기술과 표현언어 기술을 향상시키는 데 초점을 두도록 하고, 이를 위해 일주일에 두 번 언어치료를 받기를 권장했다. 보다 더 구체적으로 말-언어치료사는 문법 형태소의 정확하고 일관된 사용, 어휘 크기의 확대와 불특정 단어 사용 감소, 문장의 복잡성과 길이 증가 그리고 음운 과정의 사용 감소를 목표로 할 것을 권장했다.

연구문제

1. 두 가지 임상적 준거들은 대기만성형 아동과 말이 늦는 아동을 구분하는 데 어떤 도움을 줄 수 있는가?
2. 단순언어장애 아동들이 언어 형태, 내용, 사용에서 보여 주는 한계들 중 몇 가지를 기술하라.
3. 일단 이야기 생성을 사용하고 난 다음에 다시 이야기 재구성을 사용하여 취학 전기 아동으로부터 이야기 표본들을 수집하라. 이야기 문법 점수체계를 사용하여 그 표본들을 분석하고 두 가지 절차들로부터 나온 결과들을 비교하고 대조하라.
4. 단순언어장애를 나타내는 취학 전기 아동들에게 사용된 촉진적 치료 기법들 중 몇 가지를 기술하라.

참고문헌

Acredolo, L., & Goodwyn, S. (1988). Symbolic gesturing in normal infants. *Human Development, 28*, 40–49.

Alt, M., & Plante, E. (2006). Factors that influence lexical and semantic fast mapping of young children with specific language impairment. *Journal of Speech, Language, and Hearing Research, 49*, 941–954.

Archibald, L. M. D., & Gathercole, S. E. (2006). Short-term and working memory in specific language impairment. *International Journal of Language and Communication Disorders, 41*, 675–693.

Bates, E., Bretherton, I., & Snyder, L. (1988). *From first words to grammar: Individual differences and dissociable mechanisms.* Cambridge, MA: Cambridge University Press.

Bedore, L., & Leonard, L. (1998). Specific language impairment and grammatical morphology: A discriminant function analysis. *Journal of Speech, Language, and Hearing Research, 41*, 1185–1192.

Blank, M., Rose, S. A., & Berlin, L. J. (1978). *Preschool Language Assessment Instrument.* Austin: Pro-Ed.

Brinton, B., & Fujiki, M. (1982). A comparison of request response sequences in the discourse of normal and language disordered children. *Journal of Speech and Hearing Disorders, 47*, 57–62.

Brinton, B., Fujiki, M., Winkler, E., & Loeb, D. (1986). Responses to requests for clarification in linguistically normal and language-impaired children. *Journal of Speech and Hearing Disorders, 51*, 370–378.

Brown, R. (1973). *A first language: The early stages.* Cambridge, MA: Harvard University Press.

Camarata, S., Nelson, K., & Camarata, M. (1994). Comparison of conversational-recasting and imitative procedures for training grammatical structures in children with specific language impairment. *Journal of Speech and Hearing Research, 37*, 1414–1423.

Capirci, O., Iverson, J., Pizzuto, E., & Volterra, V. (1996). Gestures and words during the transition to two word speech. *Journal of Child Language, 23,* 645–673.

Capone, N., & McGregor, K. (2004). Gesture development: A review for clinical and research practices. *Journal of Speech, Language, and Hearing Research, 47,* 173–186.

Carey, S., & Bartlett, E. (1978). Acquiring a new single word. *Papers and Reports on Child Language Development, 15,* 17–29.

Carrow-Woolfolk, E. (1999). *CASL: Comprehensive Assessment of Spoken Language.* Circle Pines, MN: American Guidance Service.

Caselli, M. (1990). Communicative gestures and first words. In V. Volterra & J. Erting (Eds.), *From gesture to sign in hearing and deaf children* (pp. 56–67). New York: Springer-Verlag.

Catts, H. W. (1991). Facilitating phonological awareness: Role of speech-language pathologists. *Language, Speech, and Hearing Services in Schools, 22,* 196–203.

Childers, J., & Tomasello, M. (2002).Two-year-olds learn novel nouns, verbs, and conventional actions from massed or distributed exposures. *Developmental Psychology, 38,* 967–978.

Connell, P. (1987). An effect of modeling and imitation teaching procedures on children with and without specific language impairment. *Journal of Speech and Hearing Research, 30,* 105–113.

Connell, P., & Stone, C. (1992). Morpheme learning of children with specific language impairment under controlled instructional conditions. *Journal of Speech and Hearing Research, 35,* 844–852.

Conti-Ramsden, G. (2003). Processing and linguistic markers in young children with specific language impairment (SLI). *Journal of Speech, Language, and Hearing Research, 46,* 1029–1037.

Conti-Ramsden, G., & Botting, N. (1999). Classification of children with specific language impairment: Longitudinal considerations. *Journal of Speech, Language, and Hearing Research, 42,* 1195–1204.

Conti-Ramsden, G., & Jones, M. (1997). Verb use in specific language impairment. *Journal of Speech, Language, and Hearing Research, 40,* 1298–1313.

Conti-Ramsden, G., Crutchley, A., & Botting, N. (1997). The extent to which psychometric tests differentiate subgroups of children with SLI. *Journal of Speech, Language, and Hearing Research, 40,* 765–777.

Dollaghan, C. (1985). "Fast mapping" in preschool children. *Journal of Speech and Hearing Research, 28,* 449–454.

Dollaghan, C. (1987). Fast mapping in normal and language-impaired children. *Journal of Speech and Hearing Disorders, 52*(3), 218–222.

Dollaghan, C., & Campbell, T. F. (1998). Nonword repetition and child language impairment. *Journal of Speech, Language, and Hearing Research, 41,* 1136–1146.

Dunn, L., & Dunn, L. (1997). *Peabody Picture Vocabulary Test—Third Edition.* Circle Pines, MN: American Guidance Service.

Edmonston, N. K., & Litchfield Thane, N. (1992). Children's use of comprehension strategies in response to relational words: Implications for assessment. *American Journal of Speech-Language Pathology, 1,* 30–35.

Edwards, J., & Lahey, M. (1998). Nonword repetitions of children with specific language impairment: Exploration of some explanations for their inaccuracies. *Applied Psycholinguistics, 19*(2), 279–309.

Faust, M., Dimitrovsky, L., & Davidi, S. (1997). Naming difficulties in language-disabled children: Preliminary findings with the application of the tip-of-the-tongue paradigm. *Journal of Speech, Language, and Hearing Research, 40,* 1037–1047.

Fazio, B. B. (1997). Learning a new poem: Memory for connected speech and phonological awareness in low-income children with and without specific language impairment. *Journal of Speech, Language, and Hearing Research, 40,* 1285–1297.

Fey, M., Catts, H., & Larivee, L. (1995). Preparing preschoolers for the academic and social challenges of school. In M. Fey, J. Windsor, S. Warren (Eds.), *Language intervention: Preschool through the elementary years.* Baltimore, MD: Paul H. Brookes.

Fey, M., Long, S., & Finestack, L. (2003). Ten principles of grammar facilitation for children with specific language impairment. *American Journal of Speech-Language Pathology, 12,* 3–15.

Fujiki, M., Brinton, B., & Sonnenberg, E. A. (1990). Repair of overlapping speech in the conversations of specifically language-impaired and normally developing children. *Applied Psycholinguistics, 11,* 201–215.

Gardner, M. (2000). *Expressive One-Word Picture Vocabulary Test—Revised.* Circle Pines, MN: American Guidance Services.

Gathercole, S., & Baddeley, A. (1990). Phonological memory deficits in language disordered children: Is there a causal connection? *Journal of Memory and Language, 29,* 336–360.

Gathercole, S. E., & Baddeley, A. D. (1995). Short-term memory may yet be deficient in children with language impairments: A comment on van der Lely & Howard (1993). *Journal of Speech, Language, and Hearing Sciences, 38,* 463–472.

Gathercole, S. E., Willis, C. S., Baddeley, A. D., & Emslie, H. (1994). The Children's Test of Nonword Repetition: A test of phonological working memory. *Memory,* 2(2), 103–127.

German, D. J. (1987). Spontaneous language profiles of children with word-finding problems. *Language, Speech, and Hearing Services in Schools, 18,* 217–230.

German, D. J., & Simon, E. (1991). Analysis of children's word-finding skills in discourse. *Journal of Speech and Hearing Research, 34,* 309–316.

Gillam, R. B., & Johnston, J. R. (1992). Spoken and written language relationships in language/learning impaired and normally achieving school-aged children. *Journal of Speech and Hearing Research, 35,* 1303–1315.

Goldsworthy, C. (1982). *Multilevel Informal Language Inventory.* San Antonio: Harcourt Brace Jovanovich.

Golinkoff, R. M., Hirsh-Pasek, K., Bailey, L. M., & Wenger, N. R. (1992). Young children and adults use lexical principles to learn new nouns. *Developmental Psychology, 28,* 99–108.

Gray, S. (2003). Word learning by preschoolers with specific language impairment: What predicts success. *Journal of Speech, Language, and Hearing Research, 46,* 56–67.

Gray, S. (2004). Word learning by preschoolers with specific language impairment: Predictors and poor learners. *Journal of Speech, Language, and Hearing Research, 47,* 1117–1132.

Gray, S. (2005). Word learning by preschoolers with specific language impairment: Affect of phonological or semantic cues. *Journal of Speech, Language, and Hearing Research, 48,* 1452–1467.

Gray, S. (2006). The relationship between phonological memory, receptive vocabulary, and fast mapping in young children with specific language impairment. *Journal of Speech, Language, and Hearing Research, 49,* 955–969.

Hadley, P. A., & Rice, M. L. (1991). Conversational responsiveness of speech-and language-impaired preschoolers. *Journal of Speech and Hearing Research, 34,* 1308–1317.

Hadley, P. A., & Short, H. (2005). The onset of tense marking in children at risk for specific language impairment. *Journal of Speech, Language, and Hearing Research, 48,* 1344–1362.

Haley, K., Camarata, S., & Nelson, K. (1994). Social valence in children with specific language impairment during imitation-based and conversation-based language intervention. *Journal of Speech and Hearing Research, 37,* 378–388.

Hanauer, J. B., & Brooks, P. J. (2005). Contributions of response set and semantic relatedness to cross-modal stroop-like picture-word interference in children and adults. *Journal of Experimental Child Psychology, 90,* 21–47.

Hedrick, P., Prather, E., & Tobin, R. (1984). *Sequenced Inventory of Communication Development, Revised.* Los Angeles, CA: Western Psychological Services.

Hesketh, A. (2004). Grammatical performance of children with language disorder on structured elicitation and narrative tasks. *Clinical Linguistics and Phonetics, 18,* 161–182.

Hodson, B. (1986). *The assessment of phonological processes-Revised.* Austin: Pro-Ed.

Im-Bolter, N., Johnson, J., & Pascual-Leone, J. (2006). Processing limitations in children with specific language impairment: The role of executive function. *Child Development, 77,* 1822–1841.

Ingram, D. (1981). *Procedures for the phonological analysis of children's language.* Baltimore, MD: University Park Press.

Jones, M. A., & Lodholz, C. (1999). *Rubric for completing a story grammar analysis.* Madison, WI: Madison Metropolitan School District.

Kaiser, A. (2000). Teaching functional communication skills. In M. E. Snell & F. Brown (Eds.), *Instruction of students with severe disabilities* (5th ed., pp. 453–492). Upper Saddle River, NJ: Merrill/Prentice Hall.

Kaiser, A., & Hester, P. (1994). Generalized effects of enhanced milieu teaching. *Journal of Speech and Hearing Research, 37,* 1320–1340.

Kouri, T. A. (2005). Lexical training through modeling and elicitation procedures with late talkers who have specific language impairment and developmental delays. *Journal of Speech, Language, and Hearing Research, 48,* 157–171.

Lahey, M., & Edwards, J. (1999). Naming errors of children with specific language impairment. *Journal of Speech, Language, and Hearing Research, 42,* 195–205.

Leonard, L. (1975). Modeling as a clinical procedure in language training. *Language, Speech, and Hearing Services in Schools, 6,* 72–85.

Leonard, L. (1982). Phonological deficits in children with developmental language impairment. *Brain and Language, 16,* 73–86.

Leonard, L. (1998). *Children with specific language impairment.* Cambridge, MA: MIT Press.

Leonard, L., Eyer, J., Bedore, L., & Grela, B. (1997). Three accounts of the grammatical morpheme difficulties of English-speaking children with specific language impairment. *Journal of Speech and Hearing Research, 40,* 741–753.

Liles, B. Z. (1985a). Narrative ability in normal and language disordered children. *Journal of Speech and Hearing Research, 28,* 123–133.

Liles, B. Z. (1985b). Production and comprehension of narrative discourse in normal and language disordered children. *Journal of Communication Disorders, 18,* 409–427.

Liles, B. Z. (1987). Episode organization and cohesive conjunctives in narratives of children with and without language disorders. *Journal of Speech and Hearing Research, 30,* 185–196.

Liles, B. Z., Duffy, R. J., Merritt, D. D., & Purcell, S. L. (1995). Measurement of narrative discourse ability in children with language disorders. *Journal of Speech and Hearing Research, 38,* 415–425.

Linder, T. W. (2005). *Transdisciplinary play-based assessment: A functional approach to working with young children* (Rev. ed.). Baltimore, MD: Paul H. Brookes.

Maillart, C., Schelstraete, M., & Hupert, M. (2004). Phonological representations in children with SLI: A study of French. *Journal of Speech Language and Hearing Research, 47,* 187–198.

Mann, V., & Liberman, I. (1984). Phonological awareness and verbal short-term memory: Can they presage early reading problems? *Journal of Learning Disabilities, 17,* 592–599.

Marton, K., & Schwartz, G. R. (2003). Working memory capacity and language processes in children with specific language impairment. *Journal of Speech Language and Hearing Research, 46,* 1138–1153.

Marton, K., Schwartz, G. R., Farkas, L., & Katsnelsor, V. (2006). Effect of sentence length and complexity on working memory performance in Hungarian children with specific language impairment (SLI): A cross-linguistic comparison. *International Journal of Language and Communication Disorders, 41,* 653–673.

McGregor, K. K. (1997). The nature of word-finding errors of preschoolers with and without word finding deficits. *Journal of Speech and Hearing Research, 40,* 1232–1244.

McGregor, K. K., Friedman, R. M., Reilly, R. M., & Newman, R. M. (2002). Semantic representation and naming in young children. *Journal of Speech, Language, and Hearing Research, 45,* 332–346.

McGregor, K. K., & Leonard, L. B. (1989). Facilitating word-finding skills of language-impaired children. *Journal of Speech and Hearing Disorders, 54,* 141–147.

McGregor, K. K., Newman, R. M., Reilly, R. M., & Capone, N. C. (2002). Semantic representation and naming in children with specific language impairment. *Journal of Speech, Language, and Hearing Research, 45,* 998–1014.

McGregor, K. K., & Waxman, S. R. (1998). Object naming at multiple hierarchical levels: A comparison of preschoolers with and without word-finding deficits. *Journal of Child Language, 25,* 419–430.

Merritt, D. D., & Liles, B. Z. (1989). Narrative analysis: Clinical applications of story generation and story retelling. *Journal of Speech and Hearing Disorders, 54,* 429–438.

Miller, J. (1981). *Assessing language production in children.* Baltimore, MD: University Park Press.

Miller, J. F., Long, S., McKinley, N. Thormann, S., Jones, M. A., & Nockerts, A. (2005). *Language sample analysis II: The Wisconsin guide* (Rev. ed.). Milwaukee, WI: Wisconsin Department of Public Instruction.

Montgomery, J. W. (1995). Sentence comprehension in children with specific language impairment: The role of phonological working memory. *Journal of Speech, Language, and Hearing Research, 38,* 187–199.

Montgomery, J. W. (2002). Understanding the language difficulties of children with specific language impairments: Does verbal working memory matter? *American Journal of Speech Language Pathology, 11,* 77–91.

Montgomery, J. W. (2003). Working memory and comprehension in children with specific language impairment: What we know so far. *Journal of Communication Disorders, 36,* 221–231.

Moore, M. E. (1995). Error analysis of pronouns by normal and language-impaired children. *Journal of Communication Disorders, 28,* 57–72.

Moore, M. E. (2001). Third person pronoun errors by children with and without language impairment. *Journal of Communication Disorders, 34,* 207–228.

Nash, M., & Donaldson, M. L. (2005). Word learning in children with vocabulary deficits. *Journal of Speech, Language, and Hearing Research, 48,* 439–458.

Nelson, K. (1973). Structure and strategy in learning to talk. *Monographs of the Society for Research in Child Development, 38*(1–2), 1–135.

Nelson, K., Camarata, S., Welsh, J., Butkowsky, L., & Camarata, M. (1996). Effects of imitative and conversational recasting treatment on the acquisition of grammar in children with specific language impairment and younger language-normal children. *Journal of Speech, Language, and Hearing Research, 39,* 850–859.

Newbury, D. F., Bishop, D. M. V., & Monaco, A. P. (2005). Genetic influences on language impairment and phonological short-term memory. *Trends in Cognitive Sciences, 9,* 528–534.

Newcomer, P., & Hammill, D. (1997). *Test of Language Development 3: Primary.* Austin, TX: Pro-Ed.

Norbury, C. F., Bishop, D. V. M., & Briscoe, J. (2001). Production of English finite verb morphology: A comparison of SLI and mild-moderate hearing impairment. *Journal of Speech Language and Hearing Research, 44,* 165–178.

Owens, R. (2005). *Language development: An introduction* (6th ed.). Boston: Allyn & Bacon.

Paul, R. (1991). Profiles of toddlers with slow expressive language growth. *Topics in Language Disorders, 11,* 1–13.

Paul, R. (1993). Patterns of development in late talkers: Preschool years. *Journal of Childhood Communication Disorders, 15,* 7–14.

Paul, R. (1995). *Language disorders from infancy through adolescence: Assessment and intervention.* St. Louis, MO: Mosby-Year Book.

Paul, R. (1996). Clinical implications of the natural history of slow expressive language development. *American Journal of Speech-Language Pathology, 5,* 5–21.

Paul, R., & Alforde, S., (1993). Grammatical morpheme acquisition in 4-year-olds with normal, impaired, and late developing language. *Journal of Speech and Hearing Research, 36,* 1271–1275.

Paul, R., & Jennings, P. (1992). Phonological behavior in toddlers with slow expressive language development. *Journal of Speech and Hearing Research, 35,* 99–107.

Paul, R., & Smith, R. L. (1993). Narrative skills in 4-year-olds with normal, impaired, and late-developing language. *Journal of Speech and Hearing Research, 36,* 592–598.

Rapin, I., & Wilson, B. (1978). Children with developmental language disability. Neurological aspects and assessment. In M. Wyke (Ed.), *Developmental dysphasia* (pp. 13–41). New York: Academic Press.

Rescorla, L. (1989). The language development survey: A screening tool for delayed language in toddlers. *Journal of Speech and Hearing Disorders, 54,* 587–599.

Rescorla, L. (2000). Do late talkers turn out to have reading difficulties a decade later? *Annals of Dyslexia, 50,* 87–102.

Rescorla, L. (2002). Language and reading outcomes to age 9 in late-talking toddlers. *Journal of Speech, Language, and Hearing Research, 45*, 360–371.

Rescorla, L., Dahslgaard, K., & Roberts, J. (2000). Late-talking toddlers: MLU and IPSyn outcomes at 3;0 and 4;0. *Journal of Child Language, 27*, 643–664.

Rescorla, L., & Lee, E. C. (2000). Language impairments in young children. In T. Layton, E. Crais, & L. Watson (Eds.), *Handbook of early language impairment in children, Vol. I: Nature* (pp. 1–38). New York: Delmar.

Rescorla, L., Mirak, J., & Singh, L. (2000). Vocabulary growth in late talkers: Lexical development from 2;0 to 3;0. *Journal of Child Language, 27*, 293–311.

Rescorla, L., & Ratner, N. B. (1996). Phonetic profiles of typically developing and language-delayed toddlers. *Journal of Speech and Hearing Research, 39*, 153–165.

Rescorla, L., & Roberts, J. (1997). Late-talkers at 2: Outcomes at age 3. *Journal of Speech and Hearing Research, 40*, 556–566.

Rescorla, L., & Roberts, J. (2002). Nominal versus verbal morpheme use in late talkers at ages 3 and 4. *Journal of Speech, Language, and Hearing Research, 45*, 1219–1231.

Rescorla, L., & Schwartz, E. (1990). Outcome of toddlers with expressive language delay. *Applied Psycholinguistics, 11*, 393–407.

Rice, M. L. (2000). Grammatical symptoms of specific language impairment. In D. V. M. Bishop & L. B. Leonard (Eds.), *Speech and language impairments in children: Causes, characteristics, intervention and outcome*. Hove, UK: Psychology Press.

Rice, M. L., & Bode, J. V. (1993). Gaps in the verb lexicons of children with specific language impairment. *First Language, 13*, 113–131.

Rice, M. L., Buhr, J., & Nemeth, J. (1990). Fast mapping word learning abilities of language delayed preschoolers. *Journal of Speech and Hearing Disorders, 55*, 33–42.

Rice, M. L., Buhr, J. A., & Oetting, J. B. (1992). Specific-language-impaired children's quick incidental learning of new words: The effect of a pause. *Journal of Speech, Language and Hearing Research, 35*, 1040–1048.

Rice, M. L., Oetting, J. B., Marquis, J., Bode, J., & Pae, S. (1994). Frequency of input on word comprehension of children with specific language impairment. *Journal of Speech and Hearing Research, 37*, 106–122.

Rice, M. L., Sell, M. A., & Hadley, P. A. (1991). Social interactions of speech and language impaired children. *Journal of Speech and Hearing Research, 34*, 1299–1307.

Rice, M. L., & Wexler, K. (1996). Toward tense as a clinical marker of specific language impairment in English-speaking children. *Journal of Speech and Hearing Research, 39*, 1239–1257.

Rice, M. L., Wexler, K., & Cleave, P. L. (1995). Specific language impairment as a period of extended optional infinitive. *Journal of Speech and Hearing Research, 38*, 850–863.

Riches, N. G., Tomasello, M., & Conti-Ramsden, G. (2005). Verbal learning in children with SLI: Frequency and spacing effects. *Journal of Speech, Language and Hearing Research, 48*, 1397–1411.

Roberts, J., Rescorla, L., Giroux, J., & Stevens, L. (1998). Phonological skills of children with specific expressive language impairment (SLI-E): Outcome at age 3. *Journal of Speech, Language, and Hearing Research, 41*, 374–384.

Schuele, C. M., & Dykes, J. (2005). A longitudinal study of complex syntax development in a child with specific language impairment. *Clinical Linguistics and Phonetics, 19*, 295–318.

Schuele, C. M., & Nicholls, L. M. (2000). Relative clauses: Evidence of continued linguistic vulnerability in children with specific language impairment. *Clinical Linguistics and Phonetics, 14,* 563–585.

Schuele, C. M., & Tolbert, L. (2001). Omissions of obligatory relative markers in children with specific language impairment. *Clinical Linguistics and Phonetics, 15,* 257–274.

Schwartz, R. G., Leonard, L. B., Folger, M. K., & Wilcox, M. J. (1980). Early phonological behavior in normal-speaking and language disordered children: Evidence for a synergistic view of linguistic disorders. *Journal of Speech and Hearing Disorders, 45,* 357–377.

Scott, C. M., & Windsor, J. (2000). General language performance measures in spoken and written narrative and expository discourse of school-age children with language learning disabilities. *Journal of Speech, Language, and Hearing Research, 43,* 324–339.

Stevens, C., Sanders, L., & Neville, H. (2006). Neurophysiological evidence for selective auditory attention deficits in children with specific language impairment. *Brain Research, 1111,* 143–152.

Thal, D. J., Reilly, J., Seibert, L., Jeffries, R., & Fenson, J. (2004). Language development in children at risk for language impairment: Cross-population comparisons. *Brain and Language, 88,* 167–179.

Thal, D. J., & Tobias, S. (1992). Communicative gestures in children with delayed onset of oral expressive vocabulary. *Journal of Speech and Hearing Research, 35,* 1281–1289.

Thal, D. J., Tobias, S., & Morrison, D. (1991). Language and gesture in late talkers: A 1-year follow-up. *Journal of Speech and Hearing Research, 34,* 604–612.

Thordardottir, E. T., & Weismer, E. S. (2001). High frequency verbs and verb diversity in the spontaneous speech of school-age children with specific language impairment. *International Journal of Language and Communication Disorders, 36,* 221–244.

van der Lely, H. K. J. (1998). SLI in children: Movement, economy and deficits in the computational syntactic system. *Language Acquisition, 72,* 161–192.

van der Lely, H. K. J., & Christian, V. (2000). Lexical word formation in children with grammatical SLI: A grammar-specific versus an input-processing deficit? *Cognition, 75,* 33–63.

van der Lely, H. K. J., Rosen, S., & McClelland, A. (1998). Evidence for a grammar-specific deficit in children. *Current Biology, 8,* 1253–1258.

Wagner, C. R., Nettelbladt, U., Sahlen, B., & Nilholm, C. (2000). Conversation versus narration in pre-school children with language impairment. *International Journal of Language and Communication Disorders, 35,* 83–93.

Watkins, R. V., Kelly, D. J., Harbers, H. M., & Hollis, W. (1995). Measuring children's lexical diversity: Differentiating typical and atypical learners. *Journal of Speech and Hearing Research, 39,* 1349–1355.

Watt, N., Wetherby, A., & Shumway, S. (2006). Prelinguistic predictors of language outcome at 3 years of age. *Journal of Speech, Language, and Hearing Research, 49,* 1224–1237.

Weismer, S. E., Tomblin, J. B., Zhang, X., Buckwalter, P., Chynoweth, J. G., & Jones, M. (2000). Nonword repetition performance in school-age children with and without language impairment. *Journal of Speech, Language, and Hearing Research, 43,* 865–878.

Whitehurst, G., & Fischel, J. (1994). Practitioner review: Early developmental language delay: What, if anything, should the clinician do about it? *Journal of Child Psychology and Psychiatry, 35,* 613–648.

Wiig, E. (1990). *Wiig Criterion Referenced Inventory of Language.* San Antonio, TX: The Psychological Corporation.

Wiig, E. H., Semel, E. M., & Secord, W. (2004). *CELF-Preschool: Clinical Evaluation of Language Fundamentals—Preschool.* San Antonio, TX: The Psychological Corporation.

Windfuhr, K., Faragher, B., & Conti-Ramsden, G. (2002). Lexical learning skills in young children with specific language impairment (SLI). *International Journal of Language and Communication Disorders, 37*, 415–432.

Zimmerman, I. L., Steiner, V. G., & Pond, R. E. (2002). *Preschool Language Scale: 4.* San Antonio, TX: Psychological Corp.

제 5 장

언어학습장애의 특성과 범위

Cheryl Smith Gabig
뉴욕시립대학교 리먼칼리지

이 장을 읽고 난 후 다음의 사항을 할 수 있어야 한다.

- 학교수업의 어려움을 토로하거나 언어학습장애가 있다고 생각되는 4개의 소집단에 대해 설명할 수 있어야 한다.
- 읽기장애의 네 가지 유형을 구별할 수 있어야 한다.
- 언어학습장애가 있는 아동들을 판별함에 있어 중재반응모델(RTI)과 지능-성취도 간 차이(IAD) 이론 사이의 차이점을 설명할 수 있어야 한다.
- 언어학습장애가 있는 아동들의 구어와 인지 특성을 설명할 수 있어야 한다.
- 음운처리 과정과 읽기/철자법 사이의 상호관계를 논할 수 있어야 한다.

구어와 문어 사이의 관계는 학문적 연구의 꽤 최근의 영역에 속한다. 수년 동안 구어와 문어는 서로 구분되는 다른 두 가지 기술로 생각되었고, 분리된 두뇌활동의 양상으로 보았다. 구어에 있어 개인의 능숙함 또는 장애는 쓰기 영역에서 보이는 기술 또는 장애와 관계가 없는 것처럼 보였다.

1971년에 미국 국립보건원(NIH)의 분과인 국립아동보건인간발달연구소(NICHD)로부터 후원을 받은 연구학회가 말하기와 읽기학습 사이의 관계를 분석했다. 학회의 목적은 인지처리 과정으로서의 읽기를 이해하고, 어떻게 정신이 활자가 의미하는 것을 이해하는지에 관한 이론을 축적시키기 위한 것이었다. 이 학술회의의 발표 자료들은 『눈과 귀로 하는 언어』(Kavanagh & Mattingly, 1972)라는 교재로 출판되었으며 읽기 과정의 통합적 과정으로 말하기와 듣는 과정을 강조했다(Kavanagh & Mattingly, 1972). Mattingly에 의하면, "말하기와 듣기는 주요한 언어활동이다. 읽기는 이차적이며 특별히 이런 주요한 활동들은 독자의 의식에 강하게 의존한다" (1972, p.133).

이 학회를 통하여 어떤 아동들이 문어를 습득하는 데 어려움을 겪는지 그리고 읽을 수 없거나 문어형태를 만들지 못하는 아동들이나 성인들을 어떻게 가르칠 수 있는지와 구어와 문어의 관계에 관한 집중연구의 토대가 마련되었다. 구어와 읽기, 쓰기 능력 간의 관련성이 인지과학자, 심리학자, 신경심리학자, 말-언어치료사 그리고 많은 교육자들에게 수용되고 있다.

이 장에서는 구어와 문어형태의 연결에 어려움이 있는 아동들에 대해 토의해 보고자 한다. 많은 언어학습장애(LLD) 아동들은 읽기, 쓰기와 철자법에 힘들어하며, 서로 다른 특징을 보이기도 한다. 이들은 몇 개의 하위 유형으로 그룹화되기도 한다. 예를 들면 몇몇 아동들은 학교 언어수업 중에 읽기, 철자법 그리고 쓰기를 못하는 것 외에 교실에서 듣기능력도 좋지 않다는 것을 보여 준다. 또 다른 아동들은 읽기와 철자법에서 문제를 보이지만 구어능력의 진전을 보이기도 한다.

LLD를 정의하는 데 있어 두 가지 중요한 측면을 고려해야 한다. 첫 번째는 진단의 범위를 구어(예 : 듣기와 말하기)와 문어(예 : 읽기, 쓰기, 철자법)에 어려움이 있는 아동 또는 문어에 제한적으로 결함이 있는 아동에게만 적용할 것인지에 관한 것이고, 둘째는 LLD로서 아동을 판별하는 데 비구어성 지능이 고려되어야 하는가에 관한 것이다.

후자에 대한 측면은 지난 30년간 **특정학습장애**(SLD)가 있는 아동들을 판별하기 위한 연방정책을 시행하는 데 지능-성취도 간 차이 이론에 대한 역사적 관점에 중요한 영향을 주었다. 불일치 이론에 기초한 판별방법의 사용은 학교에서 특정학습장애의 판별과 교육정책에 많은 영향을 끼쳐 왔다. 이 방법은 교실에서 읽기, 철자법 등의 학습과 관련된 언어 사용에 어려움을 느끼는 아동들을 과도하게 판별하거나 확인하는 데 있어서 미흡한 이론적 배경으로 인하여 비판을 받고 있다(Aram, Morris, & Hall, 1992; Cole, Mills, & Kelly, 1994; Fletcher, Coulter, Reschly, & Vaughn, 2004). 더군다나 지능-성취도 간 차이 이론은 성취도가 낮은 아동들이나 읽기장애가 있는 난독증 아동의 구체적인 인식과 언어의 차이점을 예견하지 못하며 어떻게 아동들이 치료에 반응할 것인지도 예측하지 못한다(Lyon, 1989; Siegel, 1989; Siegel & Himel, 1998).

이 장은 각각 분리된 특성의 기준을 가지고, 학습장애를 보이는 아동들의 유형에 관한 토론으로 시작한다. 그리고 이후 교육정책과 학습장애의 정의와 판별에 관한 연방법에 대해 검토한다. 구어는 학업과 읽고 쓸 줄 아는 능력의 기초가 되기 때문에 이런 언어영역에 어려움을 보이는 아동들의 구어와 메타언어를 살펴보고자 한다. 마지막으로, 구어와 학업적 언어 사이의 관계가 구어-문어의 관련성을 이해하는 토대로 논의될 것이다.

1. 언어학습장애의 정의

언어학습장애(LLD)는 언어와 의사소통 부분의 어려움으로 학업을 수행하는 데 지장이 생기는 부류의 아동들을 설명하는 광범위한 개념이다. 언어와 의사소통의 어려움은 읽기, 철자법, 쓰기와 같은 교실에서의 대화에서 두드러지게 나타난다.

앞서 언급했듯이, LLD를 가지고 있는 사람들은 듣기, 말하기, 읽기, 철자법, 쓰기와 같은 언어능력을 수행함에 있어 상당한 다양성을 내포한다. 문해능력에서 LLD라고 분류할 수 있는 진단 기준에 있어서도 의견이 분분하며, 학업적 언어에서 어려움이 있는 많은 하위 집단들도 언어학습장애의 범주에 포함된다.

1) 단순언어장애

LLD라고 생각될 수 있는 가장 일반적인 그룹의 아동들은 구어체계에서 손상을 입은 발달적 언어손상의 임상적 규준 분류에는 부합되지만, 비언어적 인지능력에 있어서는 손상이 없으며 읽기, 쓰기, 철자법을 학습하는 데 어려움을 보이는 아동들이다. 이러한 아동들이 보통은 단순언어장애(SLI)로 판별되는데, 그들은 언어적인 체계 속에서는 부족함(표준점수 85 이하)을 보이지만, 비구어적인 능력에 있어서는 평균적인 능력을 보유하고 있다(표준점수 85 이상).

이러한 아동들은 언어행동에서 확연히 드러나는 다양한 임상적 특성들을 보이는데, 문법적 처리 과정, 특히 시제의 구분에 있어서 어려움을 보인다는 것이 증명되고 있다(Leonard, 1998; Rice, 2003). 예를 들어 SLI를 가지고 있는 아동들은 종종 3인칭 현재의 시제에 –*s*의 형태소(*sit/sits*)와 과거시제에 –*ed*의 형태소(*jump/jumped*)를 사용하지 않는다. SLI를 판별하기 위한 준거로는 동사의 시제를 사용하는 것과 함께 음운의 처리 부족과 비단어 반복과제에서의 낮은 성취도(Bishop, North, & Dolan, 1996; Gathercole & Baddeley, 1990), 그리고 문장을 따라하는 능력의 손상에서 나타나는 음운기억의 부족 등이 포함된다(Conti-Ramsden, Botting, & Faragher, 2001).

유치원 시기에 발견되는 SLI는 읽는 방법을 배우는 데 어려움을 갖는다(Aram & Nation, 1980; Catts, 1986, 1993; Menyuk et al.,1991; Scarborough & Dobrich, 1990). 더욱이 5세 6개월경에 나타나는 계속되는 언어표현의 문제점은 8세 6개월경에 부진한 읽기능력으로 나타난다(Bishop & Adams, 1990; Catts, Fey, Tomblin, & Zhang, 2002). 하지만 유치원 시기에 SLI를 가지고 있던 아동들 모두가 1학년이나 2학년이 되었을 때 읽는 어려움을 겪지는 않는다. 유아원과 유치원 시기의 언어적 기능과 장애의 어떠한 부분이 1학년 또는 2학년 때 읽기능력의 부족으로 나타나는지에 대한 부분에 있어서는 의견이 분분하다. 몇몇 연구가들은 구문과 의미에 있어서 어려움을 가지고 있는 아동들이 조음과 음운에 어려움을 겪고 있는 아동들보다 읽는 어려움을 겪을 확률이 더 높다고 지적하고 있다(Bishop & Adams, 1990; Menyuk et al., 1991; Shriberg & Kwiatiwski, 1988).

언어의 특정 분야에 있어서의 부족함 외에 인지 언어 기능의 두 영역, 즉 음운인식과 빠른 자동화된 명칭 붙이기는 일반적인 발달 단계의 아동과 읽기장애를 가지고 있는 아동들에게 있어 단어재인과 관련되어 있다(Liberman, Shankweiler, Fischer, & Carter,

1974; Vellutino & Scanlon, 1987, 1991; Wagner & Torgesen, 1987; Wolf, 1984). Catts(1993)는 언어의 수용력과 표현력, 음운인식 및 명칭 붙이기 능력에 대해 언어장애를 겪고 있는 유치원생들(41명)과 단순 조음장애(AI)의 문제를 보이는 유치원생(15명)들을 대상으로 실험을 했다. 읽기성취도를 평가함에 있어서 1, 2학년에게 단어식별 능력과 단어인식의 이해도, 속도 그리고 정확도를 측정했고 2학년에게는 추가로 독해력을 검사했다. 그 결과, 유치원 시기에 SLI를 가지고 있던 아동들은 1학년과 2학년 때 읽기에 어려움을 겪을 가능성이 높다고 하였으나, 읽기성취도의 변수는 특정한 말하기와 언어능력에 따라 달라진다고 하였다. 유치원 시기의 조음능력은 특정 말하기와 언어능력과 연관성이 없었다. 또한 유치원 시기의 조음능력은 1학년과 2학년의 읽기성취도와도 관련이 없었다. 조음장애(AI 그룹)만을 가진 것으로 확인된 아동들은 읽기성취도를 평가하기 위해 구성된 통제집단의 일반 아동들과 유사한 성취수준을 보였다. 유치원에서의 음운인식과 빠른 자동화된 명칭 붙이기를 포함하는 언어수용 능력과 표현 능력을 재는 표준화검사는 1학년과 2학년 때의 읽기성취 능력과 관련이 있으며, 이러한 활동의 검사는 1학년과 2학년 때의 단어인식 및 해석능력의 가장 좋은 척도이다.

읽기 중 단어인식의 어려움은 읽기장애의 특정 형태, 즉 난독증과 관련이 있다. Catts와 동료들(2005)은 SLI와 난독증에 대한 가설을 세웠는데, 유치원에서 SLI를 가진 것으로 확인된 아동들 중 2, 4, 8학년에서 난독증이 얼마나 나타나는가를 알아보기 위한 것이다.

연구자들은 유치원에서 2개의 아동 집단을 대상으로 검사를 수행하였다. 첫 번째 그룹은 다음의 기준에 의해 SLI로 판별되었는데, 두 가지 언어구성 점수가 1.25 표준편차보다 더 낮은 수행능력을 보이고, 표준편차 1 이상인 비구어적 IQ를 가지고 있으며, 감각기관 또는 신경장애가 없는 집단이다. 두 번째 그룹은 언어장애가 없는 것으로 판단된 아동 집단이다. 수정된 Woodcock Reading Mastery Tests(Woodcock, 1987)의 하위 항목을 이용해 2, 4, 8학년의 아동들에게 단어인식과 단어해석 능력을 검사했다. 각각의 학년 수준에서 특정한 읽기장애의 유무를 난독증의 엄격한 정의 기준을 적용해서 단어인식에서의 낮은 성취도 그리고 지능-성취도 간 불일치 정도를 평가하였다. 2, 4, 8학년에서 SLI를 가진 아동 중 33%가 빈약한 단어인식 능력을 가지고 있었는데, 이들 중 약 20%의 아동들만이 지능-성취도 간 차이와 낮은 성취도를 동시에 가지는 진단 기준에 부합되었다. 이러한 결과는 비록 구어장애와 읽기장애 간에 유의한 관련성이 있다 하더라도 SLI와 난독증 사이에는 다소의 중복된 부분이 있다는 것을 증명한다.

아동기 언어학습장애의 특성에 대한 현재 대부분의 연구는 대상 집단을 정의함에 있어 SLI 기준을 충족시키는 아동들을 포함한다. 특히 평균 범위(85 이상의 표준점수)의 비구어적 성취수준과 표준화된 평가에 의하여 언어장애로 판별받은 아동을 포함한다(Masterson, 1993; Scott & Windsor, 2000; Silliman, Bahr, & Peters, 2006). IQ 85 이상의 비구어적 지능을 가진 LLD 아동의 학습에서의 어려움을 판별하는 일반적인 방법에서의 문제는 인지적 부분에 대한 고려가 있는가 하는 점이다(예 : 지능-성취도 간 차이).

SLI의 진단을 위한 기준은 Stark와 Tallal(1981)의 연구를 기반으로 하는데, 연구자들은 비슷한 특성을 가진 집단의 아동과 다른 특성을 보이는 아동들에 대한 SLI 정의를 만들려고 시도했다(SLI를 규정하는 데 사용되는 기준에 대한 전체 언급은 제4장을 참조). 최초의 연구에서 Stark와 Tallal이 채택한 가장 중요한 배제기준은 표준점수 85 또는 그 이상의 비구어 IQ의 사용이었으며, 표준점수 70은 정신지체 또는 학습장애 진단의 준거로 사용되었다. 이러한 결론에 대한 이유는 비구어 성취점수는 낮은 수준의 구어능력에 영향을 받지 않는 선천적 지능 때문이며, 따라서 불일치 부분에 대해서는 별도의 고려가 있어야 한다는 것이다.

인지참조의 타당성은 최근에 아동을 대상으로 한 세 집단의 비구어적 지능과 구어 능력의 측정을 이용한 연구에서 이의가 제기되었다. (1) 첫 번째는 SLI의 표준 정의에 부합하는 집단이며(비언어적 IQ가 85 이상이고 언어구사 능력이 연령 평균 1.25 SD보다 낮은 집단), (2) 두 번째는 동시적 인지와 언어적 능력의 일반적 지연을 가진 집단이며(비언어적 IQ가 85 미만이고 언어구사 능력이 연령 평균 1.25 SD보다 낮은 집단), (3) 세 번째는 비구어적 능력 또는 언어의 어떤 장애도 없는 집단(Tomblin & Zhang, 1999)이었다. 언어장애가 있는 두 집단은 전형적으로 언어검사에서 또래 아동들과 상당한 차이를 보였으며, 두 집단 사이에도 약간의 차이가 있었다. 대개 문장이해(문법적 이해)를 제외하고는 언어측정에서 두 언어장애 집단은 유사한 수행능력을 보였는데, 일반적인 지체집단 아동들이 SLI 집단보다 더 심한 언어적 결함을 보였다. Tomblin과 Zhang(1999)는 언어처리 과정에서의 결함이 하나의 집단에만 나타나는 것이 아니라는 것을 지적했다. 심각하게 언어와 인지적 결함을 가지고 있을지라도 두 집단은 상당히 유사한 특징을 나타내었다. 언어장애 또는 SLI(또는 LLD) 아동의 판단 기준으로 지능-성취도 간 차이를 사용하는 것은 실제로 지지를 받지 못하고 있다(Plante, 1998; Tager-Flusberg & Cooper, 1999).

2) 비단순언어장애

인지능력과 언어능력에서 일반화된 발달지체를 보이는 두 번째 아동 집단은 읽기와 언어수행의 어려움으로 인해 교실에서 상당한 어려움이 있기 때문에 LLD로 인식될 수 있다. 이 두 번째 집단은 비단순언어장애(NSLI)로 언어체계의 문제뿐만 아니라 비구어 언어 기능에서의 발달장애를 보인다(Catts, Hogan, & Fey, 2003). NSLI가 있는 아동들은 SLI 범주에 포함될 수 있는 기준을 충족하지는 못한다. 왜냐하면 그들은 비구어 IQ 검사에서 표준점수가 85보다 낮으며, 전반적인 IQ가 70 이상으로 학습장애 또는 정신지체로 분류되지 않는다. 또한 이러한 아동들은 정신장애 진단과 통계적 편람(DSM-IV-TR)(APA, 2000)에서 제시하는 범주에서 정신지체 진단과 관련된 적응 및 행동상의 문제를 보이지 않는다.

비단순언어장애 아동들은 단순언어장애를 가진 아동들보다 읽기성취에서 낮은 성과를 나타내며, 구어 사용에 훨씬 더 어려움을 가진다(Bishop & Adams, 1990; Catts et al., 2003). NSLI 아동은 SLI 아동에 비해 정신지체는 아니지만 비구어 IQ 점수에서 낮은 성취 수준을 보이며 언어요소 전반에 걸쳐 보다 심각한 결함을 나타낸다. 비단순언어장애 아동들은 정신지체는 아니라 하더라도 교실에서의 학업적 언어 사용 능력에 어려움이 크기 때문에 LLD로 분류하는 것에 대하여 논쟁 중에 있다.

3) 5단계 구어발달

Brown(1973)에 의하면, 아동의 구문발달의 특정한 양상과 문법적인 형태론의 습득은 언어학습지도의 발달 단계에서 개념화될 수 있다. 최소의미 발화길이(minimum mean length of utterance) 4.0에 해당하는 5단계는 초기 문법 형태소의 사용 및 복잡한 문장을 포함한 기초적인 문장형태의 사용으로 특징지어진다.

LLD 분류는 아동이 어휘와 문장발달에서 Brown의 5단계에서 정의된 바와 같이 기초적인 구어능력을 획득했을 때 사용된다. 그러나 LLD 아동들은 언어의 획득과 보다 높은 언어수준에 있어서 상당한 어려움이 있다(Paul, 2001). 이런 관점에서 LLD 적용을 위한 방안은 전체 문장을 포함하는 접속사 혹은 대등절과 내포절 그리고 문법적인 형태소의 사용을 통해 보여 준 것과 같이 일상생활에서의 구어 사용 능력이 잘 발달된 아동들과 관련하여 사용되는 것으로 알려져 왔다. 그러나 LLD 아동들은 독해와 문어체, 철자법을 포함하여 교실 안에서 언어를 기능적으로 사용하는 것에 어려움을 갖고 있다.

4) 읽기장애 아동

LLD 분류에 포함되고 언어적 결함을 가진 읽기장애(RD) 아동들은 두 가지 유형이 있다. 첫 번째 집단은 음운적인 읽기장애로 설명되는 집단이다. 음운중심장애 가설(Stanovich, 1986, 1988)은 독해와 어휘에서 순차적인 결함을 야기하며, 읽기를 하는 동안 낯선 어휘의 인식과 해석에 어려움이 생긴다는 음운처리에서의 결함과 관련된다. 음운중심 장애는 주로 난독증을 가진 아동들에게서 보인다(Lyon, Shaywitz, & Shaywitz, 2003). 구어체계에서 결함을 보이지 않고 철자와 읽기에서 어려움을 보이는 난독증 아동들을 LLD 분류에 포함시켜야만 하는지에 대한 의견은 분분하다. 난독증에 관해 논의되고 있는 것은 음운처리장애의 원인이 단어인식과 철자에 대한 결함이기 때문에 LLD의 연속선상에서 하위 집단에 포함시켜야 한다는 것이다(Paul, 2001; Snowling, 1996).

읽기이해에 특별한 결함을 보이는 아동들의 두 번째 집단은 이전에 비록 구어장애로 진단받지는 않았지만 구어에 어려움을 보이는 집단이다(Nation, Clarke, Marshall, & Durand, 2004). 이러한 아동들은 읽은 것을 이해하는 것에 어려움이 있지만 음운처리 능력 또는 단어를 유창하고 정확하게 구사하는 데는 어려움이 없다. 구어기술의 평가에서는 형태구문론과 의미론적인 언어처리 과정의 질적 측면을 포함하는 언어영역에서 광범위한 문제를 보인다. 그러나 음운처리 과정에 대한 능력은 적절한 반응을 보인다. SLI를 가진 아동들과 유사하게 빈약한 읽기능력을 가지고 있는 아동들(예컨대 85 이상의 표준점수)은 평균 범위 내의 비구어 인지능력을 가진다. 그러나 음소인식과 비단어의 반복과제 수행에 결함이 없는 SLI 아동과는 다르다. 구어 결함과 함께 읽기이해의 결함을 가진 아동들은 LLD의 하위 유형으로 고려된다(Nation et al., 2004).

2. 정의와 판별 : 교육정책

LLD를 이해하는 것은 지난 30년간 교육에서의 광범위한 학습장애 운동과 전문적인 활동을 포함한다. 학습장애(LD)는 특수교육에 관한 연방정부의 정책과 학습과 과제수행에서의 개별적인 차이에 기초를 두고 있는 임상에서의 연구를 포함하는 역사를 가지고 있는 개념이다. 여기서 특별히 다루고자 하는 것은 학습장애의 정의와 판별이며, 이는 다음의 중대한 세 가지 문제에 대한 정책과 관행이 지침이 된 연방법에 의한 것이다—(1) 학습장애를 가진 아동들의 판별에 사용되는 정의와 기준, (2) 중재반응의 실제에 근거하여 아동을 판별하기 위한 연구 기반적 대안에 대한 최근 명령, (3) 과학적 · 경험적 실제를 중

심으로 한 질적으로 수준 높은 개인별 교수 및 중재 서비스의 실행

학습장애아동을 위한 특별 서비스의 제공과 판별에 관한 연방법과 정책은 30년보다 훨씬 오래전에 법으로 제정되었다. 특정학습장애(SLD)라는 용어는 미국 의회가 역사상 의미가 있는 전장애아동교육법인 P.L. 94-142를 통과시켰던 1975년 연방법에서 처음 사용되었다. 이 법은 연방정부가 제공하고 지원하는 특수교육 서비스를 받을 수 있는 범주로서 학습장애를 공식적으로 인정했다. 이 법은 1977년 특정학습장애 아동을 판별하는 목적으로 장애아동국가자문위원회(미국교육부, 1968)에 의해 개발된 학습장애의 정의를 사용함으로써 시행되었다. 교육과 관련된 주요한 이슈는 공통된 정의와 절차를 이용한 LD 학생의 판별이다. 교실에서 어려움을 겪고 있는 아동들은 차별성과 이질성 그리고 배제적인 측면을 포함하는 연방정부의 LD 정의의 기준에 의해 평가받고 있다.

1977년 미국교육부(USOE)는 특정학습장애를 다음과 같이 정의하였다.

> 특정학습장애는 구어나 문어를 이해하거나 사용하는 데 포함되는 기본적 심리 과정의 하나 또는 그 이상의 장애를 의미한다. 그것은 듣기, 생각하기, 말하기, 읽기, 쓰기, 철자 또는 산수의 불완전한 능력으로 나타날 수 있다. 이 용어에는 지각장애, 뇌상해, 미세뇌기능장애, 난독증, 발달적 실어증과 같은 상태가 포함된다. 이 용어에는 시각장애, 청각장애, 운동장애, 정신지체, 정서장애 또는 환경적 · 문화적 · 경제적으로 불리한 조건에 기인하는 학습문제를 가진 아동은 포함되지 않는다.

연방법은 이 정의를 LD와 같은 범주에 있는 학생들을 판별하는 데 있어 불일치 공식을 적용하는 것으로 해석하였다. 불일치는 적성과 성취 또는 읽기, 수학, 구어능력 그리고 맞춤법과 같은 학습영역에서 IQ와 학업성취 수준의 차이로 나타난다. 이질성은 학생을 LD로 인정할 수 있는 다양한 학습영역, 즉 듣기, 말하기, 읽기, 쓰기, 수학적 계산, 철자법에 의해 표현된다. 마지막으로, 배제요인은 감각 또는 운동장애, 학습장애, 정서장애 또는 부적절한 사회 · 경제적 수준, 그리고 언어 또는 교육적인 문제에 기인하지 않는 상태로서 USOE 정의의 부분으로 표현된다.

1977년 학습장애에 대한 USOE 정의의 중요한 측면은 말하기, 듣기, 읽기, 쓰기, 철자법 또는 추론을 하는 데 영향을 미치는 구어 또는 문어에 대한 특별한 명칭 붙이기이다. 학습장애로 판별되고 분류된 대부분의 아동은 읽기, 쓰기, 철자법에서의 특별한 어려움을 가진다(Lyon, 1995). 정의의 기본요소로 언어의 문제를 포함하고 있음에도 불구하고 아동이 보이는 읽기의 문제는 분리되어 이해되거나 다른 장애로서 이해되어 왔다. 읽기장애의 분류는 말-언어장애를 가진 이들로부터 심각한 읽기문제를 가지고 있는 아동들

을 구별해 내는 데 사용되었다.

1977년 USOE의 정의는 여전히 연방정부에 의해 사용된 학습장애의 정의를 그대로 사용하였다. 그러나 또 다른 정의가 수년 동안 논의되면서, 이에 대해 영향력을 가지고 있는 학습장애전국연합회(NJCLD; ASHA, 1991)의 1990년 정의를 포함하게 되었고, 또한 전문적 관심과 부모 옹호를 위한 협회인 미국 구어언어청각협회의 관점을 포함하게 되었다. 이 정의에 따르면,

> 학습장애는 듣기, 말하기, 읽기, 쓰기, 추론하기 또는 수학능력에 상당한 어려움을 느끼는 이질적인 장애 집단을 가리키는 일반적인 용어이다. 이러한 장애는 개인 내적으로 발생하며, 중추신경계의 기능이상으로 인해 일어나는 것으로 추정되고 전 생애에 걸쳐 나타날 수 있다. 자기조절 행동, 사회적 지각과 사회적 상호작용 문제들이 학습장애와 함께 나타날 수 있지만 이러한 문제만으로 학습장애로 판별되지는 않는다. 비록 학습장애가 다른 장애(예컨대 감각장애, 학습문제, 심각한 정서장애)나 외부적인 영향(예컨대 문화적 차이, 불충분하거나 부적절한 교수)과 함께 발생할 수 있지만, 이러한 장애나 영향의 직접적인 결과는 아니다(ASHA, 1991).

1997년 NJCLD의 정의(ASHA, 1998)에 의해 취학 전 아동 및 초등학교 아동을 위한 지속적인 사정과 중재를 위한 절차가 권고되었다.

1. 학습장애는 개인 내 및 개인 간에 걸쳐 이질성을 가진다.
2. 학습장애는 효과적인 교수나 학습 기회에도 불구하고 듣기, 말하기, 읽기, 쓰기, 추론하기, 수학적 기술의 사용과 습득에 상당한 어려움을 가진다.
3. 이러한 장애는 개인 내적이며 전 생애에 걸쳐 발생한다.
4. 학습장애는 기타 장애와 함께 나타날 수도 있지만 그러한 조건의 결과는 아니다.
5. 학습장애는 문화적인 차이 및 학습을 위한 불충분한 기회와 같은 비본질적인 요인의 결과가 아니다. 비록 학습장애가 불충분한 학습 기회나 부적절한 교육에 기인할지라도 이를 학습장애와 혼돈해서는 안 된다.

1) 주요 교육개혁 : IDEA와 NCLB에서의 아동 판별

최근 교육개혁 노력의 효과는 2004년의 장애인교육법(IDEA 2004)과 2001년의 '어떤 아동도 뒤에 남겨두지 않는다'는 NCLB법의 메시지에 잘 나타나 있다. 양쪽 모두 특수교육에서 학생판별 및 적격성을 판정하는 데 즉각적인 영향을 미쳤고 LD로 분류된 아동의

수를 감소시키는 데 기여했다. NCLB의 중요성은 읽기에 있어서 과학적인 강조와 읽기 전문가에 의한 연구와 관심을 이끌어 냈다(Snow, Burns, & Griffin, 1998).

2004년의 IDEA 법이 NCLB의 열쇠가 되었다. 여러 해 동안 대다수의 LD 학생들이 특수교육 서비스의 적격자로 인정받았으며 그들은 읽기의 어려움을 가지고 있었다(Lyon et al., 2001). IDEA 2004 및 NCLB 둘 다 교육책무성 및 모든 아동을 위한 읽기수업에 과학적 표준을 사용하도록 하고 교육적 책임에 초점을 두었다.

이들 법률은 일련의 여론 발표에 의해 강한 영향을 받아 학교는 증거 기반의 읽기 수업을 이행해야 하며 일반교육 과정에의 접근을 보장해야 한다고 명시하였다. 더불어 LD로 판정된 학생의 수를 감소시켜 특수교육에서 일반교육으로 이동하도록 명시하였다. 특수교육에 있어서 소수 학생들에 대한 과도한 표현은 특별한 문제였다.

NCLB 및 IDEA 2004 둘 다 조기중재, 진보된 사정, 결과에 대한 책무성을 통해 읽기문제를 예방하도록 명시하고 있다(Fletcher et al., 2004). 중요한 요구사항은 더 많은 증거 기반 교수의 적극적 사전 도입과 LD 학생의 판별을 위한 적절한 기준을 따르는 것을 포함한다. 교실에서 어려움을 겪는 아동들은 반응중재 모델에 따라 사정되고 중재되어야 하며, 많은 주와 학교는 실패가 예상되는 조급한 정책의 대상이 되지 않아야 한다(Torgesen, 2002). 학습장애 아동들에 대한 적절한 교수를 위한 사정은 교수와 직접 관련 있게 행해져야 한다. 아동은 연방정부의 분류, 배치 및 프로그램의 계획을 위한 특수교육 사정에 의뢰되기에 앞서 관련 전문가로부터 특별한 교실중심 사정과 중재를 받게 된다. 교실수업과 중재는 타당하고 신뢰성 있는 과학적인 연구 정보를 기반으로 한 증거 기반 중심의 교수활동이 이루어져야 한다.

IDEA 2004로 인한 또 다른 중요한 변화는 주 및 지역 교육기관에 의해 사용되는 불일치 문항(즉 성취도와 적성 간 불일치)에 대한 우려이다. IDEA 2004는 성취도-적성의 격차가 학습장애로 분류되는 기준으로 제공되지 않음을 규정하였다. 그러나 법안은 RtI와 함께 IQ 불일치의 대안을 모색하기보다는 판별 불일치 항목에 대한 사용 여부를 주에 따라 결정하게 했다.

최근 연구는 IQ가 LD의 판별에 비효과적이고 신뢰할 수 없으며 부족한 과학적 증거 때문에 많은 비판을 받아 왔다는 것을 보여 준다(Bradley, Danielson, & Hallahan, 2002; Lyon 1989).

2) 새로운 도전 : 교실환경과 클리닉에서 학습장애 이해하기

2004년 IDEA의 최대 성과는 각 주들이 LD의 판별 과정의 일환으로 IQ 성취도 불일치 규정 공식을 사용하지 않도록 하고, 대신 교수반응(RtI)을 기준으로 사용하도록 하여 LD를 정의하는 데 있어 연방정부의 규제를 완화한 것이다. LD 학생 정의에 대한 대안은 수월성을 위한 대통령자문위원회(PCESE)를 포함한 특수교육 여론 담당그룹과 LD 연구자들에 의해 제안되어 왔다(USOE, 2002).

Fletcher 등(2003)에 의해 언급된 것과 같이 학습장애 아동에 대한 정의로 제안된 대안책은 3개의 본질적인 구성요소, 즉 (1) 낮은 성취도를 명시할 필요성, (2) 배제요인의 확인, (3) RtI의 사용을 주장하고 있다. 언어학습장애를 가지고 있는 학생들의 판별에서 말-언어치료사의 역할은 (1) 학생의 부족한 성취결과, (2) 꾸준히 제시된 증거 기반 중재 과정에서의 부적절한 반응, (3) 학습 혹은 성취에 대한 결핍요인의 원인이 되는 배제 기준의 증거 부족 등에 대한 부분들을 수용하는 것이다. 말-언어치료사의 역할, 책무성을 통하여 지난 6년간 모든 아동을 위한 문해능력 발달 영역이 괄목할 정도로 확대되고 있다. 이것은 구어와 문어에 대한 어려움을 예방하는 것과 사정 그리고 언어학습장애의 중재를 포함한다(ASHA, 2001). 말-언어치료사의 주요 목표는 NCLB와 IDEA 아래 모든 아동을 위한 문해능력이 향상되도록 일반교사와 특수교사의 협력적인 관계를 형성하는 것이다.

Silliman과 동료들(2004)에 따르면, 교실수업에서 질 높은 협동적 관계를 도모하기 위해 말-언어치료사가 고려해야 할 것이 세 가지가 있다. 첫 번째는 지역적인 교육환경에서 각 주와 연방정부 수준의 교육정책이 어떻게 수행되는지에 관해 알려 주어야 한다. 두 번째는 언어학습장애를 가진 아동과 장애 가능성이 있는 아동 모두를 위한 문해능력과 관련된 수업, 사정, 교실 정비와 중재에 관한 연구중심 실행을 수행하는 것이다. 마지막으로, 문해능력이 길러지는 초기 단계뿐만 아니라 사회에서 기능적으로 필요한 수준 높은 문해능력의 지식과 기술을 습득하고 통합함에 있어서, 말-언어치료사는 구어와 문어 간의 기본적인 관계를 이해하고 구어능력이 문해능력에 어떻게 영향을 주고 도와주는지 이해할 수 있어야만 한다.

3. 언어학습장애의 구어와 메타언어적 특성

언어학습장애 아동은 전형적으로 읽기, 쓰기, 철자학습에 어려움을 겪는다. 또한 학업을 수행하는 데 필요한 높은 수준의 구어 사용이나 수학과 같은 영역에서 어려움을 갖는다. 이러한 모든 영역에서 학업수행에 필요한 기초는 구어 기술이다. 구어체계의 기초적 기술은 학업적 상황에서의 문해학습을 통해 발달한다. 때때로 구어체계의 결함이 분명히 드러나기도 한다. 예를 들어 아동들은 단어를 발음하거나 문법적인 문장을 구성할 때 어려움을 가질 수 있다. 읽기와 철자에서 어려움을 겪는 많은 아동들이 음운 과정, 조음, 어휘, 구문론과 이야기 전개에 어려움을 가진다고 여러 연구에서 밝히고 있다(Catts, Fey, Zhang, & Tomblin, 1999). 평소 구어체계에서의 어려움은 아주 미세해서 언어처리 과정 사정과 같은 특정한 탈맥락적 상황(예를 들어 임상 · 치료)을 제외하고는 쉽게 관찰하기 어렵다.

1) 취학 전 말-언어장애를 경험한 아동

취학 전에 말-언어장애를 경험한 아동들은 비록 자라면서 결함이 해결되었다고 해도 후에 학업적인 문제를 가질 수 있다. 1984년에 발표된 연구에서 말-언어장애를 가진 아동들이 10년 후에 학업과 사회적인 문제를 일으킬 수 있고 특수교육 서비스를 필요로 할 수 있음을 밝혔다(Aram, Ekelman, & Nation, 1984). 취학 전에 교호운동적 구어비율이 감소되었거나 빈약한 언어능력을 경험한 아동들은 10년 후에 학업수행에 많은 어려움을 갖게 된다(Aram et al., 1984).

취학 전 구어와 언어결함을 지닌 아동들은 읽기장애를 가질 상당한 위험이 있다. 연구에서 구어손상과 읽기장애 사이에 상관이 있음이 확인되었다. 그러나 이러한 임상적 소견을 가진 모든 아동들이 빈약한 읽기수준을 보이지는 않는다(Bishop & Adams, 1990; Catts, 1993). 어떤 아동들은 초기에 그들의 구어적 어려움을 해결하기도 하고 그렇지 않은 아동들은 읽기에 영향을 미치는 구어결함을 해결하지 못하기도 한다. 8세경에 약간의 구어 문제와 심각한 읽기에 어려움을 보였으나 장애로 분류되지 않은 초기 진단 대상의 15세 청소년들에 관한 추수연구에서 대상자들은 학업에 어려움을 보였다(Stothard, Snowling, Bishop, & Chipcase, 1998). 연구자들은 초기 언어문제의 회복을 '일시적 착각'이라고 가정하여 지칭했으며 구어와 문어의 문제가 종종 다시 재발되는 것에 주목했다(Scarborough & Dobrich, 1990).

2) 메타언어학적 인식과 음운처리 과정

메타언어학적 인식이라는 용어는 언어의 형식적인 특징에 관한 인식으로 언급된다. 예를 들어 문장 안에서 단어의 수, 단어 안에서 음절의 수, 개개의 단어들을 구성하는 개별 음소들을 포함한다. 메타언어학적 인식은 대개 "소년이 거리를 따라 달리는가?라는 문장 안에는 몇 개의 단어들이 있는가?" 또는 "*split*이라는 단어는 몇 개의 소리로 들리는가?"와 같은 언어학적인 판단을 위해 아동에게 내용과는 상관없는 질문을 하면서 평가한다. 아동의 메타언어학적인 능력의 발달은 취학 전 연령 후기에 출현하며, 아동이 사고의 대상으로 언어를 다루기 시작할 때 지적 기능을 통해 인지가 변화하는 것으로 특징지어진다. 예를 들어 아동들은 각운게임을 통해 어떻게 단어들이 연결되는지와 두운법게임을 통해 단어에서 같은 소리의 음들은 어떤 것인지 알게 된다. 언어에 반영되는 이러한 능력은 5~7세 사이에서 발달하기 시작하는데, 이는 Piaget의 구체적 조작기에 해당한다(Fowler, 1991; Van Kleek, 1984).

음운인식은 말의 소리구조에 대한 명확한 인식을 내포하는 메타언어학적 인식의 특수한 형태이다(Liberman et al., 1974; Vellutino & Scanlon, 1987; Wagner & Torgesen, 1987). 아동들의 음운인식 발달은 낱말들의 큰 단위에서 낱말 내 소리의 작은 단위로 발전한다(Fox & Routh, 1975; Stanovich, Cunningham, & Cramer, 1984). 예를 들어 아동들은 낱말 내의 음절과 문장 안에서 낱말들을 분절화하는 것으로 음운인식이 시작된다. 이것은 낱말 내에서 각 소리의 분리와 각운에 대한 음운인식으로 발달한다(Liberman et al., 1974; Lundberg, Frost, & Peterson, 1988).

과거 20년에 걸친 연구에서는 낱말에서 소리를 분리시키는 것과 소리를 다루는 능력인 음운인식이 낱말인지 및 읽기에서의 독해능력과 직접적인 상관관계가 있는 것으로 나타났다(Bradley & Bryant, 1983; Liberman & Shankweiler, 1985; Pennington & Lefly, 2001; Stanovich, 1986). 낱말인지 능력 향상과 철자 쓰기의 숙달을 위해서는 낱말 내 소리음을 정확히 인식해야 한다. 음운인식은 메타인지적인 과정이고 음성학과는 다르다. 음성학은 글자와 소리를 연결시키는 짝-연합 기술로 좀 낮은 차원이다(Clark & Uhry, 1995).

음운인식은 읽기장애가 있는 아동들에게는 심각한 문제를 보인다(Catts et al., 2002; Kamhi, Lee, & Nelson, 1985; Vellutino & Scanlon, 1987, 1991). 음운인식의 결함과 읽기장애의 원인은 유치원과 취학 전 시기의 빈약한 음운인식과 1, 2학년 시기의 읽기의 어려움과 관련이 있다는 연구결과에서 확인된다(Catts et al., 1999; Pennington & Lefly, 2001).

말과 언어 결함을 가지는 아동들은 음운인식의 전반적 발달에서 지체가 있음을 보여 준다. Kamhi와 동료들(1985)은 15명의 언어장애 아동의 단어, 음절, 소리에 대한 메타언어 인식을 검사했다. 이들 아동들은 정신연령과 생활연령이 정상적으로 발달되고 있는 아동들이었다. 언어장애를 갖고 있는 5~6세 아동들은 낮은 연령 및 비슷한 연령의 아동들에 비해 단어, 음절, 소리에서의 메타언어 인식이 부족한 것으로 나타났다. 이들은 읽기와 쓰기 그리고 철자법에 대한 학습에서 어려움을 나타내었다.

Webster와 Plante(1992)는 경도에서 중도의 표현 음운결함을 지닌 6세 5개월과 8세 6개월 사이의 22명의 아동들을 대상으로 음운인식에 대해 조사하였다. 연구자는 5개의 낱말 과제와 음소분절 수행능력을 또래의 일반 아동의 발달과 비교했다. 분절과제는 아동들이 문장, 실제 낱말 또는 유사비낱말, 즉 어떤 특정 언어의 음운규칙에 맞고 그 언어에 속한 낱말처럼 보이지만 실제로는 존재하지 않는 낱말을 경청하고, 실제 낱말 또는 유사비낱말의 음소분절, 문장에 있는 낱말, 낱말에 있는 음절 수를 블록을 사용하여 나타낼 것을 요구했다. 결과는 지속적인 음운론적인 장애 및 낮은 말하기 능력을 가진 아동들이 낱말, 음절 및 음소수준의 모든 분절 과업에서 더 낮게 수행했다는 것을 보여 주었다. 그리고 음운인식에 있어 정신연령과 교육경험이 구어산출과는 상관이 없음을 보여 주었다.

빈약한 메타언어적 인식은 또한 언어의 다른 측면에서도 논의되었다. 언어장애 아동들은 구문론적인 인식(Nation & Snowling, 2000)과 형태론적 인식(Carlisle, 1987; Rubin, Patterson, & Kantor, 1991)에서 결함을 보였다. Carlisle(1987)는 읽기와 철자법에서 특정 학습장애로 진단받은 9학년 학생들은 일반적 발달을 보이는 하급생과 같은 수행능력을 보였으며 형식을 이끌어 내는 메타언어에 어려움을 보였다.

3) 언어학습장애 아동의 조음 및 음운장애

구어와 문어에 어려움을 가지는 아동들은(예 : 읽기, 철자법) 언어학습장애(LLD)를 가지는 것으로 여겨졌다. 조음문제와 음운적 표현의 어려움은 LLD를 동반하는 아동들에서 자주 관찰되었다. 음운적 결함은 아동이 잘 아는 단어를 발음할 때 말소리 산출 시에도 명백히 나타날 수도 있으며, 또는 그것은 복합음절 단어와 무의미 단어의 반복을 포함하는 더욱 더 음운론적으로 복잡한 과업을 포함하는 평가를 제외한 경우에는 미묘한 음운론적 어려움이 관찰되지 않을 수도 있다. 또한 유치원과 1학년에 해당되는 표현음운장애를 가진 아동들은 1학년 말에 빈약한 음운인식과 빈약한 읽기 결과를 가지게 될 가능성이 있다(Larrivee & Catts, 1999).

몇몇 연구자들은 어린 아동의 말소리 표현장애가 읽기 또는 철자법 장애로 발달될 것이라고 예측하기 어렵다는 것을 지적해 왔다(Lewis, Freebairn, & Taylor, 2000). 그러나 최근의 연구는 언어장애와 음운론적 발달의 어려움은 말소리장애와 함께 일어나며, 아동은 읽기장애에 대한 위험이 증가한다고 주장하고 있다. 이러한 병적인 특징은 LLD로 분류될 수 있으며, 음운론적으로 장애를 가진 아동들은 특수한 임상적 양상으로 보일 수 있다(Rvachew, 2007).

지속적인 음운론적 문제가 읽기장애를 가진 아동에게 나타날 수 있다. 읽기장애를 위한 IQ 불일치 기준과 심리교육적 성취기준에 의해 분류된 12~16세 아동에 관한 연구에서 음운처리 과정의 3개 과제에 대한 심각한 오류가 일반적인 발달 단계의 아동보다 읽기장애 아동에게서 보다 심각하게 나타났다(Catts, 1986). 대상자들에게 다음절 또는 음성적으로 낱말, 비낱말, 구를 조합하는 것을 포함하는 3개의 음운적인 과제를 완성했다. 예를 들어 이름 대기 과업에서 대상자들에게 *thermometer*와 *rhinoceros* 그리고 대상자 이름을 요구하는 것과 같은 다음절 낱말로 대상자를 표시하는 그림을 보여 주었다. 낱말 반복과제는 *specific* 그리고 *aluminum*과 같은 음성적 연결이 복잡한 45개의 다음절 낱말들로 실험자가 먼저 말하고 대상자가 뒤이어 말하도록 하였다. 마지막으로 복잡한 구의 반복과제는 *brown bread* 그리고 *blue pants*와 같은 22개의 짧은 구의 반복을 각 대상자들에게 요구했다. 읽기장애 아동들은 일반적인 발달 단계의 아동보다 3개의 복잡한 구어 조음 과제에서 더 많은 오류를 보였다. 읽기장애 아동들의 음운처리 과정과 읽기수준의 3개 과제에 대한 전반적인 오류에서는 정적 상관관계가 있는 것으로 나타났다. 읽기장애를 가진 아동들은 음운처리 과정에서 문제를 보였고, 이는 구어와 문어 수행능력의 결함일 수 있다.

4) 언어학습장애 아동의 형태론적 · 구문론적 결함

언어의 구조적 특징은 언어학습에 문제가 있는 아동들에게 어려움을 주는 영역이다. LLD를 가지고 있는 아동들은 구어와 문어에 있어서 더 많은 오류를 범하며(Carlisle, 1987; Rubin et al., 1991), 복잡한 구조의 문장을 작문하는 능력과 이해하는 능력에 있어서 어려움을 보인다(Paul, 1990; Roth & Spekman, 1989; Wiig, 1982). '낱말 형태론'이라는 말은 자유형태소와 어근낱말을 포함하는 낱말의 구조 그리고 문법적 어형변화와 파생적 형태소의 어미들을 반영하고 있는 구속형태소를 말한다. LLD를 가지고 있는 아동들과 글을 쓰고 읽는 데 문제가 있는 성인들은 모두 문법적 어형변화와 파생적 형태소의 어미들을 사용하여 구어나 문어를 구사하는 데 오류가 발견되었다(Rubin et al.,

1991). 예를 들어 *speaking/speaker*와 *talk/talked* 같은 낱말들을 읽거나 쓰는 데 있어서 문법 형태소의 오류가 발견되었다. 한 가지 의문점은 이러한 오류를 보이는 개개인들이 단어들의 끝에 형태소를 첨가하는 방법에 관한 절대적인 지식이 부족한지 아닌지의 여부이다.

Rubin(1991)과 동료들은 아동들과 성인들에게 하나의 문장 안에 의미 없는 낱말을 하나 제시하고, 그 낱말에 올바른 형태론적 종결어미를 첨가하도록 유도하는 구두 언어과제를 부과하였다. 연구자들은 LLD 아동들과 그렇지 않은 보통의 2학년 아동들은 모두 형태론적 종결어미를 사용하는 방법을 완전히 익히지 못했지만, LLD 아동들이 그렇지 않은 아동들보다 확연하게 뒤떨어지고 있다는 사실을 알아냈다. 놀라운 사실은 글을 읽고 쓰는 데 어려움을 보이는 성인들과 2학년 아동들이 과제를 수행함에 있어서 비슷한 결과를 보여 줬는데, 이는 성인들이 언어교육에 있어서 아동들보다 훨씬 더 많은 시간을 소비했음에도 불구하고 나타난 예상치 못한 결과였다. 이와 더불어 형태론적 지식을 엄격하게 평가하는 과제에서 세 집단(예 : 일반 아동, LLD 아동, 읽고 쓰는 데만 문제가 있는 성인)은 각각 문장 받아쓰기 도중에 올바른 형태론적 종결어미를 가지고 있는 단어를 쓰도록 요구되었는데, 여기서 LLD 아동들과 글을 읽고 쓰는 데 문제가 있는 성인들은 구두로 형태론적 종결어미를 이끌어 내는 수행능력을 보여 줬다. Rubin(1991)과 그의 동료들은 LLD를 가지고 있는 개개인들은 형태론적 지식에 있어 암시적 · 명시적 수준 모두에서 부족함을 보였으며, 이러한 결함은 성숙하거나 문어적 환경에 더 놓여 있다고 해결되는 문제가 아니라고 결론지었다.

LLD 아동들은 또한 말을 하거나 문어 안에 있는 파생적 형태론을 배우고 사용하는 데 어려움을 나타낸다(Carlisle, 1987; Templeton, 1989; Templeton & Scarborough-Franks, 1985). 파생적 형태론은 어근과 결합하여 새로운 의미의 새 단어를 창출해 내는 접두사들과 접미사들을 나타내는 용어이다. 예를 들어 *happy*와 *do* 같은 어근에 접두사 *un*의 사용(*unhappy, undo*)은 부정적인 요소 또는 반대의 의미를 부여하며, 만약 동사에 사용되었다면 행위의 정반대를 말하게 된다. 어근의 끝에 접미사들로서 사용된 파생적 형태론은 대부분 언어의 표현능력을 바꾸며 형태소 자체에 내포하고 있는 의미로서 단어에 추가적인 의미를 부가한다. 예를 들어 −*tion*이라는 형태소는 *transport/ transportation*과 *subtract/subtraction*같이 동사를 명사로 바꾸며 사물이나 대상에 추가적인 의미를 부여한다.

Carlisle(1987)은 4~8학년 사이의 일반 아동들은 난이도가 높은 교재를 읽으면서 고급 낱말에 노출되어 있는 것이 파생적 형태론을 포함하고 있는 단어에 대한 지식과 활용도를 증가시켜 준다는 사실을 발견했다. LLD 아동들은 읽기수준이 낮기 때문에 교재 속에 있는 파생된 형태에 대해 노출되는 경우가 적으며, 구어나 문어과제의 낱말구조를 분석함에 있어 필요한 메타언어적 인식과 음운의 처리능력이 부족할 때가 많다(Moats & Smith, 1992).

형태론에 있어서의 결함과 함께 LLD 아동들은 문장들을 처리함에 있어, 그리고 그들의 구어와 문어의 문장구조를 구성하는 규칙을 이끌어 내는 데 있어서 결함을 나타낸다(Idol-Maestas, 1980; Wiig, 1982). 연구결과는 읽기장애 아동들이 사용하는 평균 발화길이(MLU)는 언어발달 과정에 있어 복잡한 문장 발달 단계인 V단계(Wiig, 1982) 혹은 그 이상임을 밝혀냈다(Brown, 1973). MLU에 의해 측정된 발화길이는 읽기장애를 가지고 있는 2학년, 4학년, 6학년 학생들이 보통의 학생들에 비해 엄청나게 낮은 것으로 나타났으며, 또한 아동들의 발화에 대한 구조의 정확성을 분석해 본 결과 문법적 오류가 많은 것으로 나타났다(Idol-Maestas, 1980).

어린 아동들의 구어능력과 읽기장애 사이의 관계를 분석한 종단연구(Catts et al., 1999)에서 읽기에 어려움이 있는 2학년 학생들 중 56%가 이전 유치원 시기에 언어문법 영역에서 이미 낮은 평가를 받았다는 사실을 발견했다. 이 연구자들은 유치원에 다니는 600명의 구어능력을 검사한 다음, 그들이 2학년이 됐을 때 그들의 읽기능력을 측정했다. 이 집단은 읽기능력이 부족한 아동들과 읽기능력이 우수한 아동들로 나뉘었으며, 유치원 시기에 측정했던 구어능력이 2학년 때 보여 주는 읽기성취도에 어떤 특징적인 기여를 했는지를 알아보기 위해 조사가 실시되었다. 유치원에 다니는 동안 아동들의 문법적인 수준을 알아보기 위해 언어능력의 표준적인 측정방법으로 세 가지 하위영역, 즉 문법적 이해, 문법적 완성, 문장의 모방을 평가하는 기초 언어발달검사(TOLD-P; Newcomer & Hammill, 1988)를 실시하였다. 이 세 가지 하위 영역에 대한 평가가 모두 합쳐져서 완성된 문법 점수가 산출된다. 읽기장애가 있는 2학년 아동들이 정상적인 읽기능력을 가지고 있는 아동들보다 확연히 낮은 평균점수를 받았다. 이 연구를 통해 구어능력과 읽기와 쓰기 능력 간의 기본적인 관계가 강조되었다.

5) 언어학습장애 아동의 담화 및 서술 결함

담화는 대화, 이야기, 설명을 포함한 다양한 구어 형태를 일컫는 광범위한 용어이다. 이들 세 가지 형태 가운데 대화 및 이야기가 LLD 아동에게서 가장 많이 관찰된다.

대화에 참여할 수 있게 하는 능력은 공유된 정보에 기초한 발화 구조에서 화자의 능력 또는 청자와 공통적으로 공유된 지식에 기초한다(Horton & Gerrig, 2005). LLD를 가진 학령기 아동은 대화에서 청자의 역할을 더 많이 하며, 대화 시 필요한 메시지 구성을 위한 화자의 능력인 메타인지적 이해 또는 메타언어학적 발달이 지체되어 있다는 연구들도 있다(Meline & Brackin, 1987). 이야기 요구의 부적절한 메시지에 대해 적절히 판단하는 능력으로 미루어 볼 때 LLD를 가진 아동은 전형적으로 화자보다도 청자의 역할을 더 잘 수행한다. 일반적으로 동일한 연령대의 정상 구어발달 아동은 화자의 부적절한 메시지에 대해 적절히 판단할 능력이 보다 큰 것으로 보인다.

비슷한 측면에서, 언어장애를 가진 학령기 아동은 청자로서의 수행능력도 부족하다. Briton, Fujiki와 Sonnerberg(1988)는 언어장애를 가진 학령기 아동은 대화 메시지에 대한 요청에 응답하는 데 어려움을 나타내었고, 청자로서의 의미전달을 하는 데 있어서도 제대로 적응하지 못한다는 것을 입증해 주었다. 화자와 청자 양쪽의 수행능력에서 어려움으로 인해 LLD 아동들은 동년배보다 상호작용을 계속하거나 접근하는 데 어려움이 있고 발화의 수가 적으며, 상호협력이 미비하고 정상적인 구어발달 아동들보다 인사말이 적었다(Brinton, fujiki, & Spencer, 1997). 대화의 구조 및 기능의 어려움으로 LLD 아동은 또래 친구들이나 교사들이 있는 교실로부터 학업 및 사회적으로 상호작용할 수 없는 곳에 배치되는 불이익을 겪기도 한다.

LLD 아동들이 제대로 기능을 하지 못하는 담화의 또 다른 영역은 서술에 대한 이해력과 표현력이다. 이야기 서술능력은 이야기 문맥문법이라 불리는 이야기의 내용 도식과 거시적 구조 둘 다 포함하는 내면화된 이야기 문법의 사용에 의존한다(Mandler & Johnson, 1977). 이야기의 내용도식은 상황, 목표, 복잡성 및 해결책을 포함하는 이야기 요소의 체제를 말한다. 내용도식은 이야기 요소들과 그들 사이의 일시적·근본적 관계를 이해하는 데 도움을 주는 인지적 비계(scaffold)로 작용한다. 거시적 구조 문맥은 발화에서 의미의 구조를 더 크게 도와주고, 문장과 본문 사이의 관계를 돈독하게 연결시켜 준다. 예를 들면 대명사, 접속사, 전환어 및 구의 사용은 이야기 문맥을 이해하는 데 도움을 주면서 앞뒤 문장을 연결해 줄 수 있도록 한다.

Liles(1985)는 이야기 이해 및 표현 능력에 문제를 가진 학령기의 언어장애 아동과 LLD 아동은 전체 이야기에 대한 이해능력이 부족하다고 하였다. 즉 전반적인 이야기의 이해력이 부족하고 서술 구조를 적절하게 사용하지 못했다고 하였다. 또한 다른 연구자들은 LLD 아동들이 낮은 연결기술을 사용하고 복잡한 구문의 사용이 적었으며, 간단히 서술하는 언어 형식을 취한다고 하였다. 그들은 또한 스토리텔링 과제에서 추론에 어려움이 있을 뿐만 아니라 구문론적 · 의미론적 · 형태론적 측면에서 많은 오류를 범한다고 하였다(Merritt & Liles, 1987; Norbury & Bishop, 2003; Roth & Spekman, 1989). 이야기 서술에서의 결여된 능력은 학업환경에서 LLD의 원인이 된다. 내면화되고 잘 구조화된 이야기 인지체계는 이야기 서술을 위한 문어 산출(Perera, 1984)과 이야기 문맥에서의 읽기이해력(Just & Carpenter, 1987)을 촉진시키기 위해 반드시 필요하다.

6) 언어학습장애 아동의 단어인출 결함

Rourke(1994)는 몇몇 LLD 아동들에게서 단어인출과 구어표현에서 명확한 결함을 보여준다고 언급하였다. 그는 단어찾기의 어려움은 기억에서 단어를 인출하는 부분에서의 제한된 장애가 있을지 모르고, 그러한 문제는 비록 다른 인지/언어적 기능 영역이 손상되지 않았더라도 제한된 구어표현을 야기시킬 수 있을 것이라고 제안하였다. Rourke는 이러한 특징들을 LLD의 특정 형태인 **단어찾기장애**(word-finding disorder, WFD)라고 추측한다. 이에 대한 의문은 WFD가 언어와 학습에서 서로 다른 어려움을 야기시키는지에 관한 것이다.

Wolf(1984, 1999)는 명명하기의 어려움과 읽기장애는 발달적 난독증이 있는 아동들에게 함께 나타나며 읽기의 어려움을 증가시킨다고 보고하였다. Wolf(1999; Wolf & Bowers, 2000)는 읽기장애의 하위유형을 개념화한 **중복결함 가설**에서 음운처리 과정과 명명하기 속도에 해당되는 읽기 과정에 포함된 핵심체계에서 하나 혹은 모두에서 장애를 초래할 수 있다는 이론을 발전시켰다. 다른 연구자들(German, 1982, 1987; Kail & Leonard, 1986)은 언어장애 아동들에게서 단어찾기장애가 존재함을 언급하였다. 언어장애 아동이 갖는 단어 찾기의 어려움은 기억에서의 저장과 인출의 문제라고 설명할 수 있다. 저장결손 가설은 단어 찾기의 어려움이 기억에 있어서 부적절하고 수준 낮은 어휘의 음운론적 표현을 반영하는 것이라고 시사한다. 인출결손 가설은 인출 시 어려움의 원인이 인출 과정 자체의 문제에서 기인한다는 것을 시사한다.

German(1987)은 연속발화에서 언어장애를 가진 것으로 진단된 아동들의 단어 찾기와 언어산출에 대해 조사하였다. **연속발화**는 구, 문장, 담화의 자발적인 사용으로 나타난다. 언어장애 아동들은 이름 대기 과제 그리고 단어반복, 다시 표현하기, 자발적인 연속발화에 있어서 어려움과 대치를 보여 준다. 또한 이 연구는 단어 찾기에 어려움이 있는 아동들의 두 가지 자발적인 언어 프로파일을 검토하였다. 첫 번째 프로파일은 구어산출에 있어서 제한된 이야기 길이를 나타내어 전반적인 구어산출이 감소됨을 보여 주었고, 두 번째 프로파일은 일반 아동들과 비슷한 이야기 길이를 나타내어 적절한 이야기 발화가 산출되는 것을 보여 주었다. 두 집단은 연속발화 시 단어인출에서 상이한 특징을 나타내었다. 낮은 단어산출 집단은 자발적 발화에서 낮은 단어 찾기 능력을 보인 반면, 적절한 단어산출 집단에서는 자발적 연속발화에서의 단어 찾기에서 보다 더 분류화된 특징을 나타내었다. German(1987)은 이들 언어유형을 가진 양 집단의 아동들이 제한적인 산출(프로파일 1)의 특징을 가졌든 혹은 연속발화 동안 적절한 단어 찾기 행동(프로파일 2)을 하였든 긴 담화에 대한 학업적인 요구에서는 어려움을 가질 것이라고 보고하였다.

4. 구어와 학업적 언어 사이의 관계

교실환경은 특별한 언어 과정을 필요로 하는 특정 상황이다. 그것은 구어가 교수 중에 사용되며 문어가 교재에 사용되기 때문이다. 일반교육 과정의 내용을 습득하기 위한 학생의 능력은 교실에서 언어를 구사하는 능력과 학업적 언어의 숙달 정도에 달려 있다(Wilkinson & Silliman, in press). 특별히 관심을 끄는 것은 읽고 쓰는 기능적 능력을 포함하는 문해기술의 획득과 복잡한 언어이해 및 책에서 추상적인 내용을 찾고 귀납적·연역적 추론기술을 발달시키는 보다 발달된 문해응용 능력이다.

이러한 문해능력에는 기초적·표준적·역동적 수준이 있으며, 각각은 고유한 기능적인 수준을 갖고 있다. 세 수준은 순차적으로 발달되며 각각의 능력은 선행하는 수준에서 획득된 능력에 의존한다(Westby, 2002).

1) 구어와 문어의 이해 : 유사점과 차이점

구어와 문어에 대한 이해력은 지각에 있어서 보다 낮은 수준의 인지 과정과 장기기억 안에 저장된 언어를 인출하고 추론하는 보다 높은 수준의 인지 과정 모두를 포함하는 복잡한 인지 과정이다. 기초 수준에서 구어의 이해는 말하는 동안 단어에서 음소를 인지하고 식별하기 그리고 저장된 어휘의 표현에서 음운적인 계열을 조합하고 구별하기가 요구되며 구문론적·문법적·의미론적 규칙을 적용하여 의미를 이끌어 내고 메시지를 이해하는 것을 포함한다. 마찬가지로 문어 메시지에 대한 기본 이해력은 문자의 형태를 인지하고 식별하는 것과 음소로 변형하고 언어의 구성을 위한 음운론적 연속성을 만들고, 읽기에서 문맥을 구성하고 단어인식의 과정에서 비슷한 표현을 이끌어 내는 능력이 필요하다. 이해의 서로 다른 형태는 단어에서의 음운론, 의미론, 구문론적 변수들을 포함하는 개개의 단어 정보가 저장된 어휘목록의 단어들과 상호작용한다. 시간이 흐름에 따라 개인은 읽기와 글 쓰기 경험을 통하여 철자법 패턴을 시각적 표현의 양식으로 인식하여 단어를 부호화한다(Adams, 1992).

이런 관점에서 듣기 이해력은 독해의 기초가 된다. 왜냐하면 듣기 이해력은 읽을 수 있게 구어형태로 언어를 이해해야 하고, 문어형태의 적절한 이해도 필요하기 때문이다(Cain & Oakhill, 2007). 기본적으로 독해력과 듣기능력의 심리적 과정은 유사할지라도 구어 듣기 이해력은 단어, 문장 구조, 담화에서의 구어 언어적 경험에 관한 저장된 정보들을 이끌어 내는 것을 뜻한다. 학교에서 구어를 더 잘 사용하는 데 필요한 이해력을 증진시키기 위해서 교과서에서 요구되는 읽기이해에 필요한 새로운 언어의 확장이 필요하다(Cain & Oakhill, 2007).

그러나 듣기 이해력이 독해력을 보증하지는 않는다(Oakhill & Cain, 2007). 언어이해력의 수준을 더 발달시키는 것은 교실에서의 경험 또는 교재에 설명된 상황을 사고모델로 구조화할 수 있는가를 의미한다(Oakhill & Cain, 2007). 긴 문맥을 파악하는 것은 언어의 부가적인 인식 및 언어정보 처리 기술을 필요로 하며, 전반적인 의미표현을 만들어 내기 위해서는 문맥에서 필요한 서로 다른 정보들이 통합되어야 한다.

여러 연구에서 문어와 구어를 이해하는 방식이 서로 다름을 확인해 왔다. 첫째, 독자에게 익숙하지 않거나 복잡한 문어일 경우 또는 사회적 상호작용 과정에서 일반화되지 않은 어휘는 글을 읽는 사람에게 생소할 수 있다. 또한 구어와 문어의 차이로 문어는 탈맥락적인 경우가 있다[예 : 'here and now' (즉시), 'the immediate time and place' (즉시)] 이외에도 문어 이해력은 서술문과 설명문과 같은 긴 문장 구조를 나열하는 다양한 수준의 언어들을 통합하고 조직화하는 것을 필요로 한다(Denny, 1991).

2) 읽기와 철자법에서 음운처리 과정의 역할

낱말에서 음소구조의 인식은 읽기장애(RD)를 지닌 1, 2학년 아동들의 소리내어 읽기에서 원인을 찾을 수 있다(Catts et al., 1999; Pennington & Lefly, 2001). 학자들은 음운인식과 음운처리 과정을 구별하여 사용하지만 두 용어는 거의 같은 의미로 사용된다. 음운인식은 음소 및 음절 수준에서의 능력과 주로 관련된다. 이러한 능력은 개별음절과 단어에서의 음소분절을 조작하여 사용하는 것을 말한다(Ball, 1993; Ball & Blachman, 1991; Gillon, 2004). 음운처리 과정은 장기기억에 저장되어 있는 분석된 음운론적인 자료를 해독하기 위한 목적으로 음운론적인 정보를 사용하는 것과 관련된 광범위한 용어이다. 구어와 문어의 재인에 사용되는 음운론적인 표현은 단어에 대한 기억의 흔적을 발달시킴으로써 가능하다. 음운처리 과정은 명명하기와 철자법을 사용하는 동안에 단어의 음운론적인 표현을 회복하는 인지 과정을 또한 포함한다(Gillon, 2004; Wagner & Torgesen, 1987). 이와 같은 견해에서 음운인식은 광범위한 음운처리 과정의 하위 과정으로 볼 수 있다.

읽기와 철자법에 있어서 음운인식과 음운처리 과정의 역할을 이해하는 데 있어 중요한 것은 장기기억 안에서의 음운론적 표현의 확장과 발달에 대한 개념이다. 기억 측면에서의 음운론적 표현은 유아와 아동이 문맥 안에서 점진적으로 구어 단어를 인지하는 것처럼 유아에게서는 총체적으로 발달하기 시작한다(Gillon, 2004). 시간이 지남에 따라 단어의 음운론적 표현은 불연속 음소로 좀 더 명확히 분절화되며, 전후 상황 문맥의 도움 없이 신속하게 인지하고 이해 측면에서 축적된다. 예를 들어 기억에 저장된 단어 '*train*'은 음운론적 표현을 사용하여 불연속 음소 /t/, /r/, /e/, /n/으로 저장된다. 이러한 축적된 연속체의 활성화는 정확한 듣기 이해 및 구어산출에 필요하고 읽기 및 단어의 맞춤법 활성화에 있어서 중요하다(Gillon, 2004).

상호관계는 읽기와 철자법 모두에서 음운인식과 문해능력의 발달 사이에서 형성된다. 내재화된 단어표현은 아동이 단어에서 구어와 문어의 형태로 관련짓기 시작할 때 보다 명확히 조절된다(Ehri, 2000). 아동은 더 많은 읽기 과정을 통하여 철자법 양식에 대한 기억을 발달시키고 저장된 음운론적인 정보를 통합한다(Ehri & Wilce, 1979). 마찬가지로 읽는 동안 철자에 대한 학습은 단어인식에 영향을 미치며, 철자학습은 저장된 음운론적인 정보를 통합한다(Ehri & Wilce, 1980, 1987). 철자법의 바른 표현, 즉 정자법은 기억고에 저장되어 있는 단어의 음구조와 연관되어 있다. 이런 측면에서 철자법과 읽기는 알파벳 원리의 지식(즉 글자를 말소리로 표현하는 것), 단어구조의 음운론적 처리 과정, 저장된 시각적 표현 혹은 단어의 철자법 패턴을 통해 도움을 받는다.

3) 읽기

읽기는 글자로부터 의미를 획득하는 과정이다. 이는 두 가지 기본적인 신경심리학적 과정인데, 비록 복잡하게 얽혀 있기는 하지만 단어 인지 기술은 읽기 이해에 있어서 필요조건이지 충분조건은 아니라는 증거가 있다. 적합하고 유창한 단어 인지 기술은 가지고 있을지라도 읽기 이해는 뒤떨어지는 개인이 있을 수 있으며, 이는 특정 이해 결함이라는 명칭으로 언급되고 있다(Cain & Oakhill, 2007).

단어 인지는 글자의 익숙하지 않은 단어를 변형하거나 해독하여 구어로 산출하거나 혹은 자동화된 기술을 이용하여 구어형식의 익숙한 단어로 인식하는 과정이다. 단어 인지 관점에서 해독은 결정적으로 철자의 원리, 즉 구어의 음소와 대응을 이루는 문자 음소를 획득하는 것과 불가분의 관계에 있으며, 이는 음운인식의 발달로 음소나 음절 수준의 언어 단위로 구성되는 단어에 대한 소리내기 이전의 인지이다(Liberman et al., 1974). 유치원에서 초등 1학년까지의 음운처리 능력은 읽기능력, 특히 단어 인지와 해독에 있어서 단일요인으로는 최고의 예측요인으로 간주된다(Share, Jorm, Maclean, & Matthews, 1984).

이해는 단어, 구, 문장, 지문 등에서 의미를 획득하는 복잡한 인지 과정이다. 읽기를 하는 동안 의미는 다양한 언어수준에서 파악되고 다시 지문으로 통합되는 과정을 거친다. 인쇄된 지문을 이해하기 위해서는 독자는 반드시 교재에서 의도한 상황이나 사건의 의미에 근거한 표현을 구조화시킬 수 있어야 한다.

의미 있는 표현을 구조화시키는 데는 단어를 읽을 수 있는 능력이 요구된다. 또 읽기 이해 문제는 종종 단어 인지와 관련되어 있다. 연구결과들을 보면 단어 인지와 읽기 이해 능력은 전형적인 발달을 보이는 아동이든 난독증을 보이는 아동이든 상당한 관련을 지니고 있음을 보여 준다(Perfetti, 1985; Sranovich, 1986). 게다가 읽기 이해는 긴 지문으로부터 의미하는 바를 추적하여 이해하고, 지식과 추론, 의미를 이끌어 내기 위한 스토리텔링과 쓰기기제 등을 사용하는 과정이다(Cain, 2003; Cain & Oakhills, 1996, 2007; Cain, Oakhill, Barnes, & Bryant, 2001). 이러한 언어 과정을 통하여 복잡 다양한 사회를 살아가는 현대인들이 필요로 하는 역동적인 수준의 문해능력을 발달시킬 수 있다(Westby, 2002).

(1) 읽기에 있어서 발달적 변화

읽기를 연구하는 학자들은 저학년, 즉 유치원에서 초등 3학년 아동들의 경우 읽기정확성, 유창성, 속도 등을 증가시키면서 단어 인지 기술과 자동화를 발달시킨다고 한다. 단어 인지의 세 가지 기본적인 관점인 읽기 정확성, 유창성, 속도 등은 아동이 새로운 학업적 언어와 내용을 탐색해 나가는 데 있어 필수요소이다. 4학년부터 8학년까지 아동들은 교재나 신문, 문학작품 등에서 보다 복잡하고 친숙하지 않은 언어를 접하면서 읽기를 통해 새로운 지식을 배우고 어휘를 획득하고 복잡한 구문을 탐색하게 된다(Chall, 1983; Chall, Jacobs, & Baldwin, 1990). 고등학교에 들어서면 기능적인 읽기는 광범위한 사회

과학, 심리학, 생물학적 연구를 필요로 한다. 또한 접두사, 접미사, 어근 등 단어분석을 통한 단어의 형태학적 구조의 연구에도 관심이 증가하게 된다.

읽기연구는 읽기의 심리적인 과정에 초점을 두었으며, 읽기와 문해력을 위한 토대로 구어능력의 역할을 일관되게 강조해 왔다. Chall(1983)은 전형적인 아동의 읽기발달의 6단계를 제시했다.

- 단계 0 : 읽기 전 단계 (생후~5, 6세). 이 단계는 사회 안에서 읽고 쓰기 활동에 관한 기초적인 개념을 발달시키는 것으로 특징지을 수 있으며, 그림과 활자의 관계, 알파벳의 인식, 단어 안에서 각운, 분절음, 소리 등과 같은 메타언어 능력의 발달이 이루어지는 단계이다.
- 단계 1 : 부호화(5~7세). 이 단계 동안 아동은 음소와 문자소의 규칙을 익히고, 알파벳원리의 개념을 확고히 한다. 이 단계에서 아동들은 전체 단위로서의 단어를 다루는 것보다 오히려 단어 내의 특정한 문자요소에 주의를 기울이는 능력을 발달시킨다.
- 단계 2 : 공고화(7~9세). 부호화하는 기술에 대한 자신감은 이전 단계에서 얻은 지식을 인쇄된 활자에서의 여러 형태의 내용들을 인지할 수 있도록 하고, 이런 과정을 통하여 읽기에서의 속도와 유창성이 증가한다.
- 단계 3 : 학습에서의 읽기(9~14세). 부호화하는 기술들은 이 단계에서 완전히 자동적으로 이루어지고, 아동들은 학습에서 읽기를 이용한다. 특정교과에 관한 읽기가 시작 되고 (예를 들면 과학탐구와 사회탐구), 아동은 읽기를 통하여 단어가 발달되며 긴 문맥의 내용을 이해할 수 있게 된다.
- 단계 4 : 다양한 관점(14~18세). 이 단계 동안 아동은 주제와 문제에 관한 다양한 견해들을 생각할 수 있다. 읽기와 문학적 내용을 통하여 학습을 위한 읽기능력이 지속적으로 발달된다.
- 단계 5 : 구조적인 형태의 읽기(18세 이상). 읽기발달에 있어서 이 단계는 다른 사람의 생각으로부터 개인의 지식구조를 발달시키는 것을 포함한다. 읽기를 통하여 비판적인 사고가 가능해지며, 귀납적/연역적 추론과 같은 더 높은 수준의 인지 과정을 적용할 수 있다.

(2) 읽기장애

읽기장애를 가진 사람은 단어인식이나 읽기 이해력 혹은 둘 다에 어려움을 가지고 있다. 이미 살펴본 바와 같이 읽기 이해는 구어 듣기 이해에 기초한다.

이 관점은 읽기의 단순 관점(Gough & Tummer, 1986; Hoover & Gough, 1990)으로 불리는 읽기 이론의 기초가 된다. 그리고 이 관점은 읽기 이해가 단어인식과 듣기 이해의 두 가지 구성요인의 결과라고 설명한다. 또한 개인의 총체적 읽기 이해 능력은 단어 인지 과제와 읽기 이해 과제에서의 점수로도 예측할 수 있다. 읽기 모델의 단순한 관점을 사용하여, 연구자들은 읽기 이해에 있어 개인의 단어 인지 능력과 기술에 기초한 읽기장애를 네 가지 유형으로 제시하였다(Catts et al., 2003). 이 네 가지 유형은 표 5.1에 기술되어 있다.

첫 번째 유형인 난독증은 구어 듣기 이해는 양호하나 단어 인지와 철자법에 어려움이 나타나는 특정 읽기장애이다. 이 장애는 단어 해독, 단어 인지, 철자법과 이에 뒤따르는 빈약한 단어발달과 같은 어려움이 발견되며 음운체계 과정의 결손으로 연결된다. 현재의 난독증에 대한 정의는 국제난독증협회(International Dyslexia Association)에 의해 정의된 것으로, 단어 인지와 철자법 능력의 기본적 결함에 강조점을 둔다(Lyon et al., 2003).

> 난독증은 원래 신경학적인 문제에서 기인하는 특정학습장애이다. 난독증은 단어 인지의 정확성과 유창성, 철자법이나 해독능력의 어려움으로 특징지어진다. 이 어려움은 전형적으로 다른 인식능력과 효과적인 교실수업의 준비에 관련되어 있어 예측하기 힘든 음운적 구성에서의 결손을 가져온다. 그다음의 결과는 읽기 이해에 있어서의 문제를 포함하며, 단어와 배경지식의 성장을 지연시킬 수 있는 읽기경험을 감소시킨다(p.2).

두 번째 유형은 단어 인지와 듣기 이해 둘 다에 있어 어려움을 가지므로 혼합읽기장애라 불린다. 이 집단에 속한 이들은 단어 인지와 읽기 이해의 어려움으로 나타내지는 구어능력장애와 문자언어장애 둘 다를 가지고 있는 것으로 생각된다. 이 하위 집단은 구어와 문자언어장애에 강조점을 둔 언어학습장애(LLD)의 조건과 동일시되어 왔고, 단어 인지와 철자에 영향을 미치는 학습장애를 우선으로 하는 순수 난독증과 구분된다. 하지만

표 5.1 단어 인지와 듣기 이해를 바탕으로 한 읽기장애의 하위 형태

	단어 인지	듣기 이해
난독증	빈약함	양호함
혼합된 형태	빈약함	빈약함
특정한 이해능력의 결함	양호함	빈약함
비특이성	양호함	양호함

Catts, Hogan, & Fey, 2003.

LLD 하위 집단과 난독증의 하위 집단 모두 음소인식과 단어의 음운적 과정에 어려움을 가지고 있다(Fletcher et al., 1994; Gillon, 2004).

특정 이해능력의 결함인 세 번째에 속한 아동들은 단어 인지 능력은 양호하지만, 구어 이해에 있어 결손을 보인다. 이들은 단어해독이나 읽기 교재에 있어서의 유창성에 특별한 어려움이 있는 것으로 설명되지는 않는다. 오히려 그들의 어려움은 담화 단원의 이해에서 구어와 문어 상황 모두에서 어려움을 보인다(Cain & Oakhill, 2007; Catts et al., 2005). 읽기 이해 결함을 지닌 아동들은 이야기식 구어의 담화에서 빈약한 이해력을 지닌다는 연구결과가 보고되었다. 이것은 긴 구어와 글의 담화 의미를 구성하는 데 있어 특정장애를 나타낸다. 읽기장애의 이 유형은 종종 저학년보다 고학년에서 관찰되며, 대부분이 작업기억과 추론적이고 의미론적이며 구문론적 과정에서의 문제와 연관되어 있다(Cain et al., 2001).

마지막으로, 비특이성이라고 하는 읽기장애의 네 번째 유형은 양호한 단어 인지 능력과 읽기를 위해 노력하는 듣기 이해능력을 지니고 있는 아동을 포함한다. 다른 심리적·사회적 요인이 동기부여 요소나 집중력의 결손을 포함하는 읽기장애의 이러한 유형과 관련된다(Cain et al., 2003).

4) 철자법

철자법은 단어에 대하여 음운론, 정자법 및 의미론적 정보의 저장과 검색 둘 다를 포함하는 복잡한 언어인식 과정이다. 철자법은 알파벳 체계의 지식과 음소문자 조합의 음운론적인 과정을 포함하기 때문에 단어인식과 관련이 있다. 그러나 철자법은 읽기와 다르지만 분절음과 음절의 일치 그리고 문자양식 등 다양한 인지 과정을 요구한다(Ehri, 2000).

철자법에 관련된 인지 과정에는 두 가지 경쟁 이론이 있다. 하나는 철자법의 이중경로 이론으로 여기에는 '음운론'과 '정자법'이라는 2개의 독립된 신경생물학적 네트워크 경로가 있으며, 두 경로는 연결되어 있지만 낱말의 철자법이나 읽기에서는 분리하여 접근할 수 있다(Ellis, 1993; Frith, 1980). 이 이론에 따르면, 각각의 어휘 항목들은 각자 분리되는 모듈로 저장된 음운론적 표현과 정자법적 표현이 있다. 낱말의 소리구조에 관한 정보는 낱말의 문자계열에 관한 정보가 시각-정자법의 모듈로 저장되는 동안, 음운론적 모듈에 저장된다. 시각-정자법의 모듈은 암기된 낱말을 위한 철자법 양식을 포함한다. 2개의 저장모듈은 낱말의 의미에 연결되며 서로 소통할 수 있으나, 각 모듈은 철자법 쓰기와 읽기 중에 독립적으로 작동할 수 있다. 낱말의 철자법은 다음의 두 가지 방법 모두

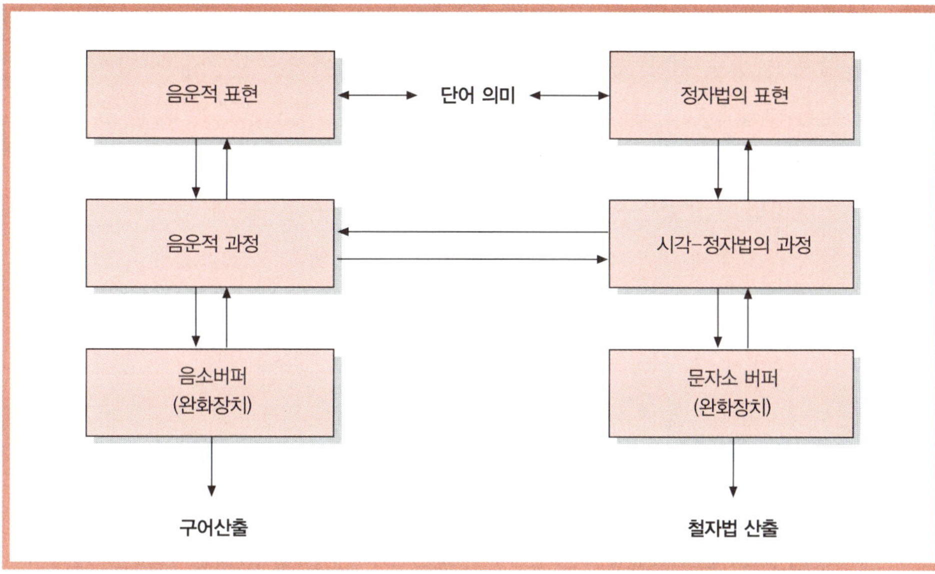

그림 5.1 철자법의 인지 과정 요소 모형(Ellis, 1993)

에 의해 이루어질 수 있다. 즉 (1) 기억에 있는 낱말의 시각-정자법적 표현을 직접 인출해 냄으로써 그리고 문자소 출력버퍼를 통해서 문어형식으로 그것을 전환함으로써, (2) 발음을 통한 낱말의 음운론적 표현을 작동함으로써 그리고 음소와 문자소 출력버퍼 사이의 연결을 통해 활자체로 쓸 소리구조로 그것을 전환함으로써 이루어질 수 있다.

대조적으로, 철자법의 연결주의 이론은 단어의 시각-정자법의 철자법과 그리고 음운론적 표현 둘 다 숙련된 독자와 맞춤법에 능한 사람을 동시에 활성화시킨다고 제안한다(Adams, 1992; Ehri & Wilce, 1980; Seidenberg & McClelland, 1989). 활자체로의 표현을 통해서 맞춤법에 능한 사람은 단어의 철자법 양식을 처리할 수 있으며, Ehri(1987, 2000)가 말하는 단어의 복합적 정보로 둘러싸인 혼합적 혹은 융합적 의미를 연상해 낼 수 있다. 이 이론에 따르면, 특히 단어의 음소 요소의 명료성이 다양하므로 단어의 시각적 맞춤법과 그것에 대한 청각음소 요소 사이에 연합이 이루어지는 것은 중요하다(Treiman & Bourassa, 2001). 따라서 맞춤법 양식에 대하여 반복 및 이전 경험의 영향은 연결주의 이론의 주요 특징이다.

(1) 철자법의 발달적 변화

아동들의 지식과 단어의 정자법 양식에 대한 발달적 변화가 연구문헌에 잘 기록되어 있다(Ehri, 1987; Henderson, 1990). 읽기발달과 마찬가지로 철자법 발달은 단계 이론에 의해 설명될 수 있다. 단어의 철자법 양식과 쓰기에 익숙한 아동에 의해 획득된 기술과 지식은 개념화를 하는 데 유용하다. 아동이 철자법에 능숙하게 되면 각각 다른 전략과 언어학적인 과정을 사용한다는 증거이다(Treiman & Bourassa, 2000).

철자법의 발달은 아동이 문법적이고 파생적인 형태소와 단어의 철자와 음절 그리고 정자법 양식에 대한 지식을 계속 습득함으로써 예측 가능한 단계를 통해 진전된다. 철자법의 발달은 Moats(1995)에 의해서 다음과 같은 4단계로 제안되었다.

- 단계 1 : 사전 의사소통 글쓰기. 이 단계는 어린 아동들의 초기 글쓰기 시도에 의해 설명될 수 있는 단계이다. 아동들이 단어의 개념을 이해하고 있다는 증거는 없다. 오히 려 단어의 범주와 글자배열은 무시되고, *thank-you*와 같은 전체 구는 글자와 글자 가 아닌 형태의 낙서적 표현을 조합함으로써 자주 나타난다.
- 단계 2 : 부분 음성학적 단계. 이 단계에서 아동은 비록 전체 낱말을 재현하지는 못하더라도 말소리에 글자를 대응시켜 초보적으로 문자를 이해한다. 대신에 아동은 음절과 단어를 나타내기 위해서 몇몇 자음을 선택한다. Bissex(1980)는 이러한 예로 그녀의 다섯 살 아들이 표현한 *RUDF*("Are you deaf?")를 보기로 제시하였다.
- 단계 3 : 음성적인 철자법. 이 단계의 아동은 단어 내의 소리를 표현하는 문자 음성 패턴을 배우거나 다양한 문자를 사용한다. 철자법은 표면상의 음성에 의해 결정이 되는데, 이는 아동이 단어를 형태음소로 표현하고 이해할 수 없기 때문이다. 오히려 철자법 내에서 선택된 문자들은 조음과 종종 연관이 있다. 예를 들면 *Y*라는 철자를 생성할 때 아동은 입모양을 둥글게 하고 /w/ 말소리를 생성한다. 결과적으로 이 단계의 아동은 아마도 *YL*('will')과 *YAR*('where')과 같은 단어를 쓰기 위해서 *Y*글자를 사용할지도 모른다(Moats, 1995 참조).
- 단계 4 : 전환적 철자법 : 단어 패턴 안에서 넘어서기. 이 단계에서는 단어의 형태음성 구조에 깔려 있는 지식을 부가적으로 학습하고 통합하는 단계이다. 예를 들면 아동은 모음을 포함한 활자체로 표현되는 음절이나 *–ch*, *–sh*와 같은 이중자(두 글자가 한 음으로 소리남)처럼 글자군에 의해 말소리가 표현되는 것으로 파악한다. 읽기능력과 유창성이 가속화될 때 아동은 단어와 철자법에서 표현과 경험이 증가된다. 문법 형태소의 표준철자법에 대한 지식은 복수 *–s*와 과거시제 형태소를 나타내는 *–ed*의 사용처럼 2, 3학년 아동들에게서 내면화되고 습득된다(Bailet, 1990). 또한 일반적인 동음이의어들 예들 들어 *to*, *two*, *too*는 정확하게 인지하고 쓸 수 있으며, 초기에 발달하는

분리 형태소도 지속적으로 사용한다. 접두사와 접미사의 첫 철자는(예를 들어 *unhappy*에서 −*un*, *enjoyment*에서 −*ment*, *respectful*에서 −*ful*) 발음하는 동안에 그 단어의 음운론적인 양상이나 어근의 철자는 변하지 않는다. 4학년 아동들은 어근 사이의 관계를 더 잘 이해할 수 있고 분리된 형태의 발음(*televise/television*, *circle/ circular* 등)과 어근의 철자법을 바꾸는 보다 진전된 분리 형태소를 적용할 수 있다.

이러한 단계들은 참고적인 측면에서 고려되어야만 한다. 많은 아동들은 언어적 지식과 인지전략을 더 습득함으로써 철자법의 첫 단계 이상의 수준을 나타내지만, 어떤 아동들은 좀 더 높은 수준의 철자법 단계에 도달하지 못하기도 한다.

(2) 철자법장애

철자법장애는 읽기장애(Carpenter, 1983; Moats, 1996)와 언어학습장애(Gerber & Hall, 1987, 1989; Silliman et al., 2006)를 가진 아동들 사이에서 흔히 나타난다. 또한 비록 그들의 단어재인 기능과 독해 기능이 적절한 수준이라 할지라도 철자법장애의 문제는 대개 난독증과 함께 청소년기 후기에서 성인기까지 남게 된다(Bruck, 1993; Gerber, Schneiders, Paradise, & Reiff, 1990; Guyer, Banks, & Guyer, 1993; Moats, 1996).

수년 동안 이들의 철자법이 음성학적으로 더 어린 아동들의 일반적인 발달 과정보다 더 정확하지 못한 것인지 계속해서 반복되는 오류의 패턴들은 읽기장애를 가진 아동들의 철자법과 구별될 수 있는지를 조사하기 위해 읽기장애를 가진 아동들과 청소년들의 철자법 오류에 초점을 맞춘 연구가 이루어져 왔다(Bruck, 1988; Carslisle, 1987; Moats, 1983). 집단 간의 차이를 보이는 이 연구결과는 철자법장애와 읽기장애를 가지고 있는 아동들은 나이가 더 어린 아동들에게서 나타나는 일반적인 것이며, 그것들의 오류유형은 질적으로 서로 다르지 않다는 것이다. 이런 연구결과들은 철자법장애가 철자법 습득 과정 중 발달지체로 가장 잘 특징지어진다는 것을 시사하고 있다.

Moats(1996)는 이 발달지체 가설이 읽기장애와 철자법장애가 있는 아동들에게 있어서 언어적 문제를 가려 주는 증거가 된다고 주장한다. 그녀는 난독증을 가진 아동들이 나타내는 많은 철자 오류들이 개념적으로 중요하지 않은 음운론적 특징이 있는 단어(예를 들어 *work*에서 /r/이 모음과 동시에 발화되어 *wok*로 쓰일 수 있는 것과 같이 음절들 내에서 동시발화가 되는 동안 나타나지 않는 소리를 가진 단어들)의 철자에서 분명히 나타나는 발화 과정의 미묘한 장애로부터 생겨난다는 것에 주목한다. Moats(1993; 1996)는 더 어린 나이에 /l/, /r/과 같은 유음을 생성하는 데 있어 조음장애를 보이던 청소년기 학생들이 미묘한 음운과정장애와 지체된 음운론적 표현에 대한 증거를 제공하는 동시에 이런 소리가 포함된 단어의 철자 오류가 높은 비율을 차지한다는 것을 발견했다. 유음이란 입안의 공기 흐름을 최소한으로 방해함으로써 생성되는 음소이지만, 마찰의 원인이 되기에는 충분하지 않다. 음향학적으로 그들은 모음과 유사하며 자음과 모음의 특징을 모두 포함하고 있는 것으로 분류될 수 있다.

철자 패턴과 장애에 대한 연구의 대부분은 일반적인 발달 과정을 거치는 아동들과 난독증이나 읽기장애가 있는 아동들에게 초점이 맞추어졌다. 언어학습장애로 진단받은 아동들의 철자 오류에 대해 조사해 온 연구는 거의 없다. Silliman, Bahr와 Peters(2006)는 엄격한 기준을 만족시킨 8명의 학생들로 구성된 언어학습장애 집단(평균 7세 5개월)과 2개의 비교집단[동일한 수준의 철자법 집단(SA)과 동일한 생활연령 집단(CA)] 아동들의 철자수행에 대한 실험을 실시하였다. 언어학습장애 집단에 포함시키기 위한 기준은 (1) 말-언어영역에서 특수교육 서비스를 받기에 적합한지, (2) 비언어성 지능이 정상범위에 있는지, (3) 언어기초 선별검사를 위한 임상평가 3판(CELF-3, ST-3; Semel, Wiig, & Secord, 1996)에서 기대되는 연령수준에 미치지 못하는 점수인지, (4) 광범위 학력검사 개정3판(WRAT-3; Wilkinson, 1993)의 읽기 하위 검사에서 생활연령 평균점수가 1표준편차 이하인지 혹은 필기맞춤법 검사 4판(TWS-4; Larsen, Hammill, & Moats, 1999)에서 생활연령보다 평균값에서 표준편차 1 이하인 평균값을 나타내는지 등이 포함된다. 아동들은 실험적 철자법 검사인 철자의 음운론적 · 맞춤법적 · 형태론적 사정(POMAS)을 받는다. 철자법 검사는 철자법 발달의 증가하는 수준과 음운론적 · 형태론적 · 맞춤법적 구조의 복잡성을 반영하도록 설계된 30개의 단어가 포함된다(Silliman et al., 2006).

아동들의 철자법에 대한 질적인 분석은 음운론적 정확성, 맞춤법적 적합성, 시각적 정확성에 대한 점수이다. 3개 아동 집단의 질적 오류 분석결과는 언어학습장애 집단이 그들의 철자법에서 생기는 음운론적 오류들에 있어 읽기장애를 가진 아동들의 오류 유형과 유사하다는 것을 계속해서 입증해 주고 있다(Cassar, Treiman, Curry Pollo, & Kessler, 2005; Moats, 1993, 1996). 언어학습장애 아동들은 단어 내에서 모음변화를 하는 $-r$ (*cules/curls*)이나 연속자음(*foud/found*)과 같은 개념적으로 중요하지 않은 음소를 더 자주 생략했다. 더욱이 이 아동들은 복수 표시, 동사의 시제 그리고 파생적 형태소와 같은 문법적 형식을 더 자주 생략하였다. 언어학습장애 아동들에게서 보이는 철자 오류의 특정 유형들은 읽기장애나 난독증을 가진 아동들과 유사하였다(Carlisle, 1987; Moats, 1996). 마찬가지로 굴절 형태소의 생략은 단순언어장애(Rice, 2003)로 진단받은 어린 아동들의 구어 프로파일에서 나타나는데, 이것은 특정언어 문제들이 해결되지 않은 채 이후에 문자나 철자의 형태로 드러난다는 것을 보여 준다.

요 약

언어학습장애 아동들은 철자 쓰기, 듣기, 말하기, 읽기의 기능적인 언어체계를 통해서 결함의 정도와 특징이 다양하게 나타나는 이질적 집단이다. 앞서 언급했듯이, 언어학습장애의 개념이나 정의, 진단, 중재는 아직 충분히 이해되지 않고 있으며, 이들은 교육적 공동체에서 여전히 출현되고 있다. 언어학습장애 아동들은 구어와 문어형식 모두에서 언어로 의사소통하고 구어와 문어를 통합하는 데 결함을 드러낸다. 몇몇 유형의 아동들은 발달적 말-언어 문제를 가진 경험이 있으며, 교실에서의 언어학습에 어려움을 나타내는 것으로 알려져 있다. 이들은 교실에서 요구되는 학업적 언어에 어려움이 있으나 진전된 구어기술을 가지고 있는 아동 혹은 읽기 이해 장애나 단어 해독 그리고 난독증 중 어느 하나에 해당하는 특정읽기장애 아동들을 포함한다.

언어학습장애는 언어의 기능적인 측면에서 다양한 수준과 다양한 양상의 어려움을 나타내며 유사한 아동들에서도 서로 다른 특징을 나타낸다. 언어학습장애의 개념과 기능적인 언어체계 사이의 상호연관성을 이해한다는 것은 다음과 같은 질문에 대한 대답을 의미한다.

1. 언어적 결함의 징후와 행동적 표현의 다양함이 언어학습장애의 특정 하위 유형과 관련되어 있는가?
2. 학업성취의 특정 형태를 나타내는 언어처리 패턴과 언어적 결함이 서로 다른가?(예를 들어 잘 발달된 단어 인지와 철자능력은 빈약한 구어와 문어적 담화능력과 비교되는가?)
3. 장기간의 행동결과와 중재에 대한 아동의 반응을 예측할 수 있는 특수목표 중재의 사용을 나타내는 듣기, 말하기, 읽기, 철자법에서 언어표현의 어려움이 진일보한 양상을 나타내는가?

이러한 것들은 언어학습장애의 개념에 대해서 우리가 계속 배워온 것에 대한 질문들이다.

언어를 지속적으로 처리해 나가는 데 있어 정상적인 언어발달을 가지지 않은 언어학습장애 아동들은 학업적 언어와 문해능력의 발달을 도모할 수 있는 데 필요한 기초 능력이 부족하다. 앞으로의 연구는 언어체계와 인지 및 장애의 조기진단 중 발달적 상호작용에 초점을 맞추어야만 한다. 이러한 후속연구를 통하여 언어학습장애에 대한 표준을 개발함과 동시에 아동의 학업성취 그리고 사회적 발달에 영향을 주는 것이 무엇인지 이해하는 데 도움을 줄 수 있을 것이다.

연구문제

1. 언어학습장애로 분류된 네 가지 유형의 아동들의 인지와 언어적 특성을 비교하라.
2. NCLB와 IDEA의 개정 내용은 학업적 언어에 어려움을 가진 아동들이 학교에서 특정학습장애가 있는 것으로서 판별되는 과정을 어떻게 변화시켰는가? 이 변화는 왜 중요한가?
3. 구어와 문어 이해력 사이의 유사점과 차이점은 무엇인가?
4. 메타언어적 인식 체제 내에서 음운론적 처리 과정을 설명해 보라. 읽고 쓰는 것을 학습하는 데 있어서 음운론적 처리 과정의 역할은 무엇인가?
5. 언어학습장애 아동들에게서 보이는 언어 철자법 패턴들과 결함에 대해 설명하라. 이것들은 읽기장애를 가진 아동들에게서 보이는 철자 패턴들과 유사한가 또는 다른가?

참고문헌

Adams, M. J. (1992). *Beginning to read: Thinking and learning about print.* Cambridge, MA: MIT Press.

American Psychiatric Association (APA). (2000). *Diagnostic and statistical manual of mental disorders* (text revision) (*DSM-IV-TR*). Washington, DC: Author.

American Speech-Language-Hearing Association (ASHA). (1991). *Learning disabilities: Issues on definition.* Retrieved April, 2008 from www.asha.org/policy.

American Speech-Language-Hearing Association. (1998). *Operationalizing the NJCLD definition of learning disabilities for ongoing assessment in schools* [Relevant Paper]. Available from www.asha.org/policy.

American Speech-Language-Hearing Association (ASHA). (2001). *Roles and responsibilities of speech-language pathologists with respect to reading and writing in children and adolescents.* Position statement, Executive Summary of Guidelines, Technical Report. Rockville, MD: Author.

Aram, D., & Nation, J. (1980). Preschool language disorders and subsequent language and academic difficulties. *Journal of Communication Disorders, 13,* 159–170.

Aram, D. M., Ekelman, B. L., & Nation, J. E. (1984). Preschoolers with language disorders: Ten years later. *Journal of Speech and Hearing Research, 27,* 232–244.

Aram, D. M., Morris, R., & Hall, N. E. (1992). The validity of discrepancy criteria for identifying children with developmental language disorders. *Journal of Learning Disabilities, 25,* 549–554.

Ball, E. W. (1993). Phonological awareness: What's important and to whom. *Reading and Writing: An Interdisciplinary Journal, 5,* 141–159.

Ball, E. W., & Blachman, B. A. (1991). Does phoneme awareness training in kindergarten make a difference in early word recognition and developmental spelling? *Reading Research Quarterly, 26,* 49–66.

Bailet, L. L. (1990). Spelling rule usage among students with learning disabilities and normally achieving students. *Journal of Learning Disabilities, 23,* 121–128.

Berninger, V. W. (2000). Development of language by hand and its connections with language by ear, mouth, and eye. *Topics in Language Disorders, 20,* 65–84.

Bishop, D.V., North, T., & Dolan, C. (1996). Nonword repetition as a behavioral marker for inherited language impairment: Evidence from a twin study. *Journal of Child Psychology and Psychiatry, 37,* 391–403.

Bishop, D. V. M., & Adams, C. (1990). A prospective study of the relationship between specific language impairment, phonological disorders, and reading retardation. *Journal of Child Psychology and Psychiatry, 31,* 1027–1050.

Bradley, L., & Bryant, P. (1983). Categorizing sounds and learning to read: A causal connection. *Nature, 301,* 419–421.

Bradley, R., Danielson, L., & Hallahan, D. (Eds.). (2002). *Identification of learning disabilities: Research to practice.* Mahwah, NJ: Lawrence Erlbaum.

Brinton, B., Fujiki, M., & Sonnenberg, E. (1988). Responses to requests for clarification by linguistically normal and language impaired children in conversation. *Journal of Speech and Hearing Disorders, 53,* 383–391.

Brinton, B., Fujiki, M., & Spencer, J. C. (1997). The ability of children with specific language impairment to access and participate in an ongoing interaction. *Journal of Speech, Language, and Hearing Research, 40,* 1011–1025.

Brown, R. (1973). *A first language: The early stages.* Cambridge, MA: Harvard University Press.

Bruck, M. (1988). The word recognition and spelling of dyslexic children. *Reading Research Quarterly, 23,* 51–69.

Bruck, M. (1993). Component spelling skills of college students with childhood diagnoses of reading disability. *Learning Disability Quarterly, 16,* 171–184.

Cain, K. (2003). Text comprehension and its relation to coherence and cohesion in children's fictional narratives. *British Journal of Developmental Psychology, 21,* 335–351.

Cain, K., & Oakhill, J. (1996). The nature of the relationship between comprehension skill and the ability to tell a story. *British Journal of Developmental Psychology, 14,* 187–201.

Cain, K., & Oakhill, J. (2007). *Children's comprehension problems in oral and written language: A cognitive perspective.* New York: Guilford Press.

Cain, K., & Oakhill, J. V. (2007). Reading comprehension difficulties: Correlates, causes, and consequences. In K. Cain & J. V. Oakhill (Eds.), *Children's comprehension problems in oral and written language: A cognitive perspective.* New York: Guilford Press.

Cain, K., Oakhill, J. V., Barnes, M. A., & Bryant, P. E. (2001). Comprehension skill, inference-making ability, and the relation to knowledge. *Memory and Cognition, 29,* 850–859.

Carlisle, J. F. (1987). The use of morphological knowledge in spelling derived forms by learning-disabled and normal students. *Annals of Dyslexia, 37,* 90–108.

Carpenter, D. (1983). Spelling errors profiles of able and disabled readers. *Journal of Learning Disabilities, 16,* 102–104.

Cassar, M., Treiman, L., Curry Pollo, T., & Kessler, B. (2005). How do the spellings of children with dyslexia compare with those of nondyslexic children? *Reading and Writing: An Interdisciplinary Journal, 18,* 27–49.

Catts, H. W. (1986). Speech production/phonological deficits in reading-disordered children. *Journal of Learning Disabilities, 19,* 504–508.

Catts, H. W. (1993). The relationship between speech-language impairments and reading disabilities. *Journal of Speech and Hearing Research, 36,* 948–958.

Catts, H. W., Adlof, S. M., Hogan, T. P., & Weismer, S. E. (2005). Are specific language impairment and dyslexia distinct disorders? *Journal of Speech, Language, and Hearing Research, 48,* 1378–1396.

Catts, H. W., Fey, M. E., Tomblin, J. B., & Zhang, X. (2002). A longitudinal investigation of reading outcomes in children with language impairments. *Journal of Speech, Language, and Hearing Research, 45,* 1142–1157.

Catts, H. W., Fey, M. E., Zhang, X., & Tomblin, J. B. (1999). Language basis of reading and reading disabilities: Evidence from a longitudinal investigation. *Scientific Studies of Reading, 3,* 331–361.

Catts, H. W., Hogan, T. P., & Fey, M. E. (2003). Subgrouping poor readers on the basis of individual differences in reading-related abilities. *Journal of Learning Disabilities, 36,* 151–164.

Chall, J. S. (1983). *Learning to read: The great debate.* New York: McGraw-Hill.

Chall, J. S., Jacobs, V. A., & Baldwin, L. E. (1990). *The reading crisis: Why poor children fall behind.* Cambridge, MA: Harvard University Press.

Clark, D. B., & Uhry, J. K. (1995). *Dyslexia: Theory and practice of remedial instruction.* Baltimore, MD: York Press.

Cole, K. N., Mills, P. E., & Kelley, D. (1994). Agreement of the assessment profiles used in cognitive referencing. *Language, Speech, and Hearing Services in Schools, 25,* 25–31.

Conti-Ramsden, G., Botting, N., & Faragher, B. (2001). Psycholinguistic markers for specific language impairment (SLI). *Journal of Child Psychology and Psychiatry, 42,* 741–748.

Cosgrove, S. (1977). *Cap'n Smudge.* Danbury, CT: Grolier.

Denny, J. P. (1991). Rational thought in oral culture and literate decontextualization. In D. Olsen & N. Torrance (Eds.), *Literacy and orality.* Cambridge: Cambridge University Press.

Ehri, L. (1987). Learning to read and spell words. *Journal of Reading Behavior, 19,* 5–31.

Ehri, L. (2000). Learning to read and learning to spell: Two sides of a coin. *Topics in Language Disorders, 20,* 19–36.

Ehri, L. C., & Wilce, L. S. (1979). The mnemonic value of orthography among beginning readers. *Journal of Educational Psychology, 71,* 26–40.

Ehri, L. C., & Wilce, L. S. (1980). The influence of orthography on readers' conceptualization of the phonemic structure of words. *Applied Psycholinguistics, 1,* 371–385.

Ehri, L. C., & Wilce, L. S. (1987). Does learning to spell help beginners learn to read words? *Reading Research Quarterly, 22,* 47–65.

Ellis, A. W. (1993). *Reading, writing, and dyslexia: A cognitive analysis* (2nd ed.). Hove, England: Lawrence Erlbaum.

Fischer, F. W., Shankweiler, D., & Liberman, I. Y. (1985). Spelling proficiency and sensitivity to word structure. *Journal of Memory and Language, 24,* 423–441.

Fletcher, J. M., Coulter, W. A., Reschly, D. J., & Vaughn, S. (2004). Alternative approaches to the definition and identification of learning disabilities: Some questions and answers. *Annals of Dyslexia, 54,* 304–331.

Fletcher, J. M., Lyon, G. R., Fuchs, L. S., & Barnes, M. A. (2007). *Learning disabilities: From identification to intervention.* New York: Guilford Press.

Fletcher, J. M., Morris, R. D., & Lyon, G. R. (2003). Classification and definition of learning disabilities: An integrative perspective. In H. L. Swanson, K. R. Harris, & S. Graham (Eds.), *Handbook of learning disabilities.* New York: Guilford Press.

Fowler, A. E. (1991). How early phonological development might set the stage for phoneme awareness. In S. A. Brady & D. P. Shankweiler (Eds.), *Phonological processes in literacy.* Hillsdale, NJ: Lawrence Erlbaum.

Fox, B., & Routh, D. K. (1975). Analyzing spoken language into words, syllables, and phonemes: A developmental study. *Journal of Psycholinguistic Research, 4,* 331–342.

Frith, U. (1980). *Cognitive processes in spelling.* New York: Academic Press.

Gathercole, S. E., & Baddeley, A. D. (1990). Phonological memory deficits in language disordered children: Is there a causal connection. *Journal of Memory and Language, 29,* 336–360.

Gerber, M., & Hall, R. (1987). Information processing approaches to studying spelling deficiencies. *Journal of Learning Disabilities, 20,* 34–42.

Gerber, M., & Hall, R. (1989). Cognitive-behavioral training in spelling for learning handicapped students. *Learning Disability Quarterly, 12,* 159–171.

Gerber, P., Schneiders, C., Paradise, L., & Reiff, H. (1990). Persisting problems of adults with learning disabilities: Self-reported comparisons from their school-age and adult years. *Journal of Learning Disabilities, 23,* 570–573.

German, D. J. (1982). Word-finding substitutions in children with learning disabilities. *Language, Speech, and Hearing Services in Schools, 13,* 223–230.

German, D. J. (1987). Spontaneous language profiles of children with word-finding problems. *Language, Speech, and Hearing Services in Schools, 18,* 217–230.

Gillon, G. (2004). *Phonological awareness: From research to practice.* New York: Guilford Press.

Gough, P. B., & Tummer, W. E. (1986). Decoding, reading, and reading disability. *Remedial and Special Education, 7,* 6–10.

Guyer, B. P., Banks, S. R., & Guyer, K. E. (1993). Spelling improvement for college students who are dyslexic. *Annals of Dyslexia, 43,* 186–193.

Henderson, E. (1990). *Teaching spelling.* Boston: Houghton Mifflin.

Hoover, W. A., & Gough, P. B. (1990). The simple view of reading. *Reading and Writing: An Interdisciplinary Journal, 2,* 127–160.

Horton, W. S., & Gerrig, R. J. (2005). Conversational common ground and memory processes in language production. *Discourse Processes, 40,* 1–35.

Idol-Maestas, L. (1980). Oral language responses of children with reading difficulties. *Journal of Speech Education, 14,* 386–404.

Just, M. A., & Carpenter, P. A. (1987). *The psychology of reading and language comprehension.* Boston: Allyn & Bacon.

Kail, R., & Leonard, L. (1986). Word-finding abilities in language-impaired children. *ASHA Monograph, 25,* 1–36.

Kamhi, A. G., Lee, R. F., & Nelson, L. K. (1985). Word, syllable, and sound awareness in language-disordered children. *Journal of Speech and Hearing Disorders, 50,* 207–212.

Kavanagh, J. F., & Mattingly, I. G. (Eds.). (1972). *Language by ear and by eye.* Cambridge, MA: MIT Press.

Larrivee, L. S., & Catts, H. W. (1999). Early reading achievement in children with expressive phonological disorders. *American Journal of Speech-Language Pathology, 18,* 118–128.

Larsen, S. C., Hammill, D. D., & Moats, L. C. (1999). *Test of written spelling* (4th ed.). Austin, TX: Pro-Ed.

Leonard, L. B. (1998). *Children with specific language impairments.* Cambridge, MA: MIT Press.

Lewis, B. A., Freebairn, L. A., & Taylor, H. G. (2000). Follow-up of children with early expressive phonology disorders. *Journal of Learning Disabilities, 33,* 433–444.

Liberman, I. Y., & Shankweiler, D. (1985). Phonology and the problems of learning to read and write. *Remedial and Special Education, 6,* 8–17.

Liberman, I. Y., Shankweiler, D., Fischer, F. W., & Carter, B. (1974). Explicit syllable and phoneme segmentation in the young child. *Journal of Experimental Child Psychology, 18,* 201–212.

Liles, B. Z. (1985). Cohesion in the narratives of normal and language-disordered children. *Journal of Speech and Hearing Research, 28,* 123–133.

Lundberg, I., Frost, J., & Petersen, O. P. (1988). Effects of an intensive program for stimulating phonological awareness skills in preschool children. *Reading Research Quarterly, 23,* 263–284.

Lyon, G. R. (1989). IQ is irrelevant to the definition of learning disabilities: A position in search of logic and data. *Journal of Learning Disabilities, 22,* 504–512.

Lyon, G. R., Fletcher, J. M., Shaywitz, B. A., Torgesen, J. K., Woods, F. B., et al. (2001). Rethinking learning disabilities. In C. E. Finn, Jr., A. J. Rotherham, & C. R. Hokanson, Jr. (Eds.), *Rethinking special education for a new century.* Washington, DC: Thomas B. Fordham Foundation and Progressive Policy Institute.

Lyon, G. R., Shaywitz, S. E., & Shaywitz, B. A. (2003). A definition of dyslexia. *Annals of Dyslexia, 53,* 1–14.

Mandler, J. M., & Johnson, N. A. (1977). Remembrance of things parsed: Story structure and recall. *Cognitive Psychology, 9,* 111–151.

Masterson, J. J. (1993). The performance of children with language-learning disabilities on two types of cognitive tasks. *Journal of Speech, Language, Hearing Research, 36,* 1026–1036.

Mattingly, I. G. (1972). Reading: The linguistic process and linguistic awareness. In J. K. Kavanagh & I. G. Mattingly (Eds.), *Language by ear and by eye.* Cambridge, MA: MIT Press.

Meline, T., & Brackin, S. (1987). Language-impaired children's awareness of inadequate messages. *Journal of Speech and Hearing Disorders, 52,* 263–270.

Menyuk, P., Chesnick, M., Liebergott, J., Korngold, B., D'Agostino, R., & Belanger, A. (1991). Predicting reading problems in at-risk children. *Journal of Speech and Hearing Research, 34,* 893–903.

Merritt, D. D., & Liles, B. Z. (1987). Story grammar ability in children with and without language disorder: Story generation, story retelling, and story comprehension. *Journal of Speech and Hearing Research, 30,* 539–552.

Moats, L. C. (1983). A comparison of the spelling errors of older dyslexics and second-grade normal children. *Annals of Dyslexia, 33,* 121–139.

Moats, L. C. (1993). Spelling error analysis: Beyond the phonetic/dysphonetic dichotomy. *Annals of Dyslexia, 43,* 174–185.

Moats, L. C. (1995). *Spelling: Development disability and instruction.* Baltimore, MD: York Press.

Moats, L. C. (1996). Phonological spelling errors in the writing of dyslexic adolescents. *Reading and Writing: An Interdisciplinary Journal, 8,* 105–119.

Moats, L. C., & Smith, C. (1992). Derivational morphology: Why it should be included in language assessment and instruction. *Language, Speech, and Hearing Services in Schools, 23,* 312–319.

Nation, K., Clarke, P., Marshall, C. M., & Durand, M. (2004). Hidden language impairments in children: Parallels between poor reading comprehension and specific language impairment? *Journal of Speech, Language, and Hearing Research, 47,* 199–211.

Nation, K., & Snowling, M. J. (2000). Factors influencing syntactic awareness skills in normal readers and poor comprehenders. *Applied Psycholinguistics, 21,* 229–241.

Newcomer, P. L., & Hammill, D. D. (1997). *Test of Language Development–Primary (TOLD–P).* Austin, TX: Pro-Ed.

Norbury, C. F., & Bishop, D. V. M. (2003). Narrative skills in children with communication impairments. *International Journal of Language and Communication Impairments, 38,* 287–313.

Oakhill, J., & Cain, K. (2007). Introduction to comprehension development. In K. Cain & J. V. Oakhill (Eds.), *Children's comprehension problems in oral and written language: A cognitive perspective.* New York: Guilford Press.

Paul, R. (1990). Comprehension strategies: Interactions between world knowledge and the development of sentence comprehension. *Topics in Language Disorders, 10*(3), 63–75.

Paul, R. (2001). *Language disorders from infancy through adolescence: Assessment and intervention.* St. Louis, MO: Mosby.

Pennington, B. F., & Lefly, D. L. (2001). Early reading development in children at family risk for dyslexia. *Child Development, 72,* 816–833.

Perera, K. (1984). *Children's writing and reading.* London, England: Blackwell.

Perfetti, C. A. (1985). *Reading ability.* New York: Oxford University Press.

Plante, E. (1998). Criteria for SLI: The Stark and Tallal legacy and beyond. *Journal of Speech, Language, and Hearing Research, 41,* 951–957.

Rice, M. L. (2003). A unified model of specific and general language delay: Grammatical tense as a clinical marker of unexpected variation. In Y. Levy & J. Schaeffer (Eds.), *Language competence across populations: Toward a definition of specific language impairment.* Mahwah, NJ: Lawrence Erlbaum.

Roth, F. P., & Spekman, N. J. (1989). The oral syntactic proficiency of learning disabled students: A spontaneous story sampling analysis. *Journal of Speech and Hearing Research, 32,* 67–77.

Rourke, B. P. (1994). Neuropsychological assessment of children with learning disabilities: Measurement issues. In G. Reid Lyon (Ed.), *Frames of reference for the assessment of learning disabilities: New views on measurement issues.* Baltimore, MD: Paul H. Brookes.

Rubin, H., Patterson, P. A., & Kantor, M. (1991). Morphological development and writing ability in children an adults. *Language, Speech, and Hearing Services in Schools, 22,* 228–235.

Rvachew, S. (2007). Phonological processing and reading in children with speech sound disorders. *American Journal of Speech-Language Pathology, 16,* 260–270.

Scarborough, H. S., & Dobrich, W. (1990). The development of children with early language delay. *Journal of Speech and Hearing Research, 33,* 70–83.

Scott, C. M., & Windsor, J. (2000). General language performance measures in spoken and written narrative and expository discourse in school-age children with language learning disabilities. *Journal of Speech, Language, and Hearing Research, 43,* 324–339.

Seidenberg, M., & McClelland, J. (1989). A distributed, developmental model of word recognition and naming. *Psychological Review, 96,* 523–568.

Semel, E., Wiig, E. H., & Secord, W. A. (1993). *Clinical Evaluation of Language Fundamentals Screening Test–Third Revision* (CELF-3, ST). San Antonio, TX: Harcourt Assessment.

Share, D. L., Jorm, A. F., Maclean, R., & Matthews, R. (1984). Sources of individual differences in reading acquisition. *Journal of Educational Psychology, 76,* 1309–1324.

Shriberg, L., & Kwiatiwski, J. (1988). A follow-up study of children with phonologic disorders of unknown origin. *Journal of Speech and Hearing Disorders, 53,* 144–156.

Siegel, L. S. (1989). IQ is irrelevant to the definition of learning disabilities. *Journal of Learning Disabilities, 22,* 469–486.

Siegel, L. S., & Himel, N. (1998). Socioeconomic status, age, and the classification of dyslexics and poor readers: The dangers of using IQ scores in the definition of reading disability. *Dyslexia, 4,* 90–104.

Silliman, E. R., Bahr, R. H., & Peters, M. L. (2006). Spelling patterns in preadolescents with atypical language skills: Phonological, morphological, and orthographic factors. *Developmental Neuropsychology, 29,* 93–123.

Silliman, E. R., Wilkinson, L. C., & Brea-Spahn, M. R. (2004). Policy and practice imperatives for language and literacy learning: Who will be left behind? In C. A. Stone, E. R. Silliman, B. R. Ehren, & K. Apel (Eds.), *Handbook of language & literacy: Development and disorders.* New York: Guilford Press.

Snow, C. E., Burns, M. S., & Griffin, P. (1998). *Preventing reading difficulties in young children.* Washington, DC: National Academy Press.

Snowling, M. J. (1996). Developmental dyslexia. In M. Snowling & J. Stackhouse (Eds.), *Dyslexia, speech, and language: A practitioners handbook.* London, England: Whurr.

Stanovich, K. E. (1986). Matthew effects in reading: Some consequences of individual differences in the acquisition of reading. *Reading Research Quarterly, 21,* 360–406.

Stanovich, K. E. (1988). Explaining the differences between the dyslexic and the garden-variety poor reader: The phonological-core variable-difference model. *Journal of Learning Disabilities, 21,* 590–604.

Stanovich, K. E., Cunningham, A., & Cramer, B. (1984). Assessing phonological awareness in kindergarten children: Issues of task comparability. *Journal of Experimental Child Psychology, 38,* 175–190.

Stark, R., & Tallal, P. (1981). Selection of children with specific language deficits. *Journal of Speech and Hearing Disorders, 46,* 114–122.

Stothard, S. E., Snowling, M. J., Bishop, D. V. M., & Chipcase, B. B. (1998). Language-impaired preschoolers: A follow-up to adolescence. *Journal of Speech-Language-Hearing Research, 41,* 407–418.

Templeton, S. (1989). Tacit and explicit knowledge of derivational morphology: Foundations for a unified approach to spelling and vocabulary development in their intermediate grades and beyond. *Reading Psychology, 10,* 233–253.

Templeton, S., & Scarborough-Franks, L. (1985). Spelling's the thing: Knowledge of derivational morphology in orthography and phonology among older students. *Applied Psycholinguistics, 6,* 379–389.

Tager-Flusberg, H., & Cooper, J. (1999). Present and future possibilities for defining a phenotype for specific language impairment. *Journal of Speech, Language, and Hearing Research, 42,* 1275–1278.

Tomblin, J. B., & Zhang, X. (1999). Language patterns and etiology in children with specific language impairments. In H. Tager-Flusberg (Ed.), *Neurological disorders* (pp. 362–381). Cambridge, MA: MIT Press.

Torgesen, J. K. (2002). The prevention of reading difficulties. *Journal of School Psychology, 40,* 7–26.

Treiman, R. (1984). Individual differences among children in spelling and reading styles. *Journal of Experimental Child Psychology, 37,* 463–477.

Treiman, R., & Bourassa, D. C. (2000). The development of spelling skill. *Topics in Language Disorders, 20,* 1–18.

Treiman, R., Cassar, M., & Zukowski, A. (1994). What types of linguistic information do children use in spelling? The case of flaps. *Child Development, 65,* 1130–1329.

U.S. Office of Education. (1968). *First Annual Report of the National Advisory Committee on Handicapped Children.* Washington, DC: U.S. Department of Health, Education, and Welfare.

U.S. Office of Education (1977). *Education of handicapped children.* Implementation of Part B of the Education for Handicapped Act. Federal Register. Part II. Washington, DC: U.S. Department of Health, Education, and Welfare.

U.S. Office of Education (2002). *A new era: Revitalizing special education for children and their families.* Report of the PCESE. Washington, DC: U.S. Department of Education.

Van Kleek, A. (1984). Assessment and intervention: Does "meta" matter? In G. P. Wallach & K. G. Butler (Eds.), *Language learning disabilities in school age children.* Baltimore, MD: Williams & Wilkins.

Vellutino, F. R., & Scanlon, D. M. (1987). Phonological coding, phonological awareness, and reading ability: Evidence from longitudinal and experimental study. *Merrill Palmer Quarterly, 33,* 321–363.

Vellutino, F. R., & Scanlon, D. M. (1991). The preeminence of phonologically based skills in learning to read. In S. A. Brady & D. P. Shankweiler (Eds.), *Phonological processes in literacy.* Mahwah, NJ: Lawrence Erlbaum.

Wagner, R. K., & Torgesen, J. K. (1987). The nature of phonological processing and its causal role in the acquisition of reading skills. *Psychological Bulletin, 101,* 192–212.

Webster, P. E., & Plante, A. S. (1992). Effects of phonological impairment on word, syllable, and phoneme segmentation and reading. *Language, Speech, and Hearing Services in Schools, 23,* 176–182.

Westby, C. (2002). Beyond decoding: Critical and dynamic literacy for students with dyslexia, language learning disabilities (LLD), or attention deficit-hyperactivity disorder (ADHD). In K. Butler & E. R. Silliman (Eds.), *Speaking, reading, and writing in children with language learning disabilities.* Mahwah, NJ: Lawrence Erlbaum.

Wiig, E. (1982). Language disabilities in school-age children and youth. In G. Shames & E. Wiig (Eds.), *Human communication disorders: An introduction* (2nd ed.). Columbus, OH: Merrill.

Wilkinson, G. S. (1993). *Wide Range Achievement Test–Revision 3* (WRAT–3). Wilmington, DE: Jastak Association.

Wolf, M. (1984). Naming, reading, and the dyslexias: A longitudinal overview. *Annals of Dyslexia, 34,* 87–116.

Wolf, M. (1999). Rapid serial naming and the double-deficit hypothesis. *Annals of Dyslexia, 49,* 1–28.

Wolf, M., & Bowers, P. (2000). The question of naming-speed deficits in developmental reading disability: An introduction to the double-deficit hypothesis. *Journal of Learning Disabilities, 33,* 322–324.

Woodcock, R. W. (1987). *Woodcock Reading Mastery Tests–Revised.* Circle Pines, MN: American Guidance Services.

제 6 장

정신지체/지적장애

Robert E. Owens, Jr.
뉴욕주립대학교 제니시오캠퍼스

이 장을 읽고 난 후 다음의 사항을 할 수 있어야 한다.

- 정신지체인을 우리가 어떻게 특징짓고 정의하는지에 대해 논할 수 있어야 한다.
- 정신지체인의 인지 및 언어 특징을 설명할 수 있어야 한다.
- 정신지체인의 학습 특성에 따른 중재기법을 논할 수 있어야 한다.
- 발달중재 접근법과 그 사용법을 설명할 수 있어야 한다.
- 목표로 해야 할 행동과 말-언어치료사가 중재에서 사용해야 할 기법을 설명할 수 있어야 한다.

나는 이 책을 유행가처럼 재미나게 쓰고 싶었지만 나의 아버지는 사람들은 새로운 것을 더 좋아할 것이라고 말씀하신다. 그러나 나는 어느 정도는 유행가처럼 쓸 수밖에 없다(Hunt, 1967, p.89).

『니겔 헌트의 세계(The World of Nigel Hunt)』에서 저자는 자신과 같은 연령인 10대들의 관심에 대해 말하고 있다. 이 청소년은 정신지체를 갖고 있다. 그는 정신지체와 관련된 수많은 원인 중 하나인 다운증후군을 갖고 태어났다. 그러나 니겔은 정상적인 발달을 보이는 또래에 더 가까웠다.

정신지체인을 특징짓기란 어려운 일이다. 왜냐하면 이들은 너무나 다양하기 때문이다. 이들 중에는 일상생활을 할 때 다른 사람의 도움을 받아야 하는 사람이 있는가 하면, 도움이 거의 필요 없이 거의 혼자서 일상생활을 할 수 있는 사람들도 있다. 그러나 일반적으로 그들은 정상적인 사람들과 비교해서 좀 늦거나 늦게 발달하는 사람이라고 말할 수 있다. 다시 말해서 정신지체인은 일반인과 다르다. 이러한 특징들은 정신지체인의 여러 발달양상에서 발견할 수 있는데, 거기에는 언어도 포함된다.

이 장에서는 지적장애라고도 하는 정신지체의 정의에 대해서 알아보고, 그 정의가 의사소통과 언어발달에 대해 갖는 의미를 논하게 될 것이다. 이 장은 정신지체인들만이 가지고 있는 언어문제의 특징에 대해 살펴보면서 말-언어치료사에게 도움이 될 수 있는 중재기법과 프로그램을 제안하게 될 것이다.

시작하기에 앞서 우리들의 견해에 대해 먼저 말하자면 다음과 같다. 첫째, 여러 연구결과들도 나의 주장을 뒷받침하고 있듯이 중재와 학교 교육은 가능하면 빨리 시작하는 게 좋다. 조기중재가 해당 아동과 가족에게 이점을 가져다준다는 사실은 이미 잘 알려져 있다. 둘째, 언어와 의사소통 중재는 실용적이어야 한다. 다시 말해서 의사소통의 사용을 목표로 해야 하고 양육자를 의사소통 촉진자로 포함시켜야 한다. 훈련은 언어를 사용할 환경, 즉 가정, 학교 및 보육시설에서 이루어져야 한다. 이 두 주제는 이 장 뒷부분에서 다시 논하게 될 것이다. 우선 무엇이 정신지체인지 아닌지 알아보자.

1. 정신지체/지적장애의 정의

정신지체인을 위해 일하는 전문가들의 주된 단체인 미국정신지체협회(AAMR)는 정신지체(MR)를 "일반 지적 기능이 평균보다 훨씬 떨어지면서 18세 전에 두 가지 이상의 적응기술영역에서 문제가 있는 경우"로 정의하고 있다(AAMR, 1992). 이 정의를 완전히 이해하기 위해서는 여러 가지 구성요소를 먼저 살펴보아야 한다.

평균보다 훨씬 떨어지면서라는 말은 일반적으로 IQ 68 이하로 정의되지만 상한선 68은 고정된 게 아니다. 전 인구의 평균 IQ는 100인데, 정상범위는 86에서 116이다. 인구의 2/3가 이 범위에 속한다. 다시 말해서 인구의 2/3가 평균지능을 가지고 있는 것으로 간주된다. IQ 68은 평균보다 훨씬 떨어진다.

지적 기능이라는 말은 문화에 영향을 받지 않는 표준화된 일반적 지능검사의 결과를 의미한다. 일반적으로 인정하는 지능은 생활연령에 대한 정신연령의 비율인 IQ를 측정하는 것이다. 만약 정신연령이 10세이고 생활연령이 10세이면 그 관계는 10/10 또는 1, 즉 IQ 100으로 해석된다. 반면에 정신연령이 5세이고 생활연령이 10세이면 5/10 또는 0.5, 즉 IQ 50이다.

검사는 다원적이면서 문화에 영향을 받지 않아야 한다. 단순히 언어능력에만 기초한 검사는 제2외국어 학습자와 학습장애를 가진 아동들에게는 적당하지 않을 수 있다. 지능검사는 문제해결, 감각운동 발달 및 사회적 기능과 같은 비언어적 능력도 평가해야 한다. 다시 말해서 문화적으로 편향된 검사는 많은 소수자에게 불리할 수 있다. 우리들은 영어수용 어휘력 검사결과에 의해 부당하게 정신지체로 분류된 한 동남아시아 이주민을 알고 있다.

적응기술은 연령에 따라 다양한 양상을 띤다. 유아기와 취학 전의 적응기술에는 감각운동, 말-언어, 자조 및 상호작용적 발달이 포함된다. 아동기 중반과 사춘기 초반에는 학업 및 추론기술 발달과 집단 및 개인 간의 관계가 강조된다. 사춘기 후반과 성인기의 적응기술은 직업 및 사회적 책임과 관련된다. 적응행동은 지능과 매우 긍정적인 연관이 있지만 항상 그런 것은 아니다.

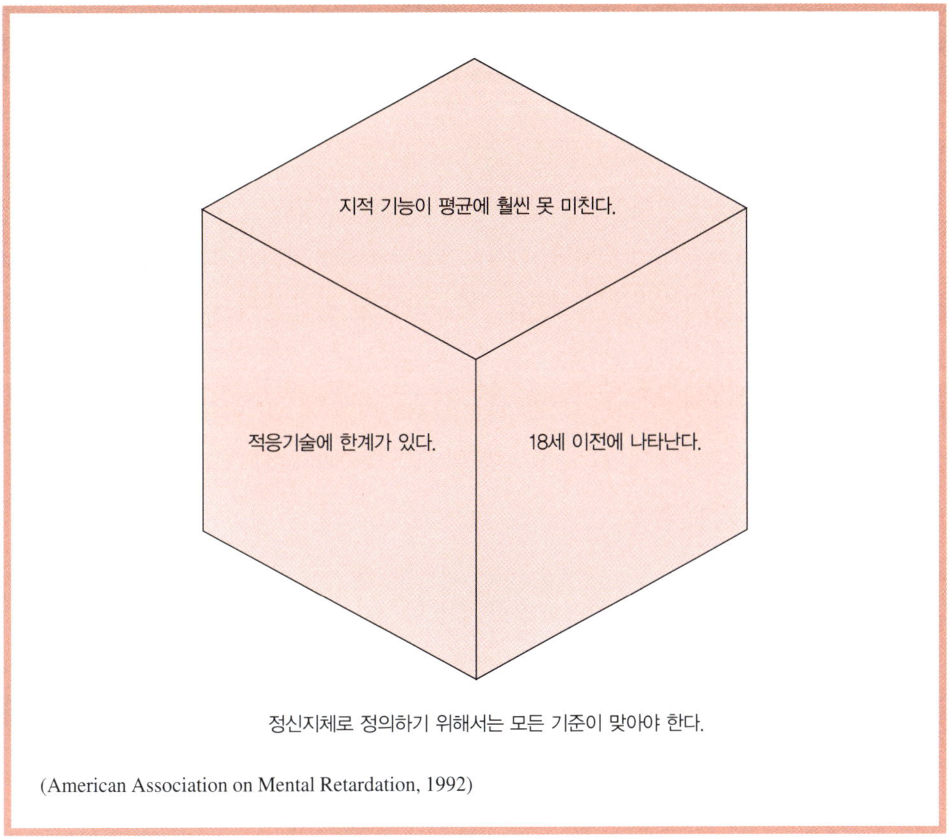

그림 6.1 정신지체에 대한 AAMR의 정의

많은 사람들은 대개 18세 전을 **발달기간**으로 생각한다. 정신지체는 발달이 늦을 수도 정지할 수도 불완전할 수도 있다. 모든 사람은 10대 후반이 되면 발달속도가 떨어진다. 따라서 정신지체 청소년은 18세 이하의 정신연령으로 기능하기는 하지만, 18세 이후에도 보통 정도로 발달 변화를 경험할 수 있다.

AAMR(1992) 정의의 모든 기준에 맞는 사람들만 정신지체로 간주한다. 학습장애아는 제외된다. 왜냐하면 대부분의 학습장애아는 정상 지능을 가지고 있기 때문이다. 또 실어증이 있는 성인 환자는 그들의 장애가 발달기간에는 나타나지 않았기 때문에 정신지체의 범주에 속하지 않는다. 두 가지 장애를 다 가진 사람은 어떤 일에 대해 정신지체 범위 내에서 기능할 수도 있지만 정신지체로 분류되지 않을 수도 있다. 그림 6.1은 AAMR의 정의에 대해 설명하고 있다.

AAMR(1992)은 원인이나 병인을 명시하지 않고 그 사람의 현재의 기능수준을 강조한다. 다시 말해서 다운증후군을 정신지체와 동의어로 보지 않는다. 부분적으로 이 정의는 기능수준은 수정되거나 변화될 수 있다는, 다시 말해 정신지체인은 발달적 존재라는 믿음을 은연중에 반영하고 있다.

현재 전문 문헌에서는 무엇을 장애라고 할 것인가와 관련하여 논란이 있다. 다른 장애들도 이미 명칭이 바뀌었다. 예를 들면 자폐증은 현재 자폐범주성장애라고 한다. 새로 제안되고 있는 정신지체의 이름은 지적장애이다. 이 변화와 관련된 자세한 논의는 이 장의 영역 밖의 일이다. 우리들은 옛 용어를 주로 사용하되 다양성의 차원에서 새 용어도 종종 사용할 것이다.

2. 출현율과 기능수준

미국에서 정신지체인의 정확한 숫자는 알려져 있지 않다. 대략 인구의 1~3%, 즉 약 350만 명에서 1,000만 명 사이에 있는 것으로 추정된다. 이 숫자를 놓고 볼 때 정신지체인은 맹인보다 약 15배 많다. 매년 미국에서 정신지체를 갖고 태어나는 약 13만 명의 대부분은 경도 정신지체이다.

정신지체는 네 가지 범주로 분류하는데, 모두 IQ를 근거로 한 것이다. 그 네 범주는 경도, 중등도, 중도, 최중도이다. 각 범주의 특징을 표 6.1에서 보여 주고 있다.

정신지체의 인구 내 분포는 균등하지 않다. 중도 및 최중도 정신지체 인구는 일반 인

표 6.1 정신지체의 범주

범주	IQ범위	정신지체 인구에서 차지하는 비율(%)	특징
경도	52~68	89	대개 공동체로 흡수되어 거기서 독립적으로 일하며 산다.
중등도	36~51	6	자조기술 학습이 가능하고 보호환경에서 일할 수 있다. 친척과 함께 반독립적으로 산다.
중도	20~35	3.5	일부 자조기술을 학습할 수 있고 완전히 의존적이지는 않다. 종종 신체적 장애와 말과 언어 결함을 나타낸다.
최중도	20 미만	1.5	일부 기초생활 기술은 학습할 수 있지만 계속적인 돌봄과 감독이 필요하다. 종종 심각한 신체 및 감각적 문제를 나타낸다.

구에서 가족의 사회경제적 신분과 인종, 민족성 등의 조건을 반영한다. 경도 및 중등도 정신지체를 가진 사람들 중 대부분은 정신지체 가족력이 있고, 가난하고 소수집단에 속하는 사람들이다.

가난하고 소수집단 인구 중에서 정신지체의 비율이 지나치게 많은 것은 가난의 환경적 영향을 반영할 수도 있다. 미국 문화에서 소수인종 및 소수민족 출신의 많은 사람들은 교육수준이 낮고, 사회적 이동성의 부족 때문에 상대적으로 사회경제적 수준이 낮은 것으로 나타났다. 적절한 영양의 부족과 나쁜 건강상태도 가난한 사람의 발달지연을 초래할 수 있다. 게다가 경도 정신지체를 가진 부모는 가난한 사람일 가능성이 높기 때문에 유전적 영향도 일정한 역할을 할 수가 있다. 정신지체 성인은 정신지체가 없는 성인에 비해 부진한 인지기능을 가진 자녀를 출산할 가능성이 높다.

이들 요인은 중도 및 최중도 정신지체 인구 내에서는 발생하지 않는다. 왜냐하면 이러한 사람이 자녀를 출산하는 일이 거의 드물기 때문이다.

3. 정신지체/지적장애의 원인

AAMR은 정신지체의 원인을 크게 두 범주, 즉 생물학적 요인과 사회·환경적 요인으로 나눈다(AAMR, 1992). 이 두 범주는 상호 배타적이지 않으며, 생물학적 요인은 사회 및 환경적 요인에 의해 확대 또는 축소될 수도 있다. 아울러 정신지체는 자폐범주성장애, 청각장애 및 뇌성마비와 같은 장애와 동시에 발생할 수도 있다. 우리들이 연구한 아동 중 가장 심각한 장애를 가지고 있었던 경우는 최중도 정신지체, 농, 맹 및 뇌성마비를 갖고 있는 아동이었다. IQ가 낮을수록 여러 가지 중복장애를 갖는 경우가 많다. 표 6.2에서 지금까지 알려진 정신지체의 원인을 설명하고 있다.

정신지체인의 반 이상이 생물학적 요인이 그 원인이며, 생물학적 원인에는 많은 요인들이 있다. 생물학적 원인으로는 유전 및 염색체 요인, 신진대사장애와 두개골 및 뇌의 기형과 같은 선천적 요인, 모체풍진과 납중독과 질병이나 독소 관련 요인들이 있다. 지체의 정도와 생물학적 요인 간에는 밀접한 관계가 있다.

사회·환경 요인은 생물학적 요인만큼 확인이 쉽지 않는데, 많은 상호작용 변인들이 관계되어 있다. 부적절한 의료적 치료와 영양은 물론 열악한 주거 및 위생이 원인이 될 수도 있다. 태아기 보호 부족과 유아기 자극은 아동 성장에 직접적으로 영향을 미칠 수 있다.

표 6.2 지금까지 알려진 정신지체의 원인

형식	예	특징
생물학적 원인		
유전 및 염색체 이상	다운증후군(Trisomy 21)	넓은 이마와 특징적인 얼굴 모양, 작은 키, 정신지체
	클라인펠터증후군 (반성, XXY)	여성처럼 통통한 몸, 작은 고환, 간혹 정신지체
	고양이울음증후군	고양이 같은 울음소리, 소두증, 정신지체
전염병	산모풍진	심장결함, 백내장, 청력손실, 소두증, 간혹 정신지체
	선천적 매독	농,시력장애, 간혹 간질이나 뇌성마비, 정신지체
독소및 화학물질	태아 알코올 증후군	지속적 성장부진, 작은 뇌, 얼굴기형, 심장결함, 정신지체
	납중독	중추신경계 손상, 과잉행동, 신장장애
영양 및 신진대사	페닐케톤뇨증(PKU)	착색 감소, 운동조절 장애, 경련, 소두증, 정신지체
	테이-삭스병	신경계와 시력의 점진적 약화, 정신지체, 취학 전 사망
	부적절한 식이	작은 키, 종종 정신지체
임신장애	뇌수종	뇌척수액양의 증가로 인한 대두증, 시력결함, 간질, 정신지체
	대뇌기형	대뇌피질 부재 또는 미발달과 그로 인한 정신지체
	두개골기형	두개골기형과 그로 인한 정신지체
임신과 분만 합병증	심한 미성숙 또는 조산아	출산 시 낮은 체중, 중추신경계 비대장애
	지나치게 큰 아이	간혹 출생 시 중추신경계 손상
	산모영양장애	저체중, 중추신경계 장애
그로스브레인병	종양 및 결절경화	심장종양, 발작, 코와 뺨의 원형 혹, 정신지체
	헌팅턴병	진행성 치매와 뇌성마비에서 발견되는 퇴행성 신경기능
사회 · 환경적 원인		
사회심리학적 불리	직계가족 또는 빈곤환경에서의 평균 이하의 지적 기능	기능적 지체
감각결핍	모성결핍	기능적 지체 및 성장 장애
	장기 격리	

American Association on Mental Retardation, 1992.

인간유전학의 발달로 인해 750개 이상의 유전적 장애가 정신지체와 관련되어 있고, 전체 정신지체 아동의 30~50%가 유전적 장애를 갖고 있는 것으로 밝혀졌다(Opitz, 1996; Stromme & Hagberg, 2000). 미래에는 정신지체와 관련된 모든 염색체 원인으로 인한 출현율은 태아 염색체선별검사가 가능하기 때문에 바뀔 수도 있다. 부모는 감염된 태아에 대해서는 임신중절을 결정할 수도 있다.

유전/염색체증후군은 발생하는 경우가 거의 드물지만 다운증후군과 프래절X(fragile X)증후군은 비교적 일반적인 병이다. 보다 일반적인 유전적 원인을 몇 가지 살펴보도록 한다.

1) 다운증후군(DS)

다운증후군 또는 트리조미 21은 가장 일반적인 염색체 원인의 정신지체이다. 21번째 엑스트라 염색체의 전체 또는 일부분이 수태 시 한쪽 부모에 의해 전이될 때 나타난다. 미국 질병관리센터(CDC, 2006)는 다운증후군의 발병을 733명의 신생아당 1명으로 보고 있는데, 이렇게 볼 때 미국에서는 매년 5,400명의 아이가 다운증후군으로 태어난다. 다운증후군은 대개 출생 시 아동의 신체적 특징으로 판단하고 그 뒤 염색체검사를 통해 확인한다.

신체구조와 발달에서 그리고 인지능력 결함에서 총체적 차이를 나타내는 다운증후군은 대개 중등도의 정신지체와 연관되어 있다. 표준적 염색체 수를 가지고 있는 사람에게도 약간의 다운증후군 신체특징을 나타내기도 한다. 가장 분명한 신체적 특징으로는 작은 키와 빈약한 근육과 함께 눈 안쪽의 눈꺼풀이 접힘으로 인한 아몬드형 눈 등이 있다. 나이가 많은 부모는 다운증후군 아기를 임신할 가능성이 높다. 어머니의 나이가 많을수록 위험이 높지만, 다운증후군을 갖고 태어나는 신생아의 80%가 35세 이하의 여성에게서 태어난다.

2) 프래절X증후군(FXS)

프래절X증후군은 가장 일반적인 유전적 원인의 지적장애이면서 다운증후군 다음으로 가장 일반적인 정신지체의 원인이다. 모든 인간에게 발견되는 염색체, 즉 여성의 성 또는 X염색체가 정신지체와 그리고 간혹 그 밖의 학습장애과 관련되어 있다. 프래절X증후군의 경우, 남성은 하나의 X염색체만 지니기 때문에 남성에게 가장 흔한 퇴행 특성의 하나이다. 프래절X증후군은 미국에서 태어나는 남자 신생아 1,350명 중 1명 정도, 여자 신생아 2,033명 중 1명 정도로 발생한다(Love & Webb, 1986). 프래절X증후군을 가진 대부분의 남자는 정신지체를 가지고 있는 반면, 프래절X증후군을 가진 여성은 약 1/3만이 정신지체를 가지고 있다(Caron, 1994).

프래절X증후군 돌연변이를 가진 24명의 남자 아동을 대상으로 한 연구에서 이들의 평균 IQ가 49.8(25~90까지)로 나왔다. 4명(또는 17%)의 IQ가 70 이상이었다. 일부 남자 아동 중에는 다른 장애를 갖고 있었는데, 그 다른 장애들로는 주의력결핍 과잉행동 장애(ADHD), 전반적 발달장애(자폐증 포함), 발작 및 정신장애가 있었다. 프래절X증후군은 일반 인구에 비해 높은 비율로 중복장애를 갖고 있었다. 프래절X증후군과 자폐증을 모두 가진 어린이의 심각한 인지적 지체는 프래절X증후군만 가진 어린이에 비해 대부분 청소년과 청년기로 계속 이어진다(Lewis et al., 2006). 한 연구에 의하면 특히 남자의 경우 IQ가 정상범위 내에 포함된 사람도 프래절X증후군의 경우에는 표현 및 수용언어 모두에서 현저히 지체되는 것으로 밝혀졌다(Caron, 1994).

3) 클라인펠터증후군

클라인펠터증후군은 비교적 흔한 반성유전증후군으로 XXY를 초래하는 남성의 엑스트라 X염색체에 의해 발생한다. 이 증후군은 미국에서 500명에서 1,000명의 신생아 중 1명꼴로 발생한다. 대부분의 경우 신체, 신경 및 행동문제에서 가벼운 특징을 나타낸다. 따라서 클라인펠터증후군은 대개 중등도 및 중도 정신지체와는 연관이 없다. 그러나 클라인펠터증후군은 현저한 언어학습 손상과 실행 기능장애 문제와 연관되어 있다. 클라인펠터증후군의 소규모 집단의 청소년 및 성인에 대한 한 연구결과, 경도의 부적응 행동과 학습장애가 있는 것으로 밝혀졌다(Geschwind & Dykens, 2004).

4. 관련 신경계 장애

정신지체 인구 중 정도가 중도와 최중도인 경우, 신경계 장애 발생빈도가 높다. 뇌성마비 또는 간질도 정신지체가 없는 사람에 비해 정신지체가 있는 사람에게서 높은 비율로 발견된다. 특히 중도 및 최중도 정신지체의 경우 명확하게 나타난다. 뇌성마비(CP) 중 약 반은 IQ가 70 이하다. 이 두 장애는 동시에 발생할 가능성이 있다는 것과 신경근의 방해가 있을 때는 표준절차로는 검사가 어렵다는 것을 의미한다. 그럼에도 불구하고 뇌성마비 중 많은 사람들은 정신지체도 가지고 있다고 할 수 있다.

간질은 전체 인구의 1% 이하가 가지고 있지만 지능이 내려갈수록 그 비율은 증가한다. 최중도 정신지체의 최대 6.5%가 발작을 나타낸다. 관련 신경계 장애는 정신지체인이 학습과제를 수행하는 것을 더욱 어렵게 만든다. 정신지체와 신경계 장애가 동시에 발생한다는 것은 더 심각한 지체를 유발하는 요인을 기질적으로 갖고 있다는 것을 의미한다.

5. 인지기능

정신지체를 가진 사람의 인지능력에 대한 책들이 많이 나오고 있지만 연구자들은 이들의 인지 및 학습 과정을 완전히 이해하지는 못하고 있다(Cegelka & Prehm, 1982). 첫째, 인지처리 과정의 복잡한 특성은 매우 제한된 인지능력의 측면들만을 목표로 하는 연구를 필요로 하기 때문에 정신지체나 정신지체가 아닌 인구의 인지기능 처리 과정에 대한 명확한 연구는 찾아보기 어렵다. 둘째, 많은 연구에서 정신지체를 가진 연구 대상자의 인지기능 수준에 대해 명확히 정의하지 못함으로써 공통된 결론을 도출하기 어렵다. 끝으로 제한된 실험환경에서 실시한 연구를 모든 개인의 일상 환경에 적용하기는 어렵다.

일반적으로 정신지체는 정신지체가 아닌 사람과 비슷한 발달순서로 인지기술을 개발한다. 그러나 근본적인 처리 과정에서 차이가 나는 경우가 있다. 이 유사함과 차이의 일부는 학습 과정이나 기억에서 확인할 수 있다. 학습은 학습할 행동의 시연으로 인한 행동변화이다. 정보처리와 학습에 중요한 의미를 가지는 인지능력에는 주의, 식별, 조직, 기억 및 전이 등이 있다. 그림 6.2는 이 처리 과정을 체계적으로 보여 주고 있다.

1) 주의

주의는 학습 상황에 대한 인식과 활동적인 인지처리를 포함한다. 그림 6.2에서 설명하고 있듯이 사람들은 모든 자극에 주목하지는 않는다. 모든 자극에 주목한다면 그들의 뇌는 금방 과부하가 걸릴 것이다.

그동안 주의에 대한 연구는 정신지체인의 적응 및 반응시간에 대해 연구해 왔다. 적응은 지속적으로 관심을 유지할 수 있는 능력이다. 일반적으로 경도 정신지체인은 정신연령이 같은 또래와 비교하여 주의력 유지 및 지향능력이 같거나 약간 높은 것을 보여준다.

반응시간은 개인이 어떤 자극에 반응하는 데 필요한 시간 양을 말한다. 그림 6.2에서 피실험자는 자극 E에 대해 바로 반응하고 있다. 경도 정신지체는 정신연령이 같은 또래와 비슷하게 반응한다. 부분적으로 반응시간은 반응하기 전에 과제의 관련 차원들을 선택하는 개인의 능력이다. 정신지체는 자극을 스캔하고 선택적으로 주목할 수 있는 능력에 결함이 있는 것으로 보인다.

일반적으로 정신지체도 정신연령이 같은 또래와 마찬가지로 주목할 수 있는 것 같다. 그러나 이들은 관련 정보를 어떤 분야에서 선택해 내는 능력이 떨어질 수 있다. 따라서

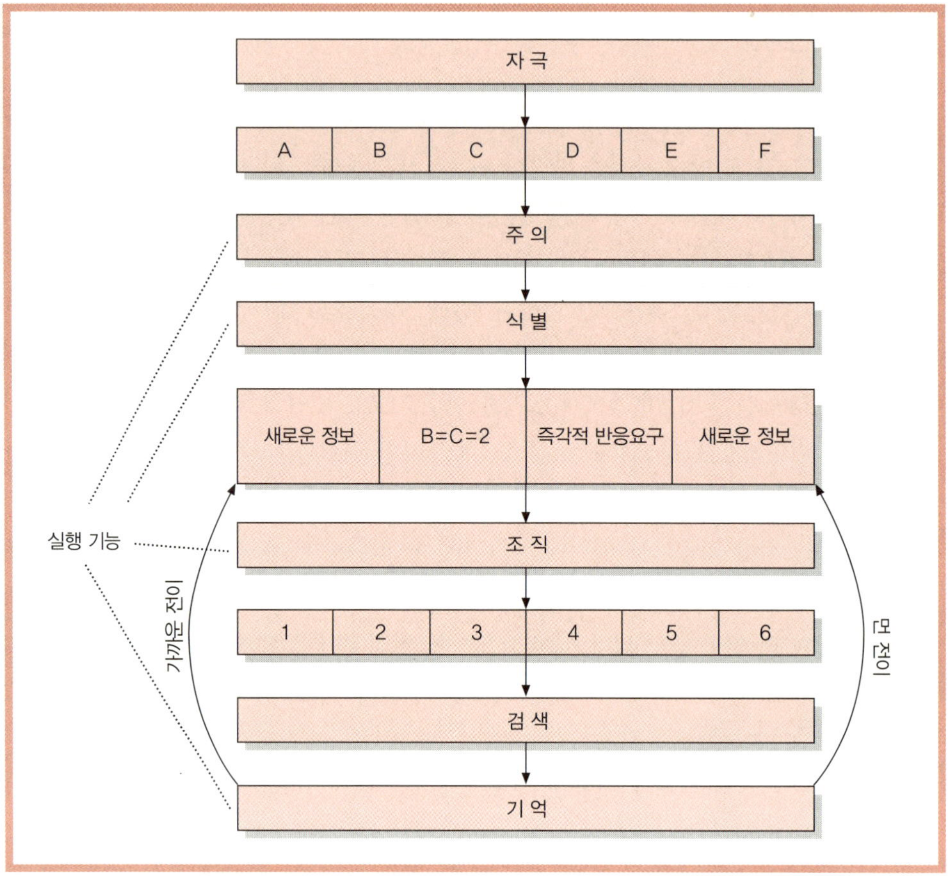

그림 6.2 정보처리 모형

과제의 새로운 또는 관련이 있는 특징들을 강조하여 그들의 관심을 끌 필요가 있다 (Meador, 1984).

2) 식별

식별은 타원형에서 원형 찾기와 같이 비슷한 자극물들에서 다른 자극을 확인하는 능력이다. 좀 더 복잡한 과제로 피실험자에게 비슷비슷한 컬러, 형상 및 크기들로 된 샘플을 보여 주고 거기서 작고 노란 원만 찾도록 할 수 있다. 그림 6.2에서 자극 B와 C는 비슷하다. 반면 자극 A와 F는 새로운 정보이다.

일반적으로 정신지체는 관련 자극 차원들을 확인하고 계속 주목하는 데 어려움을 나타낸다. 경도 및 중등도 정신지체는 정신지체가 아닌 사람에 비해 어떤 과제의 차원들에 주목하는 횟수가 적은데, 이 차원들은 반드시 두드러지거나 중요한 차원들은 아니다. 이 결함은 새로운 정보와 전이의 학습을 통해 저장한 정보를 비교하는 개인의 능력을 떨어뜨려 학습을 더 어렵게 한다. 더 나아가 정신지체는 과제의 차원들을 이해하는 데 더 오랜 시간과 더 많은 시간이 필요하다. 그러나 일단 과제를 이해하거나 학습하면 정신지체는 정신연령이 같은 또래와 마찬가지로 수행할 수 있다.

일반적으로 높은 기능능력을 가진 정신지체인은 낮은 기능능력을 가진 자들보다 신속하게 식별과제들을 학습할 수 있다(Ellis et al., 1982). 그러나 중도와 최중도 정신지체 간에는 상당한 개인차가 있는데, 어떤 피실험자는 경도 정신지체와 마찬가지로 과제를 배운다(Nugent & Mosley, 1987).

3) 입력자료의 조직

들어오는 감각정보를 조직하는 일은 나중에 검색을 할 때 매우 중요하다. 이 조직은 어떤 사물의 이름을 기억하려고 할 때 나타난다. 종종 관련된 사물들의 이름도 떠오르기도 한다. 따라서 어떤 개인은 세탁기를 건조기나 냉장고라고 이름 붙일 수는 있지만, 숟가락이나 창문으로는 붙일 수 없다. 그림 6.2에서 보듯이 정보는 용이하게 검색하기 위해 범주별로 조직되거나 나누어진다. 자극 B와 C는 저장소 2에 저장된다.

정신지체가 아닌 사람과 경도 정신지체인은 정보군집화에서 비슷한 발달 경향을 보이지만, 정신지체인은 새로 학습한 자료를 위한 범주 나누기 발달에 어려움을 나타낸다. 관련 정보들을 기억하는 것이 더 어렵기 때문에 조직의 결함은 나중에 기억해 내는 것을 방해해 기억용량이 금방 과부하가 걸리게 된다. 모든 독자는 서로 관련이 없는 10개의 단어를 기억해 내는 것보다 10개 단어로 된 문장을 기억해 내는 것이 더 쉽다는 것을 인정한다. 저장용량이 고정되어 있다면 보다 능률적인 처리를 위해서는 더 좋은 조직력이 필요하고 그 결과 새로운 입력을 위한 더 많은 공간을 확보할 수 있을 것이다.

경도 및 중등도 정신지체인은 중재 또는 연상학습 전략에 의존하거나 그 전략들을 정신지체가 아닌 사람에 비해 효율적으로 사용하지는 못하는 것 같다. 중재전략에서는 어떤 단어 또는 기호가 두 입력 간에 연결을 형성한다. 예를 들면 어떤 개인의 이름은 과거의 경험을 느낌, 생활양식 또는 견해와 관련지어 연관시킬 수 있다. 연상전략에서는 하나의 단어 또는 기호는 또 하나의 단어나 기호 연상을 돕는다. 일반적인 예로 소금과 ______, 검다와 ______ 등을 들 수 있다. 경도 정신지체인은 두 기호가 연상하기 쉽고 추상적이 아니라면 연상전략을 사용할 수 있다.

두 처리 과정, 즉 동시적 연합과 순차적(또는 연속적) 연합은 입력을 부호화하고 행동을 계획하는 데 사용된다. 뇌의 후두체벽부에서 발생하는 **동시적 연합**에서는 분리된 별도 요소들이 그 그룹의 모든 요소들을 동시에 검색할 수 있도록 그룹으로 조직된다. 예를 들면 개의 여러 종류는 개의 범주로 부호화된다. 문장 부호화에서는 개별 구문 및 음운 단위들보다는 전체 의미로 처리된다. **순차적** 또는 **연속적 부호화**는 언어형식과 관련되어 있고 뇌의 전측두부에서 발생한다. 언어정보는 직선형으로 부호화된다. 분명히 이 부호화 과정들은 감각입력, 기억 및 그 밖의 지적 처리 과정의 영향을 받는다.

정신지체가 아닌 사람과 경도 정신지체인은 부호화 처리 과정을 다르게 사용하지만 동시적 및 연속적 부호화를 모두 나타낸다. 예를 들면 다운증후군은 뇌 손상이 있는 사람이나 정신지체인과 그 밖의 정신연령에 맞는 사람에 비해 연속처리 과제 수행능력이 떨어진다. 이 결함은 다운증후군의 청각기억과 표현언어 문제의 주요 원인이 될 수 있고, 뇌의 처리 부분들이 구조적으로 차이가 있다는 것을 의미할 수 있다(Ellis, Deacon, & Wooldridge, 1985; Lincoln, Courchesne, Kilman, & Galambos, 1985).

일반적으로 정신지체인은 조직화에서의 어려움을 어느 정도 보이며, 따라서 입력을 사전에 조직화해 두면 도움이 된다. 조직화의 결함은 학습에 반드시 필요한 재생화와 일반화를 방해할 수 있다.

4) 기억

이전에 학습한 필요한 정보를 검색하는 능력은 재생 또는 **기억**에 필요하다. 경도 및 중등도 정신지체인은 전반적인 재생능력은 상대적으로 느리지만 정신지체가 아닌 사람과 마찬가지로 정보를 장기적으로 기억할 수 있는 것 같다(Merrill, 1985). 그러나 조직 결함은 경도 정신지체인의 경우, 기계적 기억에 지나치게 의존하는 결과를 낳는다. 반면 최중도 정신지체를 가진 개인은 학습한 행동을 단기간에 상당 부분 잊어버리는 경향을 보인다.

식별에 사용되는 단기기억 결함은 정신지체에서 더 명확히 나타난다. 정신지체인은 앞서 언급한 것처럼 연상전략의 부족으로 인해 단기저장에서 어려움이 있을 수 있다(Gutowski & Chechile, 1987). 단기기억은 정신지체에서 발견되는 것으로 빠른 속도의 망각, 특히 10초 내에 학습한 것을 잊어버리는 것이 특징이다. 암호화하는 시간이 길어졌다고 해서 망각속도가 정상적으로 되는 것은 아니다. 이는 암호화하는 것과 저장 모두 결함이 있다는 의미다(Ellis et al., 1985).

정보는 시연이나 반복을 통해 유지되거나 장기기억으로 이동한다. 정신지체인은 시간을 더 많이 주어도 정보를 자발적으로는 시연하지 않는 것으로 보고되어 왔다(Reid, 1980; Turner & Bray, 1985).

정보형식과 자극모드는 기억에 크게 영향을 미친다. 예를 들면 정신지체가 없는 아동이나 성인 그리고 정신지체 성인의 경우 IQ가 30 정도 낮은 개인의 경우에도 공간위치 기억에는 거의 차이가 없는 같다(Ellis, Woodley-Zanthos, & Dulaney, 1989). 반면 정신지체 성인은 청각정보의 자유연상 과제 수행능력이 훨씬 떨어진다.

청각기억 결함은 특히 다운증후군에게서 분명하게 나타난다(Marcell & Weeks, 1988). 들었던 것이 더 이상 없을 때조차도 일시적으로 기억하는 능력인 청각작업 기억은 언어자극의 즉각적 회상과 관련된 소극적 유지전략으로서 대화에서 발견되는 빠른 속도의 경우에 가장 효율적인 것 같다. 그러나 다운증후군의 경우 이 반향은 더 빠르게 또는 다운증후군의 늦은 처리로는 그것에 접근할 수 없는 속도로 쇠퇴할 수 있다. 일반적으로 정신지체인은 정신연령이 같은 또래에 비해 기억해 내기 능력이 떨어진다. 모든 영역이 똑같이 영향을 받는 것은 아니다. 이는 공간위치를 위한 기억력은 청각기억 과제 학습을 제고하는 데 사용할 수 있는 힘이 될 수 있다는 의미다(Nigro & Roak, 1987).

5) 전이

전이 또는 일반화는 전에 배운 자료를 비슷하지만 새로운 문제해결에 적용하는 능력이다. 경도 정신지체인에게 인지처리 전략을 가르칠 수는 있지만, 이 전략을 일반화하려는 시도는 그다지 성공적이지 못했다. 중도 이상의 정신지체인의 학습은 상대적으로 보다 열등한 전이를 특징으로 한다(Ellis et al., 1982; Reid, 1980). 학습은 수행능력을 높이지만 일반화는 그렇지 않다.

가까운 전이는 학습된 정보와 새로운 문제 간에 최소한의 차이만 수반하는 반면 **먼 전이**는 실질적 변화를 수반한다. 그림 6.2에서 자극 A는 가까운 전이 성격을 가진 저장된 정보와 비슷한 것으로 간주된다. 자극 F는 그보다 비슷한 정도가 떨어지고 따라서 먼 전이를 의미한다. 정신지체인은 가까운 전이와 먼 전이 모두가 어려운데, 그것은 옛 과제와 새 과제의 유사성이 아니라 어떤 개인이 그러한 유사성을 찾는 데 필요한 의식수준의 기능인 것 같다.

과제를 이해하는 것은 전이에 반드시 필요하다. 정신지체를 가진 개인은 과제의 모든 구성요소에 대해 훈련을 받아 이 구성요소들을 새로운 과제환경에 적용하면 많은 도움이 된다(Burger, Blackman, Clark & Reis, 1982). 그러나 정신지체인이 훈련을 정확히 받을 필요는 없는 것 같다. 경도 정신지체인은 정신지체가 아닌 또래들과 마찬가지로 그 과제를 관찰하는 것만으로도 전이를 높일 수 있는 지식을 얻을 수 있다(Burger, Blackman & Clark, 1981).

정신지체인의 일반화 결함은 앞에서 지적한 선택과 조직에 결함이 있고 그 뒤의 기억에 문제가 있음을 의미할 수 있다. 그러나 일반화는 클라이언트가 옛 과제와 새로운 과제 간의 유사성을 분석하는 데 도움을 받는다면 쉽게 할 수 있다.

정신지체인은 인지적으로 정신지체가 없는 자들과 비슷한 방법이지만 늦은 속도로 발달하는 것 같다. 결국 성인의 정신발달은 개인적으로 측정할 때 일반 성인의 경우에 비해 정신지체 성인의 경우 속도는 늦지만 중년까지 지속된다(Berry, Groeneweg, Gibson & Brown, 1984). 그러나 어느 정도 인지처리의 차이는 있다. 특히 조직과 기억에서 그렇다. 이 차이만으로는 정신지체를 설명할 수 없고 그 원인, 그 결과 또는 수반문제와 함께 설명될 수 있다는 것을 기억하는 게 중요하다(Leonard, 1987).

경도 정신지체인의 경우 IQ나 인지처리 과정만이 특별히 강력한 생활적응의 예언자인 것은 아니다. 많은 정신지체인들이 매일 종합적 문제해결 능력을 드러낸다. 예를 들면 이들은 일일 스케줄, 개인위생, 영양 및 고용과 관련하여 매일 결정을 내린다. 독립적인 정신지체인들은 매일 또는 조기중재 서비스를 받는 정신지체인들보다 유능한 문제해결자이다. 왜냐하면 문제를 다루는 메커니즘의 내적 모델을 이미 개발해 놓고 있기 때문이다(Levine & Langness, 1985).

6. 언어 및 의사소통 기술

정신지체인의 언어행동은 가장 문제가 많은 적응행동 분야의 하나로 이들의 가장 중요한 특징일 수 있다. 예를 들면 프래절X증후군 남자 아동(12~36개월)의 장기적 발달에 관한 한 연구에서 운동기술은 가장 적게 지체되는 것으로 나타난 반면, 의사소통 기술은 가장 많이 지체된 것으로 나타났다(Roberts, Hatton & Bailey, 2001). 결국 언어행동은 일반 사회에서 독립적으로 기능할 수 있는 개인의 능력을 결정한다. 정신연령에 맞는 전형적인 발달을 하는 사람과 정신지체인은 많은 인지기능에서 비슷할 수 있지만 정신지체인은 언어를 포함하여 상징적 기능에서 어려움을 나타낸다(Kamhi, 1981). 프래절X증후군 아동은 의사소통 발달, 말 그리고 모든 언어영역에서 보통에서 중상 정도의 지체가 있지만, 프래절X증후군과 자폐범주성장애 둘 다를 가진 아동은 중상 이상의 언어손상을 나타내는 경향이 있다(Philofsky, Hepburn, Hayes, Hagerman & Rogers, 2004; Roberts, Mirrett & Burchinal, 2001).

인간의 인지와 언어 간의 정확한 관계는 알려져 있지 않다. 그 관계는 일정하지 않을 수도 있다. 인지는 일부 발달 단계에서 언어에 영향을 미칠 수 있고, 언어는 그 밖의 단계에서 인지에 영향을 미칠 수 있다(Miller, Chapman, & MacKenzie, 1981). 정신지체인들의 경우 여러 가지 패턴이 나타나는데 연령, 지체 정도 및 과제에 따라 다를 수 있다. 가장 빈번하게 나타나는 패턴은 다음과 같다(Miller et al., 1981).

1. 이해력과 인지는 같은 수준에 있지만 표현은 인지수준보다 낮다.
2. 이해력과 표현 둘 다 인지수준보다 낮다.
3. 이해력과 표현 둘 다 인지수준에 있다.

자폐범주성장애가 있으면서 프래절X증후군을 가진 남자 아동과 자폐범주성장애가 없으면서 프래절X증후군을 가진 남자 아동은 언어 이해력에서 다르지 않지만, 두 집단 모두 전형적 발달을 보이는 남자 아동에 비해 수행능력이 상대적으로 낮다. 다운증후군 남자 아동은 프래절X증후군 남자 아동보다 언어 이해력이 더 낮다(Price, Roberts, Vandergrift & Martin, 2007).

정신지체인의 반 정도가 세 번째 패턴을 나타낼 수 있다. 그러나 인지와 언어 간의 관계는 어떤 개인의 경우에도 시간이 흐르면서 변할 수 있다는 것을 기억할 필요가 있다(Cole, Dale, & Mills, 1992).

정신지체인의 언어발달에 대한 연구는 많은 한계를 가지고 있다(Kamhi & Masterson, 1989). 첫째, 정신지체는 다 다르고 따라서 일반화가 어렵다. 둘째, 결과는 평가도구에 따라 다를 수 있다. 셋째, 피실험자를 정신연령 또는 언어연령으로 맞추려는 시도는 인지와 언어 간의 관계에 대한 지식이 부족할 때는 부적절할 수 있다.

정신지체인의 주요 언어특징을 표 6.3에서 설명하고 있다. 이 표는 집단자료를 요약해서 만들었다. 개인과 특정한 하위 집단, 특히 중도 이상의 손상을 가진 사람들은 다른 행동을 나타낼 수도 있다. 최중도 정신지체를 가진 일부 사람은 단일 상징 이상의 표현언어는 사용하지 못한다.

표 6.3 정신지체 아동의 언어 특성

화용론	제스처와 의도적 발달 양상이 정상적인 발달을 보이는 아동과 비슷하다. 몸짓요구가 늦다. 대화를 할 때 주도적 역할에서 밀려날 수 있다. 연령에 맞는 전형적 발달을 보이는 아동과 명료화 기술에 차이가 없다.
의미론	단어 의미가 보다 구체적이다. 어휘력 발달이 늦다. 다양한 의미단위 사용에서 상대적으로 높은 한계를 보인다. 다운증후군 아동은 정신연령에 맞는 전형적인 발달을 보이는 또래와 마찬가지로 상황적 · 문맥적으로 부합될 때 단어 의미를 배울 수 있다.
구문론/형태론	길이-복잡성의 관계가 전형적 발달을 보이는 취학 전 아동의 길이-복잡성 관계와 비슷하다. 전형적인 발달을 보이는 아동들과 같은 순서로 문장발달을 보인다. 정신연령에 맞는 전형적인 발달을 보이는 또래에 비해 주어 서술이나 관계절이 적은 상대적으로 짧고 복잡하지 않은 문장을 사용한다. 단어 관계보다 문장 단어 순서가 선행한다. 더 고급스런 형태들을 쓸 수 있음에도 불구하고 성숙도가 떨어지는 형태들에 의존한다. 전형적 발달을 보이는 취학 전 아동들과 똑같은 형태소 전개 순서를 밟는다.
음운론	음운규칙이 전형적인 발달을 보이는 취학 전 아동들과 비슷하지만 더 고급 형태들을 쓸 수 있음에도 불구하고 성숙도가 떨어지는 형태들에 의존한다.
이해력	특히 다운증후군 아동들이 정신연령에 맞는 전형적 발달을 보여 주는 또래에 비해 수용언어 기술이 떨어진다. 정신연령에 맞는 전형적 발달을 보이는 아동에 비해 문장기억이 떨어진다. 의미를 추론할 때 문맥에 더 의존한다.

이 표는 Abbeduto, Davies, Solesby & Furman (1991), Abbeduto, Short-Meyerson, Benson & Dolish (1997), Bender& Carlson (1982), Shriberg & Widder(1990)에 기초하여 만들었다.

1) 언어의 구성요소

언어의 구성요소로는 일반적으로 5개의 구성요소, 즉 화용론, 의미론, 구문론, 형태론, 음운론이 있다. 정신지체인의 언어연구에서는 이 5개 구성요소를 모두 대상으로 해 왔다.

(1) 화용론

화용론적 기능은 제스처가 발달하면서 처음 나타나게 된다. 이 때 아동들은 원하는 것을 관심 표시, 관심 끌기, 요구하기와 같이 초보적인 의도를 표현하기 시작한다. 전형적 발달을 보이는 아동과 다운증후군을 동반한 경도와 중등도 정신지체 아동은 모두 같은 인지발달 수준의 제스처를 나타낸다(Greenwald & Leonar, 1979). 두 아동 집단 모두 제스처로 도움을 청하거나 원하는 물건를 얻고자 하고 선언적 제스처로 관심을 끈다.

제스처는 대상이나 사람을 만지는 것과 같은 접촉하기와 가리키기 같은 말초기관 사용하기로 분류할 수도 있다. 보다 성숙한 말초기관 사용 제스처는 정신지체 아동과 정상적인 발달을 보이는 아동 모두 넓은 범위와 높은 빈도의 의사소통 기능과 연관되어 있다(McLean, Brady, McLean, & Behrens, 1999).

중도 정신지체 아동의 경우 제스처는 상대적으로 경도 정신지체 아동의 경우보다 인지발달 과정에서 늦게 나타난다(Lobato, Barrear, & Feldman, 1981). 최중도 정신지체인의 제스처는 주로 타인의 행동을 규제하기 위해 기능하여 간혹 고립된 상태에서 거의 발성 없이 함께 이루어진다(Ogletree, Wetherby, & Westling, 1992). 다운증후군 아동들의 경우 단어 이해력과 제스처 표출은 밀접하게 연관되어 있는 것 같은데, 이는 강한 제스처 목록이 이해력에 영향을 미친다는 것을 의미한다(Caselli et al., 1998).

일반적으로 전형적 발달을 보이는 아동의 언어와 정신지체 아동의 언어는 초기에 나타나는 이 기능들을 제스처로 수행한다. 대부분의 기능은 언어발달 수준을 놓고 볼 때 두 아동 집단이 비슷하다(Owens & MacDonald, 1982). 두 아동 집단 모두 자연스럽게 답하고 질문하고, 다른 사람의 언급에 반응하고, 자연스럽게 선언과 요구를 하고, 단체 이름을 짓고, 자연스럽게 언어를 모방 및 연습할 수 있다. 타인 모방과 자기반복은 다운증후군 아동의 경우 다르게 발달될 수 있다(Owens & MacDonald, 1982; Sokolov, 1992). 일반적으로 모방은 전형적 발달을 보이는 아동의 경우 구문론을 배우기 시작하면서 줄어든다. 감소속도는 다운증후군 아동의 경우 현저히 떨어진다. 이 차이는 정신지체 아동이 계속해서 시대에 뒤떨어진 학습전략에 의존하고 있다는 것을 의미할 수 있다. 전형적 발달을 보이는 아동은 비능률적인 전략은 미련 없이 버린다.

단일단어 또는 초기 복합단어 단계에서 전형적 발달을 보이는 아동은 전제기술을 나타내기 시작한다. 이들은 의사소통 상대자가 어떤 상황에서 많은 정보 또는 옛 정보에 대해 알고 있다고 전제하고, 변화가 있거나 새로운 정보를 제공하는 어떤 상황의 국면들에 대해서만 명명한다. 예를 들면 유아가 매일 아침 높은 의자 위에 놓인 컵은 이름을 부르지 않을 수도 있지만, 최근에 할머니에게서 받은 새 컵은 컵이라는 단어로 명명할 수 있다. 경도 정신지체 유아도 이러한 행동을 나타낸다.

여기 혹은 저기와 같은 용어를 해석할 때 의사소통 상대자의 관점을 가정하고 상대자의 지식이나 감정상태를 평가할 수 있는 능력과 같이 일상의 의사소통에서 사용하는 여러 가지 관점 바꾸기 행동을 위해서는 전제기술이 필요하다. 한 연구에서 인지능력이 비슷한 경도 및 중등도 정신지체 아동과 전형적인 발달을 보이는 2학년 아동들은 비슷한 관점을 가진 행동을 보였다(Bender & Carlson, 1982).

보고에 따르면 정신지체인은 역할 바꾸기와 참조적 의사소통이 지체되지만 사회성숙도에서는 차이가 없었다(Blacher, 1982). **참조적 의사소통**이란 '흰옷을 입은 소녀'와 '큰 개'와 같이 다른 것으로부터 그것을 구별함으로써 참조되는 목표를 말한다. 정신지체 아동들은 전형적인 발달을 보이는 정신연령이 같은 또래보다 청자를 위한 참조 대상을 구별하는 능력이 떨어진다(Brownell & Whitely, 1992). 그러나 이 참조기술은 가르칠 수 있다.

정신지체인은 문맥 내에서 적절한 참조 대상 또는 토론 주제를 고르는 데 있어서 정신연령에 맞는 전형적 발달을 보여 주는 또래만큼 능숙한 것 같지만, 그 문맥이 불분명할 때에는 정보 명료화를 요구하는 기술이 떨어진다(Abbeduto, Davies, Solesby, & Furman, 1991). 이러한 결론은 정신지체인이 명료화를 요구하는 능력(Abbeduto & Rosenberg, 1980)과 그 문맥과 언어적 기억을 참조 대상 확인에 사용하는 능력이 있다는 점을 감안할 때 다소 의외라고 할 수 있다(Abbeduto & Rosenberg, 1980; Abbeduto, Short-Meyerson, Benson, Dolish, & Weissman, 1998). 대화의 요건이 이와 같기 때문에 아마 정신지체인은 필요할 때 이러한 기술들을 통합할 수 없을 것이다. 그러한 명료화를 도모하지 못하는 무능함은 다운증후군 아동이 언어 외적 문맥의 도움 없이는 문장을 이해하는 데 어려움이 있다는 보고를 감안할 때 치명적일 수 있다(Kernan, 1990).

대화 문맥의 요건은 정신지체 성인의 말에서 발견되는 구어 반복의 양을 의미할 수도 있다(Rein & Kernan, 1989). **구어 반복증**은 부적절한데도 또는 그 전에 대화에서 다루었는데도 어떤 주제에 대해 지나치게 말이 많은 것을 말한다. 그러한 행동은 정신지체인이 보다 적절한 반응을 생산해 낼 수 있을 때까지 상호작용을 유지하거나 '시간을 벌기' 위해 사용할 수도 있다. 예를 들면 프래절X증후군 남자는 다운증후군 남자보다 집요하게 반복하며 부적절하고 주제를 벗어난 말을 더 많이 산출해 내는 것을 보였다. Sudhalter, Cohen, Silverman & Wolf-Schein, 1990; Wolf-Schein et al., 1987).

프래절X증후군 남자 아동과 다운증후군 남자 아동 모두 전형적 발달을 보이는 남자 아동들보다 주제를 벗어난 반응을 하는 경우가 많지만, 프래절X증후군 남자 아동들은 다른 형태의 정신지체 또는 자폐범주성장애를 가진 아동들보다 주제를 벗어난 논평을 더 많이 하는 것으로 나타났다(Sudhalter & Belser, 2001). 프래절X증후군 남자 아동들은 비록 차이가 성에만 기초하는게 아니고 의사소통 문맥에 의해서도 영향을 받지만, 프래절X

증후군 여자 아동들보다 지나치게 반복적인 말을 많이 한다(Murphy & Abbeduto, 2007).

위의 기술들은 모두 대화 문맥에서 상호 연관되어 있다. 대화에서는 역할과 주제는 변하고, 따라서 각 의사소통 상대자는 그의 의사소통 상대자가 얼마나 많은 정보를 필요로 하는지를 평가하려고 애써야 한다. 일반적으로 정신지체인은 정신연령에 맞는 전형적 발달을 보이는 또래들과 비교하여 대화에서 비언어적 감정을 판단하는 능력이 떨어지고 따라서 적절히 대답할 수 있는 능력이 떨어진다(Marcell & Jett, 1985).

정신지체인은 대화에서도 주도적인 역할을 하지 못하는 것으로 보인다. 정신지체 아동은 대인관계 거리를 상대적으로 보다 크게 유지할 가능성이 높은데, 이는 이들 아동이 개인 통제가 거의 없다는 인식을 갖고 있다는 것을 의미할 수 있다. 마찬가지로 정신지체 성인은 의사소통 기술을 갖고 있지만, 의사소통 상대자가 아이일 때조차도 대화를 주도하는 일이 거의 없다. 이러한 보조적 대화 행동은 공공시설에 수용된 사람에게서 더 두드러진다.

(2) 의미론

모든 청각적 사건은 그 사건을 위한 단어와 같이 감각 또는 부호 인상과 추상적 또는 상징적 표현을 가지고 있다. 그 부호는 의미가 있지만 자동차 경적소리와 같이 비언어적이다. 반면에 추상적 표현 또는 단어는 특성상 언어적이다. 정신지체 아동들과 정신연령에 맞는 전형적 발달을 보이는 취학 전 아동들은 신호정보에 대해 비슷한 재생능력을 갖고 있지만, 정신지체 아동들은 상징적 표현에 대한 인지와 재생능력이 현저히 떨어진다(Lamberts, 1981). 단어기억 장치와 의미에 대한 연결고리에 결함이 있을 수 있다.

정신지체인은 전반적으로 의미론적 기술이 상대적으로 떨어진다. 이해력 결함은 정신연령에 맞는 전형적 발달을 보이는 또래에 비해 의미 있는 차이를 보이는 수용언어로 입증된다. 그러나 정신지체의 유형과 심각도 그리고 언어과제 또는 환경에 따라 개인차가 있을 수 있다(Abbeduto, Furman & Davies, 1989). 대화 중에 프래절X증후군 남자 아동들은 비언어성 정신연령에 부합되는 전형적 발달을 보이는 남자 아동들과 비교하면, 상이한 단어를 만들어 내는 경우는 현저히 적다(Roberts, Hennon et al., 2007).

정신지체인들의 단어 의미는 정신지체가 아닌 사람들보다 구체적인 것 같다. 예를 들면, 춥다라는 단어는 온도와는 연관시켜 정의할 수 있지만, 차가운 사람에서처럼 심리적 측면과 연관시켜 정의하기란 어렵다. 그러나 스텐퍼드-비네 지능검사에 의해 측정된 것처럼 정의의 질에서는 차이가 없는 것 같다(Papania, 1954).

단어 의미는 두 단계로 된 어떤 과정을 통해 학습되는데, 그 두 단계에는 (1) 문맥으로부터 신속하고 일반적인 의미 판단(빠른 매핑이라고 하는 과정)과 (2) 사용을 통한 느린 의미의 진화가 포함된다. 다운증후군 아동은 새 단어의 의미를 추론하는 데 있어서 정신연령에 맞는 전형적인 발달을 보이는 또래만큼의 기술을 가지고 있다. 또한 다운증후군 아동들은 그 뒤 단어를 정확히 만들어 내는 데 있어서도 똑같은 기술을 가지고 있다(Chapman, Kay-Raining Bird, & Schwartz, 1990).

추측하듯이, 비유 및 관용적 언어에 특히 어려움을 나타낸다. 문맥은 다운증후군 아동의 이해력을 돕는 데 특히 중요하다(Ezell & Coldstein, 1991).

(3) 구문론

일반적으로 구문론 발달의 전반적인 순서는 경도 정신지체 아동과 전형적 발달을 보이는 아동이 비슷하다. 그러나 발달속도는 정신지체 아동이 상대적으로 느리다. 문장길이와 복잡성 둘 다 성장하면서 길어지고 복잡해진다. 게다가 두 집단 모두 똑같은 문장형식들이 나타나며 똑같은 순서로 사용된다. 간단한 선언적 문장에서 부정적 문장까지, 그 뒤 의문문에서 부정적 의문문까지 일반적인 경향을 보인다. 의문사 발달순서도 비슷한데, 무엇과 어디 형식들이 처음에 나타나고 언제, 왜, 어떻게가 나중에 나타난다.

그러나 비슷한 정신연령 수준에서도 정신지체인은 전형적인 발달을 보이는 또래에 비해 짧고 덜 복잡한 문장을 사용하는 것으로 나타난다(McLeavey, Toomy, & Dempsey, 1982; Roberts, Hennon et al., 2007). 이러한 특징들은 이 장 끝부분에서 설명하고 있다. 경도 정신지체인은 주어서술, 관계사절과 같이 복잡한 구조는 거의 사용하지 않는다. 프래절X증후군 남자 아동은 전형적 발달을 보이는 남자 아동에 비해 덜 복잡한 명사구, 동사구 및 문장 구조를 사용하지만, 의문문과 부정문을 사용하는 빈도는 비슷하다. 이 말은 프래절X증후군 남자 아동의 언어적 어려움은 특정한 구문 또는 어휘 지체가 아니라, 표현언어 발달에서 전체적으로 손상이 있다는 것을 의미한다(Roberts, Hennon et al., 2007).

이러한 결함이 있다는 것은 언어규칙 일반화 능력이 떨어진다는 것을 의미한다. 언어규칙 일반화 능력이 떨어진다는 것은 정신지체인은 문법규칙보다 순서 배치에 더 의존하지만 언어규칙을 배울 수 없다는 뜻은 아니다. 다시 말해서 문장 단어순서가 다른 단어 수준들 간의 관계에 우선한다. 그 결과 여전히 규칙에 근거하여 언어에 접근하며 그로 인해 언어 구조의 유연성이 떨어진다(McLeavey et al., 1982). 중도 정신지체인도 언어규칙 사용이 가능하다. 이 연구결과들은 하나 같이 정신지체인은 언어규칙을 배우고 사용하지만 전형적인 발달을 보이는 또래에 비해 초기의 단어순서 규칙에 더 의존한다는 것을 보여 주고 있다. 고급 구문 형태들은 학습할 수는 있으나 사용빈도가 낮다.

초기 문장 발달에서 문장의 복잡성을 측정할 수 있는 한 가지 방법은 **평균 발화길이**(MLU)를 측정하는 것이다. 다운증후군 아동과 전형적 발달을 보여 주는 아동 모두 평균 발화길이는 생활연령과 밀접하게 연관되어 있으면서 문장발달의 복잡성과 다양성을 예측할 수 있는 수단이다(Rondal, Ghiotto, Bredart, & Bachelet, 1988). 평균 발화길이는 복잡성을 측정할 수 있는 좋은 측정방법이다. 두 집단 모두 평균 MLU는 3.5개 형태소이다.

끝으로 정신지체인은 정신연령에 맞는 전형적인 발달을 보여 주는 또래에 비해 재생능력이 떨어진다(Merrill & Bilsky, 1990). 문장재생은 기억을 재생하여 그 텍스트를 암호와해야 한다. 정신지체인은 단어대치 오류를 자주 하기 때문에 두 번째 단계에서 수행상 문제가 있을 수 있다(Bilsky, Walker & Sakales, 1983). 문장재생 능력이 떨어진다는 것은 구문-의미 분석에 문제가 있다는 것을 의미한다(Merrill & Mar, 1987). 다운증후군 아동은 정신지체가 없는 아동의 재생양식과 비슷한 것 같긴 해도 언어 외적 문맥의 도움이 없을 때는 큰 어려움을 겪는다(Kernan, 1990). 프래절X증후군 남자는 다운증후군 남자에 비해 일반적으로 청각적 순차기억과 청각적 수용에 어려움을 가진다(Hagerman, Kemper, & Hudson, 1985). 이러한 능력이 떨어진다는 것은 높은 질의 정신적 재현이 떨어지거나 전체적이고 종합적인 의미론적 정보를 부호화하고 재생할 능력이 없다는 것을 의미한다(Merrill & Mar, 1987).

정신지체인은 문장 속 단어들의 의미 연관성을 높이면 문장기억과 문맥활용을 제고할 수 있다(Merrill & Jackson, 1992). 예를 들면 '사냥꾼이 토끼에게 총을 쏘았다' 라는 문장은 '사진사가 토끼 뒤를 쏘았다' (사진사들은 사진을 찍는다)라는 문장에 비해 단어들(사냥꾼들은 총을 쏜다) 간에 연관성이 더 높고, 따라서 재생하기가 더 쉽다. 한편 읽기 재생능력이 떨어지는 것은 이러한 중요한 텍스트 정보를 조직화에 사용하지 못하는 것과 연관되어 있을 수 있다(Luftig & Johnson, 1982).

(4) 형태론

발달에 관한 연구논문들은 정신지체 및 정신지체가 아닌 사람들 모두 똑같은 형태학적 습득 순서를 가지고 있다고 보고해 왔다. 발달 양상은 정신연령에 비해 크게 지체되는 것 같지만 정신지체의 경우 크게 다르지 않다.

다운증후군을 동반한 경도 정신지체인과 정신연령에 맞는 전형적인 발달을 보여 주는 개인 모두 복수 -*s*와 과거시제 -*ed*와 같이 동사와 명사활용형의 모든 특징을 타나낸다. 단 다운증후군은 이 특징들의 사용빈도가 떨어진다.

(5) 음운론

최중도 정신지체 유아는 전형적 발달을 보이는 유아에 비해 몸짓을 할 때 발성을 하는데, 발성 시 자음이 다소 부족한 것이 특징이다(Ogletree et al., 1992). 다운증후군과 중도 이하의 정신지체 유아는 생활연령에 맞는 전형적 발달을 보이는 유아와 비슷한 방식으로 옹알이를 한다(Steffens, Oller, Lynch, & Urbano, 1992). 시간이 지나면서 두 집단 모두 모음과 음절이 더 발달되어 형성되고 반모음과 불완전한 음절은 줄어든다.

정신지체인의 조음음운 특징은 다음과 같이 요약할 수 있다(Shriberg & Widder, 1990).

- 정신지체가 아닌 사람에 비해 조음오류가 많다.
- 자음을 빠뜨리는 오류를 가장 많이 한다.
- 오류가 일정하지 않다.
- 조음음운 형태가 정신지체가 아닌 아동이나 기능적 지체를 가진 아동들과 비슷하다.
- 다운증후군은 지각 및 청각적으로 다른 운율체계를 가지고 있다(예 : 음성 리듬과 억양).

오류 형태와 정신지체의 정도는 대부분의 보호시설에서의 생활에 익숙해진 개인과 중도의 정신지체인이 조음장애를 나타내기는 하지만 서로 관련이 없는 것 같다.

일반적으로 정신지체를 가진 취학 전 아동은 악센트가 없는 음절생략(*elephant*를 *elphnat*로)처럼 음운학습 처리 과정을 전형적 발달을 보이는 취학 전 아동과 똑같이 사용하지만 빈도는 훨씬 높다(Klink, Gerstman, Raphael, Schlanger, & Newsome, 1986; Moran, Money, & Leonard, 1984). 개인마다 차이는 있지만 정신지체인들이 가장 일반적으로 나타내는 조음오류는 초성생략(*stop*를 *top*으로)과 종성생략(*cat*를 *ca*로)이다(Bleile & Schwartz, 1984; Klink et al., 1986; Oller & Seibert, 1988; Sommers, Patterson, & Wildgren, 1988; Van Borsel, 1988). 프래절X증후군 남자 아동들은 전형적인 발달을 보여주는 취학 전 아동들과 비슷한 오류를 나타내지만, 다운증후군 아동들은 발달지체만 있을 경우에 예상할 수 있는 것보다 큰 음운차이를 나타낸다(Roberts et al., 2005).

정신지체 아동들의 음운처리 과정은 전형적인 발달을 보이는 아동들과 똑같지만, 정신지체 아동들은 생략 또는 수정한 소리를 만들어 낼 수 있을 때조차도 음운처리 과정을 사용하는 경우가 있다(Prater, 1982). 따라서 이 처리 과정은 다른 목적으로 사용이 될 가능성이 있다. 예를 들면 자음생략은 말 산출의 근육운동 조합단계에 있어서 인지처리에 한계가 있음을 의미할 수 있다(Shriberg & Widder, 1990).

구어기술은 읽기기술과 밀접하게 연관되어 있다. 음운인식—운율, 음절 나누기, 음소인식 및 확인—은 읽기의 필수조건이다. 다운증후군 아동은 전형적 발달을 보이는 아동들과 비슷한 방식으로 음운인식을 전개한다(Cupples & Iacono, 2000).

여러 연구에 의하면, 정신지체인의 언어능력은 발달 과정이 정신지체가 아닌 사람과 비슷하지만 정신연령만 놓고 볼 때 예상할 수 있는 것 이상으로 지체되는 것으로 나타났다. 이러한 언어지체는 특히 다운증후군에게서 일반적으로 나타나는데(Mahoney, Glover & Finger, 1981), 언어습득이 시작되는 직후에 나타난다. 왜냐하면 어휘발달 수준은 인지발달보다 늦게 시작되기 때문이다(Cardosa-Martins, Mervis, & Mervis, 1985).

다운증후군은 사춘기와 초기 성인기까지 계속해서 언어를 잘 발달시킨다. 일반적으로 정신연령에 맞는 전형적인 발달을 보이는 또래에 비해 단어가 거의 없고, 있다고 해도 비슷한 단어들로 된 짧은 말을 산출해 낸다(Chapman, Seung, Schwartz, & Kay-Raining Bird, 1998). 다운증후군은 정신지체와 관련된 여러 가지 상태 중 하나일 뿐이다. 그 밖의 것들은 말, 언어 및 의사소통 패턴에서 다르게 나타난다(Alvares & Dowing, 1998). 이러한 다양성은 개인의 언어능력을 철저하게 사정할 필요가 있다는 것을 의미한다.

정신연령과 언어능력에서의 차이는 정신지체의 경우 상징처리에 결함이 있음을 의미할 수 있다. 따라서 언어치료에서 이러한 결함이 나타날 때는 기본적인 처리 과정을 중심으로 목표를 설정하는 것이 좋다.

2) 환경이 언어에 미치는 영향

정신지체인은 일반적으로 두 가지 환경 형태인 가정중심 환경과 기숙제 환경에서 생활한다. 기숙제 환경은 다시 대형보호시설과 작은 집단환경 또는 지역기숙제 시설로 나눌 수 있다. 일반적으로 대형보호시설에서 생활하는 개인은 적응기술이 상대적으로 떨어지고 더 의존적이다. 그러나 이러한 문제들은 적절한 직원 연수 등으로 줄일 수 있다. 보호시설은 다른 무엇보다 일부 언어 구성요소, 특히 화용론과 의미론에 영향을 미칠 수 있다. 이 장 끝에서 설명하고 있는 사례의 성인은 대화를 먼저 주도하는 일이 거의 없다. 그녀의 언어행동은 대부분이 외부자극에 대답하는 형식이다.

(1) 부모와 아동의 상호작용

가정으로의 배치는 아동들에 있어서는 바람직하지만, 정신지체 아동이 가정환경에서 배우는 언어의 몇 가지 특징은 그 아동들의 언어손상을 설명할 수 있다. 어머니와 아동의 초기 상호작용의 중요성은 전형적 발달을 보이는 언어습득 이전 유아가 습득하는 의사소통 기술 목록에 결정적인 역할을 하는 것으로 간주되어 왔다. 이들 유아의 의사소통 기술은 어머니와 아동의 상호작용 범위 내에서 발달된다(Owens, 2008).

아동들, 특히 중도 이상의 정신지체 아동들의 의사소통 발달은 모든 형태의 의사소통 행동에 대한 성인의 반응에 의존한다. 시간에 따라 어떤 아동 집단의 수행능력을 예상하기란 어렵지만, 다운증후군을 가진 언어 전 또는 초기 언어기 아동은 최적의 부모 반응을 자주 경험하면 나중에 보다 생산적인 언어를 가질 수 있다(Yoder & Warren, 2004).

장애 유아를 출산함으로써 동반되는 스트레스는 가족관계의 역학성을 바꿀 수도 있다. 상호작용 과정은 두 사람의 상호 간 적응의 하나이기 때문에 정신지체 아동은 전형적 발달을 보여 주는 아동과 비교하여 어머니의 행동을 다르게 바꿀 수 있다. 이러한 상황은 발달에 대한 정보의 부재, 발달을 도울 수 있는 도움의 부재, 그로 인해 있을 수 있는 슬픔이나 죄책감, 알 수 없는 미래에 대한 두려움으로 인해 그 어머니와 가족을 더 힘들게 한다.

다운증후군 유아의 초기 사회적 행동발달 지체는 양육자와의 상호작용 형태에 영향을 미칠 가능성이 있다. 생후 8주 된 다운증후군 유아는 전형적 발달을 보이는 유아에 비해 의사소통 능력과 활달함이 떨어진다. 생후 8주에 다운증후군 유아의 어머니의 행동은 전형적인 발달을 보이는 유아 어머니의 행동과 다르지 않지만, 20주에는 그 어머니들의 행동은 큰 차이가 있다(Slonims & McConachie, 2006). 그리고 다운증후군 유아의 사회적 행동은 시간이 지나면서 개선되는 반면, 어머니들 간의 차이는 여전히 남아 있는 것 같다. 여전히 다운증후군 유아의 부모는 다른 형태의 정신지체 아동의 부모에 비해 유아중심의 말에서 전형적으로 나타나는 운율적 특성을 나타낸다(Fidler, 2003).

모든 어머니들은 유아의 행동에 대해 가지고 있는 기대에 따라 행동하며, 자녀를 자신들의 기대 내에 가두어 두려고 한다. 일반적으로 활동적이면서 화를 잘 안 내는 아동들은 어머니로부터 최적의 반응을 받게 된다. 다운증후군과 초기의 의료적 장애를 가진 유아는 다소 소극적인 행동을 나타낸다. 따라서 이러한 유아들의 어머니는 비장애 유아의 어머니보다 반응성이 떨어지고, 어머니의 반응성의 결여는 아이의 위축을 초래할 수 있는 것으로 예상할 수 있다. 이 분야는 더 많은 연구가 요구된다.

예측 가능한 반응을 하는 유아는 부모와의 상호작용 환경에 더 많이 참가한다. 장애 위험이 있는 유아는 예측 가능성과 반응성이 떨어진다(Affleck, Allen, McGrade, & McQueeney, 1982). 그럼에도 불구하고 연구는 정신지체 유아의 어머니는 유아의 활동을 더 제한하면서 덜 반응적이라는 결론을 지지하지 않는다. 사실 이들 어머니들은 전형적인 발달을 보이는 아동의 어머니에 비해 자녀의 행동을 더 의사소통적이라고 해석한다(Yoder & Feagans, 1988). 예를 들면 정신지체 아동의 부모는 자녀가 얼굴표정, 몸동작, 발성, 몸짓, 단어와 비슷한 말, 단어, 공식 기호와 만들어 낸 기호, 그리고 사물상징과 그림상징을 포함하여 의사소통을 위해 다양한 행동을 사용한다고 말한다(Stephenson & Dowrick, 2005). 어머니의 반응에 영향을 미치는 것은 행동 자체뿐만 아니라 아이의 행동에 대한 어머니의 의미 부여이다(Harding, 1984).

다운증후군을 가진 취학 전 아동의 어머니와 정신연령에 맞는 전형적인 발달을 보이는 아동의 어머니 모두 지시적인 말을 사용하여 아이의 놀이를 지지하고 촉진한다(Tannock, 1988). 다운증후군 어머니들은 모두 언어로 지시하는 반면, 전형적 발달을 보이는 아동의 어머니는 조용히 언어를 지켜보는 경향이 있다(Tannock, 1988). 고육 상황에서 두 어머니 집단 모두 똑같이 지시적인 것으로 나타났다(Davis, Stroud, & Green, 1988). 다운증후군 아동의 어머니와 전형적 발달을 보이는 아동의 어머니가 사용하는 지시어 형태는 다운증후군 아동의 어머니의 경우 자신의 말을 아동이 잘못 이해할지 모른다는 우려에서 간접적 요구("…할 수 있니?")와 같은 보다 발달된 형태로 바꾸기를 싫어하지만 시간이 지나면서 비슷해진다.

다운증후군 아동의 어머니는 아동에게 더 많이 말을 건다(Berger & Cunningham, 1983). 이 어머니들은 더 많은 주제를 다루고, 더 많은 말을 반복하며, 더 많은 대화를 한다(Maurer & Sherrod, 1987). 다운증후군 아동은 소극적이고 전형적인 발달을 보이는 아동만큼 자주 반응하지 않지만, 아동이 발화할 때 다운증후군 아동 어머니와 전형적 발달을 보이는 아동 어머니의 반응 정도는 똑같다. 정신지체 아동과 생활연령에 맞는 전형적 발달을 보이는 또래 어머니에 대한 연구에서 정신지체 아동의 어머니들이 상대적으로 더 일차적인 형태의 말을 사용하는 것으로 나타났다. 다운증후군 아동의 어머니는 언어입력을 아동의 언어수준에 맞게 바꾼다. 연구에 의하면, 다운증후군 어머니와 전형적 발달을 보이는 아동 어머니 간에는 언어행동 및 비언어행동 모두에서 큰 차이가 없는 것으로 나타났다(Cardosa-Martins & Mervis, 1990). 예를 들면 다운증후군 아동의 어머니는 정신연령에 맞는 전형적 발달을 보이는 아동의 어머니에 비해 지적과 대답을 더 많이 하고 부분 및 전체적 반복을 적게 하지만, 이 행동들은 자녀가 사용하는 언어와 똑같은 형태로 두 아동 집단의 연령 차이를 반영할 수 있다.

어머니의 변화는 아동의 능력 변화를 보증해 준다(Petersen & Sherrod, 1982). 정신지체 아동, 전형적 발달을 보이는 아동, 언어발달 지체 아동의 경우 아동의 어머니는 아동의 언어가 발달해갈수록 상호작용에서 언어를 더 두드러지게 사용한다. 비언어행동 요구는 줄어들고 언어적 요구 발화와 구어 피드백이 증가한다. 언어적 요구 발화는 정교화, 명칭 붙이기 및 모방요청의 질문들로 되어 있다. 부정적인 피드백과 긍정적인 피드백 모두 어머니의 식별력이 높아져 더 많이 요구함에 따라 아동의 언어능력이 증가하면서 보다 늘어나게 된다.

그럼에도 불구하고 차이는 있다. 일반적으로 정신지체 아동의 어머니는 생활연령에 맞는 전형적 발달을 보이는 아동의 어머니 이상으로 부모-아동의 상호작용을 주도한다. 이 어머니들은 다른 어머니들에 비해 더 지시적이고 일방적이다. 아동과의 상호작용을 더 자주 주도하고 더 모방적이고 아동들의 주제를 덜 다룬다(Eheart, 1982; A. Miller & Newhoff, 1978, Petersen & Sherrod, 1982). 따라서 정신지체 아동들은 어머니의 주도에 반응하는 빈도가 떨어지고 전형적 발달을 보이는 아동의 반 정도의 횟수로만 의사소통을 주도한다.

(2) 직원과 클라이언트의 상호작용

일반적으로 대형보호시설 환경 내에서는 적절한 언어적 상호작용이 부족한 것으로 보인다. 보호시설의 직원의 의사소통은 많은 부분은 지시하기와 연관되어 있다. 그러한 행동은 언어적 상호작용을 많이 유도하지 못한다. 클라이언트는 직원의 가장 빈번한 언어행동인 지시 따르기에 최소한으로 반응한다. 반면 직원이 주도하는 대화에서의 최소빈도 행동은 클라이언트의 언어적 반응을 최대한으로 유도한다. 클라이언트가 발화할 때 직원이 언어적 언급이나 대답으로 반응하는 것만큼 그 행동을 무시할 가능성이 높다. 직원의 가장 빈번한 행동은 고개 끄덕이기 등의 비언어적 동의이다. 대형보호시설에서 거주하는 것은 화용론에 가장 크게 영향을 미치지만, 작은 기숙제 주거시설에 거주하는 개인은 화용기술을 개발할 가능성이 더 높다(McLean et al,, 1999; Van Der Gagg, 1989).

정신지체인이 대화에서 주도적인 역할을 하지 않는다는 선입견을 가지는 것은 전문가들에게 어느 정도 책임이 있다(Peter, 2000). 전문가들이 사용하는 언어는 이들 개인들을 객관화하는 경향이 있다. 정신지체인 삶의 많은 양상들은 다른 것들에 의해 정의된다.

전문가는 정신지체인들 사이에서 어쩌다 발견되는 두 가지 언어행동인 지시어와 질문을 통해 부분적으로 통제할 수 있기를 기대한다(Domingo, Barrow, & Amato, 1998). 정신지체인은 종종 개인으로서가 아니라 어떤 범주의 구성원으로서 취급되어 그들의 비정상을 모욕하거나 지적하는 용어로 명칭이 붙여진다(Danforth & Navarro, 1998). 부분적으로 이러한 조건들은 정신지체라는 용어를 쓸 것인가 아니면 지적장애라는 용어를 쓸 것인가에 대한 논란에 불을 당기고 있다.

정신지체인은 가정 또는 작은 집단 환경 내에서 더 좋은 언어적 입력과 더 많은 대화의 기회를 가진다. 그러나 어머니와 아동의 자료는 섞여 있다. 이는 어머니는 형식과 내용을 자녀의 언어능력에 적응시키지만 주로 반응적 언어환경을 제공하기도 한다는 의미이다. 따라서 정신지체 아동은 전형적 발달을 보이는 또래에 비해 의사소통 주도가 떨어진다.

그러나 이들 차이가 언어지체의 원인을 의미한다고 생각해서는 안 된다. 어머니의 말과 언어 차이는 아동의 언어문제의 원인이 아니라 아동의 언어문제 자체라고 할 수도 있다. 정신지체 아동의 어머니는 전형적 발달을 보이는 어머니와 비슷한 언어형식, 내용 및 사용 형태를 제공했다 하더라도 정신지체 자녀의 특수한 언어학습 요구에 맞지 않았을 수도 있다. 예를 들면 부모들은 많은 행동들을 의사소통적이라고 해석하지만, 여전히 가정에서 보완대체 의사소통의 사용은 물론 상징적 의사소통에 맞는 행동을 하게 하기 위해서는 전문가로부터의 도움이 필요하다(Stephenson & Dowrick, 2005).

7. 언어 및 의사소통 중재

이 텍스트에서 언어손상이 있는 아동들에게 사용하기 위해 논하고 있는 많은 언어 및 의사소통 중재기법은 정신지체 아동에게도 사용할 수 있다. 그러나 정신지체 아동에게 특별히 맞는 중재방법이 있는 것 같다. 정신지체 아동의 인지기능과 언어처리 과정에 대한 현재의 지식은 제한은 있지만, 몇 가지 중재 원칙과 기법을 제안하고 있다. 더 나아가 몇몇 공통된 증후군과 연관된 강점과 단점에 대한 지식이 높아지면서 다른 중재방법에 대해서도 생각해 보도록 하고 있다.

이 주제의 폭은 일반적인 토론만 허용하긴 하지만 여러 가지 언어사정과 중재기법들을 자세히 다루기에 앞서 포괄적으로 논의할 것이다. 또 이 토론은 증거기반실제(EBP)를 기초로 연구 효과, 최상의 실제 및 임상경험 등을 종합적으로 다룰 것이다.

1) 사정과 중재의 원칙

보고된 정신지체의 특징은 말-언어치료사(SLP)에게 도움이 되는 몇 가지 원칙을 제시하고 있다. 당연히 이 원칙들은 일반적인 원칙일 것이다. 이 원칙들은 표 6.4에서 요약하고 있다. 그러나 말-언어치료사들은 정신지체인은 한 개인이라는 것과 개인차, 즉 연령, 인지기능의 수준, 전이 훈련, 주거시설 환경 및 학습 형태는 실제로 사용하는 방법들을 바꿀 수도 있다는 것을 기억해야 한다.

(1) 정보처리 관련 원칙

앞서 논의한 정신지체인의 정보처리는 중재전략을 계획할 때 고려해야 한다. 이 처리 과정들은 어느 정도 도움이 되지만 말-언어치료사는 클라이언트가 그 과제에 가져오는 기술과 의사소통 목표의 성공적인 학습에 필요한 기술들을 고려해야 한다.

예를 들면 너무 많은 것을 새로운 학습이나 전이 형태로 요구하면 클라이언트의 성공능력이 방해를 받는다. 초기 학습에는 일반적으로 어느 정도 구조화된 훈련이 필요하고 초기 절차의 반복은 목표로 하는 기술학습에 도움이 된다. 일정한 수행능력 기준에 이를 때까지 자료를 같은 순서로 제시하면 학습에 도움이 된다. 전이는 훈련 상황을 가능한 한 일상적 환경과 가깝게 유지함으로써 촉진시킬 수 있다. 현명한 말-언어치료사는 훈련을 위해 치료 환경과 관련된 사물, 사람 및 사건을 사용한다. 더 좋은 것은 일상적 환경에서 훈련하는 것이다.

새롭거나 관련된 자료를 강조한다. 정신지체인은 주의를 기울여야 할 때는 집중을 잘 할 수 있다. 새로운 정보, 자료 및 방법은 클라이언트가 놓치지 않도록 또는 그것들이 중요하다고 생각할 수 있도록 강조해야 한다. 예를 들면 의사소통판의 새로운 그림들을 다른

표 6.4 정신지체인 클라이언트를 위한 중재 원칙

1. 새롭거나 관련된 자료를 강조한다.
2. 정보를 사전에 구성한다.
3. 리허설 전략을 훈련한다.
4. 숙달된 후에도 계속 연습하고 반복한다.
5. 자연적 환경에서 훈련한다.
6. 가능하면 빨리 시작한다.
7. 발달지침을 따른다.

색으로 그리거나 의사소통판의 특정한 곳에 그릴 수 있다. 언어 사용을 지배하는 일정한 반응 또는 언어특징을 필요로 하는 자극도 강조해야 한다. 예를 들면 어제와 지난주와 같은 단어는 과거시제를 사용해야 함을 의미한다. "무엇을 갖다 드릴까요?" 라는 웨이터의 말은 요구반응을 나타내도록 한다.

주의집중은 직접적으로 중재목표로 설정해서는 안 된다. 주의집중은 중도 정신지체 수용시설에 있는 아동과 성인에게 보완 의사소통 훈련을 시켰을 때 향상되는 것으로 보고되어 왔다(Abrahamsen, Romski, & Sevick, 1989). 일반화는 관련 원칙에 의해, 즉 관련되거나 또는 비슷한 자극과제 복제를 훈련함으로써 향상된다. 일반화는 정신지체인에게 어려운 경우가 있는데, 그 이유는 이들은 어떤 자극이 관련이 있는지 확실히 모르기 때문이다. 말-언어치료사는 훈련목표와 함께 유사한 기호들을 훈련시킬 수 있다.

정보를 사전에 조직한다. 말-언어치료사는 정보를 사전에 분류하여 조직하고 저장하며 이후의 재인출을 촉진함으로써 학습을 도울 수 있다. 일반적으로 정신지체인은 정보가 먼저 조직되어 있고 그 학습과제를 교사가 설명해 주면 그 정보를 더 잘 유지할 수 있다. 경도 정신지체인은 자료를 따로 제시하기보다는 공간적으로 묶어 주면 더 잘 기억한다(Harris, 1982). 예를 들면 6-3-8-5와 같이 네 자리 숫자를 기억하는 데 어려움이 있는 사람은 그 자릿수를 짝으로 묶어 63과 85로 만들어 주면 더 잘할 수도 있다. 그러한 묶기는 정신지체가 아닌 사람의 재인출에는 도움이 되지 않는데, 그 이유는 이 사람은 항상 이 전략을 도입하기 때문인 것으로 보인다. 비슷한 방법으로 문장은 연결구로 묶으면 기억에 도움을 줄 수 있다.

물리적 정렬, 묶기 및 일관된 순서와 같은 조직전략도 학습을 돕기 위해 사용할 수 있다. 아울러 설명과 절차는 명확해야 하고 논리적 순서를 가지고 있어야 하며, 가능한 한 많은 감각을 수반하도록 해야 한다(Pruess, Vadasy, & Fewell, 1987).

리허설 전략훈련. 경도 및 중등도의 정신지체인은 스스로는 하지 않는 것 같은 리허설 전략훈련을 통해 기억능력을 향상시킬 수 있다(Burger, Blackman, & Tan, 1980; Reid, 1980). 리허설은 학습한 자료를 장기 저장으로 전환하는 데 도움을 준다. 의사소통 기호와 제스처와 같은 시각적 정보가 특히 그렇다. 그러한 학습은 관련 단어의 기억을 높여준다(Bowler, 1991).

숙달된 후에도 계속 학습하고 반복하기. 리허설과 특별훈련은 학습과 기억을 촉진시키기는 하지만 전이를 직접적으로 제고하는 것 같지는 않다(Day & Hall, 1988). 그러나 특별훈련을 받는 개인은 그 훈련을 받은 뒤에는 전이와 관련하여 도움을 이전처럼 많이 받을 필요가 없다.

(2) 여러 증후군과 관련된 원칙

일부 유전으로 인한 증후군, 특히 다운증후군, 프래절X증후군, 프래더윌리증후군 및 윌리엄스증후군의 경우 병인과 관련된 특이행동을 보여 준다. 어떤 메커니즘에 의해 어떤 증후군이 어떤 행동 가능성을 높이는지는 정확히 알려져 있지 않지만, 관련 행동에 관한 자료는 어떤 아동들에 대한 중재에 효과적으로 사용할 수 있는 강점과 약점을 보여 준다. 대체로 이러한 강점과 약점은 아동의 연령이 증가할수록 더 분명해진다. 또 연구자들은 인지, 언어, 적응 등에서의 강점과 약점의 기초적인 사실만 알고 있고, 따라서 이러한 정보는 소수 정신지체의 유전적 원인에 대해서만 관련된다는 것을 이해해야 한다. 그러므로 더 많은 연구, 특히 증거기반실제(EBP)를 지지하는 연구 또는 최선의 중재방법에 대한 연구가 있어야 한다.

가장 일반적이고 우리들에게 가장 익숙한 유전적 정신지체의 원인인 다운증후군 아동은 다른 형식의 정신지체 아동과 다른 행동을 보여 준다. 다운증후군 아동은 시각적 단기기억과 관련하여 강점을, 청각적 단기기억과 관련하여 약점을 나타낸다. 게다가 다운증후군 갓난아기와 아장아장 걷는 유아는 전형적 발달을 보이는 유아와 비교될 만한 손동작과 그 밖의 시각적 제스처를 기억하는 경향을 보여 준다(Harris, Bellugi, Bates, Jones, & Rossen, 1997). 반면에 대부분의 다운증후군 아동들은 표현언어, 문법, 조음기술이 취약하며, 구문능력은 정신연령에 비해 많이 지체된다(Chapman et al., 1998).

반면에 상대적으로 드문 유전적 장애(약 7,500명의 신생아 중 1명)로 7번 염색체가 없어 발생하는 윌리엄스증후군 아동들은 청각 단기기억에서(Mervis, Morris, Bertrand, & Robinson, 1999) 그리고 표현언어 기술에서 상대적 강점을 보여 준다. 그러나 이들 중 약 5%만이 생활연령에 맞는 수행능력을 가지고 있다(Bishop, 1999; Mervis et al., 1999). 언어기술과 청각적 처리 과정은 그럼에도 불구하고 상대적 강점으로 간주된다. 그렇다고 해도 윌리엄스증후군 아동들은 시공간 기술과 관련된 과제수행 능력이 떨어진다(Dykens, Rosner & Ly, 2001).

특정한 유전장애를 가진 사람이 모두 그 장애의 특징이나 행동을 보이는 것은 아니다. 예를 들면 다운증후군은 연령에 비해 언어에서 극도의 어려움을 보여 주지만 예외도 있다. IQ가 64 정도지만 10개에서 15개의 단어로 된 문장에 많은 관계대명사를 사용한다는

32세의 여성을 생각해 보라(Rondal, 1995).

어떤 행동은 단일 증후군만이 특별하게 가지고 있는 것 같지만, 특정 행동은 2개 이상의 유전증후군이 보다 일반적으로 공유하고 있다(Hodapp, 1997). 예를 들면 프래절X증후군 남자 아동과 고양이울음증후군 아동은 모두 과잉행동을 나타낸다. 고양이울음증후군은 5번 염색체에서 유전물질이 결여된 유전장애이다.

특정한 유전장애를 가진 아동들은 특정한 강점 또는 약점을 드러내는 성향이 있기 때문에 부모와 교사는 그 아동의 취약한 부분에 초점을 맞추기보다는 성공적으로 할 수 있는 부분에 초점을 맞춤으로써 그러한 성향을 자신도 모르게 강화할 수 있다(Hodapp, Desjardin & Ricci, 2003). 초기 중재 프로그램에서 말-언어치료사들은 아동의 강점에 맞추어 지도해야 할지 약점을 교정해야 할지 둘 다 해야 할지 몰라 딜레마에 빠진다. 일반적으로 아동의 강점을 상대적으로 취약한 발달 분야에 맞추어 지도하기 위한 수단으로 삼는 게 현명한 것이다.

말-언어치료사는 확인 가능한 아동 집단의 학습형태는 물론 개인의 학습형태에 주목해야 한다. 예를 들면 중재 시 프래절X증후군 남자 아동의 특정한 학습욕구를 수용할 수 있는 방법을 모색해 내야 한다. 간단히 말해 이 남자 아동들과 함께 할 때는 말-언어치료사는 듣기 및 이해력을 강조하는 한편, 그 아동들의 시각적 학습 패턴을 더 많이 이용할 수 있다. 중재 시 이 남자 아동들의 짧은 집중시간, 새로운 활동 및 주제로 넘어가는 데 있어서의 어려움, 그 밖의 감각적 결핍 그리고 낮은 스트레스 수용능력을 수용해야 한다(Mirrett, Roberts & Price, 2003). 중재와 관련한 제안을 표 6.5에서 제시하고 있다.

역사적으로 초기 중재전문가들은 아동의 정신지체 원인을 중재 결정에서 그다지 중요하지 않은 것으로 간주해 왔다(Hodapp & Dykens, 1994). 이는 근시안적이다. 유전적 원인을 가진 정신지체 아동의 병인과 관련된 강점과 약점은 대개 연령 및 환경적 경험과의 상호작용을 통해 나타나기 때문에 말-언어치료사들은 그들이 나타내는 강점과 약점을 고려함으로써 보다 집중적이고 보다 효과적인 중재를 제공할 수 있다(Hodapp et al., 2003). 물론 이러한 결정은 자료분석에 근거해야 하지만, 정신지체의 유전적 원인에 대한 다른 전문문헌에서 보고하고 있는 강점과 약점은 이러한 사정들을 잠재적으로 알려주는 단서를 제공한다. 그러나 철저한 사정을 통해서만이 말-언어치료사는 개별 아동의 행동을 적절히 기술할 수 있다.

표 6.5 유전성 증후군의 강 · 약점과 중재전략

증후군	강점	약점	중재전략
다운증후군	시각적 단기기억	청각적 단기기억	시각적 단서 그림/사진 활동 채색화된 그림 구두언어 보완 또는 보충을 위한 그림 활용 실물, 재료, 상표, 포장지
	동시적 처리 시각적 표시	순차적 처리 문법 표현적 언어 발화(발음)	의미중심 언어 구두언어 보완 또는 보충을 위한 수화나 몸짓
윌리엄스증후군	언어기술 언어적 영향	시공간 구성	언어 확장과 평행적 발화기법 사용
	청각적 단기기억 음악	지각운동 큰 소음에 대한 저항	청각적 단서 음악 활동, 노래 부르기/운율 있는 동요, 작은 소리가 나는 장난감
프래절X증후군	동시적 처리	순차적 처리 언어 시공간	의미중심 언어 동작과 사물 조정을 통한 언어 대상참조과제
	반복적 과업	변화와 큰 소음에 지나친 반응	조용하고 차분한 공간 변화에 대한 시각적/언어적 경고 그림/사진 활동 일정 규칙적인 일, 반복
		집중력 저조	물체 조정
	전 과업에 걸친 통합적, 실용적, 실험적 학습	과잉행동	동작중심의 실질적인 교육
	일대일 상호작용	대규모 집단 내 상호작용	개인소유 공간 대규모 집단 피하기

Hodapp, DesJardin, & Ricci, 2003. Additional information from Hodapp, Dykens, Ort, Zelinsky, & Leckman, 1991; Owens, 2004; Saunders, 1999.

(3) 기능적 언어와 관련된 원칙

기능적 언어중재는 의사소통이 발생하는 환경에서 그 의사소통 기술을 자연적 자극, 아동중심 내용, 양육자를 촉진자로 가르치기 위한 철학적 접근이다. 의사소통이 일어나거나 일어날 가능성이 매우 높은 환경에서 가르침으로써 말-언어치료사는 그 문맥 내에서 언어 사용을 촉진하고 그것으로의 전이 가능성을 높인다. 예를 들면 기능적 언어중재의

한 형태인 **반응성 교육/언어전 환경교수**(RE/PMT)를 사용하는 가정에 대한 연구에서 발달장애를 가진 비구어 및 최소한의 언어를 사용하는 아동이 의도적인 의사소통 표현에서 진전이 있었음이 그 예이다(Fey et al., 2007; Yoder & Warren, 1998, 2001a, 2002). 반응성 교육/언어전 환경교수는 아동의 제스처, 발성 및 시각적 협응을 목표로 한다. 부모들은 유아가 발성하면 목소리로 모방하면서 반응하거나("바바" 하면 따라서 "바바" 한다) 유아의 발성이 어떤 특정한 실체를 지칭할 때는 그에 반응하거나 유아가 전하고자 하는 메시지를 언어로 표현한다.

자연스러운 환경에서 훈련하기. 정신지체아는 훈련내용을 새로운 상황에 맞게 일반화하는데 상당한 어려움을 느낀다. 상당히 체계적으로 짜인 훈련을 통해 학습속도를 증가시킬 수 있으나, 특히 중도 정신지체의 경우 더욱 그렇지만 이런 훈련은 훈련 상황에서만 제한적인 효과를 낼 수 있다(Salzberg & Villani, 1983). 다시 말해서 훈련받지 않은 상황에서 기법들을 즉흥적으로 쓰도록 가르치기 어렵다는 것이다. 상당히 체계적으로 짜인 환경은 다양한 의사소통 상황을 제공하지만 어디까지나 제한적이다. 클라이언트가 매일 머무는 공간에서 발생하는 일상적인 활동 내에서 익숙한 재료들을 사용해 훈련이 진행될 경우 일반화의 어려움을 최소로 줄일 수 있다(Gullo & Gullo, 1984; McCormick, 1986; Stowitscheck, McConaughy, Peatross, Salzberg, & Lignngarise/Kraft, 1988).

언어훈련은 실제로 언어를 사용할 필요가 있는 상황에서 실시할 때 좀 더 실용적이다. 그렇게 할 때 보통은 즉흥적으로 언어를 사용하게 되고, 그로 인해 개인이 더 많은 언어를 배우고자 하는 동기를 부여받게 된다. 훈련 환경에 존재하는 자연스러운 자극들은 훈련받은 행동과 관련된 신호가 된다.

매일의 일상적인 행동들 또한 일반화 훈련과 촉진을 돕는 뛰어난 수단을 제공한다. 일상적 행동들은 클라이언트가 좀 더 온전히 활동에 참여할 수 있도록 도와주는 친숙한 대본이나 발판을 제공한다. 이런 것이 없다면 인지를 위한 에너지가 참여 자체를 이끌기 위해 사용될 테지만, 이런 것이 제공되면 그 에너지를 자유롭게 사용할 수 있다. 정신지체아의 경우 익숙하지 않은 상황에서보다 일상적으로 경험하는 상황에서 좀 더 말을 많이 하고 더 다양한 단어를 발화하는 것으로 보인다(Yoder & Davies, 1992).

양육자가 언어촉진자로 훈련받을 수 있다. 가족이 중요한 역할을 수행할 수 있다. 특히 조기중재의 경우엔 더더욱 그렇다. 조기중재에 참여하는 말-언어치료사(SLP)는 가족들이 아동에 대해 그리고 아동의 증후군에 대해 어떤 지식을 보유하고 있는지 평가해 봐야 한다. 잘 알려지지 않은 증후군을 앓는 아동들의 부모들과 비교해 다운증후군 아동의 부모들은 일반적으로 자녀의 강점과 약점을 보다 깊이 이해하고 있다(Fidler, Hodapp, & Dykens, 2002). 다음과 같이 전국을 기반으로 활동 중인 부모-전문가 조직을 통해 더 많은 정보를 얻을 수 있다. 이런 조직들 상당수가 여러 지역에 지부를 운영하면서 관련 문건을 출간하고 회의를 개최하고 있다. 또한 다음과 같은 웹사이트를 운영 중이다.

국립다운증후군협회(National Down Syndrome Society) www1.ndss.org
윌리엄스증후군협회(Williams Syndrome Association) www.williams-syndrome.org
국립프래절X증후군재단(National Fragile X Foundation) www.fragilex.org/html/ what.htm

부모나 교사 또는 보조원과 같이 자연스러운 환경에 있는 사람들은 언어 교육자/촉진자로서 그리고 그들 자신이 클라이언트로서 훈련에 포함되어야 한다(Owens, 2004). 요약하자면, 양육자의 중재가 클수록 가정과 그 밖의 다른 환경에 맞추는 일반화의 성과는 더 크게 된다.

부모가 행동 변화의 동인으로 효과적으로 활용되는 것은 충분히 입증되었다(Heiferz, 1980). 훈련받은 부모가 가정에서 유아 자극 프로그램을 실시할 경우, 정신지체아의 기능을 눈에 띄게 개선시킬 수 있다(Sharav & Shlomo, 1986). 그러나 부모의 여러 변수로 인해 결과가 달라질 수 있다. 부모의 사회경제적 지위와 사전교육 기술 그리고 경험이 단기 학습 결과에 긍정적인 요인으로 작용한다(Clark, Baker, & Heifetz, 1982). 사회경제적 지위가 낮은 엄마들도 긍정적인 성과를 낼 수 있다. 이런 처지의 엄마들은 훈련 전에는 중산층이나 그보다 높은 수준의 사회경제적 지위를 가진 엄마들이 사용하는 자연스러운 교육 상황을 종종 간과하기 때문이다. 언어교육자가 성공적으로 역할을 해내려면, 개개인의 차이와 학습양식을 고려하여 이들 교육자들이 사용하는 기법을 개별화해야 한다(Reese & Serna, 1986).

유아의 의도적인 의사소통에 대한 엄마의 반응은 엄마의 교육수준에 따라 천차만별이지만, 자녀의 의사소통 발달에 도움이 되는 방식으로 반응하도록 엄마들을 교육할 수 있다(Yoder & Warren, 2001b). 공동체 주거시설의 보호관리자들 역시 워크숍과 비지시적 상담을 통해 말을 하지 않는(nonspeaking) 아동에게 의사소통을 위한 기회를 제공하도록 교육할 수 있다(Schlosser, Walker, & Sigafoos, 2006). 이런 교육은 결과적으로 아동에게 더 많은 기회를 제공하고 그와 동시에 아동의 의사소통 시작의 횟수를 늘릴 수 있다.

부모의 기술을 자연스러운 환경에 적용/이전하는 것을 좌우하는 변수들은 아직 완전히 이해되지 않았으나, 과업과 교육 구조가 자연스러운 환경과 유사할수록 적용 가능성은 커진다. 새로 습득한 교육기술의 적용과 관련하여 말-언어치료사의 피드백 역시 중요하다.

부모가 언어촉진자 역할을 할 때 성공하느냐 마느냐는 다음 세 가지 요소에 달려 있는 것으로 보인다(Salzberg & Villaini, 1983).

1. 부모가 집에서 그들이 습득한 교육기술을 사용해야 한다.
2. 부모가 교육기법들을 좀 더 비공식적인 상황에 맞게 조정하도록 구체적인 가르침을 받아야 한다.
3. 부모가 전문가의 피드백을 받아야 한다.

부모에게 일반적인 상호작용 전략을 훈련시키는 상호작용 모델은 부모가 좀 더 반응을 보이고, 덜 지시적으로 아이를 대하고, 더 유능하게 언어 모형을 만들 수 있게 할 수는 있으나 아동의 발달에는 효과를 전혀 내지 못할 수도 있다(Tannock, Girolamettto, & Siegel, 1992). 좀 더 구체적인 학습이 기대될 경우 부모에게 구체적인 기술교육이 필요하다.

중재 이전의 자녀-부모와 클라이언트-보육자의 상호작용 양식은 실제 변화를 야기하는 데 도움이 될 수는 있겠으나 충분하지는 않다. 이러한 상호작용 양식들은 체계적으로 수정할 수 있다. 그러나 새로운 상호작용 양식이 각 가정에서 사용될 것이라는 보장은 여전히 없다. 표 6.6에는 임상에서 그리고 좀 더 자연스러운 환경에서 언어발달을 촉진

표 6.6 언어 일반화 촉진을 위한 제안

자연스러운 환경에서

1. 언어 이외의 다른 방식으로는 쉽게 성취될 수 없는 것을 언어로 성취할 수 있도록 환경을 조성하라.
2. 적절한 언어적 반응이 뚜렷이 나타날 때는 강화를 미루고 단서를 제공하라.
3. 의사소통하려는 시도에 즉각적으로 반응하라.
4. 특정적인 반응이 발생할 수 있는 기회를 만들 수 있게 환경을 재구성하라.

언어 훈련 환경에서

1. 클리닉 밖에서 일반화가 가능한 언어기술을 가르쳐라.
2. 상황, 교육자, 훈련 자료를 바꿔가며 사용하라.
3. 가르치는 언어 사용법과 관련된 다양한 결과를 사용하라.
4. 성과가 향상되면 강화 요법의 강도를 줄여라.

하기 위한 여러 가지 제안들이 제시되어 있다. 부모 교육이 효과적이려면 가정에서 부모가 습득한 기술을 사용해야 한다. 일반화는 그냥 일어나지 않는다. 일반화의 가능성을 높이기 위해서는 반드시 체계적으로 환경이 수정되어야 한다.

2) 최초 의사소통 및 언어 훈련

정신지체아들은 많은 경우 조기중재 프로그램에서 종종 상징 전 단계나 상징 초기 단계에서 훈련이 시작된다. 많은 어린아이들이 유아 자극 프로그램이나 취학 전 프로그램에 참여한다. 지체장애가 심각하고 언어를 발화하지 않는 어른들 역시 이 단계의 훈련을 받을 수 있다. 이러한 훈련은 아동이 의사소통 장애 또는 언어장애의 위험이 있을지 모른다는 점이 인식되자마자 곧바로 시작해야 한다(Mahony & Snow, 1983). 말-언어치료사는 보육자와 협력하여 보육자가 언어학습을 좀 더 촉진할 수 있도록 유아-보육자 상호작용을 돕는다.

전형적인 발달 단계에서 관찰되는 행동들은 정신지체아들의 훈련을 위한 기준이 될 수 있다. 발달이나 변화는 발달 위계를 따른다. 아동은 한 단어로 된 발화를 한 뒤 여러 단어로 이루어진 짧은 발화를 한다. 마찬가지로 행동변화도 단순한 것에서 복잡한 것으로 발전한다. 복잡한 의미론적 체계에 앞서 짧은 어순 규칙이 나타난다. 복잡한 행동은 그보다 단순한 반응들의 조정이나 수정의 결과로 나타난다.

전문 보육사와 부모는 인간에게 발견되는 복잡한 행동을 모두 가르칠 수 없다. 그보다는 훈련중점 대상을 결정해야 한다. 적절한 훈련중점 대상 선택이 아주 중요하다. 발달은 선형적으로 진행되는 일이 드물기 때문에 교육자 역시 교육받은 기술의 순서도 결정해야 한다. 뿐만 아니라 중재를 위해서는 아동과 그 가족의 개별적 요구를 고려해야 한다.

(1) 종합적 모델

말을 하지 않는 아동의 의사소통을 중재할 때 말-언어치료사가 이중적인 접근방식을 채택하는 경우가 종종 있다. 최초 소통체계를 구성하는 데 주로 초점을 맞추면서 상징전 기술의 훈련에 부가적으로 초점을 맞추는 것이다(그림 6.3 참조). 아동이 상징을 사용하기 시작하면 이렇게 이중적인 접근방식이 통합된다. 아동이 이런 수준에 도달하지 않은 경우라도 여전히 의사소통 체계를 갖추고 있다. 단 몸짓이나 일반화된 요청 신호에 국한된다는 한계가 있다.

(2) 사정

사정의 목적은 아동의 의사소통 행동을 식별하고 아동의 의사소통에 영향을 미치는 정황, 시간, 개인을 식별하는 것이다. 이러한 목적은 모든 개인이 의사소통을 하며, 의사소통이 발생할 때 상호이익이 발생할 기회가 주어지고, 또한 의사소통에 참여하는 한쪽 당사자의 행동들이 다른 당사자에게 영향을 미친다는 전제를 기반으로 한다(MacDonald, 1985). 더불어 말-언어치료사는 상징 전 기능 단계와 의사소통의 내용에 관심을 갖는다.

상징 전 단계의 아동이라면 배경 관련 자료를 관찰 및 검사 자료와 통합하여 의사소통

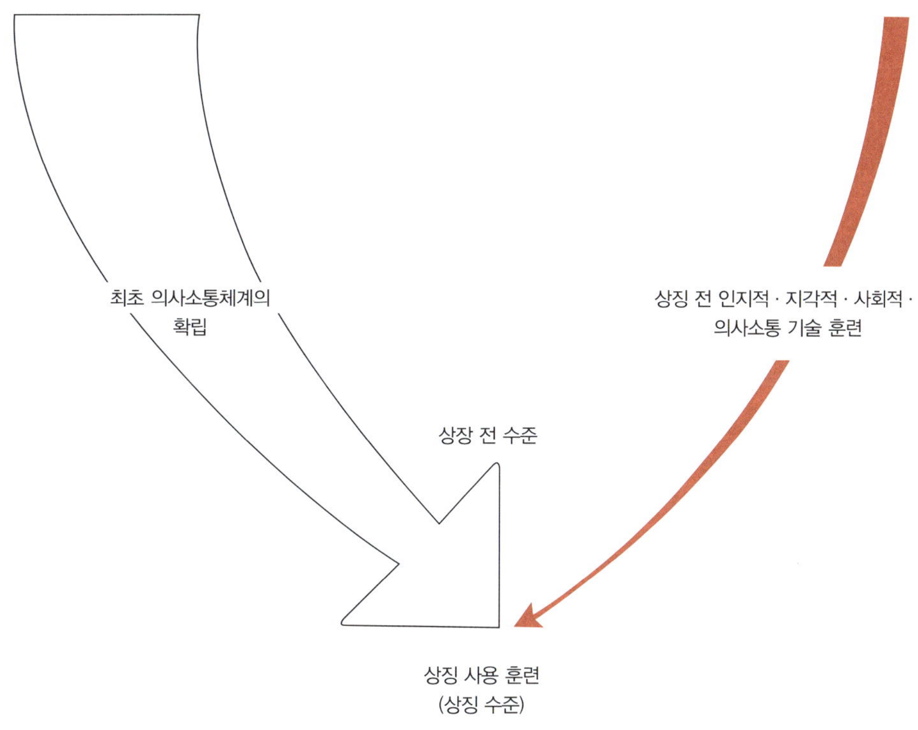

R. Owens, *Language Disorders, a Functioal Approach to Assessment and lntervention* (4th ed.). Reprinted with permission of Allyn & Bacon, an imprint of Pearson Education. Copyright © 2004 by Allyn & Bacon.

그림 6.3 상징 전 아동에 대한 이중중재 접근

의 특징에 대한 전반적인 이미지를 형성하는 것이 필요하다. 관찰을 통해 최초 정보를 수집하고 나서 아동의 보육자들과 인터뷰를 통해 정보를 보완한다. 말-언어치료사는 다음과 같은 정보를 획득하려는 노력을 기울여야 한다(Calculator, 1988; Owens & Rogerson, 1988).

1. 아동이 주로 어떻게 의사소통을 하는가?
2. 아동이 교대로 번갈아 가면서 하는 행동을 보이는가?
3. 어떤 상황일 때 의사소통이 활발히 일어나는 것 같은가?
4. 아동이 큰 관심을 보이는 대상은 무엇인가?
5. 보육자가 아동에게 대응할 충분한 시간을 주는가? 보육자가 아동에게 반응하라는 신호를 어떻게 주는가? 보육자가 아동의 반응에 어떻게 반응하는가?
6. 어떤 보육자가 클라이언트의 반응을 가장 잘 이끌어 내는 것 같은가? 왜 그런가?
7. 아동이 소리를 내는 것을 즐기는 것 같은가? 예를 들어 보라. 아동이 얼마나 자주 소리를 내서 말하는가? 어떤 상황이 목소리를 최대로 내도록 이끄는가? 소리를 모방하는가?
8. 클라이언트와 보육자의 상호작용을 가장 잘 일으키는 일상의 상황은 무엇인가? 상호작용 양식을 묘사하라. 하루 중 이런 상호작용은 언제 일어나는가? 아동의 반응은 일관적인가?
9. 아동이 의사소통을 주도적으로 시작한 적이 있는가? 어떤 식으로 했는가? 어떤 상황에서 그랬는가?
10. 아동이 원하는 것이 무엇인지 밝히는가? 어떤 식으로 하는가?
    - 도움을 요청하는가? 어떤 식으로 하는가?
        - 사물을 가리키거나 또는 이름을 말하는가? (아니면 둘 다 하는가?) 아동이 손으로 가리키거나 이름을 말하면서 물체나 상대방을 쳐다보는가?
        - 질문을 하거나 또는 정보를 찾는가? 어떤 식으로 하는가?
        - 감정을 표시하는가(통증, 행복, 좋음/싫음)? 어떤 식으로 하는가?
        - 타인의 주의를 끄는가? 어떤 식으로 하는가? 주의를 끌지 못하면 어떻게 되는가?

이런 일반적인 정보는 아동의 기능수행 단계와 관련해 구체적인 질문들로 보완할 수 있다. 이런 목적을 위해 사용할 수 있는 언어 평가도구는 여러 가지가 있다(표 6.7 목록 참조). 이런 도구에는 대부분 부모 제출 보고서와 설문지가 포함된다.

표 6.7 3세 미만 아동의 기능수행에 대한 사정도구

사정도구	유아-취학 전	학령기-성인
연령 및 단계 설문지(ASQ) : 부모 보완 아동 점검 시스템 Bricker, D., Squires, J., & Mounts, L.(1995)	X	
언어 행동 사정(ALB). Olswang, L., Stoel-Gammon, C., Coggins, T., & Carpenter, R.(1987a)	X	
사정, 평가 및 프로그래밍 시스템 : 신생아부터 3세 아동에 대한 AEPS 측정(1부). Bricker, D. (1993)	X	
신생아부터 3세까지의 발달척도. Bangs, T. & Dodson, S.(1979)	X	
특별한 요구를 갖는 영유아를 위한 캐롤라이나 커리큘럼. Johnson-Martin, N., Jens, K., Attermeier, S., & Hacker, B.(1991)	X	
의사소통 및 상징적 행동척도. Wetherby, A. & Prizant, B.(1993)	X	X
언어발화 이전 아동의 사회적 행위의 이해 : 참여수준과 성인 구조의 효과. Platt, J. & Coggins, T.(1990)	X	
발달행위 선별검사. Fewell, R. & Langley, M.(1984)	X	
조기언어 발달척도. Coplan, J.(1987)	X	
가족관리 신생아 활동. Cardone, I. & Gilkerson, L.(1989)	X	
영유아 언어척도. Rossetti, L.(1990)	X	
언어발달 조사. Rescorla, L.(1989)	X	X
맥아더 의사소통 발달목록. Fenson, L., Dale, P., Reznick, S., Thal, D., Bates, E., Hartung, J., Pethnick, S., & Reilly, J.(1993)	X	X
의사소통을 위한 상호작용 관찰지. Klein, M. & Briggs, M.(1987)	X	
부모/전문가 취학 전 수행 프로파일(5Ps). 다양한 미취학 아동 워크숍(1987)	X	
수용적/표현적 창발언어검사. Bzock, K. & League, R.(1978)	X	

부모 제출 보고서의 자료는 임상 데이터와 비교해 절대 뒤지지 않으며 평가 결과의 타당성을 높여 준다(Miller, Sedey, & Miolo, 1995). 말-언어치료사의 목표는 좀 더 철저한 평가를 제공하기 위해 클라이언트의 기능수행에 대한 평가서를 얻는 것이다. 더불어 이런 심화된 탐구를 통해 보육자는 아동을 대상으로 시험하고 교육해야 할 행동들에 친숙하게 된다. 만약 클라이언트가 중재 과정에 온전히 참여하는 일원이 될 것이라면 아동의 행동에 친숙해지는 것은 반드시 필요한 일이다. 이러한 도구들은 아동의 행동을 묘사하

기 위한 가이드로서 가장 좋다. 그러나 이런 도구를 사용하는 목적은 발달연령을 고정시키는 것이어서는 안 된다.

인터뷰와 설문지에서 얻은 정보를 검증하고 전반적 사정의 타당성을 높이기 위해서는 보육자와 말-언어치료사에 의해서 그리고 그들과 함께 아동이 관찰되어야 한다. 아동이 의사소통을 하기 위해 사용하는 방법과 그들의 행동이 발생하는 상황이 무엇보다 관심거리다. 표 6.7에 나열한 도구들 상당수는 관찰 자료의 체계적 수집을 위한 양식을 제공한다.

아동이 비표준적 방식으로 의사소통을 하는 경우, 의사소통의 의도를 판단하기 위해 아동을 주의 깊게 관찰해야 한다(Hougton, Bronicki, & Guess, 1987). 예를 들어 아동이 주먹으로 자기 머리를 쥐어박는 것도 의사소통을 위한 시도일 수 있다. 말-언어치료사는 이런 행동을 보이는 때와 상황을 관찰하여 아동의 의도한 의미에 대한 가설을 세울 수 있다(Robinson & Owens, 1995).

일관되고 예측 가능한 행동들이 의미 있는 행동일 가능성이 있지만, 그렇다고 그런 행동 모두가 의사소통을 위한 내용을 담고 있는 것은 아니다. 그런 행동의 의도에 대한 가설은 행동 전후의 사건들을 조심스럽게 조정하고 그에 따라 행동에 미치는 영향을 철저히 기록하고 검증할 수 있다. 예를 들어 식사 전에 주먹으로 머리를 쥐어박는다면 이것이 도움을 요청하는 것이라고 가설을 세울 수 있을 것이다. 만약 그런 행동을 하기 전에 도움을 주자 그런 행동을 하지 않는다거나 그런 행동을 한 다음에 도움을 주자 그 행동을 멈춘다면, 그 행동은 처음의 가설을 입증하는 것일 수 있다. 말-언어치료사는 겉으로 드러난 의사소통 요구의 범위와 수용 및 표현을 위해 사용된 의사소통 양식(시각적, 손 움직임, 소리, 촉각)에 관심이 있다(Caro & Snell, 1989; Owens, 2004).

상징 전 기술의 좀 더 형식적인 평가에는 표 6.8에 나열한 내용들이 포함될 수 있다. 이런 유형의 평가에는 말-언어치료사의 실질적인 기술이 요구된다. 3세 미만 아동을 대상으로 하는 표준화된 검사는 신뢰할 수 없으며, 전문가들에게 덜 형식적인 자료수집 방법을 사용하도록 강요하기 때문이다. 언어습득에 필수적인 기술들은 인지적/지각적/사회적/의사소통적으로 구분할 수 있다(McLean & Snyder-McLean, 1978; Owens, 2008). 예를 들어 상징 놀이와 상징 이해는 서로 밀접하게 연관되며, 다운증후군 아동의 경우 초기 표현 및 수용 언어와도 각각 밀접한 연관이 있다(O' Toole & Chiat, 2006). 그러나 아동의 놀이수준은 놀이 상대가 누구냐에 따라 달라진다(DeKroon, Kyte, & Johnson, 2002). 단어나 기호, 그림 또는 그래프 등 상징을 사용하는 아동은 이러한 상징으로 표현

표 6.8 상징 전 단계 아동에게 가능한 목표

행동	인지	지각	사회적	의사소통적
신체 모방—타인의 행동 모방	X		X	
사물을 이용한 모방—자아의 확장을 통해 모방	X			
지연된 모방—모방을 위해 기억 속 행동을 끄집어 냄	X			
반복적/순차적 모방—기억 속 행방양식을 끄집어 냄	X	X		
대상 영구성—기억에서 대상의 형태를 끄집어 냄	X			
번갈아 하기—동작 모방이나 시선 맞추기를 돌아가며 사용				X
기능적 사용—의미의 기능적 지식을 얻기 위해 의도된 목적에 맞게 사물을 사용	X			
수단-목적—다른 것을 얻기 위해 사람이나 사물을 이용	X		X	
소통을 위한 몸짓—맨 처음 의도를 보여 줌				X
청각적 기억—소리의 양식을 기억	X	X		
단어 인식—물건과 이름의 짝을 지음				X
목소리 반응—다른 사람에게 반응할 때 목소리를 냄			X	X
목소리 번갈아 내기—교대로 목소리 냄			X	X
목소리 흉내—특정인과 닮게 목소리를 냄		X		X
순서대로 목소리 흉내 내기—목소리 순서를 흉내 냄		X		X

Program for the Acquisition of Language with the Severely Impaired(PALS), by R. Owens, 1982, San Antonio: Psychological Corporation. Copyright 1982 by The Psychological Corporation. Adapted by permission.

된 의미론적/화용론적 기능의 범위에 대해 평가를 해야 한다(표 6.8 참조). 형식적인 검사와 견본추출 중 후자가 전형적인 성과에 대한 정보원으로 좀 더 가치가 있지만, 둘 다를 사용해 평가할 수 있다. 표 6.8에 나열된 사정도구 중 여러 개는 직접 검사, 관찰, 부모제출 보고서 등을 비롯해 다양한 방법으로 수집된 자료를 사용한다.

의사소통 및 언어 견본 추출은 보육자와 자유롭게 놀이를 하는 상황에서 이루어지거나 자유로운 놀이 상황과 견본추출을 위해 체계적으로 짜인 상황을 조합한 상태에서 이루어질 수 있다. 말이든 손짓이든 아니면 그림을 내보였든, 아동이 자주 반복하지 않는 한 50건 정도면 충분한 견본이 될 것이다. 말-언어치료사는 의미론적/화용론적 기능의 넓이와 깊이 둘 다에 관심을 가져야 한다. 특정 기능이 존재하지 않는 것이나 또는 다른 기능들의 발생빈도가 낮은 것 그리고 각 기능이 나타나는 시간 등은 특히 흥미로운 요소이다. 이것은 단기 견본을 사용하거나(Owens, 1982d) 또는 좀 더 묘사적인 분석을 이용해(Wilcox & Campbell, 1983) 평가할 수 있다.

초기 한 단어 발화나 초기 다언어 발화는 의미론을 기초로 한 단순한 어순 규칙과 언어 이전기 초기 기능과 한 단어의 의미론적 기능에 따라 조직된다(표 6.9 참조). 이러한 의미론적 기능은 전형적인 발달을 보이는 아동에 의해 확장하거나 또는 두 단어, 세 단어 또는 네 단어로 구성된 발화로 조합된다. 그렇기 때문에 이러한 확장은 상징을 최소로 사용하는 정신지체 아동의 훈련을 위한 목표를 제공할 수 있다.

마찬가지로 구체적인 발화 행위와 의사소통적 의도는 초기 발성, 몸짓, 한 단어 발화에서 발견될 수 있다. 언어 견본을 분석해 이런 의도의 범위를 판단할 수 있다. 만약 보육자가 아동과 함께 참여한다면 그래서 아동이 놀이 상황에서 가능하듯이 익숙한 물체를 이용한다면 가장 유효한 결과를 얻을 수 있을 것이다(Westby, 1980). 말-언어치료사는 이런 의미론적/화용론적 범주가 언어학자들이 믿듯이, 아동이 그들의 이른 발성, 몸짓, 말로 하는 표현으로 의미하거나 의도하는 바를 나타내지만, 실제 의미나 의도를 알 수는 없음에 주의해야 한다. 더불어 의미론적/화용론적 범주는 사전에 결정되기 때문에 정신지체를 가진 의사소통자의 행동을 정확히 반영하지 못할 수 있다(Leonard, Steckol, & Panther, 1983).

보육자가 언어촉진자 역할을 하기 때문에 아동-보육자의 상호작용은 평가에서 중요한 위치를 차지한다. 견본은 10분 동안의 놀이 상황(Owens, 1982d)에서부터 좀 더 묘사적이고 좀 더 긴 분석(Wilcox & Campbell, 1983)까지 다양할 수 있다. 분석을 할 때는 의사소통에 참여한 두 사람의 물리적 거리, 그리고 보육자의 강화요법 사용과 반응 및 단서가 고려되어야 한다. 또한 보육자가 아동의 인식된 언어기술을 위해 적절한 언어를 사용하는지 여부도 고려되어야 한다. 교대로 말하기, 몸의 자세, 움직임이 고려되어야 하며, 상호작용의 종결 및 재개가 고려되어야 한다(MacDonald & Gillette, 1982; Owens, 1982d; Wilcox & Campbell, 1983). 또한 아동과 보육사의 상호보완적 행동과 의사소통하려는 아동의 시도에 대한 보육자의 반응의 일관성 및 시의적절성에 관심을 가져야 한다. 이런 행동들은 상호적 행동에 대한 상황의 영향을 감안할 때 여러 상황에서 관찰해야 한다. 예를 들어 놀이 상황이나 식사시간 등의 여러 맥락에서 행동을 관찰해야 한다(Girolametto & Weitzman, 2002).

일단 초기 평가가 끝나면, 말-언어치료사는 아동의 상호작용 전략과 가장 자주 거론되

표 6.9 영유아기의 의미론적/화용론적 목표

기능	사례
의미론적	
지명—한 단어 또는 여러 단어로 사람이나 물체의 이름을 말한다. 또는 이름과 함께 지시사를 쓰기도 한다.	멍멍이, 멍멍, 이 강아지
위치—공간적 관계를 표시함. 위치를 나타내는 한 단어 발화나 위치에 행위자나 행위, 물체까지 함께 말하는 두 단어 발화가 될 수 있다. '어디'라는 질문에 대한 반응으로 기능이 드러날 수 있다.	파트너 : 멍멍이 어디 있니? 클라이언트 : 의자 책상 공, 멍멍이 의자, 나에게 던져, 이리 던져(X + 처소격)
부정—부정하는 단어 하나를 쓰거나 또는 부정어에 다른 단어를 붙여(X + 부정어) 사용함으로써 존재하지 않음, 거절, 부인을 표시한다.	없어졌어, 저기, 우유 없어(클라이언트가 마심), 자동차 갔어(차에서 내린 후), 아니야.
일반적으로 존재하지 않음이 제일 먼저 발전한다. 한때 존재했던 물체의 부재를 표시한다.	파트너 : 자러 갈 시간이야. 클라이언트 : 싫어.(또는 안 자)
거절은 어떤 사건을 막거나 멈추게 하려는 시도를 나타낸다. 부인은 제안의 거절을 나타낸다.	그만. 우유 그만.(유리잔을 멀리 치우며)
부인은 제안의 거절을 나타낸다.	파트너 : 곰 볼래? 클라이언트 : 곰 싫어.
수식	
소유—물체가 누군가의 소유라거나 자주 누군가와 연관된다는 것을 인식함. 한 단어 발화의 경우 소유자의 이름을 말한다. 두 단어 발화의 경우 보통 소유인인 첫 단어에 강세를 둔다.	내 것, 내 인형, 조니 자전거(수식어 + 중심 단어) 인형(클라이언트가 인형을 움켜쥔다.)
속성—물체의 본질적인 속성은 아니지만 특성을 나타내는 묘사적 표현을 사용한다.	큰 멍멍이, 작은 애기(수식어 + 중심 표현을 사용한다. 단어)
반복—물체가 다시 나타날 수 있다거나 사건이 재현될 수 있다는 것을 이해하고 있다.	우유 많이 많이
알림—물체가 있었다거나 사건이 일어났었다는 것을 표시한다. 또는 시선을 끌려고 시도한다.	엄마 안녕, 바이바이, 저기 봐
행위—활동을 표시한다. 행위—행위를 나타내는 한 단어	 뛰어, 먹어
행위자 + 행위—두 단어로 생물이 활동을 시작했음을 나타낸다.	엄마 던져, 멍멍이 먹어, 아가 자.
행위 + 물체—두 단어로 생물이나 무생물이 행위를 받는 대상이었음을 나타낸다.	과자 먹어, 공 던져

표 6.9 영유아기의 의미론적/화용론적 목표(계속)

기능	사례
화용론적	
대답—클라이언트가 질문에 반응한다. 질문자의 행동이 클라이언트의 반응의 신호가 된다. 이런 신호가 없다면 클라이언트의 반응이 생성되지 않았을 것이다. 클라이언트의 반응은 비록 틀렸다고 하더라도 인지적으로 해당 질문과 관련이 있다.	파트너 : (인형을 들고) 이게 뭐야? 클라이언트 : 아기. 파트너 : 이거 거울이야? 클라이언트 : 아니.
질문—클라이언트가 다른 사람에게 말로 이야기함으로써 정보를 구하거나 검증한다. 클라이언트가 행동은 자극 또는 신호이고, 클라이언트가 대답을 기대한다는 것을 가리킨다. 클라이언트는 자기중심적 놀이 시 스스로에게 질문할 수 있다.	클라이언트 : (장난감 전화기를 들면서) 전화? 클라이언트 : 이거 뭐야?
대응—클라이언트가 클라이언트 밖의 언어적 신호인 다른 발화자의 이전 발화의 내용에 의미 있는 반응을 한다. 클라이언트가 내용에 계속 살을 붙일 수도 있고 발화형식을 무시할 수도 있다. 예를 들어, 질문에 대답하지 않고 질문에 있는 단어나 생각에 대응할 수 있다. 많은 경우, 클라이언트는 내용을 살을 붙이면서 적절한 형태로 반응을 한다. 이 범주에는 단순한 반복은 포함되지 않는다.	파트너 : 조니, 가위 좀 가져와라.(명령) 클라이언트 : 싫어요. 파트너 : 열쇠를 가져다주겠니?(요청) 클라이언트 : 잠깐만요. 파트너 : 이것은 귀여운 강아지다.(선언) 클라이언트 : 내 강아지야.
끌어내기—클라이언트는 반복 요청이나 명확히 해달라는 요청을 받으면 스스로 반복한다. 또는 'X 라고 말해 봐'에 대한 반응으로 스스로 반복한다.	클라이언트 : 야옹이 간다.(선언) 파트너 : 뭐라고? 클라이언트 : 야옹이 간다. 파트너 : 매리, '공'이라고 말해 봐. 클라이언트 : 공
연속—클라이언트는 자신이 듣고 있으며 계속해서 대화를 하고 싶다는 것을 표현한다. 또는 상대가 한 말을 놓쳤음을 표현한다.	응, 알았어요. 좋아요. 네. 네? 뭐요?
선언—클라이언트는 의사소통과 상황적으로 관련이 있으나 다른 발화자에 대한 대응과는 상관없는 선언을 한다. 이 때 발화는 해설에 더 가깝다. 신호는 내부적이거나 상황적이지 결코 언어적이지 않다. 이 범주에는 상황적으로 관련 있는 한 음절 감탄사도 포함된다.	클라이언트 : (어머니와 놀이를 하면서 밖을 얼핏 보고) 밖에 비가 온다. 클라이언트 : (장난감 자동차를 가지고 놀면서) 차 올라 간다. 파트너 : 이것은 참 귀여운 강아지네. 클라이언트 : 내 강아지.(대응), 개집에 살아.(선언) 파트너 : 이것은 귀여운 강아지네. 클라이언트 : 내 강아지.(대응), 야옹이도 있어.(선언)

표 6.9 영유아기의 의미론적/화용론적 목표(계속)

기능	사례
연습—클라이언트가 의도의 변화를 나타낼 억양을 하나도 바꾸지 않고 자신이나 다른 사람이 한 이야기 전부 또는 일부를 반복하거나 모방한다. 더 불어 새롭게 추가된 정보없는 내부 재현은 연습으로 간주된다. 이 범주에는 또한 숫자 세기, 노래 부르기, 옹알이하기, 운을 맞추는 행동들이 포함된다. 이런 행동은 클라이언트가 실험을 하거나 또는 리허설 중인 것처럼 보인다.	파트너 : 공 클라이언트 : 공 파트너 : 저 빨간 공 봐. 클라이언트 : 빨간 공. 파트너 : 저 빨간 공 봐. 클라이언트 : 공 봐.(연습) 공, 공, 공.(연습)
보존적 반응—제3자가 두 사람 사이의 대화에 끼어들어도 그 사람의 말이 별개의 사건이나 별개의 물체를 의미하는 것이 아닌 이상 보존적 반응은 연습으로 간주된다.	
이름—클라이언트는 현재 존재하는 물체나 사건에 이름을 붙인다. 그러나 그렇게 붙인 이름은 질문에 대한 반응이 아니다. 보통 이러한 언어적 행동은 손으로 가리키거나 고개를 끄덕이는 것과 함께 완성된다.	클라이언트 : (공을 들어올리며) 공. 클라이언트 : (공을 가리키며) 저 공.
제안, 명령, 요구, 요청—클라이언트 발화의 1차적 기능은 상대방에게 무엇을 하도록 시키거나 클라이언트 자신에게 허가를 주도록 함으로써 다른 사람의 행동에 영향을 미치는 것이다. 형태는 명령 조거나 선언 또는 취조하는 것처럼 들릴 수 있다.	클라이언트 : 과자 줘. 클라이언트 : 그만. 클라이언트 : 엄마! 클라이언트 : 공 던져.(부모가 공을 던진다.) 클라이언트 : 공 던져.(부모가 공을 던진다.) 클라이언트 : 공 던져.

Program for the Acquisition of Language with the Severely Impaired(PALS), by R. Owens, 1982, San Antonio Psychological Corporation. Copyright 1982 by the Psychological Corporation. Adapted by permission.

는 이야깃거리, 파트너 그리고 기능수행 수준을 파악해야 한다. 또한 아동과 보육자의 상호작용의 질 역시 파악해야 한다. 전혀 말을 하지 않거나 최소한의 말만 하는 중증 의사소통장애아들의 경우, 수용적/표현적 언어능력이 의사소통 중재의 성공 여부에 대한 최상의 예측 변수인 것으로 보인다(Brady, Steeples, & Fleming, 2005). 말-언어치료사는 임상수준의 중재 단계에서 훈련기법을 미세하게 조정하기 위해 검사 및 조사를 해야 한다.

(3) 중재

훈련의 첫 단계는 무엇을 가르칠 것인가, 그것을 누가 가르칠 것인가, 그리고 어떤 환경에서 가르칠 것인가를 결정하는 것이다. 이전의 절에서 조기중재를 위한 훈련 중점 대상이 여러 개 제안되었다. 참가자와 상황은 서로 연관되어 있어서 중재 프로그램의 구성에 상당 부분 영향을 미칠 것이다.

최초 언어 프로그래밍에 아동의 자연스러운 환경을 포함시키는 것은 아주 중요하다. 초기 의사소통을 시작할 때 말-언어치료사는 중재 과정에 필요한 보육자의 도움을 목록으로 작성해야 한다. 일반적으로 전문가들이 클라이언트의 반응을 훈련시키고, 부모가 각 가정에서 아동의 반응을 훈련시키고 유도해 낸다(Wulz, Hall, & Klein, 1983). 중재의 구성요소는 환경 조정 및 교육의 상호작용이다. 환경 조정에서는 보육자가 아동의 요구가 예측될 수는 없으나 아동의 의사소통 행동에 따라 좌우되도록 요구에 부응하는 상황을 재구성한다. 교육 단계에서 아동은 의사소통이 필요한 상황에 반응하는 법을 배운다. 훈련의 목적은 아동의 의사소통 레퍼토리를 확대하고 반응을 자극하는 것이다.

가정 내 훈련이 지장을 초래해서는 안 된다. 가정 내 훈련의 목표는 부모에게 부가적 책임을 주는 것이 아니라 부모가 이러한 지속적인 활동들을 재구성함으로써 일상에서 교육 기회를 활용하도록 돕는 것이다(Wulz et al., 1983). **우발적 교수**라고 하는 훈련 방식은 초기 의사소통 훈련전략으로 우선적으로 선택되어야 한다(Owens, 1982d). 예를 들어 만약 부모가 물체 영속성(보이지 않는 존재물이 여전히 존재한다는 사실)을 교육하는 경우라면, 물에 떠 있지 않아 보이지 않는 비누와 장난감들은 일상의 목욕 시 훈련자료로 활용될 수 있다. 거의 모든 일상이 언어 훈련에 맞게 조정될 수 있기 때문에 맥락이 없는 공식적인 훈련 양식에만 의존할 필요는 없다. 아동에게 훈련을 위한 방식은 놀이가 될 수 있다. 놀이는 아동 중심이고, 아동의 행위가 훈련의 초점을 제공할 수 있다. 훈련은 짧게 반복적으로 일상의 활동으로 이루어져야 하며, 이러한 활동들 속에서 간식 시간에 또 다른 과자를 요청하듯 강화요법 지도자가 활동의 일부여야 한다(Halle, Alpert, & Anderson, 1984). 내용은 해당 상황에서 의미가 있어야 하고 실질적인 결과를 도출해야 한다.

환경적 규칙 또한 아동-보육자 상호작용을 재구성하는 데 사용될 수 있다(MacDonald, 1978d). 일단 아동이 기술을 배운 경우, 아동은 원하는 물체나 특권을 얻기 위해 그러한 기술을 실제로 발휘하도록 요청받을 수 있다. 예를 들어 아동이 과자라는 신호를 보낼 수 있으면, 그 신호를 통해 과자를 하나 얻을 수 있어야 한다. 이전에는 손가락으로 가리키거나 징징거리는 것이 받아들여졌으나 더 이상 받아들여지지 않을 것이다. 환경적 규칙은 아동과 보육자 둘의 행동에 영향을 미친다.

비록 언어자극 기법이 홀로 쓰일 경우 불충분하기는 하지만, 이것은 또한 자연스러운 환경에서 사용될 수 있다(Owens, 1982d). 이상적으로 보면 이러한 자극요법은 아동의 실제 기능수행 수준보다 조금 앞선다. 자극요법은 모성어의 형태를 취할 수 있다. 언어교육자는 정신지체가 있는 아동에게 일반적으로 나타나는 비언어적 행동을 하지 않도록 상호작용 양식을 유지하는 것이 중요하다(Smith & Hagen, 1984).

형식적이거나 또는 구조화된 교육의 중요성은 간과될 수는 없으나 가능할 경우 축소될 수는 있다(MacDonald, 1985; Owens, 1982d). 종종 이런 훈련은 놀이양식에 맞게 조정될 수 있다(Manolson, 1983). 교육자가 2명일 경우 아동의 반응을 촉진할 수 있다(Richmond & Lewallen, 1983). 교육자 1명은 아동에게 신호를 보내고, 다른 1명은 적절한 반응을 시범으로 보이거나 또는 그런 반응을 하도록 촉진시킬 수 있다. 최상의 일반화를 위해 공식적 훈련이 가능한 자연스러운 방식으로 이루어져야 하며, 아동의 보육자와 집 또는 교실의 자연스러운 환경이 사용되어야 한다.

가정에서 훈련하는 것이 항상 가능한 것은 아니다. 대안은 교실이 될 수 있다(Brightman, Ambrose, & Baker, 1980). 거주 공간 내에서는 보조교사, 직접 케어 스태프(direct care staff), 도우미 할아버지 · 할머니가 언어촉진자로 작용할 수 있다(Owens, McNerney, Bigler-Burke, & Lepre-Clark, 1987). 아동 안전 담당자의 행동은 그들에게 간단한 칭찬을 하도록 하거나 또는 칭찬에 덧붙여 피드백을 주도록 함으로써 수정될 수 있다(Realon, Lewallen, & Wheeler, 1983).

기본 신호체계의 형태로 이루어지는 조기 의사소통은 **행동연쇄 방해 기법**(behavior chain interruption techniques)(Goetz, Gee, & Sailer, 1985; Hunt, Goetz, Alwell, & Sailor, 1986; Romer & Schoenberg, 1991; Sternberg, Pengnatore, & Hill, 1983)을 사용해 이루어질 수 있다. 행동연쇄 방해에는 두 가지 기본 요소가 있다. (1) 아동이 즐거운 활동에 참여 중인데, 교육자가 그 활동을 방해한다. (2) 해당 활동이 다시 재개될 수 있도록 스킨십과 같은 의사소통을 위한 반응을 보이도록 아동이 강요받는다. 의사소통을 위한 반응이나 신호는 좀 더 일반적인 몸짓이나 신호로 수정 또는 확장될 수 있다.

일반화된 요청이나 구체적이지 않은 요청을 신호로 표현하기 위해 그림이나 손짓을 사용함으로써 의사소통 체계가 또한 시작될 수 있다. 예를 들면 마신다를 표시하기 위해 컵을 요청하는 것이 그런 것이다(Reichle, 1990)(이 절차는 다음에 기술되는 장의 보완적 의사소통편에서 좀 더 자세히 다룰 것이다.)

손을 뻗는 것과 같은 자연적인 행동을 뭔가를 요청하는 몸짓이나 인쇄된 상징을 가리키는 것으로 의미를 한정지을 수 있다(Reichle & Sigafoos, 1991). 모든 즉각적인 발화와 기타 의사소통의 시도는 발생 시 지지를 보내고 강화시켜 줘야 한다. 강화 요법을 통해 발화의 양이 증가할 수 있고 의미 있는 의사소통으로 수정될 수 있다(Drash, Raver, Murrin, & Tudor, 1989; Poulson, 1988).

일단 흉내 내기를 훈련받으면 다양한 의미론적 기능과 의사소통 의도 내에서 한 단어 또는 한 가지 손짓을 훈련할 수 있다. 따라서 한 단어나 한 가지 손짓은 여러 의미와 의도를 표현하는 데 쓸 수 있도록 훈련할 수 있다. "이게 뭐야?"라는 질문에 대한 대응으로만 훈련받은 단일어들은 아동이 그것을 제한적으로 사용할 수밖에 없다. 가능한 의미론적/화용론적 훈련 목표를 표 6.9에 나열하였다. 말-언어치료사는 이 표를 이용해 각 의미론적 범주와 각각의 화용론적 행위를 짝지을 수 있을 것이다. 예를 들어 '위치'를 말하는 대응은 아마도 '인형은 어디 있지?'라는 신호에 뒤따라 올 것이다. '지명' 질문은 '컵?' 또는 '뭐야?'라는 질문으로 구성될 수 있다. 만약 아동이 작은 물체의 위치를 추측하려고 시도할 경우에 '컵?'이라는 질문이 '위치'를 묻는 질문도 될 수 있다. 이러한 범주 조합 내에서 좀 더 긴 발화 역시 학습할 수 있다. 아동이 발화 시 의미론적 규칙의 조합을 계속 사용해서 최대 네 단어까지 말하는 것이 실제 관측된 바 있다. 프로그래밍 가능성은 그림 6.4에 제시되었다. 이 시기가 지나면 내부 문장 재구성에 학습 초점을 맞추

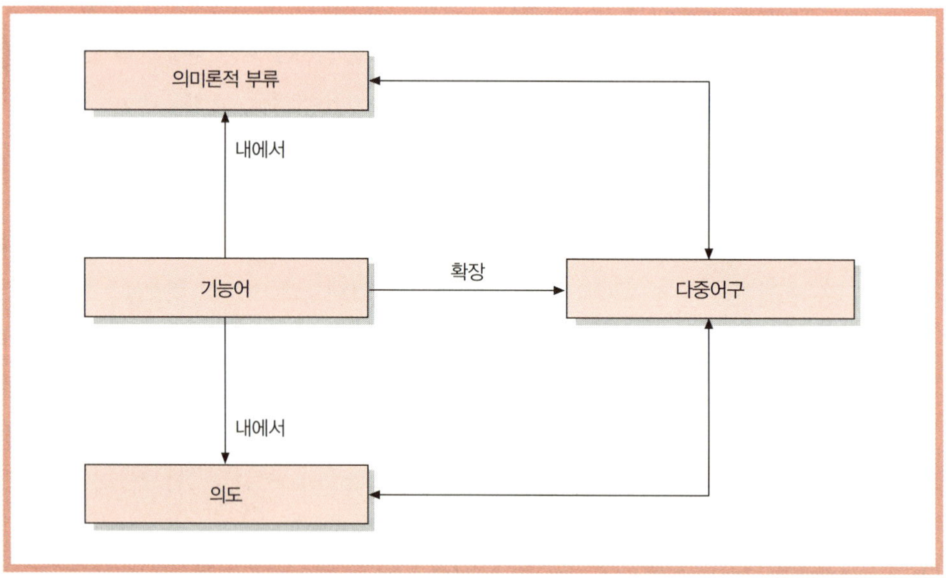

그림 6.4 초기 상징 프로그래밍 방향

고 새로운 구조를 학습하게 된다.

의미론적 기능에 대한 몇몇 발달 가이드라인이 존재한다. 일반적으로 출현 순서에 따르면 지명, 부정, 행위, 사물, 상태나 속성, 상태나 속성의 변화, 소유 및 위치, 행위 경험, 그리고 행위자 순으로 나타난다(Menyuk, 1974). 최초의 두 단어 기능에는 지명('저 _____'), 반복 ('더 _____'), 그리고 존재하지 않음(______ 없어)이 포함된다. 그런 다음 서로 다른 의미론적 분류가 조합되어 행위자와 행위('엄마 먹어'), 소유('아기 과자'), 그리고 위치('강아지 침대')를 나타내는 발화를 만들어 낸다.

다시 말해, 말-언어치료사는 발달 자료를 맹종하지 않도록 주의를 기울여야 한다. 이런 정보는 유용한 가이드라인을 제공하지만 결정을 내릴 때는 아동에 대한 조심스러운 평가와 중재 시 수집한 자료를 기반으로 해야 한다.

(4) 보완대체 의사소통(AAC)

정신지체아 중 일부는, 특히 중도의 장애를 앓고 있는 경우 언어와 상징 사용에 큰 어려움을 느낀다. 이렇게 말을 하지 못하는 아동들의 경우 보완대체 의사소통(ACC)이 필요할 수 있다. 보완 및 대체 형태는 이렇게 말을 하지 못하는 개인의 상징적 의사소통 능력을 증가 또는 확장시킬 수 있다. AAC의 일반적인 형태에는 손으로 하는 의사소통, 의사소통판, 전자기기 또는 컴퓨터를 이용한 의사소통이 포함된다. 이러한 형태들은 사정 및 프로그램 시 고려사항과 함께 간략하게 다룰 것이다.

일반적인 오해와는 달리, AAC 체계의 사용은 언어의 추가 발달을 그만두게 하지 않는다. AAC는 상징학습을 촉진하고, 훈련받은 상징의 언어화를 증가시키고, 주의와 의도적 의사소통 그리고 사회적응성을 증가시키며, 즉각적인 구두 의사소통을 촉진하며, 소통 시작의 회수를 늘리고, 의미 범위와 소통 대상자를 증가시킨다. 수화나 전자기기가 아닌 보조체계로 지시사항을 전달하는 AAC 중재 이전과 중재 시 그리고 중재 이후에 언어 생성 결과에 대한 연구 발표를 포괄적으로 분석한 결과, AAC 중재로 인해 언어 생성이 줄어든 피실험자는 전혀 없었다. 11%는 전혀 변화가 없었고, 다수(89%)는 언어에서 미미하지만 어느 정도의 증가를 보였다(Millar, Light, & Schlosser, 2006). 보고에 따르면, 심지어 자해 행동과 같이 문제가 있는 행동들이 긍정적인 AAC 지원 계획에 의해 감소되었다고 한다(Hetzroni & Roth, 2003).

그러나 이러한 결과가 항상 보장되는 것은 아니다. 철저한 사정과 잘 짜인 계획과 실행을 바탕으로 중재(자연스러운 의사소통 환경과 파트너가 필요)를 한 경우에만 일어난다. AAC 사용의 효용성을 가장 빨리 무너뜨리는 것은 가정이나 학교에서 다른 이들이 이 기법을 사용하지 않는 것이다.

AAC의 유형. 보완대체 의사소통 체계에는 두 가지 유형이 있다. 도움을 받는 것과 도움을 받지 않는 것이 그것이다. 도움을 받는 AAC는 의사소통판이나 의사소통을 위한 전자 수단과 같은 장치를 사용한다. 도움을 받지 않는 체계는 몸짓, 싸인, 지문자와 같은 수화 의사소통으로 이루어진다.

의사소통판은 그 모양이 다양하다. 일반적으로 판은 만들기 쉽고 휴대할 수 있고 상당히 조정이 가능하다. 이 때 사용하는 시각적 상징에는 모형, 미니어처, 사진, 그림, 리버스 상징, 블리스 상징, 그리고 글자와 단어 등이 포함될 수 있다. 그 예는 그림 6.5에 제시되었다. 미취학 다운증후군 아동은 다른 물체를 표시하는 추상적 상징으로 사용되는 미니어처나 대체 사물보다 몸짓을 훨씬 더 쉽게 이해한다(O' Toole & Chiat, 2006). 리버스 상징은 개념을 상형문자로 나타낸 것이다. 블리스 상징은 일반적으로 리버스 상징보다 상징성이 덜 하지만, 대신 생성적 언어 사용의 증가를 가능하게 한다. 예를 들어 책이라는 단어에 대한 리버스 상징은 펼쳐진 책의 지나치게 단순화된 세부양식을 보여 주는 상형문자이고, 반면 블리스 상징은 중앙을 가로지르는 수직선이 있는 사각형이 도식적으로 펼쳐진 책을 나타낸다. 이런 부호화된 형태는 단독으로 쓰이지 않고 조합으로 사용될 수 있다. 일반적으로 부호화 체계가 좀 더 상징적이거나 좀 더 '추측이 가능한' 경우 배우기가 더 쉽다. 다른 말로 하면, 상징성이 덜한 체계는 유연성이 높고 생성적이기 때문에 좀 더 어른스런 표현을 가능케 한다.

컴퓨터 기술의 괄목할 만한 성장이 말을 못하는 개인들에게 수없이 많은 새로운 가능성을 열어 주고 있다. 입력체계는 단순한 단방향 스위치만큼이나 다양하거나 또는 컴퓨터 자판만큼 복잡할 수 있다. 그리고 출력체계는 인쇄, 그래픽 그리고 사전 녹음된 연설이나 합성된 연설 등이 포함될 수 있다. 일반적으로 아동은 세 가지 유형의 표시방법인 스캐닝, 부호화, 직접 선택을 사용한다. 스캐닝의 경우 장치가 계속해서 상징을 보여 준다. 아동이 원하는 상징을 보면 장치를 멈춘다. 부호화의 경우 컴퓨터 메모리에 접속하기 위해 숫자나 십진법과 같은 암호가 사용된다. 마지막으로 직접 선택의 경우 아동이 커서나 마우스 포인터를 원하는 상징에 가져가거나 가능하다면 메시지를 입력할 수도 있다.

컴퓨터 접속은 가장 어려운 문제일 수 있다. 특히 중증 동작 한계를 가진 개인의 경우에 그렇다. 아동과 소형 컴퓨터 사이의 인터페이스 스위치를 종종 수정해 주거나 또는 개개인 클라이언트의 동작능력에 맞게 조정해 주어야 한다. 인터페이스 장치 사용이 더딘 것이 사실 소형 컴퓨터와 관련된 스피드 이점을 무효로 만들 수 있다.

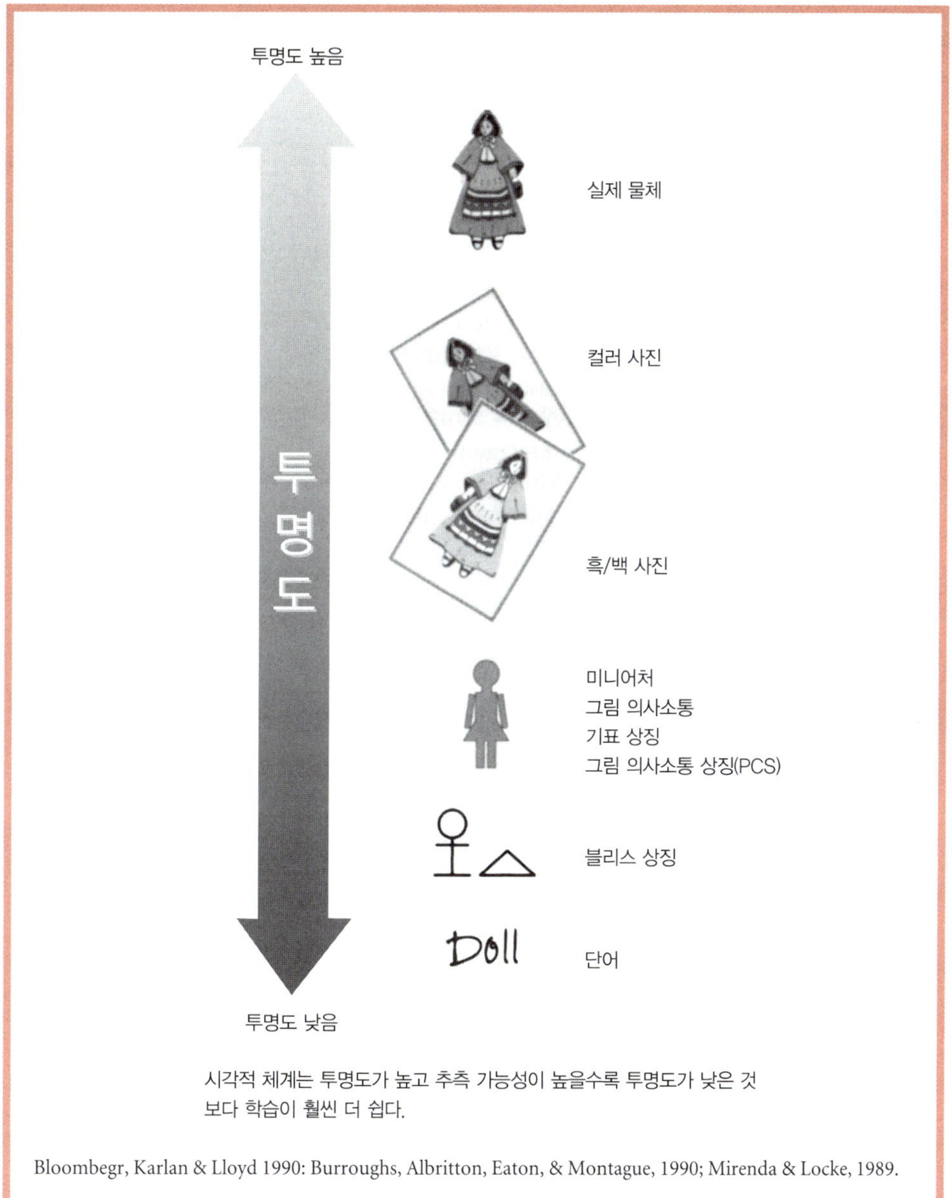

그림 6.5 그래픽 보완적 의사소통 체계의 투명도

도움을 받지 않는 수화체계에는 여러 유형이 있다. 미국 수화(ASL)가 여기에 포함되는데, 미국 수화는 그들의 자체 언어다. 또한 SEE_1(Seeing Essential English) 또는

SEE_2(Signing Exact English)도 포함되는데, 이것은 영어 구문론과 매우 흡사하다. 가장 널리 교육되고 있는 체계인 수화 영어(Signed English)는 다른 체계의 수화를 사용하지만 SEE_1처럼 영어 형태학상 규칙을 철저히 준수하지는 않는다. 미국 원주민의 수화 역시 정신지체아들에게 성공적으로 사용되고 있다. 아마도 투명성 때문일 것이다. 투명성은 일단 그 어원을 설명한 후에 수화를 이해하기 쉬운 정도로 나타낸다. 일부 아동에게는 보완 체계의 유형이 두 가지 이상인 것이 이로울 수 있다. 서로 다른 체계는 다른 환경에서 적용할 수 있다.

평가. 아동의 AAC 사용에 대한 평가를 내릴 때는 일반적으로 말-언어치료사와 심리학자, 물리치료사, 작업치료사, 특수교육교사, 부모와 같은 아동 지지자, 그리고 해당이 된다면 아동 전문가 집단에 의해 결론을 짓는다. 평가는 지속적인 과정으로, 이 경우 아동의 변화하는 요구와 능력에 맞게 AAC 체계을 조정하기 위한 필수 과정이다.

미국 언어청각협회(ASHA)의 의사소통 과정 및 말을 못하는 사람들의 특별위원회(1980)는 보완적 의사소통에 대한 평가의 세 가지 구성요소를 찾아냈다. 첫째, 전문가 집단은 보완 체계의 적절성을 평가해야 한다. 말을 못하는 사람 모두가 보완적 의사소통을 해야 하는 후보자는 아니다. 예를 들어 즉각적인 상징 사용에 필요한 인지능력이 구어뿐만 아니라 보완적 의사소통에도 적용된다(Bryen, Goldman, & Quinlisk-Gill, 1988; Goossens,1984; Owens & House, 1984; Shane & Bashir, 1980; Silverman, 1980). 환경 또한 보완 체계 사용에 도움을 주는 것이 틀림없다(Owens & House, 1984; Shane, Lipshultz, & Shane, 1982).

평가의 두 번째 요소는 적절한 의사소통 양식의 선택이다. 전문가 집단은 말을 하지 못하는 개인에 적절한 AAC의 유형(들)이 무엇인지 결정해야 한다. 특히 중요한 것은 몸의 총 움직임 양식이라는 맥락에서 아동의 동작능력이다(Bottorf & DePape, 1982). 평가 집단은 움직임의 범위, 속도, 강도, 일관성에 관심이 있다. 동작능력이 뛰어난 아동은 수동체계에 적당한 반면, 동작능력이 떨어지는 아동은 의사소통판이나 전자 장치를 사용할 수 있다. 전자 장치의 경우, 결정을 내릴 때는 과제분석을 기반으로 해야 한다. 과제분석에는 아동의 현재 기술과 의사소통을 위한 보조기구를 운용하는 데 필요한 행동들이 포함된다.

마지막으로 전문가 집단은 적절한 상징체계(들)를 선택해야 한다. 적절성의 문제는 인지 능력, 시각의 정확성 그리고 환경 수용성과 관련이 있다. 예를 들어 그림을 사용할 때보다는 단어를 사용할 때 보다 좋은 인지능력과 시각적 변별능력이 요구된다. 그림은 일반적으로 기호문자(그림과 글자의 조합)보다 분별이 쉽다(Romski, Sevcik, Pate, & Rumbaugh, 1985). 게다가 블리스 상징과 같은 상징체계는 비수용적 환경에서는 의사소통을 방해할 수도 있다.

중재. 중재는 성공적인 상호작용을 증가시키는 데 주력해야 한다(Bottorf & DePape, 1982). 일반적으로 의사소통 상호작용은 클라이언트 개인과 의사소통 환경에 보완 의사소통 장치를 적응시킴으로써 촉진할 수 있다.

말-언어치료사는 아동 주변에 보완환경을 마련해야 한다. AAC 체계는 언제나 이용가능하며, 다른 사람에게도 이를 이용하도록 권장한다. 수화(sign)도 언제나 이용할 수 있지만 다른 사람들은 아동에게 말할 때 수화를 이용하지 않을 수도 있다. 다른 사람이 이를 사용하면 이해를 촉진시키고 수화 사용 분위기를 조성하는 데 도움이 된다. 더불어 각 클라이언트의 고유한 일상이 AAC 사용을 촉진할 수 있다. 양육자가 보완 시스템에 대한 지식이 부족하고 이를 자주 사용하지 않는 것은 이 시스템이 일반화되지 않은 것과 관련이 있을 수도 있다(Bryen & McGinley, 1991).

개별적인 내용에 대한 선택은 클라이언트의 일상, 관심사, 필요를 반영해야 한다(Bottorf & DePape, 1982). 선정된 어휘는 이것이 사용되는 상호작용의 유형에 영향을 미칠 것이다(Bottorf & DePape, 1982). 최초 어휘는 클라이언트의 개인적인 관심, 일상, 기본적인 필요와 더불어 그 환경 안에 있는 다른 사람의 조언을 바탕으로 해야 한다. 더불어 수화는 대칭성, 접촉성, 상징성을 토대로 하여 선택할 수 있다. 수화가 대칭이거나 똑같은 손동작을 포함하고 있고 몸과 접촉을 하고 상징적이거나 매우 표상적일 경우 중도의 정신지체가 있는 사람이 보다 신속하게 수화를 배울 수 있을 것이다(Kohl, 1981).

AAC는 만병통치약이 아니며, 그 결과가 항상 좋은 것도 아니다. 정신지체가 심각하거나 중증의 클라이언트는 수년간의 훈련 끝에 몇 가지 수화만을 자연스럽게 구사할 것이다(Bryen et al., 1988). 진전이 없는 이유는 모방 훈련을 남용하고 자연스러운 사용을 거의 고려하지 않으며, 훈련 상황이 의미가 없고 부적절한 어휘나 보완 체계를 사용하고 양육자가 환경적인 지원을 거의 하지 않은 것과 관련이 있을 수 있다. 민족성과 장애에 대한 아동 특유의 문제에 대해 전문가가 민감하게 대응하고 학부모-전문가 파트너십에 학부모가 참여하면 가족이 AAC 도구를 이용하는 법을 익히는 데 도움이 될 수 있을 것이다(Parette, Brotherson, & Blake Huer, 2000).

성공적인 중재는 아동의 현재 의사소통 실태를 바탕으로 하며, 아동의 모든 의사소통 수단을 활용하는 다중양식 전략을 채택한다(Paul, 2000). 따라서 어떤 아동은 몇 가지 수화와 발성으로 보완한 의사소통판에 의존할 수 있다. 말-언어치료사는 의사소통의 새로운 장을 여는 한편 기존의 장을 강화하고 구축하려고 시도해야 한다.

환경을 체계적으로 수정하여 AAC의 사용을 장려하도록 해야 한다. 말을 하지 않는 아동에게 자신의 보완 체계를 사용할 수 있는 기회를 주어야 한다. 교사와 양육자에게는 의사소통을 지배하지 않도록 주의를 주어야 한다. 의사소통 파트너는 인내심을 갖고 클라이언트의 반응을 기다려야 한다. 아동에게도 적극적인 체계 사용을 촉진하기 위해서 자신의 일상과 대안 활동에 대한 선택권을 주어야 한다. 심각한 정신지체가 있는 사람도 상징 어휘가 일상적인 환경을 지배할 수 있도록 사용한다면 오랜 기간에 걸쳐서 이러한 상징 어휘를 잘 유지할 수 있다(Romski, Sevcik, & Rumbaugh, 1985).

처음에 AAC를 사용하는 것은 아동이나 그 아동과 의사소통을 하는 양육자 모두에게 과제가 될 수 있다. 일반적인 과제로는 다음과 같은 것들이 있다(Johnston, Reiche, & Evans, 2004).

- 아동이 AAC 체계를 이용하지 않는다.
- 의사소통 파트너가 AAC 체계를 이용하지 않는다.
- 아동이 사회적으로나 맥락상 용인할 수 없는 의사소통 행위를 사용한다.

첫 번째 및 두 번째 예에서 말-언어치료사는 강화에 대한 반응 노력이나 속도, 즉각성, 질, 그리고 이러한 변수의 상호작용 효과와 관련된 문제를 다룰 수 있다. 세 번째 상황에서 사회적 및 맥락적 변수를 해결해야 한다. 표 6.10은 각각의 과제를 위해서 생각해야 할 문제를 제시한다.

보완 의사소통 체계를 지속적으로 평가하고 말을 하지 못하는 개인의 의사소통 필요에 적응시켜 나간다면 효과적인 상호작용 시스템의 일부가 될 수 있다. 조기중재에 대한 논의에서 말한 바와 같이 말-언어치료사는 의미론적 범주 및 의사소통 의향 그리고 아동의 자연스러운 의사소통 환경 안에서 AAC 체계가 사용에 관심을 가져야 한다.

3) 언어규칙 훈련

일단 아동이 상징을 의미 있게 사용하게 되면, 훈련 목표는 이러한 상징과 함께 사용되는 규칙체계가 된다. 말-언어치료사는 일반적으로 인식하는 언어의 다섯 가지 영역인 구문론, 형태론, 음운론, 의미론, 화용론에서 사용되는 규칙에 대한 지식을 갖추어야 한다.

언어장애가 있는 아동은 언어 단계에 따른 문장의 이해에서 차이가 난다(Page &

표 6.10 초보 ACC 사용자를 위한 과제와 문제

과제	문제	고려사항
아동이 AAC 체계를 사용하지 않는다.	시스템이 아동에게 지나치게 많은 신체적 혹은 인지적 노력을 요구한다.	필요한 노력을 재평가하거나 체계(즉 선택 방식이나 상징체계)를 변경 또는 수정한다.
	운동능력, 시력, 속도, 기억의 문제	결과가 다중양식 반응이라 하더라도 가장 효율적인 의사소통 방식을 사용한다.
	아동의 강화 빈도가 지나치게 낮다.	사용을 장려하거나 요구할 수 있는 환경을 조성한다. 특히 자연스러운 AAC 사용에 반응할 수 있도록 파트너를 훈련한다. 강화의 기회를 증가시킬 수 있도록 발생 가능성이 높은 내용을 강조한다.
	아동의 강화가 일어나지 않는다.	아동에게 요구하라고 가르친다. 바람직한 항목과 행동을 위한 기호/상징을 가르친다. 아동의 내용을 강조하는 기능적 의사소통을 훈련한다.
의사소통 파트너가 AAC 체계를 사용하지 않는다.	시스템이 파트너로 하여금 메시지 이해를 위해 지나치게 많은 신체적 혹은 인지적 노력을 요구한다.	아동의 AAC 평가와 훈련과 관련된 모든 결정에 파트너를 포함시킨다. 파트너에게 파트너가 되는 것에 대해 가르친다. 보다 쉽게 이해할 수 있는 AAC 방법을 선택한다.
	파트너의 강화빈도가 지나치게 낮다.	사용을 장려하거나 요구할 수 있는 환경을 조성한다. 파트너에게 아동에 대해 인내심을 갖고 지체를 예상하도록 가르친다. 파트너가 아동의 의사소통에 전념할 수 있는 시간을 계획한다.
	파트너의 강화가 동기부여가 되지 않는다.	파트너가 데이터를 수집하여 변화를 볼 수 있도록 한다.
아동이 사회적으로나 맥락적으로 용납할 수 없는 의사소통 행동을 사용한다.	아동은 용납할 수 없는 행동을 더 쉽게 한다.	AAC 방법을 단순화한다. 단순화된 AAC 방법을 강하게 강화한다. 용납할 수 없는 행동에 반응을 보이지 않는다. AAC 방법의 효율성을 극대화한다. 용납할 수 있는 AAC 행동을 유도할 수 있는 환경을 제공하고 이러한 행동에 반응한다.

Johnston, Reichle, & Evans, 2004.

Horn, 1987). 예를 들어 네 단어 이하로 말하는 아동은 의미론적 이해 전략은 사용하지만 구문론적 전략은 사용하지 않는다. 따라서 말-언어치료사는 이해와 표현 모두를 촉진하기 위해서 적절한 수준의 언어 입력을 선택하는 데 신경을 써야 한다. 아동의 표현언어 기술을 다소 초과하는 언어코드를 제시하는 것이 가장 좋다.

전문가들은 때때로 이러한 규칙을 어른과 같은 형태로 사용하는 것만이 적절한 훈련목표라고 가정하는 경우가 있다. "What Mommy eating?" 이라고 묻는 2세 아동은 언어장애가 있는 것으로 간주되지 않으며 연령에 적절한 규칙을 따르고 있는 것으로 보아야 한다. 마찬가지로 정신지체가 있는 아동은 전반적으로 자신의 인지기능 수준을 반영하는 규칙을 따른다.

(1) 평가

최초 평가에서는 아동이 표현적으로 어떤 규칙을 사용하는지와 아동이 이해하는 규칙은 무엇인지를 판단해야 한다. 이상적으로 사정은 형식적인 검사와 비형식적인 평가 모두를 포함해야 한다.

정신지체 집단을 기준으로 설계된 형식적인 검사는 매우 드물다. 시중에서 입수할 수 있는 대부분의 검사는 일반 아동을 기준으로 개발되었다. 말-언어치료사가 지적장애(ID)가 있는 학생을 대상으로 표준화된 말-언어검사를 사용하기 전에, 그 검사의 설계와 목적을 신중하게 살펴보고 이것이 규준집단에 ID가 있는 학생을 포함하고 있는지 여부를 검토해야 한다. 1994년에서 2004년 사이에 출간된 49가지 검사에 대한 연구에서 23개만이 규준집단에 경증 ID가 있는 학생을 포함하였다(Cascella, 2006). 중증의 ID가 있는 학생을 포함한 검사는 없었다. 15개의 검사에는 경증 ID가 있는 학생을 위한 별도의 규준을 마련하고 있지만, 대규모 아동 집단을 포함한 검사가 없어서 비교가 어렵다. 따라서 말-언어치료사는 표준화되지 않은 절차를 거친 표준화된 검사로 보완해야 한다.

말-언어치료사는 언어검사를 선택하기에 앞서 다양한 조건과 해당 아동의 운동 및 인지능력을 고려해야 한다. 구강운동장애가 있거나 AAC를 사용하는 아동을 위해서 반응수단을 고쳐야 할 필요도 있을 수 있다. 이러한 아동은 또한 시간이 정해진 검사를 완료하기 위해서 더 많은 시간이 필요할 수도 있다.

더불어 검사 규준은 정신지체가 있는 아동에게 부적절할 수 있다. 정신지체를 가진 아동이 사실상 언어지체가 있다는 것을 입증하기 위해서 중재를 계획하는 것은 아무런 가치가 없다. 아동의 언어 특성과 행동을 설명하는 데 도움을 주기 위해서 검사를 사용할 때 더 가치가 있을 것이다. 이렇게 하려면 점수를 초월하여 행동을 분석하려는 노력이 필요할 것이다.

기존의 자료를 수정하여 새로운 평가도구를 개발할 수 있다(Owings & Guvette, 1982). 많은 말-언어치료사는 자체적으로 준비한 도구로 형식적인 검사를 보완한다(Pickett & Flynn, 1983). 형식적인 검사 상황은 인위적이며 일반적으로 대화 환경에서 이용할 수 있는 자연적인 단서가 부족하다. 추가적인 정보 출처가 필요하다. 비형식적으로 수집된 언어 표본은 귀중한 정보를 제공할 수 있다. 언어는 상황과 파트너에 따라서 다양하여 충분한 분석을 위해서는 두 가지 이상의 표본이 필요하다. 예를 들어 스토리텔링 과제에서 그림을 사용했더니 다운증후군 청소년의 MLU가 증가하였다(Miles, Chapman, & Sindberg, 2006).

표본은 여러 가지 방식으로 분석할 수 있다. 처음에 말-언어치료사는 평균 발화길이(MLU)를 판단해야 한다. MLU의 증가는 최대 4.0 음소의 MLU까지 복잡성의 증가와 상관관계가 있다. 표 6.11은 MLU 값과 일반적으로 발달하는 아동에 해당하는 연령을 보여준다.

상품화된 분석방법 중에서, 언어 필사에 대한 체계적 분석(Systematic Analysis of Language Transcripts, SALT)이 가장 기능적이며 쉽게 접근할 수 있는 것으로 보인다. 발달적 문장 점수(Developmental Sentence Scoring)(Lee, 1974) 등과 같은 다른 방법에서도

표 6.11 평균 발화길이와 대략의 연령

평균 발화길이	예상 역연령(개월)	예상 연령±1SD(개월)
1.5	23.0	18.5~27.5
2.0	26.9	21.5~32.3
2.5	30.8	23.9~37.7
3.0	34.8	28.0~41.6
3.5	38.7	30.8~46.6
4.0	42.6	36.7~48.5
4.5	46.6	40.3~52.9
5.0	50.5	42.1~58.9
5.5	54.4	46.0~62.8
6.0	58.3	49.9~66.7

Miller, 1980.

규준 점수가 나오지만 중재를 위한 방향은 거의 제시하지 않는다. 덜 형식적이고 더 기술적인 방법을 이용해서도 언어표본을 분석할 수 있다(Owens, 2004). 말-언어치료사는 언어의 모든 측면을 설명하려고 노력해야 한다. 부적절한 의사소통 등과 같은 화용론적인 문제는 직접적으로 측정하기가 어렵지만 전반적인 의사소통의 효과를 위해서 매우 중요하다.

(2) 중재

역시 일반화는 언어훈련을 위한 자연스러운 환경을 사용하는 것이 최선의 방법이다. 양육자에게 평가적인 피드백과 확장기법을 사용하는 것을 가르칠 수 있다. 예를 들어 양육자에게는 정확한 표현을 시범으로 보이는 형태로 교정 피드백을 제공할 수 있다. 불완전하거나 원시적인 반응을 좀 더 어른스러운 형태로 확장시킬 수 있다. 이미 말한 바와 같이 자연스러운 대화 사용으로의 일반화는 정신지체가 있는 많은 아동들에게서 자동으로 나타나지는 않는다. 구조화된 대화 안에서 훈련을 하면 아동은 언어 특성 사용을 지배하는 상황과 맥락에 익숙해진다.

훈련 목표 선정을 위한 일차적인 기준은 언어 특성 훈련을 받는 아동에게 미치는 유용성이다. 목표는 질문하기 등과 같이 의사소통을 촉진하거나 전화 이용하기 등과 같이 더 많은 의사소통 선택권을 제공하는 언어 특성이나 행동을 포함해야 한다.

훈련자는 너무 많은 새로운 항목을 훈련 과제에 도입하지 않는 것이 가장 좋다. 훈련 단서, 소도구, 자료는 점진적으로 변화를 주어야 한다. 기존에 훈련을 받은 정보는 새로운 학습의 보조로 사용해야 한다. 예를 들어 앞서 다룬 의미론적 범주와 규칙에 대한 지식은 구문론 훈련에 이용할 수 있다. 행위자 단어(엄마, 강아지)는 발화에서의 위치와 용도 때문에 주어가 될 수 있다. 이전에는 단어의 순서에 의해서 표현된 소유는 소유격 표지(*'s*)를 훈련함으로써 확장될 수 있다.

축소언어 체계는 어순 훈련에 도움이 될 수 있다(Bunce, Ruder, & Ruder, 1985). 표 6.12는 한 가지 언어 특성이 각 축을 차지하고 있는 축소체계 행렬을 보여 준다. 아동은 각 그룹에 있는 단어를 결합하여 어순 규칙을 배울 수 있다. 축소체계에서 일부 조합을 훈련시킴으로써 일반화가 우수하게 나타난 것으로 보고되었지만 가능한 모든 조합이 그런 것은 아니다. 표 6.12에서 X 표시는 훈련에서 가장 효과적인 조합을 나타낸다.

새로운 언어 특성은 맥락 가운데 특성의 예를 자주 제공하는 집중적 자극을 이용하여 도입할 수 있다. 예를 들어 현재 진행형 동사 형태(동사 + *ing*)를 소개할 때, 훈련자는 자기가 하고 있는 일을 설명하기 위해서 혼잣말을 하거나 아동이 하고 있는 것을 설명하기

표 6.12 축소언어 체계

	쿠키	케이크	푸딩	파이	식빵
먹다	X	X	X	X	X
굽다	X				
섞다	X				
원하다	X				
주다	X				
	애완동물	**개**	**고양이**	**말**	**흰족제비**
먹이를 주다	X	X			
목욕시키다		X	X		
단장시키다			X	X	
산책시키다				X	X
솔질하다	X				X

※ 한 축에 있는 동사는 다른 축에 있는 명사와 결합하여 짧은 구를 만들게 된다. 가르친 각각의 조합을 X로 표시하였다. 규칙학습은 훈련되지 않은 조합으로 일반화된다.

위해서 아동의 입장에서 말하기를 할 수 있다. 맥락에서 반복적인 사용은 아동을 위해 특성을 강조하고 주의를 집중하는 데 도움이 될 것이다.

완전한 문장을 유도하려고 할 때 말-언어치료사는 화용론적으로 타당한 단서를 사용하고 전반적인 언어 사용을 반영하기 위해서 매우 신중해야 한다. 예를 들어 "What do you want?"라는 단서는 "Cookie" 등과 같이 단일단어 또는 짧은 구로 된 반응을 유도할 가능성이 매우 높다. "I want to cookie"라는 대답을 원하는 것은 화용론적으로 부적절하다.

결핍되기 쉬운 영역인 어휘 역시 상징(symbol)이 어느 정도 타당성을 갖는 일상생활의 맥락 안에서 훈련할 수 있다. 핵심 단어나 그림을 사용하면 학습을 촉진하고 직접적인 지시보다 나은 기억을 보장할 수 있다(Scruggs, Mastropieri, & Levin, 1985). 예를 들어, *popover*[팝오버, 미국 공갈빵(역주)]라는 단어는 핵심어 *pop*을 포함하고 있다. *popover*라는 단어나 또는 토스터에서 '튀어나오는' 토스터용 패스트리를 보여 주면 단어를 기억하는 데 도움이 될 수 있다. 단일단어나 일련의 단어에 대한 기억을 촉진시키기 위해서 이야기도 사용할 수 있다(Glidden & Warner, 1985).

경도 정신지체가 있는 많은 아동이 읽기를 배울 것이다. 7세에서 12세 사이인 정신지체 아동의 읽기는 음운론적 읽기 지도를 통해 도움을 얻을 수 있겠지만, 언어기술이 더 나은 아동이 가장 큰 진전을 볼 것이다(Conners, Rosenquist, Sligh, Atwell, & Kiser, 2006). 중등도에서 중중 정신지체가 있는 아동은 단어를 시각적으로 인식하도록 배우는 일견단어 읽기 지도에서 전통적인 철자법과 수정된 철자법의 조합을 배우면 도움이 될 것이다(Van der Bijl, Alant, & Lloyd, 2006). 전통적인 지도에서는 문자-소리 관계를 가르친다. 수정된 철자지도에서는 배워야 할 단어가 그 단어를 나타내는 그림에 들어 있거나 그림이 단어에 들어 있다. 적혀진 단어가 시각적으로 강조되어 그것이 나타내는 사물과 매우 흡사해지면, 그 단어의 의미 또는 상징적인 기능을 아동이 이해하기가 더 쉬워질 것으로 가정된다.

말-언어치료사는 정신지체 아동의 특수한 학습 요구를 제대로 인식해야 한다. 인지기능은 그 기능을 설명하는 언어기술 이전에 훈련이 되어야 한다. 예를 들어 아동은 *before*, *after*, *because* 등과 같은 언어적 개념을 배우기 전에 과정의 가역성과 시간관계에 대해 이해를 해야 한다. 다운증후군이 있는 아동 등은 순차적인 처리기술을 도와주어야 할 필요가 있을 수 있다. 전반적인 의미와 관련된 동시적 기술은 순차적 작용을 촉진시키기 위해서 채택될 수 있다.

마지막으로 다운증후군이 있는 아동 등은 청각적 상징 외에도 추가적인 입력이 필요할 것이다. 시각적 및 촉각 입력은 그들의 학습을 향상시킬 수 있다. 그림이나 경험적 활동을 활용하면 개념학습을 촉진시키고 클라이언트의 반응을 더 많이 유도해 낼 수 있을 것이다. 아동의 활동 참여는 말-언어치료사의 참여나 그림의 사용보다 더 많은 언어적 반응을 유발할 것이다(Cook & Seymour, 1980). 마찬가지로 중증의 정신지체 클라이언트의 적극적인 참여는 상황적으로 적합한 언어행동에 대한 단서가 될 것이다(Spiegel, 1983).

4) 언어 사용

정신지체가 있으나 더 높은 기능을 수행하며 직업 전 혹은 직업훈련 프로그램에 참여하는 10대의 경우 훈련의 초점은 언어 사용이 되어야 한다. 최소한도의 언어 구조가 필요하기는 하지만, 언어 형태가 인생의 성공에 있어서 결정적으로 중요한 것은 아니다. 정신지체가 있는 사람들 중에서 직업적으로나 사회적으로 성공한 사람과 그렇지 않은 사람의 중요한 특징은 직장과 사회에서의 통합인 것으로 보인다. 게다가 정신지체가 있는 인구집단은 정규직에 취업하고 정신지체가 없는 친구들을 두어야 할 필요성이 절박하다. 성공한 사람과 성공하지 않은 사람의 차이 중 하나는 언어를 포함한 사회적 기술의 영역에서 나타난다. 따라서 보다 적절한 언어 사용은 바람직한 훈련 목표다.

지시를 따르고 질문을 하는 것과 같은 일부 언어 요소는 특히 직장 환경에서 다른 요소보다 더 중요할 수가 있다. 정신지체가 있는 성인은 그들의 언어 사용이 부적절할 경우, 예를 들어 입버릇이 좋지 않거나, 따지기를 좋아하거나, 저속한 말을 하거나, 거드름을 피우거나, 시끄럽거나, 남의 말을 가로막거나, 엉뚱한 말을 할 경우에는 채용될 가능성이 더 적어진다. 훈련을 받아야 할 추가적인 기술은 대화능력과 지시 따르기를 포함해야 한다.

이러한 직업-대인관계 기술은 시범, 코칭, 행동 연습 등의 조합을 통해서 수정될 수 있다. 실제로 사용할 때와 비슷한 상황에서 연습이나 역할놀이를 하는 것이 도움이 될 수 있다. 부적절한 언어화를 줄이는 데 있어서 책망-지도보다 칭찬-지도-책망 등의 형태로 사회적 피드백을 하는 것이 더 효과적이었다.

다른 대화기술도 가르칠 수 있다. 정신지체가 있는 10대는 특히 부모와 의사소통을 하고 자신의 감정을 표현하는 데 어려움이 있을 수 있다. 대화 파트너로서 정신지체가 있는 사람을 포함한 성인은 차례대로 하기의 규칙을 지키고 대화의 주제를 도입하고 지속하며 기여할 것으로 기대된다. 더불어 대화 상대방의 관점을 취할 수 있어야 하고 자신의 역할과 정보적인 기여에 변화를 줄 수 있어야 한다. 학령기 또는 성인 수준의 기능을 하는 사람들의 화용론적 능력도 일련의 의도와 표현 형태에 대해 평가 및 훈련을 할 수 있을 것이다(Prutting & Kirchner, 1983). 정상적으로 발달하는 또래는 효과적으로 모범을 보일 수 있고 적절한 대화 반응을 유도할 수 있다(Wilkinson & Romski, 1995).

교실, 가정 또는 직장에서 중요한 사회적 기술과 대화기술을 가르칠 수 있다(Stowitsch et al., 1988). 심각한 정신지체가 있는 청소년과 성인은 성공적으로 전화를 받고 다양한 메시지와 발신자에게 응대하도록 가르칠 수 있다(Karen, Astin-Smith, & Creasy, 1985). 심지어 정신지체가 있는 사람도 이러한 대화기술의 필요성을 인식한다. 교실에서 이루어지는 일일 훈련 프로그램에서 클라이언트들이 정한 규칙을 소개하면 다음과 같다.

- 주제에서 벗어나지 말 것
- 다른 사람이 말할 때 조용히 할 것
- 말을 경청할 것
- 다른 사람의 말을 가로막지 말 것
- 차례대로 말하고 모든 사람에게 기회를 줄 것
- 다른 사람이 들을 수 있게 말할 것
- 혼잣말을 하지 말 것

요 약

이 장에서 살펴본 정신지체의 정의는 인지기능과 적응행동을 함께 고려한다. 전반적으로 이 정의는 정신지체가 있는 사람은 지체와 차이 양쪽 측면에서 특징적으로 나타나는 행동을 하는 발달적 존재라는 경험적 결과를 반영한다. 이런 정의는 또한 정신지체 집단의 언어발달에도 적용된다.

이러한 특징은 발달적 언어중재 접근법을 제안한다. 현명한 말-언어치료사는 창의적인 프로그래밍을 위한 이정표로 전형적인 발달을 사용할 것이다. 언어중재 목표는 클라이언트의 언어기술에 따라 달라질 것이다. 최초 훈련은 인지적 · 지각적 · 사회적 · 의사소통적 기술과 초기 의사소통의 정립에 초점을 맞출 것이다. 초기 단계에서는 의미론적이고 화용론적인 것에 초점을 맞출 것이다. 일단 짧은 다중단어 발화를 하게 되면 말-언어치료사는 언어규칙 체계를 목표로 해야 한다. 클라이언트가 언어규칙 사용 능력을 점점 더 갖추게 되면서, 언어 사용은 정상화 훈련을 위한 도구가 되어야 한다. 이러한 훈련은 특히 직업훈련 프로그램에 참여하는 클라이언트에게 해당한다.

사례 연구 캐서린

캐서린은 33세로 심각한 정신지체가 있으며 발달센터에 입소했지만 그 센터에서 하는 일일 훈련 프로그램에 참여한다. 그녀는 초기 아동기부터 시설에서 생활했다. 그녀의 정신지체 원인은 밝혀지지 않았다. 웩슬러 지능검사 아동용(개정판)으로 측정한 그녀의 정신연령은 6세를 겨우 넘지만, 언어수행 능력은 이보다 더 낮다. 그녀는 발작을 경험하는데 주로 작은 발작이다. 발작을 하는 동안 그녀는 보통 무표정한 얼굴로 빤히 쳐다 본다. 이러한 행위는 지속기간이 보통 몇 초지만 때때로 가끔 의식을 잃을 때도 있다. 현재 그녀의 발작은 약물치료로 관리한다. 때로 캐서린은 폭력적으로 변하여 다른 클라이언트를 별다른 이유 없이 때리기도 한다. 공동체 거주지로 그녀를 배치하느냐는 이 행동을 통제할 수 있느냐에 달려 있다. 그녀는 옷 입기와 식사하기 등과 같은 자조 기술은 우수하지만 언어, 금전, 시간 기술은 부족하다.

피바디 그림어휘력검사에서 측정한 캐서린의 수용 어휘 연령은 5세 정도이다. 그녀는 지명한 그림을 지적할 수는 있지만 단어의 의미를 설명하는 것은 어렵다. 언어에 대한 청각적 이해 검사-개정판(Test for Auditory Comprehension of Language-Revised, TACL-R)으로 측정한 그녀의 수용적 언어 해당 연령은 4년 2개월이다. 이 점수는 캐로우 유도 언어 목록(Carrow Elicited Language Inventory)에 의해서 표현언어에 대해 입증이 되었다. 문장 모방 검사에서 그녀는 46

개월의 연령에 해당하였다. 그녀의 수행능력은 문장 단순화, 관사 생략, 그리고 동사 시제결정과 대명사 사용의 어려움이 특징적으로 나타난다. TACL-R에서 그녀는 또한 동사 시제와 대명사에서 몇 가지 실수를 하였다. 밀러의 Assigning Stuctural Stage를 이용하여 분석한 자료에서는 캐서린의 언어기술이 주로 Brown의 단계 IV에서 발견되는 것이라고 나타났다. 그녀의 MLU는 3.67 정도였다. 그녀의 언어는 주로 반응적이며 짧은 문장을 사용하며, 복잡하거나 복합적인 문장이 드물고 you, me, he, she, him 외의 대명사는 거의 사용하지 않으며, 시제 표지(tensing marker)가 없는 것이 특징적으로 나타났다. 조동사와 법(modal)이 일부 나타나기는 하나 동사 to be와 약간의 혼란을 일으킨다.

직업훈련 프로그램에서 캐서린의 의사소통 행동은 대부분 반응적이지만, 스태프는 그녀가 지속적인 언어행동을 보인다고 보고한다. 직업훈련을 받는 동안 그녀는 자신이 받은 지시나 자기에게 한 말을 계속해서 반복할 것이다. 이런 행동은 낮은 목소리로 하지만 그래도 주변 사람들을 짜증나게 할 것이다. 스태프는 이런 행동을 중단시키기가 어렵다고 보고한다.

캐서린은 개인적인 프로그램을 위해서 주 2회 말-언어치료사를 만나며, 일주일에 한 번씩 집단 훈련을 받는다. 개인 세션 동안 말-언어치료사는 주로 동사 시제에 대해 훈련을 실시하면서 규칙 및 불규칙 과거와 미래 시제에 중점을 둔다. 일단 캐서린이 정확한 대답을 하면, 말-언어치료사는 그녀에게 더 긴 언어화를 이끌어내려고 한다. 집단작업에서는 대화의 개시와 더 긴 발화의 사용을 권장하려고 시도한다. 스태프는 캐서린이 대화에서 더 긴 대답을 제시할 수 있기를 기대한다. 기존의 발화를 확장시키도록 유도하기 위해서 질문기법을 사용한다. 더불어 캐서린은 짧은 기간 동안 지속적으로 속삭이지 않도록 강화를 받는다.

연구문제

1. 정신지체에 대한 AAMR(1992)의 정의는 무엇인가? 이 정의에 대해 설명해 보라.
2. 정신지체인의 인지적 기능은 일반인의 인지적 기능과 어떻게 다른가? 중재 시 이들 차이는 어떻게 고려될 수 있는가?
3. 정신지체인과 일반인의 언어능력의 다섯 가지 양성을 비교해 보라.
4. 발달적 중재 모형과 정신지체인의 언어훈련을 관련지어 설명해 보라.
5. 정신지체인을 위한 언어중재 목표를 기술해 보라.

참고문헌

Abbeduto, L., Davies, B., Solesby, S., & Furman, L. (1991). Identifying the referents of spoken messages: Use of context and clarification requests by children with and without mental retardation. *American Journal on Mental Retardation, 95,* 551–562.

Abbeduto, L., Furman, L., & Davies, B. (1989). Relation between the receptive language and mental age of persons with mental retardation. *American Journal on Mental Retardation, 93,* 535–543.

Abbeduto, L., & Rosenberg, S. (1980). The communicative competence of mildly retarded adults. *Applied Psycholinguistics, 1,* 405–426.

Abbeduto, L., Short-Meyerson, K., Benson, G., & Dolish, J. (1997). Signaling of noncomprehension by children and adolescents with mental retardation: Effects of problem type and speaker identity. *Journal of Speech, Language, and Hearing Research, 40,* 20–32.

Abbeduto, L., Short-Meyerson, K., Benson, G., Dolish, J., & Weissman, M. (1998). Understanding referential expressions in context: Use of common ground by children and adolescents with mental retardation. *Journal of Speech, Language, and Hearing Research, 41,* 1348–1362.

Abrahamsen, A., Romski, M., & Sevcik, R. (1989). Concomitants of success in acquiring an augmentative communication system: Changes in attention, communication, and sociability. *American Journal on Mental Retardation, 93,* 475–496.

Affleck, G., Allen, D., McGrade, B., & McQueeney, M. (1982). Home environments of developmentally disabled infants as a function of parent and infant characteristics. *American Journal of Mental Deficiency, 86,* 445–452.

Alanay, Y., Unal, F., Turanli, G., Alikasifoglu, M., Alehan, D., Akyol, U., Belgin, E., Sener, C., Aktas, D., Boduroglu, I., Utine, E., Volkan-Salanci, B., Ozusta, S., Genc, A., Basar, F., Sevinc, S., & Tuncbilek, E. (2007). A multidisciplinary approach to the management of individuals with fragile X. *Journal of Intellectual Disability Research, 51,* 151–161.

Alvares, R. L., & Downing, S. F. (1998). A survey of expressive communication skills in children with Angelman syndrome. *American Journal of Speech-Language Pathology, 7*(2), 14–24.

American Association on Mental Retardation. (1992). *Mental retardation: Definition, classification, and systems of support* (9th ed.). Washington, DC: Author.

ASHA Ad Hoc Committee on Communication Processes and Nonspeaking Persons. (1980). Nonspeech communication: A position paper. *ASHA, 22,* 267–272.

Bangs, T., & Dodson, S. (1979). *Birth to Three Developmental Scales.* Seattle: University of Washington Press.

Bender, N., & Carlson, J. (1982). Prosocial behavior and perspective-taking of mentally retarded and nonretarded children. *American Journal of Mental Deficiency, 86,* 361–366.

Berger, J., & Cunningham, C. (1983). The development of early vocal behaviors and interactions in Down syndrome and non-handicapped infant-mother pairs. *Developmental Psychology, 19,* 322–331.

Berry, P., Groeneweg, G., Gibson, D., & Brown, R. (1984). Mental development of adults with Down's syndrome. *American Journal of Mental Deficiency, 89,* 252–256.

Bilsky, L., Walker, N., & Sakales, S. (1983). Comprehension and recall of sentences by mentally retarded and nonretarded individuals. *American Journal of Mental Deficiency, 87,* 558–565.

Bishop, D. V. M. (1999). An innate basis for language? *Science, 286,* 2283–2284.

Blacher, J. (1982). Assessing social cognition of young mentally retarded and nonretarded children. *American Journal of Mental Deficiency, 86,* 473–484.

Bleile, K., & Schwartz, I. (1984). Three perspectives on the speech of children with Down's syndrome. *Journal of Communication Disorders, 17,* 87–94.

Bloomberg, K., Karlan, G., & Lloyd, L. (1990). The comparative translucency of initial lexical items represented in five graphic symbol systems and sets. *Journal of Speech and Hearing Research, 33,* 717–725.

Bottorf, L., & DePape, D. (1982). Initiating communication systems for severely speech-impaired persons. *Topics in Language Disorders, 2,* 55–72.

Bowler, D. (1991). Rehearsal training and short-term free-recall of sign and word labels by severely handicapped children. *Journal of Mental Deficiency Research, 35,* 113–124.

Brady, N. C., Steeples, T., & Fleming, K. (2005). Effects of prelinguistic communication levels on initiation and repair of communication in children with disabilities. *Journal of Speech, Language, and Hearing Research, 48,* 1098–1113.

Bricker, D. (1993). *Assessment, Evaluation, and Programming Systems: AEPS Measurement for Birth to Three Years* (Vol. 1). Baltimore: Paul H. Brookes.

Bricker, D., Squires, J., & Mounts, L. (1995). *Ages and Stages Questionnaire (ASQ): A parent-completed child-monitoring system.* Baltimore: Paul H. Brookes.

Brownell, M. D., & Whiteley, J. H. (1992). Development and training of referential communication in children with mental retardation. *American Journal on Mental Retardation, 97,* 161–172.

Bryen, D., & McGinley, V. (1991). Sign language input to community residents with mental retardation. *Education and Training in Mental Retardation, 26,* 207–214.

Bryen, D., Goldman, A., & Quinlisk-Gill, S. (1988). Sign language with students with severe/profound mental retardation: How effective is it? *Education and Training in Mental Retardation, 23,* 129–137.

Bunce, B., Ruder, K., & Ruder, C. (1985). Using the miniature linguistic system in teaching syntax: Two case studies. *Journal of Speech and Hearing Disorders, 50,* 247–253.

Burger, A., Blackman, L., & Clark, H. (1981). Generalization of verbal abstraction strategies by EMR children and adolescents. *American Journal of Mental Deficiency, 85,* 611–618.

Burger, A., Blackman, L., Clark, H., & Reis, E. (1982). Effects of hypothesis testing and variable format training on generalization of a verbal abstraction strategy by EMR learners. *American Journal of Mental Deficiency, 86,* 405–413.

Burroughs, J., Albritton, E., Eaton, B., & Montagne, J. (1990). A comparative study of language delayed preschool children's ability to recall symbols from two symbol systems. *Augmentative and Alternative Communication, 6,* 202–206.

Bzock, K., & League, R. (1978). *Receptive Expressive Emergent Language Scale.* Austin, TX: Pro-Ed.

Calculator, S. (1988). Exploring the language of adults with mental retardation. In S. Calculator & J. Bedrosian (Eds.), *Communication assessment and intervention for adults with mental retardation* (pp. 95–106). San Diego, CA: College-Hill.

Cardone, I., & Gilkerson, L. (1989). *Family administered neonatal activities*. Washington, DC: Bulletin of the National Center for Clinical Infant Programs.

Cardosa-Martins, C., & Mervis, C. (1990). Mothers' use of substantive deixis and nouns with their children with Down syndrome: Some discrepant findings. *American Journal on Mental Retardation, 94*, 633–637.

Cardosa-Martins, C., Mervis, C., & Mervis, C. (1985). Early vocabulary acquisition by children with Down's syndrome. *American Journal of Mental Deficiency, 90*, 177–184.

Caro, P., & Snell, M. (1989). Characteristics of teaching communication to people with moderate and severe disabilities. *Education and Training in Mental Retardation, 24*, 63–77.

Caron, J. (1994). Male-female characteristics of Fragile X syndrome. Typescript.

Cascella, P. W. (2006). Standardised speech-language tests and students with intellectual disability: A review of normative data. *Journal of Intellectual and Developmental Disability, 31*, 120–124.

Caselli, M. C., Vicari, S., Longobardi, E., Lami, L., Pizzoli, C., & Stella, G. (1998). Gestures and words in early development of children with Down syndrome. *Journal of Speech, Language, and Hearing Research, 41*, 1125–1135.

Cegelka, P., & Prehm, H. (1982). *Mental retardation: From categories to people*. Columbus, OH: Merrill/Macmillan.

Centers for Disease Control (CDC) (2006). Improved national prevalence estimates for eighteen selected major birth defects, United States, 1999–2001. *Morbidity and Mortality Weekly Report, 54*, 1301–1305.

Chapman, R. S., Kay-Raining Bird, E., & Schwartz, S. E. (1990). Fast mapping of words in event contexts by children with Down syndrome. *Journal of Speech and Hearing Disorders, 55*, 761–770.

Chapman, R. S., Schwartz, S. E., & Kay-Raining Bird, E. (1988, November). *Predicting comprehension of children with Down syndrome*. Paper presented at the Annual Convention of the American Speech-Language-Hearing Association, Boston.

Chapman, R. S., Seung, H.-K., Schwartz, S. E., & Kay-Raining Bird, E. (1998). Language skills of children and adolescents with Down syndrome: II. Production deficits. *Journal of Speech, Language, and Hearing Research, 41*, 861–873.

Clark, D., Baker, B., & Heifetz, L. (1982). Behavioral training for parents of mentally retarded children: Prediction of outcome. *American Journal of Mental Deficiency, 87*, 14–19.

Conners, F. A., Rosenquist, C. J., Sligh, A. C., Atwell, J. A., & Kiser, T. (2006). Phonological reading skills acquisition by children with mental retardation. *Research in Developmental Disabilities: A Multidisciplinary Journal, 27*, 121–137.

Coplan, J. (1987). *Early Language Milestone Scale*. Tulsa, OK: Modern Education.

Cupples, L., & Iacono, T. (2000). Phonological awareness and oral reading skills in children with Down syndrome. *Journal of Speech, Language, and Hearing Research, 43*, 595–608.

Danforth, S., & Navarro, V. (1998). Speech acts: Sampling the social construction of mental retardation in everyday life. *Mental Retardation, 36*, 31–43.

Davis, H., Stroud, A., & Green, L. (1988). Maternal language environment of children with mental retardation. *American Journal on Mental Retardation, 93,* 144–153.

Day, J., & Hall, L. (1988). Intelligence-related differences in learning and transfer and enhancement of transfer among mentally retarded persons. *American Journal on Mental Retardation, 93,* 125–137.

DeKroon, D. M. A., Kyte, C. S., & Johnson, C. J. (2002). Partner influences on the social pretend play of children with language impairments. *Language, Speech, and Hearing Services in Schools, 33,* 253–267.

Domingo, R. A., Barrow, M. B., & Amato, J. (1998). Exercise of linguistic control by speakers in an adult day treatment program. *Mental Retardation, 36,* 293–302.

Drash, P., Raver, S., Murrin, M., & Tudor, R. (1989). Three procedures for increasing vocal response to therapist prompt in infants and children with Down syndrome. *American Journal on Mental Retardation, 94,* 64–73.

Dykens, E. M., Rosner, B. A., & Ly, T. M. (2001). Drawings by individuals with Williams syndrome: Are people different from shapes? *American Journal on Mental Retardation, 106,* 94–107.

Eheart, B. (1982). Mother–child interactions with nonretarded and mentally retarded preschoolers. *American Journal of Mental Deficiency, 87,* 20–25.

Ellis, N., Deacon, J., & Wooldridge, P. (1985). On the nature of short-term memory deficit in mentally retarded persons. *American Journal of Mental Deficiency, 89,* 393–402.

Ellis, N., Deacon, J., Harris, L., Poor, A., Angers, D., Diorio, M., Watkins, R., Boyd, B., & Cavalier, A. (1982). Learning, memory, and transfer in profoundly, severely, and moderately mentally retarded persons. *American Journal of Mental Deficiency, 87,* 186–196.

Ellis, N., Woodley-Zanthos, P., & Dulaney, C. (1989). Memory for spatial location in children, adults, and mentally retarded persons. *American Journal on Mental Retardation, 93,* 521–527.

Ezell, H., & Goldstein, H. (1991). Comparison of idiom comprehension of normal children and children with mental retardation. *Journal of Speech and Hearing Research, 34,* 812–819.

Fenson, L., Dale, P., Reznick, S., Thal, D., Bates, E., Hartung, J., Pethnick, S., & Reilly, J. (1993). *MacArthur Communicative Development Inventories.* San Diego, CA: Singular.

Fewell, R., & Langley, M. (1984). *Developmental Activities Screening Inventory.* Austin, TX: Pro-Ed.

Fey, M. E., Warren, S. F., Brady, N., Finestock, L. H., Bredin-Oja, S. L., Fairchild, M., Sokol, S., & Yoder, P. J. (2007). Early effects of reactivity education/prelinguistic mileau teaching for children with developmental delays and their parents. *Journal of Speech, Language, and Hearing Research, 49,* 526–547.

Fidler, D. J. (2003). Parental vocalizations and perceived immaturity in Down syndrome. *American Journal on Mental Retardation, 108,* 425–34.

Fidler, D. J., Hodapp, R. M., & Dykens, E. M. (2002). Behavioral phenotypes and special education: Parent report of educational issues for children with Down syndrome, Prader-Willi syndrome, and Williams syndrome. *Journal of Special Education, 36,* 80–88.

Geschwind, D. H., & Dykens, E. (2004). Neurobehavioral and psychosocial issues in Klinefelter syndrome. *Learning Disabilities Research and Practice, 19,* 166–173.

Girolametto, L., & Weitzman, E. (2002). Responsiveness of child care providers in interactions with toddlers and preschoolers. *Language, Speech, and Hearing Services in Schools, 33,* 268–281.

Glidden, L., & Warner, D. (1985). Semantic processing and serial learning by EMR adolescents. *American Journal of Mental Deficiency, 89,* 635–641.

Goetz, L., Gee, K., & Sailor, W. (1985). Using a behavior chain interruption strategy to teach communication skills to students with severe disabilities. *Journal of the Association for Persons with Severe Handicaps, 10,* 21–30.

Goossens, C. (1984). *Assessment for nonspeech.* Paper presented at the annual conference of American Association on Mental Deficiency, Minneapolis, MN.

Greenwald, C., & Leonard, L. (1979). Communicative and sensorimotor development of Down's syndrome children. *American Journal of Mental Deficiency, 84,* 296–303.

Gullo, F., & Gullo, J. (1984). An ecological language intervention approach with mentally retarded adolescents. *Language, Speech and Hearing Services in Schools, 15,* 182–191.

Gutowski, W., & Chechile, R. (1987). Encoding, storage, and retrieval components of associative memory deficits of mildly mentally retarded adults. *American Journal of Mental Deficiency, 92,* 85–93.

Hagerman, R., Kemper, M., & Hudson, M. (1985). Learning disabilities and attentional problems in boys with the Fragile X syndrome. *American Journal of Diseases of Children, 139,* 674–678.

Halle, J., Alpert, C., & Anderson, S. (1984). Natural environment language assessment and intervention with severely impaired preschoolers. *Topics in Early Childhood Special Education, 4,* 36–56.

Harding, C. (1984). Acting with intention: A framework for examining the development of the intention to communicate. In L. Feagans, C. Garvey, & R. Golinkoff (Eds.), *The origins and growth of communication.* Norwood, NJ: Ablex.

Harris, D. (1982). Communicative interaction processes involving nonvocal physically handicapped children. *Topics in Language Disorders, 2,* 21–38.

Heifetz, L. (1980). From consumer to middleman: Emerging roles for parents in the network of services for retarded children. In R. Abidin (Ed.), *Parent education and intervention handbook.* Springfield, IL: Charles Thomas.

Hetzroni, O. E., & Roth, T. (2003). Effects of a positive support approach to enhance communicative behaviors of children with mental retardation who have challenging behaviors. *Education and Training in Mental Retardation and Developmental Disabilities, 38,* 95–105.

Hodapp, R. M. (1997). Direct and indirect behavioral effects of different genetic disorders of mental retardation. *American Journal on Mental Retardation, 102,* 67–79.

Hodapp, R. M., DesJardin, J. L., & Ricci, L. A. (2003). Genetic syndromes of mental retardation: Should they matter for the early interventionist? *Infants and Young Children, 16,* 152–161.

Hodapp, R. M., & Dykens, E. M. (1994). Mental retardation's two cultures of behavioral research. *American Journal on Mental Retardation, 98,* 675–687.

Hodapp, R. M., Dykens, E. M., Ort, S. I., Zelinsky, D. G., & Leckman, J. F. (1991). Changing patterns of intellectual strengths and weaknesses in males with fragile X syndrome. *Journal of Autism and Developmental Disorders, 21,* 503–516.

Houghton, J., Bronicki, G., & Guess, D. (1987). Opportunities to express preferences and make choices among students with severe disabilities in classroom settings. *Journal of the Association for Persons with Severe Handicaps, 12,* 18–27.

Hunt, N. (1967). *The world of Nigel Hunt: The diary of a mongoloid youth.* New York: Garret.

Hunt, P., Goetz, L., Alwell, M., & Sailor, W. (1986). Using an interrupted behavior chain strategy to teach generalized communication responses. *Journal of the Association for Persons with Severe Handicaps, 11,* 196–204.

Johnson-Martin, N., Jens, K., Attermeier, S., & Hacker, B. (1991). *Carolina Curriculum for Infants and Toddlers with Special Needs.* Baltimore, MD: Paul H. Brookes.

Johnston, S. S., Reichle, J., & Evans, J. (2004). Supporting augmentative and alternative communication use by beginning communicators with severe disabilities. *American Journal of Speech-Language Pathology, 13,* 20–30.

Kamhi, A. (1981). Developmental vs. different theories of mental retardation: A new look. *American Journal of Mental Deficiency, 86,* 1–7.

Kamhi, A., & Masterson, J. (1989). Language and cognition in mentally handicapped people: Last rites for the difference-delay controversy. In M. Beveridge, G. Conti-Ramsden, & I. Leudar (Eds.), *Language and communication in mentally handicapped people.* London, England: Chapman & Hall.

Karen, R., Astin-Smith, S., & Creasy, D. (1985). Teaching telephone-answering skills to mentally retarded adults. *American Journal of Mental Deficiency, 89,* 595–609.

Kernan, K. (1990). Comprehension of syntactically indicated sequence by Down's syndrome and other mentally retarded adults. *Journal of Mental Deficiency Research, 34,* 169–178.

Klein, M., & Briggs, M. (1987). *Observation of Communicative Interactions.* Los Angeles: Mother–Infant Communication Project, California State University.

Klink, M., Gerstman, L., Raphael, L., Schlanger, B., & Newsome, L. (1986). Phonological process usage by young EMR children and nonretarded preschool children. *American Journal of Mental Deficiency, 91,* 190–195.

Kohl, F. (1981). Effects of motoric requirements on the acquisition of manual sign responses by severely handicapped students. *American Journal of Mental Deficiency, 85,* 396–403.

Lamberts, F. (1981). Sign and symbol in children's processing of familiar auditory stimuli. *American Journal of Mental Deficiency, 86,* 300–308.

Lee, L. (1974). *Developmental sentence analysis.* Evanston, IL: Northwestern University Press.

Leonard, L. B. (1987). Is specific language impairment a useful construct? In S. Rosenburg (Ed.), *Advances in applied psycholinguistics* (Vol. 1, pp. 1–39). Cambridge, England: Cambridge University Press.

Leonard, L., Steckol, K., & Panther, K. (1983). Returning meaning to semantic relations: Some clinical applications. *Journal of Speech and Hearing Disorders, 48,* 25–35.

Levine, H., & Langness, L. (1985). Everyday cognition among mildly mentally retarded adults: An ethnographic approach. *American Journal of Mental Deficiency, 90,* 18–26.

Lewis, P., Abbeduto, L., Murphy, M., Richmond, E., Giles, N., Bruno, L., & Schroeder, S. (2006). Cognitive, language and social-cognitive skills of individuals with fragile X syndrome with and without autism. *Journal of Intellectual Disability Research, 50,* 532–545.

Lincoln, A., Courchesne, E., Kilman, B., & Galambos, R. (1985). Neuropsychological correlates of information-processing by children with Down syndrome. *American Journal of Mental Deficiency, 89,* 403–414.

Lobato, D., Barrera, R., & Feldman, R. (1981). Sensorimotor functioning and prelinguistic communication of severely and profoundly mentally retarded individuals. *American Journal of Mental Deficiency, 85,* 489–496.

Love, R. J., & Webb, W. G. (1986). *Neurology for the speech-language pathologist.* Stoneham, MA: Butterworth.

Luftig, R., & Johnson, R. (1982). Identification and recall of structurally important units in prose of mentally retarded learners. *American Journal of Mental Deficiency, 86,* 495–502.

MacDonald, J. (1978). *Environmental Language Intervention Program.* Columbus, OH: Merrill/Macmillan.

MacDonald, J. (1985). Language through conversation: A model for intervention with language-delayed persons. In S. Warren & A. Rogers-Warren (Eds.), *Teaching functional language* (pp. 89–122). Baltimore, MD: University Park Press.

MacDonald, J., & Gillette, Y. (1978). *Environmental Communication System (ECO).* San Antonio, TX: Psychological Corporation.

Mahoney, G., Glover, A., & Finger, I. (1981). Relationship between language and sensorimotor development of Down syndrome and nonretarded children. *American Journal of Mental Deficiency, 86,* 21–27.

Mahoney, G., & Snow, K. (1983). The relationship of sensorimotor functioning to children's response to early language training. *Mental Retardation, 21,* 248–254.

Mahoney, G., & Weller, E. (1980). An ecological approach to language intervention. *New Directions for Exceptional Children, 2,* 17–33.

Manolson, A. (1983). *It takes two to talk.* Toronto: Hanen Early Language Resource Centre.

Marcell, M., & Jett, D. (1985). Identification of vocally expressed emotions by mentally retarded and nonretarded individuals. *American Journal of Mental Deficiency, 89,* 537–545.

Marcell, M., & Weeks, S. (1988). Short-term memory difficulties and Down's syndrome. *Journal of Mental Deficiency Research, 32,* 153–162.

Maurer, H., & Sherrod, K. (1987). Context of directives given to young children with Down syndrome and nonretarded children: Development over two years. *American Journal of Mental Deficiency, 91,* 579–590.

McCormick, L. (1986). Keeping up with language trends. *Teaching Exceptional Children, 18,* 123–129.

McLean, J., & Snyder-McLean, L. (1978). *A transactional approach to early language training.* Columbus, OH: Merrill/Macmillan.

McLean, L. K., Brady, N. C., McLean, J. E., & Behrens, G. A. (1999). Communication forms and functions of children and adults with severe mental retardation in community and institutional settings. *Journal of Speech, Language, and Hearing Research, 42,* 231–240.

McLeavey, B., Toomey, J., & Dempsey, P. (1982). Nonretarded and mentally retarded children's control over syntactic structures. *American Journal of Mental Deficiency, 86,* 485–494.

Meador, D. (1984). Effects of color on visual discrimination of geometric symbols by severely and profoundly mentally retarded individuals. *American Journal of Mental Deficiency, 89,* 275–286.

Merrill, E. (1985). Differences in semantic processing speed of mentally retarded and nonretarded persons. *American Journal of Mental Deficiency, 90,* 71–80.

Merrill, E., & Bilsky, L. (1990). Individual differences in the representation of sentences in memory. *American Journal on Mental Retardation, 95,* 68–76.

Merrill, E. C., & Jackson, T. S. (1992). Degree of associative relatedness and sentence processing by adolescents with and without mental retardation. *American Journal on Mental Retardation, 97,* 173–185.

Merrill, E., & Mar, H. (1987). Differences between mentally retarded and nonretarded persons' efficiency of auditory sentence processing. *American Journal of Mental Deficiency, 91,* 406–414.

Mervis, C. B. (1988). Early lexical development: Theory and application. In L. Nadel (Ed.), *The psychology of Down's syndrome* (pp. 104–144). Cambridge, MA: MIT Press.

Mervis, C. B., Morris, C. A., Bertrand, J. M., & Robinson, B. F. (1999). Williams syndrome: Findings from an integrated program of research. In H. Tager-Flusberg (Ed.), *Neurodevelopmental disorders* (pp. 65–110). Cambridge, MA: MIT Press.

Miles, S., Chapman, R., & Sindberg, H. (2006). Sampling context affects MLU in the language of adolescents with Down syndrome. *Journal of Speech, Language, and Hearing Research, 49,* 325–337.

Millar, D. C., Light, J. C., & Schlosser, R. W. (2006). The impact of augmentative and alternative communication intervention on the speech production of individuals with developmental disabilities: A Research Review. *Journal of Speech, Language and Hearing Research, 49,* 248–264.

Miller, A., & Newhoff, M. (1978). *Language disordered children: Language disordered mothers?* Paper presented at the American Speech and Hearing Association Annual Conference, San Francisco.

Miller, J. (1980). *Assessing language production in children.* Baltimore, MD: University Park Press.

Miller, J., Chapman, R., & MacKenzie, H. (1981). Individual differences in the language acquisition of mentally retarded children. *Proceedings from the Second Wisconsin Symposium on Research in Child Language Disorders.* Madison: University of Wisconsin.

Miller, J., Sedey, A. L., & Miolo, G. (1995). Validity of parent report measures of vocabulary development for children with Down syndrome. *Journal of Speech and Hearing Research, 38,* 1037–1044.

Mirenda, P., & Locke, P. (1989). A comparison of symbol transparency in nonspeaking persons with intellectual disabilities. *Journal of Speech and Hearing Disorders, 54,* 131–140.

Mirrett, P. L., Roberts, J. E., & Price, J. (2003). Early intervention practices and communication intervention strategies for young males with fragil X syndrome. *Language, Speech, and Hearing Services in Schools, 34,* 320–331.

Moran, M., Money, S., & Leonard, D. (1984). Phonological process analysis of the speech of mentally retarded adults. *American Journal of Mental Deficiency, 89,* 304–306.

Mundy, P., Kasari, C., Sigman, M., & Ruskin, E. (1995). Nonverbal communication and early language acquisition in children with Down syndrome and in normally developing children. *Journal of Speech and Learning Research, 38,* 157–167.

Murphy, M. M., & Abbeduto, L. (2007). Gender differences in repetitive language in fragile X syndrome. *Journal of Intellectual Disability Research, 51,* 387–400.

Nigro, G., & Roak, R. (1987). Mentally retarded and nonretarded adults' memory for spatial location. *American Journal of Mental Deficiency, 91,* 392–397.

Nugent, P., & Mosley, J. (1987). Mentally retarded and nonretarded individuals' attention allocation and capacity. *American Journal of Mental Deficiency, 91,* 598–605.

Ogletree, B. T., Wetherby, A. M., & Westling, D. L. (1992). Profile of the prelinguistic intentional communicative behavior of children with profound mental retardation. *American Journal on Mental Retardation, 97,* 188–196.

Oller, D., & Seibert, J. (1988). Babbling of prelinguistic mentally retarded children. *American Journal on Mental Retardation, 92,* 369–375.

Olswang, L., Stoel-Gammon, C., Coggins, T., & Carpenter, R. (1987a). *Assessing Linguistic Behavior (ALB).* Seattle: University of Washington Press.

Opitz, J. M. (1996, March). *Historiography of the causal analysis of mental retardation.* Paper presented at the Annual Gatlinburg Conference on Research and Theory in Mental Retardation, Gatlinburg, TN.

O'Toole, C., & Chiat, S. (2006). Symbolic functioning and language development in children with Down syndrome. *International Journal of Language and Communication Disorders, 41,* 155–171.

Owens, R. (1982). *Program for the Acquisition of Language with the Severely Impaired* (PALS). San Antonio, TX: Psychological Corporation.

Owens, R. (2004). *Language disorders, A functional approach to assessment and intervention* (4th ed.). Boston: Allyn & Bacon.

Owens, R. (2008). *Language development: An introduction* (7th ed.). Boston: Allyn & Bacon.

Owens, R., & House, L. (1984). Decision-making processes in augmentative communication. *Journal of Speech and Hearing Disorders, 49,* 18–25.

Owens, R., & MacDonald, J. (1982). Communicative uses of the early speech of nondelayed and Down syndrome children. *American Journal of Mental Deficiency, 86,* 503–510.

Owens, R., McNerney, C., Bigler-Burke, L., & Lepre-Clark, C. (1987). The use of language facilitators with residential retarded populations. *Topics in Language Disorders,* 7(3), 47–63.

Owens, R. E., & Rogerson, B. S. (1988). Adults at the presymbolic level. In S. Calculator & J. Bedrosian (Eds.), *Communicative assessment and intervention for adults with mental retardation* (pp. 189–230). San Diego, CA: College-Hill.

Owings, N., & Guvette, T. (1982). Communication behavior assessment and treatment with the adult retarded: An approach. In N. Lass (Ed.), *Speech and language: Advances in basic research and practice* (Vol. 7). New York: Academic Press.

Page, J., & Horn, D. (1987). Comprehension in developmentally delayed children. *Language, Speech and Hearing Services in Schools, 18,* 63–71.

Parette, H. P., Brotherson, M. J., & Blake Huer, M. (2000). Giving families a voice in augmentative and alternative communication decision making. *Education and Training in Mental Retardation and Developmental Disabilities, 35*, 177–190.

Papania, N. (1954). A qualitative analysis of vocabulary responses of institutionalized mentally retarded children. *Journal of Clinical Psychology, 10*, 361–365.

Paul, R. (2000). Facilitating transitions in language development for children using AAC. *Augmentative and Alternative Communication, 13*, 139–148.

Peter, D. (2000). Dynamics of discourse: A case study illuminating power relations in mental retardation. *Mental Retardation, 38*, 354–362.

Petersen, G., & Sherrod, K. (1982). Relationship of maternal language to language development and language delay of children. *American Journal of Mental Deficiency, 86*, 391–398.

Philofsky, A., Hepburn, S. L., Hayes, A., Hagerman, R., & Rogers, S. J. (2004). Language and cognitive functioning and autism symptoms in young children with fragile X syndrome. *American Journal on Mental Retardation, 109*, 208–218.

Pickett, J., & Flynn, P. (1983). Language assessment tools for mentally retarded adults: Survey and recommendations. *American Journal of Mental Deficiency, 21*, 244–247.

Platt, J., & Coggins, T. (1990). Comprehension of social-action games in prelinguistic children. *Journal of Speech and Hearing Disorders, 55*, 315–326.

Poulson, C. (1988). Operant conditioning of vocalization rate of infants with Down syndrome. *American Journal on Mental Retardation, 93*, 57–63.

Prater, R. (1982). Functions of consonant assimilation and reduplication in early word productions of mentally retarded children. *American Journal of Mental Deficiency, 86*, 399–404.

Price, J., Roberts, J., Vandergrift, N., & Martin, G. (2007). Language comprehension in boys with fragile X syndrome and boys with Down syndrome. *Journal of Intellectual Disability, 51*, 318–326.

Pruess, J., Vadasy, P., & Fewell, R. (1987). Language development in children with Down syndrome: An overview of recent research. *Education and Training in Mental Retardation, 22*, 44–55.

Prutting, C., & Kirchner, D. (1983). Applied pragmatics. In T. Gallagher & C. Prutting (Eds.), *Pragmatic assessment and intervention issues in language*. San Diego, CA: College-Hill.

Realon, R., Lewallen, J., & Wheeler, A. (1983). Verbal vs. verbal feedback plus praise: The effects on direct care staff's training behaviors. *Mental Retardation, 21*, 209–213.

Reese, R., & Serna, L. (1986). Planning for generalization and maintenance in parent training: Parents need IEPs too. *Mental Retardation, 24*, 87–92.

Reichle, J. (1990). *Intervention with presymbolic clients: Setting up an initial communication system*. Paper presented at the New York State Speech-Language-Hearing Association Annual Convention, Kiamesha Lake, NY.

Reichle, J., & Sigafoos, J. (1991). Establishing an initial repertoire of requesting. In J. Reichle, J. York, & J. Sigafoos (Eds.), *Implementing augmentative and alternative communication*. Baltimore, MD: Paul H. Brookes.

Reid, G. (1980). Overt and covert rehearsal in short-term motor memory of mentally retarded and non-retarded persons. *American Journal of Mental Deficiency, 85*, 69–77.

Rein, R., & Kernan, K. (1989). The functional use of verbal perseverations by adults who are mentally retarded. *Education and Training in Mental Retardation, 24*, 381–389.

Rescorla, L. (1989). The Language Development Survey: A screening tool for delayed toddlers. *Journal of Speech and Hearing Disorders, 54,* 587–599.

Richmond, G., & Lewallen, J. (1983). Facilitating transfer of stimulus control when teaching verbal labels. *Education and Training of Mentally Retarded, 18,* 111–115.

Roberts, J. E., Hatton, D. D., & Bailey, D. B. (2001). Development and behavior of male toddlers with fragile X syndrome. *Journal of Early Intervention, 24,* 207–23.

Roberts, J. E., Hennon, E. A., Price, J. R., Dear, E., Anderson, K., & Vandergrift, N. (2007). Expressive language during conversational speech in boys with fragile X syndrome. *American Journal on Mental Retardation, 112,* 1–17.

Roberts, J. E., Long, S. H., Malkin, C., Barnes, E., Skinner, M., Hennon, E. A., & Anderson, K. (2005). A comparison of phonological skills with fragile X syndrome and Down syndrome. *Journal of Speech, Language, and Hearing Research, 48,* 980–995.

Roberts, J. E., Martin, G. E., Maskowitz, L., Harris, A. A., Foreman, J., & Nelson, L. (2007). Discourse skills of boys with fragile X syndrome in comparison to boys with Down syndrome. *Journal of Speech, Language, and Hearing Research, 50,* 475–492.

Roberts, J. E., Mirrett, P., & Burchinal, M. (2001). Receptive and expressive communication development in young meales with fragile X syndrome. *American Journal of Mental Retardation, 106,* 216–231.

Robinson, L. A., & Owens, R. E. (1995). Functional augmentative communication and positive behavior change. *Augmentative and Alternative Communication, 11,* 207–211.

Romer, L., & Schoenberg, B. (1991). Increasing requests made by people with developmental disabilities and deaf-blindness through the use of behavior chain interruption strategies. *Education and Training in Mental Retardation, 26,* 70–78.

Romski, M., Sevcik, R., & Rumbaugh, D. (1985). Retention of symbolic communication skills by severely mentally retarded persons. *American Journal of Mental Deficiency, 89,* 441–443.

Romski, M., Sevcik, R., Pate, J., & Rumbaugh, D. (1985). Discrimination of lexigrams and traditional orthography by nonspeaking severely mentally retarded persons. *American Journal of Mental Deficiency, 90,* 185–190.

Rondal, J., Ghiotto, M., Bredart, S., & Bachelet, J. (1988). Mean length of utterance of children with Down syndrome. *American Journal on Mental Retardation, 93,* 64–66.

Rosin, M., Swift, E., Bless, D., & Vetter, D. (1988). Communication profiles of adolescents with Down syndrome. *Journal of Childhood Communication Disorders, 12,* 49–64.

Rossetti, L. (1990). *Infant–Toddler Language Scale.* East Moline, IL: LinguiSystems.

Salzberg, C., & Villani, T. (1983). Speech training by parents of Down syndrome toddlers: Generalization across settings and instructional contexts. *American Journal of Mental Deficiency, 87,* 403–413.

Saunders, S. (1999). Teaching children with fragile X syndrome. *British Journal of Special Education, 26*(2), 76–79.

Schlosser, R.W., Walker, E., & Sigafoos, J. (2006). Increasing opportunities for requesting in children with developmental disabilities residing in group homes through pyramidal training. *Education and Training in Developmental Disabilities, 41,* 244–252.

Scruggs, T., Mastropieri, M., & Levin, J. (1985). Vocabulary acquisition of mentally retarded students under direct and mnemonic instruction. *American Journal of Mental Deficiency, 89,* 546–551.

Shane, H., & Bashir, A. (1980). Election criteria for the adoption of an augmentative communication system: Preliminary considerations. *Journal of Speech and Hearing Disorders, 45,* 408–414.

Shane, H., Lipshultz, R., & Shane, C. (1982). Facilitating the communicative interaction of nonspeaking persons in large residential settings. *Topics in Language Disorders, 2,* 73–84.

Sharav, T., & Shlomo, L. (1986). Stimulation of infants with Down syndrome: Long-term effects. *Mental Retardation, 24,* 81–86.

Shriberg, L., & Widder, C. (1990). Speech and prosody characteristics of adults with mental retardation. *Journal of Speech and Hearing Research, 33,* 627–653.

Slonims, V., & McConachie, H. (2006). Analysis of mother–infant interaction in infants with Down syndrome and typically developing infants. *American Journal on Mental Retardation, 111,* 273–289.

Smith, L., & Hagen, V. (1984). Relationship between the home environment and sensorimotor development of Down syndrome and nonretarded infants. *American Journal of Mental Deficiency, 89,* 124–132.

Sokolov, J. L. (1992). Linguistic imitation in children with Down syndrome. *American Journal on Mental Retardation, 97,* 209–221.

Sommers, R., Patterson, J., & Wildgren, P. (1988). Phonology of Down syndrome speakers, ages 13–22. *Journal of Childhood Communication Disorders, 12,* 65–91.

Spiegel, B. (1983). The effect of context on language learning by severely retarded young adults. *Language, Speech and Hearing Services in Schools, 14,* 252–259.

Spradlin, J., & Siegel, G. (1982). Language training in natural and clinical environments. *Journal of Speech and Hearing Disorders, 47,* 2–6.

Steffens, M. L., Oller, D., Lynch, M., & Urbano, R. C. (1992). Vocal development in infants with Down syndrome who are developing normally. *American Journal on Mental Retardation, 97,* 235–246.

Stephenson, J., & Dowrick, M. (2005). Parents' perspectives on the communication skills of their children with severe disabilities. *Journal of Intellectual and Developmental Disability, 30,* 75–85.

Sternberg, L., Pegnatore, L., & Hill, C. (1983). Establishing interactive communication behaviors with profoundly mentally handicapped students. *TASH Journal, 8,* 39–46.

Stowitschek, J., McConaughy, E., Peatross, D., Salzberg, C., & Lignngaris/Kraft, B. (1988). Effects of group incidental training on the use of social amenities by adults with mental retardation in work settings. *Education and Training in Mental Retardation, 23,* 202–212.

Stromme, P., & Hagberg, G. (2000). Etiology in severe and mild mental retardation: A population-based study of Norwegian children. *Developmental Medicine and Child Neurology, 42,* 76–86.

Sudhalter, V., & Belser, R. C. (2001). Conversational characteristics of children with fragile X syndrome: Tangential language. *American Journal on Mental Retardation, 106,* 389–400.

Sudhalter, V., Cohen, I., Silverman, W., & Wolf-Schein, E. (1990). Conversational analysis of males with Fragile X, Down syndrome, and autism: Comparison of the emergence of deviant language. *American Journal on Mental Retardation, 99,* 431–441.

Tannock, R. (1988). Mothers' directiveness in their interactions with their children with and without Down syndrome. *American Journal on Mental Retardation, 93,* 154–165.

Tannock, R., Girolametto, L., & Siegel, L. S. (1992). Language intervention with children who have developmental delays: Effects of an interactive approach. *American Journal on Mental Retardation, 97,* 145–160.

Turner, L., & Bray, N. (1985). Spontaneous rehearsal by mildly mentally retarded children and adolescents. *American Journal of Mental Deficiency, 90,* 57–63.

Van Borsel, J. (1988). An analysis of the speech of five Down's syndrome adolescents. *Journal of Communication Disorders, 21,* 409–421.

Van der Bijl, C., Alant, E., & Lloyd, L. (2006). A comparison of two strategies of sight word instruction in children with mental disability. *Research in Developmental Disabilities: A Multidisciplinary Journal, 27,* 43–55.

Van Der Gagg, A. (1989). The view from Walter's window: Social environment and the communicative competence of adults with a mental handicap. *Journal of Mental Deficiency Research, 33,* 221–227.

Variety Pre-Schooler's Workshop. (1987). *Parent/Professional Preschool Performance Profile (5Ps).* Syosset, NY: Variety Pre-Schooler's Workshop.

Westby, C. (1980). Assessment of cognitive and language abilities through play. *Language, Speech and Hearing Services in Schools, 11,* 154–168.

Wetherby, A., & Prizant, B. (1993). *Communication and Symbolic Behavior Scales.* Chicago: Riverside.

Wilcox, M., & Campbell, P. (1983). *Assessing communication in low-functioning multihandicapped children.* Paper presented at the American Speech-Language-Hearing Association Annual Convention, Cincinnati, OH.

Wilkinson, K. M., & Romski, M. A. (1995). Responsiveness of male adolescents with mental retardation to input from nondisabled peers: The summoning power of comments, questions, and direct prompts. *Journal of Speech and Hearing, 38,* 1045–1053.

Wolf-Schein, E., Sudhalter, V., Cohen, I., Fisch, G., Hansen, D., Pfadt, A., Hagerman, R., Jenkins, E., & Brown, W. (1987). Speech-language and Fragile X syndrome. *ASHA, 29,* 35–38.

Wulz, S., Hall, M., & Klein, M. (1983). A home-centered instructional communication strategy for severely handicapped children. *Journal of Speech and Hearing Disorders, 48,* 2–10.

Yoder, P. J., & Davies, B. (1992). Do children with developmental delays use more frequent and diverse language in verbal routines? *American Journal on Mental Retardation, 97,* 197–208.

Yoder, P. J. & Feagans, L. (1988). Mothers' attributions of communication to prelinguistic behavior of developmentally delayed and mentally retarded children. *American Journal on Mental Retardation, 93,* 36–43.

Yoder, P. J., & Warren, S. F. (1998). Maternal responsivity predicts the prelinguistic communication intervention that facilitates generalized intentional communication. *Journal of Speech, Language, and Hearing Research, 41,* 1207–1219.

Yoder, P. J., & Warren, S. F. (2001a). Intentional communication elicits language-facilitating maternal responses in dyads with children who have developmental disabilities. *American Journal on Mental Retardation, 106,* 327–35.

Yoder, P. J., & Warren, S. F. (2001b). Relative treatment effects of two prelinguistic communication interventions on language development in toddlers with developmental delays vary by maternal characteristics. *Journal of Speech, Language, and Hearing Research, 45,* 224–237.

Yoder, P. J., & Warren, S. F. (2002). Effects of prelinguistic milieu teaching and parent responsivity education on dyads involving children with intellectual disabilities. *Journal of Speech, Language, and Hearing Research, 45*, 1297–1310.

Yoder, P. J., & Warren, S. F. (2004). Early predictors of language in children with and without Down syndrome. *American Journal on Mental Retardation, 109*, 285–300.

제 7 장

자폐범주성장애 : 의사소통을 위한 차원

Ellenmorris Tiegerman-Farber
애들피대학교

이 장을 읽고 난 후 다음의 사항을 할 수 있어야 한다.

- 자폐범주성장애(ASD)의 근원적 원인으로 병인론적 개념과 이론적 정의를 설명할 수 있어야 한다.
- 자폐증 아동에게 제공되는 치료 프로그램을 이해해야 한다.
- 자폐증 아동의 교육 및 중재에서의 배치환경들에 대해 토의할 수 있어야 한다.
- 전반적 다중 환경의 자폐증 아동을 위한 말-언어치료사의 역할 변화에 대해 토의할 수 있어야 한다.
- 자폐증 아동을 위한 교사로서의 부모 역할에 대해 토의할 수 있어야 한다.
- 자폐증 아동 개인별로 기대되는 사회적 기능수행 방법을 열거할 수 있어야 한다.
- 자폐증과 언어습득 이론 사이의 관계에 대해 이해해야 한다.

자폐증을 가진 아동은 저마다 독특한 학습 요구를 갖고 있다. 정상적인 언어학습자들 간에도 개인차가 있는 것처럼 언어장애 아동들 사이에도 개인차가 존재한다. 따라서 자폐범주성장애(ASD)를 가진 모든 아동들을 한결같이 같은 종류의 문제를 안고 있는 사람으로 보는 것은 비현실적이다. ASD를 가진 아동들은 언어, 인지, 의사소통, 행동, 사회적 학습문제들을 안고 있다.

ASD에는 사회적 기능, 의사소통 기능, 행동적 기능이라는 세 가지 주요 영역에서 다양한 수준의 결함을 보이는 5개의 장애가 포함된다. 이 5개의 장애는 자폐증, 레트장애, 소아기 붕괴성 장애(CDD), 아스퍼거 증후군, 전반적 발달장애(자폐 및 자폐 관련 장애로 사회적 상호작용과 의사소통에 있어서의 비정상적인 발달을 보이면서 활동과 관심 영역이 제한된 특성을 보이는 장애)이다. Macintosh와 Dissanayake(2006)는 자폐증과 아스퍼거 증후군은 단일한 장애 범주에 속한다고 주장했다. 남아의 자폐증 비율은 여아의 경우보다 훨씬 높은데 약 4배 정도가 더 높다고 한다(Williams, Higgins, and Brayne, 2006).

Kanner(1943)가 자폐증 아동의 존재에 대해 최초의 연구를 발표하였다. 이 때부터 자폐증은 많은 임상적 연구와 조사의 대상이 되었지만, 아직 자폐증의 원인과 그 징후, 치료법은 논쟁 중에 있다. Kanner은 그 정의를 원인적으로 태어날 때부터 사람들과 생물학적으로 정서적인 접촉을 형성할 수 없는 능력 부족이라고 했다. 그는 이러한 능력 부족을 강압적인 간섭과 지나친 세심함이 특징인 엄격한 부모에서 비롯되는 정서적 박탈감 때문인 것으로 보았다. 통제 연구에서는 부모의 정신병적 특징을 입증하지 못했고 또한 정신병적 두뇌 손상이 있는 아동과 없는 아동 집단 간에 초기 모자 상호작용에서 상당한 차이가 있다는 것을 입증하지 못했다. 오랫동안 모자관계가 자폐증의 원인이라는 정신분석적 견해가 광범위하게 수용되었다. 그러나 새로운 연구들에서 이 장애의 근본적인 원인에 대한 근거가 밝혀지면서 이러한 견해에 대한 지지는 점차 줄어들었다.

Greenspan과 Wieder(1997)는 ASD의 주요 증상들이 나타나는 것은 정서와 운동신경 패턴의 순서, 언어적 상징 사이의 연결에서 근본적인 신경심리학적 기능 장애 때문이라고 주장했다. 심한 경우(자폐증)에서부터 약한 경우(전반적 발달장애)까지 다양한 범위의 정서적 의사소통장애를 포함하는 ASD는 점차 증가하는 추세이다. 지난 10년 동안 발병률은 신생아 2,500명 중 1명에서 150명 중 1명 꼴로 그 비율이 증가했다. Kanner(1943)가 설명하는 기준은 미국 심리학회(APA, 2000)에서 발간한 정신장애 진단 및 통계 매뉴얼(DSM-IV-TR)의 폭넓은 정의에 담겨 있는데, 상호 간의 상호작용, 관계 맺기, 상징적 의사소통의 기능수준이 포함된다.

한 가지 관련 쟁점은 아동들이 어떻게 발달장애로 분류되는가 하는 문제이다. 의학적 모델에서는 장애의 근본적인 원인이 가장 중요하게 고려된다. 역사적으로 보면 이러한 관점이 공립학교 교육에 적용되었다. 그 결과, 많은 장애 아동들이 병의 원인을 지칭하는 분류에 근거하여(예를 들면 정신지체, 자폐증, 신경 손상 등) 교육환경에 배치되었다. 분명히 병인론적 모델과 대응(반병인론적) 모델 둘 다 장점도 있고 단점도 있다. 학교에서의 장애에 대한 대응 모델의 한 가지 장점은 의사소통 및 언어적 행동과 같은 특징들로 아동들을 분류하는 것이다(이 장에서는 이 접근법이 설명된다).

이러한 언어/의사소통 부족에 대한 식별을 통해 ASD를 가진 아동의 독특한 교육적 요구에 대해 필수적인 정보를 제공할 수 있다.

교육 시스템 내에서 다른 인구집단에 대한 연구에 비해 자폐증 연구에 대한 논의를 통해 아동의 언어습득 영역에서 최근 일어난 많은 이론적 변화와 치료상의 변화 양상들을 살필 수 있다. 뿐만 아니라 자폐증 아동은 행동적으로 손상된 아동이기보다는 심각한 언어장애를 가진 학습자라는 것이 본 연구자의 이론적 입장이다. 자폐증 아동의 언어학습 특징이 다른 언어장애 아동의 언어 패턴에서도 분명하게 드러난다는 사실도 반드시 지적해야 한다. 그들의 언어적 요구가 동일한 만큼 자폐증 아동도 언어 및 의사소통장애를 가진 다른 아동들과 동일한 방식으로 교육해야 한다.

1. 병인론 : 구심성 언어장애

ASD의 원인과 관련된 몇 가지 특정한 이론들이 제안되었지만 증명되지는 못했다(Wing,

1997). 자폐증에 대한 병인론적 관점의 범위는 부모-아동 간의 관계에 대한 심리분석적 관점에서 신경학적 · 유전적 · 생화학적 원인까지 확대된다. 『빈 요새』(1967)에서 Bettlheim 또한 심리적인 모델을 제시했다. 그는 어머니가 자폐증을 유발시키는 것이 아니라 자폐증은 어머니의 태도에 대한 아동의 반응이라고 주장한다. 자폐증을 가진 아동은 어머니의 파괴를 두려워하여 자신의 어머니를 거부한다. 아동은 자신 속으로 점점 더 움츠러들고 현실이 너무 두려워져서 무(無)행동만이 유일하게 할 수 있는 반응이 된다. 이런 식으로 자폐증이 발달한다. 자폐증 징후들은 초기 인간관계 문제, 동기 부여상의 문제, 정서장애 진단에 포함된 정서적 문제들에 기인하는 것으로 여겨진다.

자폐증 아동의 약 75%는 심각한 지체수준에 속하는 IQ를 나타낸다. 그 결과 자폐증은 종종 정신지체와 연관된다. 그러나 Wetherby와 Gaines(1982)는 정신지체 아동에게서 일반적으로 인지능력과 언어능력의 동질성을 확인하지 못했다. 자폐증을 가진 아동에게서 인지능력은 몇 가지 영역에서 언어능력을 능가했다. 위 연구자들에 의하면 인지와 언어 간의 관계는 정적이기보다는 오히려 동적으로, 발달상의 상호 의존성은 시간이 지나면서 달라진다. 인지발달이 의도적인 의사소통에 필요조건이지만 "인지발달이 보다 높은 수준의 언어발달에 충분조건은 되지 못한다"(p.69).

Loveland, Landry, Hughes, Hall과 McEvoy(1988)는 자폐증을 언어 · 인지 · 사회적 발달에서의 심각한 결함에 의한 전반적 발달장애 특성으로 설명한다. 자폐증 아동의 언어는 심각한 지체 상태를 보이며 이는 종종 장애로 묘사한다. 많은 경우들에서 기능적인 언어는 전혀 발달하지 못한다. 기능적인 언어가 발달할 때 말로 된 언어는 일반적으로 제한적이며 단순하며 천편일률적이다. 자폐증 아동은 그 형식이 거의 바뀌지 않는 언어적 일상을 발전시키며 관련된 여러 상황이나 다소 관련된 여러 상황 속에서 단순한 언어들을 반복적으로 사용한다.

자폐증 아동의 언어와 제스처가 실제적으로 불충분하다고 해도 불편한 형식으로나마 의사소통이 가능할 수도 있다. 그러나 Loveland와 동료들(1988)은 자폐증 아동들은 비슷한 정신연령과 언어수준의 아동들과 비교할 때에 상당히 다른 제스처와 언어 사용 패턴을 보여 주었다고 설명한다. 자폐증 아동들은 언어지체를 겪고 있는 아동들보다 훨씬 더 적은 수의 의사소통 행동들을 보였다. 이뿐만 아니라 자폐증 아동들은 상호작용 기능에서 돕는 행위들과 의사소통 행위들을 하는 능력에 있어서 서로 다른 수준 차이를 보였다. 연구자들의 주장에 의하면, 자폐증 아동들이 상호작용을 시작하는 데 있어서 어려움을 갖고 있지만 다른 의사소통자의 방향으로 반응하는 데는 덜 어려움을 겪는 것처럼 보인다. 이러한 자료는 자폐증 아동들은 다른 사람의 관심에 응답하는 것, 화제를 새로이 도입하거나 상호작용에서 순서를 바꾸는 것에는 비교적 능력이 떨어진다는 주장을 입증한다.

언어를 학습하고 있는 자폐증 아동의 초기 의사소통 수준은 사회적 화용능력에서 상당한 지체수준을 나타낸다. Loveland 등의 연구(1988)에서 자폐증 아동은 정상적인 발달 양상을 보이는 2세 아동보다 더 낮은 화용능력을 갖고 있었다. 언어수준, 정신연령, IQ는 아동의 실제적 상호작용 장애를 설명하지 못한다. 연구자들은 내용 영역(화용 영역과 의미 영역)과 구조적 영역(구문과 음운 영역) 간에 발달상의 불균형이 존재한다고 결론지었다. ASD 아동의 언어발달은 다른 장애 아동의 언어발달과는 상당히 다른 순서를 따른다.

근본적으로 중추성 언어장애와 자폐증 아동 간의 언어특성상의 이질성에 대한 논의는 단순언어장애(SLI)를 가진 아동과의 연관성과 관련있다. Miller(1996)는 SLI는 정지되어 있지 않고 발달과 함께 진보하는 역동적 상태라고 지적한다. 강점과 약점의 패턴이 중재 기능으로 변화하지만 SLI를 가진 아동들에게서 언어적 강점과 약점 수는 제한되어 있다. Conti-Ramsden과 Botting(1999)은 단순언어장애 아동에 대한 연구에서 개별적인 아동들이 하위 집단으로 이동할 수 있지만 언어장애에서의 어려움의 양상들은 비교적 안정적이라고 지적했다. 저자들이 지적하는 바와 같이 "변화가 일어나고 아동들이 다른 하위 집단으로 이동할 때 이러한 아동들의 상태는 다른 집단에 속한 아동들의 양상과 유사해진다… 아동들의 어려움의 양상들은 이미 관찰한 패턴의 제한된 수로 지속적으로 감소한다"(p.8).

1) 관련 요인

다음의 네 가지 요인들이 과거 몇 년 동안의 연구에서 ASD 아동들을 관찰하는 방식에 변화를 초래했다고 할 수 있다. 우선 첫째로 미국 자폐증협회(ASA)가 자폐증 아동의 요구에 대한 일반적인 인식을 높이는 데 기여했다. 두 번째로는 공법 94-142(1975)와 99-457(1986)의 법조항에 있는 최소제한환경(LRE)에서 장애 아동들이 교육받아야 한다는 조항 때문에 특별 커리큘럼 개발에 대한 강한 시사가 있었다. 그 결과 늘어나는 정부 지원금을 이용하여 조기중재 프로그램과 공립학교 환경에서 ASD를 가진 아동들을 위한 교육 프로그램을 개발할 수 있었다.

세 번째로 최근 연구의 발달은 ASD 아동과 다른 일반 아동 간의 신경학적 과정(시각적, 청각적, 언어적, 인지적)의 차이를 제시하였다(Bailey, Phillips, & Rutter, 1996). 신경학적 차이는 정서적 장애와는 다른 (병의 원인을 먼저 추구하는) 병인학적 설명을 의미한다. 특히 장애의 근본 원인을 지각, 인지, 정보처리에서의 차이와 관련짓는다. 이러한 특징적인 차이들은 결국 다른 방식으로 발달하는 언어 패턴을 야기한다.

언어의 특정한 측면들이 환경적 변화와는 관계없이 유전적인 것이고, 유전자와 관련된 것인지 여부는 아직 불명확하지만 이미 ASD의 유전적 병인학에 대한 문제들은 제기되었다(Volkmar, Lord, Bailey, Schultz, & Klin, 2004). Folstein과 Mankoski(2000)는 쌍생아와 가족 연구에서 나온 근거들이 자폐증과 SLI 모두 유전적 원인으로 인한 것임을 뒷받침한다고 주장한다. 예상한 것보다 많은 가정에서 두 장애를 가진 아동들이 있었고 일부 경우들에서는 자폐증과 단순언어장애 양상이 동시에 나타나기도 했다. 다른 연구들은 말-언어 문제의 가족력을 입증한다(Bishop, North, & Dolan, 1995; Lewis, Cox, & Byard, 1993). Gilger(1995)는 다음과 같이 언급한다.

> 언어장애 아동[예를 들면 발단자(이상 유전 형질을 가진 가계의 출발점으로 선정된 사람)]이 있는 가계를 의도적으로 선택한 연구들에서 발단자의 사촌들 중 약 20~50%의 성인들이 말-언어장애에 대한 가족력이 있음을 보고했다. 이는 정상적인 사람들의 예상치(2~5%)에 비해 상당히 높은 수준이었다. 통제집단의 형제자매들에 비해 언어장애 발단자의 형제들과 여동생들은 각각 30배와 16배 더 언어장애를 가질 확률을 갖고 있었다(p.14).

마지막 요인은 아동 언어발달에 대한 최근 연구와 관련된다. 언어 이론과 치료에서 변화하는 관점은 자폐증 아동에게 있어 의사소통 및 언어장애가 그 무엇보다 가장 중요하고 의미론적/화용론적 언어 사용 장애가 행동 문제를 설명할 수 있다는 점을 강조했다. 이러한 네 가지 요소들 간의 상호작용 결과 보다 자연적인 환경에서 ASD 아동들을 위한 언어 및 교육 프로그램을 개발하기 위한 진보적인 시도가 나타났다.

이 장의 목적이 ASD를 가진 아동들을 특징적인 행동 면에서 기술하는 것이기 때문에 발달학습의 많은 측면들이 제시된다. 즉 언어, 인지, 놀이, 사회적 상호작용 등이다. 이러한 특징들은 ASD를 가진 아동들에 대한 포괄적인 설명을 제공한다. 즉 그들은 언어/의사소통장애를 가진 아동들로 설명되는 것이다. 이 장은 또한 ASD 아동과 일반적인 언어발달 양상을 보이는 아동들 간의 비교분석에 대해서도 설명한다.

2. 행동적 특징

ASD 아동들은 각기 다른 특징들을 갖고 있다(Folstein, 2006). 아동들은 개개인이 나타내는 특징들의 심각성 정도와 그 특징들의 수적인 면에서 각기 다르다. 그래서 이를 기술하기 위해서는 이 장에 제시된 모든 특징들을 아담의 관점에서 논의한다. 아담은 자폐증 진단을 받은 미취학 아동이다. 적은 수의 특징들을 나타내는 아동들은 고기능 자폐(HFA)나 아스퍼거 증후군(AS)으로 분류된다. 아스퍼거 증후군을 가진 아동들은 적절한 언어기술을 가진 것으로 보이지만 행동과 사회적 상호작용 면에서 큰 문제를 안고 있다. 이러한 특징 중 일부는 의사소통과 언어를 다루는 이후의 내용들에서 충분히 논의할 것이다.

1) 시선 회피

Bornstein과 Brown(1996)은 영아들의 주의력 발달에 대해 기술했다. 출생 후 3개월에서 5개월 사이에 영아들의 주의력 패턴은 안정적으로 된다. 지각적 감각이나 지속적인 기질 유형과 같은 아동 안에서의 내부적인 측면으로 설명하든 아니면 어머니에 대한 반응과 같은 외부적인 영향으로 설명하든 간에 주의력 행동은 아동 언어발달에서 중요한 의사소통 기능으로 작용한다. 바라보는 행위 혹은 응시 행위는 아동이 상호작용에 참여할 준비가 되어 있다는 성인에 대한 신호이다. 이와 유사한 식으로 아동이 얼굴을 돌리거나 시선을 딴 데로 돌릴 때는 상호작용이 끝났음을 의미하고 있는 것이다. 응시 상호작용은 어머니와 아동 간 의사소통 교환에서 가장 초기의 이중적 의미이다. 이뿐만 아니라 어머니는 아동이 '고개를 돌리거나 집중하는 대상으로서' 지속적인 청자로서 기능한다. 이후에 언어적 형식은 눈길의 마주침과 함께 이 초기의 의사소통 교환에 첨가된다(Maestro et al., 2002). 이러한 가장 초기의 의사소통 대화가 자폐증 아동에게서는 발생하지 않거나 발달하지 않는다. 영아에게서 진단상으로 중요한 비전형적 응시 패턴에 대한 조기 확인이 3~6 개월에서의 임상적 자료에서는 필요하다.

아마도 자폐증의 가장 두드러진 특징은 의사소통 교환 과정 중에 다른 사람들과의 시선 접촉의 부재일 것이다. 다른 어떤 특징보다 이 특징 때문에 자폐증 아동은 무관심하고 멍청하며 움츠러들고 사람들과 관계를 맺지 않는 아동이 되는 것이다. 자폐증 아동들은 다른 사람을 정면으로 보거나 다른 사람의 시선을 정면으로 향하지 않는다. 자폐증 아동들은 어떤 사람이 자신에게 말하면 눈길을 다른 곳에 둔다. 실제로 아동에게 보도록 유도하는 의사소통 상대자의 시도는 물리적인 저항에 부딪힌다. 특히 그 사람이 물리적으로 아동과 가까이 있을 때 그러하다. 자폐증 아동이 다른 사람에게서 더욱 멀리 갈수록 대단히 많은 주위의 전시물로 인해 시선 주시가 어려워진다. 또 다른 특징적 차이는 자폐증 아동이 취하는 신체적인 방향이다. 누군가가 일부러 자세를 고치지 않는 한 정상적으로라면 화자와 청자의 신체는 어깨와 어깨를 마주하게 된다. 자폐증 아동은 자신의 몸(머리) 전체를 청자에게서 돌리고 힐끔힐끔 쳐다보거나 이리저리 눈을 굴리며 시선을 피한다.

상호작용 교환 중에 아담의 응시 패턴을 생각해 보자. 청자를 똑바로 보는 훈련을 받은 후에도 아담은 몸의 방향을 제대로 하지 못했다. 청자의 얼굴에 집중하면 할수록 몸은 더욱 더 다른 방향을 취했다. 말-언어치료사(SLP)가 아담의 머리를 잡을 때 얼굴 대 얼굴을 보는 상호작용이 일어날 수 있었고 아담의 눈은 이리저리로 움직였다.

2) 의례적인 행동

의식이나 의례는 대부분의 아동들과 성인들에게 있어서 일상 패턴의 정상적인 한 부분이다. 그러나 비장애 아동(제레미)과 자폐증 아동에 의해 나타나는 의식에서는 그 차이가 존재한다. 자폐증 아동에게 있어서 의식은 항상 동일한 방식으로 그리고 항상 동일한 순서로 재현되어야 하는 행동 순서나 패턴이다. 자폐증 아동은 예컨대 항상 스누피 그림 컵으로 물을 마셔야 한다. 의자는 항상 거실에 똑같은 모양으로 있어야 한다. 환경의 변화가 있을 때 자폐증 아동은 레코드 판을 빙빙 돌리고, 철사를 배배 꼬고, 물체를 쾅 하고 내리치고, 끝없이 전등을 껐다가 켰다가 한다. ASD 아동은 사물을 원래 기능에 맞게 적절하게 조작하지 않는다. 이런 아동들은 많은 경우 몇 시간 동안 사물 조작을 반복한다(전화선을 배배 꼬는 등의 행위를 몇 시간이고 반복한다). 아동이 한 구석에서 앞뒤로 마구 머리를 흔드는 의례적인 행위도 있다. 이러한 반복적인 행위들은 흔히 자기 자극적 행위라고 부른다. 이러한 행위들은 동일성을 유지하려는 아동의 시도로 보인다(Green et al., 2006). 몇 가지 의례적인 행위의 예를 생각해 보자.

- 제레미의 야간 의례 행위 : 병과 고무젖꼭지를 2층으로 가져 간다. 병과 고무젖꼭지를 침대에 놓는다. 슈퍼독(장난감 강아지)을 덮는다. 슈퍼독에게 병을 준다. 슈퍼독에게 빙키(봉제 인형)를 준다. 제레미는 병을 마신다. 제레미는 자신의 빙키를 집는다.
- 엘렌모리스의 치료 시작 전 세션 의례 행위 : "안녕, 아담. 자, 이제 놀이를 해 볼까." 아담에게 손을 내민다. 치료실로 손을 잡고 걸어간다.

정상적인 의례 패턴과 자폐증의 의례 패턴 간의 차이는 무엇인가? 우선 정상적인 발달 양상을 보이는 아동에게서 의례적인 패턴은 행위나 상호작용 목록의 작은 일부일 뿐이다. 그러나 자폐증 아동들은 매우 제한적인 행동의 수를 갖기 때문에 그들의 의례적인 패턴은 훨씬 더 큰 비중을 차지한다. 자폐증 아동들은 많은 의례적인 행동 패턴을 발달시킨다. "모든 것은 하나의 의례가 된다"라고 아담의 어머니는 지적했다.

두 번째 차이는 자폐증 아동에게서 의례화된 패턴을 변화시키는 것은 매우 어렵다는 것이다. 습관적으로 하던 하나의 의례에서 약간의 변화만 있어도 아동으로부터 치명적인 결과를 초래한다. 많은 부모들은 그러한 변화로 인한 폭력적이고 난폭한 짜증이 너무 심해서 많은 경우 환경적인 변화나 행위들의 변경을 주저하면서 아예 시도하지 않는다고 말한다. 제레미는 어떤 것이 다르게 실행되거나 밤의 행동 순서에서 달라지는 것이 있으면(예를 들자면 슈퍼독에게 빙키를 주지 않는 것 등) 갑자기 멈칫거리는데 다행히도 그의 반응이 치명적인 정도는 아니었다.

세 번째 차이는 Piaget(1962)가 **의도성**이라고 정의한 의식화된 패턴들은 환경 속에서의 경험과 사건들에 대해 아동이 상호관계를 통해 알고 있음을 의미한다는 것이다. 아동의 의식화된 패턴은 진보적인 발달 변화를 보여 준다. 이것들은 세상에 대한 아동의 변화하는 인식과 개념화를 통합한다. 따라서 일반적인 발달 양상을 보이는 아동에게 있어서 의례 행위는 관찰한 환경적 순서를 통합하고 종합하려는 시도를 의미한다. 그러나 자폐증 아동에게 있어서 의례 행위 패턴은 그 환경 내에서 시스템의 질서를 유지하려는 시도를 의미한다.

3) 분노발작

의례 행동 패턴을 발달시키고 유지시키는 자연스런 환경에 대한 반응의 좋은 예가 있다. 분노 발작과 관련하여 앞서 기술한 엘렌모리스의 의례 행위를 다시 생각해 보자.

- 엘렌모리스의 의례 행위 : 어느 날 오후 치료는 늦게 진행되고 있었다. 나는 아담을 볼 준비가 되어 있었기 때문에 대학원생이 언어 · 청각센터 대기실에서 아담을 만나려 하고 있었다. 몇 분 후에 아담은 홀에서 요란한 소리를 지르고 있었다. 내가 홀에 들어가서 본 것은 아담이 주먹으로 자신의 머리 양쪽을 두드리는 광경이었다. 치료 세션은 한 마디로 어려웠다. 아담의 어머니가 떠나기 전에 센터로 오는 도중에 무슨 일이 있었는지 그리고 아담이 기분이 좋았는지 물었다. 아담의 어머니는 아담은 대학원생이 대기실에 들어오기 전까지만 해도 완벽할 정도로 아무런 문제가 없었다고 대

답했다.

언어 · 청각센터에 등록한 후 2년 동안 아담을 치료실로 데려가기 위해 대기실에 갔던 사람은 바로 나였다. 이 기간 동안 기본적인 의례 패턴이 발달한 것이었다. 이러한 경험의 결과 나의 임상 직원은 아담과의 상호작용에서 다른 의례화된 패턴이 존재하는지 확인했다. 조사의 목적은 의례화된 직원과 아동의 행동 패턴을 수정하는 것이었다. 아담의 반응(분노발작)은 자폐증 아동이 자신들의 세계에 변화가 나타날 때 드러내는 반응 바로 그것이다. 분노발작은 변화에 대한 자폐성 아동의 치명적 반응이다.

분노발작은 그 형식에 있어서 자기 자극적이거나 타인 공격적인 형태이다. 자폐 아동들이 보여 주는 자기 모욕적이고 타인 공격적인 행위들에는 다음 행동들이 포함된다. 즉 머리 잡아당기기, 물기, 할퀴기, 머리 돌리기, 꼬집기, 머리 들이받기 등이 있다. 자기 자극적인 행위와 타인 공격적인 행위 간의 차이는 행위의 방향성이다. 전자는 자신을 향해 있고 후자는 타인을 향해 있다. 분노발작과 관련된 차이점 중 하나는 심지어 미묘한 환경 변화에도 아동의 반응이 집중적으로 나타난다는 것이다. 하나의 의례 행위에서 미묘한 변화가 폭력적인 폭발을 야기될 수 있다. 자폐증 아동은 물리적으로 통제 불능이 된다. 분명한 것은 아동이 나이가 들고 몸집이 커질수록 부모나 교사는 이러한 행위들을 관리하는 것이 더 어렵다는 사실이다(Kobayashi & Murata, 1998).

4) 자기 자극적인 행위

자기 자극에는 전통적으로 비의사소통적이고 비상호적인 것으로 기술된 잦은 빈도수의 행위들이 포함된다(MacDonald et al., 2007; Richler, Bishop, Kleinke, & Lord, 2007; Wimpory, Hobson, Williams, & Nash, 2000). 아동이 환경으로부터 벗어나고자 할 때 이러한 행위들이 자주 나타난다. 이러한 자기 안으로의 위축 패턴이 일어나는 때는 자폐증 아동이 지도나 지시로 인한 직접적인 지식의 투입을 감당할 수 없을 때이다. 자기 자극적인 행위들은 비발달적이다. 이러한 행위들은 특히 교실에서 아동의 학습을 방해한다.

말-언어치료사나 교사가 이러한 행위들에 대해 어떻게 행동하고 어떤 조치를 취해야 할까? 훈련에 대한 행동적 접근법은 부정적인 결과를 통해 자기 자극적인 행위의 빈도수를 줄이거나 이를 아예 제거하는 것이다. 그러나 아동의 자기 자극적인 행동 양상은 너무나 무수하고 따라서 이를 제거하려 한다고 해도 큰 효과는 없을 것이다.

5) 자극에 대한 감수성 저하와 과민증

자폐증 아동은 환경적 자극에 대해 다른 장애아 및 비장애아와 동일한 반응 양상을 갖지 않는다. 자극에 대해 민감성이 감소된 경우를 감수성 저하라고 한다. 아담의 어머니는 다음과 같이 말했다. "나는 아이의 귓가에서 한 쌍의 심벌즈를 쳤다. 그러나 아담은 눈도 깜빡하지 않았다." 자폐증 아동은 소리와 환경적 자극을 일관되게 인지하기 위해 어떤 식으로든 반응하지 않거나 않는 것처럼 보인다. 이러한 많은 아동들이 어느 시점에서는 청력 상실이나 장님으로 인식된다는 것은 놀라운 일도 아니다. 많은 부모들은 자폐증 아동을 '여기에도 있고 저기에도 있는' 존재로 표현한다. 치료 장면 동안 아담이 반응을 나타낼 때마다 아담의 어머니는 "아담이 이제 (먼 나라에서) 지구로 착륙하고 있군"이라고 말했다.

아동의 일관되지 않은 반응은 교육적 시도에서 약간의 변화만 있어도 일관되지 못한 반응, 종종 극단적인 반응으로 복잡해진다. 자극에 대한 과도한 민감성은 과민증이라고 한다. 아담은 이러한 외부의 교육적 시도를 막기 위해 귀와 눈을 손으로 가리곤 했다. 치명적인 분노발작의 가능성이 있는 이러한 반응상의 비일관성은 부모와 말-언어치료사, 교사들에게 있어서 아동의 행위 예측을 어렵게 한다(즉 아동이 반응을 할 것인지 여부를 판단하는 데 어려움을 준다).

6) 함묵증

함묵증에는 완전한 침묵에서 의미 없는 소리들(의사소통 목적이라기보다는 자기 자극적인 목적으로 사용되는 소리)의 나열까지 다양한 행동 패턴이 포함된다. 전부는 아니라 해도 대부분의 자폐 아동들은 함묵증 기간을 통해 발전한다. 일부 자폐성 아동들은 일생 동안 완전한 침묵을 지킨다(즉 말을 하지 않는다).

Hurfold(1991)는 언어습득에는 결정적 시기가 있다고 가정했다. 임상적이고 발달적인 관심은 기능적인 언어체계가 5세까지 습득되는지의 여부이다. 그 후에 기능적인 언어 체계가 발달할 가능성은 거의 없다. 많은 경우 아동이 말을 하게 되면 초기 단어와 구절들은 상당히 지적인 형태를 지닌다. 이것은 아마도 아직 분명하게 설명되지는 않지만 아동의 성취상 도약적 변화 때문인 것 같다. 자폐증 아동은 일반적인 발달 양상을 보이는 생후 36개월까지의 아동들에게서 나타나는 화용론, 음운론, 의미론, 구문론에서 뚜렷한 발달상의 변화를 갖지 않는다.

이 때 수집되는 대부분의 정보는 부모 면접을 통해서 얻어진다. 말-언어치료사, 교사 혹은 심리학자가 직접 관찰할 수 없는 성인과 또래들과의 자연스러운 환경 속에서 아동의 행동과 언어적 기술에 대해 부모는 중대한 정보를 제공한다. 부모들은 또한 발달 과정에서 있었던 일들에 관한 정보를 제공해 준다. 왜냐하면 출생 후 초기가 중요한 진단적 요인이기 때문이다. 아동의 의료 기록은 외상성 뇌 손상, 난청, 뇌성마비와 같은 다른 발달상의 장애들을 배제시키는 데 도움이 된다.

연구자들은 왜 일부의 아동들은 다음 단계인 음성 모방(남의 말을 그대로 흉내 내는 행동)으로 발전하고 왜 일부의 아동들은 그렇지 않은지 규명하지 못하고 있고, 다음 단계로 이동하는 아동 속에 이미 잠재된 변화가 있다는 의견에 대해 합의에 이르지 못하고 있다. 예를 들면 아담의 발달 과정은 한 단계에서 다음 단계로 설명 불가능한 극적 변화가 나타났다. 4년 3개월까지 말 한 마디 하지 않았던 아담은 의미 없는 소리들만을 낼 뿐이었다. 그러나 말을 시작했을 때 아담의 말은 긴 문장으로 구성되었고 "문 좀 닫아 주세요"와 "이제 갈 시간이에요" 같은 표현들을 모방하고 있었다. 아담의 어머니 말대로 아담의 말 표현은 "아주 분명하고 명확했다."

이 시점에서 많은 말-언어치료사와 부모들이 대안적인 의사소통 체계의 사용을 논의하고 있다는 것을 지적하는 것은 중요하다. 아담의 경우 수화체계가 도입되어 여러 달 동안 상당히 성공적으로 사용되었다. 아담은 수화의 핵심 어휘들을 습득하여 기본적인 자신의 욕구들을 의사소통으로 표현하기 위해 이를 적절하게 사용했다.

아동의 경우 수화의 사용에서 말로 된 언어 사용으로의 이행은 설명하기 어려웠다. 이러한 침묵 시간의 결과는 바로 타인의 말을 따라하는 음성 모방이었다. 어느 날 갑자기 아담이 학습한 수화 대신에 언어표현을 (매우 분명하게) 하면서 언어치료를 할 때 어머니의 표현대로 아담의 유레카('알겠어, 바로 이거야'라는 깨달음의 순간) 경험이 아담에게 찾아왔다. 다음 4주 동안에 아담은 언어표현으로 수화표현을 대체했다. 수화 훈련은 아담의 언어발달을 촉진한 것 같았다. 일단 수화가 언어표현으로 대체되자 수화는 다시는 사용하지 않았다. 따라서 아담의 의사소통 체계는 몇 가지 형식으로 구성되어 있었다. 즉 단어, 수화 형태 그리고 상호교환적인 수화/언어적 형식이다. 이러한 상호 교환이 가능한 형식들은 수화를 단어로 교체하는 변화를 의미한다. 각각의 새로운 단어 형식의 사용은 수화 사용이 감소하면서 늘어났다. 이러한 교체 과정은 비록 일반적인 학습자들과는 다를지라도 아담이 체계적인 학습 패턴을 이용했음을 강조해 준다. 아담의 학습 패턴은 아담이 어떤 식으로 학습했는지를 통찰할 수 있는 근거를 제공한다.

일부 자폐 아동들은 말이나 언어를 결코 발달시키지 못한다. 전혀 말을 하지 않는 함묵증의 발병은 28%(Lotter, 1967)에서 61%(Fish, Shapiro & Campbell, 1966)까지에 달한다. 가변성은 이 장의 초반에서 논의한 문제들과 용어에서의 어려움과 관련되어 있다. Bartak과 Rutter(1973)는 모든 ASD 아동 중에서 약 80%가 발달 과정에서 한때 청각장애가 있는 것으로 진단되었다. DeMyer과 동료들(1973)은 5세 때에 말을 하지 않고 있는 아동들 중에서 약 65%가 그 이후 여러 해 동안 여전히 말을 하지 않는다고 지적했다. 자폐증 아동들 중 많은 수가 환경 속에서 일반적인 의사소통/언어적 상호작용을 발달시키지 못한다.

7) 반향언어

반향언어는 일반적으로 타인의 말에 대한 무의미한 반복으로 정의된다. 그 결과 일부 연구자들은 치료를 통해 이러한 행동을 완전히 제거하거나 줄여야 한다고 주장해 왔다. 반향언어는 또한 전통적으로 언어적 지식에 대한 증거와 무언증 사이의 과도기적인 상태라고 정의되었다. 그러나 다양한 학습 단계를 통한 아동의 언어발달에 대한 연구는 부족한 실정이다.

Prizant와 Duchan(1981)은 반향언어적 발화가 무엇을 의미하는지 판단하기 위해서는 반드시 이를 자연적인 의사소통 환경 속에서 분석해 보아야 한다고 주장했다. 의사소통 맥락 내에서 아동이 어떻게 기능하는지, 특히 자폐증 아동이 의사소통 목적으로 스스로 발달시킨 어떤 행동을 사용하는지 이해하는 것이 중요하다. 아동의 메시지가 의사소통적 의도를 갖고 있는지 알기 위해 말-언어치료사와 부모는 반드시 그러한 아동의 발화가 일어나는 의사소통 맥락을 분석해야 한다. 이러한 경우들에서 반향언어의 제거를 통해 실제적으로 의사소통 행위의 발생이 줄어들 수도 있다. 따라서 반향언어의 형태가 아동의 의사소통 의도를 대변하는지 판단하는 것이 중요해진다.

아담의 반향언어 시기로의 급격한 이동은 상황적 맥락 내에서 아담의 말의 의미를 평가할 필요성이 있음을 다음의 대화내용은 잘 드러내 준다. 이 예는 의사소통 의도를 전달하기 위해 이 아동이 어떤 식으로 다양한 언어적·비언어적 행동들을 사용하는지 잘 보여 준다. 아담의 어머니는 아들이 말을 시작했을 때 흥분을 감추지 못했다. 그러나 그녀의 흥분은 오래가지 못했다. 그녀는 아담을 '말하는 그림자'라고 표현했다. 어머니와 아동 간의 일반적인 언어교환은 반향언어 아동과의 의사소통상의 어려움, 혼란, 당혹감을 강조할 뿐이다.

어머니 : 아담, 준비되었니?

아담 : 아담, 준비되었니?
어머니 : 가서 문 좀 열어라.
아담 : 가서 문 좀 열어라.
어머니 : 네 코트 어디에 있니?
아담 : 네 코트.

아담의 반향언어가 의미가 있는 것인지 어떤지를 알기 위해 아담의 행동의 몇 가지 측면들이 상황적 맥락 속에서 분석되었다. 예를 들면 다음의 언어교환을 생각해 보자.

어머니 : 가서 문 좀 열어라.
아담 : 가서 문 좀 열어라.
비언어적 행위 : 아담은 문을 보고 일어나 문을 연다.

아담은 행동을 통해서 어머니의 말을 메아리처럼 반복하지만 자신이 어머니의 메시지의 의미를 이해하고 있으며 행동으로 이를 나타내었음을 알 수 있다. ASD 아동의 비언어적 행동(즉 응시행위, 제스처, 행동)을 통해 언어적 메시지에 대한 의미파악 수준을 알 수 있으며 그 아동들의 메아리 같은 반향언어가 의미가 있는 것인지 여부를 알 수 있다(Tiegerman-Farber & Radziewicz, 1998).

다른 대화를 생각해 보자.

어머니 : 네 코트 어디에 있니?
아담 : 네 코트.
비언어적 행위 : 아담은 코트를 보고, 그 다음에는 그쪽으로 가서 의자에 걸쳐 있는 코트를 잡아당긴다.

이 대화에서 아담의 비언어적 행위는 그 상황에 대해 아담이 이해하고 있음을 나타낸다. 이러한 상호 언어교환은 추가적인 정보 또한 제공한다. 우선 아담의 발화의 언어적 형식은 어머니의 발화형식과 약간 다르다. 둘째, 어머니의 억양 패턴과는 다른 아담의 억양 패턴은 (강세, 억양 등과 관련된) 초분절적인 면에서 변화를 만들 수 있는 아담의 능력을 가리킨다. 세 번째로 아담은 자신이 어머니의 메시지를 이해했음을 나타내는 비언어적 행동들을 보여 주었다. 이러한 언어적 상호교환은 자폐증 아동이 언어 과정의 일부 요소들을 스스로 조작할 수 있는 몇 가지 방식들을 보여 준다. 이러한 언어적 상호교환은 아동의 의사소통 행위의 형식과 기능이 어떤 식으로 현재 진행 중인 자연적인 맥락 속에서 분석될 수 있는지를 보여 준다(Tiegerman-Farber & Radziewicz, 2007d).

Prizant와 Wetherby(1987)는 일반적으로 의사소통을 발달시키기 위해 의도성이 반드시 관례와 결합되어야 한다고 주장했다. 의사소통적인 의도의 면밀한 분석은 자폐증 아동의 사회적 · 의사소통적 기능들을 강조할 수 있다. 가리키기나 보여 주기와 같은 일반적인 형식을 사용하지는 않지만 자폐증 아동들은 반향언어와 자기 자극과 같은 독특한 형식을 사용하여 다양한 의사소통적 기능들을 표현한다. ASD 아동들이 일반적인 의사소통 형식을 사용할 수 없기 때문에 의사소통 자체를 할 수 없다고 생각하면 안 된다. 아동의 일반적인 의사소통 형식의 사용이 자동적으로 그 아동의 의사소통 의도를 의미하지 않는 것과 마찬가지로 이러한 견해는 부적절하다. 아동의 상호작용의 의미는 사회적 맥락 내에서 아동의 행동분석을 통해서만 판단할 수 있다. 아동의 비의사소통적 형식과 그 기능들에 대한 이러한 분석을 위해 다른 사회적 맥락 내에서 여러 가지의 관찰이 필요하다. 궁극적인 문제는 관습에 사로잡히지 않은 형식들이 실제로 의사소통 의도들을 표현할 수 있는가를 판단하는 문제이다.

Prizant와 Rydell(1984)는 자폐증 아동들에게서 지연된 반향언어의 기능들을 연구했다. 지연된 반향언어에서 아동들은 처음에 들었던 타인의 음성을 시간이 상당히 지난 후에 모방한다. "반향언어 행동은 즉각적인 것이든 지연된 것이든 반복의 정확성, 이해력의 수준, 기본적인 의사소통 의도와 관련해서 행동의 연속이라고 설명된다"라고 저자들은 지적한다. 지연된 반향언어 또한 '새로운 상황에 적용되는 이전의 형식'으로 정의된다. 의사소통의 형식으로 반향언어를 사용하는 것은 일반적인 발달 양상을 보이는 아동들에게서는 흔히 볼 수 없는 전략이지만 자폐증 아동들에게서는 몇 가지 중요한 기능을 한다. 자폐증 아동이 새로운 사회적 맥락에서 이전의 형식들을 사용한다는 사실을 통해 알 수 있는 것은 일정한 연상 수준에서 자폐증 아동이 언어적 형식과 사건 간의 관계를 설정한다는 사실이다. 즉 지연된 반향언어적 반응은 아동이 언어적 발화와 맥락 간의 관계를 인식했다는 의미이다. 아동의 언어적 능력이 증대될수록 아동은 메아리 같은 반응(지연되고 완화된 반향언어)에서 언어적 요소들을 대체, 삭제, 결합할 수 있다.

뿐만 아니라 정교한 언어문장과 구절들을 그대로 모방하는 아동의 독특한 능력은 종종 아동의 실제적 · 자발적 능력의 측면에서 보면 상당히 기만적인 데가 있다. Prizant와 Rydell(1984)의 연구에서는 다음의 기준 모두를 충족한다면 지연된 반향언어라고 간주된다. 즉 (1) 반복 내용이 아동의 문장구성 능력을 넘어서는 경우, (2) 발화 내용이 딱딱하고 의미 없이 관례화되어 있는 경우이다. 이 연구에서 아동들은 반향언어와 자발적인 발화에 있어서 평균 발화길이(MLU)가 상당히 차이가 난다는 사실이 확인되었다. 아동의 자발적인 발화는 주로 언어적 복잡성의 1단계 수준인 데 반해 반향언어적 발화에서는 훨씬 더 정교한 언어적 능력을 드러냈다.

아동이 즉각적인 반향언어를 사용하든 아니면 지연된 반향언어를 사용하든 아동의 발화는 상호작용 목적으로 생성된다. 타인의 말을 그대로 반복하는 반향언어는 지나치게 단순하거나 일원화된 형식이 아니다. 반향언어는 상호작용과 이해력을 표현하는 도구이다. 반향언어적 발화에 대한 성인의 해석은 아동에 대한 이해와 공유하는 사회적 맥락의 특징에 대한 이해에 기초할 것이다. 자폐증 아동에게 있어서 관습에 얽매이지 않는 언어 형식의 사용은 일반적인 언어형식의 발달과 보다 고차원적인 메타언어적 능력의 발달을 저해한다. Prizant와 Rydell의 연구(1984)에서 가장 흥미로운 발견은 비상호작용적인 반향언어 중 일부—아동이 의사소통 의도 없이 발음한 내용—는 의미 전달 목적으로 기능했다는 점이다. 발음 중 일부는 특정한 기능을 행사하지 않았지만 다른 발음은 인지적 기능이나 대화적 기능 혹은 순서 교체 기능을 한 것이다.

반향언어는 (1) 의사소통 의도가 없는 반향언어에서부터, (2) 의도는 있지만 제한적 언어능력을 가진 반향언어까지, (3) 의도와 언어적 능력을 모두 갖춘 반향언어까지 여러 발달 단계를 거친다. 언어적 변화와 이해력 변화의 발달 패턴은 언어를 배울 때 일반 아동이 갖게 되는 의사소통적 순서와 유사하다.

8) 자폐증 증상의 발단과 사정

자폐증의 발단은 문제에 대한 부모의 인지와 관련된다. 만약 부모와 전문가가 표준화된 사정 도구를 알지 못하면 자폐증 진단은 어려워진다. 자폐를 갖고 있을 가능성이 있는 아동의 사정을 위해서는 몇 가지 영역별 평가가 필요하다. 즉 언어/의사소통 능력, 인지 능력, 운동능력, 사회적 기술이 그것이다. 조기중재 시스템을 확립한 공법 99-457(1986)은 사정과 치료에 대한 가족중심의 접근법을 중요시한다. 이 과정의 일부는 아동을 지원하기 위한 혈연적 단위로서의 전체 가족의 요구를 확인하는 가족 사정이다(Tiegerman-Farber & Radziewicz, 2007d). 다음의 검사도구들은 사정 계획의 일환으로 학문 내/학문 간 팀에서 사용 가능한 것이다.

1. **아동자폐증 평정척도(CARS)**(Schopler, Reichler, & Rennet, 1998). CARS는 정상적인 범위(1)에서부터 심각한 수준의 비정상(4)까지의 네 등급으로 아동의 행동을 평정하는 15개 4점 척도로 구성되어 있다. CARS는 선별도구로 가장 많이 이용된다.

2. 자폐증 진단면접-개정판(ADI-R)(Lord, Rutter, & LeCouteur, 1994). ADI-R은 일반적인 발달장애나 자폐증 진단이 예상되는 성인이나 아동을 돌보는 보호자들을 위한 반구조화된 조사중심의 면접으로 구성된다.
3. 자폐행동 체크리스트(ABC)(Krug, Arick, &Almond, 1993). ABC는 부모들과 교사들을 면접할 때 사용되는 행동 평정 체크리스트이다. 자폐행동 체크리스트는 다양한 영역에서 직접적인 관찰이 가능한 사회적 맥락에서 사용할 때 가장 효과적이다.
4. 심리교육 프로파일-개정판(PEP-R)(Schopler, Reichler, Bashford, Lansi ng, & Marcus, 1990). PEP-R은 관계 맺기와 정서, 놀이, 재료에 대한 관심도, 감각적 반응 및 언어상의 비정상 정도뿐만 아니라 발달기능에 대한 정보를 제공한다. PEP-R은 6개월에서 7세까지의 아동이나 발달지체를 보이는 12세 이하의 아동을 대상으로 설계되었다.
5. 언어전 자폐 진단관찰 스케줄(PL-ADOS)(DiLavore, Lord, & Rutter, 1995). PL-ADOS는 6세 이하의 아동을 대상으로 설계되었으며, 구조화된 상황에서 아동과 검사자가 상호작용하는 데 대한 표준화된 관찰 도구이다.

일부 부모들은 영아 출생 후 몇 개월 이내에 문제를 조기에 발견하게 된다고 말한다. 이러한 부모들은 자신의 아이가 "어떻게 해도 편안해하지 않는다"라고 지적한다. 다른 부모들은 출생 후 초기 24개월 동안의 정상적인 발달순서 후에 뒤따라오는 퇴행 기간이나 발달 실패라고 자폐증을 규정한다. 부모는 신뢰할 만한 보고자이기는 하지만, 자폐증 진단 이전의 행동발달과 의사소통적 발달에 대한 정보는 주관적이며 영아와의 초기 경험에 대한 부모의 해석과 기억에 크게 의존한다. 의사소통 행위들이 30개월의 월령까지 나타나지 않는다고 해서 그 이전에 이러한 행동들이 없었다고 할 수는 없다. 영아의 의사소통 행동은 출생 후 초기 9~12개월 사이에 발달하지만 신경계 손상으로 이러한 의사소통 행동이 악화될 가능성이 있다.

현재의 진단도구들은 의사소통 행위, 즉 영아기의 ASD 확인에 중요한 응시, 발성, 제스처를 확인하는 적절한 도구가 되지 못한다. 조기 의사소통 행위를 습득하지 못하는 출생에서 12개월 사이의 영아에 대한 연구 분석과 조사가 시사하는 바는 아주 어린 아동들의 ASD 확인과 진단에 관한 것이다.

신경계 손상의 징후가 뚜렷하지 않는 한 영아가 어리면 어릴수록 장애의 식별은 그만큼 어려워진다. 일반적으로 부모들은 아동이 두 번째 생일에 가까워질 때 진단평가에 대한 당혹감을 느낀다. 가장 중요한 진단 변수인 언어는 24개월 이전에는 표준화된 도구로는 사정하기가 어렵다. 2~3세 사이의 아동에게 관심을 집중하면서 몇 년간 영아를 면밀히 관찰한 다음에 중재가 가능하다(Wing & Potter, 2002). 미취학 자폐증 아동들을 위한 교육적 선택은 여전히 제한적이다(Tiegerman-Farber & Radziewicz, 2007a).

30개월 이전 자폐증 시작은 자폐증의 차별화된 진단에서 중요한 기준이 되어 왔다. 한 연구에 의하면 자폐증 사례들 중 76%에서 부모들은 아동의 문제를 24개월 이전에 식별했다고 하였다. 조기에 문제를 인지한 부모들은 보다 빠른 시기에 도움을 구하는 경향이 많다. 뿐만 아니라 영아기의 자폐증 발단은 또한 특히 행동기능면에서 발달상의 문제와 관련된다. 후기에 발단하는 아동들은 조기에 발병하는 아동들에 비해 IQ 검사에서 상당히 더 높은 점수를 받았다. 이는 이러한 후기의 자폐증 발단이 ASD의 징후에서 덜 심각하다는 것을 의미한다(Volkmar, Chawarska, & Klin, 2005). 저자들은 후기의 발단 범주 내에서 다음 2개의 다른 집단에 대한 차별화된 진단을 더 심도 깊게 연구할 필요성을 강조했다. 즉 (1) 30개월의 월령 이후에 발달상의 퇴행을 경험한 아동 집단, (2) 징후가 비교적 미미하기 때문에 훨씬 이후의 발달 시기에 자폐증이 확인된 아동 집단이다.

9) 놀이

적응력, 학습, 인지, 사회적 행동의 발달에 놀이가 중요한 역할을 한다는 사실은 일반적으로 인정된다(Lifter, Sulzer-Azaroff, Anderson, & Cowdery, 1993). 놀이의 기능은 이후에 아동이 보다 정교한 과제중심 사건들로 통합하는 상호작용 전략들을 발달시키고 수행하는 것에 도움을 준다. 보다 일반적인 이론에 따르면, 놀이에서 아동들은 다른 사회적 맥락에서 행사하거나 지배할 수 없는 활동들을 조절하고 영향을 미치는 법을 배운다. 놀이에서 아동들은 살아 있는 물체들과 죽은 사물들과 상황들에 대한 조정능력을 개발한다. 영유아의 사회적 상호작용에 대한 최근 분석에 의하면 놀이행위는 그 경험에 참여한 모든 아동들의 신체적·상호작용적 행동들에 영향을 미친다(Maestro et al., 2005). 따라서 놀이는 조기발달에서 인지적 기능, 사회적 기능, 상호작용적 기능을 담당한다.

기본 이론은 놀이는 아동이 관심을 갖는 행위조작으로 시작된다는 것이다. 조작적·신체적 능력이 확대되면서 아동들은 사물과 또래들을 보다 적극적으로 다루는 법을 익히고 이러한 능력을 점점 더 발전시킨다. 그러나 자폐증 아동은 환경과의 사회적 상호작용에서 제한적이고, 이러한 제한적인 경험 때문에 정신지체이든 뇌성마비이든 뇌 손상이든 간에 다른 아동들과의 관계에서 많은 행동적 문제/학습문제를 야기한다. ASD 아동들은 상호작용적 경험에서 배제되어 분노발작과 타인에게 지장을 주는 행동을 통해 사물과 또래들을 조정하는 법을 배운다. 환경으로부터 스스로 위축되고 배제되기 때문에 그 아동이 놀이 방법을 아는지 판단하는 것이 어렵고 아동에게 놀이의 기회가 부족해서 놀이를 하지 않는지를 판단하는 것이 어렵다. 많은 연구자들은 아동의 이상한 조작 행위와 그 환경 내에서 경험을 통합하지 못하는 무능력(이런 이유로 아동은 이후 환경에서 스스로 배제되어 자신 속으로 침잠한다) 간에 순서상의 관계가 있다고 주장했다. 아동의 내면세계의 창조는 자신이 외부세계에서 구축할 수 없는 내적 질서를 구축하고 유지하고자 하는 시도이다. 자기 자극과 똑같이 반복하는 의례적인 행동들은 사회적 · 정서적 장애의 결과이다(Kasari, Freeman, & Paparella, 2007).

놀이는 자폐증 아동들에게 사회적 상호작용 기술을 지도하는 자연스러운 방법이다. 놀이는 교사중심적이기보다는 아동중심적인 활동이다. 놀이 환경 내에서 자폐증 아동은 특정한 행위들이 또래들로부터 반응을 유도한다는 것을 배운다. 자폐증 아동에게 자연적인 강화효과를 준다면 의사소통적 행위들과 상호작용적 교환은 사회적 환경에서 학습되고 사용될 가능성이 높다(Olley, 1999). 기능적 · 상징적 놀이기술은 언어능력과 연관된다. 뿐만 아니라 제스처와 같은 특정한 비언어적 의사소통 기술들 또한 언어습득과 상관성이 있다.

사회적 상호작용 기술은 일반 또래들과의 통합학습 환경 속에서 더욱 쉽게 습득된다. 일반 아동과 자폐증 아동이 함께 교육받는 통합교실은 대상물, 창의적 상호작용, 또래 파트너들에 대한 아동중심의 선호를 중시하는 놀이 활동에 크게 의존한다. 초기 아동기 교육과정은 자연스럽게 일어나는 일상에서의 독자적인 놀이와 사회적 상호작용을 강조한다. Lovaas와 Buch(1997)와 같은 행동전문가들이 기술한 일대일 지도방식보다는 집단 내에서 그리고 놀이 속에서 사회적 기술은 보다 쉽게 발달한다. 초기 아동기 교육과정은 의사소통 발달을 촉진하기 위해 동아리 모임, 이야기 시간, 활동센터를 사용하는 도입훈련 모델의 일부이다(Strain & Cordisco, 1994).

10) 인지

지각, 언어, 인지 간의 관계는 아직 논쟁적이다. 현재 동향은 환경과의 조기 사회적 · 상호작용적 경험을 중요시하는 인지 이론에 많은 영향을 받고 있다. ASD 아동의 인지발달을 논하면서 중요한 것은 사회적 · 상호작용적 경험뿐만 아니라 지각적 · 인지적 과정을 고려하는 것이다.

Harris, Handleman, Gordon, Kristoff와 Fuentes(1991)는 1년 과정에 걸쳐 일반적인 발

달 양상을 보이는 미취학 아동들과 그 또래 자폐증 아동들에게서 지적 · 언어적 기능상의 변화를 연구했다. 그 연구결과에 따르면 일반적인 미취학 아동들과는 달리 자폐증 미취학 아동들은 이 프로그램에서 지적 기능상의 중대한 성장을 보여 주었다. 일반적인 미취학 아동들은 이 학년 동안 인지기능을 유지했지만 자폐증 미취학 아동들은 그 기능이 상당히 증가했다. IQ에서 19점의 증가는 조기중재 프로그램 실행의 효과를 입증해 주며 포괄적인 프로그램 실행을 통해 자폐증 아동의 능력이 신장된다는 점을 입증해 주고 있다.

자폐증 아동들 중에서 약 75%는 정신지체 범위에 있는 것으로 보고된다(APA, 1994). 차별화된 진단이 어려워지는 것은 중증 혹은 심각한 정신지체를 갖고 있는 아동들이 ASD 아동들과 유사한 행동들을 보일 수 있다는 사실 때문이다. 정신지체 아동들은 사회적 상호작용과 의사소통 그리고 발달수준을 가늠할 수 있는 행동에서 양적인 지체를 보인다. 이와는 대조적으로 ASD 아동들은 언어지체 아동들이 일반적으로 나타내는 기능과는 질적인 차이를 보인다.

뿐만 아니라 자폐증 아동들은 다양한 기술과 능력상의 변수들을 보여 준다. 가끔 이런 기술과 능력의 차이(예를 들면 전반적으로는 정상인보다 지적 능력이 떨어지나 특정 분야에 대해서만은 비범한 능력을 보이는 사람인 서번트증후군)는 한 분야에서 비범한 능력으로 이어지지만 다른 분야에서는 상당한 장애로 이어진다. 예를 들면 아담은 뛰어난 기억력과 회상능력을 갖고 있다. 그러나 아담의 능력은 사회적 맥락 내에서 이 기술을 사용하는 능력의 관점에서 보아야 한다. 아담의 놀라운 회상능력은 대개 의사소통적 · 자기 자극적 목적으로 사용된다. 정보는 전반적으로 통합되지 않고 상호작용적 목적으로 사용되지 않는다. 아담은 자기방의 한쪽 구석에 앉아 전날 밤 보았던 뉴스 내용을 암송하듯 중얼거리곤 했다.

강점, 기술, 능력을 파악하는 것은 단지 초기 단계에 지나지 않는다. 이에 못지않게 중요한 것은 ASD 아동들이 어떤 식으로 자신의 기술들을 학습이라는 사회적 맥락 내에서 사용하는지를 평가하는 일이다(읽기능력은 매우 발달해 있지만 언어를 이해하거나 대인관계를 위한 의사소통 능력은 떨어지는 것을 의미하는 과잉언어증과 음운론에 대해서는 이후의 섹션 참조). 자폐증 아동들은 구체적인 시각적 · 공간적 지각능력을 요구하는 과제에서 상당히 높은 능력을 발휘하고, 자극 간의 미묘한 개념적 관계에 기초하여 구체적인 정보를 구성하는 능력이나 추상적 능력을 요구하는 과제에서는 상당히 저조한 능력을 보인다. 자극의 복잡성이 커지고 여러 감각적 처리 과정을 필요로 할 때 ASD 아동들은 또한 통합능력이 떨어진다. 어떤 상황에서 무엇이 의미 있고 관련성이 있는지 파악하는 데 어려움을 겪기 때문에 ASD 아동들은 환경과의 상호작용에서 고정된 규칙을 사용하는 데 집착한다. 개념적 발달은 이후 그림이나 이야기의 한 가지 측면에만 관심을 갖거나 집중하는 경향성 때문에 지장을 받는다. 많은 경우에는 전혀 관계없는 무가치한 것에 집착하기도 한다(Shriver et al., 1999a). 이러한 모든 예들은 환경 내에서 특이한 상호작용 패턴에 대해 설명하고 있다.

Sigman가 Ungerer(1984)는 ASD에만 특이하게 나타나는 초기 인지장애에 대해 연구했다. 감각운동 능력과 언어는 일반 아동에게서는 긍정적 상관성을 가지지만 자폐증 아동들에게서는 전혀 상관성이 없었다. 저자들은 감각운동적 지식이 언어발달에 필요조건이지만 충분조건은 아니라고 주장했다. 자폐증 아동들에게서 감각운동 능력과 언어능력 간의 두드러진 차이는 감각운동적 지식과 상징적 지식은 서로 다른 발달에 관여한다는 주장을 입증한다.

몇 가지 가설들이 장애에서의 차이를 설명할 수 있다. 첫 번째 이론은 표상적 사고는 두 가지 하위체계의 공유영역을 요구한다는 것이다. 그 한 가지 하위체계는 문제해결을 위한 정보회상 능력과 관련된 감각운동 기술의 발달과 관련된다. 두 번째 하위체계는 경험을 상징으로 전환하는 능력과 관련된다. 이 작업은 자폐증 아동들에게는 상당히 어려운 문제이다. 자폐증 아동들에게서의 인지장애는 사회적 장애에 부수적으로 나타나는 문제이다.

Sigman와 Ungerer(1984)는 또한 "현재까지 확인된 특정한 인지장애의 모든 영역은 발달을 위한 사회적 상호작용에서 크게 영향을 받는다"(p.301)고 지적한다. 이러한 연구결과는 다른 발달 영역에 대한 사회적 학습 과정의 중요성을 강조한다. 사회적 경험은 "이 영역에서 활성화되는 언어, 놀이, 인지, 모방과 같은 발달 영역과 함께 중요한 영역"이 된다(p.301).

11) 지각

ASD 아동이 환경을 어떤 식으로 지각하는지 알려진 바는 거의 없다. 환경 속에서 그들이 상호작용하는 패턴에 근거하여 추정이 이루어졌다. 즉 그 아동들이 주변 사람과 행동 그리고 사물에 어떤 식으로 반응하는지 그 방식에 근거하여 추정이 이루어지고 있다. 앞서 기술한 행동적 특징들은 아동의 내적인 작용과 그에 따른 외부세계에 대한 반응을 일부 암시해 준다.

자폐증 아동이 보고 듣는다는 의미는 무엇일까? 관찰한 반응과 대응에 근거하여 아동의 어려움과 혼란을 추정할 수 있을 뿐이다. 아동의 행동은 아동이 보고 듣는 것 중 의미를 가지는 것이 거의 없다는 것을 암시해 준다. 말과 목소리, 얼굴과 제스처는 단지 빠르게 변화하는 자극일 뿐이다. 마치 너무나 순간적이어서 잡을 수 없는 색깔 변화와 같은 것이다. 사람들은 아동을 대하고 아동에게 무언가를 행한다. 이것이 무슨 의미일까? 그들의 모든 얼굴과 변화하는 표정은 어떤 의미를 가질까? 자폐증 아동은 인식 가능한 것이 거의 없다. 왜냐하면 모든 것은 항상 변화하기 때문이다.

자폐증 아동에게 이 세상이 혼돈스럽게 보인다는 것은 놀라운 일은 아니다. 아동이 관습화된 그리고 질서화된 환경을 유지하며, 그 질서와 동일성이 지속되길 바라며 내적인 투쟁을 벌이고 있다는 것도 그리 놀랄 일은 아니다. 결국 환경이 관리 범위를 넘어설 때 아동은 다시 투쟁을 벌이고 짜증을 낸다. 이것이 바로 혼란과 당혹감의 결과이다. 아동은 보다 이해 가능하고 일관된 내적 세계를 창조하기 위해 애쓴다(Tiegerman-Farber & Radziewicz, 2007a). 자기 자극은 동일성을 재구축하려는 시도로 볼 수 있다. 많은 부모들은 자신들의 아동이 새로운 상황이나 경험에 처해졌을 때 자기 자극적인 행동을 보여준다고 지적한다. 아동의 지각장애는 이후의 문제를 유발한다. 왜냐하면 이러한 지각장애가 또래들과 성인들과의 상호작용 경험을 심각하게 제한하기 때문이다. 이 세상을 왜곡된 방식으로 보는 아동은 왜곡된 방식으로 이 세상과 상호작용한다. 이러한 반복적 순환으로 인해 아동은 개념적 발달의 기초가 되는 상호작용의 다양성을 경험할 기회를 잃게 된다(Tager-Flusberg, 1999).

12) 일반화

ASD 아동은 또한 학습한 행동들을 한 맥락에서 다른 맥락으로 일반화하는 데 어려움을 갖는다. 이러한 아동들은 한 상황의 복잡성 내에서 관련된 정보를 파악하는 것이 불가능하기 때문에 무엇이 중요한지 무엇이 중요하지 않은지 파악할 수 없으며, 이는 개념적 혹은 인식적 관계를 구축하는 데 있어서 문제를 야기한다. 어떤 종류의 범주를 구축하는 능력은 자극들이 어떻게 서로 관련되는지를 판단하는 것뿐만 아니라 차이점들을 식별하는 능력에도 큰 영향을 받는다. 지각장애로 인해 학습을 일반화하고 지속적으로 변화하는 사회적 상황에 적응하기 위한 전략 개발에 실패하게 된다. 사회적 경직성은 변화하는 사회적 상황에 적응하는 ASD 아동의 능력을 제한하고 상황을 변화 없이 그대로 유지하려는 경향의 반응은 문제해결 능력의 발달을 저해한다(Prior & Hoffmann, 1990; Russell, Mauthner, Sharpe, & Tidswell, 1991).

일반화 장애는 아동의 인지장애, 즉 자발적으로 학습하는 아동의 능력을 심각하게 제한하는 문제를 의미한다. 여러 상황에서 유사성을 추출하고 사용하면서 과거 경험에서 배우는 능력의 부재, 즉 개념적인 관계를 발전시키는 능력의 부재로 인해 자폐증 아동들은 반복된 학습경험을 할 수밖에 없다. 일반 아동들은 규칙을 찾는다. 규칙을 설정하기 위하여 일반 아동들은 개념적 범주 내에서 관련된 자극들을 식별한다. 일반화는 상황 A와 상황 B 간의 관계를 식별하고 그런 후에는 상황 A′와 상황 B′에 규칙을 적용하는 능력을 의미한다. 규칙에 지배되는 행동이 없이는 아동들은 사회적 사건들을 인지적으로 처리하고 범주화하고 해석하는 데 어려움을 겪는다(Tager-Flusberg, 1999).

치료 프로그램의 효과는 아동의 자연스러운 환경에 대한 그리고 그 환경 내에서 학습을 촉진하는 여러 통합된 전략들에 크게 의존한다. 치료실에서 교실까지 그리고 가정까지 일반화는 가족구성원, 교사, 동료들의 특별한 훈련을 요한다(Goldstein, 2002; Green, Everhart, Gordon, & Gettman, 2006; Steege, Mace, Perry, & Longenecker, 2007; Yoder & Stone, 2006).

13) 메타기술과 마음 이론

마음 이론의 발달은 정신상태를 표현하는 능력을 의미한다. 연구에 의하면 일반 아동들은 다른 사람들의 행동이 그들이 생각하고 믿는 것과 관련이 있고 사실적인 관계와는 반드시 연관되지 않을 수도 있음을 인지한다. 다른 사람의 관점을 수용하는 아동의 능력, 즉 타인의 관점을 이해하는 아동의 능력은 초기 아동기에 시작된다. 자폐증에서 마음 이론 연구는 행동을 설명하는 수단으로서 자기 자신과 타인에 대한 신념, 욕구, 지식과 같은 정신상태에 공헌하기 위한 능력을 일컫는다.

Pennington과 동료들(1998)은 자폐증의 근본적인 원인을 메타해석의 결함으로 보는 관점에서의 변화에 대해 기술했다. 메타 기술—메타 인지적, 메타 언어적—은 아동에게서 온전한 언어 발화와 이해력을 요구한다. 메타라는 말은 언어규칙을 수정, 반영, 복구하는 능력을 의미한다. 메타 언어적 기술들은 발화와 이해력 기술에 대한 보다 높은 개념적 이해를 의미한다. 아동이 '이야기에 대해서 말할 때' 그 아동은 언어구조를 알고 있고 그 구조의 적합성에 대해 판단을 내릴 수 있다. 메타인지 기술은 이해력, 기억, 정보처리, 추론, 문제해결에 있어서 한 사람의 사고 과정을 추상적으로 다루는 능력을 의미한다.

ASD 아동에게 있어서 전반적인 사회적 상호작용의 결핍, 언어 발화와 이해력의 결핍은 보다 추상적인 메타기술의 발달을 저해한다(Mundy, Sigman, & Kasari, 1994). 대부분의 자폐증 아동들(60~70%)은 메타기술 영역에서 제한된 발달을 보인다. 일부(20~30%)는 10대가 될 때까지 3, 4세 아동들과 비슷한 수준으로 발달한다.

마음 이론 영역에서의 연구와 관련된 조사를 통해 다른 설명도 가능하다. 그 조사에 의하면 자폐증에서 두드러지게 나타나는 의사소통, 사회화, 내적 이미지 생성 장애는 정신상태를 상징화하고 개념화하는 능력의 부재 때문이다. 이런 능력 부재 혹은 무능력을 Baron-Cohen(1995, 1998)은 '마음맹'이라고 정의하였다. 예컨대 ASD 아동들은 농담, 거짓말, 설득, 위장에 대해 판단을 요하는 관련 상황에서 개념적 어려움을 드러낸다(Happe, 1994).

ASD 아동들은 또한 초점 사물에서 주의력을 다른 곳으로 돌리는 행동전략을 발달시키는 데 어려움을 갖고 있다. Hughes와 Russel(1993)에 의한 연구에 따르면 자폐증을 갖고 있는 아동들은 전략적 속임수 검사를 통과하지 못했다. 왜냐하면 그들은 마음 이론 과제를 실행할 수 없었기 때문이 아니라 초점 사물에서 정신적으로 다른 곳으로 주의력을 돌리는 데 어려움을 겪기 때문이다. 초점 사물에서 주의력을 철회하는 능력은 실행 기능이라고 하는 많은 정신작용 중 하나이다. Hughes와 Russel(1993)에 의하면 이러한 기능들은 "자발적인 목표중심 행동, 순간적으로 촉발된 반응 혹은 부적절한 반응의 억제, 현재 전략의 성공과 실패 여부 감시를 위해 개별적으로 필요하면서도 모두 다 함께 결합된 형태로 충분하게 작용한다." 연구자들은 더 나아가 마음 이론의 사정에 일반적으로 사용되는 테스트에서 얻은 결과는 자폐증 아동들에게 나타나는 과제수행 어려움에 의해 틀렸음이 입증된다. 자폐증에서 마음 이론 장애는 보다 높은 차원의 인지 과정에서의 장애 중 하나이다(Russell, 1997).

3. 언어의 구성요소

언어/의사소통장애(LCD)로서 자폐증을 기술하면서 언어의 몇 가지 요소들(화용론, 의미론, 구문론, 음운론 등)이 논의될 것이다. 언어적 구성요소들 간의 상호 연관성을 연구하면 ASD 아동들만의 독특한 학습 요구에 대한 통찰력을 얻을 수 있을 것이다. 의미론과 구문론적 요소들이 서로 독립적으로 발달하는 데 따른 상이한 발달 패턴이 기술되어 왔다. ASD 아동은 (1) 보다 발달된 혹은 복잡한 의미론적 기술들을 구사하면서도 구문론적 능력은 심각하게 저조한 상태에 있을 수도 있고, (2) 보다 발달된 구문론적 기술들을 구사하면서도 의미론적 능력은 심각하게 저조한 상태에 있을 수도 있다. 언어적 구성요소들 간에 이러한 불균등한 발달 패턴은 신경심리학의 구조나 기능과 연관이 있고 다른 언어 과정의 발달과 관련된다(Rapin & Dunn, 2003; Tager-Flusberg, 1999). 불균등한 발달은 아동에게서 발달되는 언어능력과 기능수준을 결정하는 중추신경계에서 다른 영역들이 크든 적든 손상되었음을 의미한다.

언어는 말하자면 통합된 시스템이다. 언어와 관계된 모든 구성요소들이 전체 시스템의 발달에 기여한다. 언어장애를 가진 아동들, 특히 ASD 아동들의 학습 요구를 이해하기 위해서 중요한 것은 언어적 구성요소 내에서 그리고 언어적 구성요소 간에 발달 상황을 비교하고 대조하는 일이다. 표 7.1은 고기능 자폐증과 아스퍼거 증후군을 가진 아동들의 강점과 약점을 비교 · 분석하고 있다. ASD 아동들에게서 나타나는 언어 및 의사소통장애의 원인은 (1) 학습 시스템의 구성요소들 간의 불균등한 발달, (2) 이 시스템의 구성요소들 사이에서 발달 정보를 교환하고 연결하는 능력의 부재이다.

1) 화용론

ASD 아동들에게 있어서 의사소통을 목적으로 한 언어의 사용은 다른 언어 영역에서 발달이 이루어진 상태에서도 현저히 어려움을 겪는다. 문제의 일부는 사회적 상호작용과 의사소통 간의 관계와 연관이 있다. 대부분의 자폐증 아동들은 다양한 범위의 의사소통 기능들을 발달시키지 못하며, 그 결과 의사소통 및 사회적 상호작용은 제한된다. 사회적 맥락이 일반적인 발달 양상을 보이는 아동들의 학습은 촉진하지만 자폐증 아동들에게는 많은 어려움을 주고 있다. 자폐증 아동들은 의사소통 학습을 할 수 있는 바로 그 사회적 환경에서 스스로 움츠러들고 그 환경을 피한다. 아동의 의사소통장애가 심각한 만큼 사회적 환경은 향후 학습에 가장 중요하게 된다.

뿐만 아니라 자폐증 아동들이 보여 주는 몇 가지 상호작용 행동은 많은 경우 특수하고 흔치 않는 일상 중 한 부분이다. 앞서 지적한 바와 같이, 이미 형성된 정형화된 일상으로 자폐증 아동들은 급속히 변화하는 환경 속에서 일정한 통제력을 유지할 수 있다. 반복적 일상은 상황의 동일성을 유지시켜 줌으로써 예측성을 갖게 해 준다. 자폐증 아동들이 이러한 정형화된 일상을 선호하지만 이러한 똑같이 반복되는 관례화된 패턴은 이후 사회적 상호작용을 제한한다. 이러한 축적된 사회적 상호작용의 제한 때문에 의사소통장애가 계속 나타나는 것이다.

제한된 범위의 행동들에 반응함으로써 ASD 아동들은 성인들이 제공하는 지식의 투입에 대해 특정한 측면만을 선택적으로 강화한다. 성인의 문제는 아동의 제한된 상호작용

표 7.1 고기능 자폐증 및 아스퍼거 증후군 아동들의 특성

	강점	약점
고기능 자폐증(HFA)		
언어	구어 모방이나 반향어는 언어처리 시 형태주의 유형을 활용한다. 많은 양의 정보를 회상할 수 있다. 이는 종종 일상과 그 일상 속의 활동과 연관된 내용이다. 뛰어난 독서능력으로 읽는 능력이 남다르며 책과 같은 인쇄물에 강한 흥미를 보인다.	언어기술은 제한되어 있다. 새로이 나타나는 화용론적 기능들은 신체적인 욕구표현과 관련된다. 단어의 의미론적 구사는 구체적으로 하기 어렵다. 구문론적 · 형태론적 구조들이 나타나지만 심각한 개념화 장애 때문에 매우 제한되어 있다. 문장 범위가 제한되어 있다. 그 이유는 분석적인 언어처리 기술이 제한적이기 때문이다. 화제 유지, 순서 바꾸기, 눈 맞춤과 같은 대화기술이 나타난다. 반응은 여전히 관련성이 없다. 단어와 문장의 다양한 의미들에 대한 이해가 부족하다.
사회적 측면	또래들 가까이에 있으면서 그들의 상호작용의 시작을 그저 지켜 본다. 언어의 새로운 사용을 통해 아동은 자신의 욕구와 원하는 바를 알리고 타인들에게 불안과 당혹감을 알게 한다. 구어의 사용은 타인들의 행동을 규제함으로써 폭발적 행동을 감소시킨다. 또한 이를 통해 아동은 환경의 여러 측면들을 통제할 수 있게 된다.	환경 내에서 동일성을 유지하려는 경향이 강하며, 환경적 동일성을 유지하기 위해 비발달적이고 유연성이 결여된 관례화된 패턴을 사용한다. 타인에 대한 공격적 행동과 자해적인 행동을 보이며, 반복적인 행동들로 학습을 방해한다.
인지	탁월한 기억력과 시각적 · 공간적 지각능력의 특징을 보이며, 뛰어난 수학적 능력을 갖출 수도 있다.	반복적이고 똑같은 행동들을 하는 경향이 강하며, 상징, 추상적인 개념화 능력이 부족하다. 표준화검사에서 정신지체로 간주되며, 기능적인 과제처리 능력이 부족하게 나타난다.
놀이	뛰어난 사물조작 능력과 운동능력을 나타낸다.	탐구나 사회적 목적의 사물조작 능력이 부족하며, 놀이에 함께 참여하지만 사회적이거나 창의적인 놀이발달을 보이지 않는다.
특별한 능력	일부의 아동들은 비상한 예술적 감각과 악기 다루는 능력을 보인다.	
아스퍼거 증후군(AS)		
언어	의미론적 · 구문론적 · 음운론적 기능이 평균 수준이다. 언어는 발달하지만 화용론적으로는 결함이 있다. 언어능	문자를 그대로 해석한다. 글로 된 자료들을 일찍 습득하고 그에 대한 관심이 뛰어나다. 사회적으로 대화교환능력은 제한된다. 대

표 7.1 고기능 자폐증 및 아스퍼거 증후군 아동들의 특성(계속)

	강점	약점
	력은 정규 학업과목들에 포함된 경우 우수하며, 특정과목 영역에서는 반에서 1등일 수도 있다. 말하는 능력이 발달되며, 사회적 · 경험적인 내용이 아닌 책에서 읽은 정보를 자세하게 이야기하는 데 강점을 갖고 있다.	인관계를 발달시키기 위해 언어를 사용하지는 않는다. 유머에 대한 이해가 부족하다.
사회적 측면	제한된 사회적 상호작용과 특정한 훈련 환경을 감당해 낼 수 있다. 자기통제 능력이 발달하면서 상호작용 의 필요가 낮은 맥락에서는 자신의 행동과 행위를 관리하고 감시할 수 있게 된다.	친사회적 행동을 발달시키고 유지하기 위한 구체적인 훈련이 필요하다. 예상치 못한 변화들에 파괴적 반응을 보이기 때문에 우발적 상황과 사회적 상황에 대한 예측이 필요하다. 사회적 단서와 비언어적 행동에 대한 이해가 부족하므로 사회적 선택과 의사결정이 취약할 수 있다. 학교에서 놀림과 괴롭힘의 대상이 될 수 있다. 친구가 거의 없고 사회적으로 고립될 수 있고 혼자이다. 사회적 활동에 대한 불안으로 활동과 선택이 제한된다.
인지	인지 능력이 평균 또는 평균 이상이다. 구체적인 정보를 많이 축적한다. 시각적 · 공간적 인지력이 뛰어나 과학, 수학, 공학, 기술에서 뛰어나다. 표준화된 인지 평가에서 비언어적 능력보다 언어능력이 높게 나타난다.	타인의 행동과 상호작용을 이해하기 위한 관점 채택에 큰 결함을 보인다. 몸짓과 얼굴표정의 사용, 인식, 해석에 대한 구체적 훈련이 필요하다. 추상적 문제해결, 조직능력, 복합적 과제수행에 결함이 보인다. 실행기능장애로 사회적/맥락적 요건을 고려하여 행동하거나 그만두는 능력이 부족하다.
놀이	보드게임과 컴퓨터 게임처럼 메타인지적 또는 메타언어적 의사결정을 요하지 않는 활동과 게임을 한다. 과업을 협력적으로 완수하는 상호작용 능력에 한계가 있다.	혼자 일하거나 남들과 독립적으로 일하는 것이 부족하다. 또래집단 환경에서 불안해하거나 사회적으로 부적절한 행동을 보인다.
특별한 능력	정보와 지식습득에 관계된 관심 분야에 아주 집중하는 경향이 있다. 수행 기술면에서 재능 있는 수준을 보일 수 있다.	

Bennett, Szatmani, Bryson, Volden, Zwaigenbaum, Vaccarella, Duku, & Boyle, 2008; Crooke, Hendrix, & Rachman, 2008; Macintosh & Dissanayake, 2004; and Rubin, 2007.

적 반응과 변화에 대한 내성으로 작용한다. 많은 경우 상호작용을 위해서 성인은 지속적으로 아주 제한된 형태의 의사소통을 제공한다. 그 결과 사회적 상호작용은 유연성이 없고 관례화되어 있으며 아주 일상화되는 경향이 있다. 결과적으로 이러한 제한적인 사회적 · 상호작용적 패턴은 다음과 같은 의사소통 측면, 즉 (1) 상호작용을 시작하는 것과 끝내는 능력, (2) 대화의 주제를 유지하는 능력, (3) 화자와 청자의 역할로 적절한 기능하기, (4) 의사소통을 목적으로 하는 행동의 사용에 영향을 미친다(Osterling et al., 2002).

일반적으로 ASD 아동들은 다음의 화용론적 문제들을 갖고 있다.

1. ASD 아동들은 다양한 범위의 의사소통 기능들을 발달시키지 못한다.
2. 시선 맞추기 등의 상호작용 기술을 발달시키지 못한다.
3. 반드시 해야 하는 과제나 발화와 같은 일반적인 행동들을 발달시키지 못한다.
4. 주의력이나 참여행동 체계를 발달시키지 못한다.
5. 행위자, 행동 혹은 대상의 돌발 상황에 대한 인식을 발달시키지 못한다.
6. 교대로 말하기나 상호작용 능력이 발달하지 않는다.
7. 몸짓이나 모방 행동이 발달하지 않는다.

가리키기, 보여 주기, 교대로 말하기 등 언어전 행동들이 나타나지 않으므로 결과적으로 ASD 아동의 의사소통 행동은 일반 아동들의 의사소통 능력과는 다르다. 또 각 아동의 특이한 양상들 때문에 아동이 환경 내에서 또래 및 성인들과 상호작용할 때 다양한 우발적 상황과 반응이 나올 수 있다.

Bernard-Opitz(1982)는 의사소통 수행력이 의사소통 맥락 내에서 특정한 변수들과 관련 있음을 확인했다. 그는 자폐증 아동이 어머니, 치료사, 낯선 사람과 언어를 사용하는 방식에 대해 분석했다. 자폐증 아동의 의사소통 유형은 각 소통상태에 따라 달랐다. 어머니를 상대할 때 아동은 요구를 일차적 말 행위로 소통을 개시했는 데 반해, 치료사를 상대할 때는 상호작용을 위한 진술을 했다. 낯선 사람과의 의사소통 상호작용은 비지능적 · 비의사소통적 발화들을 주로 사용했다. 또한 성인들은 그 아동과의 상호작용 중에 주요한 말 행위로 요청하는 경향이 있었다. Bernard-Opitz는 아동의 의사소통 행동에서 차이가 나타나는 이유는 듣는 사람과 아동 간의 친숙함과 관련 있다고 보았다. 또한 아동은 전형적으로 성인들의 요청에 반응을 보이지 않았지만 성인의 구문적 구조를 모방하여 또 다른 요청을 했다.

Bernard-Opitz(1982) 연구의 또 다른 흥미로운 양상은 아동의 언어모방 행동에 대한 어머니의 반응과 치료사의 반응이 달랐다는 점이다. 어머니는 아동의 행동에 답을 하거나 명료화해 줌으로써 언어모방 패턴을 강화했다. 관련 없는 발화에 대한 치료사의 반응은 아동의 발화에 직접 반응하기보다는 담론의 방향을 바꾸고 다른 주제를 도입하는 것이었다.

자폐증 아동을 비의사소통적 혹은 비상호작용적이라고 말하는 것은 연구를 통해 뒷받침된 바는 없다. 자폐증 아동의 의사소통 행위가 제한적이어도 아동은 상호작용하는 상태가 다르면 반응도 다르게 한다. 따라서 아동 반응의 차이는 자폐증 아동이 상호작용을 못하기 때문이 아니라 아동의 의사소통 옵션들이 제한적이기 때문에 나타난다(Kashinath, Woods, & Goldstein, 2006).

ASD 아동은 언어 및 의사소통의 결함 범위가 아주 다양하다. 자폐증 아동의 경우 전통적인 형태의 레퍼토리는 제한적이지만, 이들은 상호작용하기 위해 다양한 전략들을 구사하는 것 같다. 또 자폐증 아동들은 일반 아동에 비해 의사소통 기능의 발달 범위가 더 제한적이다. 일반 아동들은 의사소통이 한 기능에서 또 다른 기능으로 이어지면서 연속적으로 일어나지는 않는다. 다시 말해 어떤 기능들은 동시에 나타난다. 언어구조들은 의사소통 기능들로부터 발달한다. 일반 아동들은 상호작용 맥락과 그들의 조작경험들에 대해 얘기한다. 관습적인 형태의 발달의 기초가 되는 것은 사회적 과정이다.

일반 아동에서는 분명히 나타나는 의사소통 기능의 동시적 발달이 자폐증 아동에서는 비순차적 패턴으로 나타난다. 즉 자폐증 아동에서 발달하는 의사소통 패턴은 정상적인 언어발달과는 양적으로 또 내용적으로 다르다. 즉 ASD 아동의 기능적인 의사소통 발달 순서는 일반 아동의 발달순서와 다른 측면을 보인다(Calloway, Myles, & Earles, 1999). 다음은 자폐증 아동의 의사소통 특성이다.

1. 몸짓과 음성 부분에서 의사소통적 의도는 비동시적으로 발달한다.
2. 의사소통 사례가 언어장애가 있는 다른 아동의 사례와 다르다.
3. 의사소통 발달 순서가 일반 아동의 의사소통 발달 순서와 다르다.
4. 의사소통 기능이 제한적이다.
5. 정도에서 벗어난 특정한 행동들은 의도적일 수 있고 상호작용을 위한 것일 수 있고 의사소통을 위한 것일 수 있다.
6. 이들에게 발달하는 많은 행동들은 결과적으로 주변 환경에 영향을 주지만 사회적 결과를 초래하는 행동들은 거의 없다.

자폐증 아동은 앞서 기술한 상호작용 행동을 발달시키고 조화를 이루는 능력이 없기 때문에 일반 아동이 생산하는 의사소통 의도 범위까지 쉽게 발달하지 못한다. 언어능력이 발달하는 경우에도 의사소통 결함은 남아 있다.

일반 언어학습자에서는 자신의 필요를 소통하기 위해 관례적인 행동들이 발달한다. ASD 아동은 비관례적 행동과 언어형태들을 이용한다. 그 결과 아동의 주변 환경에서 일어나는 사회적 소통에서 아동의 의도와 의미를 잘못 해석하거나 잘못 이해할 수 있다. 자폐증 아동의 경우, 특정한 언어형태나 구조보다는 의사소통 기능과 교류를 촉진하는 것이 중요하다. 이런 아동들의 학습유형을 보면, 언어형태들을 일상적 덩어리들로서 습득하는 경우가 많다. 역사적으로 임상 프로그램과 교육 프로그램들의 초점은 특정한 언어구조나 형태들을 가르치는 것에 주력해 왔고, 결과적으로 ASD 아동은 이런 발화들에 대한 의미론적·구문론적 차원의 이해 없이 문자열을 그대로 재생산하는 법을 배워 왔다. Schwartz와 Carta(1996)에 의하면, 자폐증 아동을 위한 프로그램이나 지도는 특정한 질문이나 형태에 대한 반응을 가르치기보다는 상호작용적 의사소통 과정을 가르치는 것에 중점을 두어야 한다.

Calloway, Myles와 Earles(1999)는 ASD 아동이 사물을 요청하거나 또래와 성인의 행동을 통제하는 수단으로 의사소통을 하는 것이지 정보를 보여 주고 공유하고 언급하고 제시하고 정보를 요청하는 사회적 접촉의 수단으로 의사소통하는 것은 아님을 확인했다. 이들에 의하면 자폐증 아동이 의사소통 기능과 수단들을 계속 발달시키기 때문에 초기 형태의 의사소통을 보다 진화된 형태의 의사소통으로 대체하였다. 특정한 의사소통 기능들의 진전 양태는 다양하지만, 아동들은 주로 행동 규제부터 사회적 상호작용 그리고 함께 주의집중하기에 이르는 패턴을 따라 일관된 발달과 진전을 보였다.

의도적 행동을 결정하는 유일한 방법은 ASD 아동이 사회적 상황 내에서 행동하는 방식을 관찰·분석하는 것이다. 아동 행동으로부터 말-언어치료사는 무엇을 찾아내어야 하는가? 최중도 결함이 있는 아동의 행동도 맥락 내에서 분석하면 의사소통 행동으로 분류될 수 있다(Prizant et al., 1990). 아담의 경우가 이러한 주장을 뒷받침한다.

상황 1

- 임상가 : 임상가는 테이블 위에 잘 밀봉된 바닐라 아이스크림 통을 놓는다.
- 아담 : 아담이 테이블로 걸어 가서 아이스크림 통을 넘어뜨리고, 뚜껑을 열려고 애쓰고 통을 물어 뜯고, 결국 테이블 위에 통을 떨어뜨린다. 아담은 한동안 물러섰다가 다시 테이블로 다가서서 통을 집어 든다. 아담은 아이스크림 통을 임상가에게 가지

고 가서 그녀의 무릎에 놓는다. 그는 임상가에게서 물러나서 방 저쪽에서 바라본다(물론 임상가는 어떤 행동도 취하지 않는다). 아담은 임상가 옆으로 다가가서 손을 잡아서 아이스크림 통 위에 놓는다.

- 해석 : 아담은 임상가에게 자신이 못하는 행위를 하도록 요구하고 있다(아이스크림 통을 열어달라는 요구).

상황 2

- 임상가 : 아담에게 다가가서 옆에 앉는다.
- 아담 : 아담은 일어서서 임상가에게서 물러선다.
- 해석 : 아담은 상호작용을 거부한다.

상황 3

- 임상가 : 아담에게 말을 건다.
- 아담 : 아담은 자신의 손을 귀에 대고 임상가로부터 돌아서 떨어지지만 멀리 가지는 않는다. 가끔씩 아담은 자신의 손을 귀에서 뗀다. 임상가가 말을 멈추면 아담은 임상가에게 돌아간다.
- 해석 : 아담은 구어적 상호작용을 하기 싫어한다. 임상가는 이들 기간 중에 아담이 담화 없이도 유지할 수 있는 활동(퍼즐, 블록, 색칠하기)에는 참여했음을 알게 된다.

아담은 여러 가지 서로 다른 의도들을 소통할 수 있고 환경에서 오는 자극에 대한 자신의 반응을 나타내기 위해 서로 다른 행동들을 조합해 내었다. 성인들과 일반 또래들이라면 환경에 대한 아동의 반응을 해석하기 전에 맥락적 틀 내에서 일어나는 아동의 행동들을 읽는 것이 중요하다. 사실 여러 가지 해석이 가능한 어머니 변수—여기서 어머니는 자신의 아이가 환경에 반응한다고 생각하고 아이를 능동적 청취자 및 소통자(대화 상대)로 대한다—는 ASD 아동과의 의사소통 교류 과정을 촉진할 수 있다. 자폐증 아동이 의사소통 능력이 없다는 가정은 자기충족적 예언일 뿐이다. 자폐증 아동이 의사소통을 못한다면 이들을 의사소통자로서 취급하지 않을 것이고, 의사소통 상호작용을 확인하기 위해 그들의 행동을 분석하지는 않을 것이다.

2) 의미론

언어학적 용어인 의미론은 언어에 부호화가 되어 있는 의미를 말한다. 따라서 의미론적 지식이란 언어학적으로 부호화된 언어 내 의미를 말한다. 개념적 지식은 언어의 의미론적 구성요소의 습득에 영향을 준다.

Tager-Flusberg(1999)는 일반 아동의 경우 개념적 지식이 의미론적 지식으로 변형된다고 했다. 아동에게 어려운 과제는 이런 개념 중 어떤 양상이 자신들의 특정언어 시스템 내에서 부호화되는지를 판단하는 일이다. 행위자, 행위, 대상들을 통한 아동의 상호작용 경험은 언어의 내용을 부호화하는 의미론적 관계를 발달시킨다. ASD 아동은 복잡한 관계를 발달시키는 데 어려움을 겪으며 그 결과로 언어의 기초를 제공하는 상징적 행동 형태에 대한 기초를 확립하는 데 어려움을 겪는다.

의미 있고 관련 있는 지각-개념관계를 발달시키는 능력이 있는 일반 아동은 행위자, 행위, 대상들을 서로 연관시키는 일반적인 범주들을 확립할 수 있다. 그렇게 함으로써 아동은 환경, 환경 내의 자극, 그리고 지속적으로 참신하게 변화하는 환경 내의 경험들에 대해 응집적이고 일관된 감각을 가지게 된다. 범주화 및 조직능력은 아동이 경험을 도식적 틀로 발달시키는 수단이 된다. 현실의 재현인 언어는 아동의 사회적 세계의 소우주 내에서 시작된다. 아주 기초적인 의미론 수준에서도 ASD 아동은 대상들이 어떤 식으로 기능적으로 상호 연관되어 있는지를 이해하지 못하며, 현실세계의 경험을 언어구조로 해석하기 위해 의미론적 처리 전략을 활용하지 못한다.

Ogletree와 Fischer(1995)는 연구의 초점이 언어의 구조적 양상(음운론, 형태론, 구문론)에서 사회적 맥락 내의 의미 발전으로 옮겨 갔음을 주목했다. Brook와 Bowler(1992)는 자폐증 아동에서 나타나는 의미론적/화용론적 결함의 양상들을 다음과 같이 정리했다.

1. 의사소통 행위의 의도에 관한 혼동
2. 대화에 관련된 의미를 부호화하는 문제
3. 상대방의 언어 및 비언어적 단서에 어려움을 나타냄
4. 질문을 개시하거나 그에 반응하는 문제
5. 언어이해 장애
6. 구두 메시지를 지나치게 문자적으로 해석
7. 교대로 말하기와 주제 유지력 부족
8. 말소리의 부적절한 고저와 억양 패턴
9. 시간적 순서배열에 대한 의미론적 혼란
10. 의미론적 관계에 대한 감각 부족
11. 대화 수정 빈도가 낮음
12. 대화 상대에게 정보를 과소/과다하게 제공

표 7.2 아담의 초기 어휘

의미론적 기능	어휘 항목
대상	자동차, 쿠키, 프리첼, 주스, 아이스크림, 우유, 칩, 핫도그, 롤리, 소다, 팝콘, 퍼즐, 슬링키, 블록, 신발, 건포도, 포도
행위	열다, 밀다, 먹다, 마시다, 던지다, 주다
부정 : 거절 중지	아니요 아니요
반복	물건의 명칭을 반복
행위자	—
행위 + 대상	—

표 7.2는 세상에 대한 아담의 의미론적 지식과 생각을 표현하는 어휘 항목들을 요약한 것이다. 4년 9개월인 아담의 의미론적 발달을 보면 기능 발달적 사용에서 한계가 있음을 알 수 있다. 아담은 네 가지 의미론적 범주 내에서 어휘 항목들을 사용한다. 대부분의 어휘 항목들이 음식, 특히 디저트에 관련된 항목들이다. 대상수에 비해 부호화한 행위 수 행수가 더 적었고, 수행한 행위 중 두 가지는 음식과 관련 있었다(먹다, 마시다). 아동의 언어자료를 이런 식으로 분석하면, 아동의 환경 내에서 아동에게 중요한 것이 무엇인지 말-언어치료사는 알 수 있고, 아동의 선호도를 치료활동에 반영할 수 있다.

오래된 지식은 새 정보를 처리하는 틀이 된다. 분석적 유형을 통해 새 정보를 오래된 정보와 비교해서 개념을 발달시킨다. 특히 의미론적 개념이 발달한다. Prizant(1983)에 의하면 의미론적 기억은 단일하거나 특정한 맥락을 넘어서는 개념화 능력과 관련 있다. 아동은 상황 속에서 관련 정보를 추상화해서 장기적으로 기억할 개념들을 구조화한다. 이러한 의미론적 능력이 있으면 아동은 사건들을 상징적으로 표현하고 재구조화할 수 있다.

언어학습이 일어나려면 아동은 문장 요소들을 단순 모방이 아닌 재구조화할 수 있어야 한다. 분석적 유형은 의미론적 의미에 대한 이해와 그것을 표현하기 위한 관련 구조적 형태들에 대한 이해와 함께 언어적 생성을 가능하게 한다. 자폐증 아동의 언어 패턴의 특징은 비분석된 형태들을 반복하는 것이다. 이런 언어 패턴은 언어산출에 필요한 생성 규칙들을 이용할 능력이 없다는 것과 타인이 생산한 내적 구조를 분석할 능력이 없다는 것을 의미한다.

Prizant(1983)는 형태주의와 분석적 유형은 하나의 연속선상의 양 끝에 위치한 처리능력을 나타낸다고 했다. 자폐증 아동은 형태주의적 처리의 극단적 유형을 가지므로 생성적 언어발달은 아주 어려워진다. 특히 "주로 모방하는 상태를 유지하는 아동은 인지적 모방 때문에 그 연속선상에서 앞으로 나아가 분석적 처리를 하는 상태에 이르지 못한다(p.303). 자발적 발화가 늘수록 언어모방은 감소한다. 자발적 생성은 조합 규칙을 활용할 때 유연성이 더 많다는 것을 의미한다. 언어처리 연속선상의 분석쪽 끝을 향해 이동해야 의미론적-구문론적 관계가 발달할 수 있다. 언어학습에 대한 아동의 처리 패턴의 파급효과를 더 알아보면 부분적 능력들은 특이한 결함들과 대조를 이룬다. ASD 아동은 기억력, 시각적 처리 기능, 시각적-공간적 능력, 수리력, 음악적 능력 면에서 뛰어나다. 형태주의적 학습유형은 의미론적 기능과 의미론-구문론적 관계의 발달에 필요한 분석적 유형과 충돌한다(Brook & Bowler, 1992).

언어발달, 산출, 창의력은 형태주의적 처리유형을 상쇄하는 분석적 처리유형에 따라 달라진다. 언어의 의미 단위들에 대한 실용적 지식이 없으면, ASD 아동은 언어의 긴 전체 덩어리와 맥락 사이에서 표면적인 연합만을 형성할 뿐이다. 흔히 기억된 언어 덩어리와 맥락 사이에 의미론적 관계는 거의 없다. 언어형태와 기능이 불일치하기 때문에 의사소통 과정에 심각한 부담이 된다. 청취자는 아동이 의미한다고 생각하는 바에 기초하여 아동의 의사소통 의도를 도출해야 한다.

3) 과잉언어증

과잉언어증은 ASD 아동이 단어인식 기능은 탁월하지만, 그들이 인식한 단어들에 대한 이해는 부족하거나 전무한 특징을 일컫는 말이다. 부분인식 능력과 언어에서 의미처리에 관련 있는 기본적 의미이해가 불일치하는 경우이다. 과잉언어증 아동은 말보다 시각적으로 제시하는 자료들을 선호한다(Craig & Telfer, 2005). 특정 아동들이 이런 단편적 능력을 습득하는 이유와 그 능력이 다른 학습발달 영역들과 어떤 식으로 연관되는지는 교육적 차원에서 계속되는 흥미로운 문제들이다.

ASD의 특징 중 다수는 과잉언어증 같은 아주 특이하고 부분적인 능력들과 관련 있다. 이런 부분적 기술들은 시간이 지나면서 학습문제를 일으킨다. 그 이유는 아동 학습의 다른 영역들과 통합 또는 교차 분석이 되지 않기 때문이다. 이런 기술들은 사회적 과정이나 의사소통 과정에 기여하는 기능적 행동들을 대표하지 않는다(Patti & Lupinetti, 1993). 과잉언어증 아동은 읽을 때 철자법과 음운론적 특징들은 아주 잘 맞춘다. 이런 시각적-언어적 해독력이 의미론 및 읽는 자료와 통합되어야 독해력이 강화된다. 결과적으로 자폐증 아동에서 과잉언어증의 과정은 그들에게 만연한 의미론적 결함과 대조를 이룬다. 천재적 능력과 그에 부합하지 않는 단편적 기능 때문에 발달적 학습이 고르지 않고 통합되지 않은 양상들을 드러낸다. 이런 양상들은 사회적 의사소통 학습 영역들과는 독립적으로 발달하는 것 같다. 천재적 기능이 의사소통 상호작용을 촉진하지 않는다면, 부모와 교사들에게는 흥미로운 문젯거리가 된다. ASD 아동에서 천재적 기능이나 읽기능력이 발달한 점을 이해하고자 할 때, 문제는 이런 부분적 기능을 교육적 차원에서 어떤 식으로 활용해야 아동의 사회적 맥락 내 상호작용 능력을 촉진할 수 있는가 하는 것이다(TiegermanFarber & Radziewicz, 2007g).

4) 구문론

정상적인 언어체계의 발달은 구조가 의미와 연관되어 있으므로 언어적 · 비언어적 인지발달의 상호작용을 필요로 한다. 전형적으로 아동의 어휘능력과 의미론적 능력은 광범위한 개념의 발달과 관련되어 있다. 그러나 형태론과 구문론적 능력은 그렇지 않다. 개념적으로 화용론적/의미론적 기능을 반영하고 그에 기반을 두고 있는 언어의 양상은 ASD 아동에게는 심각한 손상을 가져다준다.

ASD 아동에게서 보이는 언어/의사소통의 결함은 하나의 언어요소의 발달이 언어의 다른 구성요소의 발달에 영향을 미치지 않는 것처럼 보이는 통합되지 못한 발달체계의 결과이다(ContiRamsden & Botting, 1999). ASD 아동의 언어 패턴은 언어의 화용론적/의미론적 발달이 언어의 구조적 발달과는 무관하게 발생한다는 것을 나타낸다. 이들은 주요 언어발달 요소가 분리됨으로써 상호 간 의사소통이 되지 않는 2개 하위 언어영역 체계가 심하게 손상되어 있기 때문이다. ASD 아동에게서 보이는 중증 장애는 구문론적 구조에서 요구되는 동사어미, 과거시제 그리고 현재 진행형과 같은 언어적 양상이다. 근본적으로 ASD 아동은 과거시제의 의미를 이해하는 것이 불가능하기 때문이다.

자폐증 아동의 더 근본적인 문제는 언어표현의 기초가 되는 개념을 이해하지 못한다는 데 있다. 그들은 의미론적인 관계를 갖는 것을 이해하지 못하기 때문에 정확한 언어형식을 사용하거나 다루는 데 어려움이 있다. Bartak, Rutter와 Cox(1975)는 자폐증 아동과 실어증 아동의 MLU와 문법적 복합성을 비교한 결과 의미 있는 차이를 발견해 냈다. 이해력검사에서 자폐증 아동은 실어증 아동보다 더 낮은 수행능력을 보였다.

ASD 아동의 구문론적 지체는 일반적인 발달지체와 관련된 것처럼 보인다. ASD 아동은 다른 유형의 장애 아동에 의해 입증된 것과 유사한 구문처리 기술을 보인다. 제한된 언어이해와 산출에도 불구하고 언어적 분석에서는 규칙적인 행동을 나타내 보인다.

아담의 언어산출은 제한된 언어처리 능력을 강조하기 위해서 다양한 맥락적 · 상호작용적 상황의 체제 내에서 표현된다. 아담이 현재진행형, 과거시제, 인칭대명사, 관계대명사, 연결동사, 관사, 복수형과 같은 형태소를 사용하는 것을 고려해 보자.

임상의 : What is Mommy doing?

아담 : Mommy is opening juice.

성인과 상호작용하는 체제에서 아담은 그 자신만의 구어로 연결동사와 현재진행형 형태소를 사용했다. 그는 또한 성인 발화의 굴절 형식을 대체함으로써 성인의 질문에 반응한다. 즉 그는 질문의 굴절적 형식을 모방하지 않았다.

임상의 : What did you do?

아담 : Adam ate three cookie.

성인과의 이러한 상호작용 체제에서 아담은 어떤 인칭대명사를 사용하지 않고, 그 자신을 아담이라고 표현하며 질문에 반응하였다. 그는 과거시제 형태를 부호화하거나 사용할 수 없었다. 아담은 성인의 산출에서 나타나는 형태소 구조를 부호화할 수 없었으며, 그 자신의 발화나 일련의 개념어를 재현하는 데 어려움을 나타내었다. 복수 형태는 복수형 -*s*가 없이 부호화하였다.

앞에 언급된 사례에서 성인에 의해 제공되는 언어적 투입과 아동의 언어적 반응 사이에는 구조적인 관계가 있었다. 아담은 성인에 의해 투입된 구조에 기반하여 반응하였다. 다음 상호작용은 성인의 투입이 제공되지 않았을 때 아담의 언어적 구조가 어떻게 발생하는지를 보여 준다.

임상의 : (has just poured Adam some juice)

아담 : Drink juice.(행동으로 묘사하기)

아담 : More.(주스를 더 요구하기)

아담 : Pour juice.(수행할 행동을 임상의에게 연출하기)

아담 : Give.(임상의에게 컵 요구하기)

위의 상호작용에서 임상의가 아담의 요구와 연출에 대해 모두 말없이 반응을 보인다. 그러므로 아담은 그 자신의 발화구조에 의존하기 위해서 성인의 언어적 입력을 거치지 않았다. 그 결과는 효과적으로 메시지를 전달할 수 있는 형식을 최소로 축소한 행동으로 나타났다. 이러한 축소 과정은 아담의 자발성, 자기 개시, 구어에서 상당히 전형적인 모습을 나타내었다.

자폐증 아동의 구조적 · 구문적인 능력을 이해하기 위해서는 다양한 상호작용 상황에서 어떤 언어적 구조를 어떻게 변화하는지에 대한 분석이 필요하다. 아담을 돕기 위한 성인의 중재는 그의 반응을 얻기 위해 구문론 체계를 이용하는 것이었다. 마침내 아담의 산출은 그의 발화의미를 명료화하기 위해 맥락을 분석할 것을 요구하였다. 그는 그의 구어산출을 돕기 위해 몸짓언어를 사용하지는 않았다.

생후 3년 동안에 일반적인 언어학습자는 구, 문장, 서술 형식에서 구문론적으로 의미 있는 부호화를 시작한다. 결합어의 처리에서 아동은 단어를 명확한 구어적인 규칙이 있는 문장으로 조직화하는 것을 배운다. 아동은 의문문, 부정문, 조정력, 순서, 인과관계, 소유와 같은 명확한 문장구조를 사용하여 표현하는 사고를 배운다. 대화 형식은 사고의 표현이므로 중요하다. 3세경에 일반적인 언어학습자는 공식적인 구조, 의미론의 의미, 그리고 의사소통적 상호작용 측면에서 이미 통합되어 있다. 그러나 자폐증 아동의 경우 현저한 통계적인 차이가 있다. Newsome, Carr과 Lovaas(1979)는 자폐증 아동의 50%가 말을 못하며 구어가 되는 아동 중 75%가 5세경에 반향어를 사용한다고 하였다.

5) 음운론

소수의 연구가 말-언어산출이 제한되어 있는 ASD 아동의 음운론적인 능력을 조사하기 위해 수행되어 왔다(Wolk & Edwards, 1993). Adams와 Gathercole(1995)은 음운론적 기억력이 더 부족한 아동보다 음운론적 기억력이 더 좋은 3세 아동의 경우가 문법적으로 더 수준 높은 구어를 산출한다고 보고하였다. 이것은 비록 그들의 발화가 다소 즉흥적이기보다는 모방적이지만 ASD 아동의 구어산출과 일치한다. 대부분의 자폐증 아동은 특정 분야에 뛰어난 기억력과 구문론적으로 수준 높은 발화를 재산출할 수 있다.

Adams와 Gathercole(1995)은 보다 나은 음운론적 기억력을 가진 일반 아동은 자발어에서 폭넓은 문법적인 형태의 배열단위를 산출할 수 있었다. 따라서 모방발화와 단기기억의 유지는 아동의 구문론 지식과 결합되기 전에 구문론 형식의 발달에 영향을 준다. 그러나 자폐증 아동의 경우는 다르다. 그들의 자발적인 산출은 극히 제한되어 있으며, 심각한 의미론 · 구문론적 결함을 나타낸다. 그럼에도 불구하고 ASD 아동은 기억력이 우수하다.

1. 그들의 뛰어난 모방적 발화는 언어의 구조적인 측면에서의 이해를 반영하는 것은 아니다.
2. 그들의 기억력은 정상적인 발달에서 발생하는 음운론 · 형태론의 처리와 분리되어 나타난다. 음운론적 · 형태론적 발달은 음소식별과 형태소라는 구조물의 분석적 처리가 필요하다. 음운론적인 기억력은 필수조건이지만, 그것이 언어의 구조적 습득을 위한 충분조건은 아니다.
3. 새로운 구조형식의 모방은 자폐증 아동이 수많은 반복을 통해서도 개념적으로 이해할 수 없는 부분이다. 결과적으로, 이들은 새로운 형식을 '모국어의 구문론 형식에 대한 지식저장고 속으로' 신속하게 통합하지 못한다(Adams & Gathercole, 1995).

좀 더 복합적인 형태구문론적 구조를 꾸준히 발달시키기 위해서 ASD 아동에게 불가능한 일은 상호작용 · 중복이 없는 하위체계(구조와 의미)에서의 발달이다. 이와 같이 구조와 의미 사이 또는 형식과 기능 사이의 분리가 구문론의 수준뿐만 아니라 음운론의 수준에서도 발달적인 차이점을 만들어 낸다. 이런 경우에 자폐증 아동은 그것의 의미와 응용과는 거리가 먼 음체계를 습득한다. 큰 음가닥들은 맥락적 출현이나 사회적 상호작용과 종종 밀접하게 관련되어 있다. 긴 음가닥들은 의미의 이해 없이 영어구를 반복하는 외국인 언어를 사용하는 학생처럼 산출하게 된다.

분석적인 처리방식을 활용하는 데 있어서의 무능력은 한정적이긴 하지만 기본요소적 음과 상징단위를 획득하는 데 있어 ASD 아동을 방해한다. 그러나 한정된 구어산출의 수를 증진시키기 위해 결합될 수는 있다. 단편적인 언어발달은 통합 없는 성장의 결과로 이어진다. 오류에 대한 비율이 가장 높은 것은 일반적으로 일반 아동의 말기에 습득되는 음소가 포함된다. 자폐증 아동의 음소 획득의 순서는 구어의 시작 시기가 지체됨에도 불구하고 일반적인 발달 패턴을 따르는 것 같다. 자폐증 아동의 음운능력은 화용론 · 의미론 영역에서 현저한 발달지체를 보이는 것과는 대조적이다.

4. 치료의 쟁점과 전략

ASD 아동의 임상에 대한 관점은 최근 몇 년 동안 변화되었다. 아동 언어발달의 영역에서의 이론적인 변화는 치료 프로그램의 상황과 극적으로 달라진 내용이다. 의사소통 학습에 초점을 둔 몇 개의 관련된 쟁점은 부모언어 훈련, 홈 트레이닝, 대체언어 체계, 그리고 통합교육 환경에서의 언어사회화가 말-언어치료사들에 의해 연구되어 왔다. 이런 요소들은 자폐증 아동의 언어학습 경험에 접근하기 위한 보다 더 총체적인 접근에 의해 분명히 드러난다(Schwartz & Carta, 1996).

치료 프로그램은 아동에 따라, 가족에 따라, 임상의에 따라 다양하다. 거기에는 임상적으로 영향력 있는 전문가가 제공하는 다양한 훈련방식과 접근법이 있다. ASD 아동의 발달론적인 차이와 요구에 따라 교육자, 부모 그리고 행정가들은 많은 과제를 안게 되었다. ASD 아동은 가정과 학교에서 접근할 수 있는 일상생활의 순환에 있어서 발달을 가능하게 하는 통합된 교육모델을 요구한다. ASD는 결국 생애발달장애이다. ASD 아동에 대한 각 사회적 맥락은 학습에서 일상의 연속체에 따라 생태학적으로 나타난다(Kohler & Strain, 1997). 치료방법적 영역의 연구는 복합적인 맥락, 통합적인 서비스 그리고 통합적 사회학습 모델의 발달에 있어서 의사소통 적용을 위한 요구를 강조한다. 소위 이 시스템의 관점은 프로그램과 의사결정을 확립하고 출생에서 성인기를 통한 연속적인 장기 서비스를 제공하는 데 있다. 따라서 전문적인 협력네트워크는 하나의 학습맥락에서 다른 학습맥락으로, 하나의 발달 단계에서 다른 발달 단계로 아동이 전환되도록 점차 향상시켜야 한다. 결국 프로그램 자체는 특정 내용보다는 학습 과정에 초점을 두어야 한다(Pierce & Schreibman, 1997).

1) 대체 요법

임상 저널에서 논란이 된 의학 또는 임상의에 의해 배척되었던 다양한 대체요법이 강조되고 있다(Romanczyk, Arnstein, Soorya, & Gillis, 2003). 운동신경계의 어려움을 극복한 자폐증 아동을 돕기 위해 물리학적인 지원을 제공하는 성인 조력자가 이들의 의사소통을 가능하게 한 사례를 숙고해 보자. 이런 신체적 지원은 자판을 두드리는 동안 그들의 집게손가락을 분리하도록 하고 또는 손, 손목, 팔을 안정화하는 것을 돕도록 할 것이다. 치료기법에 대해 어떻게 흥미를 갖게 할지가 근본적인 임상의 전제조건이다. 의사소통을 촉진하기 위한 사용법은 자폐증 아동이 약간의 관례적 방식은 가지고 있지만 인지적으로는 손상되지 않았다는 사고에 기반을 두고 있다. 이러한 운동처리 장애는 언어와 의사소통의 표현을 방해하며, 이 장의 초기에 논의된 근본적인 원인의 어떤 것과도 명백히 다르다(Bebko, Perry, & Bryson, 2003; Mostert, 2001).

의사소통을 촉진하는 방법들은 여러 가지 이유로 인해 임상중재에서 논란이 되는 방식이다. Calculator(1992)에 의해 기술된 것처럼, "이 의사소통 기법은 애매모호성(예를 들어 특수한 교수 과정의 결핍), 신비스러움, 일화기록, 정신적 지주가 특성화된 것 중 하나로 남는다(p.18)." Calculator는 의사소통 촉진의 효과가 실험적으로 연구되기 전에 임상 현장에서 밝혀졌다고 언급하였다. 따라서 전문가와 부모들은 의사소통 촉진을 누구와 어떻게 또는 왜 할지 하지 말아야 할지에 대하여 잘 모르고 있다. Calculator는 이런 절차가 사회적·인지적 장애처럼 실험적인 연구에서는 ASD의 지각을 재평가할 필요성이 제기되고 있기 때문에 비판적이라고 언급하였다. 이것은 명백히 자폐증 아동 그리고 다른 비언어장애나 발달장애 아동에게 중요한 시사점을 던져 준다고 할 수 있다.

결과 분석 과정에서 의사소통 촉진에 공헌한 사람들은 그들의 성공에 대한 보상을 청구할 책임이 있다. 이것은 시간 외 근무로 일상이 혼돈상태로 빠진 부모, 교사, 전문가들을 격려하는 또 다른 만병통치약임에 틀림없다. 한 가지 중요한 의문점은 ASD 아동이 어떻게 중증의 의사소통적, 행동적 그리고 사회적 어려움에도 불구하고 문해학습을 하는지에 대한 것이다. 연구자들은 실증적인 정밀연구를 거치지 않은 다른 대체요법을 소개하기 위해 의사소통 촉진 방법론의 문제와 관련하여 기술한다. 연구자들은 입증되지 않은 주장에 대한 책임을 받아들여야 한다. '조력자'에 의해 성공으로 창조된 혼란은 합법적인 체제와 불이익의 결과이다.

자폐증 아동의 정보처리 방식은 적응체계가 확립될 때 중요한 쟁점이 된다. 거기에는 수화, 블리스 상징, 그림단어와 문자단어, 의사소통판, 초소형컴퓨터, 의사소통 촉진과 같은 어떤 중재시스템의 효율성에 대한 명백한 결론은 없다. ASD 아동의 수준 높은 개별화 학습유형에 대해서 고려해야 한다. 적응학습 시스템을 추천하는 것은 의사소통 학습문제를 자동적으로 해결하는 수단은 아니다. 자폐증 아동의 형태주의적 처리방식은 정보방식이 임상적 의사결정과 병합되어야 함을 암시한다. 자폐증 아동의 의사소통의 어려움은 종종 기억력, 시각처리, 읽기능력 그리고 수학과 음악적 재능에서 비범한 능력과 관련된다. 아동이 형식과 기능 사이에 뚜렷한 차이를 나타내 줌으로써 말-언어치료사에 대한 쟁점은 의사소통의 가르침에서 아동의 능력을 사용하고 통합하는 것을 시도하는 데 대한 것이다. 집단에서의 가변성은 각 아동의 매우 개별화된 분리된 능력을 결합하는 것이다. 중재절차는 아동의 학습유형과 요구에 따라 조정되어야 한다.

2) 자연발생적인 학습 맥락 창조하기

아담의 훈련은 1990년대 문해에서 일어났던 화용론적/의미론적 쟁점을 반영하였다. 여기에서 기술한 프로그램에서 시도한 것은 학교, 방과 후 치료, 가정 그리고 돌봄과 같은 각 환경을 통합하기 위해 만들어졌다. 조작원리는 통합교육을 염두에 두고 중재 목표와 임상프로그램을 조정하기 위해 개발되었다. 확인된 학습 상황과 의사소통 행동은 아담을 위해 의사소통 경험을 재창조하는 방법을 보여 주었다. 치료에서 학습된 의사소통 행동은 가정, 취학 전 특수학급 그리고 어린이집에서 일반화되었다.

아담이 조기중재 서비스를 위한 언어청각센터에 등록한 후, 그가 취학 전 시스템으로 전환했을 때 나는 취학 전 특수교육위원회(CPSE) 회의에 출석하였다. CPSE는 지역학군에 있는 특수교육교사, 학교심리학자, 말-언어치료사 그리고 아담의 어머니와 나로 구성되었다. CPSE는 아담의 평가와 발달기록의 모든 것을 검토하며 협력팀으로서 기능을 수행하였다.

내가 팀의 다른 구성원으로 참여했던 언어훈련 프로그램은 추천된 특수학급 내에서 실행에 대한 쟁점을 결정하기 위해서 토론이 이루어졌다. 아담의 어머니와 나를 추천한 CPSE는 언어 프로그램의 실행에서 요구된 학급의 교수적 · 조직적 변화에 대해 토론하기 위해 아담의 취학 전 교사와 만났다. 그 팀은 내가 교사훈련과 지원을 제공하기 위한 학급에서 교사 상담가로 활동하도록 추천하였다. CPSE는 또한 관련 서비스로 언어치료를 매주 3번씩 하도록 추천했기 때문에 아담의 말-언어치료사와 내가 함께 일하도록 요청했다. 아담의 어머니는 오후에 CPSE에 통지하였으며, 아담은 통합된 조기 아동 프로그램에 출석하게 되었다. 프로그램과 서비스의 조정은 복잡할 뿐만 아니라 시간도 많이 소요되었다.

프로그램의 실행, 전체 상황에서의 기술의 일반화 그리고 통합 프로그램의 개발을 보장하기 위해서 나는 규칙적으로 여러 전문가 및 어머니와 만남을 가졌다. 아담은 취학 전 특수학급, 조기 아동기 학급, 개인 언어치료, 사적인 언어치료 등 다양한 환경을 통하여 계획적인 서비스를 받았다. 그 때의 협력팀은 특수교육교사, 유아교사, 부모, 말-언어치료사 그리고 나 자신으로 구성되었다.

다음 조작원리는 아담의 학습 상황을 개발하기 위해서 사용되었다.

1. 학습 상황은 상호작용 체계, 즉 성인과 아동 간의 상호교환을 위한 기회가 제공되는 어떤 활동으로 정의하였다. 그 활동은 (a) 발달을 위한 상호작용, (b) 학습될 의사소통 행동, (c) 폐쇄될 의미론적 기능(표 7.3 참조)에 대한 항목으로 기술되었다.
2. 각 학습 상황은 일상에서의 일련의 사건들과 예측에 대한 능력을 발달시키기 위한 과제로 구성되었다.

표 7.3 학습 상황의 사례

장소	활동/상황	재료	일상	의사소통적 행동
치료실	비눗방울 만들기	비눗방울	비눗방울 잡기	대상 가리키기
	큰 비눗방울	막대기	비눗방울 불기	대상/성인 응시하기
		팬(부채)	막대기 잡기	대상에 대한 신호
			비눗방울 따르기(또는 활동)	대상에 대한 일관된 발성
			부채 부치기	말
			비눗방울 만들기	이런 행동들의 결합

3. 학습 상황은 아동과 성인 간에 상호역할 관계를 발달시키기 위해 허용되는 행동과 상호작용의 촉진을 위해 구성되었다.
4. 핵심어휘는 아동과 함께 일하는 모든 성인을 통하여 일관성 있고 체제적으로 의사소통과 언어훈련에 초점을 두어 각 학습체제 내에서 개발되었다.
5. 핵심어휘는 초기 아동 언어에서 출현하는 의사소통적 행동의 발달에 기초하였다. 이런 의사소통적 행위는 언어와 의사소통 관계를 일반화하하기 위한 다양한 학습 상황에 사용되었다.
6. 의사소통적 상호작용은 평형화되고 관례화된 발화의 산출보다 강조되었다.
7. 개발된 학습 상황은 아동에게 적절하고 기능적이었다. 상호작용과 의사소통을 촉진하기 위해서 성인은 우선적으로 아동의 활동에 초점을 두도록 하였다.
8. 아동에 대한 투입은 평균 발화길이와 복합성을 고려하여 제한하였다. 성인의 입력장치는 기능적이며, 돌발상황에 대한 적절성과 의미론적으로 아동의 성대, 구어 그리고 비언어적 행동과 관련되도록 하였다.
9. 아동은 언제라도 활동을 유지하거나 종료할 수 있도록 학습 상황을 선택하도록 하였다. 구어, 성대, 비구어 행동은 의사소통적 의도를 결정하기 위한 학습 상황 내에서 검토되었다.
10. 아동은 우선 참여하도록 훈련되었고, 다음에 상황 내에서 상호작용하도록 훈련되었으며, 마지막으로 그의 사회적 경험에 대해서 말하도록 훈련되었다.
11. 아동과 함께 작업하는 모든 성인에게 각 학습 상황에 대한 의사소통 및 언어진술서를 복사하여 제공하였다. 따라서 각 교사는 활동 내외에서 일관성 있게 투입을 제공하였다(표 7.4 참조).

표 7.4 학습 상황(상황 : 비눗방울, 재료 : 비눗방울 병, 비눗방울 제조기, 부채)에서의 의사소통/언어 표현 사례

의미론적 기능	훈련된 유형/성인 투입
1. 대상	Bubbles, fan
2. 행위	Open, blow, give, turn on
3. 행위자	Ellen, Adam, Mommy, Daddy
4. 행위자 + 행위	Adam open, Ellen open, Adam blow, Ellen blow
5. 행위 + 대상	Make bubbles, pour bubbles, open bubbles
6. 반복	Bubbles... bubbles... bubbles, more, more bubbles
7. 부정 거절 중단(행위)	No, no bubbles Stop, no more, no more bubbles No pour, no blow
8. 행위자 + 행위 + 대상	Adam open bubbles Ellen open bubbles Mommy open bubbles Adam pour bubbles Ellen pour bubbles Adam blow bubbles Ellen blow bubbles Mommy blow bubbles

12. 반향어 행동은 언어행동을 발달시키기 위해 사용되었다. 예컨대 언어적 사건에 대해 아동은 모방하고 성인은 부호화할 것이라는 지식을 갖고.

사건 : *Adam opening the bubbles.*

성인 : Adam open bubbles.

아담 : Adam open bubbles.

아담의 훈련을 위한 임상목표는 다음과 같다.

1. 모방적 상호작용 기술의 발달
2. 대상 조작기술의 확장(의미론적인 지식)
3. 신호/몸짓 형식의 발달
4. 신호의사소통을 목적으로 상호작용 행동 사용
5. 의사소통 행동의 일반화

여기에서 기술된 목표와 절차는 아담을 위한 개별화 언어/의사소통 프로그램의 필요에 기초하여 개발되었다. 화용론적/의미론적인 내용은 다른 ASD 아동뿐만 아니라 언어장애를 가진 다른 아동에게도 적용되었다. 개별치료에서 발달된 기술은 특수학급 교육과정의 일부로 작용할 것이다. 높은 질적 구조를 가진 학급 내에서의 기본적인 목표는 아담이 또래와의 사회적 상호작용에서 관계를 맺는 기회로 제공되었다. 결과적으로 취학전 학급은 의사소통적 상호작용, 또래관계 행동, 기능적 놀이를 촉진하기 위한 그룹 활동으로 조직되었다.

부수는 행동을 보이는 LCD 아동은 또래에게 반응적이지 않으며 상호작용을 위한 시도를 하지 않는다. 이것은 분명히 아담의 사례와 같다. 만약 아담이 양육에서 일반 또래와 긍정적인 상호작용을 할 수 있었다면 그의 사회적 능력의 발달은 비관적이지 않았을 것이다. 아담은 만약 사회적 상호작용을 경험하였다면, 장애가 없는 아동과 비교될 만한 사회적 수행수준을 발달시킬 수 있었을 것이다. 사회적/화용론적 언어중재 프로그램은 ASD 아동을 위한 출발점이다(Ingersoll, Dvortcsak, Whalen, & Sikora, 2005).

의사소통 상호작용은 2인 또는 더 많은 사람 사이에 예측 가능한 상호작용 활동의 결과가 될 것이다. 언젠가 아담은 사건순서는 달랐지만, 이들과 유사한 맥락에서 조작학습을 한 적이 있었다. 환경에 대한 아담의 인식은 상황을 바로잡기 위한 시도와 예상하지 못한 변화에 대한 반응이 관찰되었다고 기록되었다. 이것은 아동과 성인 간 또는 아동과 아동 간의 의사소통 행동과 상호작용의 발달을 촉진하기 위한 기회를 제공해 주었다. 아담에게 그의 환경에서 규칙적 행동, 사람 그리고 사건을 접할 수 있는 기회를 제공하는 것은 중요하였다. 아담은 그의 행동과 또래 행동 간에 우발적 관계를 발달시키는 것이 필요하였다. 호혜적 상호작용은 결과중심 개념화에 기초하였다.

자신의 요구를 표현하도록 아담을 가르치는 시도는 교사로 하여금 아담의 요구표현을 촉진하고 요구를 창출해 내기 위한 상황적 사건을 조절하도록 하였다. 다음 사례를 고려해 보자.

상황 : *Ice cream container cannot be opened by the child.*

성인 : Ellen open ice cream.

아담 : Ellen open ice cream.

결과 : *Ellen preforms action.*

의사소통적 요구를 창출해 내는 많은 상황적 맥락을 찾아내는 것은 중요하였다. 이들 상황은 환경 내에서 사건의 과정이 의도적이며 직접적인 기회를 아담에게 제공하였다. 궁극적인 목적은 언어를 다른 상호작용 행동에 영향을 주기 위한 도구, 수단, 방법으로 아담에게 가르치기 위한 것이었다. 이런 목적을 성취하기 위해 아담은 또래들과 효과적인 의사소통자로서 그 자신을 경험해야만 했다.

5. 가정훈련을 통한 의사소통 행동의 일반화

가정훈련 프로그램을 활용해서 아동이 학습 경험을 다양한 환경에 일반화하도록 도모할 수 있다. 아담의 경우에서, 가정은 더욱 자연스러운 환경 내에서 훈련 경험을 제공했다. 아담을 위해 개발된 가정훈련 프로그램 속에는 의사소통 촉진자로서 부모와 형제자매를 훈련하는 과정이 있다. 또 그 프로그램의 조직 내에서 활약하도록 훈련받은 일단의 충실한 자원자들이 있다. 이들은 방과 후 그리고 주말을 포함해서 포괄적 훈련을 일주일에 7일간 제공한다.

가정훈련 프로그램은 학교에서 ASD 아동에게 제공하는 종래의 치료 경험과는 대조적이다. 부모를 촉진자로 하는 가정중심의 모델은 학교중심의 학습모델만으로는 달성 불가능한 일반화 과정을 지원한다(Green et al., 2006). 아담의 엄마는 각 세션마다 참석해서 그 조직에 합류했다. 아담의 엄마는 집에서 아담과 같이 소통하는 방법을 말-언어치료사로부터 진지하게 훈련을 받았다.

가정중심 프로그램은 아담이 깨어 있는 동안 시행하는 언어훈련 프로그램이다. 학교에서는 말-언어치료사가 언어훈련을 교실 외에서 일주일 3회 매회 30분 실시했다. 담임과 훈련 목표를 조율하는 것은 가능했으나 힘들었다. 훈련 경험 자체의 특성도 달랐다. 가정훈련 프로그램의 포커스는 모든 훈련 맥락 내에서 언어와 의사소통 행위를 발달시키는 것이었다(표 7.3). 상호작용과 의사소통을 촉진하는 활동들을 확인했다. 활동은 목표를 위한 수단이었다. 목표란 성인과 아동의 상호작용이었다. 시뮬레이션은 필요 없었다. 활동들은 아동의 일상생활 필요와 당장의 맥락에서 유의하고 관련 있는 활동들이었다.

언어학습 경험으로 가정훈련 프로그램은 아담에게 특정한 장점을 제공했다.

1. 가족구성원들이 의사소통 촉진자로서 기능하도록 훈련받았다.
2. 가정 내 다양한 활동들을 통해 언어행동을 관련 비언어경험과 통합할 수 있었다.
3. 의사소통 행동을 활용하는 것이 학습 맥락에서 일반화되었다.

4. 프로그램은 아동의 언어와 의사소통 필요를 강조하는 것을 지향했다.

전통적인 특수교육 교실에서는 아담이 이러한 요소들을 접할 수 없었다. 따라서 가정 훈련 프로그램은 기존의 학습방법에 대하여 중요한 보충기능을 했다.

교육환경은 학문적 지식과 절차 지식을 부모들에게 제공하는 공식적 부모언어 훈련 프로그램을 개발할 책임이 있다. ASD 아동에게 부모가 의사소통 촉진자로 기능하도록 부모를 훈련하여 오후 3시 이후의 교육과정이 가정 맥락에까지 연장되게 한다. 부모가 언어발달, 언어장애, 언어개입 문제들을 이해해야 아동의 교육적 발달을 도울 수 있다. 부모에게 언어와 아동의 언어 필요에 대해 지도하면 부모는 아동지도를 위한 방안을 모색하게 된다. 부모들에게 그들의 자녀를 이해하도록 가르치는 것은 교육의 가장 큰 책임이고 교육이 줄 수 있는 최대의 선물이다.

1) 사회적 문제와 행동 기술

ASD 아동의 특징인 광범위한 행동 문제들 때문에 많은 임상가들과 부모들이 표적 행동을 훈련하기 위해 자기보호와 일상생활 기술 등의 행동절차들을 활용한다. 행동중재는 교실 내에서 드러나는 부적절한 행동과 해로운 행동들을 다루는 교육 프로그램들에서도 사용된다(Risley, 1996).

담임교사는 학급규칙과 훈련목표들을 실행하기 위해 행동수정 모델을 활용할 수 있다. 행동 접근법의 바탕은 관찰 가능하고 측정 가능한 대상 행위(앉기, 보기, 목소리 내기)를 파악하는 것이다. 예를 들면 훈련성과로서 주의력을 겨냥하기보다는 임상가나 교사가 주의력의 모든 기술적 행동들을 파악한다—앉기, 신체적 오리엔테이션, 눈 맞춤 등. 이렇게 확인된 행동들을 연속 접근 절차를 통해 훈련한다.

ASD 아동을 관리하기란 어렵기 때문에 그들을 또래 및 형제자매와 통합할 때 교육자와 부모의 능력이 중요하다. 자폐증 아동이 나타내는 행동문제들인 공격, 자기상해 행동, 예상치 못한 폭발적 행동, 자기 자극, 외생적 음성 행동들 때문에 자연스런 환경에서 그리고 복잡한 공동체 상황에서 타인들이 이들을 수용하는 데 어려움이 있다(Carter, 2001). 중증 행동문제들을 관리하려면 먼저 행동분석을 통한 고도로 개인화된 훈련 일정을 활용하는 통합적 치료접근이 필요하다. 아동의 행동을 평가하고 기능적으로 분석해서 교육환경, 가정, 공동체 내에서 가장 적절한 관리 계획을 수립할 수 있다. 침입적 행동을 관리하려면 다양한 학습환경을 망라하는 다학제적 전문가팀이 사용하는 우발적 단계들을 파악해야 한다. 통합적인 행동접근법은 성인과 또래들이 유지하고 강화하는 적절한 사회적 학습 기능들을 발전시킬 필요와 대상 행동들에 대한 파악을 강조한다. ASD 아동의 파행적 행동은 또래들 사이에서 사회적 거부로 이어지고, 나아가 통합적 환경에서 교수-학습 과정을 방해한다.

언어와 행동 사이의 관계는 최근 들어 많은 관심을 받고 있다. 행동 프로그램과 치료에 대한 수요가 증가하고 있기 때문이다(Lovaas & Buch, 1997). 일부 행동중재 프로그램들은 다음의 방법을 통해 행동의 일차적 효과를 강조한다.

1. 언어는 행동의 또 다른 형태일 뿐이라고 정의한다.
2. 언어 학습 과정의 복잡성을 분리된 관찰 가능한 시도로 최소화한다.
3. 행동 결함을 지나치게 강조함으로써 자폐증 아동에 있어서 언어/의사소통 결함의 유의성을 과소평가한다.
4. 언어학습 프로그램이 아닌 행동 프로그램들을 개발한다(Tigerman-Faber & Radziewicz, 2007f).

다음은 Gallagher(1997)의 주장이다.

> 습관적으로 부적격하다고 인식되는 아동들을 위한 행동중재 프로그램들 중 적격성을 잡아주기 위해 보상 시스템을 활용하는 프로그램들의 내재적 가정은 아동의 부적격성의 원인이 반대 행동, 부정, 반항 때문이라는 것이다. 아동의 부적격 행동의 원인이 지시를 이해하지 못하고 언어를 사용해서 적절한 명료화를 추구할 수 없기 때문이라는 사실에는 충분한 관심을 기울이지 않았다. 부적격 행동과 언어 사이의 관계를 더욱 심층 연구해야 한다. 감성적 · 행동적 문제가 있다고 확인된 아동들에게 언어장애가 널리 퍼져 있기 때문이다(p.7).

위와 같은 입장은 이 장에서 제시한 철학적 접근을 반영한다.

ASD 아동은 언어능력 결함 때문에 감정을 표현하거나 생각을 말하거나 대인관계 문제를 해결하거나 다른 소통자들의 정서 · 행동을 해석하거나 대인관계에서 언어를 암호화하고 해독하는 능력이 떨어진다. 개인 내적 기능과 개인 간 기능은 상호 관련이 있으며 언어에 의존한다. 감정 어휘가 부족하다는 것은 아동이 자신의 감정을 통제하고 행동을 규제하는 능력에 부정적 영향을 준다. 아동의 정서/행동문제들은 아동의 화용론적 · 의미론적 언어 결함의 함수라고 판단해야 한다. 이는 치료 권장사항과 치료 프로그램들에 대한 시사점들을 고려할 때 결코 사소한 문제가 아니다.

Brinton과 Fujiki(1993)는 감정/행동문제가 언어훈련 시작 전에 해결되어야 하는 언어

중재의 장애물이라고 여겨져 왔음을 주목했다. 하지만 정서/행동문제들이 줄어들면 언어 문제들이 줄어들 것이라는 가정은 근거가 없다. 최근 연구들은 정서/행동기능을 촉진하는 차원에서 언어가 제시하는 결정적으로 중요한 역할을 강조한다(Gallagher, 1996; Prizant et al., 1990).

ASD 아동의 정서/행동 필요 차원에서 보면, 말-언어치료사는 아동을 위한 언어 프로그램을 개발하는 학제 간/학제 내 전문가팀들에서 유의한 역할을 한다. 아동의 화용론적/의미론적 문제점들의 예측인자로 화를 잘내는 것과 자기 자극적 행동들을 재고해야 한다. 이런 행동들은 사회적으로 곤란하지만, 아동의 특정한 의사소통 필요를 만족시킨다. 이런 욕구들을 파악한 후에야 말-언어치료사는 동일한 기능을 하되 사회적으로 더 적합한 의사소통 대안들을 제시할 수 있다.

2) 또래 매개 의사소통 중재

최소제한교실 환경과 조기 아동 프로그램에 ASD 아동을 통합하려면 고도의 전문 프로그래밍과 교사 훈련이 필요하다(Zhang & Griffin, 2007). 완전통합 프로그래밍을 지지하는 연구자들은 자폐증 아동에서 사회적 기술과 통합을 촉진하기 위한 메커니즘으로 또래가 중재하는 사회적 전략을 제안한다. 아동들이 또래들을 가르치도록 지도하는 과정을 통해 ASD 아동을 사회적으로 유의한 방식으로 통합할 수 있다(Kalyva & Avramidis, 2005). 하지만 교실 내에서 비장애 아동들과 ASD 아동의 사회적 수행력 수준이 비슷해야 한다는 것이 기본 조건이다. 격차가 클수록 고도로 개별화된 지도를 적용할 필요가 커지고 또래의 거부 가능성이 커진다. 전문가들이 ASD 아동의 물리적 통합보다는 사회적 통합을 달성하려면 일반 또래들을 훈련해야 한다.

Guralnick(1999)는 '아동 이익'의 핵심이 장애 아동이나 일반또래들에 맞게 명쾌하게 정의되어 있지 않다는 점에 주목했다. 교사 입장에서는 경도 장애 아동이 포함될 때 통합 과정이 훨씬 더 용이하다. 아담(을 포함시키는 것)은 도전이었다. 장애가 있는 학습자들과 장애가 없는 학습자들이 서로 같이 모여서 상호작용하고 사회화하는 협력학습이나 또래지도 환경에서는 지도의 일차적 초점이 사회화인 경우 또래 역할, 책임, 기술에 대한 학생들의 사회적 인식을 발달시킬 수 있다(Tiegerman-Farber & Radziewicz, 2007f).

일반 언어학습자는 ASD 아동에게 또래 교수나 모델링을 제공할 수 있다. 하지만 교사와 성인들이 일반또래들을 교육해야 하고 이들이 장애아를 지도할 준비가 되도록 교육해야 한다(Odom, 2000). 유아 교실은 발달장애 아동의 사회적 학습 과정에서 중요한 역할을 한다. ASD 아동은 사회적 의사소통 부분에서 독특한 학습이 필요하다. 또래의 수용을 개선하기 위해서는 조기중재 프로그램들이 또래 훈련 프로그램을 개발해야 한다. 일반 학습자들이 상이한 언어 및 사회적 기술을 가진 학습자들을 수용하도록 준비되고 훈련되어야 한다(Odom & Diamond, 1998). 활동, 상호작용 경험, 우발적 학습, 교육 절차들은 또래 파트너들과 같이 계획되어야 한다. 일반또래 및 사회적으로 더 도전적인 환경이 언어학습 기회와 자연스러운 우발적 환경을 제공해 준다.

취학 전 교실은 자연주의적 학습을 위한 기회를 제공해 준다. 환경교수 접근은 자연주의적 언어중재 기법을 포함한다. 의사소통 상호작용은 사회적 활동과 대화 맥락 내에서 촉진된다. 일반또래들과 ASD 아동 사이의 커뮤니케이션을 지도하기 위한 기초로서, 아동의 특수변인, 맥락적 변인, 그리고 상호작용 변인들에 초점을 맞추는 쪽으로 중재기법들이 변화하고 있음을 임상 연구들은 분명히 제시하였다(Frea, Craig, Odom & Johnson, 1999).

중증 의사소통장애 아동의 경우 2인 및 3인과의 교류를 통한 조기의 또래 경험은 사회적 학습 기회가 된다. 또래가 중재하는 의사소통 중재는 ASD 아동에게는 사회적 개입을 촉진하는 수단이 된다. 자폐증 아동은 주로 이들에게 꼭 필요한 학습 자극을 자연스럽게 제공하는 사회적 놀이 상황과는 거리가 먼 환경에 머문다. 또 자폐아는 행동장애 때문에 일반또래들과 상호작용할 기회가 거의 없다. 또래들이 다양한 활동들에 자폐아를 참여시키고 그럼으로써 사회적 학습 과정을 촉진하는 특정한 상호작용 전략들을 활용하도록 또래들을 훈련시킬 수 있다(Taylor & Levin, 1998).

사회적 스크립트는 ASD 아동과 일반 아동 사이에 통제된 상호작용을 위한 수단이 될 수 있다. 각 아동은 그 스크립트에 대해서 그리고 그 안에서 자신에게 주어진 역할에 대해 학습한다. 스크립트는 참여자 사이의 사회적 상호작용을 위한 포맷과 구조가 된다. 스크립트를 연습하는 것은 어머니들이 아기들을 데리고 같이 참여하는 조기 사회화 게임을 하는 것과 아주 비슷하다. 이런 게임들은 제한된 의미론적 영역들을 제공하고 상호작용하는 사람의 역할을 분명하게 정의해 준다. 사회극 놀이 대본으로 일반 아동들은 ASD 아동을 위한 모델이 될 수 있고 지속적인 몸짓 및 구어 단서를 제공할 수 있다. 연구에 의하면 취학 전 통합 학급에서 다음과 같은 결과를 얻었다.

1. 또래들이 사회적 동인으로 활동하도록 훈련한 결과, 취학 전 장애 아동의 의사소통적 상호작용이 높아졌다.
2. 장애 아동들은 교사와 또래의 참여에 대해 똑같은 반응을 보였다. 즉 비장애 아동

들이 ASD 또래들과 중재를 촉진하기 위한 책임감을 더 갖게 된다.

하지만 조기 아동기 프로그램들과 학교들이 자폐증 아동에게 통합교육의 기회들을 주고자 한다면 다음과 같은 조직적인 변화와 예산지원이 필요하다.

- 부모와 교사를 위한 통합교육의 협력적 개발
- 통합교육에 대한 구조적 장애물을 제거하기 위해 교실과 건물을 물리적으로 재구조화
- 다양한 학습자들의 지도관리에 대한 일반교육 교사와 특수교육 교사들을 위한 교사훈련 및 담당자 교육
- 일반교육 교실에서 자폐증 아동에게 수정된 교수를 제공하는 통합교육과정의 개발
- 교육적 의사결정 과정 내에 가족들을 포함하는 부모교육 프로그램(Guralnick, 1999)

3) 교육적 동향

ASD 아동의 치료는 부모에게 상당한 정서적 · 재정적 문제가 된다. 대다수의 치료들이 실험적 조사가 아닌 일화성 보고서에 기초하고 있기 때문이다. 감각통합치료, 청각통합훈련, 투약, 식이요법, 메가비타민(비타민 대량 투여) 등 치료법들이 몇몇 행동들을 선별적으로 개선할 수는 있지만, ASD 아동의 전반적 기능 영역을 일관되게 개선하지는 않는다(Heflin & Simpson, 1998).

교육적 프로그램에서의 동향은 조기중재와 취학 전 특수교육 프로그램에 응용행동분석(ABA)을 활용하는 방법과 관련 있다. 그 제한된 효과성에 대한 과학적 근거가 많기 때문이다. 자폐증 아동이 행동치료에 반응하는 방식에는 개인차가 있다. 응용행동분석은 아동의 행동 변화를 관찰/측정이 가능한 치료법이라고 많은 학교와 부모가 공감하고 있다. 훈련 프로그램의 결과를 자연적인 일반 환경에도 일반화하려면 부모가 훈련 프로그램에 참여해야 한다. 또한 문제행동을 관리하는 것 외에 또 다른 주요 목표는 독립적인 기능이다(Lovaas, 1999).

하지만 말-언어치료사의 역할이 변하고 있는 것이 한 가지 문제이다. 언어/의사소통장애는 ASD 아동의 핵심적인 문제이기 때문에 행동전문가, 말-언어치료사, 부모 사이의 공조가 치료의 필수요소이다. ABA는 아동을 지도하는 방식을 위한 절차상의 방법론을 제공하지만, 언어학습커리큘럼은 아동들에게 무엇을 지도할 것인지를 결정해 준다.

ABA는 방법론적 혹은 교수적 접근법 중 하나이며, ASD가 있는 모든 아동에게 효과가 있는 것은 아니다. ASD 아동의 다양한 필요를 참작해서 많은 다른 접근법들도 고려해야

한다. ASD 중증도에 따라 증거 기반의 실천원리들을 통합한 지도 접근법들을 지속적으로 개발해야 한다(Dollaghan, 2004). 말-언어치료사는 언어와 의사소통 행동을 다른 전문가들이 촉진하도록 도움을 주는 협력자이자 상담가로서 기능해야 한다. ABA와 관련된 기본적인 논쟁은 언어가 구조적 형태는 가지지만 행동은 언어가 아니라는 것이다.

Wolery와 Winterling(1997)의 연구에 의하면, 캘리포니아 교육부와 발달서비스 협력작업 그룹은 사회적 개입, 언어, 대처, 행동 관리 등 영역에서 예측 가능한 일상생활들을 활용하여 정상적인 발달 기대치를 바탕으로 교육과정을 구성할 것을 권장했다. 사회화나 의사소통 등 ASD 아동에서 주로 결함 있는 기술들을 위주로 교육과정을 수립했다. 흔히 교육과정에 대한 토의는 교수법에 대한 것을 포함한다 현실적으로 교육자들은 초기 아동기에서 사춘기에 이르는 교육과정을 개발해야 한다. 지역 공립학교 내에서 통합교육과 서비스를 제공하라는 부모들로부터의 요구가 증가하는 것에 대한 반응으로서 몇몇 주의 교육부들이 최선의 관행 절차에 대한 권장안을 수립하기 위해 ASD 아동을 위한 임상 지침을 마련했다.

자폐증은 심각한 언어 및 의사소통장애라고 인식되고 있으므로, 말 치료 서비스만으로는 상당히 부적절하다고 여겨져 왔다. 언어학습은 교실 수업의 일차 목표가 되어야 하며, 단지 하나의 관련 서비스로서 머물면 안 된다. 교육과정과 개별화교육계획(IEP)에 언어/의사소통 목표와 절차들을 포함시켜야 한다.

언어발달과 언어장애에 대한 특수교육 교사들의 전반적인 학술적 훈련이 충분히 이루어지고 있지 않기 때문에 다수의 교육프로그램들은 이제 '교실 내'서비스를 활용해서 말-언어치료사들이 교실에서 치료 서비스를 제공하도록 하고 있다. 따라서 협력적·상담적 교수모형들을 구현할 기회가 만들어지고 있으며, 말-언어치료사들과 교사들이 사용하는 지도법에 대한 이해를 도모하고 있다. 현재, 말-언어치료사들은 전문가로서의 시간 중 약 3%를 교실에서 활동하는 데 소비한다(ASHA, 2002). 교실 중심의 중재는 언어 일반화 문제들을 고려할 때보다 자연스러운 학습 접근법이다. 교실 내 서비스 모델도 특수교육 교사와 일반교육 교사의 협력적 지도를 위한 기회를 강화하고 있다(Tiegerman-Faber & Radziewicz, 2007f).

마지막으로 병인론적 배치접근은 ASD 아동들에게 심각한 교육적 문제들이 되고 있다. 아담의 엄마는 "6명의 자폐아로 이루어진 한 학급은 사실 1명의 아동으로 구성된 6개 학급"이라고 지적했다. 상호작용과 의사소통하지 못하는 6명의 아동들은 서로 촉진자 기능도 못한다. 의사소통 기술을 개발할 필요가 있다면, 자폐증 아동들에게 그런 발달을 촉진할 수 있는 아동 모델들을 제시해야 한다. 학급 배치에서 비병인론적 교육적 접근은 이 문제를 확실히 해결할 것이다. 비병인론적 교육적 접근은 덜 제약적인 교육적 배치와 기능성이 더 높은 사회적 또래들과 상호작용할 기회를 제공한다. 또래 촉진은 특수교육 교실에서 언어 모델링도 가능하게 할 것이다.

ASD 아동의 배치는 병인론적 분류보다는 언어 기능 수준을 바탕으로 이루어져야 한다. 이를 위해서는 미국 내 주 교육부들이 장애범주(병인론적으로 분류하는)에 따른 교육적 배치 과정부터 수정해야 한다. 1986년 개정된 P.L 99-457은 취학 전 장애 아동들에 대한 교육적 서비스를 의무화하고 조기중재를 실현했다. 그 이후 중재가 빠르면 빠를수록 장애 아동들의 예후가 더 좋다는 연구결과들이 나왔다.

4) 통합교육법령

일반 교실 환경 안에 중증 발달장애 아동들을 비롯한 모든 학생들을 포함시키는 것에 대한 법적 지원과 교육적 논쟁이 일고 있다(Diehl, Ford, & Federico, 2005; Gena, 2006; Zhang & Griffin, 2007). 여러 연구 조사에서 중증 발달장애 아동들이 일반교육 교실에서 적절한 교육 서비스를 받을 수 있음을 지지해 왔다. 이런 연구들이 밝혀 낸 사실은 통합교육 상황이 중증 장애아에게 유리할 수 있다는 것이다. 장애가 있는 아동과 장애가 없는 아동 사이의 의사소통과 사회적 상호작용의 기회가 확대되기 때문이다.

IDEA는 1975년에 제정되었고 1997년, 2004년에 수정된 법이다. 이 법에서는 사회화 경험을 통해 장애 아동과 비장애 아동들을 통합하는 취학 전 시기의 통합교육 프로그램이 ASD 아동에 있어서 행동-사회 문제들을 통합하고 관리하는 최선의 기회를 제공할 수 있음을 강조한다. 초기 아동기 교육과정의 초점은 일상생활 기능, 언어학습 기능, 놀이 기능, 또래 상호작용, 자기인식, 독립성이다. 취학 전 프로그램들은 또한 교실환경과 가정환경 사이의 교육적 프로그래밍에서 중요한 연결 기능도 한다. 취학 전 프로그램들은 부모와의 협력을 통해 교육적 서비스와 치료적 서비스를 망라하는 목표들을 조정한다. 부모와 교사는 가정과 학교에서 확인된 교육적 필요와 지도상의 필요를 바탕으로 사회적·행동적 차원의 계획을 수립하고 협력한다(Tiegerman-Farber & Radziewicz, 2007e).

ASD 아동은 학습한 행동을 새로운 맥락과 상황에서 일반화하기 힘들다. 따라서 교육 프로그램을 조기에 시작해야 한다. 사회화, 또래 상호작용, 의사소통 행동들의 초점은 아동에게 일련의 사회적 개술을 제공하는 것이다. 교실, 식당, 운동장, 쇼핑몰, 기타 자연스러운 환경 맥락에서 아동이 기능할 수 있으려면 사회적-의사소통적 행동을 일반화하여 활용하는 것이 기본이다. 조기중재 프로그램들은 ASD 아동을 위해 결정적 시기에 학습할 것을 강조한다(Ingersoll et al., 2005).

중증 발달장애 아동들에게 동연령의 또래들은 적절한 사회적 · 언어적 모델이 될 수 있다. 비장애 아동들은 사람들 간의 학습 차이에 관련된 사회적 가치를 이해할 인간적 기회를 얻게 된다. 장애 아동을 비롯해서 다양한 다문화 학습자들에 대한 긍정적 태도를 함양할 교육과정을 아동들에게 제시해야 한다.

중증 장애학생들을 대부분 적절하게 수용하지 못하는 것을 보면 공립학교 체제 내에서 완전 통합교육을 이행하고 달성하는 것이 어려움을 알 수 있다. 자폐증 아동들은 중증의 언어 및 의사소통장애, 사회관계적 문제, 행동관리 문제가 있다(Tiegerman Farber & Radziewicz, 2007g). 통합교육에 대하여 자주 언급되는 정상화 원리가 시사하는 바는 ASD 아동이 일반교육 경험을 받는 것이 유리하다는 점이다. ASD 아동을 읽기, 수학, 사회, 과학 등 사회 및 학업적 활동들에 지속적으로 포함시키려는 시도가 있지만, 학습 면에서 이런 아동들의 차이 때문에 교사 교육, 교실 수업, 또래 인식 등에서 대대적인 수정이 필요하다. 자폐아에게 일반 교실이 적합한지에 대한 결정을 내릴 때 교육자들이 장애아와 비장애아 모두에게 교육적으로 효과 있는 통합교육을 구현할 수 있는 능력이 있는지를 고려해야 한다.

일반 교실에서 ASD 아동을 교육하는 것에 대한 한 가지 비판은 특수교육 교실에서와 동일한 수준으로 개별화가 이루어지지 않을 것이라는 점이다. 부모와 교사들은 다양한 학습방법들을 검토하여 아동의 개별적 필요를 심사숙고해야 한다. 통합교육은 여러 가지 교육적 옵션들 중 하나이다. 통합교육만이 방법은 아니다. 통합교육은 모든 아동에게 다 적합한 방법이 아니다. 부모들은 아동에게 교육적 효과가 없다고 판단되는 환경에 아동을 배치하도록 강요당해서는 안 된다. 교육자들 입장에서 문제는 일반 교실을 중증 행동장애 아동들의 다양한 필요를 처리할 수 있는 학습환경으로 재설계하고 재구성할 수 있는가 하는 점이다.

Odom(2000)에 의하면 교육의 초점은 아동에게 가장 이익이 되는 것이 무엇인가를 파악하는 것이어야 한다. 자폐증 아동을 일반 교실에 통합하려면 부모, 교사, 행정가들의 지원과 재조직이 상당히 많이 필요하다. 일반 교실에서 한 가지 유익한 적응방식은 보조전문가들의 책임을 데이터 수집에서부터 자폐아들에게 기능적 기술들을 지도함으로써 최소제한 환경 속에 자폐아들의 통합을 촉진하는 데까지 그 역할을 변환하는 것이라 하겠다. 보조전문가들의 새로운 역할은 이러한 기술들이 활용될 학교와 지역사회 환경 내에서 지도 프로그램들을 구현하는 것이다(Cook, Cameron, & Tankersley, 2007).

향후 몇 년 내에 말 보조사들을 말-언어치료사들과 동일한 방식으로 활용할 것인지 여부를 지켜볼 필요가 있다. 면허제에 대한 교육적 기준과 요건에 대한 전문가들의 우려를 감안하면, 말 보조사가 말/언어 프로그램을 지원하되 말-언어치료사들을 대체하지는 않을 것이라는 생각에 말-언어치료사들은 동의하지 않을 수도 있다. 일부 지역에서는 면허 있는 말-언어치료사가 여러 명의 말 보조사들을 감독한다. 이는 비용효과 때문이다. 학교에서 통합적 프로그래밍에 대한 지도상의 요구와 재정적인 요구 때문에 결국은 이런 방식의 서비스 전달 모델이 등장할 것이다. 언어발달과 학습을 이해하는 말-언어치료사들이 증가할수록 교육적 의사결정에서 이들의 역할은 증가할 것이다.

요약

ASD 아동은 그들만의 언어학습 문제를 가지고 있다. 전통적으로 이런 아동들을 하나의 인구집단으로 기술했지만, 그들 안에서도 이질성이 있음을 연구에서 강조해 왔다. 즉 병인론적 분류는 오도의 소지가 있다. 또 병인론적 분류법은 장애와 관련 있는 핵심 문제에서 벗어날 수 있다. 즉 의사소통 기능을 다른 언어 양상들과 통합하는 것은 불가능하다.

연구에 의하면 언어장애 아동들은 화용론적 기술과 의미론적 기술에서 형태와 기능 사이에 간격이 있다. 그러나 음운론적 기술과 통사적 기술은 상대적으로 영향을 받지 않고 발달한다. 사실 ASD 아동 중 기능성이 더 높은 아동의 언어능력에 대해 기술한 자료에 의하면, 구조적 언어 기술을 거의 정상적으로 습득하는 것과는 대조적으로 중증의 의사소통 결함이 나타난다. 그러한 의사소통 결함은 상호작용, 주제 유지, 화자/청자 역할의 개시 및 종료와 관련된 지속적인 문제들을 포함한다..

마지막으로 말-언어치료사의 역할은 지난 몇 년 사이 많은 변화가 있었다. 말-언어치료사들은 이제 학교, 병원, 가정, 기타 여러 환경에서 일하면서 ASD 아동들의 필요를 해결하고 있다. 말-언어치료사들은 협력, 부모교육, 지지, 상담과 관련된 기술 분야의 지식까지도 습득해야 한다.

ASD 아동 치료는 유아기와 취학 전 시기에 언어중심의 교육적 프로그래밍을 포함해야 한다. 아동 언어 이론의 변화는 아담과 같은 아동에서 사용된 새로운 치료접근법들에 상당히 기여했다. 한편으로 아담은 화용론 시대와 의사소통 결과라 할 수 있다. 현재로서는 ASD 아동에 대한 이러한 이론적 · 치료적 변화들이 미치는 파급효과를 단지 상상할 수 있을 뿐이다.

마지막으로 말-언어치료사는 ASD 아동에 맞게 개발된 교육 프로그램에서 중추적 역할을 담당한다. 이들 장애의 기저에 있는 언어 및 의사소통 결함을 말-언어치료사만큼 잘 이해하는 전문가는 없다.

연구문제

1. ASD의 정의는 무엇이며 지난 몇 년 동안 그 정의가 어떻게 변화되었는가?
2. ASD 아동의 행동 특성은 자연 환경에서 또래와의 사회적 관계에 어떻게 영향을 주고 있는가?
3. 자폐증과 정신지체 아동의 언어 특성을 비교해 보라. 언어 특성의 동일한 점과 다른 점을 설명해 보라.
4. ASD 아동의 언어를 개발하는 데 사용할 수 있는 다양한 개입 전략을 기술해 보라.
5. 부모 훈련이 임상환경에서 제공된 ASD 아동용으로 개발된 치료 프로그램의 성공에 중요한 이유를 설명해 보라.

참고문헌

Adams, A., & Gathercole, S. (1995). Phonological working memory and speech. Production in preschool children. *Journal of Speech and Hearing Research, 38*(2), 403.

Adams, L., Gouvousis, A., VanLue, M., & Waldron, C. (2004). Social story intervention: Improving communication skills in a child with autism spectrum disorders. *Focus on Autism and Other Developmental Disabilities, 19*(2), 87–94.

American Psychiatric Association (APA). (2000). *Diagnostic and statistical manual of mental disorders* (text revision) (*DSM-IV-TR*). Washington, DC: Author.

American Speech-Language-Hearing Association (ASHA). (2002). *FAQ: Helping children with communication disorders in the schools—Speaking, listening, reading, and writing*. Retrieved May 14, 2007, from http://www.asha.org/public/speech/development/schools_faq.htm.

Bailey, A., Phillips, W., & Rutter, M. (1996). Autism: Towards an integration of clinical, genetic, neuropsychological, and neurobiological perspectives. *Journal of Child Psychology and Psychiatry, 37*, 89–126.

Baron-Cohen, S. (1995). *Mindblindness: An essay on autism and theory of mind*. Cambridge, MA: MIT Press.

Baron-Cohen, S. (1998). Does the study of autism justify minimal innate modularity? *Learning and Individual Differences, 10*(3), 179.

Bartak, L., & Rutter, M. (1976). Differences between mentally retarded and normally intelligent autistic children. *Journal of Autism and Childhood Schizophrenia, 6*, 109–120.

Bartak, L., Rutter, M., & Cox, A. (1975). A comparative study of infantile autism and specific developmental receptive language disorder. Vol. 1: The children. *British Journal of Psychiatry, 126,* 127–145.

Bebko, J. M., Perry, A., & Bryson, S. (2003). Commentary: Bebko, Perry, and Bryson on Mostert (2001), "Facilitated communication since 1995." *Journal of Autism and Developmental Disorders, 33*(2), 219.

Bennett, T., DeLuca, D., & Bruns, D. (1997). Putting inclusion into practice: Perspectives of teacher and parents. *Exceptional Children, 64,* 115–131.

Bennett, T., Szatmari, P., Bryson, S., Volden, J., Zwaigenbaum, L., Vaccarella, L., Duku, E., & Boyle, M. (2008). Differentiating autism and Asperger syndrome on the basis of language delay or impairment. *Journal of Autism and Developmental Disorders, 38*(4), 616–625.

Bernabei, P., Cerquiglini, A., Cortesi, F., & D'Ardia, C. (2007). Regression versus no regression in the autistic disorder: Developmental trajectories. *Journal of Autism and Developmental Disorders, 37*(3), 580–588.

Bernard-Opitz, V. (1982). Pragmatic analysis of the communicative behavior of an autistic child. *Journal of Speech and Hearing Disorders, 47,* 99–109.

Bettelheim, B. (1967). *The empty fortress: Infantile autism and the birth of the self.* New York: Free Press.

Biklen, D. (1993). *Communication unbound: How facilitated communication is challenging traditional views of autism and ability/disability* (Special Education Series no. 13). New York: Teachers College Press.

Bishop, D., North, T., & Dolan, C. (1995). Genetic basis of specific language impairment: Evidence from a twin study. *Developmental Medicine and Child Neurology, 37,* 56–71.

Bloomquist, M., August, G., Cohen, C., Doyle, A., & Everhart, K. (1997). Social problem solving in hyperactive-aggressive children: How and what they think in conditions of automatic and controlled processing. *Journal of Clinical Child Psychology, 26*(2), 127–180.

Bornstein, M., & Brown, E. (1996). Patterns of stability and continuity in attention across early infancy. *Journal of Reproductive and Infant Psychology, 14*(3), 195.

Bradley, A. (2007). Federal study documents rates of autism disorders in fourteen states. *Education Week, 26*(23), 6.

Brinton, B., & Fujiki, M. (1993). Language, social skills and socioemotional behavior. *Language, Speech, and Hearing Services in Schools, 24,* 194–198.

Brook, S., & Bowler, D. (1992). Autism by another name? Semantic and pragmatic impairments in children. *Journal of Autism and Development Disorders, 22,* 61–81.

Brookman-Frazee, L., Stahmer, A., Baker-Ericzén, M. J., & Tsai, K. (2006). Parenting interventions for children with autism spectrum and disruptive behavior disorders: Opportunities for cross-fertilization. *Clinical Child and Family Psychology Review, 9*(3/4), 181–200.

Calculator, S. (1992). Perhaps the emperor has clothes after all: A response to Biklen (1992). *American Journal of Speech Language Pathology,* 18–20.

Calloway, C., Myles, B., & Earles, T. (1999). The development of communicative functions and means in students with autism. *Focus on Autism and Other Developmental Disabilities, 14*(3), 140.

Carter, C. M. (2001). Using choice with game play to increase language skills and interactive behaviors in children with autism. *Journal of Positive Behavior Interventions, 3,* 131–151.

Coffey, K. M., & Obringer, S. J. (2004). A case study on autism: School accommodations and inclusive settings. *Education, 124*(4), 632–639.

Conti-Ramsden, G., & Botting, N. (1999). Classification of children with specific language impairment: Longitudinal considerations. *Journal of Speech, Language and Hearing Research, 42*(5), 1195. Retrieved from www.ehostvgw6.epnet.com.

Cook, B. G., Cameron, D. L., & Tankersley, M. (2007). Inclusive teachers' attitudinal ratings of their students with disabilities. *Journal of Special Education, 40*(4), 230–238.

Craig, H. K., & Telfer, A. S. (2005). Hyperlexia and autism spectrum disorder: A case study of scaffolding language growth over time. *Topics in Language Disorders. Language Disorders and Learning Disabilities: A Look across 25 Years, 25*(4), 364–374.

Crooke, P., Hendrix, R., & Rachman, J. (2008). Brief report: Measuring the effectiveness of teaching social thinking to children with Asperger syndrome (AS) and high functioning autism (HFA). *Journal of Autism and Developmental Disorders, 38*(3), 581–591.

DeMyer, M., Barton, S., DeMyer, E., Norton, J., Allen, J., & Steele, R. (1973). Prognosis in autism: A follow-up study. *Journal of Autism and Childhood Schizophrenia, 3,* 199–216.

Diehl, S., Ford, C., & Federico, J. (2005). The communication journey of a fully included child with autism spectrum disorder. *Topics of Language Disorders, 25*(4), 375–387.

DiLavore, P., Lord, C., & Rutter, M. (1995). The pre-linguistic autism diagnostic observation schedule. *Journal of Autism and Developmental Disorders, 25,* 355–379.

Dollaghan, C. (2004, April 13). Evidence-based practice: Myths and realities. *ASHA Leader,* 4–5, 12.

Fish, B., Shapiro, T., & Campbell, M. (1966). Long-term prognosis and the response of schizophrenic children to drug therapy: A controlled study of trifluoperazine. *American Journal of Psychiatry, 123,* 32–39.

Folstein, S. (1999). Autism: Autistic children. *International Review of Psychiatry, 11*(4), 269.

Folstein, S. (2006). The clinical spectrum of autism. *Clinical Neuroscience Research, 6*(3/4), 113–117.

Folstein, S., & Mankoski, R. (2000). Chromosome 7q: Where autism meets language disorder? *American Journal of Human Genetics, 67,* 278–281.

Frea, W., Craig, L., Odom, S., & Johnson, D. (1999). Differential effects of structured social integration and group friendship activities for promoting social interaction with peers. *Journal of Early Intervention, 22,* 230–242.

Gallagher, P. (1997). Promoting dignity: Taking the destructive D's out of behavior disorders. *Focus on Exceptional Children, 29*(9), 1–19.

Gallagher, T. (1996). Social-interactional approaches to child language intervention. In J. Beitchman & M. Konstatareas (Eds.), *Language, learning and behavior problems: Emerging perspectives* (pp. 418–435). Cambridge, England: Cambridge University Press.

Gallagher, T. (1999). Interrelationships among children's language, behavior, and emotional problems. *Topics in Language Disorders, 19*(2), 1–15.

Gena, A. (2006). The effects of prompting and social reinforcement on establishing social interactions with peers during the inclusion of four children with autism in preschool. *International Journal of Psychology, 41*(6), 541–554.

Giangreco, M. F., Yuan, S., McKenzie, B., Cameron, P., & Fialka, J. (2005). "Be careful what you wish for . . .": Five reasons to be concerned about the assignment of individual paraprofessionals. *Teaching Exceptional Children, 37*(5), 28–34.

Gilger, J. (1995). Behavioral genetics: Concepts for research and practice in language development and disorders. *Journal of Speech and Hearing Research, 38*(5), 1126–1142. Retrieved from http://www.ehostvgw6.epnet.com.

Goldstein, H. (2002). Communication intervention for children with autism: A review of treatment efficacy. *Journal of Autism and Developmental Disorders, 32*(5), 373–396.

Green, B. L., Everhart, M., Gordon, L., & Gettman, M. G. (2006). Including parent training in the early childhood special education curriculum for children with autism spectrum disorders. *Topics in Early Childhood Special Education, 26*(3), 179–187.

Green, V. A., Sigafoos, J., Pituch, K. A., Itchon, J., O'Reilly, M., & Lancioni, G. E. (2006). Assessing behavioral flexibility in individuals with developmental disabilities. *Focus on Autism and Other Developmental Disabilities, 21*(4), 2320–236.

Greenspan, S., & Wieder, S. (1997). Learning to interact. *Scholastic Early Childhood Today, 12*(3), 23–24.

Grey, I. M., Honan, R., McClean, B., & Daly, M. (2005). Evaluating the effectiveness of teacher training in applied behaviour analyses. *Journal of Intellectual Disabilities, 9*(3), 209–227.

Groom, B. (2006). Building relationships for learning: The developing role of the teaching assistant. *Support for Learning, 21*(4), 199–203.

Guralnick, M. (1999). The nature and meaning of social integration for young children with mild developmental delays in inclusive settings. *Journal of Early Intervention, 22,* 70–86.

Happe, F. (1994). *Autism: An introduction to psychological theory.* London: University College London Press.

Harn, W., Bradshaw, L., & Ogletree, B. (1999). The speech-language pathologist in the schools: Changing roles. *Intervention in School and Clinic, 34*(3), 163.

Harris, S., Handleman, J., Gordon, R., Kristoff, B., & Fuentes, F. (1991). Changes in cognitive and language functioning of preschool children with autism. *Journal of Autism and Developmental Disorders, 21,* 281–290.

Heflin, L., & Simpson, R. (1998). Interventions for children and youth with autism: Prudent choices in a world of exaggerated claims and empty promises. Part I: Intervention and treatment option review. *Focus on Autism and Other Developmental Disabilities, 13,* 194–211.

Hughes, C., & Russell, J. (1993). Autistic children's difficulty with mental disengagement from an object: Its implications for theories of autism. *Developmental Psychology, 29*(3), 498–510.

Hurford, J. (1991). The evolution of the critical period for language acquisition. *Cognition, 40,* 159–201.

Hwang, B., & Hughes, C. (2000). Increasing early social-communicative skills of preverbal preschool children with autism through social interactive training. *Journal of the Association for Persons with Severe Handicaps, 25,* 18–28.

Ingersoll, B., & Dvortcsak, A. (2006). Including parent training in the early childhood special education curriculum for children with autism spectrum disorders. *Journal of Positive Behavior Interventions, 8*(2), 79–87.

Ingersoll, B., Dvortcsak, A., Whalen, C., & Sikora, D. (2005). The effect of a developmental, social-pragmatic language intervention on expressive language skills in young children with autistic spectrum disorders. *Focus on Autism and Other Developmental Disabilities, 20,* 213–222.

Jameson, J. M., McDonnell, J., Johnson, J. W., Riesen, T., & Polychronis, S. (2007). A comparison of one-to-one embedded instruction in the general education classroom and one-to-one massed practice instruction in the special education classroom. *Education and Treatment of Children, 30*(1), 23–44.

Kalyva, E., & Avramidis, E. (2005). Improving communication between children with autism and their peers through the "circle of friends": A small-scale intervention study. *Journal of Applied Research in Intellectual Disabilities, 18*(3), 253–261.

Kanner, L. (1943). Autistic disturbances in affective contact. *Nervous Child, 2,* 217–250.

Kasari, C., Freeman, S., & Paparella, T. (2007). Interventions targeting joint attention and symbolic play can improve aspects of these skills in young children with autism. *Evidence-Based Mental Health, 10*(1), 21.

Kashinath, S., Woods, J., & Goldstein, H. (2006). Enhancing generalized teaching strategy use in daily routines by parents of children with autism. *Journal of Speech, Language and Hearing Research, 49*(3), 466–485.

Kobayashi, R., & Murata, T. (1998). Behavioral characteristics of 187 young adults with autism. *Psychiatry and Clinical Neuroscience, 52,* 383–390.

Kohler, F. W., & Strain, P. S. (1997). Combining incidental teaching and peer mediation with young children with autism. *Journal of Autism and Related Disorders, 12,* 196–206.

Krug, D., Arick, J., & Almond, P. (1993). *Examiner's manual. Autism Screening Instrument for Educational Planning* (2nd ed.). Austin, TX: Pro-Ed.

Lewis, B., Cox, N., & Byard, P. (1993). Segregation analysis of speech and language disorders. *Behavior Genetics, 23,* 291–299.

Lifter, K., Sulzer-Azaroff, B., Anderson, S., & Cowdery, G. (1993). Teaching play activities to preschool children with disabilities: The importance of developmental considerations. *Journal of Early Intervention, 17*(2), 139–159.

Lopata, C., Thomeer, M., Volker, M., & Nida, R. (2006). Effectiveness of cognitive-behavioral treatment on the social behaviors of children with Asperger disorder. *Focus on Autism and Other Developmental Disabilities, 21*(4), 237–244.

Lord, C., & Luyster, R. (2006). Early diagnosis of children with autism spectrum disorders. *Clinical Neuroscience Research, 6*(3/4), 189–194.

Lord, C., Rutter, M., & LeCouteur, A. (1994). Autism Diagnostic Interview—Revised (ADI—R): A revised version of a diagnostic interview for caregivers of individuals with possible pervasive developmental disorders. *Journal of Autism and Developmental Disorders, 24,* 659–685.

Lotter, V. (1967). Epidemiology of autistic conditions in young children: Some characteristics of parents and children. *Social Psychiatry, 1,* 163–181.

Lovaas, O. (1999). Experimental design and cumulative research in early behavioral intervention. In *Johns Hopkins Twentieth Annual Spectrum in Developmental Disabilities.* Timonium, MD: York.

Lovaas, O., & Buch, G. (1997). Intensive behavioral intervention with young children with autism. In N. N. Singh (Ed.), *Prevention and treatment of severe behavior problems: Models and methods in developmental disabilities* (pp. 61–86). Pacific Grove, CA: Brooks/Cole.

Loveland, K., Landry, S., Hughes, S., Hall, S., & McEvoy, R. (1988). Speech acts and the pragmatic deficits of autism. *Journal of Speech and Hearing Research, 31,* 593–604.

MacDonald, R., Green, G., Mansfield, R., Geckeler, A., Gardenier, N., Anderson, J., Holcomb, W., & Sanchez, J. (2007). Stereotypy in young children with autism and typically developing children. *Research in Developmental Disabilities, 28*(3), 266–277.

Macintosh, K. E., & Dissanayake, C. (2004). Annotation: The similarities and differences between autistic disorder and Asperger's disorder. A review of the empirical evidence. *Journal of Child Psychology and Psychiatry, 45*, 421–434.

Macintosh, K., & Dissanayake, C. (2006). Social skills and problem behaviours in school aged children with high-functioning autism and Asperger's disorder. *Journal of Autism and Developmental Disorders, 36*(8), 1065–1076.

Maestro, S., Muratori, F., Cavallaro, M. C., Pei, F., Stern, D., Golse, B., & Palacio-Espasa, F. (2002). Attentional skills during the first 6 months of age in autism spectrum disorder. *Journal of the American Academy of Child and Adolescent Psychiatry, 41*(10), 1239–1245.

Maestro, S., Muratori, F., Cavallaro, M. C., Pecini, C., Cesari, A., Paziente, A., Stern, D., Golse, B., & Palacio-Espasa, F. (2005). How young children treat objects and people: An empirical study of the first year of life in autism. *Child Psychiatry and Human Development, 35*(4), 383–396.

Miller, J. (1996). The search for the phenotype of disordered language performance. In M. Rice (Ed.), *Toward a genetics of language* (pp. 297–314). Mahwah, NJ: Lawrence Erlbaum.

Mostert, M. P. (2001). Facilitated communication since 1995: A review of published studies. *Journal of Autism and Developmental Disorders, 31*(3), 287–313.

Mundy, P., Sigman, M., & Kasari, C. (1994). Nonverbal communication, developmental level and symptom presentation in autism. *Development and Psychopathology, 6*, 389–401.

NAICS. (2005). The usage and perceived outcomes of early intervention and early childhood programs for young children with autism spectrum disorder. *Topics in Early Childhood Special Education, 25*(4), 195–207.

National Research Council (NRC). (2001). *Educating children with autism.* Washington, DC: National Academy Press.

Newsom, C., Carr, E., & Lovaas, O. (1979). The experimental analysis and modification of autistic behavior. In R. S. Davidson (Ed.), *Modification of pathological behavior.* New York: Gardner.

Odom, S. (2000). Preschool inclusion: What we know and where we go from here. *Topics in Early Childhood Special Education, 20*(1), 20.

Odom, S. L., & Diamond, K. E. (1998). Inclusion of young children with special needs in early childhood education: The research base. *Early Childhood Research Quarterly, 13*, 3–25.

Ogletree, B., & Fischer, M. (1995). An innovative language treatment for a child with high-functioning autism. *Focus on Autistic Behavior, 10*(3), 10.

Olley, J. (1999). Curriculum for students with autism. *School Psychology Review, 28*(1), 595.

Osterling, J. A., Dawson, G., & Munson, J. A. (2002). Early recognition of 1-year-old infants with autism spectrum disorder versus mental retardation. *Development and Psychopathology, 14*, 239–251.

Patti, P., & Lupinetti, L. (1993). Brief report: Implications of hyperlexia in an autistic savant. *Journal of Autism and Developmental Disorders, 23*(2), 397–404.

Pennington, B., Rogers, S., Bennetto, L., Griffith, E., Reed, D., & Shyu, V. (1998). Validity test of the executive dysfunction hypothesis of autism. In J. Russell (Ed.), *Executive functioning in autism.* Oxford, England: Oxford University Press.

Peppé, S., McCann, J., Gibbon, F., O'Hare, A., & Rutherford, M. (2006). Assessing prosodic and pragmatic ability in children with high-functioning autism. *Journal of Pragmatics, 38*(10), 1776–1791.

Piaget, J. (1962). *Play, dreams, and imitation in childhood.* New York: Norton.

Pierce, K., & Schreibman, L. (1997). Using peer training to promote social behavior in autism: Are they effective at enhancing multiple social modalities? *Focus on Autism and Other Developmental Disabilities, 12*(4), 207.

Prior, M., & Hoffmann, W. (1990). Brief report: Neuropsychological testing of autistic children through an exploration with frontal lobe tests. *Journal of Autism and Developmental Disorders, 20,* 581–590.

Prizant, B. (1983). Language acquisition and communicative behavior in autism: Toward an understanding of the "whole" of it. *Journal of Speech and Hearing Disorders, 46,* 241–249.

Prizant, B., Audet, L., Burke, G., Hummel, L., Maher, S., & Theadore, G. (1990). Communication disorders and emotional/behavioral disorders in children and adolescents. *Journal of Speech and Hearing Disorders, 55,* 179–192.

Prizant, B., & Duchan, J. (1981). The functions of immediate echolalia in autistic children. *Journal of Speech and Hearing Disorders, 46,* 241–249.

Prizant, B., & Rubin, E. (1999). Contemporary issues in interventions for autism spectrum disorders: A commentary. *Journal of the Association for Persons with Severe Handicaps, 24*(3), 199–208.

Prizant, B., & Rydell, P. (1984). Analysis of functions of delayed echolalia in autistic children. *Journal of Speech and Hearing Research, 27,* 183–192.

Prizant, B., & Wetherby, A. (1987). Communicative intent: A framework for understanding social-communicative behavior in autism. *Journal of the American Academy of Child and Adolescent Psychiatry, 26,* 472–479.

Rapin, I., & Dunn, M. (2003). Update on the language disorders of individuals on the autistic spectrum. *Brain and Development, 25*(3), 166–172.

Richler, J., Bishop, S., Kleinke, J., & Lord, C. (2007). Restricted and repetitive behaviors in young children with autism spectrum disorders. *Journal of Autism & Developmental Disorders, 37*(1), 73–85.

Risley, T. (1996). Get a life. In R. Koegel, L. Koegel, & G. Dunlap (Eds.), *Positive behavior support* (pp. 425–437). Baltimore, MD: Paul H. Brookes.

Rock, E., Rosenberg, M., & Carran, D. (1995). Variables affecting the reintegration rate of students with serious emotional disturbance. *Exceptional Children, 61*(3), 254–268.

Romanczyk, R. G., Arnstein, L., Soorya, L. V., & Gillis, J. (2003). The myriad of controversial treatments for autism: A critical evaluation of efficacy. In S. O. Lilienfeld, S. J. Lynn, & J. M. Lohr (Eds.), *Science and pseudoscience in clinical psychology* (pp. 363–395). New York: Guilford Press.

Rubin, E. (2007). A unique mind: Learning style differences in Asperger's syndrome and high-functioning autism. *ASHA Leader, 12*(1), 10–11.

Russell, J. (1997). How executive disorders can bring about an inadequate theory of mind. In J. Russell (Ed.), *Autism as an executive disorder.* Oxford, England: Oxford University Press.

Russell, J., Mauthner, N., Sharpe, S., & Tidswell, T. (1991). The "window task" as a measure of strategic deception in preschoolers and autistic subjects. *British Journal of Developmental Psychology, 9,* 331–349.

Scheuermann, B., Webber, J., Boutot, E. A., & Goodwin, M. (2003). Problems with personnel preparation in autism spectrum disorders. *Focus on Autism and Other Developmental Disabilities, 18*(3), 197–206.

Schopler, E., Reichler, R., Bashford, A., Lansing, M., & Marcus, L. (1990). *Psychoeducational Profile–Revised (PEP–R).* Austin, TX: Pro-Ed.

Schopler, E., Reichler, R., & Rennet, B. (1998). *The Childhood Autism Rating Scale (CARS).* Los Angeles: Western Psychological Services.

Schwartz, I., & Carta, J. (1996). Examining the use of recommended language intervention practices in early childhood special education classrooms. *Topics in Early Childhood Special Education, 16*(2), 251.

Shriver, M., Allen, K., & Mathews, J. (1999a). Effective assessment of the shared and unique characteristics of children with autism. *School Psychology Review, 28*(1), 538.

Shriver, M., Allen, K., & Mathews, J. (1999b). Introduction to the mini-series: Assessment and treatment of children with autism in the schools. *School Psychology Review, 28*(1), 535.

Sigman, M., & Ungerer, J. (1984). Cognitive and language skills in autistic, mentally retarded, and normal children. *Developmental Psychology, 20*, 293–302.

Siperstein, R., & Volkmar, F. (2004). Brief report: Parental reporting of regression in children with pervasive developmental disorders. *Journal of Autism and Developmental Disorders, 34*(6), 731–734.

Steege, M. W., Mace, F. C., Perry, L., & Longenecker, H. (2007). Applied behavior analysis: Beyond discrete trial teaching. *Psychology in the Schools, 44*(1), 91–99.

Strain, P., & Cordisco, L. (1994). LEAP preschool. In S. L. Harris & J. S. Handleman (Eds.), *Preschool education programs for children with autism* (pp. 225–244). Austin, TX: Pro-Ed.

Tager-Flusberg, H. (1999). A psychological approach to understanding the social and language impairments in autism. *International Review of Psychiatry, 11*(4), 235. Retrieved from http://www.ehostvgw6.epnet.com.

Taylor, B., & Levin, L. (1998). Teaching a student with autism to make verbal initiations: Effects of a tactile prompt. *Journal of Applied Behavior Analysis, 31*(4), 651–654.

Tiegerman-Farber, E. (1995). *Language and communication intervention in preschool children.* Boston: Allyn & Bacon.

Tiegerman-Farber, E., & Radziewicz, C. (1998). *Collaborative decision making: The pathway to inclusion.* Upper Saddle River, NJ: Prentice Hall.

Tiegerman-Farber, E., & Radziewicz, C. (2007a). Language disorders in infants and toddlers. In E. Tiegerman-Farber & C. Radziewicz (Eds.), *Language disorders in children: Real families, real issues, and real interventions* (pp. 37–74). Upper Saddle River, NJ: Prentice Hall.

Tiegerman-Farber, E., & Radziewicz, C. (2007b). Collaborative language assessment and decision making for infants and toddlers. In E. Tiegerman-Farber & C. Radziewicz (Eds.), *Language disorders in children: Real families, real issues, and real interventions* (pp. 75–110). Upper Saddle River, NJ: Prentice Hall.

Tiegerman-Farber, E., & Radziewicz, C. (2007c). Collaborative language assessment and decision making in preschool. In E. Tiegerman-Farber & C. Radziewicz (Eds.), *Language disorders in children: Real families, real issues, and real interventions* (pp. 206–225). Upper Saddle River, NJ: Prentice Hall.

Tiegerman-Farber, E., & Radziewicz, C. (2007d). Language differences in preschool. In E. Tiegerman-Farber & C. Radziewicz (Eds.), *Language disorders in children: Real families, real issues, and real interventions* (pp. 160–187). Upper Saddle River, NJ: Prentice Hall.

Tiegerman-Farber, E., & Radziewicz, C. (2007e). Language interventions for infants and toddlers. In E. Tiegerman-Farber & C. Radziewicz (Eds.), *Language disorders in children: Real families, real issues, and real interventions* (pp. 111–127). Upper Saddle River, NJ: Prentice Hall.

Tiegerman-Farber, E., & Radziewicz, C. (2007f). Language interventions and professional collaboration in preschool. In E. Tiegerman-Farber & C. Radziewicz (Eds.), *Language disorders in children: Real families, real issues, and real interventions* (pp. 226–256). Upper Saddle River, NJ: Prentice Hall.

Tiegerman-Farber, E., & Radziewicz, C. (2007g). Language disorders in elementary school. In E. Tiegerman-Farber & C. Radziewicz (Eds.), *Language disorders in children: Real families, real issues, and real interventions* (pp. 285–315). Upper Saddle River, NJ: Prentice Hall.

Volkmar, F. R., Chawarska, K., & Klin, A., (2005). Autism in infancy and early childhood. *Journal of the Annual Review of Psychology, 56,* 315–336.

Volkmar, F. R., Lord, C., Bailey, A., Schultz, R. T., & Klin, A. (2004). Autism and pervasive developmental disorders. *Journal of Child Psychology and Psychiatry, 45,* 135–170.

Wetherby, A., & Gaines, B. (1982). Cognition and language development in autism. *Journal of Speech and Hearing Research, 47,* 63–71.

Williams, J. G., Higgins, J. P. T., & Brayne, C. E. G. (2006). Systematic review of prevalence studies of autism spectrum disorders. *Archives of Disease in Childhood, 91*(1), 8–15.

Wimpory, D. C., Hobson, R. P., Williams, J. M., & Nash, S. (2000). Are infants with autism socially engaged? A study of recent retrospective parental reports. *Journal of Autism and Developmental Disorders, 30,* 525–536.

Windsor, J., & Doyle, S. (1994). Language acquisition after mutism: A longitudinal case study of autism. *Journal of Speech and Hearing Research, 37*(1), 96.

Wing, L. (1997). The autistic spectrum. *Lancet, 350,* 1761.

Wing, L., & Potter, D. (2002). The epidemiology of autistic spectrum disorders: Is the prevalence rising? *Mental Retardation and Developmental Disabilities Research Reviews, 8*(3), 151–161.

Wolery, M., & Winterling, V. (1997). Curricular approaches to controlling severe behavior problems. In N. N. Singh (Ed.), *Prevention and treatment of severe behavior problems: Models and methods in developmental disabilities* (pp. 87–120). Pacific Grove, CA: Brooks/Cole.

Wolk, L., & Edwards, M. (1993). The emerging phonological system of an autistic child. *Journal of Communication Disorders, 26,* 161–177.

Yell, M., & Drasgow, E. (2000). Litigating a free appropriate public education: The Lovaas hearings and cases. *Journal of Special Education, 33*(4), 205.

Yoder, P., & Stone, W. L. (2006). A randomized comparison of the effect of two prelinguistic communication interventions on the acquisition of spoken communication in preschoolers with ASD. *Journal of Speech, Language and Hearing Research, 49*(4), 698–711.

Zhang, J., & Griffin, A. I. (2007). Including children with autism in general physical education: Eight possible solutions. *JOPERD: The Journal of Physical Education, Recreation and Dance, 78*(3), 33–50.

Zwaigenbaum, L., Thurm, A., Stone, W., Baranek, G., Bryson, S., Iverson, J., Kau, A., Klin, A., Lord, C., Landa, R., Rogers, S., & Sigman, M. (2007). Studying the emergence of autism spectrum disorders in high-risk infants: Methodological and practical issues. *Journal of Autism and Developmental Disorders*, *37*(3), 466–480.

제 8 장

청각장애 아동

Christine Radziewicz
언어 · 의사소통 발달 학교
Susan Antonellis
세인트존스대학교

이 장을 읽고 난 후 다음의 사항을 할 수 있어야 한다.

- 청력손실의 정도와 유형 그리고 분류에 대해 정의하고 논의할 수 있어야 한다.
- 청력손실의 조기 발견을 위한 정부와 전문가들의 노력을 논하고, 청력손실의 원인에 대한 부모의 역할을 이해할 수 있어야 한다.
- 청각학적인 평가의 복잡한 세부 사항들을 탐색하고, 이음향방사검사를 포함하는 각 요소들에 대해 논할 수 있어야 한다.
- 소아과 진단을 위해 필요한 특별한 검사를 준비하고 실행할 수 있어야 한다.
- 청각장애 진단을 받은 뒤, 필요한 달팽이관 이식을 포함한 적절한 관리 방법을 알 수 있어야 한다.
- 청각장애가 있는 아동들에게 도움이 되는 여러 가지 청각적 보조 장치를 설명할 수 있어야 한다.
- 청각장애가 있는 아동들의 읽기, 문자 언어, 수화 그리고 2개 국어에 관한 교육적 필요를 이해할 수 있어야 한다.
- 통합교육의 선택과 통합교육이 청각장애를 가진 아동들에게 미칠 영향을 논할 수 있어야 한다.
- 청각장애를 가진 아동과 정상 청력을 가진 아동들의 성공적인 통합을 촉진하는 여러 기술들을 알 수 있어야 한다.
- 청각장애를 가진 아동들을 교육적 위기에 처하게 하는 요인을 확인할 수 있어야 한다.

청각장애를 가진 아동의 선별과 재활은 매우 중요한 과제이다. 이런 아동들을 사회로 복귀시키는 것은 기기 장치, 방법 그리고 후속 조치를 포함한다. 공학적 기술은 증폭 시스템을 소형화해 사용할 수 있게 하고, 청각장애를 가진 아동들에게 적합한 선택을 가능하게 했다. 공학적 기술은 부피가 큰 상자형 보청기에서 완전히 외이도에 들어가는 귓속형 보청기로, 거기서 달팽이관 이식으로, 그리고 배선유도루프에서 개인 FM 단위와 기타 보조적 장치로, 취학 전 선별에서 이음향방사 및 신생아검사로 발전시켰다.

교육적 환경 또한 청각장애를 가진 아동들을 위해 변화되었다. 과거에는 농아동을 위한 기숙제 학교에 주로 배치되었다. 오늘날에는 청각장애를 가진 아동들이 통합교육의 선택으로 인하여 일반학급에서 더 많이 수업을 받는다.

청각장애아 교육은 청각/구화법이나 수화법을 통해 이루어졌다. 이러한 언어지도법에 대한 엄청난 양의 조사가 이루어졌다. 청각/구화법은 말과 말 읽기를 주요 의사소통 수단으로 포함하는 반면, 총체적 의사소통 접근법, 즉 전체법은 말과 말 읽기와 함께 수지 의사소통이나 수화를 포함한다.

청각장애를 가진 아동들이 조기에 발견되고 달팽이관 이식이 더 널리 사용되고 있다. 달팽이관 이식은 일반적인 증폭으로는 이익을 얻지 못하는 사람들의 청각의 민감성을 높이는 생의학적 인공기관이다(Estabrooks, 2000). 일단 아동이 달팽이관 이식을 받은 후에는 집중적인 청각 치료를 시작하는 것이 필수이다. 몇몇 아동들은 한 살이 되기 전에 이식을 받지만 나중에 성년이 되어서 다시 이식을 받을 가능성도 있다. 이식은 달팽이관 속에 삽입된 전극을 통해 직접 달팽이관을 자극함으로써 이루어진다. 일반적으로 달팽이관 장치의 프로그램은 이식을 한 뒤 4주에서 6주 사이에 시작된다. 달팽이관 장치의 프로그램은 청각전문가에 의해 행해진다. 이식 후 긍정적인 결과를 얻기 위해서는 외과 의사, 청각전문가 그리고 말-언어치료사(SLP) 간의 돈독한 협력 관계가 중요하다.

최근 한 연구(Eisenberg, Fink, & Niparko, 2006)는 정상적인 청력의 아동들과 달팽이관 이식을 받은 아동들의 언어발달을 조사했다. 아직도 진행 중인 이 연구는 미국의 6개의 이식센터에서 이식받은 아동들을 종단적으로 추적하고 있다. 1년 뒤 42쌍의 아동들의 초기 결과는 그들 중 일부는 말 지각과 말 이해의 일부 측정에서는 정상적인 청각의 친구들과 비교할 만한 성적을 얻었다는 것을 보여 주었다.

오늘날 이식을 한 아동을 일반 교육환경에 통합하려는 추세가 지배적이다. Damen과 동료들(2006)의 연구는 달팽이관 이식을 한 아동의 학업 성적이 청력손실 기간, 그리고 이식할 때의 나이와 부적인 상관이 있다고 결론을 내렸다. Mukari, Ling과 Ghani(2007)은 달팽이관 이식을 한 아동의 학업 성적은 다양하다고 말한다. 비록 많은 학생들이 전일제 일반학급에서 교육을 받고 있지만, 이 학생 중 상당한 비율은 여전히 평균 이하의 성취 수준을 보여 주고 있다. 연구자들은 또한 비록 달팽이관 이식이 아동에게 좋은 청력을 제공할 가능성이 있지만, 그래도 아동이 일반학교에서 잘 적응하기 위해서는 여전히 양질의 교육적 지원이 필요하다고 강조했다.

1. 청각장애의 유형, 분류 및 정도

청각장애는 유형, 분류 그리고 정도의 측면에서 고려되어야 한다. 청각장애에는 전도성 청각장애, 감음신경성 청각장애, 혼합성 청각장애 등 세 가지 유형이 있다. 여기에서는 세 가지 유형 모두에 대해 기술하고 난청의 정도를 구분하는 데 사용되는 분류방법에 대해 설명하기로 한다.

1) 전도성 청각장애

전도성 청각장애는 외이나 중이에 소리를 전달해 주는 것을 방해하는 데서 생긴 결과이다(Martin & Clark, 2005). 전도성 청각장애는 70dB 이상의 청력손실을 넘지 못하고 보통 의학적으로 치료 가능하다.

전도성 청각장애와 관련된 아동들에게서 발견되는 일반적인 장애는 중이염이다. 중이의 염증은 유스타키오관의 기능장애로 인해 생긴다고 알려져 있다(Stach, 1997). 만성적인 중이염은 말과 언어발달의 중요한 시기인 유년기 동안 가장 흔히 개인에게 영향을 미친다. 이것은 통상 10dB에서 40dB까지의 청력손실을 유발한다. 그러나 중이염이 치유되면 청력은 정상으로 돌아온다. 그 이유는 중이염은 인생의 첫 3년 동안 가장 자주 일어나고, 그것은 아동의 말과 언어발달에 극적인 영향을 미치기 때문이다. 또한 전도성 청각장애는 폐쇄증, 협착증, 중이의 등골 협착증 그리고 고실의 기능이상과 같이 공기 전도 통로가 막힘으로써 생길 수 있다.

2) 감음신경성 청각장애

감음신경성 청각장애는 감각 끝 기관, 달팽이관의 유모세포 혹은 청각신경이 손상되어 생긴다. 손상은 귀의 발달 도중에 부상이나 감염, 개인환경 혹은 나이를 먹으면서 퇴행성으로 인해 생길 수도 있다.

감음신경성 청각장애는 외이도와 고막이 정상으로 보이기 때문에 신체검사 동안 쉽게 못 보고 넘어갈 수도 있다. 이런 유형의 청각장애는 의학적으로 치료가 불가능하며 거의 되돌이킬 수 없다.

3) 혼합성 청각장애

아동들과 어른들 모두에게 생길 수 있는 혼합성 청각장애는 동시에 전도성과 감음신경성 장애가 함께 생기는 것을 일컫는다. 이것은 감음신경성 요소로 인해 골전도 청력손실을 발생시키며 공기 전도에 의해 민감도에 더 큰 손실을 발생시키기도 한다.

4) 분류방식

청각장애는 Martin과 Clark(2005)에 의해 제안된 다음의 청력검사 등급을 사용해 정의될 수 있다. 이 등급은 청각장애의 정도를 묘사하는 데 사용되며, ANSI-1996등급에 따른 것이다. 미국 국가표준기구협회(ANSI, 1996)는 청각 장치들을 포함해 직접적으로 여러 분야에 영향력을 행사하는 수천의 규준과 지침을 사용한다.

순음 평균	청력손실 정도
−10∼15dB	없음
16∼25dB	경계선
26∼40dB	경도
41∼55dB	중도
56∼70dB	준고도
71∼90dB	고도
91dB+	최고도

소리의 세기는 데시벨(dB)로 측정된다. 청력은 헤르츠(Hz)로 측정되는 음파의 주파수에 의해 영향을 받기도 한다. 높은 음일수록 큰 주파수를 가지고 있다. 위의 분류방식은 순음 평균을 바탕으로 하고 있다. 순음 평균은 500, 1,000, 2,000Hz에서의 평균 역치이다. 보통 말 주파수라고도 알려진 이들 주파수들은 말을 듣는 데 아주 중요한 것으로 알려져 있다. 순음 역치는 나중에 좀 더 충분히 논하기로 한다.

2. 청각장애와 언어발달

다음 내용을 포함한 여러 가지 요인들이 청각장애가 있을 때의 언어발달에 영향을 미친다(Quigley & Kretschmer, 1982).

- 청각장애의 정도
- 청력손실 시기
- 청각장애의 형태
- 청각장애가 발견된 시기
- 중재 시기
- 중재 유형

말했듯이 청각장애의 정도는 청력손실의 정도와 관련되며 보통 쉽게 측정된다. 과거에는 청각장애가 심할수록 말과 언어발달에 보다 큰 영향이 미칠 것이라고 대부분 추정했다. 71dB에서 90dB 혹은 95dB의 고도 청각장애가 말과 언어발달에 매우 심각한 영향을 미치기는 하지만, 26dB에서 40dB의 가벼운 청각장애라고 해서 항상 아주 작은 영향을 미친다거나 96dB 이상의 극심한 청각장애라고 해서 항상 가장 나쁜 영향을 미친다고는 추정할 수 없다.

이 점을 강조하기 위해 Northern과 Downs(1984)는 중이염의 잦은 병치레를 경험한 열세 살 환자의 사례 연구를 참조했다. 여섯 살부터 열세 살까지 7년이 넘는 동안 공기전도 역치는 정상에서 경도 혹은 중도까지 변동이 있었다. 이 기간 동안 5번의 고막절개술이 행해졌다. 그러나 아동의 중이염의 반복적인 발생은 4,000Hz에서의 한쪽 귀의 25dB 청력손실과 2,000Hz와 4,000Hz에서의 다른 쪽 귀의 30dB과 45dB의 골전도 청력손실과 함께 감음신경성 청력손실로 인해 생긴 것이다. 이 경우 청각장애의 정도뿐만 아니라 청력손실 발생시기와 발견된 시기, 중재 유형 등도 언어장애의 심각성에 중요한 영향을 미쳤다. 이 아동의 청각장애가 여섯 살이 될 때까지 발견되지는 않았지만, 그는 만성적인 중이염을 그보다 더 일찍 경험했을 것이다. 청각장애의 시기는 발견시기보다 5년 이상 더 빨리 일어났을 수도 있으며 결정적인 언어학습 시기가 포함되었을 수도 있다. 더욱이 중재에는 말과 언어치료가 포함되지 않은 고막절개술이 행해졌다. Northern과 Downs(1984)는 이 열세 살 아동에게 중재를 위해 보청기를 착용시켰을 때에는 이미 13년이나 지난 뒤였다고 회고했다. 결국 아동의 말과 언어발달의 지체는 되돌릴 수 없게 되었다.

청각장애의 정도가 가장 중요한 변인이기는 하지만 반드시 그렇지만은 않다. 앞서 언급한 모든 변인들의 조합이 말과 언어발달에 미치는 청각장애의 영향과 관련된다. 변인들의 상호의존성 때문에 장애의 정도 하나만 가지고는 말과 언어에 미치는 청각장애의 부정적인 영향을 정확하게 예측할 수는 없다. 다만 한 가지 확실한 것은 어떤 유형(전도성, 감음신경성, 혼합성)의 어느 정도(경도에서 최고도)의 청각장애이든 말과 언어발달에 심각한 영향을 가져올 수 있다는 것이다.

3. 발견과 중재

청각장애를 조기에 발견하고 적절한 서비스를 하는 것은 청각장애가 있는 아동의 중재에 있어서 대단히 중요한 요인이다. 언어발달은 아동이 태어나는 시기에서 시작되며, 이 말은 청각장애를 가지고 있을 수도 있는 아동들을 발견하기 위한 체계적인 유아 선별 검사가 조기에 행해질 필요가 있다는 것을 의미한다. 청각장애가 있는 유아를 발견하는 것은 청각장애의 위험이 높은 유아의 신생아(즉 생의 첫 달 동안) 선별검사를 통해 가능할 수 있다. 조기검사와 중재는 공중보건의 문제이다. 목표는 1개월의 모든 유아에게 선별검사를 실시하는 것이고, 3개월까지는 진단검사를 실시하며, 그리고 6개월까지는 조기중재를 시행하는 것이다.

오늘날 미국에서의 청각장애 선별 비율은 95%다. 40개 주는 조기 청력검사와 중재에 대한 법이 있고, 5개 주는 자발적 검진체계를 갖추고 있다. 그러나 여전히 남아 있는 문제가 있다. 신생아 청력검사에 실패한 34%의 아기들이 초기 진단을 받은 후 진단 확인을 받지 못했으며, 진단 확인을 받은 23%의 아기들은 조기중재 서비스를 받지 못했다는 것이 주(州) 프로그램 진행자들에 의해서 최근에 보고되었다(Shafer, 2007).

만약 유아가 태어나고 바로 후에 (병원에 아직 있는 동안) 청각검사를 받지 않는다면, 만약 청각장애가 있을 경우 6개월이 한참 넘어설 때까지 발견이 안 될 가능성이 높다. 일부 아동들은 2세 혹은 그 이후까지도 발견되지 않는다. 발견의 지체는 구어, 학업 그리고 직업 선택에 확연히 부정적인 영향을 미친다.

Yoshinaga-Itano와 Apuzzo(1998b)는 콜로라도에서 연구를 수행한 결과, 아이가 6개월이 될 때까지 청각장애가 발견되지 않을 경우에는 언어발달이 확연히 지체된다는 것을 발견했다.

Yoshinaga-Itano와 Apuzzo(1998a)의 또 다른 연구에서는 아이가 6개월이 되기 전에 청각장애를 발견하고 집에서 조기중재를 받은 아동들이 언어표현력, 언어이해력 그리고 개념발달에서 6개월 뒤에 발견된 아동들보다 확연히 더 나은 능력을 나타내었음을 발견했다.

1) 부모-유아의 상호작용

연구자들은 정상적인 청력을 가지고 있는 유아들의 빠른 언어발달에 많은 관심을 보였다. 그들의 연구는 정상적인 청력의 아동들이 환경 속의 언어행동을 수용할 수 있는 기본적인 능력이 있으며, 언어 맥락의 사회적·정서적 측면에 민감하다는 것을 보여 주었다(Eimas, 1974; Miller & Morse, 1976; Miller, Morse, & Dorman, 1977; Morse, 1972).

Bloom과 Lahey(1978)는 언어 사용의 징조가 유아가 그들의 어머니와 시선과 발성을 교환할 때 발생한다고 진술했다. 또한 Bateson(1975)은 유아와 어머니가 상호 주시하는 것 혹은 시선을 마주치는 것을 묘사하고 이를 최초의 대화라고 했다. Jaffe, Stern과 Peery(1973)는 유아-어머니 한 쌍을 연구해서 어머니-유아의 응시를 성인들의 대화 리듬과 유사하다는 것을 발견했다. 이와 같은 행동은 모두 지속적이며 2세에 시작되는 말과 언어의 궁극적인 발달로 이끈다. 청각장애가 있는 유아는 정상적인 청력의 유아들만큼 말소리를 듣고 식별하는 지각능력을 갖고 있지는 않지만, 증폭기를 사용할 경우 어느 정도 식별할 수 있는 잔존 청력은 가지고 있다. 더욱이 이 유아들은 언어 맥락의 사회적·정서적 측면을 경험할 수 있다(Bloom & Lahey, 1978).

Brown(1975)은 유아에게 가장 중요한 개념학습은 아마도 사회적으로 중재된 것이라고 서술했다. 유아의 첫 사회적 접촉은 부모이다. 부모는 정상적으로 발달하는 아동에게는 언어 성장으로 이끌 행동의 발달에 가장 많은 책임을 가지며, 청각장애가 있는 아동에게 중재 시 가장 중요한 협력자가 된다. 정상적인 청력을 가진 아동들의 말과 언어발달에 어머니들이 필수적인 역할을 한다는 것을 연구들이 보여 주고 있기 때문에 청각장애가 있는 아동들의 어머니는 더욱 더 중대한 역할을 한다는 것은 분명하다.

Greenstein, Bush, McConville과 Stellini(1977)는 청각장애가 있는 아동의 어머니와 아동 사이의 의사소통과 그것이 아동의 언어습득에 미치는 영향을 조사했다. 그들은 어머니-아동 상호작용의 정서적 측면이 청각장애가 있는 아동의 언어습득에 가장 중요하다는 것을 발견했다. 아동에 대한 어머니의 언어입력은 다른 모든 측면에서 좋은 어머니-유아 관계보다 훨씬 덜 중요했다. 그러나 이 관계는 어머니가 아동의 청각장애를 알게 되면서 종종 깨지게 된다. Vorce(1974)는 어머니와 아동 사이에 존재하는 사회적 관계는 아동의 빠른 발성을 자극하므로 강조되어야 한다고 말했다.

말과 언어발달이 어머니와 아동 사이의 가장 빠른 사회적 교환과 더불어 시작되고 어머니-유아 상호작용의 정서적인 측면이 미래 언어습득에 중요하기 때문에 어머니-유아 의사소통을 강하게 하는 프로그램이 청각장애를 가지고 있는 아동을 위한 효과적인 중재에 매우 중요하다. 1970년대 동안 처음으로 개발된 부모-유아 프로그램은 부모에게 아동들의 발달에 그들의 역할이 중요함을 교육시키는 내용으로 구성되었다. 부모들은 매일 경험하는 것을 언어 향상 경험으로 만드는 것을 배운다. 그들은 말과 언어발달에 청각장애가 미치는 영향을 이해하는 것과 그들의 아동이 청각장애에 대한 그들의 감정을 어떻게 처리하는지를 배운다. 뿐만 아니라 그들은 어떻게 청각교육을 아동의 일상생활에 포함하고 그들의 아동과 소통할 때 어떻게 언어학습 계획들을 사용하는지 가르침을 받는다. 부모와 유아는 부모-유아센터에 적어도 일주일에 한 번은 교육을 위해 와야 되고, 교사/말-언어치료사가 집으로 매주 방문한다. 부모는 심리학자와 청각전문가와 같은 다른 전문가들을 추가적 훈련과 지원을 위해 자주 만난다.

교사/말-언어치료사는 다양한 훈련기술을 사용할 수 있다. 예컨대 비디오테이프는 부모와 청각장애가 있는 유아 사이의 의사소통을 강화시키기 위해 여러 가지 방식으로 사용되어 왔다. Cole과 St. Clair-Stokes(1984)는 조기 언어발달을 촉진하는 상호적인 행동을 찾기 위해 녹화된 보육자-아동 상호관계를 분석했다. Radziewics(1985)은 비디오테이프를 부모들이 아동들과의 상호작용에 더욱 효과적인 의사전달의 행동으로 포함하도록 부모를 교육시키는 기술로 사용했다. 비디오테이프의 사용은 청각장애에 대한 보다 명확한 이해와 보다 적절한 의사소통적 상호작용을 낳게 했다. 청각장애가 있는 아동과 그의 부모가 부모-아동 프로그램을 신청하는 경우 그 아동의 교육은 말과 언어학습의 중요 기간 동안 시작된다. 첫해 동안의 중재는 아동의 보다 일반적인 말과 언어발달의 기회를 높이는 데 중점을 둔다. 이와 같은 프로그램을 통해 부모는 관리에 대한 이해와 그들의 아동들의 언어발달을 가능하게 할 효과적인 의사소통의 행동을 습득할 수 있다. 그들은 부모-아동의 상호작용 동안 상호적인 언어학습 기회들의 모델이 되도록 훈련된다.

연구는 부모와 유아가 반응하고 서로의 행동에 영향을 미치는 정도를 강조한다(Koester & Meadow-Orlans, 1999). 부모와 아동들은 아동의 발달에 긍정적이거나 부정적인 영향을 미칠 수 있는 개인적인 기질의 형태를 갖고 있다(Chess & Thomas, 1996). 반복적인 운동 활동이나 눈의 응시행동과 같은 초기 유아 행동특성은 유아가 어떻게 의사소통을 하는지 보여 준다. 부모는 행동을 해석할 뿐만 아니라 의사소통적 상호작용을 하도록 일찍 훈련되어야 한다. 아이가 자라고 발달할수록 부모는 어떻게 모든 활동을 아이를 위한 언어학습 경험으로 만드는지를 배운다. 부모가 언어발달을 강화시키는 데 더 숙련될수록 아이의 언어는 더 발달한다.

오늘날의 다문화 사회에서는 다양한 공동체의 아동들이 자주 언어장애가 있는 것으로 발견된다. 이 아동들을 평가할 때에는 이중언어 평가자와 통역사를 사용하는 것이 중요하다. 개별화교육계획(IEP)과 개별화가족서비스계획(IFSP)를 개발할 때, 이 아동들의 발견과 동시에 부모와 전문가가 참여하는 것이 중요하다. 사회경제적 지위나 가치와 신념의 차이와 같은 커다란 차이가 가족과 전문가 사이에 존재하면, 이 협력관계는 깨지기 쉬우며 모든 팀 구성원들에게 이의를 제기한다. 조기중재가 성공적이기 위해서는 가족의 문화적 관습의 부분인 일상적인 활동에 초점을 둬야 하고 가족이 반드시 적절하다고 봐야 한다.

가족이 지배적 사회의 관습에 노출되어 있는 정도가 그들 그리고 그들과 함께 일하는 전문가들 사이에 일어날 수 있는 갈등의 정도를 결정할 것이다(Hanson, Lynch, & Wayman, 1990). De-Gangi와 동료들(1994)의 연구에 의하면, 가족-전문가 협력관계에

이의를 제기하는 것은 문화다양성과 사회경제적 지위와 관계 있다는 것을 발견했다. 이것은 사회경제적 지위와 교육적 배경이 낮은 가족들의 경우 (1) 목표를 세울 때 기본생계적 필요를 걱정하고 전문적인 판단을 연기하며, (2) 그들의 아동의 필요를 발견하는 데 어려움이 있고, (3) 정보를 나누는 것을 꺼려 한다는 것이다. 이 모든 것을 염두에 두고 가족과 협력하여 일하는 전문가들이 협력 과정에서 문화와 사회경제적 지위의 영향을 인식하는 것이 반드시 필요하다.

4. 청각학적 사정

일상적인 청각학적 평가는 순음청력검사, 어음청력검사(말지각 영역과 말지각 점수를 산출한다), 청각음향융합검사, 이음향방사검사 등을 포함한다. 모든 검사 절차가 아주 어린 아동들에게는 사용될 수 없기 때문에 소아과적 평가는 따로 고려되어야 한다.

1) 순음청력검사

순음역치를 찾는 것의 선택과 절차를 논하기 전에 먼저 역치를 정의하는 것이 필요하다. 순음역치란 음이 너무 낮아서 그것이 표현되는 시간 중 50%만 감지할 수 있는 수준을 말한다(Stach, 1997). 역치를 측정하는 데는 두 가지 기법이 쓰인다. 상승법은 들리지 않는 데서부터 들리는 범위의 자극에 노출되는 것으로 검사를 한다. 하강법은 자극이 들리는 데서부터 들리지 않는 데로 검사한다.

공기전도로 순음역치를 알아낼 때는 이어폰의 바른 설치가 매우 중요하다. 이어폰의 진동판은 반드시 외이도의 열린 부분 바로 위에 위치해야 한다. 만약 위치선정이 잘못되면 검사 결과는 효력이 없을지도 모른다. 오른쪽과 왼쪽 귀 모두에 특수 이어폰이 사용된다. 좋은 쪽 귀가 먼저 검사된다. 환자는 음이 들리면, 그 음이 매우 낮은 음이라 하더라도 반응을 하도록 지시되어야 한다.

검사는 1,000Hz 음에서 시작되고 환자가 그 음이 어떤 소리인지 들을 수 있게 한다. 검사는 환자가 들을 수 있는 음의 강도순으로 제시된다. 1,000Hz에서의 역치는 '위로 5, 아래로 10' 방법을 사용하여 검사함으로써 최소가청음을 찾아낸다. 이 절차는 2,000, 4,000, 8,000, 500, 250Hz 순으로 다른 검사 주파수로 이어진다. 반대쪽 귀에도 같은 검사 절차가 행해진다. 얻어진 각 역치는 청력도에 표시된다(그림 8.1 참조). 그러면 각 귀의 순음 평균이 결정된다(500, 1,000, 2,000Hz의 평균).

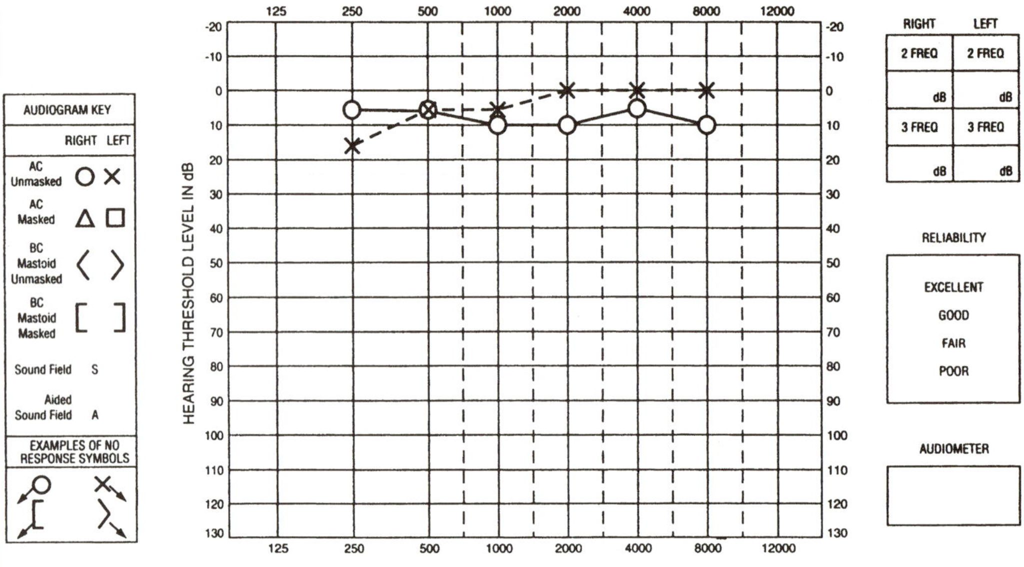

PURE TONE AUDIOMETRY (re: ANSI — 1969)

		SPEECH DETECTION THRESHOLD	SPEECH RECOGNITION THRESHOLD	SPEECH RECOGNITION SCORE	SPEECH RECOGNITION SCORE	MASKING SRT	MASKING RS	MCL	UCL
EAR PHONES:	RIGHT	dB	dB	% at dB SL	% at dB SL	dB EFF	dB EFF	dB	dB
	LEFT	dB	dB	% at dB SL	% at dB SL	dB EFF	dB EFF	dB	dB
	SOUND FIELD	dB	dB	% at dB SL	% at dB SL			dB	dB
AIDED:	RIGHT	dB	dB	% at dB	% at dB			dB	dB
	LEFT	dB	dB	% at dB	% at dB			dB	dB
	BIN	dB	dB	% at dB	% at dB			dB	dB

RELIABILITY: ☐ EXCELLENT ☐ GOOD ☐ FAIR ☐ POOR

TONE DECAY

Hz	500	1K	2K	4K	
R					
L					

ACOUSTIC IMPEDANCE MEASUREMENTS

	RIGHT EAR	LEFT EAR
TYMPANOGRAM		
M.E. PRESSURE	mmH_2O	mmH_2O

Remarks:

Audiologist:

그림 8.1 순음청력도

골 전도검사도 골 전도 이어폰을 사용해 같은 방식으로 이루어진다. 유양돌기 위에 이 어폰을 바르게 설치하는 것은 정확성을 위해 중요하다.

2) 어음청력검사

청각학적 평가의 어음청력검사 부분은 주로 어음인식역치, 어음탐지역치, 단어인식점수로 이루어져 있다. 어음인식역치(SRT)는 일반적으로 듣는 이가 50% 정도의 강강격 단어를 알아들을 수 있는 강도로 가장 낮은 단계인 어음역치 수준을 나타낸다(Stach, 1997). SRT는 환자가 이어폰을 통해 검사어들의 예를 듣게 함으로써 진행된다. 이 검사는 육성이나 녹음된 음성신호로 행해질 수 있다.

어음청력검사는 소아청각학적 사정에 여러 가지 목적으로 사용되어 왔다. 어음은 높은 흥미 가치와 복합 스펙트럼을 가지고 있어서 신생아와 유아들에게 청각 자극제로 유용한 것으로 알려져 있다(Gravel & Hood, 1999).

어음검사의 두 번째 부분은 단어인식 평가이다. 이 검사는 흔히 아동들에게 나오는 "들리는데, 이해가 안 가요"라는 불평 때문에 중요하다. 단어인식은 단어를 인지하고 확인하는 능력이나 단어 식별과 단어 이해능력을 측정하는 것이다(Stach, 1997).

3) 청각음향융합검사

청각학적 진단에서 중이의 주요 역할 때문에 청각음향융합검사는 청각학적 사정의 필수 부분으로 반드시 고려되어야 한다. 이것은 중이검사, 음향반사, 유스타키오관 평가를 포함한다.

중이검사는 중이의 기능 평가에 쓰이는 절차로 고막과 중이의 융합을 귀로 전달되는 기압을 변화시켜 측정하는 것이다(Stach, 1997). 중이검사는 고실도(tympanogram)라고 하는 검사결과를 도표로 나타낸다. 그림 8.2는 여러 가능한 고실도 결과를 보여 준다.

1. A형 고실도—정상적인 고막
2. B형 고실도—중이 유착, 천공
3. C형 고실도—유스타키오관 기능장애, 고막이상, 유착물이 존재할 수 있다.
4. A_s형 고실도—경직성 고막
5. A_d형 고실도—무기력한 고막이나 중이의 이소골 분리

고실도을 볼 때 기압(x축), 유연성(y축), 그리고 모양, 이 3개의 변수를 관찰하는 것이

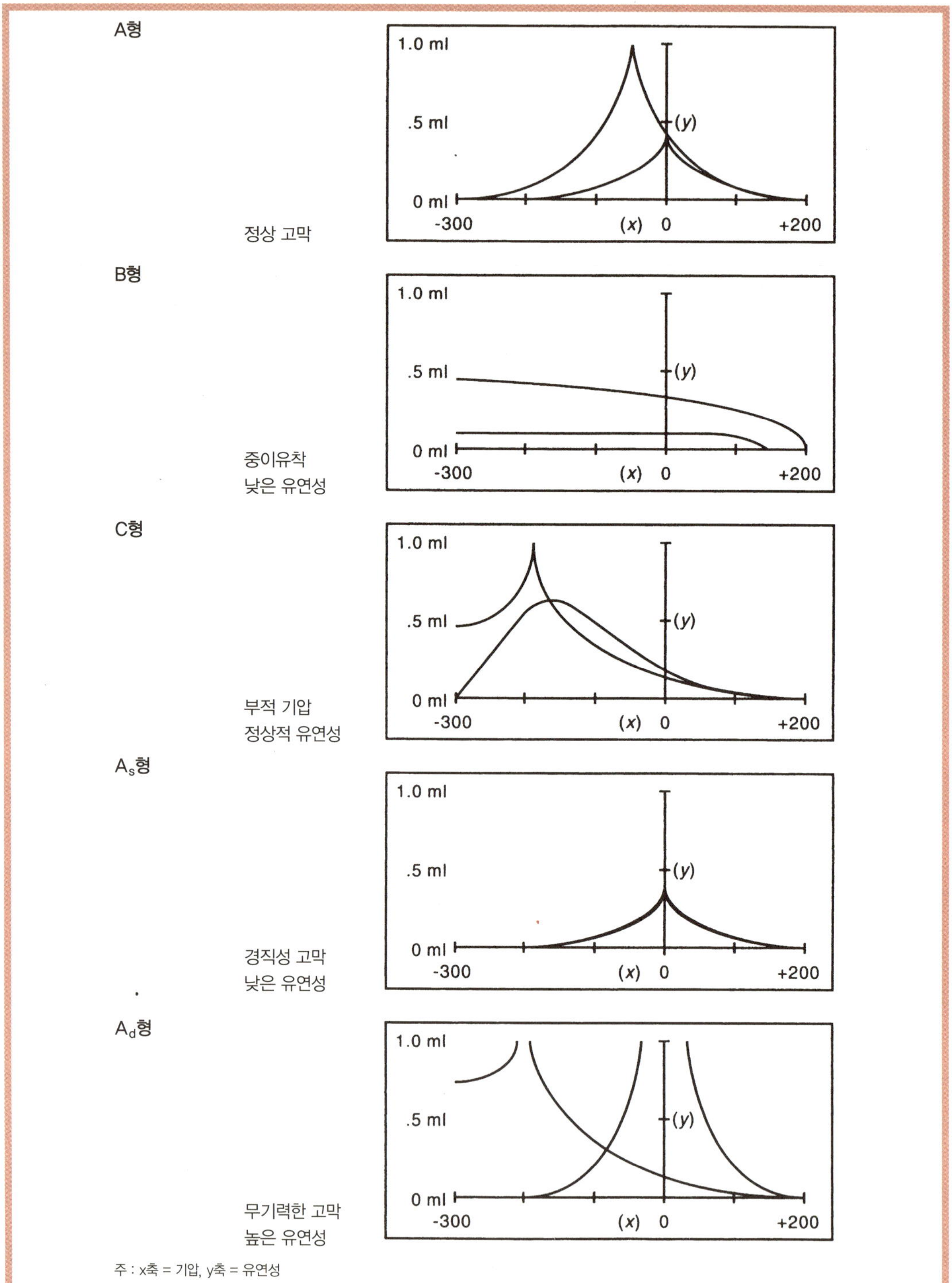
A형
1.0 ml
.5 ml
0 ml
-300
(x)
0
+200
(y)
정상 고막
B형
1.0 ml
.5 ml
0 ml
-300
(x)
0
+200
(y)
중이유착
낮은 유연성
C형
1.0 ml
.5 ml
0 ml
-300
(x)
0
+200
(y)
부적 기압
정상적 유연성
As형
1.0 ml
.5 ml
0 ml
-300
(x)
0
+200
(y)
경직성 고막
낮은 유연성
Ad형
1.0 ml
.5 ml
0 ml
-300
(x)
0
+200
(y)
무기력한 고막
높은 유연성
주 : x축 = 기압, y축 = 유연성

그림 8.2 고실도 결과

중요하다. 압력은 H_2O의 밀리리터로 측정되며, 관 내에서 긍정적이거나 부정적인 기압을 불러일으킨다(그림 8.2 참조).

음향반사는 중이의 제일 작은 골격근에 지배되어 큰 소리에 반응하는 내부청각근육(고실 근육과 중이의 제일 작은 골격근)의 반사적 수축이다(Stach, 1998). 음향반사 진단의 중요성은 병리학적 존재의 유무를 발견하는 것을 돕는 데 있다. 중이의 병리학적 이상은 어린 아동들에게 있어서는 흔한 일이다.

요컨대 청각평가는 아동의 청각 시스템에 대한 전체론적인 그림을 만들어 내는 순음청력검사, 어음청력검사, 청각음향융합검사의 복잡한 평가들의 관계로 이루어진다.

4) 청각정보처리검사

고려해 볼 필요가 있는 다른 가능성은 청각장애와 관련 없이 존재할 수 있는 청각정보처리장애의 존재이다. 청각처리는 청각정보의 지각적 처리를 나타낸다. 간단하게 말하면, 그것은 뇌가 개인 주변의 소리들을 어떻게 인지하고 해석하는지를 나타내는 것이다.

청각정보처리장애는 소아에게 가장 흔히 발견된다. 이 장애를 가진 아동들은 주로 단어 간 소리들의 미묘한 차이를 인식하지 못하고 음운체계 인식, 청각정보에 대한 주의와 기억, 청각의 합성, 청각적 이해력과 같은 분야들에서 하나 혹은 그 이상의 어려움을 보일 수도 있다. 오늘날 중앙청각처리라는 말은 뇌간과 뇌를 따라 여덟 번째 청각신경 위에 청각적 신호가 발생되는 것을 나타낼 때 사용된다(Richard, 2001).

청각정보처리장애의 존재 유무를 밝히기 위해서 여러 가지 검사들이 사용될 수 있다.

- 시차를 둔 강강격 단어검사(SSW)(Katz, 1986)
- 청소년기와 성년기의 청각정보처리검사(SCAN-A)(Keith, 1994)
- 아동기 청각정보처리검사(SCAN-C)(Keith, 2000)
- 청각정보처리능력검사(APAT)(Ross-Swain & Long, 2004)
- 청각정보처리기술검사(TAPS-3)(Martin & Brownell, 2005)

5) 소아 평가

신생아에게서 조기에 청각장애를 발견하는 것은 반드시 필요한 일이기는 하지만 쉬운 일은 아니다. 청각 평가가 개인의 청각 시스템에 관하여 많은 정보를 제공해 주지만, 많은 검사들이 신생아나 유치원생에게 성공적으로 행해지지 못한다. 이 때문에 어린 소아들을 위한 평가 선택권을 논의할 필요가 있다.

무엇보다도 임상의가 실제 검사 전에 부모나 아동과 가까이 관련된 사람들과 의논을 하는 것이 중요하다. 진단의 어려움이 커질수록 이들에게 조언을 받는 것이 중요하다. 부모, 보육자, 교사 그리고 치료사들은 가치 있는 통찰력을 제공해 줄 수 있다(Gravel & Hood, 1999). 다음으로 임상의는 아동과 좋은 관계를 확립해야 한다.

상호-검토 원칙은 1976년의 Jerger와 Hayes의 업적에서 시작되어 소아 평가에서 수년간 적용되어 왔다. 이 원칙은 다른 검사에서의 별개의 증거 없이는 청각검사 결과 중 어느 하나라도 유효하다고 여겨지지 않는다는 것을 말한다(Gravel & Hood, 1999). 공학적 기술은 소아 평가에 대해 확실히 새로운 차원을 더해 주었지만, 아동의 청력을 평가하기 위해서 한 가지 측정만 사용해서는 안 된다는 것을 말한다.

중이염을 포함한 많은 요인들이 소아 평가에 영향을 미칠 수 있다. 앞에서 말했듯이 청력 결과를 해석할 때 중이 검사 부분의 평가를 반드시 고려해야 한다.

6) 행동적 사정

Gravel과 Hood(1999)에 의하면, 행동적 사정은 두 가지 목적에서 유용하다. 청력검사를 목적으로 사용되었을 때 행동적 방법들은 청력의 민감성을 양적으로 나타내는 수단을 제공해 주어 어음 영역(500Hz에서 4,000Hz)에서의 역치를 알아낼 수 있다. 기능적인 용도로 사용되었을 때 청각 평가는 아동의 청각적 행동이나 태도가 아동의 나이에 전형적인 것인지 질적으로 조사할 때 사용된다.

(1) 유아(출생에서 2세)

유아를 대상으로 검사를 수행하기 위해서는 적절한 장소, 조용한 실내 그리고 효과적인 자극제가 필요하다(Northern & Downs, 1984). 검사장소 중앙에 엄마가 자신의 무릎에 아동을 앉게 하는 것이 적절하다. 청각전문가는 장난감을 앞뒤로 움직임으로써 똑바로 앞을 바라보도록 아동의 주의를 끌어야 할 것이다. 다음 소리가 나는 물건을 아동이 보지 않게 내어 놓는다. 주시해야 할 반응들은 눈의 확대, 눈 돌리기, 눈의 빠른 깜박임, 그리고 만약 아동이 적어도 4개월이라면 기초적인 머리 돌리기 등이다. 5~7개월 정도가 되면 유아는 그의 머리를 신호가 나는 쪽으로 돌릴 것이다. 청각전문가는 말 자극제와 높은 음을 사용해 이 절차를 계속한다.

아동이 9개월에 이르면서 청각전문가는 "잘 가, 에이미"와 같은 구절을 아동이 반응을 멈출 때까지 천천히 레벨을 낮추어가면서 반복함으로써 어음인식 역치를 구할 수 있다.

아동의 연령이 높아지면서 평가 과정에도 추가 사항이 포함된다. 예를 들면 아동은 친숙한 사진을 인식하거나 가리키라고 요청받을 수 있다.

(2) 어린이(2세에서 5세)

2세에서 5세 연령의 아동들에게는 놀이검사라고 알려진 방법이 사용될 수 있다. 이 방법을 위해 두 살짜리 아동은 아마도 엄마의 무릎에 앉아 있어야 되겠지만, 네 살이나 다섯 살은 혼자 앉을 수 있을 것이다. 청각전문가는 줄감개와 집짓기 블록과 같은 학습의욕을 유발하는 장난감을 사용해 아동에게 놀이 방법을 소개한다. 줄감개나 블록은 아동의 손 위에 올려져 있고, 아동은 작은 소리를 들으라고 지시받는다. 음장에 있는 소리를 들었을 때 아동은 줄감개를 통이나 상자 안에 넣도록 지도된다. 아동이 과제를 혼자 할 수 있게 되면 수신기를 통하여 아동에게 소리를 제시할 수 있다. 이 과정은 순음에 따라 실시되며, 보통 나이 어린 아동들에게는 검사 과정을 신속하게 수행할 필요가 있는데, 이는 그들의 주의 지속 시간이 보통 짧기 때문이다. 어음청력검사는 여러 사진 가리키기 과제를 통해서도 이루어질 수 있다.

7) 객관적 사정

(1) 이음향방사(OAE)

1978년 Kemp는 작은 마이크를 외이와 연결시키는 간단한 기술을 사용해 그 안의 소리를 클릭 자극 제시 동안과 이후에도 녹음하는 놀라운 발견을 했다. 임상적 융합장치에 썼던 비슷한 마이크 시스템을 이용해 Kemp는 낮은 강도의 소리가 각 클릭 소리가 난 뒤, 몇천 분의 1초 뒤 외이도에서 발견될 수도 있다는 것을 찾아냈다(이 과정은 청각뇌간반응검사법과 비슷하다). 이 소리들은 소리에 대한 달팽이관의 활발한 반응, 즉 귀에 도착하는 자극제에 의한 추가적인 에너지를 포함한 반응을 간략하게 보여 준다. 외유모세포가 중요한 역할을 할 것으로 생각되고 있다.

Kemp(1978)의 기록은 달팽이관으로부터 나오는 음향 에너지 방출의 한 유형을 나타낸다. 총괄적으로 이 소리들은 이음향방사(OAE)로 알려져 있다(Glattke & Kujawa, 1991). 이음향방사는 특히 외이 그리고/혹은 중이의 병리적 상태와는 거리가 먼 유아들을 평가할 때 중요하다(Lafreniere, Smurzynski, Jung, Leonard, & Kim, 1993). OAE의 종류에 상관없이 외이에 대한 OAE 측정은 중이의 시스템과 달팽이관의 온전한 상태에 달려 있다. 방출 진폭은 출생에서 1~9개월 동안 증가되고, 4세에서 13세의 아동들에게서는 진폭이 감소된다(Widen, 1997).

OAE 검사는 달팽이관 기능의 민감성을 측정하는 검사이며, 조기 발견과 소아의 기능 장애 진단에 중요한 역할을 한다. 그러나 이것은 청각검사가 아니므로 청력도를 대신할 수는 없다(Hall, 2000).

(2) 청각뇌간반응(ABR)

청각뇌간반응(ABR) 청력검사는 검사하기 어려운 아동들을 진단하는 데 가장 유용하다. 이 검사는 대뇌피질의 전기자극으로 관찰된 반응들을 평가한다. 반응들은 그래프에 기록된다. ABR은 신경의 동시성을 알아보는 검사이다. 이것은 외부 자극반응에 대한 중추신경계의 능력을 동시적 방식으로 측정한다.

ABR은 유아나 어린이의 청각기능을 사정하기 위한 안전한 방법이다. 또한 이것은 행동적 청력검사의 결과를 입증하거나 무효화하는 데 활용될 수 있다. ABR 검사는 각 달팽이관의 예민함을 별도로 아는 것이 중요할 때 유용할 수 있다.

5. 청각학적 관리

청각장애가 있는 아동을 진단하는 것은 시작일 뿐이다. 교육적, 심리적 그리고 사회적으로 성공하려면 청각장애가 있는 아동은 반드시 적절한 청각학적 관리를 받아야 한다.

1) 증폭 장치

한 가족이 자신들의 아동이 청각장애가 있다는 것을 처음 알았을 때 가장 주된 걱정은 무엇을 할 수 있는지와 어떤 의사들을 만나야 하는지이다. 아동은 우선 증폭기 사용에 대한 의료 허가를 제공받기 위해 이비인후과 의사에게 보여야 한다. 그 후에 청각전문가는 아동에게 적절한 증폭기 유형을 찾기 위해 계속 진행되는 평가를 한다. 어린 아동의 경우, 최종 부품을 정하는 데 6개월에서부터 1년이 걸릴 수 있다. 그동안 아동은 대여 보청기를 사용할 수도 있다.

보청기는 전자증폭기로, 마이크, 증폭기 그리고 수신기 등 세 가지 주요 구성물들로 이루어져 있다(Satch, 1998). 모든 보청기는 배터리를 사용한다. 거기에는 증폭, 본체보청기에서 외이도 보청기 그리고 선형회로에서 디지털 신호처리회로까지 여러 종류가 있다.

- **본체보청기.** 포켓형 라디오 정도의 크기인 본체보청기는 귓속에 있는 이어몰드에 레시버선으로 연결되어 있다. 옛날에는 본체보청기만이 청각장애가 심한 사람에게 혜택을 주는 적절한 동력을 공급할 수 있었다. 오늘날 높은 동력을 가진 증폭기들이 작은 공간에도 들어갈 수 있도록 조작되어 있어, 본체보청기는 흔히 사용되지는 않는다. 그러나 큰 크기로 인해 여전히 다른 보청기들보다 더 많은 동력을 공급하며 전기회로망과 장치조절면에서 더 큰 유연성을 갖고 있다. 본체보청기를 쓰는 사람들 대부분은 한쪽 귀에만 보청기를 장착한다.
- **귀걸이형 보청기.** 귀걸이형(BTE) 보청기는 외이 뒤 보청기로도 알려져 있다. 이런 종류의 보청기는 귓바퀴 너머와 뒤에 장착되며, 수신기에 가까운, 한쪽 끝에 플라스틱 갈고리가 있다. 조그마한 플라스틱 배관은 갈고리를 귀모양의 이어몰드에 연결시킨다. BTE 보청기 또한 전기회로망과 장치조절에서 융통성을 제공한다.
- **CROS(대측성신호전달) 보청기.** 이 유형의 보청기는 편측 청력손실을 가진 사람을 위해 만들어졌다. 안 좋은 귀에 마이크가 설치되고, 신호는 좋은 귀에 설치된 보청기로 전달된다(Stach, 1997). CROS 보청기는 귓속형 보청기나 귀걸이형보청기로 사용될 수 있다. 이런 종류의 보청기는 한쪽 귀가 도움이 될 수 없는 사람에게 추천된다. 이것의 변형은 BICROS(양쪽의 대측성 신호전달)이다.
- **귓속형/외이도 보청기.** 귓속형 보청기는 현대기술과 소형화가 작은 공간에 더 많은 동력을 넣게 만든 뒤 1990년대에 가장 인기 있는 형태가 되었다. 이런 형태의 보청기는 모든 시스템을 하나의 구조에 다 담는다. 많은 사람들이 이런 형태의 보청기를 외관상의 이유로 선택한다. 그러나 귓속형 기구들은 귀의 성장속도가 빠르고 변경이 자주 필요한 어린 아동들에게는 최선의 선택이 아닐 수도 있다.
- **외이도 삽입형(CIC) 보청기.** CIC 보청기는 가장 새로운 그리고 외관상 가장 보기 좋은 형태 중 하나이다. 이것은 완전히 외이도 안에 설치되며 사실상 안 보인다.
- **열린 귀 보청기.** 열린 귀 보청기는 주로 높은 주파수에서 청각장애를 보이는 사람들에게 사용된다. 이것은 조그맣고 가는 튜브가 붙어 있는 수신기를 가진 소형 BTE 보청기로 이루어져 있다. 기본적으로 귀는 열려 있다. 이런 형태의 보청기는 전도성의 이상으로 인해 변동성 청각장애를 가진 아동들에게 유익하다.

소형화 추세와 함께 정교하고 새로운 회로 옵션이 생겼다. 이러한 기본 형태들은 프로그램 작동이 가능한 디지털 보청기 기술로 알려져 있다. 프로그램 작동이 가능한 기술은 사용자에게 조절하기 쉬운 보청기의 특징과 상이한 상황에 따른 프로그램을 작동하는 여러 조건들에 대한 다중 메모리를 제공해 준다. 예를 들면 집안에 있는 조용한 방 안에서 숙제를 하고 있는 아동과 시끄러운 급식실에서 지시를 듣고 있는 아동이 있다. 디지털 기술은 더 정확하고 유연한 주파수 형성, 피드백 문제의 축소, 더 복잡한 압축 매개시스템, 그리고 더 감소된 잡음 등의 이점을 제공한다. 가장 최근의 디지털 기술은 피드백의 흔한 문제점을 거의 제거한 역동적 피드백 회로로 설계되어 나왔다.

보청기를 사용하는 것은 청각장애가 있는 아동에게 새로운 세상을 열어 주지만 사용에 몇 가지 문제가 생길 수도 있다. 흔한 문제점들로는 음향의 피드백, 왜곡된 혹은 간헐적 신호, 소음 그리고 기능장애가 있다. 이런 문제점들이 제기되었을 때는 청각학적인 후속 조치가 필요하다.

2) 달팽이관 이식

전통적인 증폭으로 이득을 얻지 못하는 아동들은 달팽이관(와우) 이식으로 효과를 볼 수 있다. 이 기술에 대한 첫 보고는 그다지 희망적이지 않았다. 가장 희망적인 결과는 음성신호가 말로 인지는 되었지만 이해할 수는 없었다. 그러나 연구가 진척되고 신호 처리에 대한 세밀성이 늘어날수록 좋은 그리고 가끔은 말 인식능력이 확연히 개선된 환자들의 보고가 제시되었다.

달팽이관의 손상이 너무 심할 경우 청각신경에 보내진 정보가 뇌에 소리로 전달되더라도 음성신호를 이해하는 데 충분하지는 않을 수도 있다. 개인이 말이나 소리에 반응을 할지는 몰라도 단어를 이해하지는 못하는 것이다. 이 경우 달팽이관 이식을 고려해 봐야 한다. 달팽이관 이식은 기본적으로 신경을 자극하는 것이다. 이것은 청각 시스템의 역학적, 생체전기적 그리고 생화학적 과정들을 우회하여 바로 청각신경의 신경절 세포를 작은 전류로 자극하게 한다. 모든 소리는 외이나 중이 만을 통과하여 전달되지는 않는다.

달팽이관 이식은 외부와 내부 구성체 모두를 포함해 다섯 가지 구성체를 가지고 있다.

외부 구성체	내부 구성체
마이크로폰	레시버 자극체
송신코일	전극 배열
음성프로세서	

달팽이관 이식자에 대한 기준은 여러 해에 걸쳐 바뀌었다. 그러나 더 많은 자료의 수집과 함께 기준은 완화되었고, 더 많은 아동들과 어른들이 이식을 받고 있다. 다음은 예

비 이식자들을 위해 현재 미국 식품의약국에서 정한 지침이다.

- 달팽이관이 경화되었을 경우 12개월 혹은 그보다 더 일찍 이식 가능함
- 선천적 혹은 후천적인 청각장애를 가진 사람
- 심각한 양측성 청각장애를 가진 사람
- 보청기로 효과를 보지 못한 사람
- 시력장애가 있거나 맹인인 어른과 아동들에게도 적용 가능
- 적절한 기대를 가진 인지적 장애가 있는 사람들에게도 적용 가능(정서적 적절성이 있어야 함)
- 청각신경이 없는 경우를 제외한 모든 유형의 달팽이관 이상을 가진 경우에 적절함
- 반드시 가족의 후원이 있어야 함
- 반드시 적절한 기대와 동기가 있어야 함

선발기준이 바뀐 주된 이유는 이식을 받은 환자들이 달팽이관 이식으로 음성인식의 양이 늘어났기 때문이다. 이러한 인공 달팽이관의 향상된 성능은 주로 달팽이관 이식 분야의 첨단기술에 의한 것이지만 남아 있는 더 많은 잔존언어 인지기술을 지닌 환자들이 달팽이관 이식을 받고 있다는 일부 사실로 인한 것이기도 하다(Zwolan, 2000).

아동을 위해 달팽이관 이식을 결정할 때 두 가지 중요한 질문이 있다.

1. 누가 아동을 위한 결정권을 가지고 있는가?
2. 어떤 기준을 근거로 결정이 이루어지는가?

누가 아동을 위해 결정권을 행사하는지에 대해 답할 때 이익집단의 관심은 제외되어야 한다. 이 단체들은 아동의 결정과 사생활의 권리에 대해 방해할 수 있다. 아동의 부모 혹은 법적 후견인만이 아동의 삶에 대한 권한을 가지고 있으며 지속적인 책임을 질 수 있다. 아동에게 무엇이 최선의 방법인지 부모가 제일 잘 알고 있다.

어떤 기준을 근거로 결정이 이루어져야 하는지 두 번째 질문에 대한 것은 타인을 위한 결정에 있어서 윤리적 가치를 찾는 것과 관련되어 있다. 이 결정과 관련된 두 가지 윤리적 가치는 자기결정에 대한 존중과 행복에 대한 염려이다. 아동들은 자신들의 기능적인 능력을 유지할 필요가 있다. 듣기능력은 중요한 의사소통의 가치만 있는 것이 아니라 청각의 즐거움을 제공해 주고 개인의 안전을 위해서도 중요하다. 달팽이관 이식을 진행하기 위한 결정은 아동의 미래 교육과 취업에 대한 기회와 대인관계 형성에 영향을 미칠

것이다(Balkany et al., 1996).

달팽이관 이식의 출현과 그 기술의 향상은 청각장애아 교육방식을 바꾸었다.

3) 보조적 듣기 장치(ALD)

보청기와 달팽이관 이식에 덧붙여서, 다른 여러 가지 보조적 듣기 장치(ALD)가 교육적 환경에 있는 청각장애를 가진 아동들에게 추가적인 도움을 줄 수 있다. 청능훈련가들은 보청기와 같은 것들을 작동시키고 교실에서나 특정한 곳에서 훈련 장치로 사용한다. 그것들은 정해진 장소에서 집단적으로 사용되기 때문에 크기와 모양은 중요하지 않다. 그것들의 크기는 그들이 더 큰 부품들과 더 나은 정확도를 갖추도록 하기 위해 특별한 회로로 장비를 갖출 수 있도록 한다. ALD는 주변의 소음을 최대한 제거해 주며, 청취자의 귀/마이크로폰에 신호를 더 가까이 가져다주고, 소리 반향의 부정적인 영향을 극복할 수 있게 해 주며, 그 결과 신호 대 잡음의 비율, 즉 현재 신호의 강도와 잡음의 강도 사이의 비율을 개선시켜 주었다.

기본적인 청능훈련 시스템에는 다음의 네 가지가 있다.

- 탁상훈련기. 탁상훈련기의 구성요소들은 개인별로 조정되도록 되어 있다. 이 장치는 주로 학생의 책상 위에 설치되며 학생은 그것을 다른 장소로 옮길 수도 있다. 이 장치의 단점은 만약 교사와 학생 사이에 거리가 있다면 신호 대 잡음비율이 나빠진다는 것이다. 이 장치는 일대일 훈련 기간에는 유용하나 청각장애 아동들의 교실에는 특별히 추천되지 않는다.
- 하드웨어 장치. 아동들의 책상 위에 하드웨어 장치를 설치할 수 있으며, 각 아동들은 개인별 음량조절기를 가지고 있다. 교사가 마이크에 대고 바로 이야기하기 때문에 신호 대 잡음비율이 좋다. 하드웨어 장치의 단점은 휴대용이 아니라는 것이다.
- 유도 루프장치. 루프 시스템은 카펫 밑이나 바닥 밑에 설치된 방 주위의 동선루프를 포함한다. 이것은 증폭기로부터 나오는 전력을 전도한 뒤 자기장을 만든다. 루프에서 나오는 전류의 흐름은 보청기의 텔레코일에 있는 유도 코일로 유도된다(Stach, 1997). 방 안의 각 아동들은 전화 자세로 보청기를 사용한다. 보청기 속의 전화 코일은 신호를 찾아 그것을 귀에 들려준다. 소리 대 잡음비율은 양호하나 아동들은 교사의 소리만 들을 수 있고 다른 아동들이나 자신들의 소리는 들을 수 없다. 마이크와 전화기 세팅을 동시에 쓸 수 있는 스위치가 달려 있는 새로운 보청기를 구하면 된다. 루프 시스템은 실내에서는 사용하기 쉽다.

- **FM 장치.** 무선 장치인 FM 청능훈련기는 가장 널리 사용되는 훈련기이다. 교사는 마이크 송신기를 착용하고, 아동은 보청기에 부착되어 있는 FM 수신기를 착용한다. 교사는 FM 라디오 반송파 위에 있는 아동의 장치에 직접 송신할 수 있다.

청각장애를 가진 아동들을 위하여 여러 가지 더 많은 보조적 장치들을 구할 수 있다.

- **전화 솔루션**은 전화기 자체를 코일을 통해서나 분리함으로써 증폭시킨다. 개인의 필요를 만족시킬 이러한 여러 가지 장치들을 구할 수 있다. 다른 방법은 전신 타자기와 혹은 전화 릴레이 서비스를 사용하는 것이다.
- **시각적 표현 장치**들은 면대면 의사소통과 전자 매체의 수신을 촉진하는 시스템을 포함한다. 이 장치들은 교실환경에서 사용하는 데 적절하다. 예컨대 훈련된 리포터가 속기 타이프라이터 기계를 사용하도록 설계된 통신 접속 실시간 번역(CART)이 그것이다. 컴퓨터와 실시간 번역 소프트웨어가 교재를 만들고, 그 교재는 컴퓨터 스크린이나 모니터, 텔레비전 세트나 모니터 혹은 오버헤드프로젝터 스크린을 통해서 읽을 수 있다.
- **신호와 경보 장치**들은 육상이나 수영과 같이 경쟁적인 스포츠에 참여하는 청각장애 아동들을 경계하는 데 사용될 수 있다. 이 장치들은 청각장애 아동들에게 화재, 사이렌이나 알람, 초인종, 전화기 혹은 집이나 학교의 알람시계를 알리는 데 사용될 수도 있다. 청도견들도 이 범주에 속한다. 그들은 청각장애를 가진 아동들에게 몇 가지 가능성 즉 초인종이나 노크, 경적 혹은 호출을 알리도록 훈련되었다.
- **방수 보청기**는 수영 경기에 참가하는 아동들에게 도움이 될 수 있다. 이들은 물속으로 잠수되어서는 안 되지만 연습 중에는 사용될 수 있다. 하드웨어에 내장된 FM 시스템은 육상 경기에 참가하는 대부분의 청각장애 아동들에게 적절할 것이다.

4) 청각학적 관리의 다른 고려사항

아동의 수용적인 의사소통은 보청기보다 더 많은 것을 필요로 할 수도 있다. 보조 공학은 반드시 아동의 생활방식, 청취력, 말 인식 그리고 다른 요인들에 맞게 제공되어야 한다. 청각장애를 가진 아동이 필요한 것을 알기 위해서는 수집된 청각학적인 자료 이외의 평가가 수행되어야 한다. 소아의 청각적 요구, 능력, 필요 프로파일(Healey & Palmer, 1992)은 부모와 아동들이 무엇을, 언제, 어디서 보조공학의 사용이 필요한지를 결정하는 데 도움이 될 것이다(그림 8.3 참조).

이름 :

연령	의사소통 이력/활동기술	보청기에 대한 현재의 의사소통 문제						문제의 원인				보상방법
		가정 no	가정 off	학교 no	학교 off	여행 no	여행 off	청력	소음	거리	시력	(기술)
	경계경보											
	전화벨											
	초인종											
	방문 노크											
	알람시계											
	화재경보											
	사이렌											
	방향신호											
	개인 무선호출기											
	개인 의사소통											
	전화											
	TV/스테레오/라디오											
	계획된 일대일 대면											
	계획되지 않은 일대일 대면											
	집단											
	대형룸											
	기타 활동											
	동아리/게임											
	수업											
	스포츠											

추가 정보(보청기 상태, 텔레코일, DAI, 의사소통 환경) :

추천 권장사항(보조공학, 의사소통 전략, 환경조정) :

Adapted from Healey and Palmer. 1992.

그림 8.3 소아의 청각적 요구, 능력, 필요 프로파일

다른 고려사항은 공학기자재에 드는 비용이다. 공학기기들의 일부가 제3자 지불인에 의해 비용이 지원되고 있다. 학교 관련 기기들은 학교에 의해서 제공되고 IDEA에 의해 자금이 지원된다. 경보 시스템과 같은 개인 이용 장치들은 대개 사용자에 의해 지불된다. 장애 아동 안심펀드, 청각장애인을 위한 믿음 장학금, 난청인/농아인을 위한 자금 그리고 자선단체와 지방에서 관리되는 연방 프로그램을 포함한 여러 자금 출처가 조사될 수 있다.

교육 또한 청각장애를 가진 아동을 관리하는 데 고려해 볼 사항이다. 직원과 교사들을 위한 연수회는 청각장애를 가진 아동을 관리하는 데 필수적인 부분이다. 증폭기와 보조기기의 유지와 추수 조치 또한 청각장애를 가진 아동들의 성공을 보장하는 데 주요 요인이다. 아동들의 청력은 일상적으로 추적 관찰되어야 하고 매년 평가되어야 한다.

6. 청각장애 아동 교육

미국의 청각장애 아동들의 교육성과는 우려할 만하다. 1921년 Reamer는 2,500명의 청각장애 학생들의 교육적 성과를 보고했다. 그는 그들이 건청 아동들과 비교했을 때 학업적으로 평균 4~5년 뒤쳐져 있다는 것을 발견했다. 1968~1970년의 연례 보고서(Gentile & DiFrancesca, 1969)는 유치원부터 대학까지의 청각장애 아동들의 교육성과에 대한 통계적인 정보를 수집하였다. 이 보고서는 대체로 청각장애 유·청소년들이 평균 4년의 교육적 지체가 있는 것을 밝혀냈다. 그들의 가장 높은 성취 수준은 철자와 산수계산 영역이었다(Martin & Clark, 2005). 그러나 문장으로 된 문제들에 대한 산수개념과 수행은 문제를 풀기 위한 문자언어 해독능력이 포함되므로 여전히 많은 어려움이 존재한다는 것을 알아야 한다.

성취 영역 중에 가장 큰 지체를 보이는 것은 15~16세 아동들의 평균 독해력이 3.5학년 수준을 나타내는 읽기이다. 갤러뎃대학교의 통계학 연구소의 연구결과는 독해력의 지체가 사실임을 보여 줬다(King & Quigley, 1985). 1994년 Allen은 학교 졸업 시 청각장애 학생들의 평균 독해력은 4학년 수준이라고 추정했다. 따라서 청각장애를 가지고 있거나 청력이 나쁜 학생들의 대부분이 영어와 읽기에 어려움을 보인다(Paul, 1998; Paul & Jackson, 1993). 이것은 현재 청각장애가 있는 학생들의 80% 이상이 공립학교를 다닌다는 사실은 이러한 문제들을 더욱더 어렵게 만든다(Luetke-Stahlman, Griffiths, &

Montgomery, 1999).

편측성 청각장애를 가진 아동들조차도 학업적 실패의 위험에 처해 있다. 영국 국교회에 의해 이루어진 1999년의 연구는 편측성 청각장애를 가진 아동들의 전반적인 학업 성취는 10년 동안 변하지 않았다고 판단을 내렸다. 그들의 연구에 참여한 406명의 아동들의 24%가 정상적인 아동들과 비교했을 때 평균 이하였고, 이러한 비율은 1980년대 중반에도 관찰되었다.

양측성 청각장애를 가지고 있는 아동들은 그 영향이 더욱 심할 수도 있다. 영국 국교회(1999)는 미국의 800만 명의 학생들이 여러 가지 유형 · 수준의 청각장애를 가지고 있다고 추정했다. 이 아동들의 대다수에게는 수업환경의 음향은 청각학습의 주요 장벽이 되므로 교실환경 수정이 필요할 것이다. 열린 창문과 교실문에서 나는 소리, 의자가 움직이는 소리, 교실의 웅성거림 등 모든 것이 듣는 것을 방해한다. 청각장애가 있는 아동들에게는 이러한 방해가 정상적인 아동들에게보다 더욱 큰 부정적인 영향을 가져올 수 있다. 양질의 증강된 신호 대 잡음비율만이 아동들에게 교실에서 말로 된 설명에 명료하고 지속적인 접근을 할 수 있도록 한다.

교과학습에 독해력이 주요 역할을 하는 것과 문자 언어를 이해하는 것은 말 언어를 이해하는 것과 밀접히 연관된다는 것을 고려해 볼 때 청각장애 아동들의 교과에서의 낮은 성취도는 놀라운 것이 아니다. 일반적으로 3학년 혹은 4학년 정도의 학생들은 읽으면서 학습할 것으로 기대된다. 이러한 기대는 적절한 언어 기초가 없는 청각장애 아동에게는 기대하기 어려운 것이다. 사실 중증 청각장애를 가진 대부분의 아동들은 그들이 문자언어를 효율적으로 해독하는 데 필요한 언어기술을 발달시키지 못한다. 이 때문에 그들의 문자 언어 이해력은 정상적인 아동들과 비교했을 때 확연히 지체되어 있다(Robbins, 1986).

이러한 결과는 아마도 청각장애 아동들이 준언어적인 단서보다는 문장의 구문론적 · 형태론적 측면에 주의를 기울임으로써 구어의 이해력 발달의 마지막 단계에 이르는 데 더 오랜 시간이 걸린다는 사실과 관련되었을 것이다(Robbins, 1986). 덧붙여, 심각한 청각장애를 가진 아동들은 구어를 이해하기 위해 다른 전략을 사용하도록 제안되어 왔다(Davis & Blasdell, 1975).

1) 읽기

읽기학습은 구문론, 의미론, 화용론적 기술과 단어를 해독할 수 있는 능력의 통합을 필요로 하는 복잡한 과제이다. 이것은 언어학습 기술의 강력한 기반에 근거를 둔다. 일단 단어들이 해독되면 독자는 반드시 그들을 더욱 사용 가능한 형태로 번역해야 한다. 정상적인 청력을 가지고 있는 사람에게는 이 형태는 음성학 요소로 구성된다. 청각장애가 있는 사람에게는 이 형태는 언어입력 모델 그리고 아마도 음성학적 형태, 수화, 지문자 혹은 시각적 철자법에 의존한다. 덧붙여, 독자는 반드시 추론과 가설을 세움으로써 본문에서 명백하거나 내포된 의미 모두를 추출할 수 있어야 한다(Kretschmer, 1989). 이렇게 하는 것은 어휘, 문법, 비유적인 언어 그리고 담화와 같은 본문 변인에 의해서 더욱 복잡해진다.

어떻게 읽는지를 배우는 것은 고도 · 최고도 청각장애 아동들에게는 심각한 도전이 된다. 고도 청각장애 아동들 5명 중 1명은 2학년 이하의 읽기 수준을 가지고 있다(Dew, 1999). Paul(1998)는 고도 청각장애를 가진 전형적인 고등학생은 4학년의 읽기 수준으로 졸업한다는 것을 발견했다. 읽기는 언어에 대한 이해는 물론 언어와 인쇄된 단어들 사이의 관계를 이해하는 것을 필요로 한다(Golden-Meadow & Mayberry, 2001). 빈약한 읽기 기술을 가진 고도 청각장애 아동들과 어른들은 또한 말과 공간 시각에 관련된 단기 기억 결함 모두를 가지고 있다. 이것은 읽기장애가 있는 정상적인 청력의 사람에게도 사실로 보인다(Tractenberg, 2002). Kelly(1996)와 Paul(1996)에 의한 조사는 어휘 기술과 문법적 기술이 읽기 과정에 중요한 요소가 된다는 것을 발견했다. 이 기술들이 강할수록 아동의 독해력은 더 좋았다.

청각장애 아동들을 위한 교육 프로그램에서 읽기 교육에 대한 기본적인 접근 중 하나는 언어경험접근(LEA)이다. 저학년에게 사용되는 LEA에서는 아동들이 자신의 언어를 사용해 아동이 이야기를 하면 교사가 받아쓰는 방식을 통해 이야기를 쓰는 것이다. 이야기는 그런 다음 읽기 수업에 사용된다. LEA는 아동이 말한 이야기를 모델로 하여 수정하고 영어의 구문론적 양식도 포함하도록 확장되었다. 일단 아동이 어느 정도 쓰기 기술을 성취하였을 때 자신의 작문 샘플들이 읽기 프로그램에 포함된다. 아동들이 말하거나 쓴 이야기는 개인적인 상호작용을 근거로 그들의 사회적 환경에서의 경험을 나타낸다. 이 접근은 읽기와 쓰기의 과정들을 이어준다는 점에서 매우 흥미롭다(King & Quigley, 1985).

컴퓨터 기반 교육(CBI)은 읽기 기술의 발달을 촉진 하는 데 사용되었다. 불행하게도 청각장애 아동들에게 이런 접근을 명백히 지지해 주는 연구는 비교적 적다. 그러나 Prinz, Nelson과 Stedt(1982)에 의한 연구는 청각장애가 있는 3세에서 6세의 아동들이, 그들이 일견단어 컴퓨터 프로그램인 ALPHA 프로그램을 사용해 교육받은 뒤 단어인식과 식별에서 놀라운 개선이 있었다고 강조했다. 이 프로그램은 단어, 그림, 지문자를 사용하였으며, 따라서 이것은 수화가 의사소통의 기본 형태인 아동들에게 사용될 수 있다. 3세에서 11세의 청각장애 아동들에 대한 후속 연구들(Nelson, Prinz, & Dalke, 1989; Prinz & Nelson, 1985)은 읽기와 쓰기를 위해서는 컴퓨터 기반 교육을 활용할 것을 지지했다. 최근에 Prinz와 동료들(1993)은 초등학생들에게 컴퓨터 기반 교육이 필요함을 주장했다. 기본적으로 이 모든 연구들은 청각장애 유아들을 위한 다중형상과 다중매체의 읽기 프로그램을 사용할 것을 권장하였다.

형식적 읽기교육이 시작되기 전 청각장애 아동들은 반드시 발달된 언어기술을 가지고 있어야 한다. 이 기술을 발달시키는 탁월한 방법은 아동들을 이야기의 구조, 활자 그리고 공통적 문화적 주제에 노출시킬 수 있는 스토리텔링을 통해서이다(Snow, 1983; Wells, 1985). Schick과 Gale(1995)에 의한 연구는 수지모드를 사용하는 농이나 난청 유아들에게 3개의 상이한 언어 조건을 사용하여 스토리텔링 효과를 시험해 보았다. 3개의 다른 언어 조건이란 순수 ASL(미국 수화) 사용하기, 순수 SEE2 사용하기(Anthony, 1971; Gustason, Pfetzing, Zawolkow, 1972) 그리고 ASL의 형상과 ASL의 구조로 SEE2를 사용하기이다. SEE2는 수지모드 영어의 한 형태이고, ASL은 농성인에 의해 전형적으로 사용되는 수화이다. 흥미롭게도 연구자들은 아동들이 이야기에 ASL 방법이 포함되었을 때보다 적극적으로 참여하고 더 많은 상호작용을 하였다는 것을 발견했다. 이 연구는 수지모드 영어를 사용하는 아동들에 대한 교육적 접근을 고려해 볼 때 중요한 시사점을 던져준다.

Strong과 Prinz(1997)에 의한 연구는 또한 ASL를 배우는 것이 읽기 성취에 강한 긍정적인 영향을 미친다고 강조했다. ASL을 의사소통의 기본 방식으로 사용하는 청각장애 학생들이 ASL을 사용하지 않는 동료들보다 높은 수준의 영어를 읽고 쓸 줄 아는 기술을 성취했다는 것이 발견되었다.

2) 교육적 접근과 의사소통 선택

농이나 난청 아동들을 위한 여러 가지 교육적 선택과 배치 방법들이 있다. 일반적으로 아동들은 청각/구화법 혹은 수화법을 사용하여 교육될 수 있다. 만약 아동의 가족이 청각/구화법을 선택한다면 거기에는 세 가지 의사소통 방법이 있다.

1. 청각 구어 단일감각법은 청각기술을 강조한다. 아동은 증폭기(예를 들어 보청기, 달팽이관 이식)의 도움을 받아 청각을 활용한 일대일 치료를 통해서 청각의 듣기 기술

을 발달시키도록 교육받는다. 수화는 사용하지 않으며 또한 아동은 시각적 단서(말 읽기)에 의존하지 않도록 가르침을 받는다.

2. 구어 청각 구어 방법은 마찬가지로 증폭기(예를 들어 보청기, 달팽이관 이식)를 통한 듣기의 극대화를 강조한다. 말 읽기 훈련이 포함된다. 자연스러운 몸짓은 권장되지만 수화는 사용되지 않는다.
3. 큐드스피치는 얼굴 주변의 네 곳 중 한 곳에 위치하며 말하기와 함께 사용되는 8개의 손 모양 단서를 사용하는 시각적 의사소통 체계이다. 이 단서들은 아동이 입술을 봤을 때 같은 소리들을 식별할 수 있도록 도와준다. 아동은 청각, 말 읽기, 수지 단서들을 구어를 이해하는 데 사용한다(Rhode Island Department of Health, 2006).

총체적 의사소통법은 청각장애 아동과 의사소통을 하기 위해 모든 의사소통 수단(수화, 말 읽기, 몸짓 언어, 지문자, 자연스러운 몸짓, 구어, 증폭기)을 총체적으로 사용하는 하나의 철학적 관점이다(Med-El Corporation, n.d.).

(1) 이중언어/이중문화 교육

이중언어/이중문화(ASL/ESL) 방법은 청각장애 아동들을 교육시키기 위해 미국 수화를 사용한다. 청각장애 아동들을 교육시키기 위해 여러 가지 상이한 신호체계를 사용한다. 예를 들면 SEE(Signing Essential English, Anthony, 1971)와 SEE(Signing Exact English, Gustason et al., 1972)는 구어를 손으로 표현하는 것으로 이루어져 있고, 구어의 구문론적 · 문법적 형태를 고수한다. 이런 유형의 신호체계를 사용하는 교육자들은 실제로 시각적체계의 사용을 통해 제1언어로서의 영어를 가르치려고 시도한다.

1970년대 동안 ASL 특유의 문법과 숙어 그리고 언어적 권리를 가지고 있는 ASL을 둘러싼 연구들이 많이 이루어졌다(Bellugi & Fischer, 1972; Bellugi & Klima, 1975; Bellugi, Klima, & Siple, 1974; Wilbur, 1979). 연구자들은 집에서 ASL을 사용하는 농부모에게서 태어난 농아동들은 정상청력을 가진 부모에게서 태어난 농아동들과는 다른 방식으로 영어를 말하고 쓰도록 가르쳐야 한다고 말했다. 전제는 ASL에 노출된 아동들은 이미 기본적인 언어의 기초로서 ASL을 성취했다는 것이다. 그들이 학교에서 영어에 노출될 때 그것은 이미 그들에게는 제2의 언어이다. 그러므로 교육적 접근은 이중언어적 접근이여야 한다. 이미 농아동들은 농문화의 전통과 관습에 노출되어 왔다. 이것은 그들을 이중문화에 익숙하게 만들었고, ASL/ESL(제2언어로서의 영어) 접근으로 그들을 가르치는 입장을 강화시켰다.

농아동 교육에 대한 이중언어적 접근의 주장은 만약 아동이 한 언어에 능숙하다면 그들이 제2언어를 발달시키는 데 더욱 성공적일 것이라고 가정한 Cummins(1981)의 연구에 기초한다. 그러므로 만약 농아동이 ASL에 능숙하다면 그들은 영어 문해 기술을 더 쉽게 습득할 것이다.

오늘날 농아동을 교육하기 위한 이중언어 접근은 많은 한계점으로 인해 전국적으로 크게 확대되고 있지는 못하다. 이에 대한 이유는 다음과 같다(Strong, 1988).

1. ASL은 대다수 농아동의 모국어가 아니다.
2. ASL은 문어형식을 갖고 있지 않다.
3. ASL을 아는 훈련된 교사가 별로 없다.
4. 일반적으로 이중언어를 사용하는 교육은 논란이 많다.
5. 출간된 ASL 교육과정이 별로 없다.
6. 일부 교육자들은 ASL의 진정한 언어적 지위를 의심한다.

이와 같은 문제점에도 불구하고, 교육에서 이중언어 접근의 사용을 문서화하고 정당화하려는 시도가 일어나고 있다. Strong(1988)에 의해 기술된 실험적 교육과정에서는 교실환경에서 ASL을 소개하기 위해 스토리텔링 방식을 사용한다. 영어는 그런 다음 ASL을 통해서 가르쳐진다. 이 프로그램은 상위언어적 인식을 강조하기 때문에 특히 흥미롭다.

최근에 Prinz와 Strong(1998)은 수업에서 이중언어 농교육 모형을 사용함으로써 ASL의 숙달과 영어 문해력을 향상시켰다. 그들은 ASL과 영어의 읽기, 쓰기 사이의 정적인 상관관계를 발견해 냈고, 이 부분에 대한 더 많은 연구와 교육과정 개발의 필요성을 강조했다. 국가농교육협회(Council on Education of the Deaf : CED)와 국가농인협회(National Association of the Deaf : NAD)는 농학생들을 교육시킬 때 이중언어를 사용하는 교육적 접근의 발상을 지지한다.

농아동이 습득하고 그들 중 대다수가 흔히 형편없는 학업 성적을 받는 어려움을 고려해 보았을 때 교육환경에서 제2언어 습득 접근을 사용해 보는 것은 가능하며 현실적인 것으로 보인다. 그러나 이런 접근의 사용이 전국 규모로 확대되기 전에 더욱 조심스럽고 체계적인 연구가 필요하다.

(2) 통합교육

오늘날 청각장애를 가진 어린 아동들을 위한 많은 교육적 선택이 있다. 선택이 한때 농학생을 위한 기숙제 학교와 청각장애 학생을 위한 통학제 학교와 같이 분리된 환경으로 제한되었던 적도 있었지만, 연방법의 변화가 일반학급, 자료실, 순회학급 그리고 팀티칭을 포함한 새로운 선택을 가능케 하였다.

완전통합은 청각장애 학생들이 자신의 홈스쿨 지역에서 건청 또래들과 함께 모든 수업에 참여하는 교육적 조치를 일컫는다. 다양한 지원 서비스가 제공될 것이고, 서비스는 말-언어치료, 보조적 듣기 시스템, 통역자, 교육과정과 평가방법의 조정, 작업치료 그리고 물리치료를 포함할 수도 있다. 완전통합 모델은 일반교육 교사가 교과교육을 담당하는 것을 의미한다.

말 읽기, 증폭기 혹은 수화에 의존하는 아동에게는 모델의 수정이 필요하다. 즉 교실에서의 수화 통역자의 사용을 말한다. 1982년 이런 유형의 교육적 지원들은 뉴욕의 Hendrick Hudson Board of Education에 의해서 이의가 제기되었다. 이 사건은 미국 대법원에 의해 '*Hendrick Hudson Board of Education* 대 *Rowley*'라고 명명되었다(1982). 법원은 Amy Rowley가 통역자가 필요하지 않았다고 판결을 내렸다. 그러나 이것은 장애학생들이 통역 서비스와 같은 개별화된 교육적 지원을 받을 권리가 있다고 말하는 공법 94-142의 주장과는 배치되는 것이다.

완전통합에 덧붙여 통합교육에서의 다른 가능한 수정방법도 있다. **부분통합 모델**에서는 아동을 수업일 중 일부분을 다른 청각장애 아동들과 함께 청각장애 교사에 의해 가르쳐지는 독립된 학급에 보내는 것이다. 다른 날들은 건청 또래들과 일반교육 교사에 의해 가르쳐지는 학급에서 보낸다. 또 다른 방식으로 팀티칭 모델이 있는데, 이것은 난청/농학생들과 건청 학생들로 구성되어 있는 교실에서 일반교육 교사와 농교사에게서 함께 교육을 받는 것이다. 좀 더 제한적인 세 번째 방식은 농/난청 아동이 학급 전체가 청각장애 아동들로 이루어져 있고, 농교사에 의해 교육을 받는 독립된 학급 모델이다. 교실은 건청 아동들이 다니는 공립학교 안에 있다.

건청 아동들과 농/난청 아동들의 조기통합은 청각장애 아동에게 상당한 교육적 혜택을 제공해 준다. 취학 전 통합교육 방식에는 세 가지 유형이 있다(Luetke-Stahlman, 1994).

1. 정상적인 청력을 가진 취학 전 아동들이 농이나 난청인 아동들을 위해 특별히 설치된 조기 아동 프로그램에 들어간다(즉 역 메인스트리밍).
2. 농이나 난청 아동들은 하루의 일부분을 독립된 조기중재 프로그램에 배치되었다가 부가적인 사회화 경험을 위해 아동보호센터로 간다.
3. 농이나 난청 아동들이 건청 또래들로 구성된 유치원 교실에서 청각장애 아동들이

다른 유치원생들과 함께 하루 종일 모든 활동에 효과적으로 참여할 수 있도록 충분한 지원 서비스가 제공되는 배치방식이 있다.

분명히 청각장애가 있는 유치원생들을 일반 유치원 환경에 통합시키는 것에는 상당한 어려움이 있다. 일반적으로 청각장애 아동들과 건청 아동들 사이의 또래 상호작용은 일반적으로 제한적이며, 그 이유는 청각장애 아동의 의사소통적 시도가 종종 부적절하고 효과적이지 못하기 때문이다(Vendell & George, 1981). 청각장애 아동들은 대화를 나누는 것에 참여함으로써 언어를 배운다(Kretschmer & Kretschmer, 1989). 만약 그들의 대화 시도가 반응이 없는 또래들로 인해 보상을 받지 못한다면, 풍부한 상호 간의 대화가 가능하도록 하기 위해 특별한 전략이 사용되지 않는 이상, 통합환경에서의 배치는 아무런 이득을 보지 못할 것이다. 이와 같은 대화는 단순히 언어학습만이 아니라 사회적 상호작용 시의 복잡한 역할을 통해 효과를 거둘 것이다. 청각장애 아동들과 건청 아동들 사이의 바람직한 상호작용을 촉진하기 위한 전략은 청각장애 아동들에게는 좀 더 분명히 발음하도록 격려하는 것, 건청 아동들에게는 청각장애 아동들과 의사소통의 상호관계를 늘리도록 격려하는 것, 그리고 만약 청각장애 아동들이 수어를 사용하면 그들이 구어와 수어를 동시에 사용하도록 요구하는 것을 포함한다(Luetke-Stahlman, 1991).

청각장애 아동을 위한 통합교육 옵션이 정해지면, 어떤 요인들이 그들의 성공에 도움이 될 것인지를 고려하는 것이 필요하다. Reynolds와 Birch(1977)는 다음과 같은 요인들이 성공적인 통합교육을 위해 필요하다고 주장하였다.

1. 정규학급 교사는 청각장애 아동이 자신의 학급에 배치되는 것에 대한 선택권을 가진다.
2. 통합은 취학 전 단계에서부터 일찍 시작된다.
3. 청각장애를 가진 교사가 구성원에 포함되어 있다.
4. 청각장애 아동과 함께 일하는 교직원 모두에게 직무 연수가 제공된다.
5. 교실환경은 필요한 증폭기 기구를 잘 갖추어야 한다.
6. 청각장애 아동은 일반 교육환경에서 좀처럼 분리되지 않는다.
7. 아동과 함께 일하는 모든 전문가들은 자신의 업무를 검토하고, 필요하다면 수정을 하기 위해 정기적으로 미팅을 가진다.

가장 순수한 형태로, 통합은 모든 학생들이 그들의 이웃, 학교, 지역사회로 의미 있게 포함되는 것이다(Progorzelski & Kelly, 1995). 대부분의 중증 장애 학생들에게는 통합의 강조점이 학업이 아니라 사회화에 두어지며 학업은 그들의 특별한 필요를 충족하기 위해 수정된다. 나이에 적합한 학업성취가 가능한 청각장애 아동들에게는 통합의 개념이 학업 프로그램과 기대의 강도를 약화시키는 것이어서는 안 된다. 만약 학생들이 ASL과 같은 수화를 통한 학업적 내용의 제시가 필요하다면, 완전통합은 일반교육 교사와 ASL에 능숙한 농교사가 일반학급에서 협력하는 것을 의미한다.

이것을 명심하고 난청이나 농아동들을 위한 통합 프로그램의 장점을 고려해야 한다(Brackett, 1997).

1. 이것은 청각장애 아동에게 언어 사용과 사회적 상호작용의 모델을 제공해 주는 자극적이고 고도의 구어적 환경이다.
2. 통합환경은 일반또래들과의 상호작용을 포함하므로 청각장애 아동을 일반또래들의 사회적 · 학업적 · 의사소통적 행동에 노출하는 것이다.
3. 기술적 지원, 또래 교수, 높은 기대 그리고 다양한 아이디어와 경험에 대한 노출 등 많은 기회들이 있다.

요 약

문해력, 읽기, 쓰기의 습득은 말하기, 듣기 및 비판적 사고를 포함한 여러 가지 학습 영역의 복잡한 통합을 포함한다. 만약 청각장애 아동이 읽고 쓰는 것을 학습하기 위해서는 구화법이나 수화법은 체계적이지 않으면 안 된다. 읽고 쓰는 것을 배우는 것은 단어의 의미를 저장하는 것, 어휘를 기억하는 것 그리고 인과관계에 대해 관념적인 판단을 할 수 있는 능력을 필요로 한다(Streng, 1964). 탄탄한 언어적 기초는 문해능력을 발달시키기 위한 선행요건이다.

청각장애를 가진 개인도 정상적인 청력의 사람들처럼 말과 언어를 발달시키기 위한 똑같은 본유적 능력을 가지고 있다. 그러나 종종 그들의 청각장애의 심각성 때문에 그들이 혼자 청각수단을 통해 언어를 습득할 수는 없다. 결과적으로 언어발달의 전반적인 지체는 청각장애 아동을 엄청난 교육적 불이익에 방치해 두는 결과를 낳을 수 있다. 정상적인 언어발달 이론의 적용을 통해서만 교육자들이 청각장애 학생들을 위한 교육에서 더욱 효과적인 방법론을 창안해 낼 수 있다. 최소제한환경(LRE)의 조항을 포함하고 있는 현행 연방법은 청각장애 아동들과 함께 일하는 전문가들을 더욱 어렵게 하고 있다. 청각장애 아동들은 LRE에서 정상 또래들과 함께 교육받아야 된다. 이 아동들이 일반 교육환경에서의 교육을 통해 이점을 가진다는 것을 보장하는 것은 교육자에게 달려 있다. 오직 세심한 계획, 점검, 팀 접근을 통해서만이 성공할 수 있다. 편측성 청각장애 아동들조차도 학업적 실패의 위기에 직면해 있다. 대부분의 이런 아동들이 항상 증폭기 시스템(보청기, 청각훈련기)을 사용하지는 않지만 학업적 어려움을 해결하기 위해서는 검토되지 않으면 안 된다.

소아 청각장애를 진단하는 데 있어서 임상의는 조기발견과 중재의 중요성을 기억할 필요가 있다. 완전한 청각학적 사정은 반드시 순음청력검사, 어음청력검사, 이음향방사검사를 포함해야 한다. 이음향방사검사와 가능한 ABR 검사는 행동 검사와 결합되어 사용되어야 한다. 검사는 반드시 아동의 나이에 기초되어야 한다. 정확성과 신뢰도는 중요한 변인들이다. 선별도구와 같은 유용한 객관적 검사를 사용하는 것은 조기발견을 보장하는 데 도움이 될 것이다.

개별 청각장애 아동은 특별한 관리가 필요하다. 청각장애 아동들은 반드시 증폭기를 갖춰야 하고, 적절한 보조기기를 선택해야 하며, 적합한 교육환경이 고려되어야 한다. 달팽이관 이식 장치도 고려해 보아야 되며, 만약 적절하다면 활용해야 한다. 인공 달팽이관이 소개되고부터 그 효과는 계속해서 커지고 있다. 그러나 모든 사용자가 같은 수준의 이익을 얻는 것은 아니다. 가장 큰 이익은 사용자가 의사소통을 지원하기 위해 말 읽기를 사용할 때이다. 인공 달팽이관의 사용이 교육적 배치를 좌우하는 것은 아니다. 아동들은 계속해서 말 언어 서비스와 청각학적 관리를 필요로 할 것이고 그들의 교육기간 내내 이들에 대한 점검이 이루어질 것이다.

청각장애 아동들의 교육에 중대한 변화가 일어나고 있다. 끊임없는 연구와 효과적인 재활적 · 교육적 이론의 적용만이 전문가들이 이런 아동들을 교육하는 데 계속해서 중요한 도전이 될 수 있다는 것을 보장할 것이다.

연구문제

1. 청각장애의 세 가지 유형은 무엇인가?
2. 보조 듣기 장치를 사용함으로써 얻는 이득은 무엇인가?
3. 중증 청각장애 아동들을 교육할 때 이중언어를 사용하는 교육적 접근이 보편적으로 사용되지 않는 이유는 무엇인가?
4. 달팽이관 이식을 받아야 할 사람들은 누구인가?

5. 지난 20년 혹은 그 이상 동안 보청기 기술은 어떻게 변화되었는가?
6. 달팽이관 이식의 광범위한 활용은 교육환경에서 아동들에게 어떻게 영향을 미쳤는가?

참고문헌

Allen, T. E. (1994). *Who are the deaf and hard of hearing students leaving high school and entering postsecondary education?* Unpublished manuscript, Gallaudet University, Center for Assessment and Demographic Studies, Washington, DC.

Anthony, D. (1971). *Signing essential English* (vols. 1 and 2). Anaheim, CA: Educational Division, Anaheim Union School District.

Balkany, T., Hodges, A., & Goldman, K. (1996). Ethics of cochlear implantation in young children. *Archives of Otolaryngology—Head and Neck Surgery, 114,* 748–755.

Bateson, M. C. (1975). Mother–infant exchanges: The epigenesis of conversational interaction. In D. Aaronson & R. W. Reiber (Eds.), *Annals of the New York Academy of Sciences: Vol. 263, Developmental psycholinguistics and communication disorders* (pp. 101–113). New York: New York Academy of Sciences.

Bellugi, U., & Fischer, S. (1972). A comparison of sign language and spoken language. *Cognition, 1,* 173–200.

Bellugi, U., & Klima, E. (1975). Aspects of sign language and its structure. In J. Kavanagh & J. Cutting (Eds.), *The role of speech in language* (pp. 171–203). Cambridge, MA: MIT Press.

Bellugi, U., Klima, E., & Siple, P. (1974). Remembering in signs. *Cognition, 3,* 93–125.

Bloom, L., & Lahey, M. (1978). *Language development and language disorders.* New York: Wiley.

Brackett, D. (1997). Intervention for children with hearing impairment in general education settings. *Language, Speech, and Hearing Services in Schools, 28*(4), 355–371.

Brown, R. (1975). *Social psychology.* New York: Free Press.

Chess, S., & Thomas, A. (1996). *Temperament: Theory and practice.* New York: Brunner/Mazel.

Cole, E. B., & St. Clair-Stokes, J. (1984). Caregiver–child interactive behaviors: A videotape analysis procedure. *Volta Review, 86,* 200–216.

Cummins, J. (1981). The role of primary language development in promoting educational success for language minority students. In California State Department of Education, *Schooling and language minority students: A theoretical framework.* Los Angeles: Evaluation, Assessment and Dissemination Center.

Damen, G., van der Oever-Goltsten, M., Langeris, M., Chute, P., Mylanus, E. (2006). Educational performance of pediatric cochlear implant recipients in mainstream classes. *Annals of Otolology, Rhinolology, and Laryngology, 115*(7), 542–552.

Davis, J. M., & Blasdell, R. (1975). Perceptual strategies by normal hearing and hearing-impaired children in the comprehension of sentences containing relative clauses. *Journal of Speech and Hearing Research, 18,* 281–295.

DeGangi, G., Wietlisbach, S., Poisson, S., Stein, E., & Royeen, C. (1994). The impact of culture and socioeconomic status on family–professional collaboration: Challenges and solutions. *Topics in Early Childhood Special Education, 14*(4), 503–520.

Dew, D. (Ed.) (1999). *Serving individuals who are low-functioning deaf: Report of the Twenty-Fifth Institute on Rehabilitation Issues.* Washington, DC: George Washington University.

Eimas, P. (1974). Auditory and linguistic processing cues for place of articulation by infants. *Perceptual Psychology, 16,* 513–521.

Eisenberg, L. S., Fink, N. E., & Niparko, J. K. (2006). Childhood development after cochlear implantation: Multicenter study examines language development. *The ASHA Leader, 11*(16), 5, 28–29.

English, K., & Church, G. (1999). Unilateral hearing loss in children: An update for the 1990s. *Language, Speech, and Hearing Services in Schools, 30,* 26–31.

Estabrooks, W. (2000). Auditory verbal practices. In S. Waltzman & N. Cohen (Eds.), *Cochlear implants* (pp. 225–316). New York: Thieme Medical.

Geers, A., Moog, J., & Schick, B. (1984). Acquisition of spoken and signed English by profoundly deaf children. *Journal of Speech and Hearing Disorders, 49,* 378–388.

Gentile, A., & DiFrancesca, S. (1969, Spring). *Academic achievement test performance of hearing impaired students: United States* (Series D, no. 1). Washington, DC: Gallaudet College, Office of Demographic Studies.

Glattke, T. J., & Kujawa, S. (1991). Otoacoustic emissions. *American Journal of Audiology, 1,* 29–40.

Golden-Meadow, S., & Mayberry, R. (2001). How do profoundly deaf children learn to read? *Learning Disabilities Research and Practice, 16*(4), 222–229.

Gravel, J., & Hood, L. (1999). Pediatric audiologic assessment. In F. Musiek & W. Rintelmann (Eds.), *Contemporary perspectives in hearing assessment* (pp. 305–323). Boston: Allyn & Bacon.

Greenstein, J. M., Bush, B., McConville, K., & Stellini, L. (1977). *Mother–infant communication and language acquisition in deaf infants.* New York: Lexington School for the Deaf.

Gustason, G., Pfetzing, D., & Zawolkow, E. (1972). *Signing exact English.* Rossmoor, CA: Modern Sign Press.

Hall, J., III (2000). *Handbook of otoacoustic emissions.* San Diego, CA: Singular.

Hanson, M., Lynch, E. W., & Wayman, K. L. (1990). Honoring the culture diversity of families when gathering data. *Topics in Early Childhood Education, 10*(1), 112–131.

Jaffe, J., Stern, D., & Peery, J. (1973). "Conversational" coupling of gaze behaviors in prelinguistic human development. *Journal of Psycholinguistic Research, 2,* 321–328.

Jerger, J., & Hayes, D. (1976). The cross-check principle in pediatric audiometry. *Archives of Otolaryngology, 702,* 614–620.

Katz, J. (1986). *Staggered Spondaic Word Test (SSW).* Vancouver, WA: Precision Acoustics.

Keith, R. (1994). *Test for Auditory Processing in Adolescents and Adults (SCAN-A).* San Antonio, TX: Psychological Corporation.

Keith, R. (2000). *Test for Auditory Processing Skills in Children (SCAN-C).* San Antonio, TX: Psychological Corporation.

Kelly, L. (1996). The interaction of syntactic competence and vocabulary during reading by deaf students. *Journal of Deaf Studies and Deaf Education, 1,* 75–90.

Kemp, D. T. (1978). Stimulated acoustic emissions from within the human auditory system. *Journal of the Acoustic Society of America, 64,* 1386–1391.

King, C. M., & Quigley, S. P. (1985). *Reading and deafness.* San Diego, CA: College-Hill.

Koester, L. S., & Meadow-Orlans, K. P. (1999). Responses to interactive stress: Infants who are deaf or hearing. *American Annals of the Deaf, 144,* 295–403.

Kretschmer, R. (1989). Pragmatics, reading, and writing. *Topics in Language Disorders, 9*(4), 17–32.

Kretschmer, R., & Kretschmer, L. (1989). Communication competence: Impact of the pragmatics revolution on education of hearing impaired individuals. *Topics in Language Disorders, 9*(4), 1–16.

Lafreniere, O., Smurzynski, J., Jung, M. D., Leonard, G., & Kim, D. O. (1993). Otoacoustic emissions in full-term newborns at risk for hearing loss. *Laryngoscope, 103,* 1334–1341.

Luetke-Stahlman, B. (1991). Hearing impaired students in integrated child care. *Perspectives, 9*(1), 8–11.

Luetke-Stahlman, B. (1994). Procedures for socially integrating preschoolers who are hearing, deaf, and hard of hearing. *Topics in Early Childhood Special Education, 14*(4), 472–487.

Luetke-Stahlman, B., Griffiths, C., & Montgomery, N. (1999). A deaf child's language acquisition verified through text retelling. *American Annals of the Deaf, 144*(3), 270–280.

Martin, F., & Clark, J. (2005). *Introduction to audiology.* Boston: Allyn & Bacon.

Martin, N. A., & Brownell, R. (2005). *Test of Auditory Processing Skills (TAPS–3)* (3rd ed.). Austin, TX: Pro-Ed.

Med-El Corporation. (n.d.) *Communication options and educational placements: A guidebook for parents.* Durham, NC: Author. Retrieved February, 2007, from www.implants@edelus.com.

Miller, C., & Morse, P. (1976). The "heart" of categorical speech discrimination in young infants. *Journal of Speech and Hearing Research, 19,* 578–589.

Miller, C., Morse, P., & Dorman, N. (1977). Cardiac indices of infants' speech perception: Orienting and burst discrimination. *Quarterly Journal of Experimental Psychology, 29,* 533–545.

Morse, P. (1972). The discrimination of speech and speech stimuli in early infancy. *Journal of Experimental Psychology, 14,* 477–492.

Mukari, S., Ling, L., & Ghani, H. (2007). Educational performance of pediatric cochlear implant recipients in mainstream classes. *International Journal of Pediatric Otorhinolaryngology, 71*(2), 231–240.

Nelson, K., Prinz, P., & Dalke, D. (1989). Transitions from sign language to text via an interactive microcomputer system. In B. Woll (Ed.), *Papers from the Seminar on Language Development and Sign Language* (Monograph 1, International Sign Linguistics Association). Bristol, England: Centre for Deaf Studies, University of Bristol.

Northern, J., & Downs, M. (1984). *Hearing in children.* Baltimore, MD: Williams & Wilkins.

Palmer, C., & Mormer, E. (1999). Goals and expectations of the child, family and educator: Proceedings from the International Pediatric Symposium: Remediating Pediatric Hearing Loss through Amplification: Taking Science into the Clinic. *Trends in Amplification, 4,* 6–71.

Paul, P. (1996). Reading, vocabulary knowledge, and deafness. *Journal of Deaf Studies and Deaf Education, 1,* 3–15.

Paul, P. (1998). *Literacy and deafness: The development of reading, writing, and literate thought.* Boston: Allyn & Bacon.

Paul, P., & Jackson, D. (1993). *Toward a psychology of deafness: Theoretical and empirical perspectives.* Boston: Allyn & Bacon.

Prinz, P., & Nelson, K. (1985). Alligator eats cookie: Acquisition of writing and reading skills by deaf children using the microcomputer. *Applied Psycholinguistics, 6,* 283–306.

Prinz, P., Nelson, K., Loncki, F., Geysels, G., & Willems, C. (1993). A multimodality and multimedia approach to language, discourse and literacy development. In F. Coninx & B. Elsendoorn (Eds.), *Interactive learning technology for the deaf.* New York: Springer-Verlag.

Prinz, P., Nelson, K. A., & Stedt, J. (1982). Early reading in young deaf children using microcomputer technology. *American Annals of the Deaf, 127,* 529–535.

Prinz, P., & Strong, M. (1998). ASL proficiency and English literacy within a bilingual deaf education model of instruction. *Topics in Language Disorders, 18*(4), 47–60.

Progorzelski, G., & Kelly, B. (1995). *Inclusion: The collaborative process.* Buffalo, NY: United Educational Services.

Quigley, S. P., & Kretschmer, R. E. (1982). *The education of deaf children.* Baltimore, MD: University Park Press.

Radziewicz, C. (1985). *The use of videotapes as a means of parent training for parents of hearing-impaired infants.* Unpublished doctoral dissertation, Adelphi University, Garden City, NY.

Reamer, J. C. (1921). Mental and educational measurement of the deaf. *Psychological Monographs,* 132.

Reynolds, M. C., & Birch, J. W. (1977). *Teaching exceptional children in all America's schools.* Reston, VA: Council for Exceptional Children.

Rhode Island Department of Health. (2006, April). *Rhode Island resource guide for families of children who are deaf or hard of hearing.* Office of Families Raising Children with Special Needs. Retrieved June, 2006, from www.health.state.ri.us/family/specialneeds/hearinglossguideFinal.pdf.

Richard, G. (2001). *The source for processing disorders.* East Moline, IL: LinguiSystems.

Robbins, A. M. (1986). Language comprehension in young children. *Topics in Language Disorders, 6,* 12–23.

Ross-Swain, D., & Long, N. (2004). *Auditory Processing Abilities Test (APAT).* Novato, CA: Academy Therapy.

Schick, B., & Gale, E. (1995). Preschool deaf and hard of hearing students' interactions during ASL and English storytelling. *American Annals of the Deaf, 140,* 363–370.

Shafer, D. (2007, June 19). Infant screening gains media spotlight. *ASHA Leader,* pp. 1, 7.

Snow, C. (1983). Literacy and language relationships during the preschool years. *Harvard Educational Review, 53,* 165–189.

Stach, B. A. (1997). *Comprehensive dictionary of audiology.* Baltimore, MD: Williams & Wilkins.

Stach, B. A. (1998). *Clinical audiology.* San Diego, CA: Singular.

Streng, A. (1964). *Reading for deaf children.* Washington, DC: Alexander Graham Bell Association for the Deaf.

Strong, M. (Ed.). (1988). *Language learning and deafness.* New York: Cambridge University Press.

Strong, M., & Prinz, P. (1997). A study of the relationship between ASL and English literacy. *Journal of Deaf Studies and Deaf Education, 2*(1), 37–46.

Tractenberg, R. (2002). Exploring hypotheses about phonological awareness, memory and reading achievement. *Learning Disabilities, 35*(5), 407–424.

Vendell, D. L., & George, L. B. (1981). Social interaction in hearing and deaf students: Success and failures in initiations. *Child Development, 52,* 627–635.

Vorce, E. (1974). *Teaching speech to deaf children.* Washington, DC: Alexander Graham Bell Association for the Deaf.

Wells, G. (1985). Preschool literacy related activities and success in school. In D. Olson, N. Torrance, & A. Hildyard (Eds.), *Literacy, language and learning: The nature and consequences of reading and writing* (pp. 229–255). New York: Cambridge University Press.

Widen, J. E. (1997). Evoked otoacoustic emission in evaluating children. In M. S. Robinette & T. J. Glattke (Eds.), *Otoacoustic emissions: Clinical applications* (pp. 271–306). New York: Thieme Medical.

Wilbur, R. B. (1979). *American Sign Language and sign systems.* Baltimore, MD: University Park Press.

Yoshinaga-Itano, C., & Apuzzo, M. R. (1998a). The development of deaf and hard of hearing children identified early through the high-risk registry. *American Annals of the Deaf, 143,* 416–424.

Yoshinaga-Itano, C., & Apuzzo, M. R. (1998b). Identification of hearing loss after 18 months is not early enough. *American Annals of the Deaf, 143,* 380–387.

Zwolan, T., (2000). *Selection criteria and evaluation.* New York: Thieme Medical.

제 3 부

언어중재 계획

제9장 취학 전 아동의 언어중재 계획

제 9 장

취학 전 아동의 언어중재 계획

Amy L. Weiss
로드아일랜드대학교

이 장을 읽고 난 후 다음의 사항을 할 수 있어야 한다.

- 말-언어치료사(SLP)가 취학 전 아동들을 위한 언어중재 프로그램을 어떻게 개발하는지를 논의할 수 있어야 한다.
- 장애 아동들을 위한 서비스 규정을 바꾸려는 연방법원의 법적인 변화를 이해하고, 그러한 것들이 예방과 교육이 포함된 취학 전 아동들을 위한 지원 서비스 프로그램을 계획하는 데 있어서, 말-언어치료사의 역할과 책임에 어떻게 영향을 미쳤는지 이해할 수 있어야 한다.
- 취학 전 아동의 중재 프로그램을 위한 적절한 목표와 전략을 선택할 수 있어야 한다.
- 취학 전 아동에게 새로운 언어형식과 기능을 가르치기 위해 사용 가능한 일련의 중재기술들을 결정할 수 있어야 한다.
- 치료 상황은 물론 치료 상황이 아닌 장면에까지 언어 목표의 일반화를 촉진할 수 있어야 한다
- 언어장애를 가진 취학 전 아동의 치료를 위한 최상의 실행을 결정하는 데 적용할 수 있는 것으로 근거 기반의 의사소통 중재의 기본원리를 이해할 수 있어야 한다.

이 장에서 독자들은 취학 전 아동의 언어중재자들을 위한 역동적 언어중재 계획과 적용에 대해 생각할 기회를 가지게 될 것이다. 여기에는 어린 중재 대상자의 변화능력, 기질, 대상자의 욕구뿐만 아니라 말-언어치료사들(SLP)의 경험과 임상적 기술, 다른 전문가 및 또래와의 사회적 상호작용을 하는 기회와 양육자들의 언어형태와 같은 언어발달과 사용에 영향을 미치지만 쉽게 측정할 수 없는 환경적인 요소들에 대한 언급 등이 포함될 것이다. 그리고 이에 더하여 중재 상황 선택방안이 모색될 것인데, 여러 중재 상황 중에서 선택해야 할 것이다. 여러 사례는 치료상의 계획을 설계함으로써 후의 치료 계획 일반화 구상에 중요한 도움을 줄 것이다.

이 책의 독자들은 언어중재 제공의 결과로 발생할 수 있는 언어능력의 일반화 및 언어능력 유지 가능성에 유용한 여러 가지 방법들을 알게 될 것이다. 독자들은 또한 취학 전 언어장애 아동들을 치료하는 많은 보편적 원리들이 의사소통장애 아동들에게 적용되는 원리와 같다는 것을 확실히 알게 될 것이다.

1. 언어중재란 무엇인가

1) 조기언어장애의 통계

미국 구어언어청각협회(ASHA, 2000b)의 연구자료에 의하면, 언어장애는 취학연령에서 대

략 8~12% 정도 발견된다. 다른 발달 영역들(예 : 인지, 사회정서, 신체 등)은 손상되지 않고 정상 범주 내에 있는 아동인 단순언어장애(SLI) 아동의 예상 출현율은 보통 유치원 연령 아동의 약 7.4%이다(Tomblin, Records, Buckwalter, Zhang, Smith, & O'Brien, 1997). 말이 늦은 아동들의 구어 및 언어 발달을 조사한 여러 연구들은 이러한 아동들의 상당수가 두 살 이전에 특징지어지며 수용 및 표현언어 두 가지에서 지체되고 세 살 때는 언어발달 지체로 남게 된다고 보고하고(Thal, 1999), 따라서 이러한 아동들은 나중에 학습장애로 진단될 위험이 높다고 한다(Catts, Fey, Zhang, & Tomblin, 2002; Stothard, Snowling, Bishop, Chipchase, & Kaplan, 1998). 이러한 점은 의사소통 문제의 중재와 조기판별을 위한 종합적 프로그램 및 적극적인 지원의 필요성 때문에 특히 중요하다.

서비스 대상자 수 조사 외에 말-언어치료사들은 다국적 문화다양성이 지난 20년간 갈수록 변화되는 것을 보았다(Battle, 1998; Cole, 1989). 거의 10년 전에 Cole(1989)는 말-언어치료사들은 그들이 장차 당면할 다문화적 문제에 대하여 알아야 할 필요가 있다고 보고하였다.

1. 소수민족을 대표하는 많은 사람들이 도움을 요구한다.
2. 소수민족의 많은 아동들이 의사소통장애에 대한 위험을 가지고 태어난다.
3. 유럽인이 아닌 서비스 대상자들은 장애에 대한 다양한 원인과 출현을 나타낸다.
4. 소수민족을 위해 덜 규범적인 자료를 이용할 수 있다.
5. 건강과 장애 개념에 대한 인식들은 문화마다 다양하다.
6. 중재 상황에서 문화적 차이에 의한 갈등이 증가할 것이다.
7. 서비스 전달에 대한 선호는 주류 집단과 다른 문화집단 간 차이가 날 것이다.
8. 언어적 차이는 소수민족 안에서 더 크다.

이러한 도전과제의 어려움들은 ASHA 회원 간의 통계적 변화에 의해서도 제기되었다. 2006년까지 127,000명의 ASHA 회원 중 단 5.8%만이 소수민족에 속하는 사람들이었다. 이 수치는 미국 전체 인종별 인구와 소수민족 인구를 비교하면 낮은 수치인데, 지난 수년 동안 ASHA 회원 중 소수민족 수치의 두드러진 증가는 나타나지 않았다(Janota, 1999). 그리고 자신을 주류라고 소개하는 대다수의 ASHA 회원들(Screen & Anderson, 1994)은 단일언어 사용자들이기에 다양한 언어적 배경을 가진 언어장애 아동들에게 적절한 서비스를 제공하는 데 어려움이 있다(ASHA, 1985). 나중에 논의하게 되겠지만 문화적 다양성에 따른 문제들은 어린 아동들을 위한 적절한 중재 프로그램 개발과 말-언어치료사들의 모든 중재 대상자들에게 중요한 일이다.

다른 문화나 언어권의 아동들에게 적절한 서비스를 제공하는 데 따른 어려움은 국가적 문제이다(Goldstein, 2000). Roseberry Mclibben과 Eicholtz(1994)는 영어에 능숙하지 않은 아동(LEP)으로 진단받은 아동들이 학교에서 어떻게 서비스를 받는지에 대한 국가적 조사 결과를 보고하였다. 조사에 응한 1,100명이 넘는 말-언어치료사들은 언어에 초점을 맞춘 치료를 가장 많이 제공하지만, 90% 이상의 치료사들이 중재 대상자가 충분히 이해할 수 있는 아동의 모국어(스페인어가 가장 많음)로 치료를 제공하지 못한다는 것을 발견하였다. 게다가 연구자들은 응답자의 3/4 이상이 영어가 능숙하지 못한 아동들인 LEP[현재 ELL로 부름, English Language Learners(영어 학습자)] 아동들과의 학습준비를 위한 어떠한 교과 학습 설계도 준비하지 못했음을 발견하였다. 치료사에게 요구되는 전문성은 학년 프로그램의 교육과정 안에 다문화적 정보를 주입할 방법들을 계속해서 강조하고, 이러한 방법들과의 적절한 연계 교육 기회들을 사설기관의 치료사에게 제공함으로써 다양한 중재 대상자들의 요구를 더 충족시켜 주도록 하고 있음은 분명한 사실이다.

2) 왜 조기언어중재가 필요한가

많은 연구자들은 어린 언어장애 아동들이 아동기에 언어장애로 진단받은 후 시간이 지나면서 그 장애는 아동의 사회적 · 의사소통적 삶의 한 부분이 되어 지속적인 영향을 미치고 쉽게 극복되지 못하는 것을 발견하였다(Aram, Ekelman, & Nation, 1984; Hall &. Tomblin, 1978; Records, Tomblin, & Freese, 1992; Stothard et al., 1998). 아동들에게 언어장애라는 명칭은 그 자체뿐 아니라 아동 자신, 가족, 학교 관련자, 말-언어치료사들에게 장기간의 잠재적 영향을 미치고, 말-언어치료사들은 이러한 아동들을 가르치고, 사회화시키는 데 책임을 가진다. 언어장애가 지속적으로 아동의 삶에 영향을 미친다는 것은 말-언어치료사들이 아동을 치료할 때 예방적 측면에 초점을 두어야 함을 강조하고 있다.

유능하게 언어를 사용하는 것은 우리의 일상생활에 중요하기 때문에 언어능력이 단지 기능적이라면 그 사람은 삶의 어떤 부분에서 언어적 의사소통이 제대로 이루어지지 않을 수도 있다. 한 사람의 사회적 · 직업적 · 생산적 사회 구성원으로서의 기능에서뿐 아니라 친구, 동료, 연인 사이의 관계 유지와 확립에 있어서 언어의 역할을 고려해 보자. 언어는 우리 삶에서 너무나 중요한 요소이므로 언어장애를 나타내는 어린 아동들의 언어 학습 능력을 증가시키기 위한 기술개발은 말-언어치료사, 양육자, 이들과 함께 일하는 다른 사람들에겐 중요한 과제이다.

Ramey와 Ramey(1998, pp.115-117)는 발달장애 위험을 가진 아동들을 위한 조기중재 제공의 효과를 서술한 그들의 연구 문헌을 재검토하여 중재의 성공을 향상시킬, 대부분이 직관에 의한 여섯 가지 원리들을 제시하였다. 이 원리들은 언어발달장애 아동의 가족들과 함께 일해야 하는 말-언어치료사에게 조기중재에 대한 좋은 이론적 근거를 제공해 준다. 연구자들은 다음의 것들을 제시하고 있다.

1. '발달시기의 원리'는 중재가 더 빨리 이루어지고 더 오래 계속되는 것이 상대적으로 나중에 시작되고 짧은 기간에 이루어지는 것보다 더욱 효과가 있는 것으로 제안한다.
2. '프로그램 강도의 원리'는 프로그램을 설계할 때 가족들이 참여한 정도는 물론 중재자들 사이에 연계한 기간에 따라 성공할 확률이 달라지므로 자연스러운 상황에서 더욱 집중적으로 프로그램을 설계할 것을 제안한다.
3. '학습경험의 직접적 또는 간접적 제공 원리'는 부모들이나 아동의 다른 양육자들이 치료를 제공할 수 있도록 훈련시키는 것보다는 아동들에게 직접적으로 서비스를 제공하는 것이 더욱 효과적이라고 제안한다.
4. '프로그램의 영역 및 유연성 원리'는 다양한 방법으로 가족이나 아동들의 요구를 충족해 주는 포괄적인 프로그램은 중재 서비스에 대해 제한적인 프로그램보다 긍정적인 결과를 제공한다고 제안한다.
5. '프로그램 효과의 개인적 차이의 원리'에서는 모든 아동들이 제공되는 서비스들로부터 똑같은 효과를 나타내는 것이 아니며, 한 아동의 치료 초기에는 그 아동에게만 적합한 하나의 강력한 중재 프로그램이 적절할 것이라고 제안한다.
6. '발달적 환경의 유지와 생태학적 영역의 원리'는 아동들이 중재를 받는 동안 학습한 기술들을 유지할 수 있도록 도울 수 있는 환경적인 지원 시스템이 없다면, 아동들이 획득한 기술들은 시간을 지나면서 유지하기 힘들 것이라고 제안한다.

이 모든 것을 고려할 때 이 원리들은 말-언어치료사들이 언어장애로 진단된 어린 아동이나 발달상 언어장애의 위험을 가진 아동들을 다루기 시작할 때 프로그램 권고사항들에 대한 지침을 많이 제공한다.

3) 언어중재와 중재자들에 대한 정의

ASHA에 의해 행해진 2003년 조사자료에 따르면, 이 표집의 말-언어치료사 대다수가 학교나 건강치료센터 등에서 전일제로 일하며, 정기적으로 언어장애 아동들을 치료하고 있었다. 학교에 근무하는 말-언어치료사들은 자폐증/전반적 발달장애(PDD), 주의력 결핍 과잉행동 장애(ADHD), 학습장애(LD), 화용론/사회적 의사소통, 읽기, 쓰기, 조음/음운장애, 단순언어장애(SLI) 아동들을 다루고 있는 것으로 나타났다. ASHA의 2006년 학교 조사에 따르면, 평균 70%가 정규적으로 이러한 장애 아동들에게 서비스를 제공하는 것으로 나타나고 있다(ASHA, 2006). 조음/음운장애 아동들은 91%였다.

조기언어장애 아동들을 위한 우리의 역할을 어떻게 확립하고 이해해야 하는지에 대하여 최근 몇 가지 변화가 있다. 첫 번째 변화는 협력 모델의 재정비와 언어촉진에 대한 책임이 학급담임들에게 할당되는 것이다(이 주제에 대한 더 많은 정보는 제3장 참조).

두 번째 변화는 초학문적 팀 모델이 전통적인 다학문적 팀 접근과 간학문적 팀 접근보다 더 자주 실행되었다는 것이고, 다양한 전문가들이 어린 아동의 치료 프로그램을 계획하고 제공하는 데 참여한다는 것이다. '역할 전환'이라는 개념은 초학문적 팀 모델에 있어서는 필수적인 개념인데, 이것은 팀 구성원들이 중재 대상자에게 포괄적인 서비스를 제공하기 위해 필요하다면 그들의 전형적인 학문의 범위를 초월하는 것을 의미하는 말이다. 예를 들면 뇌성마비(CP) 아동의 정확한 조음산출을 촉진하기 원하는 말-언어치료사는 언어치료를 시작하기 전에 아동의 근육 과다 긴장성을 줄이는 치료를 먼저 해야 하는데, 이것은 보통 물리치료사들에게 넘겨지는 것이었다. 말-언어치료사의 전통적인 역할은 서비스 수행의 변화에 의해 발생되는 요구들을 충족시키기 위해 다른 역할로 전환된다.

아동의 언어장애 치료에 있어서 말-언어치료사의 역할 중 세 번째 주된 변화는—장애인교육법의 재개정(IDEA 2004)에 의해 부과된—가족들이 아동의 치료와 적절한 중재에 밀접하게 연관되어 있다는 관점에서 가족중심 중재를 제공하도록 하는 것이다(Pletcher, 1995). 가족중심 중재는 가족의 강점과 요구를 중재 프로그램에서 다루어야 한다는 인식에서 접근하는 것이다. 연방법은 가족들이 자녀의 중재 프로그램을 계획하는 데 참여하도록 요구하고, 전문가들이 아동들에게 필요한 치료계획을 선택하고 치료목표를 결정하는 것을 지원하며, 가족들이 중재 계획을 위한 자료를 산출하는 평가 과정에 먼저 참여한 후에 중재 프로그램을 계획하는 데 참여하도록 요구하고 있다(연방법이 어떻게 취학 전 아동들을 위한 서비스 제공 선택에 영향을 미쳤는지 더욱 많은 이해를 원한다면 제3장 참조).

발달이 지연되는 아동들이 없도록 하는 2002년 법안(NCLB)과 함께 IDEA 2004에서는 말-언어치료사들이 아동들의 구어 및 언어장애 예방에 함께 참여할 것을 권하고 있다.

NCLB는 특히 교육자들이 보여 주는 교수기법의 활용과 확인에 초점을 둔다. 따라서 근거 기반의 의사소통 중재(evidence-based practice, EBP)를 다룬 언어병리학 분야의 연구 문헌이 증가하고, 그 결과는 연방법에 반영되어 의사소통 중재의 근거 기반으로 더욱 심도 있는 논의가 이루어지게 될 것이다.

이 장에서 언어중재는 언어학습을 촉진하도록 설계된 교수적 상황의 실행, 촉진, 치밀한 계획 등으로 정의된다. 언어중재를 필요로 하는 아동과 그 가족들의 요구와 능력들에 따라 언어중재 프로그램은 달라지는데, 이는 '누가' 중재에 참여하는가, '어디서' 중재가 이루어지는가, 치료 목표는 '무엇'인가 등에 따라 교수적 상황 안에서 대상 아동에게 제공될 교수구조의 정도가 달라질 것이다.

말-언어치료사들이 언어중재의 목표나 중재의 양식을 알고 있는 것은 언어중재를 받을 아동들을 위해서도 중요하다. 그것은 어떤 언어중재 프로그램의 목표에 대해 아동이 언어중재를 종결할 준비가 되었음을 입증함으로써 언어중재 프로그램을 종결해도 된다는 합리적인 근거가 되기 때문이다. 이것은 적어도 두 가지 방법에서 이루어진다. 하나는 중재를 받는 대상자가 정확한 자기 점검 기술을 발달시켜 스스로 임상가가 되도록 돕는 것이다. 그러므로 중재 대상자는 치료 상황에서만 특별하게 기술을 배우는 것이 아니라, 일반적인 상황에서도 새로운 학습을 촉진할 수 있도록 하는 기술들을 배워야만 한다. 중재 대상자가 수용될 수 있는 언어표현과 수용될 수 없는 언어표현(효과적 · 비효과적 의사소통)의 차이를 정확하게 구별하기 시작하면, 새로운 것에 대한 일반화를 성취하기 위한 필수적인 능력이 습득되는 것이다. 자기점검이 이루어지면 중재 대상자는 임상가의 중재 없이 스스로 지속적으로 학습을 확대해 나갈 수 있다.

'계획적 진보'를 성취하기 위한 두 번째 방법은 중재 대상자와 비슷한 연령, 교육, 문화배경을 가진 사람들의 정상적인 발달에서 전형적으로 관찰되는 일반적인 언어능력을 중재 대상자에게 적용하는 것이다. 여기서 학습기술보다 중요한 것은 중재 대상자가 현재 언어를 사용하는 모든 장면에서 성공적인 의사소통자임을 나타내는 것이다. 중재 대상자 중 특히 문화적 · 언어적으로 다른 중재 대상자를 고려하여, 의사소통 상황을 바꾸는 것은 다양한 문화, 다양한 언어를 가진 대상자를 배려하는 것이다.

적절한 치료 종결은 치료를 받는 동안 중재 대상자가 목표를 성취함으로써 치료 서비스를 중지하고 그에 따라 추가적인 중재 서비스가 더 필요하지 않는 것을 의미한다(Fey, 1988; Olswang & Bain, 1985). 그리고 비록 일반화 입증이 매우 중요하긴 하지만, 아동의 치료가 잠시 멈추더라도 치료 시간에 달성한 목표들을 유지할 수 있는 능력 또한 중요한 것이다. 그러나 치료 종결은 신중하게 이루어져야 한다(Fey, 1988). 다시 치료를 시작하려면 중재 대상자가 치료 과정에서 학습한 새로운 개념들을 유지하지 못한다고 입증되어야만 가능할 것이다. 1997년 장애인교육법 재개정에서 구어 및 언어중재 종결 기준은 다음의 조건 중 하나 또는 그 이상의 것들이 충족되었을 때라고 정의하고 있다(ASHA, 2000a).

- 아동의 부모들이 아동이 더 이상 서비스를 받을 필요가 없음을 요구할 때
- 아동을 위해 계획한 모든 목표가 이루어졌고 더 이상의 중재가 필요 없을 때
- 비록 치료전략들을 수정하긴 했지만 측정될 정도의 치료효과가 더 이상 드러나지 않을 때
- 아동의 교육적 수행이 더 이상 자신의 언어장애에 의해 영향을 받지 않을 때
- 아동이 치료에 참여하는 것에 대한 동기 부족이 나아지지 않을 때
- 아동이 치료효과를 얻는 것을 일시적이나 지속적으로 방해하는 상황일 때
- 통합환경의 교육적 서비스 상황에서 아동에게 더 이상의 특수교육이나 관련 서비스의 필요성이 없을 때

이 장의 다음 내용에서는 어린 언어장애 아동을 위한 치료 계획을 세우는 데 종사하는 말-언어치료사의 의사결정 과정에 대해 살펴보기로 한다.

2. 조기언어중재에서 말-언어치료사의 역할

1) 조기언어중재의 효과

이미 보고한 것처럼(Ramey, 1998), 일반적으로 문제의 원인이 유전적이거나 환경적일 때 의사소통과 언어장애를 조기에 정의할수록 중재에 도움이 된다(Warren & Kaiser, 1988). Bricker(1986)는 아동의 조기학습은 그 다음에 이루어질 정규 학습을 더욱 공고하게 하는 데 필요하고 조기중재는 말-언어치료사와 다른 전문가들이 '가족과 아동에게 2차적인 장애와 관련 장애의 발생을 예방하도록 하는 적절한 지원체계'를 세우도록 하는 데 유용할 것이라고 말하였다(p.30). 말-언어장애는 아동의 성장과 발달에 전반적인 영향을 미치기 때문에 중재 시작을 연기하는 것은 장애가 아동에게 상당한 영향을 미치게 될 것을 의미한다. 서비스 활용에 대한 정보 부족이나 가족들에게 언어중재가 가장 최선의 접근

임을 납득시켜야 하는 어려움 때문에 중재 서비스가 시작되어야 할 기간이 길어지면 대부분의 아동들이 언어학습 과정에서 중요한 시기를 놓치게 된다.

조기중재 효과에 대한 입증은 언어습득 이전의 발달이 언어능력 습득에 결정적임을 입증한 연구자료로부터 나왔다(Leonard, 1991). 여기에 최근 연구기술은 유아들은 생후 1년쯤엔 자신을 둘러싸고 있는 세계에 대해 더욱 많이 알게 된다는 것을 알려 주고 있다(Rovee-Collier, Lipsitt, & Hayne, 1998). 따라서 중재 시작을 연기하게 되는 것은 어린 언어장애 아동들이 정상적으로 발달하는 또래보다 크게 지체되게 할 수 있는 잠재적 영향력을 가지게 된다.

'말이 늦는 아동'(Kelly, 1998)에 대하여 지속적인 관심을 가져왔는데, 이들은 어휘와 단어조합에서 지체되는 아동이며, 가끔 빠르면 18개월에 '말이 늦는 아동'으로 정의되지만 2세경에 '말이 늦는 아동'으로 정의되는 경우가 더 많은 것으로 알려져 있다(Rescorla, 1989). 비록 '말이 늦는 아동'으로 정의된 많은 아동들이 3~4세경이 되면 그들 또래들이 발달하는 것만큼 따라잡지만 대부분의 연구에서 '말이 늦는 아동'의 25~50%는 여전히 언어발달이 지체된다고 지적하였다(Leonard 1998). 종결된 연구자료를 주의 깊게 살펴보면, 아동을 '말이 늦는 아동'으로 명칭하는 것에 대한 문제가 제기되는데, 이것은 대부분 수용언어와 표현언어 기술 두 측면 모두에서 발달이 지체되는 아동에게 명명되는 것으로 나타는 것이 일반적이다(Olswang, Rodriguez, & Timler, 1998). Capone과 MacGregor(2004)는 최근의 보고를 통해 표현언어에서 지체된 것 외(정상적인 수용언어, 정상적인 비구어 의사소통기술 등)에 다른 언어장애의 증상을 보이지 않는 '말이 늦는 아동'들은 그들의 또래 아동들의 발달수준에 맞게 발달하는 경향이 있었다고 지적하고 있다.

Leonard(1998)는 말이 늦는 아동을 3세 이전에 언어장애로 판별하는 것은 주의를 기울여야 한다고 주장한다. 그러나 이러한 견해에 대해 3세 이전의 언어장애 위험군 아동들에게 중재가 부적절하다고 해석해서는 안 된다고 제안한다. 반대로 이러한 아동 중 또래들과 비교하여 점점 지체될 잠재성을 가진 아동들에게 조기중재가 필요하다고 제안한다.

어린 언어장애 아동을 위한 중재 프로그램 중 몇 가지는 아동들이 무엇을 할 수 있는지를 결정하도록 언어장애 유아 혹은 언어장애 위험을 가진 유아와의 의사소통 상호작용 방법을 부모들에게 가르치는 것에 중점을 둔다(Klein & Briggs, 1987; MacDonald & Carroll, 1992a; Sparks, 1989). 비록 말-언어치료사는 이러한 유형의 프로그램을 수행하기 위해 유아들을 주의 깊게 평가해야 하지만, 직접적인 훈련의 초점은 종종 부모들에게 먼저 주어지므로 부모들은 아동들이 수업에서 배운 것을 가정에서 최상으로 수행할 수 있도록 취학 아동을 위해 설계된 수업 프로그램에서 중요한 치료요원이 될 수 있도록 훈련되어야 한다.

2) 언어장애의 연속

조기언어 중재에 대한 관심이 급격히 증가된 다른 이유는 취학 전에 언어장애로 진단되어진 아동들이 후에 학업 과정에서 언어학습장애로 진단되어지는 경우가 종종 있다는 인식으로부터 출발되는 것 같다(Aram, Ekelman, & Nation, 1984; King, Jones, & Lasky, 1982). 언어중재가 다수의 이러한 아동들에게 제공된다는 사실에도 불구하고 그 문제는 지속될 것이다. 말-언어장애로 진단된 어린 아동의 추수 연구에서 발견된 것은 이러한 언어장애 아동의 대다수가 여전히 언어장애의 징후를 보이고 있거나 그들이 초기 언어장애로 진단된 후에도 수년 동안 추가적인 학습문제를 가진다는 것이 지속적으로 증명된다는 것이다. Maxwell과 Wallach(1984)는 "조기에 언어장애가 너무 커져버린 대다수의 아동에 대한 사회적 통념들은 이 연구에 의해 깨져버렸다"고 보고하였다(p.20). 언어지체로 진단된 어린 아동들에 대한 연구들(Rescorla & Schwartz, 1990; Scarborough & Dobrich, 1990)은 이러한 아동들이 또래의 정상 발달에 이르려면 우리가 기대한 것보다 더 많은 시간이 걸린다고 지적한다.

만약 언어학습장애가 오랫동안 변화되지 않는다면 이들의 삶은 어떤 영향을 받을까? Records와 동료들(1992)은 언어학습장애를 가진 젊은 성인들이 경험한 삶의 질에 대하여 연구를 하였다. 흥미롭게도 이들은 개인적인 행복감, 그들의 삶에 대한 만족감, 교육, 그들의 직업 그리고 가족에 관한 자아인식에 대해 질문을 받았을 때 그 결과가 언어학습장애 이력이 없는 젊은 성인 대상자 통제집단의 대답 결과와 유의미한 차이가 없다는 것을 발견하였다. 그러나 언어학습장애를 가진 집단과 그렇지 않은 집단 간의 경제적인 수입, 학업성취를 객관적으로 비교하면 뚜렷한 차이가 나타나며, 이 비교에서는 언어장애를 가진 그룹이 유의미하게 낮은 수준의 성취를 나타내었다. 연구자는 이러한 결과로 "언어장애가 개인의 객관적인 부분과 연관이 되지만 주관적인 부분과는 연관이 되지 않음을 나타낸다"고 지적하였다(p.49).

언어학습장애의 장기적인 영향 중 하나는 아동의 구어언어 능력과 문해기술 습득 사이의 관계에서 분명하게 연관을 가지는 것이다. 두 영역의 관계는 복잡하고 발달 과정이 모두 동일하게 이루어지는 것이 아니므로(Wallach & Butler, 1994), 구어는 문해학습에 영향을 주고 반대로 문해능력 발달은 구어산출에 영향을 주기도 한다. 예를 들면 학교에서 책 읽기를 통해 문어체 이야기 형식에 익숙해진 아동은 집에서도 학교에서의 이야기 형식을 당연하게 여길 것이다. 구어표현에만 중점을 둔 아동을 위한 언어중재 프로그램을 구상할 때 말-언어치료사들은 그 학생에게 프로그램을 진행시킬 때 의도적으로 문해를 위한 환경도 계획해야 함을 유념해야 한다(Catts & Kamhi, 1998).

Snyder(1980)는 오랜 기간 제공되는 언어중재 서비스에 대해 몇 가지의 비판을 하였다. 그녀는 언어장애로 진단된 학령기 아동들에게 제공되는 언어중재 프로그램은 아동들의 효과적인 읽기에 거의 영향을 주지 못한다고 지적하였다(p.40). 그녀는 읽기를 성공적으로 하기 위해 꼭 필요한 기술인 구문예측과 추론은 어린 아동을 위한 언어중재 프로그램에서 일반적으로 다루어지지 않았다고 지적하고 있다. 그녀는 읽기와 쓰기를 배우는 데 필요한 특수한 능력의 몇 가지는 학령기 아동들을 다루는 말-언어치료사들에 의해 무시된다고 말한다. Fey, Catts와 Larrivee(1995)는 학교에 배치된 아동들의 학업 및 사회적 요구들에 대해 토의하고 언어장애를 가진 학령기 아동들의 이러한 요구들을 충족시키도록 준비하는 방법을 제안하였다.

그리고 언어장애를 가진 많은 학령기 아동들은 구어언어 능력은 해결되었지만 읽기와 쓰기에 있어서는 어려움을 가지는 것으로 나타나고 있고(Stothard et al., 1998), 많은 수의 연구자들은 말-언어치료사들이 새로운 문해기술의 특별한 교수를 포함할 것을 권장하고 있다(Justice & Ezell, 2004; Kaderavek & Justice, 2004). 특별히 책이나 인쇄물이 많은 도움이 되긴 하지만, 책과 프린트를 함께 지도하기, 음운인식, 철자인식과 명명하기 등을 포함한 더욱 포괄적이고 명백한 교육과정뿐만 아니라 쓰기 연습은 아동이 읽기와 쓰기를 준비하는 데 더 효과적일 수 있다.

3) 언어중재의 '장소'와 '방법'의 결정

이미 앞에서 지적한 것처럼 말-언어치료사들이 자신들을 어떻게 인식하는지 그리고 그들이 수행한 임상적 서비스들을 고려한 태도와 '경향'들은 시간이 지나면서 변화되어 왔다(Miller, 1989). 또한 말-언어치료사들이 언어중재를 가장 일반적으로 수행한 장면들도 변화되어 왔다. 사실 임상적 서비스를 위한 전형적인 장면들의 변화는 지난 수년 동안 극적으로 이루어졌는데, 이는 많은 부분이 연방법의 실제적인 변화에 기인한 것이다. 이것은 놀라운 일이 될 수 없는데, 말-언어치료사의 역할인식의 일반적인 변화뿐 아니라 그들 서비스에 대한 수요의 증가와 조화를 이루며 변화가 주어졌기 때문이다. 표 9.1은 세 가지 다른 언어중재 장면들의 강점과 약점에 대해 서술하고 있다. (1) 완전분리 모델, (2) 학급 모델, (3) 연합된 협력적 자문 모델이 그것이다. 말-언어병리학 분야의 전문가

표 9.1 서비스 실행 모델의 강점과 약점

모델	강점	약점
완전분리	• 아동들이 학급활동으로 인한 주의산만이 적음 • 아동들이 덜 위협적이고 덜 경쟁적인 분위기에서 학습/연습할 기회가 주어짐	• 언어 학습 장면들이 탈맥락적임 • 학급으로부터 배제될 수 있는 낙인을 찍음으로써 아동이 중요한 수업시간을 놓칠 수 있음
학급	• 치료사는 아동의 언어가 어디에서 일어나야 하는지에 대한 문제 발생 시 언어적 어려움을 경험할 수 있음	• 다른 교사나 학생의 주의력을 분산시킬 수 있음 • 아동에게 낙인을 찍음으로써 아동이 특별한 지원 서비스를 제공받는 것에 주목을 받도록 함
협력적 자문	• 중재전략들이 치료사에 의해 교사에게 지도됨 • 교사는 초기 중재자임 • 또는 교사와 치료사는 아동의 프로그램을 위한 서로의 책임과 상호 존중을 나눔	• 교사는 언어치료사를 중재 서비스를 제공하는 치료사로만 인식할 수 있음 • 교사는 자신이 너무 잡무가 많다고 인식할 수 있음

들은 새로운 모델을 개발함으로써 각 모델의 약점을 해결하거나 이미 제시된 모델들을 바꾸려고 시도하였는데, 이러한 내용은 그림 9.1에서 잘 보여 주고 있다.

(1) 완전분리 모델

전통적으로 말-언어치료사들은 학교에 다니는 언어장애 아동들을 위한 서비스 제공 모델로 완전분리 모델을 선호한다. 장애를 가진 취학 전 아동을 위한 학급 프로그램이 더욱 일반화되어 있는 것과 함께 이러한 접근방법은 매우 어린 아동들에게도 활용되는 경향이 있다. 완전분리 모델에서 학생들은 말-언어치료사들과 개인적이거나 집단(보통 유사한 문제를 나타내는 다른 아동들로 구성)별로 치료를 받기 위해 가정이나 학급환경에

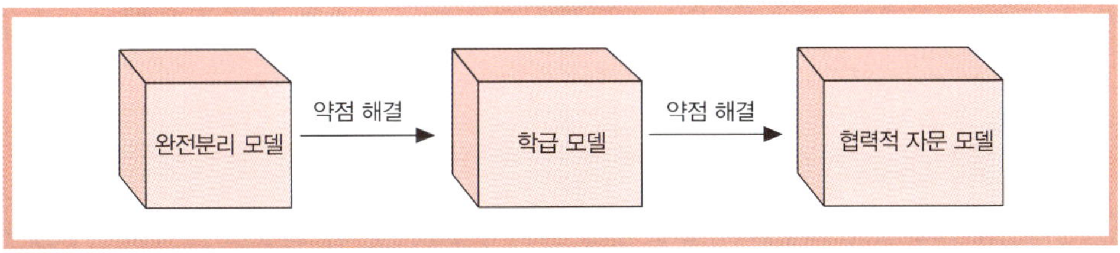

그림 9.1 언어중재 서비스 실행 모델 사이의 관계

서 분리된다.

이 치료는 전형적으로 아동의 학급 또래들로부터 분리된 작은 방이나 장소에서 이루어졌고 개별 혹은 집단치료 모두에서 활용되었다. 이 모델의 이론적 근거는 언어장애 아동을 학급으로부터 분리시키는 것은 특정한 치료 목표를 다루기 위해 조용한 장소를 제공해야 한다는 것이다. 이것은 언어장애 아동이 산만해지는 것을 최소화시킬 뿐 아니라 언어장애를 가지지 않은 학급 또래들의 학급 프로그램을 방해하는 일이 없도록 치료를 제공하는 것이다.

이 모델의 잠재적 단점은 아동이 언어문제를 가지고 있다고 낙인이 찍히는 것과 언어장애를 가지지 않은 학급 또래들이 그들과 다른 아동으로 낙인을 찍을 수 있다는 것이다(Brush, 1987). 또한 이 모델은 그 아동들이 중재받은 언어를 사용할 수 있는 바로 그 일반적인 장면에서 분리되어 버린다는 것이다. 완전분리 모델을 통하여 언어는 자연스러운 환경적 맥락이 없는 상황이나 인위적 · 비현실적 환경에서 이루어지는 것이다. 일반화를 위한 가장 중요한 방법은 이러한 완전분리 상황을 제거하는 것이다. 사설기관이나 지역사회 치료실에서 치료를 받은 아동들에게 주어지는 언어중재는 완전분리 모델 장면에서 주어지는 환경과 유사하다는 것을 알아야 한다. 만약 말-언어치료사들이 어린 아동들에게 치료 장면과 다른 장면(집, 학교 등)에서 의사소통을 하도록 돕지 않는다면, 아동들이 치료에서 배운 전략과 체계를 치료실 밖에서 적용할 것이라고 기대할 수 없을 것이다.

장애를 가진 아동들이 최소제한 환경에서 적당한 서비스를 받아야 한다는 법적인 의무조항에 의해 완전분리라는 개념이 없어졌는데도 불구하고, 말-언어치료사에 대한 2003년 총괄적인 조사보고서(ASHA, 2003)에서는 보통 학교중심의 치료사들은 전통적인 완전분리 서비스를 제공하는 데 주당 거의 20시간을 소비한다고 밝히고 있다. 이에 비해 이러한 말-언어치료사들은 협력적인 자문에는 주당 90분만 소비하는 것으로 보고하고 있다.

특히 연방법은 조기중재 서비스는 장애를 가지지 않은 아동들과 동일한 자연적인 환경에서 가능한 자주 언어중재가 제공되어야 하는 것을 의무화하고 있다. 비록 그것이 아동 개인의 치료 성공을 위해 중요한 것으로 판단되긴 하더라도 언어중재를 위해 아동을 학급 또래들로부터 분리시키는 것은 너무 제한적인 환경이 될 것이다. 따라서 치료환경은 정상화를 촉구해야 한다.

(2) 학급에서 중재

언어발달의 사회적 기능을 위한 측면과 언어학습의 필요는 완전분리 모델에서 일어날 수 있는 문제들을 개선하도록 시도할 것이다. 이에 대한 하나의 해결책으로 학급 자체에서 구어-언어중재가 제공되었다. 취학 전 아동이나 유치원생, 초등학생들에게 나타나는 언어를 포함한 교육적 · 사회적 요구와 같은 문제들은 학급에서 나타나기 때문에 아동은 학급에 배치되어야 한다. 학급은 또한 교사들과 학생들 간에 또 학생과 또래들 간에 더욱 자연스러운 의사소통의 기회를 제공하는 경향이 있다. 학급에서 치료를 제공하는 말-언어치료사들은 아동에게 나타나는 문제 상황을 더 많이 관찰하는 기회를 가지게 되고, 의사소통의 약점을 치료하기 위해 실시간으로 지원하거나 제언하게 될 것이다. 이것은 교육과정 중심의 치료를 위한 완벽한 기회가 된다.

학급중심 접근의 어려움 중 하나는 학급의 일상은 학급담임과 서로 다른 목적으로 일을 하는 학급관계자들의 출현에 의해 영향을 받을 수 있다는 것이다. 그것은 학급담임은 학급의 모든 아동에 대한 정보를 가지고 있지만, 말-언어치료사는 보통 언어와 관련된 1명이나 몇 명의 학생에 대한 정보만을 가지고 있다는 것이다. 말-언어치료사가 대상 아동과 상호작용을 하면 그들에게 주의가 집중될 것이고 다른 아동들이 학습과제를 완성하기 위해 학급담임에게 집중하는 것을 방해하게 될 것이다. 게다가 언어장애 아동은 학급에서 여전히 추가적인 지원을 받아야 하고, 이러한 차이에 대해 아동이나 학급 또래들은 부정적인 시선을 가지고 보게 될 것이다(Jenkins & Heinen, 1989). 따라서 비록 학급에서 치료하는 것이 완전분리 접근에 의해 발생하는 몇 가지 문제들을 없애기는 하지만 중재 아동들을 돕기 위한 다른 문제들을 또한 야기할 것이다.

(3) 협력적 자문

서비스 제공을 위한 세 번째 선택은 협력적 자문 모델이다(Frasinelli, Superior, & Meyers, 1983). 실질적으로 우리가 자문이라는 용어를 사용할 때 우리는 가족들에게 말-언어치료사와 학교 관련자들 간의 상호작용이 가능한 모델을 언급한다(Marvin, 1987). 학급에서 자문가로 서비스를 제공함으로써 말-언어치료사들은 완전분리 모델이나 학급 모델에서의 약점 몇 가지를 제거할 수 있다. 게다가 전문가들 역시 다른 영역의 전문지식에 대해 더욱 배우게 될 것이다. 학급담임은 어떻게 의사소통이 촉진되는지에 대해 더욱 배우게 될 것이고, 말-언어치료사는 학급 교육과정과 요구에 대해 더욱 배우게 될 것이다(Prelock, Miller, & Reed, 1995)(협력적 자문 서비스에 대한 더 자세한 내용은 제3장 참조).

아마도 협력적 자문 모델이 완성될 수 있는 다양한 방법이 있을 것이다. Prelock와 동료들(1995)은 언어치료사들과 학급교사들 간의 협력적 파트너십이 포함된 학급언어(LIC)

프로그램에 대해 설명하고 있다. 이 특별한 프로그램에서 협력의 효과는 평가를 포함하는데, 여기에는 "의사소통장애를 가진 학생들뿐 아니라 언어와 학습문제에 대해 위험을 가진 학생들의 목표 장면, 계획, 중재의 완성이 포함된다"(p.286). 서비스의 또 다른 접근방법은 Farber, Denenberg, Klyman와 Lachman(1992)이 언어자료실(리소스룸) 수준의 서비스라고 설명하는 것으로, '학급, 팀티칭 모델, 순회지원 그리고 상담서비스' 측면의 협력이 그것이다(p.293). Farber와 동료들(1992)은 말-언어치료사들이 잠재적으로 치료 선택권이 가능한 프로그램 작성의 필요에 따라 협력교사, 상담가 또는 직접적 서비스 제공자의 역할을 맡을 수 있다고 제안한다(p.293).

보통 **통합**이나 **완전통합**이라 일컬어지는 일반교육주도(REI)에 대한 인식이 없이는 학급에서의 구어 언어 서비스에 대한 어떠한 논의도 완성될 수 없다(Wolery & Willbers, 1994). 모든 아동에게 '최소제한환경'에서 적절한 교육을 제공하도록 의무화하고 있는 연방법에 따라(P.L.94-142, 1975; P.L.99-457, 1986; P.L. 101-576, 1990; P.L. 105-17, 1997; and the reauthor-ization of IDEA, 2004), 많은 주의 교육청과 사립학교들이 이러한 일반교육주도(REI)의 개념에 얼마간 따라야 하는 것으로 해석하면서 특수교육과 일반교육은 하나로 합쳐지고 있다(Stainback & Stainback, 1990).

정의에 의하면, 완전통합 지지자들은 '최소제한환경'이라는 것은 모든 아동이 그들의 장애수준에 관계없이 일반학급에 통합되는 것이라고 믿고 있다. 완전통합의 지지자들인 Stainback, Stainback과 Forest(1989)는 '통합'의 개념을 아동에게 최소한의 교육환경을 제공한 실행의 논리적인 결과로 보았다. 이러한 관점에는 차이도 분리도 특수학급도 존재하지 않는다. 그러나 이들은 통합은 단지 주류화 이상의 의미가 있다고 믿고 있다. 그들은 "통합된 학교는 통합된 아동들의 교육적 요구를 충족시키기 위해 학교의 구성원들과 그들의 또래들로부터 도움을 받고, 그들 모두가 학교에 소속되고 수용되고 지원되는 장소이다"라고 보고하고 있다(p.3). 통합 학급 모델에서 "초점은 장애 아동이 통합되어 있는 학교나 학급을 어떻게 관리하고 지원하며 통합된 모두의 요구를 충족시킬 것인가 이다"(p.4). 통합의 이론과 실제에 대한 보다 포괄적인 논의는 제3장에 기술되었다.

최근에 나타난 또 다른 중재는 중재반응(또는 RtI) 모델이다(Ehren & Nelson, 2005). RtI 모델은 말-언어치료사들이 이전의 평가에서 의사소통장애의 징후를 보이고 언어장애로 진단받은 아동에게 일반학급에서 중재를 제공하는 혁신적인 모델이다. RtI 모델에 대한 더욱 정확한 설명은 다른 곳에서 제공될 것이다. 여기에서는 RtI 모델이 문화와 언어적 차이와 관련된 진단상의 오류를 최소한으로 줄이는 확실한 방법을 제시한다고 언급하는 것에 그치기로 한다.

3. 언어중재에 대한 말-언어치료사의 책임

1) 치료결과 평가에 대한 접근양식

만약 당신이 포괄적 관점을 가지고 있다면, 언어장애로 진단된 아동과 접촉을 가지는 모든 영역의 사람들에게 언어촉진과 치료에 대한 책임이 돌아갈 것으로 생각하는 것은 당연한 일이다. 여기에서는 부모, 학급담임, 말-언어치료사들이 언어중재에 전형적으로 무엇을 가지고 올 것인지에 대한 대략적 내용을 제시한다. 분명히 말-언어치료사들은 중재 서비스들을 제공하도록 훈련된다. 따라서 언어발달에 대한 확실한 지식을 가지는 것은 물론 아동의 언어장애 평가절차에 대한 최근의 정보를 가지는 것은 중요하다(Wiss, Tombline, & Robin, 2000). 언어발달이 아동의 성장 발달 과정 중 단지 한 영역임을 인식하는 것과 정상적인 인지, 사회-정서, 신체발달 유형을 이해하는 것은 중요하다. 학습이론에 대해 이해하는 것 또한 중요한데, 이것은 언어치료 프로그램, 기술, 이론적 근거 등의 더욱 특별한 지식과 함께 중요하다. 치료효과에 대한 연구는 새로 부상하고 있는 연구 영역이므로 말-언어치료사들은 중재 대상자들의 유형에 따라 효과적이고 효율적 언어촉진 전략으로 간주된 내면화된 자료를 계속해서 새로운 것으로 준비해야 한다.

그러나 언어중재의 성공은 지식적 풍성함보다 더 많은 것을 필요로 한다. 여기에는 치료의 과학적 성격과는 다소 거리가 있는 치료예술이 있다. Goldberg(1993)는 치료사의 바람직하고 전형적인 특성을 "방어적이지 않고 확신을 가지고 중재 대상자 각 개인들을 수용할 수 있는" 사람이라고 하였다(p.40).

게다가 미국의 실재적인 인구통계는 변화하였기 때문에 그들의 문화적 배경에 따라 언어중재를 받는 사람들의 분포가 변화되어 왔다. 이러한 변화를 인식하고 Hansom(2004)은 "개인적 차이뿐만 아니라 집단적 문화 다양성을 고려하는 것과 그것의 가치를 아는 것은 중재자들에게 중요한 것이다"라고 제안하였다. Lynch(2004)는 자신들과 다른 문화적 배경을 가진 가족들과 함께 일하는 중재자들은 다른 문화의 잠재적 학습경험에 초점을 두거나 성취할 만한 치료 프로그램의 개발을 위해 서로의 차이에 대한 개방된 견해를 가짐으로써 그들의 의사소통적인 효과를 강화시킬 수 있을 것이라고 제안하였다.

언어발달과 언어장애에 대한 기초 지식을 가지는 것과 함께 말-언어치료사들은 어떤 아동이 정상적으로 언어발달을 하였고 어떤 아동이 비정상적으로 언어발달을 하였는지를 결정하는 데 정보를 활용하는 방법에 대해 알아야만 한다. 언어발달에 문제가 있는 것으로 나타나면 언어중재가 필요한지의 여부가 결정되어야 한다. Olswang과 Bain(1991)는 여기에 대한 세 가지 방법을 서술하였다. 개인 이력, 즉 중재 대상자가 어떤 특정한 시점에 알고 있는 것에 대한 서술, 역동적인 평가, 즉 중재 대상자가 환경적 지원과 단서로부터 이익을 얻을 수 있는 범위에 대한 분석, 모니터링(또는 추적), 즉 장래의 발달을 예측하기 위해 시간이 지난 후 살펴보는 체계적인 평가 과정 등은 치료를 위한 적절한 권고를 촉진하는 의사결정 과정에 포함된다(p.255). 연구자들에 의하면, 치료준비를 위한 두 가지 중요한 결정은 서로 다른 언어요소에 대한 능력이나 언어능력과 인지능력 간의 유의미한 차이와 중재 대상자가 언어수행에서 변화할 준비가 된 증거 등이다. 특히 개인 이력과 역동적인 평가는 언제 중재를 시작할 것인지에 대한 단서를 제공하는 데 매우 유용하고, 추적과 모니터링하는 것은 중재를 결정한 것이 좋은 것이었는지에 대한 평가를 재해석하는 데 사용될 수 있다.

만약 말-언어치료사들이 중재가 필요하다고 확신한다면, 중재에 대한 특별한 계획적인 활동이 입안되어야 한다. 많은 다양한 활동들이 아동을 위한 활동 계획을 개발하기 위해 고려되어야만 한다. 물론 아동의 의사소통 방법, 아동이 이미 가지고 있는 언어의 양, 전형적으로 사용되는 언어의 양이 고려되어야 할 것이다. 치료사는 아동이 어떻게 하면 최상의 학습을 할 수 있는지뿐만 아니라 아동과 의미 있는 접촉을 하는 부모들 및 다른 사람들이 치료에서 배운 것을 가정환경에서 유지하도록 촉구하는 정도를 고려해야만 한다. 중재결정을 위한 유용한 정보를 산출할 추가적인 질문 목록은 표 9.2에 제시되어 있다.

2) 치료 결정

표 9.2에 나와 있는 질문에 대한 대답들만으로는 아동을 위한 적절한 중재 프로그램을 개발하는 데 적합하지 않다. 유능한 말-언어치료사들은 좋은 중재결정 · 계획은 객관적인 정보와 치료적인 환경을 위한 좋은 느낌이 혼합된 결과로 이루어짐을 알고 있다. 일일이 열거하긴 어렵지만 치료현장에 녹아 있는 경험상의 치료적 실례들이 있다(Records & Weiss, 1990). 치료결정의 이러한 주관적인 부분을 고려하면서 치료사들은 입증되지 않은 편견에 아동이 희생자가 되지 않도록 보호해야만 한다. 연구상의 효율에도 불구하고 어떠한 아동에게 어떠한 중재 프로그램이 최상으로 적합한지에 대한 결정적인 정보는 아직 충분하지 못하다. 따라서 한 아동과 잘 맞는 중재 프로그램이 모든 아동에게 필

표 9.2 언어중재 계획을 개발하는 데 필요한 선별된 정보

1. 아동은 협력적이고 체계화된 과제를 수행할 수 있는가?
2. 아동은 치료사와 학습하기 위해 부모나 양육자로부터 분리될 수 있는가?
3. 그림 자료가 아동에게 효과적인가? 아니면 입체적인 자료가 필요한가?
4. 아동은 수용언어와 표현언어 모두에서 장애를 나타내는가?
5. 아동의 직계 가족 중에 언어장애를 가진 사람이 있는가?
6. 부모들은 자녀가 언어중재 프로그램에 참여하는 것에 대해 관심을 표현한 적이 있는가?
   (a) 만약 그렇다면, 그들은 특별한 활동에 얼마의 시간을 투자할 수 있는가?
   (b) 만약 그렇다면, 부모들은 언어발달지표에 대해 얼마나 알고 있는가?
   (c) 만약 그렇다면, 아동과 상호작용하는 그들의 전형적인 스타일은 지시적인가 아니면 호혜적인가?
7. 아동은 어떠한 언어장애를 나타내는가?
8. 아동이 의사소통을 시도하는 데 좌절감을 느끼는 것에 대해 보고한 적이 있는가?
9. 중재활동이 아동의 주의를 5분간 집중시킬 수 있는가? 아니면 10분? 15분?
10. 아동은 학급 프로그램에 개입하고 있는가?
   (a) 만약 그렇다면, 학급 프로그램의 초점은 무엇인가?(예 : 학습, 학습 전 활동, 보육 등)
   (b) 만약 그렇다면, 아동의 언어장애는 아동이 학급 또래들과 상호작용하는 것을 어렵게 하는가?
   (c) 만약 그렇다면, 아동은 학급에서의 활동을 즐거워하는가?
   (d) 만약 그렇다면, 그 학급에 언어적 어려움을 가진 다른 학생도 있는가? 아니면 발달상의 문제를 가진 아동은?
   (e) 만약 그렇다면, 학급의 담임은 아동의 언어능력에 대한 관심을 나타낸 적이 있는가? 언어중재에 기꺼이 참여하고자 하는가?

연적으로 잘 맞을 것이라고 가정하는 것은 위험한 일이다.

중재접근을 고르는 데 있어 편견을 극복하도록 돕는 하나의 방법은 우리의 이론적 근거와 지원 정보가 유용하게 될 때까지 긍정적인 비판 의식을 유지하는 것이다. 치료 과정이나 진전에 있어 부족한 것에 대한 확증적이고 객관적인 자료수집을 계속하는 것은 치료사들이 하나 또는 그 이상의 치료기술을 가지고 너무 안주하게 되는 것을 방지할 수 있다.

3) 근거 기반의 의사소통 중재

지난 5년에서 10년 사이에 말-언어병리학 분야에서 가장 큰 변화는 아마 치료결정 과정

에서 근거 기반의 의사소통 중재(EBP)에 따른 사정으로의 변화일 것이다. Dollaghan (2007)에 의해 정의된 EBP 항목에는 "체계적인 연구로부터 가장 잘 이용할 수 있는 외적인 증거"(p.2)와 함께 "치료실행에서에 가장 잘 이용할 수 있는 내적인 증거"(p.2)뿐만 아니라 "중재 대상자로부터 얻어진 가장 잘 이용할 수 있는 선호"(p.2)를 포함한다. 따라서 EBP는 연구에서의 발견 이상으로 치료적 전문지식과 중재 대상자의 선호와 가치에 무게를 두고 있다. EBP 적용의 목적은 우리의 모든 중재 대상자들에게 그들이 나이가 많거나 적거나 관계없이 모두에게 최상의 서비스를 제공하기 위한 것이다. EBP에 대한 정보와 개별 지도시간에 대한 것을 알고 싶은 독자들은 미국 구어언어청각협회의 웹사이트(www.asha.org) 방문을 권유한다.

4) 의사결정을 촉진하는 플로차트와 의사결정 분지도

몇몇 치료사들은 의사결정 과정을 돕기 위해 "만약 x라면 y가 된다"는 공식과 함께 플로차트나 의사결정 분지도 등을 활용한다. 몇 년 전에 Yoder와 Kent(1988)는 광범위한 치료 사례 유형들(예 : 아동언어장애, 성인신경장애 등)과 상황들(예 : 치료를 하지 않는 상황, 치료적 상황)을 망라하는 의사결정 도구 모음집을 출간하였다. 많은 말-언어치료사들은 이러한 것들이 숙련된 치료사들의 사례를 단계적으로 검토하는 과정에 특히 도움을 준다는 사실을 발견하였다. 이 접근은 치료사 개개인의 부담감을 줄여 주는 경향이 있고 말-언어치료사들의 경험과 자신의 고유한 치료 분야에서 전문가로서 확실히 자리를 잡은 다른 전문가들로부터 간접적 이익을 얻을 수 있게 한다. 예를 들면 청력, 운동, 인지 또는 사회 · 정서적 발달에서 문제가 발견되지 않는 언어학습상의 어려움을 가진 아동을 위한 중재 프로그램을 계획하는 말-언어치료사를 위해 설계된 플로차트에서, 우리는 아마도 Ellis Weismer(1998)에 의해 설계된 의사결정 분지도나, Paul(2007)과 Nelson(1998)에 의해 제안된 의사결정 정보를 검토할 수 있을 것이다.

어떤 단계가 중재를 계획하는 데 있어서 중요한 것인가? 말-언어치료사들은 아동들의 주양육자들로부터 수집한 개인정보로부터 얻은 모든 초기 면접 정보와 청각사들, 심리학자들, 발달전문가들과 같은 다른 전문가들로부터 얻어진 추가적인 검사 자료들을 고려사항 안에 넣어야 하며, "종합적 의사소통 프로파일"(Weismer, 1988, p.42)로부터 얻은 결과가 포함된 이러한 것은 아동의 요구를 충족시킬 수 있는 정도와 아동의 일상생활에서 언어 및 다른 의사소통 요구가 무엇인지를 결정하는 데 필요하다. 이 프로파일은 기능적인 의사소통에서 영향력 있게 자신의 의사를 전달하는 것에 우선사항을 산출하는 경향이 있다. 게다가 정보입력 부분에서 말-언어치료사들은 아동의 의사소통 수행에 대해 중요한 것을 우선적으로 처리하는 것을 돕기 위해 아동의 가족들을 포함시켜야 한다. 가족들은 의사소통 문제와 관련하여 중요한 정보를 제공할 것이다. 의사소통 기술의 부족함이 가정환경에서도 관찰되는가?

아동의 청력을 평가하는 것은 어린 아동에게 언어장애가 의심될 때 언제든지 언어검사 전에 반드시 선행되어야 할 중요한 전제조건임을 유념해야 한다. 이것은 바뀔 수 없는 것이다. 심리검사를 하는 것 또한 아동이 '특정한 언어장애'를 가진 것으로 고려할지를 결정할 때 제공되어야 하는 것임을 기억해야 한다. 이 진단은 다른 중재 계획을 유발할 수 있고 적어도 아동의 가족들에게 추가적인 서비스를 제안할 필요와 예후적 측면에서 전달될 다른 정보를 제공해 주게 되므로 중요하다.

초기 면접 자료에 의해 제공되는 정보는 말-언어치료사들이 언어장애가 존재하는지를 결정하는 종합 선별검사를 적절하게 선택하는 것을 도와줄 것이다. 말-언어치료사들은 실제로 표준화된 검사형식과 비표준화된 형식 두 가지 모두를 고려해야 하고, 가능한 자연스러운 환경에서 아동을 관찰하는 것과 함께 아동이 의사소통 능력을 발휘할 수 있는 다양한 상황을 포함해야 한다.

말-언어치료사들에 의해 선택된 검사도구의 결과 분석에 따라 중재의 필요성 여부가 결정되는데, 표준화된 자료와의 비교나 아동의 언어에서 연령에 적합한 요구와 관련하여, 아동이 수행에 대한 기대를 충족시킬 수 있는지에 대해 결정하게 된다. 만약 수행능력이 부족하고 검사결과가 정확하다고 생각되면, 아동은 언어장애로 진단된다. 이 시기에 있어 아동이 수용언어와 표현언어 양쪽에서—아니면 한쪽이라도—문제를 나타내는지를 결정하는 것은 중요하다. 이 정보는 예후뿐만 아니라 치료를 선택하는 것에 영향을 미칠 것이다.

목표 선택과 목표 전략 선택에 이어 새로운 정보를 수집하거나 의사소통 행동 변화를 촉진하는 최상의 교수환경에서 아동이 어떻게 반응하는지에 대해 이미 알고 있는 것을 활용하는 것은 중요하다. 이것은 치료에서 최선이 무엇인지에 대해 우리가 가장 먼저해야 하는 '최선의 추측', 즉 진단적 치료 또는 역동적 평가로 볼 수 있다. 플로차트상 이 단계에서 포함되는 것은 중재 동안에 제공된 언어적 입력을 아동이 충분히 활용하도록 우리가 도울 수 있는 방법을 결정하는 것이다. 예를 들면 만약 아동이 언어문제를 가짐으로써 언어구조의 법칙을 배울 수 없는 것으로 나타난다면 언어적 입력이 중재목적에 맞게 적절하게 구조화되지 않을 수 있다. 성공적인 결과를 성취하기 위해 언어적 입력이 어떻게 변경되어야 하는지에 대한 특별한 제안들을 제공할 수 있다. 입력신호(예 : 타이밍, 느리게 말하기) 또는 중요한 언어형태의 강세와 운율적 단서를 바꾸는 것(Bedore & Leonard, 1995; Robertson & Ellis Weismer, 1999)은 중재 안이나 밖 모두에서 아동의 언어적 이해나 오해의 차이를 만들 수 있다.

치료사들에게 중재를 위한 최상의 환경을 결정하는 것 또한 중요하다. 분명하게 중재환경을 선택하는 것은 아동들의 특별한 상황과 중재 서비스의 활용도에 따라 달라질 것이다. 말-언어치료사들은 다행히 중재 선택에 충분히 많은 대안을 가지고 있거나 단지 하나의 선택만을 해야 할 수도 있다. 명백히 아동의 양육자들은 아동을 위한 배치상의 마지막 선택에서 중요한 요소이다. 말-언어치료사들이 가족중심 서비스 중재 모델에서 중요한 부분은 아동의 양육자와 합의하는 쪽으로 일해야 한다는 것을 잊지 않는 것이다.

언어입력을 위한 초기 방법들과 중재환경이 결정되면 치료사는 사용할 특정한 훈련기술을 선택해야 한다. Ellis Weismer(1988)는 치료사들은 신중하게 훈련기술을 선택해야 할 것을 권고하고 있는데, 그 선택은 중재를 위한 언어 목표 영역에 따라야 한다. 강화제 사용에 관한 결정, 피드백 제공방법, 일반화와 유지를 촉구하는 방법 등은 중재 계획의 초기 시점에서 고려되어야만 한다. 이러한 것들은 임의로 결정되는 것이 아니고, 말-언어치료사들이 특정한 중재 대상자를 관찰한 부분과 말-언어치료사 자신의 과거 치료적 경험, 그리고 양육자들로부터 수집한 정보들이 최상의 추측요인이 됨을 기억해야 한다. 장차 그들은 변할 것이고 새로운 정보가 수집될 것이다.

중재결정자로서 말-언어치료사들의 역할은 중재 프로그램의 실질적인 실행으로 끝나는 것이 아니다. 초기 중재결정이 적절하였는지를 결정하기 위해 말-언어치료사들이 진전이 이루어졌다는 주장을 지지하거나 반박할 자료를 체계적으로 수집하는 것도 중요한 일이다. 만약 그 자료가 진전이 이루어졌음을 보인다면, 중재 프로그램은 효과적이었으며 또한 프로그램은 계속되어야 한다. 만약 측정 가능한 진전이 증명되지 않았다면, 치료사는 목표를 선택하고 절차를 개발한 프로그램 시작 단계로 돌아가서 프로그램의 잘못된 부분을 조정할 필요가 있다. 가끔 프로그램에서 큰 변화가 요구되지만, 어떤 경우에는 상대적으로 작은 변화가 중재 대상자를 정상 학습궤도로 돌아가도록 할 수 있다. 그것은 평가는 피드백을 통해 계속 수정 · 보완되는 계속적인 과정이라는 것을 의미한다. Fey(1988)는 특별히 결정을 없애는 것을 다룬 의사결정 분지도에 대해 토의한다. 그는 결코 변경할 수 없는 취소 기준을 조심스럽게 묘사하면서 완성한 중재 프로그램의 조정을 체계적으로 다루고 있다.

4. 언어중재의 준비를 분담하는 다른 사람들

이미 앞에서 언급한 것처럼 어떤 범위에서 언어중재의 필요에 의해 아동과 접촉하는 사람들은 중재에 대한 책임을 분담하게 된다. 아동과 접촉하는 대부분의 개인들은 언어가 사용되고 학습되는 곳에서 상호작용을 위한 기회나 우발적인 언어모델링을 제공한다. 모든 상호작용은 잠재적으로 긍정적인 언어학습 경험들을 제공할 수 있기 때문에 학생의 치료를 담당하는 치료사들의 도전과제는 개별적 언어촉진 가능성의 관점에서 중재 대상자와의 모든 상호작용들을 관찰하기 시작하는 것이다. 언어학습 상황이 미치는 영향을 고려해 볼 때 아동들의 부모, 다른 양육자, 학급담임, 형제자매들과 또래들은 중재 대상자의 특정한 요구, 능력, 상황에 따라 최대 또는 최소한의 범위에서 중재 과정을 분담할 수 있다. 말-언어치료사들이 이러한 기능을 제공하는 최상의 방법을 가르칠 때 이들은 언어 파트너로 잠재적 역할을 수행할 수 있다.

이러한 '다른 사람들'과의 중재 과정 중 가장 밀접하게 연관된 것은 첫째로 훈련되지 않은 상황에서 일반화를 자극하거나 일반화에 반응을 하는 것으로 일반화를 촉구하는 것이고(hughes, 1985), 둘째로 언어학습 자체의 촉진은 좀 더 능력 있는 언어 사용자들은 빈약한 언어학습 경험에서 습득된 아동이 이미 알고 있는 것이 무엇인지 고려하는 것이다(van Kleeck & Richardson, 1988). 이것은 가끔 비계(scaffolding)로 불리기도 하고(Bruner, 1985) 역동적 평가의 개념과 밀접하게 관련되는데, 중재를 위한 준비도를 결정하기 위한 기술로 흔히 언급된다(Olswang & Bain, 1991).

1) 부모들의 역할 : 의사결정과 서비스 제공

1986년 장애아교육법(P.L.99-457)과 관련 법률의 개정에 의해 의무화된 것처럼 부모들은 개별화 가족 서비스 계획(IFSP)이나 개별화교육계획(IEP)을 계획하거나 실행하는 것 모두에서 팀 구성원으로 간주되는데, 전문가들이 다양한 훈련실행 체제를 마련하는 데 실질적인 지원을 한다. 비록 팀의 구성원들이 언어중재의 효과를 향상시키는 것에 대한 대부분의 정보를 가지고 있지 않겠지만, 이 법률은 부모들을 언어중재를 계획하는 데 있어서 아주 중요한 사람들로 간주하고 있다. 서비스 제공기간에 대한 서로의 의견을 존중하고 의견의 합의를 만들어 내는 방법에 있어서 서비스 제공자 집단에 부모를 개입시키는 것은 중재를 성취하기 위한 최상의 방법에 대한 실질적인 방안을 도출해 내기 위해 필요하다(Crais, 1991; Pletcher, 1995). Crais(1991)는 부모들을 서비스를 제공하는 데 포함시키는 것은 중재의 초점을 바꾸거나 관련용어의 사용을 선택하는 데서 그리고 가족중심 치료의 본질에 대해 언급하는 용어가 흔한 것에서도 관찰된다고 보고하였다. 그녀는 또한 "가족들은 평가나 중재에서 동등한 파트너이고, 가족들이 평가와 중재실행 모두에서 의사결정과 연관된 그들 자신의 수준을 선택하도록 허용하고 권장할 것이고, 가족들이 유용한 방법으로 생각한다고 제안한 것은 중재 서비스의 초기 목표가 된다"고 제안하였다(Crais, 1991, p.2).

말-언어치료사들은 서비스 제공에서 가족들의 중요한 역할을 인정하고 중재실행 동안 가족구성원들에게 힘을 실어 주는 수단으로 의사결정 과정에 부모를 포함시키는 것은 문화적으로 예민한 현상으로 작용할 수 있음을 알아야 한다. 그것은 주류문화 배경을 가진 전문가들이 몇몇 소수문화권(아시아인, 히스패닉계인 등)의 가족들과 협력하게 될 때 그 가족들은 아동이 자신의 의사를 표현하도록 하는 전문가로 볼 수 있을 것이다. 만약 부모들이 우선권을 두거나 부여받는 것에 의해 의사결정 과정에 참여하도록 요청된다면, 이것은 소위 전문가들이 덜 유능하고 전문가에 대한 신뢰도가 감소하는 신호일 것이다. 일반적인 관점에서 말-언어치료사가 가족과 다른 문화의 사람일 때 문화의 차이로 인해 발생할 수 있는 오해 가능성, 예를 들면 아동의 건강관리, 아동 양육 일상, 좋은 환경 관리 등을 둘러싼 오해 가능성을 아는 것은 중요하다. Hanson(2004)은 '문화적 충돌'에 대한 오해 가능성을 언급하고 있다(pp. 4-5).

Lynch(2004)는 정보를 전달하는 데 있어 문화가 다른 가족들이 선호하는 방식에 관하여 문화적 차이점을 보고하고 있는데, 어떤 문화는 구두 언어를 통하여 명백하게 전달하는 것을 선호하고, 다른 문화는 참여한 사람들 사이의 관계와 비언어적인 단서, 상황에 내재된 관련 단서의 수단에 의한 함축적 정보전달을 선호한다. 정보전달에 있어서 이러한 두 가지 문화 유형의 차이는 정보를 전달하는 사람에 따라 차이가 있다. '맥락성이 낮은' 문화보다 '맥락성이 높은' 문화에서는 형식적인 면이 더 많이 관찰되는데, 이는 맥락성이 낮은 문화에서는 더 비형식적이고 덜 평등한 상호작용을 하는 경향을 보이기 때문이다(Lynch, 2004). 예를 들면 가족들의 신념과 실행에 실제적으로 부합되지 않거나 양육법의 특정한 유형을 고수하는 가족에 대하여 말-언어치료사가 추정할 수 있는 것은 서로 함께 협력해서 일해야 하는 것을 방해할 수 있는 의도하지 않은 의사소통상의 충돌이 일어날 수 있다는 것이다. 따라서 말-언어치료사들은 상황에 기초한 의사소통 수준이 가족에게 편안함을 줄 수 있도록 가능한 그들의 상호작용 초기에 중재결정을 시도하는 것은 가치 있는 일이다. 통합 상황에서 말-언어치료사들에 의해 가족들이 어떻게 해야 하는지에 대하여 설정된 가설을 기술한 그녀의 논문에서 가족들의 제안을 분명히 나타냄으로써 중재과정에서 부모들의 역할을 제공하는데, Kleeck(1994)는 예를 들면 어린 아동에게 적절한 대화 파트너가 누구인지에 관한 견해나 가족 일상의 양과 질에 관하여 비교 문화의 다양함이 많음을 기억할 것을 경고하고 있다. 매일 저녁식사 동안 자녀들의 일상에 대해 15분 동안이라도 이야기를 나눌 것을 추천한 말-언어치료사들은 가족들이 도움을 주는 것에 무관심해서라기보다는 일상적인 저녁식사 시간과 아이들에게 초점을 맞추어서 이야기하는 것은 외국인적인 개념이라고 생각하는 반발에 부딪치게 될 것이다.

부모가 자녀들과 함께 보내는 시간은 가족들마다 다양하지만, 그들은 보통 말-언어치료사들이 아동과 보내는 시간보다 더 많은 시간을 아동들과 보내는 것 같다. 이것이 의미하는 것은 자녀에 대한 의사결정자라는 법적인 역할에 추가하여, 또한 가족들의 언어적 입력의 장점과 언어적 상호작용자로서 자주 접하기 때문에 자녀의 언어중재에 크게 영향을 미치는 것 같다. 말-언어치료사들은 언어장애 아동들을 돕기 위해 부모들의 접근성과 관심을 활용할 수 있는 몇 가지 방법을 찾아야 한다. 중재에서 부모들의 역할은 부모에 따라 다양한데, 부모의 재능, 스스로 하고자 하는 의지, 중재기술 학습 가능성, 가정에서 사용하는 아동의 언어를 모니터링하여 보고하는 기술 그리고 치료실 상황에서 사용된 치료적 기능들을 집에서 계속하는 능력에 달려 있다. 가정환경을 보다 중재 장면처럼 중재 장면을 보다 가정처럼 만드는 기술은 Hughes(1985)와 다른 사람들에 의해 치료 장면 밖에서의 일반화를 촉구하도록 하는 방안으로 제안되어 왔다. 부모들은 이러한 제안을 실행할 수 있는 완벽한 상담가들이다.

이것을 기억하는 것 또한 말-언어치료사들에게도 중요한데, 이것은 아동의 구어-언어능력의 발달만큼 중요하지만 부모들이 가지고 있는 몇 개의 다른 관심들보다 우선순위가 낮게 고려될 수 있다. 하루하루 먹고 살기에 급급한 가족이나 심각한 병을 가진 경우라면 언어중재 프로그램을 계속하는 것은 뒷전으로 밀릴 수 있을 것이다. 불가능한 목표를 세움으로써 아동이 실패하지 않도록 하는 것이 중요한 것처럼 부모들을 중재 계획에 개입시킬 때 부모들에게 그들이 할 수 있다고 기대하는 것 이상으로 요청하지 않는 것 또한 중요하다. 부모들에게 매일 저녁 30분씩 특정한 언어과제를 하도록 요청하는 것은 너무 과도한 요청일 수 있다. 대부분의 부모들은 가능하면 도움을 주고 싶어 하지만, 이러한 많은 요구들은 가족들로 하여금 중요한 다른 의무를 양보하게 하고, 따라서 중재 과업이 이루어지지 않을 수 있다.

이러한 문제를 해결할 수 있는 하나의 접근은 자연스럽게 언어가 일어날 수 있는 상황에서 부모가 아동의 참여를 촉진하는 것인데, 이것은 아마 단지 부모와 아동만 참여하게 되는 조용한 시간 동안이나 몇몇 가족구성원들이 몇 가지 집단활동에 참여할 수 있을 때일 것이다. 식사시간에 대화를 촉구하는 것은—가족들이 정해진 시간에 식사시간을 가질 때—부모들이 대화를 잘할 수 있다고 자주 말하는 것이 하나의 제안이다. 이 때 가족구성원들은 아동이 의사소통을 시도하는 것에 대해 모두 함께 강화를 제공할 수 있다. 이때 바람직한 것은 부모들이 수행중심적 보상이나 처벌을 가능한 자제하는 것이다.

몇몇 연구자들은 부모들이 치료 프로그램의 수행자로서 가지는 효과에 대해 연구하였다. Fey, Cleave, Long과 Hughes(1993)는 언어장애 아동의 문법적 표현을 촉진하기 위한 두 가지 기술들을 비교하였는데, 그중 하나는 아동의 부모들이 서비스 전달을 위해 활용되는 것이었다. 연구에서는 비록 부모중심 기술과 더욱 전통적인 치료중심기술 두 가지가 긍정적인 결과를 나타냈지만, 치료중심 접근이 더욱 지속적인 긍정적 치료효과를 나타냈다고 보고하고 있다. 이러한 결과는 부모중심 프로그램의 경우 치료사들이 시간을 두고 더욱 밀접하게 변화를 모니터할 것을 요구하고 만약 아동들의 진전이 기대보다 낮다면 프로그램을 변화시켜야 하는 것을 언급한다. Fey와 동료들(1993)에 의해 이루어진 이러한 결론은 비록 부모들이 일반적으로 어떤 언어 프로그램의 실행에서 중요한 자원이긴 하지만, 훈련된 말-언어치료사들을 대신할 수 없다는 견해에 대한 지지를 제공하는 것이다. 비슷한 맥락에서 Girloametto, Tannock와 Siegel(1993)에 의해 보고된 결과는 아동들의 치료 후 향상에 대한 부모의 주관적인 판단들은 같은 아동의 수행에 대한 사전-사후 치료 변화의 체계적인 객관적 자료와 거의 관련이 없음을 나타내었다. 이것은 부모들은 자녀들의 성공에 매우 관심을 가지고 있지만, 말-언어치료사들의 눈, 귀, 전문지식을 대신하는 말-언어병리학에서의 전문화된 훈련의 부족함뿐만 아니라 아동의 진전을 보고 싶은 성향 때문이라고 지적하였다. Cleave와 Fay(1997)는 치료실에서 직접적인 치료를 받은 아동에 의해 이루어진 진전과 부모들에 의한 중재를 받은 아동들의 진전을 비교하였는데, 이 두 가지 중에서 최상의 치료는 치료실중심 치료가 이루어지는 시기에 부모에 의한 프로그램이 함께 이루어지는 것이라고 결론지었다.

다른 연구자들은 부모들이 언어학습 경험을 가진 자녀들에게 특별한 목표를 제공한다고 제안하였다. Pierce와 McWilliams(1993)는 심각한 언어장애 아동이나 중재에 스스로 참여하기를 원하는 신체장애 아동의 부모들은 어린 자녀의 문해능력과 언어 이전의 경험을 증가시키기 위한 특별한 제안을 제공할 수 있다고 보고하였다. Kleeck Gillam, Hamilton과 McGrath(1997)에 의해 이루어진 연구에서 중류 계층의 부모들 사이에 취학 전 자녀에게 책을 읽어 주거나 이야기를 해 주는 방법의 차이는 아동이 나중에 습득하는 추상적 언어형식에 직접적인 연관이 있음을 보고하였다.

2) 언어학습을 촉진하는 학급 담임의 역할

학급 담임교사는 어린 아동의 언어중재 프로그램에서 중요한 역할을 수행한다. 어린 학생의 언어결핍을 이해하고 말-언어치료사로부터 약간의 지원을 받음으로써 교사는 학급에서 자주 언어학습 경험을 제공할 수 있고, 이러한 경험을 아동의 학급 교육과정과 더욱 연관되도록 구성할 수 있다(Fujiki & Brinton, 1984).

학급 교육과정의 전문가로서 학급 담임은 학급에서 일하는 치료사로서 또는 학급상담가로서 중요한 자원이다. 학급 담임들은 학급의 일상 동안에 일어나는 언어상의 상황적 요구들을 정확하게 분석하도록 도울 수 있고 중재에서 목표로 삼은 언어특성을 일반화하는 아동의 성공과 실패를 모니터할 수 있는 좋은 위치에 있다. 교사들은 또한 학급에서의 성공을 촉진하기 위한 학식과 전문지식을 가지고 있다. 예를 들면 정기적으로 아동의 좌석배치를 바꿈으로 다양한 학급 또래들(언어장애 아동과 더 자발적으로 상호작용하는 몇몇 아동들)과 상호작용을 하도록 촉구하는 것은 아동이 새로운 의사소통 기술들을 완벽하게 실행하는 기회를 더 가지게 할 것이다. 학급 담임은 중재 대상자에 대한 전문적인 이해와 그(녀)의 학급 또래들과의 사회적 역동성에 대한 이해를 하고 있어야 하고, 이 정보들은 언어중재 계획에서 강점으로 사용될 수 있다. Ehren(2002)은 학급 담임의 이러한 통찰력을 치료를 계획하는 데 활용하도록 권유하고 있다.

3) 언어학습을 촉진하는 학급 또래들의 역할

정상적으로 발달하는 어린 아동들이 의사소통에서 어려움을 갖는 그들의 학급 또래들보다 빨리 학습하는 것처럼 보인다. 이것은 학급 또래들의 덜 세련된 능력에 대해 그들 자신의 언어를 적용하는 의지나 능력에 의해 증명된다(Guralnick & Paul-Brown, 1977). 이것은 또한 또래들이 초기에 접촉을 원할 때나 아동들에게 학급에서 같이 놀기 원하는 사람을 지적하도록 요청할 때 정상적으로 발달하는 아동들을 선호하는 것에서 명백하게 보여진다(Craig & Washington, 1993; Rice, 1993; Rice, Sell, & Hadley, 1991). 게다가 언어적 어려움을 가진 아동들은 의사소통을 할 때 성인들과의 상호작용에서 더욱 수용감을 느꼈기 때문에 성인들과 의사소통을 하려는 경향이 더 많은 것 같다.

Rice, Hadley와 Alexander(1993)는 학급 안에서 다른 능력을 가진 취학 전 아동의 상호작용을 서술한 자료에서 언어 사용에서 언어손상이나 한계를 가진 아동을 위한 사회적 결과는 하나의 특징을 나타낸다고 제안하였다. 그것은 만약 아동이 언어능력의 한계를 나타낸다면, 그(녀)는 친구들과 사귈 수 있는 능력을 촉진하는 경험을 포함하거나 우정을 개발시키는 데 필요한 언어능력의 실행기회를 더 적게 가지게 될 것이라는 것이다. 그리고 아동이 학급 또래들과 우정을 나눌 상대자로서 호감을 발견하지 못할 때 아동들은 그러한 언어기술을 개발할 동기가 줄어들 것이라는 것이다. 장애를 가진 어린 아동이 통합되어 있는 학급에서 짧은 기간 뒤에 정상 또래와의 상호작용을 좋아하는 정상 아동이 언어장애를 가진 학급 또래들을 무시하는 것은 이상한 일이 아니다(Snyder, Apolloni, & Cooke, 1977). 아주 어린 아동의 경우엔 이러한 행동이 미성숙한 사회기술로부터의 결과라고 볼 수 있지만, 좀 더 나이가 든 아동들은 빈약한 언어기술 때문에 무시되는 것으로 볼 수 있다. Craig(1993)가 특정한 언어손상을 가진 아동에 관하여 보고한 것처럼, 또래들과의 상호작용이 제한되면 정상적인 언어발달을 하는 아동과 비교하여 질이 떨어질 수 있을 것을 나타내고 있다(p.214).

비주류문화의 아동들은 말-언어치료사들에게 언어와 사회화 양측의 도전과제를 던져준다(Damico & Damico, 1993). 이러한 사실을 염두에 둘 때 언어학습은 아동의 사회적 기술의 발달과 밀접하게 연관되어 있고, 이러한 사실은 말-언어치료사들(또한 학급 담임들)이 학급에 있는 다양한 문화적 배경을 가진 아동들이 그들의 사회적·교육적 상황 속에서 더욱 힘을 얻도록 어떻게 지원할 것인가를 배울 수 있도록 하는 것이 중요하다는 사실을 알려 준다(p.241).

이러한 발견들은 말-언어치료사들과 학급 담임들에게 유익한 언어학습적 상호작용들이 학급의 모든 학생들에게 일어날 것이라고 가정해서는 안 된다는 것을 알려 준다. 그 대신 말-언어치료사들과 학급 담임들은 학급 상황 안팎에서 상호작용할 수 있는 기회를 촉진하는 방법들을 찾을 필요가 있다. Rice(1993)는 추가적으로 교사들과 관련 사람들은 아동들이 언어적 다양함을 가지고 학급 또래들에게 요구와 의견을 다시 제시하는 것뿐 아니라 아동들이 그러한 것을 할 수 있는 특수한 전략들을 가르치는 것도 필요하다고 제안한다. 이러한 기술들은 언어적 제한성을 가진 아동들이 학급의 성인들을 잘못된 정보 교환자로서 활용하는 경향을 줄일 수 있게 한다. Schuele, Rice와 Wilcoxe(1995)는 정상적인 발달을 하는 초등학생들과 단순언어장애(SLI)로 진단된 그들의 학급 또래와의 성공적이고 일반적인 상호작용 수준을 높일 수 있게 하는 재지시 훈련 방법에 대해 설명하고 있다. Hadley와 Schuele(1998)은 또한 말-언어치료사들이 다른 언어능력을 가진 아동들

사이의 또래 상호작용을 촉진하기 위해 학급의 사회적 구조를 활용할 수 있는 치료 목표를 만드는 방법들에 대해 토의하였다. 많은 프로그램에서 학급 또래들이 서로 상호작용하는 것과 초기 학습기술을 촉진하는 중심활동으로 책을 읽고 줄거리 말하기 방법을 사용하고 있다(Cole, Maddox, & Kim, 2006).

또래 간 상호작용의 이점을 보여 주는 또 다른 접근법은 Goldstein, English, Shafer와 Kaczmar(1997)가 개발한 소위 '또래중재' 치료 프로그램이다. 이 프로그램의 목적은 정상적으로 발달하는 아동과 언어적 장애를 가진 학급 또래가 서로 의사소통을 시도할 때 정상적으로 발달하는 아동의 능력을 향상시키는 데 초점을 둠으로써 그들 간의 의사소통적인 상호작용을 성공적으로 하는 것을 도와줄 수 있다. 이 프로그램의 결과로 정상적으로 발달하는 아동과 장애를 가진 아동이 성공적으로 사회적 상호작용을 하는 것이 관찰자들에 의해 많이 관찰되고 있다. 그리고 장애 아동과 일반 아동이 상호작용하는 기술들이 일반화되는 것이 관찰되고 있다.

다양한 언어모델들이 적용되는 학급 내에서 정상적으로 발달하는 아동들의 정상적인 언어 상황과 표현이 당연히 언어적 결함을 가진 자신의 친구들에게 적합한 언어모델링을 제공할 것이라고 생각해서는 안 된다. Weiss와 Nakamura(1992)는 정상적으로 발달하는 아동들이 언어장애를 가진 아동들과 상호작용할 때 '모델' 유형으로 지원되는 범위를 연구하였다. 3명 중 2명의 모델링 아동들이 언어적 결함을 가진 자신의 친구들과 최소한의 시간을 보내는 것을 발견하였다. 불행하게도 이 프로그램의 주요 목적은 학급 또래들과 모델 유형 간의 촉진을 보여 줌으로써 언어적 결함을 가진 아동들이 모델에 의해 주어지는 완전한 언어정보로부터 유익을 받게 하는 것이다. 그들은 교사들이 아동들로 하여금 서로 함께 의사소통하는 기회를 이끌어야 하고 언어적 능력에 따른 그룹을 형성하여 언어적 상호작용을 하는 기회를 적게 주도록 해야 한다고 제안하고 있다.

이러한 생각에서 한 단계 더 나아가 Venn, Wolery, Fleming, DeCesare, Morris와 Caffs(1993)는 일반 학급 또래들이 언어적 결함을 가진 자신의 또래들과 상호작용하는 법을 가르치는 요구모델 과정의 활동을 보고하였다. 이 모델 절차에서 치료사는 아동들의 초점을 고려하고 아동으로부터 반응을 요구하게 된다. 만약 아동이 관련된 언급을 실패하면 치료사에 의해 하나를 모방할 수 있다. 일반 학급 또래들이 쉽게 요구모델에 협력할 수 있도록 배울 수 있을 뿐 아니라 장애를 가진 아동들이 일반 또래를 가지고 있는 경우 또래들에 대한 반응이 증가하고 자신의 요구를 자발적으로 표현하는 것이 증가하였다.

5. 언어변화의 촉진

1) 치료에 대한 이론의 접목

말-언어치료사들은 가능한 많은 언어중재 접근 중에서 어느 하나를 선택하고 그 효과를 신중하게 평가할 방법이 필요하다. Johnston(1983)은 효과적인 중재절차를 개발하기 위해 말-언어치료사들은 자신의 언어발달과 장애에 대한 이론과 계획된 치료접근이나 그들 자신의 신념과 일치하는 활용 가능한 아이디어 중에서 선택을 결정해야 한다고 제안한다. 이것은 EBP의 전문적 치료 분야이다. 언어에서 장애 아동에 대한 중재전략 발달은 아동의 언어습득을 설명하기 위해 소개된 이론 안에서 변화와 동시에 이루어져야 한다. 비록 치료적인 접근의 변화가 언어습득 이론의 주된 변화에서 다소 뒤쳐져 있지만, 언어중재 역사를 재검토하는 것에서는 이 둘 사이에 강력한 연관성이 있음을 나타내고 있다(McLean, 1983).

예를 들면 사회적 상호영향론의 관점을 고수하는 말-언어치료사들은 전통적으로 아동들이 첫 단어를 표현하기 훨씬 전에 언어 퍼즐(단락)의 중요한 조각(부분)을 배우기 시작한다고 제안함으로써 조기중재 서비스에 중점을 두고 있다. 때때로 의료적 또는 사회적 문제들이 자연스럽게 양육자-아동 간 상호작용할 가능성을 뒤집는데, 이것은 조기출산이나 출생 시의 다른 문제들(합병증)에 의해 장기간 병원에 입원할 경우에 한정된다. 말-언어치료사들은 가족구성원들이 조기 의사소통을 위해 유아의 제한된 능력을 어떻게 이용할 것인지를 알려 줄 프로그램 개발을 위해 유아의 능력과 행동을 분석하도록 요청을 받을 것이다(Ensher, 1989; Sparks, 1989). 유사하게 또래보다 발달이 늦은 아동들을 위한 조기 아동기 특별 프로그램의 중요성은 사회적 상호작용 접근의 인기로 인해 지지를 받고 있다. 처음으로 3~5세의 장애 아동에게 서비스를 제공하도록 의무화한 공법(P.L.) 99-457에서는 취학 전에 이루어지는 언어학습에 대한 관심의 결과와 아동의 사회적 환경 안에서 언어중심 활동의 출현에 대한 맥락에서 언어를 학습하고 실행할 기회를 제공할 수 있도록 하고 있다.

게다가 더욱 전통적인 완전분리 치료 모델로부터 협력적 자문 모델이나 적어도 학급중심 모델로의 서비스 전달의 변천은 사회적 상호작용 접근이 강조된 데서 유래를 찾을 수 있다. 학급에서 언어환경과 가정에서의 언어환경은 큰 차이를 보인다. 학교에서 성공적인 의사소통자가 되기 위해선 아동들은 가정과 학급의 규칙을 학습할 필요가 있고, 그 둘 사이의 유사점과 차이점을 식별해야 한다. 예를 들면 아동의 가정환경에는 존재하지 않지만 학급에서는 바꾸어야 하는 제약이 있다. 제3의 장면에서 학급의 대화 습관을 학습하는 대신에 치료실이나 학급 내에서의 학습은 치료에서 목표한 새로운 전략들과 구조들을 사용할 즉각적인 기회를 제공한다.

2) 시작하기

이것은 어린 아동의 언어적 변화를 촉진할 말-언어치료사들의 역할 결정의 연계선상에서 이루어지고, 이러한 결정은 의사소통장애를 보이는 사람을 치료하는 말-언어치료사들에 의해 수행된 논리적이고 과학적인 진전에 따라 이루어진다. EBP의 세 가지 측면(치료적 전문지식, 체계적인 연구자료, 잘 정보화된 중재 대상자나 가족의 선호 등)은 앞에서 언급되었는데 이것들은 모두 결정사항에 고려되어야 한다.

첫 번째 주요 결정은 치료를 어디에서 시작해야 하는지에 대한 '최상의 추측'이 포함된다. 이것은 표준화된 검사와 비표준화된 검사 양쪽의 결과와 아동의 진단평가 시 수행된 측정자료로부터 도출된다. 이것에 추가할 것은 아동이 가장 유익하게 언어를 사용할 수 있는 관련 방법에 대한 정보와 또한 아동의 삶에서 요구되는 언어에 관한 정보를 제공할 수 있는 부모들이나 다른 양육자들의 관찰자료일 것이다. 아동이 언어에 문제가 있음을 결정하는 것과 함께, 치료사들은 그 문제점의 범위와 아동이 최상으로 언어를 학습할 수 있는 방법을 결정해야 한다. 종종 마지막 두 가지 사례의 특징은 진단적 치료기간 후까지 또는 역동적인 평가과정의 구조 안에서도 결정되어지지 않는 경우가 있다 (Goldberg, 1993; Olswang & Bain, 1991; Weiss et al., 2000).

진단적 치료기간에는 다양한 자료들이 사용되고, 상이한 투입자료의 조합은 아동의 수행과정상의 변화를 주의 깊게 점검하는 동안 이루어진다. 문제의 범위에 관한 질문과 치료에서 가장 유용한 방법에 대한 질문은 중요하며 이에 대한 대답은 치료사들이 해야 하는데, 그 이유는 이들의 대답이 성공의 기회를 많이 가질 수 있는 치료 계획을 설계하는데 유용한 통찰력을 제공하기 때문이다. 이러한 질문에 대답하는 것은 '어떻게' 치료계획을 실행할 것인지에 대한 것을 제공해 준다. 여기에 네 가지 예를 소개한다.

1. 새로운 언어 목표들을 설명하기 위해 아동의 능력을 촉진하는 제시방법들은 무엇인가? 그 목표는 이야기 다시 말하기 과제에 끼워 넣어야 하거나 또는 문장 문맥을 사용해야만 하는가? 만약 아동이 자연스러운 대화에서 목표화된 구조를 표현할 기회를 가진다면, 그 아동은 이러한 기회에 자극을 받지 않고 효과를 가질 수 있는가?
2. 아동이 성공적인 언어중재를 달성하기 위해 얼마나 많은 자극이 주어져야 하는가? 예를 들면

청각적인 단서만으로 목표로 설정된 언어구조를 표현하는 데 충분한가? 아니면 청각과 시각적인 두 가지 단서들의 결합이 필요한가? 아동들은 철자법이 정확한 단서(문자 기호)에서 유익을 얻는가 아니면 이것을 혼돈스러워하는가? 몇몇 어린 아동들에게 정서법 단서는 의미가 없을 수 있고 도움보다는 방해가 될 수 있다.

3. 아동은 오류를 범할 의사가 있는가? 아동이 언어를 형성할 때 즉각적인 자극을 주지 않는다면 새롭게 목표화된 구조나 형태들을 결합시키는 것을 거부하는가? 또는 아동이 자발적인 언어 내에 새로운 언어 목표를 결합시키려는 의지가 있는가? 만약 후자의 경우라면 어떤 주위환경에서 자발적인 언어 사용이 더 많이 발생하는가?
4. 아동이 언어수행을 향상시키는 동기는 무엇인가? 아동이 다른 사람들의 말을 이해하거나 이해하는 어려움에 대해 어떤 자각을 나타내는가? 의사소통의 실패가 발생하는 곳은 어떤 사항인가? 언어적 실패가 발생할 때 아동이 무슨 일이 일어났는지에 대하여 이해한 부분을 표현하는가? 의사소통에서 실패를 고치기 위해 아동은 어떠한 경우에 어떤 전략을 사용하는가?

분명한 것은 치료 계획에서 '어떻게'와 '무엇'을 함께 결정하는 것이 필요하다. 형식적인 검사 결과로부터 나온 목표가 적절한 것으로 간주되기 위해서는 마지막 결정에 앞선 기초선 검사를 통해야만 한다. 그것은 치료에서 목표로 설정된 잠재적인 구조나 형식의 많은 예들을 가진 몇 가지 실험들이 포함되어야 하고, 치료사들은 검사결과들이 검사 과정의 조작물인지, 진실로 아동의 특정한 결함을 나타내는지를 결정할 수 있다. 때때로 기초선 실험이 한 세션에서 이루어지며 때때로 그들은 여러 날이 걸려서 이루어진다. 이것의 요점은 아동 수행에 대한 안정적인 기초선이 확립되어야 하고 그럼으로써 치료사들은 치료를 시작하기 전에 아동의 능력수준을 알 수 있게 된다. 이러한 정보를 가지지 못하면 기존의 '목표'를 목적으로 삼거나 다른 적절한 목표를 세우지 못한 채, 시간을 낭비할 가능성이 있고 치료 프로그램에서 아동이 놀랄 만한 진전을 하지 못하게 만드는 여지를 남길 수 있다. 기초선 검사의 실행에 대해 자세하게 논의하기 위해서는 Hegde(1993)의 저서를 참고해 보라.

3) 목표성취 전략들의 선택

만약 목표들이 적당해 보이면, 말-언어치료사들의 다음 단계는 중재 프로그램의 기초를 제공할 목표성취 전략을 설계하는 것이다(Fey, 1986; Paul, 2007). 목표성취 전략은 치료 프로그램에서 강조되는 연속적 목표유형이다. Fey(1986)는 목표성취 전략을 선택하는 것은 조심스럽게 고려되어야 하는데, 그 이유는 다른 유형의 중재 대상자들, 다른 유형의 목표, 다른 철학들은 다른 목표성취 전략 유형들에 더 적합하기 때문이라고 보고하고 있다. 전략 선택을 위해 말-언어치료사들은 다음의 몇 가지 관련 질문에 답할 필요가 있다.

1. 언어학습자가 성공하기 위한 한 가지 또는 다른 전략은 무엇인가?
2. 아동을 위해 선택한 특정한 목표가 성취전략 선택에 특별한 영향을 주는가?
3. 언어학습에 관해 치료사들이 견지하고 있는 이론은 무엇인가?

Fey(1986)는 세 가지 다른 목표성취 전략들을 서술하였다. 수직적인 면, 수평적인 면, 주기적인 면이 그것이다. **수직적인 목표성취 전략**에서 하나의 목표는 미리 정해진 수행의 기준에 도달할 때까지 작용한다. 이 기준은 치료사들에게 80, 90, 100% 정확하게 적용되어 왔다. 백분율 기준은 임의적이지만 전통적으로 치료사들이 아동의 목표를 일반화하기 위해 적합한 학습을 확립하거나 더 이상의 치료 없이 기술을 유지할 수 있는 것 또는 다음 단계의 난이도에서의 성공이라고 믿는 치료사들의 믿음의 수준에서 정해진다. 수행수준에 대한 기준이 정해지면 다음 목표는 치료에 초점을 두게 된다. 전체 세션들이 하나의 목표를 가르치는 데 전념하고, 이러한 목표는 상당한 시간 동안의 중재의 초점으로 남아 있게 된다. 수직적인 전략의 집중적 특성 때문에 일부 아동들은 목표를 바꿀 시간이 될 때 덜 혼란스러워하거나 덜 산만해진다. 이 접근은 인지적인 요구들이 많지 않고 다음 단계로 넘어가지 전에 아동이 잘 배울 수 있는 하나의 목표에 집중된 실행을 보장한다고 믿었다. 수직적인 전략의 부정적인 측면은 아동이 세션 동안 그것의 한정된 초점 때문에 다소 지루해질 수도 있다는 것이다. 또한 아동이 서로 다른 말-언어 행동을 일반화하는 것이 더욱 어려울 수도 있다는 것이다. 아동은 목표 1과 2로 나누어진 특징을 인식하지 못할 수도 있으며, 그 이유는 목표들이 횡적으로 분리되어 이루어지기 때문이다. 일반화가 방해될 수 있기 때문에 몇몇 치료사들은 수직적인 접근은 확실한 치료 상황에서 많은 아동들을 위한 세 가지 선택 중 가장 적은 시간적 효율성을 가진다고 제안한다.

수평적인 목적성취 전략은 같은 세션에서 하나의 목표 이상의 활동을 처방하고 있다. 이 목표들은 서로 간에 밀접하게 관련되어 있거나(예 : 모든 대화 유형) 전혀 비슷하지 않을 수도 있다(예 : 복수 형태소 -*s*, 물음표 질문, 설명 요구에 대한 대답). 이 전략들의 기본 원리는 정상적인 언어학습을 더 잘 반영한다는 것인데, 이는 많은 다른 언어형태와 구조들이 같은 시기에 경험되고 학습되기 때문이다. 수평적인 전략은 보다 시간적 효율성을 가지는데, 이는 언어학습에서 일반적인 통찰력과 기술은 자기의 수행을 모니터하는 것을 배우는 것과 같은 목표 1에서 얻어지는 것이기 때문인데 이는 목표 3이 지닌 이점을 가져다줄 수 있다. 산만한 아동들은 이 전략에 좋은 대상이 될 수 없는데, 이는 다른 목표와 수용을 위한 다른 기대들을 목적으로 할 때 그들이 인식하지 못할 수도 있기 때문이다. 개별목표들이 잘 학습되거나 일상화되기 위해선 더 많은 시간들이 필요할 것인데, 이는 각각에 적은 시간이 주어지기 때문이다. 언어학습에 특정한 문제를 가진 아동을 위한 과잉학습이 성공적인 중재를 위해서는 필요하지만, 그들을 위해서는 수평적인 성취전략이 현명한 선택이 될 수도 있다.

주기적인 목표성취 전략에서는 많은 상이한 목표들이 치료의 특정한 시간 단위(예 : 달, 학기, 학년)와 함께 수행되지만, 수평적인 목표성취접근과 달리 각 목표는 개별적으로 제시되고 세션 자체에서도 수행된다. 각각의 목표들이 관심의 틀에 시간을 두고 연계적으로 작용한 후에 주기 안에서의 목적은 재평가되고 주기는 다시 수정(목표들이 더해지거나 제해질 것이다)되거나 필요하다면 다시 반복된다. 주기적 접근은 많은 아동의 학습이 치료사가 존재하지 않을 때 일어난다고 제안한다. 아동은 치료 장면에서 배운 것을 습득하고, 그것을 고려하여 치료 상황 밖에 있을 때 그것을 실행한다. 따라서 치료사와 중재 대상자의 집중적인 접촉은 종종 노력이 중복되거나 시간낭비일 수 있는데, 이는 이것의 이익이 아동에게 쉽게 전달될 수 있기 때문이고 치료사들이 성공적으로 가르칠 수 있도록 언어학습에 필요한 도구들을 제공하기 때문이다. 주기적 목표성취 전략의 지지자들에 따르면, 언어능력의 진정한 변화는 아동이 그의 언어 목록 안에 시간을 두고 어떻게 새로운 언어 목표를 결합시키는지를 알고 난 후에 일어난다는 것이다. Hodson과

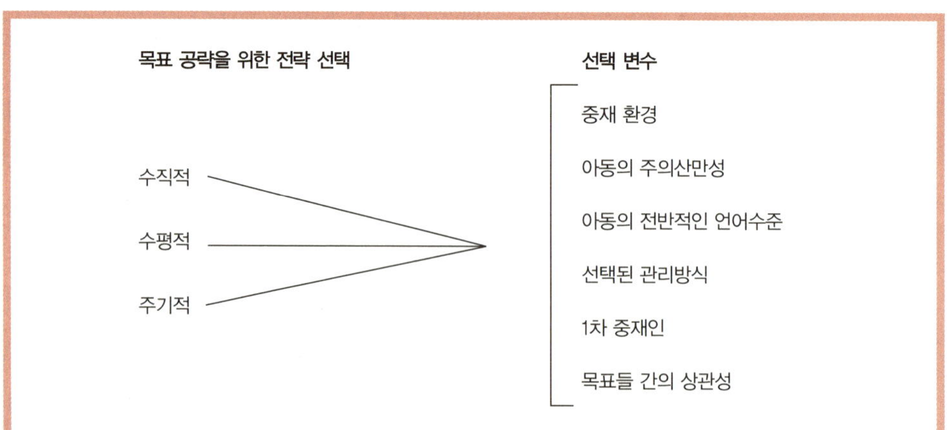

그림 9.2 목표 공략을 위한 전략 선택에 포함된 변수

Paden(1991)은 이 전략을 지능이 많이 지체된 아동을 치료하는 데 적용하였다. 그림 9.2는 치료사들이 목표성취 전략을 선택할 때 고려해야만 하는 여러 가지 것을 목록화하였다. 또한 어린 언어장애 아동에게 전통적 목표 달성을 위해 세 가지 목표성취 전략을 어떻게 사용할 수 있는지를 비교하기 위해서는 Weiss(2001)가 제시한 내용을 참고해 보라.

4) 중재환경 선택

초보 말-언어치료사들은 종종 치료 계획의 순서를 처리하는 많은 결정사안들이 치료의 초기 단계에서 잠정적으로 결정될 필요가 있다는 것을 인식하지 못한다. 즉 임상가는 언어장애아의 언어 사용 장소를 알고 난 후에 그 아동의 새로운 언어능력이 더 확대된 일상 환경 속에 통합될 수 있도록 치료 계획을 세울 필요가 있다. 요컨대 임상가는 어디서, 누구와 함께 치료가 행해져야 하는지, 그리고 치료활동은 어떠해야 하는지를 고려하여 결정한 후 치료를 시작해야 한다. 게다가 아동의 발달 과정에서 겪게 될 '어려움의 정도'가 증가하는 것에 대한 일반적인 계획이 있어야 한다. 이러한 결정을 하기 위한 한 가지 개념이 Fey(1986)에 의해 묘사된 '자연스러움의 연속체'이다(그림 9.3).

성공적인 언어중재를 위한 상식은 중재의 목표들이 아동의 자발적인 언어 레퍼토리

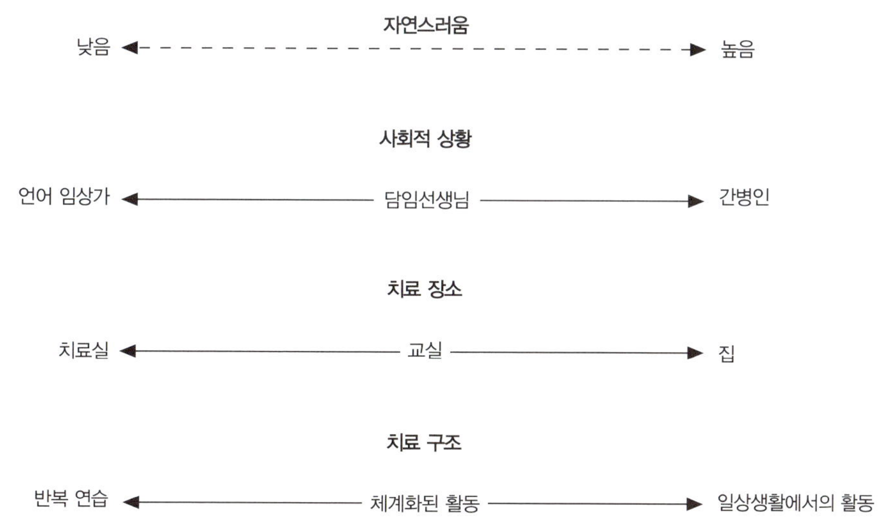

Fey. 1986.

그림 9.3 자연스러움의 연속체에 따르는 자연스러움의 요소

(목록) 내에 나타나야 한다는 것이다. 그러므로 중재 과정 내에서 말-언어치료사들은 치료환경이 자연환경과 유사성을 가지고 있는지, 역으로 자연환경이 치료환경과 유사성을 가지고 있는지를 확인할 필요가 있으며(Hughes, 1985년), 그렇지 않으면 아동의 일상생활 활동에서 새롭게 습득한 언어능력의 또 다른 일반화가 쉽지 않을 수 있다는 것을 알 필요가 있다. 일반화의 증진을 위해 몇몇 말-언어치료사들은 특별한 목적의 활동을 소개하기 전에 중재의 마지막 단계까지 기다리기도 하지만, 다른 언어치료학자들은 중재의 처음부터 언어 목표의 일반화에 대해 설명하는 치료 프로그램들을 개발하기도 한다. 말-언어병리학 분야의 지배적인 정서는 후자의 접근법을 지지한다.

그림 9.3에서 볼 수 있듯이 Fey(1986)는 그의 자연스러움의 연속체에 대한 세 가지 특징(임상가에 의한 활동, 중재를 위해 사용된 물리적 상황, 중재가 일어나는 사회적 상황)을 상세하게 기술했다. 각각의 매개변수에서 그는 자연스러움이 낮은 연속체가 존재한다고 제안했다. 종합적으로 생각해 보면 치료 계획의 상대적 자연스러움을 추측할 수 있다. 아동의 집에서 부모와 함께 실시하는 일상생활 통합 치료 프로그램은 아주 고도의 자연스러움을 가지고 있다. 그것은 치료환경이 비치료적 환경과 아주 유사하다는 것을 의미한다. 아동이 이러한 치료환경에서 성공적인 수행을 했을 때 임상가는 일반화에 직접적인 노력을 덜 하고도 성취될 수 있다는 것에 안도감을 느낄 것이다. 만약 아동이 이미 두 환경을 유사한 것으로 여긴다면, 그 아동은 언어 사용에 대한 기회와 필요성 또한 유사한 것으로 여겨야 한다.

고도의 자연스런 치료환경이 일반화의 목적에 중요한 이점을 가지고 있다는 이유로 모든 치료 프로그램이 같은 방법으로 고안되어야 하는 것은 아니다. 특정한 아동을 위한 가장 적절한 목표 공략 전략을 선택하는 것처럼 의뢰인은 치료나 또 다른 장소를 자연스러움의 연속체에 따라 동시에 한두 장소로 임상가를 끌어들이는 특징이 있다. 초기에 일부 아동들에게는 치료활동을 더 많이 하고 자연스러움을 최소화하는 것이 새로운 구문들을 습득하는 데 더 나을지도 모른다. 그러나 일반화는 이 아동들을 위한 치료 프로그램에서 결국 다뤄져야 할 필요가 있다. 즉 어느 정도는 자연스러움이 증가되어야 한다는 것이다.

5) 관리방식 선택 : 한 가지 예

말-언어치료사들이 중재 계획을 위한 일반적인 틀을 갖추게 되는 한 가지 방법은 치료의 핵심 요소를 주의 깊게 보고 그것들을 아동의 요구와 임상가 자신의 관리 철학에 따라 논리적이고 창의적으로 결합시키는 것이다. 대부분의 말-언어치료사들은 '반복 학습'이 '놀이'보다 더 구조화되어 있다고 말할지 모른다. 그러나 그 두 치료 방법상의 특별한 차이점과 유사점에 대한 세부사항들은 쉽게 이해되기 어렵다. 이 세부사항들을 이해함으로써 우리는 아동을 적절한 치료 접근법에 맞추고, 초기 치료 계획을 바꿀 필요가 있다면 구성요소들이 변경되어야 함을 아는 좋은 기회를 갖게 된다.

음운론적 장애를 가진 어린 아동들을 관리하는 데 있어 유용한 치료방식들에 대해 논하고 있는 Shriberg와 Kwiatkowski(1982)는 치료 요소들의 네 가지 범주를 제시했다.

1. 목표 응답 : 임상가는 목표를 언어장애아의 실제 반응과 비교해 보려고 한다.
2. 훈련 자극 : 개인이나 팀으로 참석한 언어장애아로부터 반응을 이끌어 내기 위해 사용될 자극, 그리고 치료 계획에서 더 어려운 단계로 이동되는 종결 기준
3. 수업 활동 : **선행 학습활동**으로 일컬어지는 치료, 교육과 **후속 학습활동**으로 일컬어지는 언어장애아의 반응에 따라 우리가 제공하는 피드백
4. 동기 부여 활동 : 모든 수업활동에서 아동의 이해력을 고조시킴으로써 학습을 가속화시키는 것에 쓰이는 활동(Shriberg & Kwiatkowski, 1982년), 언어장애아의 반응시도 전에 하는 선행 동기부여 활동 또는 **강화작용**으로 일컬어지기도 하는 후속 동기부여 활동이 포함되는 활동

저자들은 이 구성요소들을 **반복 훈련**, **반복 놀이**, **구조화 놀이**, **놀이**라고 불리는 네 가지 다른 관리방식으로 정리했다. 그 방식들은 '가장 많은 구조화'(반복 훈련)에서 '가장 적은 구조화'(놀이)에 이르는 연속선상에 따라 존재한다. 그것은 또한 관리방식은 연속선상의 더 구조화된 끝에서 덜 구조화된 끝까지 하나의 움직임으로 기록되어야 한다. 그 치료의 초점이 임상가가 중심이 되는 것에서 의뢰인이 중심이 되는 것(아동이 중심이 되는 경우도 포함)으로 옮겨진다. 즉 연속선상의 덜 구조화된 마지막에는 아동이 치료의 속도와 초점에 더 많은 영향력을 주는 반면, 더 많이 구조화된 연속선상의 마지막에는 임상가들이 치료의 초점과 속도를 제어한다.

네 가지 방식들에 대한 전체적인 선택의 집합체로서 Shriberg와 Kwiatkowski(1982)가 제시한 구성요소들을 포함하게 되면 그림 9.4에서 볼 수 있듯이 우리는 네 가지 관리 방식이 서로 연관되어 있는 방법을 찾을 수 있다. 반복 놀이와 반복 학습이 그런 것처럼 구조화된 놀이와 놀이가 꽤 유사하다는 것에 주목할 필요가 있다. 예를 들어 반복 학습과 반복 놀이는 한 가지를 제외하고는 동일하다. 반복 놀이에는 반복 학습에서 놓치고 있는 선행 동기부여 활동이 있다. 즉 아동이 그 작업을 잘 따르도록 하기 위해 반복 놀이 접근

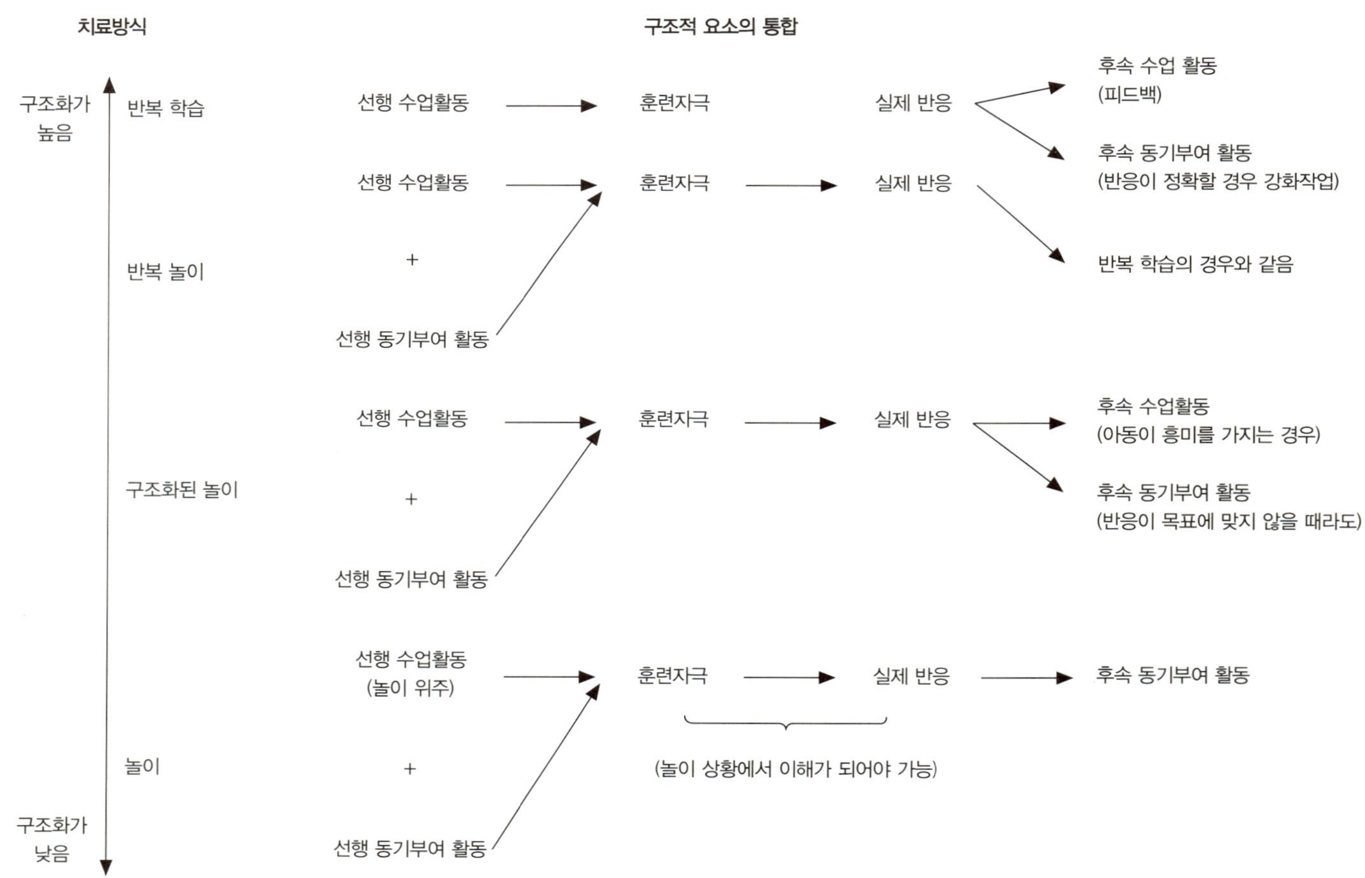

Shriberg, L., & Kwiatkowski, J.(1982). 음운론적장애 II. 관리에 대한 구체적인 양식. 청각장애에 대한 저널, 47, 242-256.

그림 9.4 네 가지 관리방식의 차이점

법에 어떤 것이 더해진다. 그러면 선행 동기부여 활동은 연속선상의 최고로 구조화된 끝부분과 동떨어진 작은 이동을 보여 준다. 반복 학습과 반복 놀이 두 방식 모두에는 후속 동기부여 활동(강화 인자)이 있다. 그러나 이것은 아동의 실제 반응이 정의 내려져 있는 반응과 동일한 경우에만 부여될 것이다. 다시 말하면, 아동은 강화 인자가 반응에 충분하게 결부되지 않기 때문에 참여할 의지가 강화되지 않는다는 것이다.

관리방식의 구조화된 자연스러움이 감소함에 따라 선행 수업활동에 덜 치중하게 된다. 이것은 목표에 대한 공식화된 교육이 치료에서 덜 중요한 부분이 된다는 것을 의미한다. 예를 들면 놀이 관리방식에서는 받아들여질 수 있는 반응의 정의와 치료 종결을 위해 필요한 기준이 아동의 치료에 대한 집중력을 가져오지는 않는다는 것이다. 이것은 반복 학습 제안자들의 치료적 견해와 아주 많이 대조된다. 하지만 이 관리방식은 실행 가능하고 특정 치료 상황의 특정 아동들에게는 반복 학습보다 더 효과적이다. 연속선상에서 놀이보다 임상가중심에 더 가까운 구조화된 놀이에서는 아동이 만약 그 정보에 관심을 가진다면 정의된 반응에 관한 정보까지 제공된다. 구조화된 놀이에서 더 중요한 것은 임상가가 치료 활동의 즐거움을 강조하는 데에 시간을 쓸 것이라는 것이다.

이 모델의 후속 작업으로 Shriberg와 Kwiatkowski(1982)는 음운론적 장애를 가진 22명의 아동들에 대한 치료에 있어 그들의 분류법을 통합하는 연구결과를 발표했다. 그들의 결과는 구조화 놀이와 놀이방식보다 반복 학습과 반복 놀이 방식이 가장 실질적이고 효율적이라는 것을 보여 주었다. 연구에 참여했던 말-언어치료사들은 그들의 반복놀이가 가장 실질적이고 효율적인 방식이라고 믿고 의례적으로 반복 놀이 접근법 사용을 선호한다고 발표했다. 왜냐하면 그들은 언어장애아가 반복 놀이, 구조화된 놀이 또는 반복 학습에 근거한 놀이를 선호한다고 믿고 있었기 때문이다. 어떤 연구는 한두 가지 관리방식을 결합시키는 것이 더 나을지도 모르는 특정 언어장애아의 성격을 결정하는 데에 초점을 맞춘다. 그러나 불행하게도 이 연구는 결정적인 것이 못 된다는 결론을 내렸다.

6) 치료 시 보호자와 아동 간의 상호작용에 대한 정보 사용

선택된 치료의 목표와 목표 공략 전략, 개발된 관리방식에 따라 임상가는 목표에 따른 학습을 촉진하기 위해 아동과의 상호작용 방법을 결정해야 한다. 보호자들과 어린 아동들이 어떻게 상호작용하는지에 대한 연구는 몇몇 언어치료 기술에 대한 근거를 제공한다. 이 기술들은 때때로 **경험적 언어중재 기술**이라 불린다. 연구가들은 주로 엄마-자녀 집단을 대상으로 한 연구에서 언어 사용의 순환하는 패턴에 주목해 왔다. 그리고 이러한 것들이 언어능력의 발전을 가능하게 하는 것에 중요한 역할을 한다는 가설을 제기해 왔다. 이러한 패턴들은 언어를 정상적으로 배우지 않은 아동에게도 유사한 효과를 가져와야 한다고 제안되어 왔다. 그래서 확장, 부연 설명 , 모델링(타인의 유사행동을 관찰하게 하여 어떤 특정 행동을 유도하려는 심리요법), 그리고 비계 교수 설정과 같은 패턴들은 언어중재의 문헌에서뿐 아니라 언어개발의 문헌에서도 거론되어 왔다(Connell, 1982; Leonard, 1981; Paul, 2007; Ratner & Bruner, 1978; Snow, 1986; Weiss, 1981). 관리방식에 의하면 보호자와 아동 간의 자연스러운 상호기술들은 놀이라는 덜 구조화된 방식들과 밀접하게 관련되어 있다. 왜냐하면 그것들은 항상 대화 상황 속에 포함되어 있기 때문이다.

이것은 아마도 언어중재 분야의 많은 부분에 대한 근거로 사용된 보호자와 아동 간 연구에 내재하는 문화적 편견들에 관한 경고성 기록으로 의미를 지닌다고 할 수 있다. 보호자와 아동 간 중재에 대해 행해진 연구의 대다수가 주류 문화 출신 가족들이 대상이었다. 그 결과 양육태도의 용어들, 어른과 대화하는 아동들의 관점 등에서 문화마다 아주 큰 차이점이 있다는 사실을 인식하지 못한 채(사실 우리는 이것이 진실이라고 알고 있다) 서술된 그 기술들은 한 말-언어치료사가 많은 언어장애아들에게 전문적으로 행하는 보편적인 기술이 아닐지도 모른다(Hammer, 2004).

Van Kleeck(1994)의 연구는 말-언어치료사들이 보호자들을 대상으로 그들의 아동들과 치료의 목적으로 '적절히' 상호작용하는 방법을 교육하려 할 때 오해를 불러올 수 있는 많은 문화적 차이점들에 대해 기록했다. 예를 들어 어린 아동들이 윗사람과 대화하는 것이 장려되지 않는 문화에서 부모들에게 아이들과 대화를 시작할 때 응답하는 전략을 가르치는 것은 아마도 그리 효과적인 접근법이 되지 못할 것이다. 어머니 또는 아버지가 첫 번째 보호자이기 때문에 첫 번째 언어 상대라는 가정조차도 틀렸을지 모른다. 핵가족이 아닌 대가족 문화에서는 첫 번째 보호자 역할을 하는 사람이 할머니, 고모 또는 손위 형제가 될지도 모른다.

치료를 할 때 보호자와 아동 간의 상호작용 기술을 채택하는 것이 몇몇 말-언어치료사들에 의해 시도되어 왔다. 말-언어치료사들은 대부분의 보호자들이 그들의 어린 아동들에게 유사한 형태의 언어적 상호작용을 하기 때문에 언어장애가 있는 아동은 아마도 이러한 기술들에 이미 노출되어 있다고 생각한다. 만약 보호자와 아동 간에 흔히 사용되는 상호작용 패턴이 아동의 언어발달을 가져오기에 충분했다면 그들은 그것을 사용했을 것이다. 보호자와 아동 간의 자연스러운 상호작용 기술을 사용하는 것에 반대하는 사람들은 그 대신에 자연스러운 대화 상황 속에서 수용 가능한 구조의 예를 가지고 집중적인 자극과 같은 좀 더 직접적인 충격이 필요하다고 주장한다(Ellis Weismer & Robertson, 2006). 그들은 언어장애로 진단받은 아동은 자연스러운 상호작용 패턴을 통해 혜택 받는 것을 더 어렵게 만드는 어떤 종류의 결함을 가지고 있을지 모른다고 믿는다. 그래서 이러한 자연스러운 중재기술에만 의존하는 것은 성공할 수 있는 적합한 기회를 얻지 못하게 된다. 이런 논란에도 불구하고 경험에 의한 언어중재 기술들은 널리 사용되어 왔고 고려해 볼 만하다.

보호자와 아동 간의 자연스러운 상호작용에 근간을 두고 있는 경험에 의한 언어중재 기술들이 치료 시 치료의 자연스러움을 위태롭게 해서는 안 된다는 사실을 기억해야 한다. 비록 임상가에 의해 설명된 방식이 제한적이라 할지라도 실제로는 덜 부자연스럽고 더 평범한 대화 상황의 흐름처럼 들릴 것이다. 다음에 설명되는 기술들은 보통 자신을 표현하는 능력이 심하게 지체된 아동들에게 대화발달을 강화시키는 프로그램에 사용된다(MacDonald & Gillette, 1984; Weiss, 1981; Wetherby, Warren & Reichle, 1998).

(1) 모방

임상가의 모방기법은 여러 가지를 성취해 냈다. 첫 번째로 그것은 아동 스스로의 생산 가능성을 입증했다는 가설을 제기해 왔다. 그것은 또한 임상가의 말을 그대로 따라함으로써 강조를 통해 모방할 기회를 아동에게 주게 된다. 즉 아동이 임상가의 첫 말을 반복한다면, 그것이 수용된다고 믿을지도 모른다. 임상가를 모방하는 것이 기대되는 아동이라면 대화 시도 시 덜 위험하다는 것을 나타낸다. 언어장애를 가진 아동들은 종종 언어는 그들의 강점이 아니며 언어 사용에 위험을 무릅쓰는 것은 일반적이지 않다고 생각하는 것을 기억해야 한다. 비록 모방기법의 주된 목적이 자발적 프로그램에서 언어장애 아동으로부터 탈상황적 반응을 이끌어 내기 위해 널리 사용되어 왔다 하더라도 여기에서는 덜 구조화된 기법으로 간주한다. 모방은 정상적으로 성장한 아동들과 보호자들에게서 수집된 언어 표본을 자주 사용한다(Cross, 1978).

모방의 구성요소에 대한 정의는 다르다. 모방은 말 그대로 일부분(부분적 모방) 또는 들은 것의 반복을 말하는 것일지도 모른다. 임상가가 요구하는 모방은 일시적인 휴식이나 약간의 중재 대화가 주어진 공간에서 즉각적인 모방이나 지연된 모방을 필요로 할지도 모른다. 임상가에 의한 모방은 아동이 직접 정한 주제를 임상가가 인정하는 걸 알게 함으로써 주제 관리자용으로도 제공된다.

(2) 확장

확장은 아동이 만들려고 시도하고 있는 것을 성인화할 수 있도록 어린 아동의 미숙한 결과물에 임상가가 덧붙이는 것을 일컫는다. 때때로 이것은 아동의 의도가 무엇인지 확실한 것이 아니기에 다루기 힘들다. 임상가는 아동의 원래 산출한 언어의 영역을 확대시키지는 않을 것이다. 예를 들어 아동이 "고양이 가다(kitty go)"라는 문장을 만든다면, 적당한 문장 확장은 "고양이가 간다(The kitty goes)"가 될 것이다. 동사 외에 문장을 더 확대하는 것은, 예를 들어 "고양이가 차 안으로 간다(The kitty goes in the car)"처럼 약간 다른 경험상의 언어중재 기술인 부연설명이 사용되어야 할 것이다.

임상적인 사정은 모방처럼 확장이 아동에게 약간의 유용한 피드백을 제공한다는 것이다. 이 말은 아동의 참여가 반드시 받아들여질 수 있는 것은 아니지만 대화 구조에 대한 공헌으로서 그 가치는 인정되어 왔다. 즉 임상가는 이미 만들어진 주제를 시작하고 유지하고 끝내는 것의 순서를 정하는 데 아동의 참여를 수용해 왔다. 게다가 임상가는 같은 의사소통상의 중재 과정이긴 하나 표면적으로 다른 구조를 가진 아동이 만들어낸 언어적 결과물의 수용 가능한 버전을 모델화해 왔다.

확장 사용 시 어려운 점은 만약 임상가가 계속 진행 중인 대화의 상황으로부터 이용 가능한 언어적이고 비언어적인 정보(예를 들어 아동이 발화를 할 때 무슨 일이 일어나고 있는지, 아동이 말하기 바로 직전 임상가의 언어전환 구성이 무엇인지와 같은 것들)를 주의 깊게 사용하지 않는다면, 임상가는 아동이 전달하기 위해 시도하고 있는 것을 잘못 이해할지도 모르고, 아동은 성인들이 말하는 것을 수정하려는 의지나 능력을 가지지 못할지도 모른다.

(3) 부연

부연은 아동이 만들려고 하는 것을 임상가가 적절하게 성인화한다는 면에서 확장과 관련이 깊다. 그러나 부연에서 임상가 버전은 아동의 원래 발화의 분명한 한계치를 넘어서서 확대된다. 또 임상가는 아동의 의도를 반영한 어떤 결과물을 만들기 위해 아동이 한 발화의 맥락을 주의 깊게 고려해야 한다. 만약 표현 언어 발달의 주목적이 세계의 사람, 장소, 물건, 상황과의 관계를 아동이 말이나 글로 표현할 수 있게 하는 것이라면, 그 상황에서 사용되는 말은 아동 자신이 인식하는 것과 거의 일치해야 한다. 특히 말-언어치료사들이 치료실과 같이 문맥상의 정보가 절충될 수 있는 상황에서 작업할 때는 더욱 일치시키는 것이 어렵다.

(4) 재구성

재구성은 아동 자신이 한 이전 발화의 부분적 반복 속에 새로운 언어적 구조를 끼워 넣음으로써 아동에게 새로운 언어적 정보를 제공하기 위한 기술이다(Camarata, 1995, p.72). 위에 제공된 확장과 부연에 대한 서술과 유사한 재구성은 부정확한(또는 불완전한) 아동의 발화 후 즉시 만들어져야 되고, 아동에게 자기가 시도했던 언어구조를 어떻게 하면 더 정확하게 사용할 수 있는지와 관련한 언어적 정보를 더 제공해야 한다. 예를 들어 만약 아동이 "쿠키 더"라고 말한다면 성인은 "너는 쿠키를 더 원하는구나"라고 말함으로써 그 발화를 재구성할 수 있다. Nelson과 동료들(Nelson, Camarata, Welsh, Butkovsky, & Camarata, 1996)에 따르면, 재구성은 아동과 보호자 간의 대화에서 '드문 활동'이긴 하나 재구성이 자주 일어난다면 아동의 레퍼토리(목록) 안에 새로운 언어구조가 발달할 수 있을 것이다.

최근에 Camarata와 Nelson(2006)은 재구성이 아동의 언어수준과 정확한 문법적 표현에 의존한 언어발달을 용이하게 하는 것과는 또 다른 효과가 있다고 보고했다. 보다 구체적으로 재구성은 보통 두 단어 이상의 표현을 만들어 낼 수 있는 아동들에게 더 긍정적인 영향을 주는 것으로 나타났다.

(5) 모델링

모델링 기술의 정의는 아주 다양하다. 모델링은 그 상황에서 사용될 수 있는 실행 가능한 언어적 선택 사항을 입증하기 위해 시도하는 발화로 생각될 수 있다. 모방, 확장, 부연과는 달리 모델화된 발화에 대한 기초는 아동이 말한 것이 되지 않아도 된다.

때때로 모델링에 대한 임상적 기대는 아동이 임상가의 산출어를 모방할 것이라는 것이다. 다른 임상적 응용에서 모델링은 자연스런 대화나 구조화된 환경이거나 간에 아동에게 수용 가능한 목표 구조의 예들을 제공하고 아동으로부터 대답은 기대하지 않는다. 기대하는 것은 그 상황에서 임상가의 'work'라는 발화를 아동이 어떻게 주의 깊게 듣고 관찰하는가 하는 것이다. 또 다른 부분에서는 모델화된 발화를 수용 가능하도록 강화인자들이 발화자 모델에게 주어진다. 때때로 발화자는 세 번째 참가자이다(Leonard,1975). 그리고 언어장애아는 제공받은 모든 예를 고려해 보고 나서 무엇이 수용될 수 있고, 무엇이 수용될 수 없는 발화들인지 결정해야 한다. 이러한 방법으로 아동은 규칙적이고 귀납법적인 길을 따라 이끌려 간다.

일부 언어치료 프로그램에서 혼잣말기법과 평행발화 기법은 서로 다른 기법으로 묘사되지만 여기서 사용된 광범위한 정의에서 보자면 그것들은 둘 다 더 구체적인 모델링 유형이다. **혼잣말 기법**은 아동이 하고 있는 것에 대한 임상가의 독백을 나타내는 것이다. **평행발화 기법**은 아동이 하고 있는 것을 묘사하는 임상가의 지속적인 논평을 나타낸 것이다. 아동이 어떤 응답을 하는 것이 필요한 상황도 아니다. 대신 진행 중인 활동을 위협적이지 않게 하며 임상가에게 적절한 언어적 부호화를 통해 연결시킬 수 있는 기회를 제공하고 있다고 가정한다.

(6) 스캐폴딩(비계 교수)

Bruner(1985)등은 엄마-아동의 집단에 의해 제기된 상호작용의 양식을 묘사하기 위해 스캐폴딩이라는 용어를 사용해 왔다. 그것은 Vygotsky가 아동들은 능숙한 조력자들의 도움을 통해 배워야 한다고 제안했을 때 언급되어 왔던 것이다(Bruner, 1985). 보호자들은 그들의 아동이 성공적으로 따라올 수 있을지 없을지를 예측하기 위한 정보나 행동을 요청받을 때를 대비해 아동의 언어나 운동 기능에 깊은 관심을 가진다. 일반적으로 대부분의 부모들은 자녀들이 성공하기를 원하는 것으로 관찰되어 왔다. 자녀의 능력을 아는 것은 '과시' 하기를 좋아하기 때문만이 아니라 자녀들의 치료작업을 요구할 때 난이도의 정도가 합리적으로 증가하도록 요구할 수 있어 유용하다. 이러한 방법으로 그들은 상호작용의 목표(그들 자녀의 관심)를 유지할 수 있고 동시에 성공을 촉진시킨다. 이 두 가지 성격의 언어과제는 아동의 계속적인 참여와 학습을 확실하게 도와 줄 것이다(Kirchner, 1991).

이러한 종류의 스캐폴딩 상호작용은 어린 아동들과 보호자들 사이에서 관찰된 이야기책 읽기의 반복으로 설명되어 왔다(Crain-Thoreson & Dale, 1999; Dale, Crain-Thoreson, Notari-Syverson, & Cole, 1996). 종종 아동들은 밤마다 같은 책 읽기를 요구한다. 분류된 읽기의 예들을 분석한 연구에서, Snow와 Goldfield(1983)는 보호자와 아동 사이의 짧은 대화가 아동으로 하여금 책과 더 가까이 할 수 있도록 도움을 준다는 것을 알아냈다. 특히 그 연구에서 엄마는 자녀가 정확하게 대답할 거라는 확신이 들 때 자녀에게 새롭고 더 도전적인 질문들을 하고 있었다.

스캐폴딩은 또한 음성언어 중재를 위한 유용한 비유로서 활용된다. 즉 중재 목적은 아동이 이해한 상위 범위를 항상 성취목표로 나타내어야 한다. 만약 너무 쉽게 성취되거나 성취될 수 없다면 그 목적은 적절하지 않다. 성취 목표에 쉽게 도달하는 것은 진정한 성장을 나타내는 것이 아니며 성취 불가능한 어려운 목표는 아동을 좌절시키기만 한다.

선택된 목표들을 성취하기 위해 전제가 되는 기술들이 적재적소에 있어야 만이 교육과 연습을 통해 합리적인 목표에 최종 도달하게 된다. 유능한 언어치료사들은 치료 작업과 목적이 적절히 선택되었다는 증거를 갖기 위해 계속적으로 언어장애아들의 행위를 점검한다.

(7) S.O.U.L.

S.O.U.L.(Silence—침묵, Observation—관찰, Understanding—이해, Listening—듣기)은 아동과의 공감적 관계를 만들기 위해 INREAL(수업 중 반응 언어치료) 프로그램(Weiss, 1981)과 함께 결합하여 개발된 기술이다. S.O.U.L.의 네 가지 부분들은 INREAL 지지자들에 의해 채택된 일반적인 반응 접근법의 일부분이다. 그 지지자들은 언어장애 아동들에게 언어적 구조를 강요하기보다는 '아동의 리더를 따라'라고 가르쳤다. 당신이 어떤 어린 아동과의 교제에서 적어도 처음에는 조용함을 유지하는 것, 아동이 할 수 있고 관심 있어 하는 것을 관찰하는 것, 당신이 관찰한 것의 뜻이 이해되도록 시도하는 것, 그리고 당신이 대화에 열중하기를 허락하고 서로를 잘 알기 바라는지 아닌지를 알기 위해 아동의 말을 들어야 한다는 것이다. INREAL 접근법에 의하면 어른이 아동과 치료적 관계 속으로 들어갈 자격을 얻는 것이 바로 이러한 방법이다(Weiss, 1981).

비록 그 첫 글자(S.O.U.L.)가 INREAL 접근법에서 특별한 방법이긴 해도 Hanen 프로그램 또한 상호작용 전략에 활용되는 언어를 부모들에게 교육하는 것에 초점을 두고 있으므로 유사한 목표를 가지고 있다고 할 수 있다(Giralometto & Weitzman, 2006).

문맥 내에서 행해진 여섯 가지 기술의 예가 표 9.3에 제시되어 있다.

6. 최근의 중재 접근법

이 부문은 네 부분으로 나눠진다. 각 부분은 언어장애 아동의 치료를 위한 중재 관련 견해를 반영한다. 우선 부모 훈련에 초점을 둔 간접적인 치료 접근법이 언급될 것이다. 특히 대화구조 내에서 어린 아동들의 언어학습을 촉진하는 도구들과 함께 보호자에게 제공하는 한 가지 인기 있는 접근법인 부모님들을 위한 Hanen 프로그램(Giralometto & Weitzman, 2006), 즉 'It Takes Two to Talk'에 대해 설명할 것이다. Hanen 프로그램은 몇몇 부모에게 초점을 둔 유용한 프로그램 중 하나라는 것에 주목해라. 다음으로 최근의 중재 연구에서 밝혀진 논쟁거리인 세 가지 질문에 주목하라. 치료환경이 중요할까? 우리

표 9.3 언어중재 기술을 설명한 대화 발췌문

- 배경 : 한 유치원 교실의 간식시간, 언어임상가와 언어장애를 가진 한 아이가 나란히 앉아 있다. 그들은 포도 주스와 땅콩버터를 바른 셀러리 스틱을 먹으면서 대화를 하고 있다.

- S.O.U.L : 간식 테이블에서 아이와 만나서 대화하기 전에 임상가는 아이를 관찰하면서 몇 분을 보냈다. 주의 깊게 듣고 나서 임상가는 아이가 간식에 대해 걱정을 하고 있다는 것을 깨달았다. 그는 절대 그 전에 셀러리를 먹지 않았었고 선생님으로부터 적어도 약간은 먹어야 한다고 들었다. 그 아이는 임상가가 다가가자 꽤 걱정하는 것처럼 보였다.

- 모방
  아이 : 주스 더 먹고 싶지 않아.
  임상가 : 주스 더 먹고 싶지 않아?

- 확장
  아이 : 그 아삭아삭한 것.(셀러리를 말한 것)
  임상가 : 그래, 그것은 아삭아삭 한 것이야.

- 부연
  아이 : 그것 더 줘.
  임상가 : 맛이 좋으니까 나에게 그 셀러리 좀 더 주세요.

- 모델링(행동에 말 붙여 주기)
  임상가 : 너희들은 셀러리 줄기에 바른 땅콩버터를 모두 핥아먹었어요. 이제 그 셀러리를 매우 조심스럽게 씹고 있어요. 오, 다했군요.

- 스케폴딩
  임상가 : 그 땅콩버터는 아삭아삭해.
  그 셀러리는 아삭아삭해.
  그 간식은 아삭아삭해.
  그 땅콩버터는________________.
  아이 : 아삭아삭해.
  임상가 : 그렇지! 그 셀러리에 대해 나에게 말해 줄래.
  아이 : 셀러리는 아삭아삭해.

- 재구성
  아이 : 셀러리는 아삭아삭해.
  임상가 : 그래. 셀러리는 아삭아삭하고 건강에 좋아.

는 우리의 치료 접근법들이 효과적이라는 증거를 가지고 있는가? 좀 더 구체적으로 말하자면 일시적 과정에 초점을 둔 프로그램들이 제대로 작용하는가? 대다수의 전반적인 문서들이 아동들을 위한 언어중재 주제를 다루고 있어서 이 부문에 나와 있는 정보는 부득이하게 제한되어 있다는 것에 유념해야 한다.

1) 부모중심의 중재 접근법 : 대화 모형 활용

'It Takes Two to Talk' 중 일부분의 내용이 보다 최근에 개발되었기는 하지만, Hanen의 부모용 프로그램은 무엇보다도 30년 이상의 언어치료 상황에 관한 내용으로 구성되어 있다(Manolson, 1992년). 언어 촉진전략을 배우는 언어장애 아동 부모와 그러한 아동을 돌봐 주는 다른 사람들을 고려한 간접적인 치료 프로그램을 살펴보면, 부모 전략을 아동의 수에 따라 달리 적용하도록 하는 네 가지 종류의 프로그램이 토론토의 Hanen 센터에서 운영되고 있다. 그중 'It Takes Two to Talk' 프로그램은 전술한 바 있는 경험적인 언어기법(예 : 모델화)을 수용언어장애, 표현언어장애가 있는 아동들의 보호자들이 그들의 언어 학습 효과를 극대화시키면서 사용할 수 있도록 만들어진 체계적인 프로그램이다. INREAL 프로그램(Weiss, 1981년)과 마찬가지로 이 프로그램은 부모들에게 아동과의 대화에서 사회적 상호작용론자의 관점을 적용할 수 있도록 지침을 제공한다. 즉 언어적 사용능력이 떨어지는 아동들과 대화를 장려하기 위하여 아동들이 자신들의 언어능력에 상관없이 대화에 참여할 수 있도록 부모들은 의사소통을 주도하기보다는 반응 위주로 대응하도록 연습하는 것이 중요하다. 'It Takes Two to Talk' 프로그램의 원래 형태에서는 아동들에게 특별한 언어 목표를 설정하지 않는 시뮬레이션 접근법을 적용한다는 점에 유의해야 한다. 오히려 보호자의 언어사용 촉진기법을 적용하여 대화 놀이가 증가하게 되는 경우가 보다 성공적인 것으로 인정되고 있다. 그러나 보다 최근의 'It Takes Two to Talk' 버전에서는 아동들에 대하여 특정한 언어 목표를 설정하는 홍미중심 시뮬레이션 접근법을 채택하였다. Girolametto와 Weitzman(2006)가 제시한 연구 검토 자료에 따르면, 특히 '말이 늦는 아동'을 놀이 환경과 연계시킴으로써 'It Takes Two to Talk'의 홍미중심 시뮬레이션 접근법이 시뮬레이션 프로그램에 비하여 언어개발을 장려할 필요성에 보다 확실한 증거를 제시하였다(Girolametto, Pearce, & Weitzman, 1996년)고 한다. 그러나 두 종류의 프로그램 모두 아동들의 일상 대화 참여 상황을 향상시키는 효과가 있는 것으로 입증되었다.

이 장의 첫 부분에서 언급한 바와 같이 부모들의 참여를 장려하는 중재 프로그램은 어린 아동들을 돌보는 언어치료자에 중점을 둔 새로운 프로그램이 아니다. 아마도 언어학습 기회 프로그램에 사용되었던 일상적인 활동이 포함된 중재와 관련하여 보호자는 아동들에게 상당한 양의 시간을 소비하게 된다. MacDonald와 Carroll(1992a, 1992b)은 또한 통상적으로 아동들과 상호작용을 하는 사람들은 물론, 대화 참여 능력이 매우 제한적인 어린 상대자의 대화 소통을 촉진하는 방법을 부모들에게 가르치기 위한 체계적인 접근법을 제시하였다. 이러한 프로그램에서 논리적이지 못한 점은 성인들과 언어장애를 가진 아동이 성공적으로 대화를 할 수 있을 때 아동의 대화능력 개발뿐 아니라 아동의 모든 성장 측면에서 유익할 것이라는 관점에 따랐다는 것이다.

MacDonald와 Carroll(1992a)은 자신들의 그러한 접근법을 다음과 같은 ECO 모델이라고 언급하였다. 대화 시 언어능력 결함을 가진 어린 아동들을 중재함에 있어 '관계와 놀이를 포함하여 아동의 사회 생태학적인 면'에 관여하고, 전술한 바와 같이 보다 식견 있는 상호작용자가 대응능력이 떨어지는 참여자의 성공 가능성을 높일 수 있는 수준까지 지원하는 지지기술을 구현하는 구조가 또한 중요하다. 이러한 경우 능숙한 언어능력을 지닌 대화 상대자는 언어장애 아동을 위한 참여자들의 활동에 도움을 주는 지원자가 될 수 있다. 대화할 때 중재의 핵심은 생활에 기초를 둔 현장이다.

저자들은 아동들이 자신들의 대화 상호작용에서 적합한 응답자로서뿐 아니라 대화 요구자로서 역할을 하도록 가르치는 것이 중요하다고 권장하였다. Rice와 동료 연구자들(1993)은 언어장애를 지닌 아동들이 대화를 거의 먼저 시작하지 않으며, 동년배들의 대화 요청을 드물게 수용하는 것으로 보고한 점에 유의해야 한다고 하였다. 이러한 조사자료에 따라 Rice와 동료 연구자들은 학급교사들이 성인과 그런 아동들의 직접 대화를 시도하는 데 관여하도록 권고하였다. MacDonald와 Carroll(1992a, 1992b)의 프로그램은 이러한 과정의 전제조건적인 단계로서 성인-아동 대화에 보다 직접적으로 초점을 맞추었음을 알 수 있다.

'It Takes Two to Talk' 프로그램이나 다른 버전의 Hanen 프로그램과 마찬가지로 ECO 모델은 언어장애가 있는 아동들을 이런 상호작용을 통하여 성공적인 대화자로 만들려는 성인들에게 필요한 지침을 제시하였다. 전략적인 측면에서 첫 번째 단계는 아동들이 성인들과 대화하려는 의지를 높일 수 있도록 연루시키는 것이다.

MacDonald와 Carroll(1992a)은 아동들과의 대화 장려에 실효적인 방법으로 다음과 같은 다섯 가지 상호작용 대화방식을 제시하였다. 성인들은 대화의 책임을 분담하는 평등주의자의 속성과 관련되어 있으므로 대화의 균형을 도모하는 면은 하나의 목표가 되어야 한다. 즉 어떠한 사람도 그러한 대화 부담을 전담해서는 안 되며 마찬가지로, 어떠한 참여자도 대화를 주도하지 않도록 해야 한다. 성인들은 또한 민감성을 길러야 하며 이는 가장 기본적인 사항으로서 대화 놀이 시 아동의 첫 대화시도와 관련하여 성인들은 이러한 놀이에서 의미 있는 대화의 구조 안으로 전환하도록 노력해야 함을 의미한다. 성인들은 아동의 대화 참여 기대와 함께 아동의 언어적 레퍼토리에 부합시키는 것 또한 중요하다.

이러한 것을 통하여 아동은 대화 과정에 대한 부담을 갖지 않고 참여 위험을 감수하고자 할 것이기 때문에 아동 입장에서 최대한 참여가 확보되는 것이 중요하다.

또 다른 상호작용은 간접적인 방식으로 아동이 확실하게 주제와 논점을 갖고 대화를 주도하며 성인이 따라주는 방식을 의미한다. 또한 간접방식은 아동이 상호작용을 주도(즉 주제 변경 및 전환)할 수 있도록 성인이 협조해야 한다. 마지막으로, 그러한 활동은 특별한 대화가 목표 달성 수단이기보다는 그 자체로 보람 있는 일이기 때문에 성인이 아동과 대화를 시작하는 경우 참여 단계에서 정서적 애착이 나타나야 한다.

Weiss와 동료 연구자들이 개발한 INREAL 프로그램을 비롯하여 Hanen 프로그램은 상당히 유사하다는 점에 유의해야 한다. 즉 언어장애가 있는 아동은 언어 사용 능력을 최적으로 향상시킬 필요가 있는 대화 당사자들의 일부(대개의 경우 주로 보호자)로 간주된다. 대화의 기본으로 참여자들(아동과 성인 모두)은 아동의 미흡한 언어 레퍼토리에 따른 제한적 상황에서 보다 성공적으로 대화하는 방법에 대한 학습이 이루어져야 한다. 모든 경우들에서 보호자는 아동들의 언어 사용 능력의 습득 상황에 보다 민감하게 반응하도록 훈련이 되어야 한다.

2) 치료 환경이 중요한가

Wilcox, Khouri와 Caswell(1991)은 생애 첫 단어를 대체로 1.5~4세 사이에 배우는 아동 20명에 대한 연구결과를 보고하였다. 그러한 아동들은 모두 말이 늦는 아동들로 진단되었는데, 절반의 아동들은 학급환경에서 치료를 받았으며, 나머지는 개별적인 치료를 받았다. 어휘력 발달 측정 결과에서는 아동들의 가정환경에 대해 조사자들이 측정한 아동들의 능력에 대한 파악이 이루어질 때까지는 어떠한 치료 서비스도 탁월한 결과를 가져다준다고 단정할 수 없는 것으로 나타났다. 특히 학급에서 새로운 목표 언어 항목을 배운 아동들은 가정환경에서 개별적인 지도를 받은 아동들에 비하여 일반적으로 이러한 단어들을 말할 수 있는 가능성이 매우 높았다. 따라서 연구자들은 초기 언어훈련의 목적과 관련하여, 학급환경이 실질적인 서비스 제공 장소뿐 아니라 보다 나은 학습환경이라는 결론에 도달하였다.

학급환경 및 학급 외 환경에서 제공된 치료 서비스 사이의 차이점을 조사한 또 다른 연구에서 Roberts, Prizant와 McWilliam(1995)은 두 현장에서 임상가-언어장애아 쌍방의 대화 환경에 중점을 두었다. 연구자들은 대화 실행자의 발생 가능한 다양한 차이점들에 대하여 신중하게 조사하였지만 단 두 가지 중요한 차이점만을 발견하였다. 연구자들이 발견한 사항은 학급 내에서 상호작용하는 동안 아동들은 수업시간 외의 교실 상황에서 매우 높은 강도의 동조 성향을 보였지만 임상가에게는 민감하지 않은 것으로 나타났다. 이와 달리 말-언어치료사들은 수업시간보다 수업 외 치료시간 동안 대화에 있어 영향력이 더 높은 경향이 있었다. 이러한 두 가지 차이점에 비추어, 저자들은 교실 안 대 교실 밖 치료 서비스 제공 방안을 선택하는 결정에서 커뮤니케이션의 역학적인 차이점을 제외해야 한다고 주장하였다. 연구자들은 자신들의 발견이 높은 치료 효과가 제공된 특정 서비스 모델과는 관련이 없다고 주장하였다.

그런 내용을 다룬 다른 데이터도 있다. 1997년에 ASHA에서 개발한 국가 성과측정 시스템(National Outcomes Measurement System)은 말-언어치료사와 청각전문가들이 제공한 치료 서비스의 효과를 체계적으로 입증하려는 목적으로 만들어졌다. 서로 다른 의사소통 장애자들에게 맞도록 개발된 기능적 성과 측정기준(functional outcome measures : FCM)의 표준적인 규정 내용을 이용하여, 관련 언어장애아들의 기본적인 환경과 치료 후 언어 활용 능력을 측정하고, 관찰된 변화를 직관적으로 파악하기 위하여 말-언어치료사가 참여하는 것은 제공된 치료법과 연관이 있다. 참여한 임상가들이 제출한 편찬 자료에는, 예를 들어 취학 전의 언어 생성 능력 및 이해력 향상이 목표인 경우 개인치료 대 그룹치료 환경의 참여 여부가 중요한 요소는 아닌 것으로 나타났다. 그러나 단지 조음 명료도 향상을 목표로 하거나 화용론을 도모하기 위해서는 취학 전 아동들의 경우 개별 학습이 보다 나은 성과를 보인 것으로 나타났다. 조음 명료도 목표를 가진 아동들이 다른 언어적 향상이 필요한 경우 그룹학습 대 개별학습의 차이는 중요도가 낮은 것으로 나타났다. 취학 전 아동들은 조음 명료도와 언어 생성 능력 달성의 두 가지 목표를 가졌을 경우 치료 시간의 양이 증가함에 따라 두 가지 목표 모두에서 보다 나은 성과를 보일 가능성이 높은 것으로 나타났으며 이는 당연한 결과이다.

조음 명료도 목표에서 10시간 이상의 치료 시간을 투입한 경우는 물론 임상가가 명시한 가정 프로그램을 성공적으로 완수한 취학 전 아동들이 대부분 성공적인 결과에 도달하였다.

3) 치료 접근법의 효과를 입증하는 증거는 있는가

Ellis Weismer, Murray-Branch와 Miller(1994)는 말이 늦은 아동들로 진단된 3명의 어린 아동들에게 새로운 어휘 항목을 가르침에 있어, 단순히 모델화한 경우와 연상적 결과를 모델화한 경우의 두 가지 절차에 대한 효과를 파악하고자 하였다. 3명의 대상 아동들 중

2명의 아동들이 치료 절차에 효과를 보인 것으로 입증되었지만, 흥미롭게도 이들 2명 중 1명은 하나의 기법으로 효과를 본 반면, 다른 1명은 다른 아동들이 효과를 보지 못한 기법에서 효과를 나타낸 것으로 드러났다. 아쉽게도 어떤 아동에게 어떤 기법이 보다 나은지 사전 파악을 위한 역동적인 평가법을 이용하려는 시도는 그다지 유용하지 않았다. 세 번째 대상 아동은 어떤 치료방법을 적용한 경우에도 효과를 보이지 않았다.

Camarata, Nelson과 Camarata(1994) 그리고 Nelson 외 연구자들(1996)이 수행한 모방과 대화 수정 방식, 두 가지 방법론에서 상이한 효과가 있음이 입증된 방법들이 특수언어장애가 있는 어린 아동들에게 서로 다른 다수의 문법 구조를 가르치기 위하여 채택되었다. 두 기법은 모두 대부분의 목표 구조에서 대상 아동들의 능력 향상 면에 효과가 있는 것으로 나타났는데, 이 때 대화의 재구성 절차는 훈련된 목표의 자연스런 결과와 일반화 그리고 훈련되지 않은 구조의 자연스런 결과 둘 다를 대상으로 한 것이었다. 이런 발견은 낮은 구조화와 보다 자연스러운 방법이 일반화를 촉진한다는 점에서 의사소통의 환경이 보다 유용할 수 있음을 제시하는 것이다.

언어경로 및 확대기법을 활용한 연구에서 Yoder, Spruytenburg, Edwards와 Davies(1995)는 2~4세의 아동들로 구성된 4명의 실험 대상 아동들에 대하여 1년 반에 걸친 중재 과정이 진행되는 동안 평균 발화길이(MLU)를 측정하여 언어능력 효과를 알아보는 것이 가능하다는 점을 발견하였다. 그러나 연구결과를 돌이켜 살펴볼 때 저자들은 상호작용 방식, 양상, 트레이너들의 일반화 평가를 통하여 언어발달 초기 단계에 있는 아동들이 다음 단계에 있는 아동들에 비해 큰 성과를 나타낸 것으로 지적하였고, MLU가 3.0 이후의 언어 발달성과는 미약했다고 지적하였다.

중재를 담당하는 부모와 임상가의 언어 활용(Cleave & Fey, 1997), 언어장애아 부모와 정상아 부모의 수정 결과 사이의 차이점(Fey, Krulik, Loeb, & Proctor-Williams, 1999)을 비교한 Fey와 동료 연구자들의 연구 자료에 대해서는 이미 고찰한 바 있다. 이들 두 연구 자료들은 임상적으로 유용한 의미를 지닌다. 최초 연구에서 부모와 임상가 양자는 집중 자극 전략과 주기적인 목표 달성 전략을 이용하여 중재하도록 훈련되었다. 아동 그룹이 두 경우 모두 향상되었지만, 저자들은 임상 기반 서비스와 부모용 프로그램을 결합한 방식이 가장 긍정적인 결과를 보일 것이라고 결론을 내렸다. 이후 연구에서 Fey 외 연구자들(1999)은 장애 형태가 다른 장애아 부모 두 그룹에 제공된 질적 · 양적으로 재구성된 자료들 사이에서, 언어장애아 실험집단은 아마도 보다 많은 재구성뿐 아니라 장애아들에게 요구되는 언어치료 면에 보다 중점을 두고 재구성한 것을 필요로 할 수 있다는 결론에 도달하기 위한 조사를 진행하였지만 어떤 유의미한 차이도 관찰되지 않았다. 이러한 발견 사항은 또한 Proctor-Williams, Fey와 Loeb(2001)의 연구결과를 통해서도 재확인되었다. 저자들은 자신들이 발견한 사항, 즉 단순언어장애아가 재구성된 결과로부터 혜택을 누리게 될 경우, 그러한 아동들은 부모와의 상호작용에 따른 자연스러운 환경이 가장 효과를 높일 수 있어야 함을 입증하는 증거라고 해석하였다. 아동 임상가를 비롯한 부모, 어쩌면 학급교사들에게 의도적으로 제공하는 재구성 사례의 수를 늘릴 수 있어야 할 것이다. 보다 최근의 연구에서 Fey와 Loeb(2002)는 자신들의 재구성 성공을 지적한 중재 연구를 문법적 채점자의 표적으로 결정된 한 부분으로 해석하였다. 우리가 실제로 해결할 사항은 중재효과의 개별적인 차이이다. 이러한 점은 그 자체로 매우 흥미로운 논제이지만 여기서 논하기에는 범위가 너무 광대하다.

일부 조사자 그룹들은 음운론적 중재와 언어중재 사이의 연관 관계를 조사하였다. Fey, Cleave, Ravida, Long, Dejmal과 Easton(1994)은 구문론적 및 음운론적 발달 두 가지 모두에 장애 진단을 받은 실험 대상 아동 그룹의 음운론적 능력에 관한 두 가지 문법중심 치료 프로그램의 효과를 조사하는 것에 관심을 가졌다. 음운론은 언어를 실제로 구성하는 요소임을 감안하여, 구문론과 음운론 사이의 중재 목적과의 잠재적인 연관성을 조사하는 것은 일면 타당성을 가지지만 임상가가 필요로 하는 정보가 거의 없는 분야이기도 하다. 양자의 중재 과정이 대상 아동들의 문법적 능력의 향상과 관련하여 긍정적인 효과가 있다는 사실이 입증되었지만 아동들의 음운론적 기술에 관한 효과는 명확하지 않았다. 저자들은 자신들의 연구결과가 문법적 및 음운론적 효과에 중점을 둔 언어치료에 공통된 효과가 있음을 입증하지 못하였으며, 발음기관에 문제가 있는 취학 전 연령의 아동은 직접적으로 중재되어야 한다는 결론에 도달하였다.

유사한 연구를 통해 Tyler와 Sandoval(1994)은 언어적 및 음운론적 장애를 가진 취학 전 연령의 아동들에 대한 중재 연구를 통하여 발견한 사항들을 발표하였다. 실험 대상자들에게 적용 가능한 치료방법에는 세 가지가 있으며, 그러한 치료방법들은 상당히 다른 결과를 나타내었다. 특히 자신들의 음운론적 목표와 관련하여 직접 치료의 수혜자였던 대상 아동들은 연구자들의 음운론적 및 언어 목표 모두에서 적절한 효과를 입증하였다. 언어중재의 수혜자였던 아동들은 단지 미미한 언어중재 효과를 나타내었지만, 연구자들의 음운론적 목표에서는 거의 진전을 이루지 못하였다. 언어와 음운론 모두에 중점을 둔 결합 프로그램의 수혜자였던 동 실험 대상 아동들은 두 분야에서 상당히 긍정적인 효과를 입증하였다. 저자들은 대부분의 경우들에서, 두 가지 중재 분야 중 단지 한 가지에 집중할 수 있는 경우 음운론중심의 중재는 다른 방식 위주의 중재에 비하여 언어에 대한 누적효과를 가져올 가능성이 보다 높았다고 주장하였다. 그러나 두 분야 모두 장애가 있는 경우 가장 효율적인 방법은 아마도 음운론과 언어를 동시에 모두 중재하는 경우가 될 것이다. Tyler와 Sandoval(1994)은 말과 언어를 결합한 중재의 최대 수혜자는 목표에 가장 적게 몰두시킨 아동들이었음을 강조하였다.

이런 중요한 연구 자료와 관련하여 Tyler, Lewis, Haskill과 Tolbert(2002, 2003)는 음운론적 및 형태론적 결함을 모두 지닌 실험 참여 아동들이 형태론적 목표의 집중 중재에서, 특히 음운론적 목표에 관련된 작업보다 형태론적 관련 작업이 선행될 때 '교차 영역'에서 보다 나은 성과를 달성한 사실을 발견하였다.

4) 시간적 정보처리에 중점을 둔 언어치료는 효과가 있는가? FFW 프로그램

단순언어장애아로 진단을 받은 아동들이 겪는 언어문제와 관련하여 제시된 인과관계학의 하나는 신호음을 말로 전환하는 음향변수와 같이 신속하게 변하는 청각 정보의 처리에 문제가 있는 아동들의 청각/지각 결함이다(Watkins, 1994). FFW(Fast ForWord) 훈련 프로그램(Scientific Learning Corporation, 1998)은 언어적 입력 정보를 해독하는 데 필요한 신속한 정보처리를 정상적인 방식으로 달성할 수 있도록 연구자들이 아동들의 뇌를 재훈련함을 목적으로 한다. 이러한 컴퓨터 기반 프로그램은 음성신호가 지속되는 시간이 길어지고, 말소리 전달이 증폭되는 경우에 청각적으로 변환된 자극 요소가 포함된 일련의 게임이다. 이러한 자극의 변환은 아동이 가진 청각 정보에 대한 성공률이 높아짐에 따라 점진적으로 감소한다(Veale, 1999). 이러한 훈련방법론은 프로그램을 사용한 아동들이 경험한 경이적인 성공담과 출판사와 저자들이 제기한 주장으로 대단한 관심을 끌었다. 실제로 저자들은 FFW가 언어학습장애아들을 비롯하여 독서장애아에 대하여 적합한 치료방안의 하나라고 주장하였다(Tallal, 2004).

그러나 Gillam(1999년)에 따르면, 말-언어치료사가 이 프로그램을 신중하게 채택해야 한다고 충고하는 데에는 많은 이유가 있다는 것이다. 그는 연구자들이 일부 소규모 연구(각각 22명과 7명의 아동들에 관한 연구)와 한 차례의 대규모 현장조사(FFW 절차에 대한 훈련을 받았던 50명의 다른 전문가들로부터 훈련받은 500명의 아동에 대한 자료)를 통하여 아동들에 대한 성공 사례를 발표하였음에도 불구하고, 이러한 접근법에 대한 유효성에 다수 의문이 존재한다고 언급하였다. 무엇보다도 Gillam은 언어장애는 시간적 정보처리 결함으로 야기된다는 가정과 FFW 프로그램은 실제로 뇌 구조와 작동 기능을 변화시킬 수 있다고 주장하는 이 프로그램의 기본적인 가정에 의문을 제기하였다. 또한 그는 프로그램의 저자들이 선택한 수단으로 실험 전후의 비교에 따라 표면상으로 상당한 효과를 보인 일부 아동들이 존재한다고 발표하였음에도 불구하고, 그는 이러한 아동들이 또한 일상생활의 언어활동에서 실질적으로 어느 정도 향상되었는지 입증하는 것에 의문을 제기하였다. Veale(1999)는 채택된 실험 대상자 선발기준과 그러한 채택기준이 특정한 의뢰인들을 대상으로 할 때 적절한 프로그램인지 여부를 결정할 경우에는 아마도 채택되는 근거가 중요하다는 점을 강조함과 더불어 그녀 자신의 FFW에 대한 비판적 평가 내용을 독자들에게 전하였다. 두 저자들은 과학적 근거 자료가 명백히 부족하다는 점에서 이러한 접근법을 승인하는 것을 주저하였다.

FFW의 효율성에 관한 보다 최근의 연구는 이 프로그램이 특별하게 구조화된 언어과제에 대한 아동들의 성과를 더욱 높이는지 아닌지에 대한 의문을 제기하였다(Loeb, Stoke & Fey, 2001). 즉 FFW에 참여한 아동들은 기능적 언어 수행능력이 향상되었는지 여부를 입증하지 못했다. 또한 비교 가능한 강도의 전통적 치료, 시간적 정보처리의 향상 면에 특별히 중점을 두지 않은 또 다른 컴퓨터 기반 언어치료 프로그램과 FFW의 세 가지 방식을 비교함에 있어, Gillam, Loeb과 Friel-Patti(2001)는 FFW 프로그램 관련 참여자들의 언어기술 향상과 그들의 성과 사이에 유의미한 연관성을 입증하는 데 실패하였다. Agnew, Dorn과 Eden(2004) 그리고 Pokorni, Worthington과 Jarnison(2004)이 발표한 결과 자료들 또한 독서능력이나 표현언어 능력의 향상과 관련한 FFW의 유용성을 입증하지 못하였다. 확실한 점은 이러한 프로그램의 유용성에 대한 논란이 계속되고 있다는 점이다. 임상가는 보다 확실한 근거중심 작업치료(EBP) 정보의 등장에 주목하도록 권장하고 있다.

7. 다문화 가정의 장애아 중재

소수민족 가정의 아동들에 대한 언어치료 서비스 제공은 말-언어임상가가 의뢰인과 동일한 문화적 배경이나 제1언어를 공유할 수 없는 경우에 도전적인 과제가 될 수 있다. Wyatt(1997)는 자신들과 문화적 배경 및 언어를 공유할 수 있는 경우를 포함하여, 모든 관련 의뢰인들에 대해 질적 서비스 제공을 담보할 수 있도록 치료 프로그램의 구현 또는 적합한 평가도구의 선정에 있어 말-언어치료사는 발생 가능한 편견적인 부분에 대하여 신중하게 검토해야 한다고 논평하였다.

예를 들어 Terrell과 Hale(1992)이 언급한 바와 같이 문화적 차이는 개인의 학습유형

차이로 표출될 수 있다. 말-언어치료사는 그러한 학습유형의 차이가 무엇이고, 언어학습 의도를 최대로 활용할 수 있는 방법이 무엇인지 결정하는 것이 중요하다. 분명한 점은 언어임상가는 어떻게 하면 의뢰인들을 최상의 학습을 할 수 있게 하는가에 주의를 기울여야 하며, 그러한 문제가 항상 최상의 관심사가 되어야 한다는 점은 옳은 이야기이다. 학습유형에 있어 하나의 주요한 차이점은 말-언어치료사는 낮은 수준 대 높은 수준의 학습유형에 대하여 인식하고 있어야 한다(Paul, 2007). 다수인종 문화환경에서 양육된 아동들은 새로운 상황을 학습할 수 있는 명확한 구두적 메시지에 매우 의존적인 낮은 수준의 학습유형을 채택하는 경향이 있으며, 종종 행해지는 교수는 탈상황적이다. 이와 달리 높은 수준의 학습유형을 채택하는 아동들 및 이러한 아동들 중 다수는 소수인종의 가정에 속하며, 교사 및 제공된 비언어적 정보보다는 구두 정보에 의존하는 경향이 있다.

자기와 다른 문화권에 속한 아동들과 상호작용하게 되는 경우 임상가는 '아동의 모국어와 문화에 대한 존중과 수용'을 모두 표출하는 것이 매우 중요하다(Roseberry-McKibben, 1994, p.84). 어린 아동들의 중재관리에서 가족제도에 따른 접근법을 고려할 때 부모들이나 직계가족이 중재 프로그램에 관여할 가능성이 매우 높다. 따라서 그들의 문화적 환경에 속하지 않은 누군가로부터 제공되는 중재에 대한 가족의 태도를 결정할 필요가 있다. 왜냐하면 통계적으로 이런 사례는 ASHA의 회원의 인구통계적 자료 그리고 보다 일반적으로 의사소통장애 및 그러한 장애중재 개념에 대한 가족들의 접근방법이 제시될 가능성이 높기 때문이다. 가족의 문화적 신념과 아동 양육에 관한 태도, 가족구성원의 역할과 책임 그리고 질환과 질병에 대한 정보를 인식함으로써 임상가와 가족 사이의 적합한 의사소통이 촉진될 수 있을 것이다.

본 저자들은 이 장의 독자들이 언어 차이 대 언어장애 논쟁에 대하여 제대로 인식하고 있다고 가정한다. 말-언어치료사는 영어를 완벽하게 말하지 못할지라도 제1언어에서 정상적인 성장을 나타내는 아동들에 대해 언어치료를 제공하지는 않는다(ASHA, 1983).

제1언어에서 진정한 언어장애를 가진 아동들의 경우 제1언어에 대한 중재가 제공되어야 한다. 불행하게도 대부분의 말-언어치료사는 2개 국어를 구사하면서 언어중재를 수행할 능력을 갖추지 못하고 있으며(ASHA, 1985), 이는 서비스를 제공함에 있어 아동의 제1언어에 대한 언어적 능력을 갖춘 누군가가 1개 국어만 사용하는 말-언어치료사 팀에 의존하여 서비스를 받아야 할 필요가 있음을 의미한다. 이러한 사람은 해당 장애아 중재팀의 일원이거나(예 : 리소스룸의 전문가), 또는 2개 국어 능력과 관련하여 고용된 전문가일 수 있다. 임상가가 다른 사람을 '경유하여' 과제를 수행하는 경우, 수행관계는 전술한 협력적 자문 모델과 유사한 경우에서부터 특수교육 보조원의 경우와 마찬가지로 매우 지시적인 관계가 된다.

8. 일반화 촉진

일반화는 자체로 하나의 독립적인 해설의 장을 요하는 언어치료에서 중요한 주제의 하나에 해당한다. 일반화는 성공적인 치료 프로그램에 대한 품질보증 표시이며, 말-언어치료사와 관련한 수행 프로그램의 효과를 입증하는 최상의 방법들 중 하나의 역할을 수행한다. 앞서 설명한 바와 같이, 노련한 임상가는 '목표를 정한 훈련'이 아닌 상황에서 발생하는 일반화를 염두에 두고 언어중재 프로그램을 개발할 것이다(Hughes, 1985, p.1). 일반화가 일어나지 않을 경우, 임상가에게 있어 언어중재 프로그램은 모든 목표와 관련하여 발생 가능한 모든 상황을 가르쳐야 하기 때문에 장기적인 과제가 될 것이다.

일반화는 일반적인 상황에서 학습된 대응 방안의 활용으로 보통 정의한다. 아동은 중재 과정에서 중재환경을 초월하여 전달될 수 있는 무언가를 실제로 배운다(이후에 다루게 되는 바와 같이 그러한 '무언가'라 함은 항상 임상가가 의도한 것이 아닐 수도 있음)는 점이 밝혀졌다. 여기서 반응이라는 용어의 사용에 유의해야 한다. 일반화와 관련하여 수행된 과제의 대부분은 행동주의에 역사적 뿌리를 둔 학습 이론에 따라 등장하였다. 따라서 아동의 언어적 의사소통 참여는 대부분의 경우 부모, 교사, 또래, 친구 또는 임상가 등 거의 모든 현실세계로부터 제시되는 자극에 대한 하나의 반응으로 간주된다.

1) 일반화 형태

일반화에는 기본적으로 자극 일반화 및 반응 일반화의 두 가지 형태가 존재하며, 두 경우의 발생 가능성에 대한 고려가 있어야 한다. **자극 일반화**라 함은 다음과 같은 상황에서 훈련된 반응의 활용을 의미한다. (1) 새로운 환경(예 : 가정에서 중재되는 경우 학교, 학급에서 중재되는 경우 학교 운동장), (2) 새로운 사람(예 : 말-언어치료사가 중재하는 경우 학급교사, 학급교사가 중재하는 경우 급우, 지난 가을학기 담당 임상가의 목표에 따라 아동을 가르치는 경우 봄 학기 동안의 새로운 임상가), (3) 새로운 소재(예 : 아동이 중재에서 기존의 물체 자극만 사용한 경우 임상가의 사진 활용에 대하여 반응하며 또는 중재에서 아동이 이야기 기술을 순서카드로 배운 경우 이제 비디오테이프를 통하여 대화 기술을 표현하게 된다). 각 경우들에서 아동들은 다른 상황에서 배웠던 언어 목표를 수행해 보인다.

반응 일반화라 함은 언어의 다양성을 뛰어넘거나 훈련받지 않은 사례들로 확대된 학습을 의미한다. 예를 들어 언어 목표가 문장 수준에서 설정되고 아동은 내용적으로 그러한 목표 언어를 생성(또는 이해)하게 되면 반응 일반화를 달성하게 되는 것이다. 마찬가지로 임상가와 아동이 요구양식을 배우는 자연스런 상호작용 속에 다른 요구 양식이 제공된다면 반응 일반화는 발생한 것이다. 전술한 사례의 후자에서 새로운 요구 양식이 아동의 학급교사와의 대화 과정에서 이루어진 경우, 반응 일반화와 자극 일반화가 모두 발생되었다고 말할 수 있다. 즉 새로운 반응 형태가 발생(반응 일반화)되었으며, 그러한 반응 형태가 새로운 사람(자극 일반화)에 대하여 발생된 것이다. 표 9.4에는 자극 일반화와 반응 일반화 사이의 몇 가지 차이점을 명시하였다.

2) 일반화 실패를 가르치려는 이유는 무엇인가

일반화가 발생하지 않은 경우에는 이에 대한 몇 가지 설명이 가능하다. 임상가가 가르치는 과정을 통하여 일반화시키고자 하는 주제를 가지고 있다는 사실만으로 그 주제가 아동에게 교육되었음을 의미하는 것은 아니다. 논리적인 언어는 적합한 성인언어를 사용하는 사람들과 달리 언어장애를 가진 어린 아동에게는 그들이 인지하는 논리로서는 전혀 이해되지 않을 수 있다.

반응 일반화의 경우 우리가 어린 언어장애아들에게 정말 희망하는 것은 다양한 환경에서 적용 가능한 일반적인 규칙을 가르치는 것이다. 우리는 모든 발생 가능한 상황으로부터 도출되고 우리가 바람직한 반응 사례인 것으로 생각하는 사례의 하위 상황들을 가르침으로써 그렇게 하고 있다. 때로 우리는 목표한 규칙에 대하여 단지 일부 사례만 사

표 9.4 자극 일반화와 반응 일반화 사이의 차이점을 보여 주는 예

시나리오 : 아동의 연령은 5세이며 매주 2차례 개별 학습시간에 학교에서 언어중재를 받고 있다. 담당 임상가는 아동이 과거시제 동사를 만들어 내도록 시도하기 위하여 행위를 나타낸 삽화의 사진 카드를 사용하고 있다. 아동은 집에 가서 말하기를 "엄마, 나는 조와 같이 걸어왔어요."

자극 일반화	반응 일반화
함께 사용 :	상이한 언어를 복잡한 수준으로 사용하는 경우
새로운 사람과(엄마)	(단일단어가 아닌 문장으로 표현)
또는	또는
새로운 환경에서(집에서)	동일한 복잡도의 언어로 훈련받지 않은 사례에 적용하는 경우 (걸었다라는 표현은 전혀 목표로 제시되지 않았음)
또는	
새로운 소재(동시적인 생성)	

용한다. 이러한 것은 '심화훈련'이라고 한다(Elbert & Gierut, 1985). 일부 아동들의 경우 이러한 소수 사례들 중에 존재하는 공통성을 이해하지 못한다. 따라서 일반화가 발생하지 않은 일부의 경우에서 심화훈련을 부가할 경우 문제가 될 수 있다.

이와 다른 경우로 우리는 너무 많은 사례들을 인용할 수 있고, 그 규칙은 어린 아동이 망각할 수 있다. Elbert와 Gierut(1985)는 너무 많은 수의 예를 인용하는 것을 '광역훈련'이라 하였다. 광역훈련은 일부 언어학습 상황에서 일부 아동들을 위한 일반화 방법에 문제를 야기할 수 있다. 아동들의 능력을 저하시킬 정도로 지나치게 많은 사례들을 제시하거나 또는 지나치게 적은 사례를 제시함으로써 아동들이 일반적인 규칙을 발견하는 데에 부담을 주지 않도록 언어치료사는 때로 '모든 면이 제대로' 결합된 사례를 발견하려는 노력을 기울여야 한다. 또한 때로는 관련 사례가 미진하거나 대표성이 없을 수 있으며, 그러한 점은 일반화가 실패하는 또 다른 원인이 될 수 있다.

이런 종류의 선택과 관련하여 임상가들에게 도움이 되도록 일부 경험적 자료들이 발표되고 있다. Elbert, Powell과 Swartzlander(1991)는 음운론적으로 결함을 지닌 19명의 실험 대상 아동들의 일반화를 위해 필요로 하는 사례의 수는 아동마다 상당한 차이가 있다고 언급하였다. 조사자들이 제시한 일반화 기준에 도달하기 위하여 이들 아동들의 대다수는 3개의 사례를 필요로 하였지만(59%), 14%의 아동들은 10개의 사례를 필요로 하였다. 이러한 상황을 통해 언어 기호를 다루는 데 어려움이 있는 언어장애아들은 단어, 구문 및 문장의 일반적인 패턴을 구분하는 것을 더 어려워한다는 것을 느낄 수 있으며, 광범위한 연습이나 다수의 사례를 사용하지 않는 일반적인 중재 패턴을 필요로 한다는 것을 알 수 있다.

3) 반응 세트

일반화 실패를 설명해 줄 수 있는 또 다른 경우는 가르치는 사례에 대한 적합한 반응 세트를 알지 못한 채 진행하는 경우이다. **반응 세트**는 합리적으로 예상할 수 있는 언어 규칙의 확장을 의미한다. 예를 들어 일부 언어치료사는 목표 설정이 현재진행 형태소인 '하는 것(-*ing*)' 이라면, 주격과 목적격인 대명사를 의뢰인이 올바르게 사용하도록 학습하는 것을 일반화할 것으로 누구나 논리적으로 예상할 수 있다(예를 들어 *he*와 *him*). 이러한 두 가지 목표는 전적으로 관련이 없는 것처럼 보일 수 있기 때문에, 이들 사이에 일반화는 발생하지 않을 것으로 생각될 수 있다. 어두 /s/의 발음을 가르친 후, 어미 /s/에 대한 일반화를 검사하는 경우는 어떠할까? 그러한 경우는 논리적인 것처럼 보이며, 일련의 가능한 완충적인 변수들이 있기는 하지만, 일반화를 기대할 수 있을 것이다. 세밀한 조사를 통하여 최종 /s/에 대하여 일반화를 보인 것으로 밝혀진 경우, 이는 그러한 아동의 어두 /s/와 어미 /s/에 대하여 동일한 반응 세트에 속한다고 말할 수 있다. 그러한 일반화가 발생되지 않은 경우, 이에 따라 우리는 최소한 이 시점의 아동에게는 그 두 가지 사이에 연관성이나 일반화 가능성이 인식되지 않는다는 결론에 도달할 수 있다.

반응 세트에 대한 이러한 논의는 중요하다. 왜냐하면 이는 일반화 요구가 너무 지나친 경우나, 일반화가 거의 발생하지 않을 장소에서도 일반화를 기대할 수 있기 때문이다. 언어치료사는 아동의 관점을 수용하면서, 합리적인 상황을 벗어나는 경우에 일반화에 대한 기대를 유지하도록 하는 것에 유의해야 한다. 언어장애를 가진 아동들은 이미 너무나 많은 실패를 경험하여 왔다. 흔히, 그들의 일반화 실패는 담당 임상가 자신의 잘못된 계획수립 측면까지 거슬러 올라갈 수 있다. 보다 구체적으로 말하면, 아동의 일반화 실패는 누구도 기대하지 않아야 하는 일반화에 대하여 기대하는 경우, 중재에서 배우고 있는 관련 규칙, 원칙 또는 구성 개념과 동떨어진 미흡한 대표 사례를 인용하는 경우, 지나치게 많거나 적은 사례를 인용하는 경우, 또는 일반화 학습이 첫 번째 단계에서 발생할 것으로 기대하여 중재에 충분한 시간을 투입하지 않은 경우에 그 원인을 찾을 수 있다.

4) 일반화를 도모하기 위한 계획 수립

이 장 전반에 걸쳐 설명한 바와 같이, 말-언어치료사는 치료 계획수립의 바로 시작 시점부터 일반화에 대한 전략을 수립할 수 있어야 한다. 어느 정도의 범위에서, 일반화와 상황에 적합한 중재에 관심을 기울이면 학급 기반 언어중재를 지향하는 움직임으로 이어질 수 있다는 점을 기억해야 한다. 언어능력면에서 새로운 가르침의 효과는 자주 활용될 수 있는 상황(학급)에서 중재할 때 임상가의 입회하지 않은 학급에서 일반화의 발생 가능성이 높아져야 한다. 일반화를 장려하고자 하는 말-언어치료사는 아동들이 이 기회가 가진 특성의 실체가 무엇인지를 파악할 수 있도록 하는 것에 시간을 효과적으로 투입하고자 할 것이다.

Hughes(1985)의 저서 『언어중재와 일반화』에는 일반화 계획 수립과 관련하여 사려 깊은 생각을 자극하는 다수의 제안 사항들이 포함되어 있다. 저자들은 이러한 제안 사항을 두 부류로 구분하였으며, 그중 한 가지는 치료환경을 자연스럽게 만드는 상황이며, 다른 한 가지는 그러한 자연스러운 환경을 보다 치료적이게 만드는 상황에 관한 사항이다. 각 경우들에서 임상가는 의뢰인에게 자신의 새로운 언어능력을 활용하기에 적합한 보다 폭넓은 관점을 제공하고자 하였다. 예를 들어, Hughes는 아동을 의뢰인이 가정에서 아동과 함께 있는 동안 임상가는 그들을 치료 환경의 일부와 동일한 자극원이 될 수 있도록 제안하고, 강압적인 결과로부터 보다 자연스러운 결과로 전환시키고, 일상생활의 활동에서 발생될 수 있는 자극을 통해 언어치료사는 치료 환경과 관련한 실험적인 자세를 유지하여야 한다고 제안하였다.

이러한 후자의 제안과 관련하여, 반항적인 어린 아동이 가정 내에서 그러한 과제를 수행하려는 부모와 말하려는 경우는 찾아보기 힘든 일이다. "나는 부/모와 그런 이야기를 하지 않아요. 나는 [○○아동의 담당 언어임상가]와 이야기해요." 이러한 경우들에서, 아동들은 언어 기능을 환경에 따라 구분하는 것이다. 특정 언어는 한쪽 상황에서 사용하며, 다른 쪽 상황에서는 사용하지 않는다. 아동이 이러한 점을 "인지" 하고 있는 경우, 이에 따라 우리는 그런 면을 발전적인 방향으로 전개하여, 그런 면이 잘못된 것임을 일깨워 주는 반대 증거를 제시할 수 있는 상황 전개를 위하여 시간을 투입하여야 할 것이다.

말-언어치료사는 또한 목표의 본연적, 기능적 속성으로 인하여 일부 목표가 다른 경우에 비하여 보다 용이하게 일반화될 수 있다는 점이 반영되어야 한다. 보다 용이하게 일반화할 수 있는 이러한 목표는 일반화의 취지를 이해하는 면에서 어린 아동들에게 도움이 될 수 있기 때문에 중재의 우선순위에 두어야 한다. 예를 들어 일관성 있는 요구 형태(예 : "내가 가져도 되요?")의 생성 목표 대 최상급 형용사의 형태(예 : fluffiest)를 동시적으로 생성하는 목표를 생각해 볼 수 있다. 다양한 요구 형태(예 : "뭐라고 하셨지요", "다시 말씀해 주세요.", "마크는 어디 있어요?")를 만들어 낼 수 있도록 함으로써 아동으로 하여금 바람직한 정보나 행위를 요구할 수 있도록 하는 것도 가능할 것이다. 요구 형태는 대화에서 자주 발생되며, 화자로 하여금 계속되는 대화와 당면한 현실적인 상황에 대하여 어느 정도 통제의 노력을 기울일 수 있게 한다. 다른 한편으로, 최상급 형용사 형태를 만드는 방법을 확실히 인지시키는 것은 활용성이 떨어진다. 최상급 형용사 형태는 요구되는 대화 형태에 비하여 일반적이며 중요한 기능을 하지 않는다.

마지막으로, 아동이 어떠한 과제나 구조적 중재 환경 내에서 특정한 언어 목표를 확실히 달성하기 시작할 때, 말-언어임상가가 체계적으로 교수 상황을 변경시키기 시작한다면, 일반화는 촉진될 수 있다. Hughes(1985)는 이러한 상황을 '지연 교수'라고 하였다. 중재의 교수 단계 안에서, 임상가는 전술한 내용을 어느 정도 변경할 수 있다. 아마도 이것은 다른 사람(아마도 부모가 해당될 수 있음)이 중재 학습 시간에 동참하기 시작함을 의미할 것이다. 이는 중재 상황이 중재 환경과는 별개로 현실 생활에 보다 근접할 수 있도록, 아동이 수행하는 과제를 교수하는 것과 관련된 모든 시도에 대하여 피드백이 주어지는 것을 의미할 수 있다. 치료실을 벗어난 경우, 제대로 된 문장을 구성하여 칭찬을 듣기란 실로 드문 일이다! 임상가가 중재 과정을 어떤 방법으로 느슨하게 하고자 하는지에 상관없이, 그러한 결과는 동일해야 한다.

5) 일반화와 관련한 결론

일반화를 장려하는 이러한 기본적인 권장 사항들은 중재가 교실 내부 또는 외부에서 이루어지는지, 교사가 언어임상가와 협력하는지, 언어임상가가 직접 서비스를 제공하는지, Hanen 프로그램의 경우에서와 같이 부모들이 치료를 제공하는지 여부와 상관없이 적용된다. 일반화를 향상시키는 것과 관련된 변수(예 : 환경적 요소, 중재자, 일반화에 대한 목표)는 중재가 원래 어떻게 고안되었는지 여부에 따라 상황별로 달라질 것이다. 그러나 언어중재의 형태가 어떠하든지, 일반화는 바로 첫 번째 중재 시점부터 의심할 바 없이 시도되어야 한다.

9. 향후의 해결과제

어린 아동들에 대한 언어중재를 검토하는 경우, 말-언어치료사는 최소한 두 가지 중요한 문제에 대하여 당분간 완전한 해결점을 찾아내지는 못할 것으로 생각된다. 그 첫 번째는 언어학습 성과를 예측할 수 있는 전문가의 능력을 갖추는 것이고, 두 번째는 증거에 근거한 실행을 장려하는 전문가적 헌신의 문제로 설명될 수 있다. 즉 말-언어치료사는 가장 초기의 행위자라는 점에 기초하여 아동들이 실제로 어려움을 경험하게 되는 언어학습 문제와 관련하여 위험에 처한 아동들을 대변하며, 무엇이 그러한 문제들에서 중요한지 보다 잘 예측할 수 있어야 할 것이다. 논리적으로 수반된 문제는 말-언어치료사가 의뢰인 각각을 위한 가장 효과적인 중재 계획과 가장 능률적인 선택을 하여 충분한 증거를 손에 넣는 것이다.

예측력을 높이고, 증거를 장려하는 양면적인 문제는 제공된 중재와 저변에 깔린 일련의 가정 둘 다를 지지해야 하는 것에 주의해야 한다. 예측 가능성 문제는, 예를 들어 아동의 초기 언어, 사회적, 그리고 운동행위를 평가할 수 있는 유효하고 신뢰할 수 있는 측정 방안의 이용 가능성, 이 행동들의 정상적인 성장 기대치와 관련한 적합한 정보의 존재를 전제로 할 때 해결될 수 있을 것이다. 증거 위주의 실행 문제는 또한 저변에 몇 가지 가정을 전제로 한다. 적합한, 실효성 있는 중재 계획을 개발하기 위하여, 각 옵션이 그 자체로 충분하고 효과적일 수 있도록 예비 조사가 먼저 수립되어야 한다. 이어서 추가적인 연구는 각 아동들의 언어학습 강점과 약점에 대하여 신중하게 구현된 프로파일에 기초하여 어떤 치료 계획이 개별 아동들에 가장 최선인지 여부를 결정할 수 있어야 할 것이다.

언어장애와 관련한 가장 실효적이고 효율적인 중재 프로그램을 제공하는 것을 비롯하여, 향후 언어 운용 능력에 대해 신뢰할 수 있는 예측자가 되어야 하는 것은 연구자들과 마찬가지로 임상가가 해결해야 할 도전적인 과제이다. 실제로, 어떠한 요구에 대하여 최종적 해결자로서의 역할을 수행할 수 있기에는 많은 시간을 필요로 할 수 있다. 그러나 이러한 문제들에 대한 해답은 그다지 미사어구를 요하지 않는다. 오히려, 그 해답은 말-언어치료사가 의뢰인들에게 임상 서비스를 최상으로 제공할 수 있도록 하는 것에서 찾을 수 있을 것이다.

요 약

이 장에서는 어린 아동들의 언어중재 프로그램을 개발하는 것과 관련하여 음성언어 병리사의 역할에 대하여 설명하였다. 임상가는 선택 가능한 서로 다른 옵션과 그러한 선택 이면에 있는 합리적인 근거에 따라 결정될 수 있도록 하는 도전적인 속성을 이해하는 것이 중요하다. 언어임상가가 담당하게 되는 어린 의뢰인들과 관련하여 변화하는 인구 통계학적인 자료를 감안할 때, 문화적 차이는 중재 선택 방안에서 반드시 반영되어야 하는 방식으로 이해되어야 하는 부가적으로 중요한 사항이다.

또한 언어임상가는 상이한 행동적 언어습득 이론에 대한 이해를 통하여 치료 과정 자체에서 언어임상가의 역할과 관련한 혁신적인 평가를 할 수 있게 된다. 특히 많은 말-언어치료사는 언어 '트레이너'에서 언어 '촉진자'로 보는 관점의 변화를 가져왔다. 이러한 변화는 대부분의 경우 아동은 언어 개발 과정에서 적극적인 참여자라는 견해, 언어학습은 생성규칙 시스템에 대한 학습이라는 견해와 직접 연관되어 있다.

언어중재는 다양한 환경에서 이루어질 수 있다. 말-언어치료사는 의뢰인의 진도와 관련하여, 근거중심 치료(EBP)와 관련된 업데이트 자료를 참조하면서, 각 서비스 제공 모델의 장점과 단점을 이해해야 한다. 또한, 언어치료 프로그램의 성공적인 완수와 관련하여 학급교사와 장애아 부모들의 역할이 고려되어야 한다. 장애아를 위하여 제공하는 언어중재가 말-언어치료사만의 책임으로 간주되는 경우란 거의 존재하지 않는다. 치료 중에 있는 아동도 예를 들어 동기부여 및 자기 모니터와 관련한 능력 발휘를 통하여 치료의 진행 과정에서 중요한 역할을 수행할 수 있다.

마지막으로, 일반화의 개념은 적합한 언어중재 절차의 개발과 관련하여 가장 중요한 요소의 하나이다. 언어는 일반화할 수 있기 때문에 우리는 목표 형태, 구조와 관련된 가능한 모든 사례들의 세세하고 신중하게 선택한 하위 세트는 보다 일반적인 규칙을 설명하기에 충분한 것으로 단정할 수 있다. 언어중재 프로그램이 영향을 미칠 수 있도록 말-언어치료사는 아동들이 최초 중재 시점부터 자신들의 학습을 일반화하는 상황을 예측하는 보다 세심한 주의를 기울여야 한다. 바로 최초 계획수립 단계부터 예상되는 일반화 과정의 문제를 해결함으로써 말-언어치료사는 언어장애를 가진 어린 아동의 언어능력 향상에 대한 성공 가능성을 한층 높일 수 있게 된다.

연구문제

1. 부모, 말-언어치료사 및 취학 전 학급교사는 어린 장애아들과 가족들을 위하여 개발된 언어중재 프로그램의 성공과 관련된 필수적인 기능을 어떻게 수행할 수 있는가?
2. 말-언어치료사는 담당하는 각 경우의 의뢰인들에게 만족스러운 서비스 모델이 적용된다고 가정한다. 간헐적인, 학급 위주 또는 집합적 컨설팅 서비스 제공 모델을 선택하는 경우의 장점과 단점을 상세히 설명하라.
3. 일반화가 모든 언어중재 프로그램의 성공에 있어 필수적인 요소라면, 말-언어치료사는 자체 계획수립에서 가능한 한 초기 단계에 그러한 문제를 해결할 수 있어야 한다. 언어장애가 있는 어린 아동에게서 관찰되는 일반화를 향상시킬 수 있는 다섯 가지 일반적인 전략을 나열하라. 언어중재를 이용하는 아동의 연령, 고려되는 특별 목표, 서비스 제공 모델을 제시하라.
4. 여러분은 여러분과 다른 문화 환경을 가진 어린 장애아에 대한 언어중재 프로그램을 구축하고자 계획하고 있다. 적합한 프로그램을 설계하는 것과 관련하여 계획을 수립하기 전에 여러분에게 도움이 되는 어떤 정보를 필요로 하는가? 진단적 중재 단계를 진행하는 동안 수집할 수 있는 정보는 무엇인가?
5. 언어능력을 향상시키기 위한 요구를 가진 어린 아동에 대한 서비스 제공 평가 단계가 진행되는 동안, 이러한 아동에게 적합한 중재 계획을 개발할 때 여러분에게 도움이 될 수 있는 수집 정보의 속성은 무엇인가?

참고문헌

Agocs, M., Burns, M., DeLey, L., Miller, S., & Calhoun, B. (2006). Fast ForWord Language (pp. 471–508). In R. McCauley & M. Fey (Eds.), *Treatment of language disorders in children.* Baltimore: Paul H. Brookes.

Agnew, J., Dorn, C., & Eden, G. (2004). Effect of intensive training on auditory processing and reading skills. *Brain and Language, 88*(1), 21–25.

American Speech and Hearing Association. (1983). Social dialects: A position paper. *ASHA, 25*(1), 23–24.

American Speech and Hearing Association. (1985). Clinical management of communicatively handicapped minority language populations. *ASHA, 27,* 29–32.

American Speech-Language-Hearing Association. (2000a). *IDEA and your caseload: A template for eligibility and dismissal criteria for students ages 3 to 21.* Rockville, MD: ASHA Action Center.

American Speech-Language-Hearing Association. (2000b). *Prevalence of communication disorders in the United States.* Rockville, MD: ASHA Science and Research Department.

American Speech-Language-Hearing Association. (2003). *ASHA 2003 Omnibus Survey.* Rockville, MD: Author.

American Speech-Language-Hearing Association. (2006). *2006 Schools Survey report: Caseload characteristics.* Rockville, MD: Author.

Aram, D., Ekelman, B., & Nation, J. (1984). Preschoolers with language disorders: 10 years later. *Journal of Speech and Hearing Research, 27,* 232–244.

Bain, B., & Olswang, L. (1995). Examining readiness for learning two-word utterances by children with specific expressive language impairment: Dynamic assessment validation. *American Journal of Speech-Language Pathology, 4*(1), 81–91.

Battle, D. (1998). Communication disorders in a multicultural society. In D. Battle (Ed.), *Communication disorders in multicultural populations* (2nd ed., pp. 3–29). Boston: Butterworth-Heinemann.

Bedore, L., & Leonard, L. (1995). Prosodic and syntactic bootstrapping and their clinical applications: A tutorial. *American Journal of Speech-Language Pathology, 4*(1), 66–72.

Bricker, D. (1986). An analysis of early intervention programs: Attendant issues and future directions. In R. Morris and B. Blatt (Eds.), *Special education: Research and trends* (pp. 28–65). New York: Pergamon.

Bruner, J. (1985). Vygotsky: A historical and conceptual perspective. In J. Wertsch (Ed.), *Culture, communication, and cognition: Vygotskian perspectives.* Cambridge, UK: Cambridge University Press.

Brush, E. (1987, November). Public school language, speech and hearing services in the 1990s. Paper presented to the annual convention of the American Speech-Language-Hearing Association, New Orleans.

Camarata, S. (1995). A rationale for naturalistic speech intelligibility intervention. In M. Fey, J. Windsor, & S. Warren (Eds.), *Language intervention: Preschool through the elementary years* (pp. 63–84). Baltimore: Paul H. Brookes.

Camarata, S., & Nelson, K. (2006). Conversational recast intervention with preschool and older children (pp. 237–264). In R. McCauley & M. Fey (Eds.), *Treatment of language disorders in children.* Baltimore: Paul H. Brookes.

Camarata, S., Nelson, K., & Camarata, M. (1994). Comparison of conversational-recasting and imitative procedures for training grammatical structures in children with specific language impairment. *Journal of Speech and Hearing Research, 37,* 1414–1423.

Capone, N., & MacGregor, K. (2004). Gesture development: A review for clinical and research practices. *Journal of Speech, Language, and Hearing Research, 47,* 173–187.

Catts, H., & Kamhi, A. (Eds.). (1998). *Language and reading disabilities.* Boston: Allyn & Bacon.

Catts, H., Fey, M., Zhang, X., & Tomblin, J. (2002). A longitudinal investigation of reading outcomes in children with language impairments. *Journal of Speech, Language, and Hearing Research, 45,* 1142–1157.

Cleave, P., & Fey, M. (1997). Two approaches to the facilitation of grammar in children with language impairments: Rationale and description. *American Journal of Speech-Language Pathology, 6*(1), 22–32.

Cole, L. (1989). E pluribus pluribus: Multicultural imperatives and the 1990s and beyond. *ASHA, 31,* 65–70.

Cole, K., Maddox, M., & Kim, Y. (2006). Language is the key: Constructive interactions around books and play. In R. McCauley & M. Fey (Eds.), *Treatment of language disorders in children* (pp. 149—173), Baltimore: Paul H. Brookes.

Connell, P. (1982). On training language rules. *Language, Speech and Hearing Services in Schools, 13,* 231–248.

Craig, H. (1993). Clinical forum: Language and social skills in the school-age population, social skills of children with specific language impairment: Peer relationships. *Language, Speech, and Hearing Services in Schools, 24,* 206–215.

Craig, H., & Washington, J. (1993). Access behaviors of children with specific language impairment. *Journal of Speech and Hearing Research, 36,* 311–321.

Crain-Thoreson, C., & Dale, P. (1999). Enhancing linguistic performance: Parents and teachers as book reading partners for children with language delays. *Topics in Early Childhood Special Education, 19*(1), 28–40.

Crais, E. (1991). *A practical guide to embedding family-centered content into existing speech language pathology course work.* Chapel Hill, NC: Carolina Institute for Research in Infant Personnel Preparation.

Cross, T. (1978). Mothers' speech adjustments: The contribution of selected child listener variables. In C. Snow & C. Ferguson (Eds.), *Talking to children: Language input and acquisition.* Cambridge, UK: Cambridge University Press.

Dale, P., Crain-Thoreson, C., Notari-Syverson, A., & Cole, K. (1996). Parent-child story-book reading as an intervention technique for young children with language delays. *Topics in Early Childhood Special Education, 16,* 213–235.

Damico, J., & Damico, S. (1993). Language and social skills from a diversity perspective: Considerations for the speech-language pathologist. *Language, Speech, and Hearing Services in Schools, 24,* 236–243.

Dollaghan, C. (2007). *The handbook for evidence-based practice in communication disorders.* Baltimore: Paul H. Brookes.

Ehren, B. (2002). Maintaining a therapeutic focus and sharing responsibility for student success: Keys to in-classroom speech-language services. *Language, Speech, and Hearing Services in Schools, 31,* 219–229.

Ehren, B., & Nelson, N. (2005). The responsiveness to intervention approach and language impairment. *Topics in Language Disorders, 25*(2), 120–131.

Elbert, M., & Gierut, J. (1985). *Handbook of clinical phonology*. San Diego, CA: College-Hill.

Elbert, M., Powell, T., & Swartzlander, P. (1991). Toward a technology of generalization. How many exemplars are sufficient? *Journal of Speech and Hearing Research, 34*(1), 81–87.

Ellis Weismer, S. (1988). Specific language learning problems. In D. Yoder & R. Kent (Eds.), *Decision making in speech-language pathology*. Toronto: B. C. Decker.

Ellis Weismer, S., Murray-Branch, J., & Miller, J. (1994). A prospective longitudinal study of language development in late talkers. *Journal of Speech and Hearing Research, 37*, 852–867.

Ellis Weismer, S., & Robertson, S. (2006). Focused stimulation approach to language intervention. In R. McCauley & M. Fey (Eds.), *Treatment of language disorders in children* (pp. 175–201). Baltimore: Paul H. Brookes.

Ensher, G. (1989). The first three years: Special education perspectives on assessment and intervention. *Topics in Language Disorders, 10*(1), 80–90.

Farber, J., Denenberg, M., Klyman, S., & Lachman, P. (1992). Language resource room level of service: An urban school district approach to integrative treatment. *Language, Speech, & Hearing Services in Schools, 23*, 293–299.

Fey, M. (1986). *Language intervention with young children*. Boston: Allyn & Bacon.

Fey, M. (1988). Dismissal criteria for the language-impaired child. In D. Yoder & R. Kent (Eds.), *Decision making in speech-language pathology*. Toronto: B. C. Decker.

Fey, M., Catts, H., & Larrivee, L. (1995). Preparing preschoolers for the academic and social challenges of school. In M. Fey, J. Windsor, & S. Warren (Eds.), *Language intervention: Preschool through the elementary years* (pp. 3–34). Baltimore: Paul H. Brookes.

Fey, M., Cleave, P., Long, S., & Hughes, D. (1993). Two approaches to the facilitation of grammar in children with language impairment: An experimental evaluation. *Journal of Speech and Hearing Research, 36*, 141–157.

Fey, M., Cleave, P., Ravida, A., Long, S., Dejmal, A., & Easton, D. (1994). Effects of grammar facilitation on the phonological performance of children with speech and language impairments. *Journal of Speech and Hearing Research, 57*, 594–607.

Fey, M., Krulik, T., Loeb, D., & Proctor-Williams, K. (1999). Sentence recast use by parents of children with typical language and children with specific language impairment. *American Journal of Speech-Language Pathology, 8*(3), 273–286.

Fey, M., & Loeb, D. (2002). An evaluation of the facilitative effects of inverted yes-no questions on the acquisition of auxiliary verbs. *Journal of Speech, Language, and Hearing Research, 45*, 160–174.

Fujiki, M., & Brinton, B. (1984). Supplementing language therapy: Working with the classroom teacher. *Language, Speech and Hearing Services in Schools, 15*, 98–109.

Gillam, R. (1999). Computer-assisted language intervention using Fast ForWord: Theoretical and empirical considerations for clinical decision making. *Language, Speech, and Hearing Services in Schools, 30*(4), 363–370.

Gillam, R., Loeb, D., & Friel-Patti, S. (2001). Looking back: A summary of five exploratory studies of Fast ForWord. *American Journal of Speech-Language Pathology, 10*, 269–273.

Giralometto, L., & Weitzman, E. (2006). It takes two to talk—The Hanen Program for Parents: Early language intervention through caregiver training. In R. McCauley & M. Fey (Eds.), *Treatment of language disorders in children* (pp. 77–103). Baltimore: Paul H. Brookes.

Giralometto, L., Pearce, P., & Weitzman, E. (1996). Effects of lexical intervention on the phonology of late talkers. *Journal of Speech, Language, and Hearing Research, 40,* 338–348.

Girolametto, L. Tannock, R., & Siegel, L. (1993). Consumer-merited evaluation of interactive language intervention. *American Journal of Speech-Language Pathology, 2,* 41–51.

Goldberg, S. (1993). *Clinical intervention: A philosophy and methodology for clinical practice.* New York: Macmillan.

Goldstein, B. (2000). *Cultural and linguistic diversity resource guide for speech-language pathologists.* San Diego, CA: Singular/Thomson Learning.

Goldstein, H., English, K., Shafer, K., & Kaczmarek, L. (1997). Interaction among preschoolers without disabilities: Effects of across-the-day peer intervention. *Journal of Speech, Language, and Hearing Research, 40*(1), 33–48.

Guralnick, M., & Paul-Brown, D. (1977). The nature of verbal interactions among handicapped and non-handicapped preschool children. *Child Development, 48,* 254–260.

Hadley, P., & Schuele, M. (1998). Facilitating peer interaction: Socially relevant objectives for preschool language intervention. *American Journal of Speech-Language Pathology,* 7(4), 25–36.

Hall, P., & Tomblin, J. (1978). A follow-up study of children with articulation and language disorders. *Journal of Speech and Hearing Disorders, 43,* 227–241.

Hammer, C. (2004). Parental beliefs about literacy learning in non-majority households: Information relevant for the speech-language pathologist. *Perspectives on Language Learning and Education, 11*(3), 17–21.

Hanson, M. (2004). Ethnic, cultural, and language diversity in intervention settings. In E. Lynch & M. Hanson (Eds.), *Developing cross cultural competence: A guide for working with young children and their families* (3rd ed., pp. 3–18). Baltimore: Paul H. Brookes.

Hegde, M. (1993). *Treatment procedures in communicative disorders* (2nd ed.). San Diego, CA: College-Hill.

Hodson, B., & Paden, E. (1991). *Targeting intelligible speech: A phonological approach to remediation* (2nd ed.). Austin, TX: Pro-Ed.

Hughes, D. (1985). *Language treatment and generalization: A clinician's handbook.* San Diego, CA: College-Hill.

Jenkins, J., & Heinen, A. (1989). Students' preferences for service delivery: Pull-out, in-class, or integrated models. *Exceptional Children, 55*(6), 516–523.

Johnston, J. (1983). What is language intervention? The role of theory. In J. Miller, D. Yoder, & R. Schiefelbusch (Eds.), *Contemporary issues in language intervention* (ASHA Reports No. 12). Rockville, MD: American Speech-Language-Hearing Association.

Justice, L., & Ezell, H. (2004). Print referencing: An emergent literacy enhancement strategy and its clinical applications. *Language, Speech, and Hearing Services in Schools, 35,* 185–193.

Kelly, D. (1998). A clinical synthesis of the "late talker" literature: Implications for service delivery. *Language, Speech, and Hearing Services in Schools, 29*(2), 76–84.

King, R., Jones, C., & Lasky, E. (1982). In retrospect: A fifteen-year follow-up report of speech-language disorders in children. *Language, Speech and Hearing Services in Schools, 13,* 24–32.

Kaderavek, J., & Justice, L. (2004). Embedded-explicit emergent literacy intervention II: Goal selection and implementation in the early childhood classroom. *Language, Speech, and Hearing Services in Schools, 35,* 212–228.

Kirchner, D. (1991). Using verbal scaffolding to facilitate conversational participation and language acquisition in children with developmental disorders. *Journal of Childhood Communicative Disorders, 14,* 81–98.

Klein, M., & Briggs, M. (1987). Facilitating mother–infant communicative interaction in mothers of high-risk infants. *Journal of Childhood Communicative Disorders, 14,* 81–98.

Leonard, L. (1975). Modeling as a clinical procedure in language training. *Language, Speech, and Hearing Services in Schools, 6,* 72–85.

Leonard, L. (1981). Facilitating linguistic skills in children with specific language impairment: A review. *Applied Psycholinguistics, 2,* 89–118.

Leonard, L. (1991). New trends in the study of early language acquisition. *American Speech-Language-Hearing Association, 33*(4), 43–44.

Leonard, L. (1998). *Children with specific language impairment.* Cambridge, MA: MIT Press.

Loeb, D., Stoke, C., & Fey, M. (2001). Language changes associated with Fast ForWord-Language: Evidence from case studies. *American Journal of Speech-Language Pathology, 10,* 216–230.

Long, S., & Olswang, L. (1996). Readiness and patterns of growth in children with SELI. *American Journal of Speech-Language Pathology, 5*(1), 79–85.

Lynch, E. (2004). Developing cross-cultural competence. In E. Lynch & M. Hanson (Eds.), *Developing cross-cultural competence* (3rd ed., pp. 41–77). Baltimore: Paul H. Brookes.

MacDonald, J., & Carroll, J. (1992a). Communicating with young children: An ecological model for clinicians, parents and collaborative professionals. *American Journal of Speech-Language Pathology, 1*(4), 39–48.

MacDonald, J., & Carroll, J. (1992b). A social partnership model for assessing early communication development: An intervention model for preconversational children. *Language, Speech, & Hearing Services in Schools, 23,* 113–124.

MacDonald, J., & Gillette, Y. (1984). Conversation engineering: A pragmatic approach to early social competence. *Seminars in Speech and Language, 5,* 171–183.

Manolson, A. (1992). *It takes two to talk.* Toronto: The Hanen Centre.

Marvin, C. (1987). Consultation services: Changing roles for SLPs. *Journal of Childhood Communication Disorders, 11,* 1–15.

Maxwell, S., & Wallach, G. (1984). The language learning disabilities connection: Symptoms of early language disability change over time. In G. Wallach & K. Butler (Eds.), *Language learning disabilities in school-age children.* Baltimore: Williams & Wilkins.

McLean, J. (1983). Historical perspectives on the content of child language programs. In J. Miller, D. Yoder, & R. Schiefelbusch (Eds.), *Contemporary issues in language intervention* (ASHA Reports No. 12). Rockville, MD: American Speech-Language-Hearing Association.

Miller, L. (1989). Classroom-based language intervention. *Language, Speech and Hearing Services in Schools, 20,* 153–169.

Nelson, K., Camarata, S., Welsh, J., Butkovsky, L., & Camarata, M. (1996). Effects of imitative and conversational recasting treatment on the acquisition of grammar in children with specific language impairment and younger language-normal children. *Journal of Speech and Hearing Research, 39,* 850–859.

Nelson, N. (1998). Childhood language disorders in context: Infancy through adolescence (2nd ed.). Boston: Allyn & Bacon.

Newhoff, M. (1995). So many fads, so little data. *Clinical Connection, 8*(3), 1–5.

Olswang, L., & Bain, B. (1985). Monitoring phoneme acquisition for making treatment withdrawal decisions. *Applied Psycholinguistics, 6,* 17–37.

Olswang, L., & Bain, B. (1991). Clinical Forum: Treatment efficacy: When to recommend intervention. *Language, Speech, and Hearing Services in Schools, 22,* 255–263.

Olswang, L., & Bain, B. (1996). Assessment information for predicting upcoming changes in language production. *Journal of Speech and Hearing Research, 39*(2), 414–423.

Olswang, L., Rodriguez, B., & Timler, G. (1998). Recommending intervention for toddlers with specific language learning difficulties: We may not have all the answers, but we know a lot. *American Journal of Speech-Language Pathology, 7*(1), 23–32.

Paul, R. (2007). *Language disorders from infancy through adolescence: Assessment and intervention.* St. Louis, MO: Mosby-Year Book.

Pierce, R., & McWilliams, P. (1993). Emerging literacy and children with severe speech and physical impairments (SSPI): Issues and possible intervention strategies. *Topics in Language Disorders, 1*(2), 47–57.

Pletcher, L. (1995). *Family-centered practices: A training guide.* Raleigh, NC: ARCH National Resource Center.

Pokorni, J., Worthington, C., & Jamison, P. (2004). Phonological awareness intervention: Comparison of Fast ForWord, Earobics, and LIPS. *Journal of Educational Research, 97*(3), 147–157.

Prelock, P., Miller, B., & Reed, N. (1995). Collaborative partnerships in a language in the classroom program. *Language, Speech, and Hearing Services in Schools, 26,* 286–292.

Proctor-Williams, K., Fey, M., & Loeb, D. (2001). Parental recasts and production of copulas and articles by children with specific language impairment and typical development. *American Journal of Speech-Language Pathology, 10,* 155–168.

Ramey, C., & Ramey, S. (1998). Early intervention and early experience. *American Psychologist, 53,* 109–120.

Ratner, N., & Bruner, J. (1978). Games, social exchange and the acquisition of language. *Journal of Child Language, 5,* 392–401.

Records, N., Tomblin, J., & Freese, P. (1992). The quality of life among young adults with histories of Specific Language Impairment. *American Journal of Speech-Language Pathology, 1*(2), 44–53.

Records, N., & Weiss, A. (1990). Clinical judgment: An overview. *Journal of Childhood Communication Disorders, 13*(2), 153–165.

Rescorla, L. (1989). The Language Development Survey: A screening tool for delayed language in toddlers. *Journal of Speech and Hearing Disorders, 54,* 587–589.

Rescorla, L., & Schwartz, E. (1990). Outcome of toddlers with specific expressive language delay. *Applied Psycholinguistics, 11,* 393–407.

Rice, M. (1993). Social consequences of specific language impairment. In H. Grimm & H. Skowranek (Eds.), *Language acquisition problems and reading disorders: Aspects of diagnosis and intervention* (pp. 111–128). New York: de Gruyter.

Rice, M., Hadley, P., & Alexander, A. (1993). Social biases toward children with speech and language impairments: A correlative causal model of language limitation. *Applied Psycholinguistics, 14,* 445–471.

Rice, M., Sell, M., & Hadley, P. (1991). Social interactions of speech and language impaired children. *Journal of Speech and Hearing Research, 34,* 1299–1307.

Roberts, J., Prizant, B., & McWilliam, R. (1995). Out-of-class versus in-class service delivery in language intervention: Effects on communication interaction with young children. *American Journal of Speech-Language Pathology, 4*(2), 87–94.

Robertson, S., & Ellis Weismer, S. (1999). Effects of treatment on linguistic and social skills in toddlers with delayed language development. *Journal of Speech, Language and Hearing Research, 42,* 1234–1248.

Roseberry-McKibben, C. (1994). Assessment and intervention for children with limited English proficiency and language disorders. *American Journal of Speech-Language Pathology, 3*(3), 77–88.

Roseberry-McKibben, C., & Eicholtz, G. (1994). Serving children with limited English proficiency in the schools: A national survey. *Language, Speech, & Hearing Services in Schools, 25,* 156–164.

Rovee-Collier, C., Lipsitt, L., & Hayne, H. (Eds.). (1998). *Advances in infancy research 12.* Stamford, CT: Ablex.

Scarborough, H., & Dorbrich, W. (1990). Development of children with early language delay. *Journal of Speech and Hearing Research, 33,* 70–83.

Schuele, M., Rice, M., & Wilcox, K. (1995). Redirects: A strategy to increase peer initiations. *Journal of Speech and Hearing Research, 38*(6), 1319–1333.

Screen, R., & Anderson, N. (1994). *Multicultural perspectives in communication disorders.* San Diego, CA: Singular.

Shriberg, L., & Kwiatkowski, J. (1982). Phonological disorders II: A conceptual framework for management. *Journal of Speech and Hearing Disorders, 47,* 242–256.

Snow, C. (1986). Conversations with children. In P. Fletcher & M. Garman (Eds.), *Language acquisition* (2nd ed.). New York: Cambridge University Press.

Snow, C., & Goldfield, B. (1983). Turn the page please: Situation-specific language acquisition. *Journal of Child Language, 10,* 551–569.

Snyder, L. (1980). Have we prepared the language disordered child for school? *Topics in Language Disorders, 1*(1), 29–45.

Snyder, L., Apolloni, T., & Cooke, T. (1977). Integrated settings at the early childhood level: The role of non-retarded peers. *Exceptional Children, 43,* 262–266.

Sparks, S. (1989). Assessment and intervention with at risk infants and toddlers: Guidelines for the speech-language pathologist. *Topics in Language Disorders, 10*(1), 43–56.

Stainback, S., Stainback, W., & Forest, M. (Eds.). (1989). *Educating all students in the mainstream of regular education.* Baltimore: Paul H. Brookes.

Stainback, W., & Stainback, S. (1990). *Support networks for inclusive schooling: Independent integrated education.* Baltimore: Paul H. Brookes.

Stothard, S., Snowling, M., Bishop, D., Chipchase, B., & Kaplan, C. (1998). Language impaired preschoolers: A follow-up into adolescence. *Journal of Speech, Language, and Hearing Research, 41*(2), 407–418.

Tallal, P. (2004). Improving language and literacy is a matter of time. *Nature Reviews Neuriscience, 5,* 721–728.

Terrell, B., & Hale, J. (1992). Serving a multicultural population: Different learning styles. *American Journal of Speech-Language Pathology, 1*(2), 5–8.

Thal, D. (1999, November). Early identification of risk for language impairment: Challenges for the profession. A seminar presented at the annual convention of the American Speech-Language-Hearing Association, San Francisco.

Tomblin, J. B., Records, N., Buckwalter, P., Zhang, X., Smith, E., & O'Brien, M. (1997). Prevalence of specific language impairment in kindergarten children. *Journal of Speech, Language, and Hearing Research, 40,* 1245–1260.

Tyler, A., & Sandoval, K. (1994). Preschoolers with phonological and language disorders: Treating different linguistic domains. *Language, Speech, and Hearing Services in Schools, 25,* 215–234.

Tyler, A., Lewis, K., Haskill, A., & Tolbert, L. (2002). Efficacy and cross-domain effects of a morphosyntax and a phonology intervention. *Language, Speech, and Hearing Services in Schools, 33,* 52–66.

Tyler, A., Lewis, K., Haskill, A., & Tolbert, L. (2003). Outcomes of different speech and language goal attack strategies. *Journal of Speech, Language, and Hearing Research, 46,* 1007–1094.

van Kleeck, A. (1994). Potential cultural bias in training parents as conversational partners with their children who have delays in language development. *American Journal of Speech-Language Pathology, 3,* 67–78.

van Kleeck, A., Gillam, R., Hamilton, L., & McGrath, C. (1997). The relationship between middle class parents' book-sharing discussion and their preschoolers' abstract language development. *Journal of Speech, Language, and Hearing Research, 40*(6), 1261–1271.

van Kleeck, A., & Richardson, A. (1988). Language delay in the child. In N. Lass, L. McReynolds, J. Northern, & D. Yoder (Eds.), *Handbook of speech-language pathology and audiology*. Toronto: B. C. Decker.

Veale, T. (1999). Targeting temporal processing deficits through Fast ForWord: Language therapy with a new twist. *Language, Speech, and Hearing Services in Schools, 30*(4), 353–362.

Venn, M., Wolery, M., Fleming, L., DeCesare, L., Morris, A., & Cuffs, M. (1993). Effects of teaching preschool peers to use the mand-model procedure during snack activities. *American Journal of Speech-Language Pathology,* 2(1), 38–46.

Wallach, G., & Butler, K. (1994). Creating communication, literacy, and academic success. In G. Wallach & K. Butler (Eds.), *Language learning disabilities in school age children and adolescents: Some principles and application* (pp. 2–26). New York: Macmillan.

Warren, S., & Kaiser, A. (1988). Research in early language intervention. In S. Odom & M. Karnes (Eds.), *Early intervention for infants and children with handicaps.* Baltimore: Paul H. Brookes.

Watkins, R. (1994). Specific language impairments in children: An introduction. In R. Watkins & M. Rice (Eds.), *Specific language impairments in children* (pp. 1–15). Baltimore: Paul H. Brookes.

Weiss, A. (2001). *Preschool language disorders resource guide: Specific language impairment.* San Diego, CA: Singular/Thomson Learning.

Weiss, A., & Nakamura, M. (1992). Language-normal children in preschool classrooms for children with language impairments. *Language, Speech and Hearing Services in Schools, 23,* 64–70.

Weiss, A., Tomblin, J., & Robin, D. (2000). Language disorders. In J. Tomblin, H. Morris, & D. Spriesterbach (Eds.), *Diagnosis in speech-language pathology* (2nd ed., pp. 129–173). San Diego, CA: Singular.

Weiss, R. (1981). INREAL intervention for language handicapped and bilingual children. *Journal of the Division of Early Childhood, 4,* 40–51.

Wetherby, A., Warren, S., & Reichle, J. (Vol. Eds.). (1998). In S. Warren & J. Reichle (Series Eds.), *Communication and language intervention series: Vol. 7. Transitions in prelinguistic communication.* Baltimore: Paul H. Brookes.

Wilcox, M., Kouri, T., & Caswell, S. (1991). Early language intervention: A comparison of classroom and individual treatment. *American Journal of Speech-Language Pathology, 1*(1), 49–62.

Wolery, M., & Wilbers, J. (Eds.). (1994). Including children with special needs in early childhood programs. *Research Monograph of the National Association for the Education of Young Children, 6,* Washington, DC: NAEYC.

Wyatt, T. (1997). Assessment issues with multicultural populations. In D. Battle (Ed.), *Communication disorders in multicultural populations* (2nd ed., pp. 379–425). Boston: Butterworth-Heinemann.

Yoder, D., & Kent, R. (1988). *Decision making in speech-language pathology*. Philadelphia: B. C. Decker.

Yoder, P., Spruytenburg, H., Edwards, A., & Davies, B. (1995). Effect of verbal routine contexts and expansions on gains in the mean length of utterance in children with developmental delays. *Language, Speech, and Hearing Services in Schools, 26,* 21–32.

찾아보기

ㄱ

ㅊ

ㅎ

기타

역자 소개

권요한

창원대학교 특수교육과 교수(문학박사)

박용학

창원대학교 특수교육과 겸임교수(교육학박사)

이혜경

창원대학교 특수교육과 겸임교수(교육학박사)

임미경

창원대학교 특수교육과 강사(교육학박사)

이동주

창원대학교 특수교육과 겸임교수(교육학박사)

김미숙

창원대학교 특수교육과 강사(교육학박사)